Dagmar Pöpping

Normen und Aufbrüche

Helmut und Erika Reihlen – Lebensgeschichten aus der 45er-Generation

1. Auflage 2011

Beuth Verlag GmbH · Berlin · Wien · Zürich

Herausgeber: DIN Deutsches Institut für Normung e. V.

© 2011 Beuth Verlag GmbH
Berlin · Wien · Zürich
Burggrafenstraße 6
10787 Berlin

Telefon: +49 30 2601-0
Telefax: +49 30 2601-1260
Internet: www.beuth.de
E-Mail: info@beuth.de

Titelgestaltung: ERGO Industriewerbung GmbH
Porträtfoto Titelseite: Christian Kruppa
Foto Ruine des Reichstagsgebäudes: Bundesarchiv, Bild 183-V00397
Satz: B & B Fachübersetzergesellschaft mbH, Berlin
Druck: Mercedes-Druck, Berlin
Gedruckt auf säurefreiem, alterungsbeständigem Papier nach DIN EN ISO 9706

ISBN 978-3-410-21119-8

Vorwort

Dr.-Ing. Torsten Bahke
Direktor des DIN e.V.

Für die Generation, der Erika und Helmut Reihlen angehören, markierte das Kriegsende eine tiefe Zäsur. So hat sich die Bezeichnung „45er-Generation" in den letzten Jahren für die Menschen, die die Zeit vor und nach dem historischen Nullpunkt bewusst erlebt haben, langsam durchgesetzt. Andere Bezeichnungen, die unterschiedliche Aspekte des Erfahrungsspektrums dieser Generation hervorheben, hat es zuhauf gegeben. Die „skeptische Generation" z.B. wurde anhand eher psychologischer Merkmale definiert – als Reaktion auf den Verlust von Idealen und Werten. Sie sei eine Generation, die „ohne uns" sagt, die eher angepasst und unpolitisch leben und sich ins Private zurückziehen wollte. Als Gegenbild dazu zeigen die hier dokumentierten Erinnerungen die Lebenswege von Erika und Helmut Reihlen: Wertvorstellungen, denen die Jahre der Diktatur und des Schreckens nichts anhaben konnten, die bereitwillige Übernahme von Verantwortung als engagierte Bürger und Christen, um ihren Beitrag zum Aufbau einer funktionstüchtigen, liberalen und stabilen Demokratie in Deutschland zu leisten.

Ein Teil der hier vereinten, sehr persönlichen Lebensszenen und Reflexionen bezieht sich selbstverständlich auf das DIN. Im Leben von Helmut Reihlen wie auch in der Geschichte des DIN stellen die 28 Jahre, die er im Dienst der Normung verbrachte, davon 22 Jahre als Direktor des Instituts, eine bedeutende Station auf dem Lebensweg dar. Station ist hier nicht im statischen Sinn zu sehen, als Rastpunkt, sondern im dynamischen Sinn als Ort, von dem aus viele Wege in die Welt geführt haben.

Als Helmut Reihlen im August 1971 seine neue Stelle antrat, war er als Mitglied der Geschäftsleitung des Deutschen Normenausschusses (DNA) zuständig für den Geschäftsbereich „Internationale Beziehungen". Diese bestanden zwar seit längerer Zeit – der DNA war seit 1951 in der Internationalen Normungsorganisation, ISO, aktiv und 1961 Gründungsmitglied des Europäischen Komitees für Normung, CEN –, aber die übernationale Normung hatte noch gar nicht richtig angefangen. Es gab noch keine ISO-Normen, sondern nur rund 1 000 ISO-Empfehlungen, und CEN hatte bisher keine einzige Europäische Norm veröffentlicht.

Im März 1999, anlässlich der Jahrespressekonferenz des DIN und der damit verbundenen Amtsübergabe, konnte Helmut Reihlen im Rückblick auf seine Zeit als Direktor auf die tatkräftige Mitwirkung des DIN „am Aufbau einer Weltinnenpolitik, eines global gültigen Regelwerkes" hinweisen. Zwischen den beiden Eckdaten seines Wirkens liegt unter anderem die Realisierung des Europäischen Binnenmarktes zum 1. Januar 1993. Dies setzte auch die Vereinheitlichung der unterschiedlichen technischen Normenwerke in Europa voraus – für das DIN, schon damals der Motor der europäischen Normung, ein großer Kraftakt. Als Vizepräsident und Präsident des CEN in den Jahren 1980 bis 1983 sowie 1992 und 1995 war Helmut Reihlen sehr eng in die normungspolitischen Entscheidungsprozesse eingebunden.

Für das Zusammenspiel zwischen Gesetzgebung und Normung dient auf europäischer Ebene das 1975 in Deutschland eingeführte Modell des Normenverweises, das in einem Vertrag des DIN mit der Bundesrepublik Deutschland verankert ist. In dem Vertrag wird die Stellung des DIN als nationale Normungsorganisation und Vertreter deutscher Interessen in der übernationalen Normung ausdrücklich anerkannt. Auch zur Gestaltung dieses für die weitere Entwicklung des DIN entscheidenden Abkommens hat Helmut Reihlen maßgeblich beigetragen.

Über die Aktivitäten, die der Fall der Mauer und die Wiedervereinigung beim Direktor des DIN auslösten, hat Helmut Reihlen der Autorin ausführlich berichtet. Es waren spannende Zeiten. Langweilig war es aber für ihn auch sonst nicht im DIN. Die Herausforderungen, die Helmut Reihlen und das DIN in diesen knapp drei Jahrzehnten zu meistern hatten, verlangten Tatkraft, Weitsicht und Überzeugungskraft. Die klassischen Arbeitsgebiete wurden um viele neue Geschäftsfelder erweitert. Alles, was mit dem Kürzel IT zusammenhängt, trat in Erscheinung. Gesamtgesellschaftliche Ziele wie Umweltschutz und Verbrauchervertretung waren strukturell in die Arbeit des DIN einzugliedern. Die Zusammenarbeit mit Ländern des ehemaligen Ostblocks und die Verbreitung des Normungsgedankens in den Schwellen- und Entwicklungsländern wurden intensiviert. An seinen Einsatz für die Entwicklungsländer in der ISO, der er in den Jahren 1988 bis 1990 und 1997 als Vizepräsident diente, erinnert ein vom DIN gestifteter Preis für den besten Aufsatz zur Normung aus einem Entwicklungsland.

Über das alles zu berichten, was Helmut Reihlen für die Normung in Deutschland und weltweit geleistet hat, würde den selbst gesetzten Rahmen dieses Buchs eindeutig sprengen. Was wir in den Händen haben, ist ein aus einzelnen farbigen Episoden komponiertes Gesamtbild zweier Leben im Kontext der erlebten und mitgestalteten Zeitgeschichte. Der Faden, der diese doppelte Perlenkette durchzieht, ist das Engagement. Auch das DIN lebt ja von dem Engagement der vielen tausend Experten, die ihr Wissen in die Normung einbringen und sich oft weit über das zu Erwartende hinaus für „ihre Normen" einsetzen. So ist es durchaus passend, dass dieses Buch vom DIN herausgegeben wird und im Beuth Verlag erscheint.

Geleitwort

Jürgen Schmude
Bundesminister a. D.

Es sind aktuelle Fragen, die dieser Rückblick auf die Lebensgeschichten von Helmut und Erika Reihlen beantwortet. Haben wir Grund zu Sorgen und Zukunftsangst? Kann man nichts machen, um die Lage zum Guten zu verändern? War es früher besser? Was haben wir eigentlich noch mit Nazizeit und Krieg zu tun?

Nicht nur für die vielen Freunde und Bekannten von Erika und Helmut Reihlen ist es faszinierend, als Leser mitzuerleben, wie es den beiden ergangen ist und was sie getan haben. Gehandelt haben sie nämlich, ständig! Sie haben sich nicht treiben lassen, sondern ihr Leben gestaltet. Sie selbst und ebenso viele Andere hatten den Gewinn daraus. Das zu lesen, gibt Auskunft und Anstöße. Es ist eine Geschichte über Reichtum an Menschlichkeit und Farbigkeit des Lebens.

Ihre Herkunft aus Familien des gehobenen Bürgertums hat beider Lebenswege beeinflusst. Aber durch diese guten Startchancen ließen sie sich nicht in ein leichtes und angenehmes Leben führen. Denn Werte wurden ihnen eingeprägt und Grundpflichten auferlegt, die es jedenfalls für sie nicht zuließen, ihre guten Möglichkeiten nur für sich zu nutzen. Man erkennt im Rückblick manchen konservativen Grundton und auch Enge in der damaligen bürgerlichen Erziehung. Sehr viel deutlicher aber ist die hilfreiche Prägung hin zu einer aufgeschlossenen aktiven Menschlichkeit, die sich in Leistungsbereitschaft für die Gesellschaft und für Andere ausdrückt. Zwangsläufig ist diese Folge nicht, und gebunden an gute Startchancen auch nicht. Offenheit für Nöte und Notwendigkeiten außerhalb ihres privaten Bereichs und das immer wieder neue Entscheiden zur Arbeit für das Gemeinwohl und für hilfsbedürftige Menschen sind ausschlaggebend gewesen.

Als bloße Gelegenheit, eigene Gefühle und Neigungen auszuleben, haben die Reihlens solche Aufgabenfelder nicht genutzt. In hilflosen Protesten und absehbar vergeblichen Versuchen sahen sie keinen Sinn. Deshalb haben sie stets darauf geachtet, was machbar, was erreichbar war. Und statt großer Würfe und Visionen haben sie, fast immer erfolgreich, jene Verbesserungen angestrebt, die Missstände nach und nach überwinden und den Menschen das Leben erträglicher, leichter machen.

Der Versuchung, sich angesichts neuer und schwieriger Aufgaben für unfähig zu erklären und nichts zu tun, haben sie sich nicht geöffnet. „Hören, lernen, tun", ist Erika Reihlens Grundlinie, verbunden mit der Überzeugung: „... aber man muss anfangen." Wohin soll die Reise dann gehen? „Wenn wir in die Situation kommen, lernen wir das schon", sagt Helmut Reihlen dazu. Lernen, wie so etwas in vielfältigen Lebenslagen geht, das können auch die Leser dieses Buches.

Ohne Aufgeschlossenheit läuft es mit dem Lernen nicht. Sich vor allem dem eigenen Lebensbereich zu widmen und auf Reisen erholsam abzuschalten, das war die Sache der beiden Reihlens nicht. Bei jeder Gelegenheit gewannen sie Freunde und gute Bekannte, zu denen sie die Beziehungen pflegten. Oft genug wurde ihr Haus, ihr Familienheim, zum Gästehaus. Und dass „Reisen bildet", dass es zu neuen Horizonten und Menschen führt, ist für sie selbstverständlich.

Keine Sorge, es handelt sich nicht um die Beschreibung rastloser Strebsamkeit und unermüdlicher Pflichterfüllung. Humor und Lebensfreude kommen nicht zu kurz. Von ihnen kann man sich anstecken lassen. Beide wollten und wollen Mut machen, und mit ihrer positiven, optimistischen Lebenseinstellung gelingt das auch.

Offensichtliche Lebenshilfe ist für sie ihr Glaube. Helmut und Erika Reihlen sind bewusste evangelische Christen. Zeitlebens haben sie das zu erkennen gegeben und in einer Reihe herausragender kirchlicher Aktivitäten bewiesen. Strenge Dogmatik und unkritische Einfalt sind ihnen fern. Glauben und Vernunft müssen für sie vereinbar sein, theologische Diskussionen verfolgen sie aufmerksam und besonders für die aktuelle Würdigung der Theologie Dietrich Bonhoeffers haben sie sich sehr erfolgreich eingesetzt.

Im Glauben geht es für sie nicht um Innerlichkeit und Pflege des eigenen Seelenheils. Stets haben sie sich als Christen zu gesellschaftlicher Aktivität herausfordern lassen. Politische Nachtgebete haben sie mit viel Erfolg in einer Zeit veranstaltet, als diese innerhalb und außerhalb der Kirche noch auf großes Misstrauen stießen. In diakonischen Werken und Vereinen haben sie in Leitungsverantwortung gearbeitet und die unverzichtbare Wirksamkeit der Diakonie in der Gesellschaft gestärkt.

Von Helmut Reihlen können Leserinnen und Leser lernen, dass und wie der Ingenieur, auch der Normeningenieur, seinen Beruf hilfreich für Menschheit und Welt als Alltagsgottesdienst ausüben kann. Da gibt es Gestaltungsaufgaben, die wahrgenommen und erfüllt werden wollen, damit Hunger, Armut, Umweltschäden und Kriegsgefahren gemindert, ja vielleicht auf Dauer ganz überwunden werden können. Wie wertvoll, förderlich und grenzüberschreitend wirksam die Pflege und Verbreitung von Industrienormen ist, wird einleuchtend geschildert.

Aufgeschlossene, Anderen zugewandte Menschen blicken nicht über Schwäche und Hilfsbedürftigkeit hinweg. Helmut Reihlen, mit eigenen Erfahrungen als Stahlarbeiter, ist mit Recht stolz auf den Anteil, den er als führender Studentenfunktionär an der Einführung staatlicher Unterstützungsleistungen für bedürftige Studenten hatte. Erika Reihlen konnte nicht nur in ihrem Fachgebiet sehr erfolgreich für die frühzeitige Zahnpflege bei Kindern wirken, sie setzte sich – ehrenamtlich – auch für verfolgte und bedrohte Frauen ein, die Aufnahme in schützenden Häusern brauchten. Unvergessen ist ihr beherztes, kämpferisches Auftreten zur Verteidigung eines von ihr eigentlich nicht geliebten politischen Kirchentagsstandes gegen gewalttätige Opponenten.

Der gute Blick für das Machbare verband sich bei beiden mit der Entschlossenheit, im Beistand für Bedrängte an Grenzen zu gehen und Konflikte zu wagen. Ob ihre Teilnahme an einer Demonstration schwarzer Bürgerrechtler in den USA damals unerfreuliche Folgen für sie haben würde, war nicht absehbar. Den Gefängnisbesuch bei einem politischen Verfolgten im Chile der Pinochet-Zeit setzten sie durch, ebenso konsequent Begegnungen mit christlichen Gemeinden in China. Dienstreisen Helmut Reihlens zu Gesprächen über Industrienormen boten die Gelegenheit dazu.

Konfliktscheu waren sie bei allem Augenmaß auch sonst nicht. Kritikfreudigkeit und Widerspruchsgeist brachten Helmuts Schulleiter gegen ihn auf und kosteten ihn zunächst die Chance eines Bildungsaufenthalts in den USA. Die konservative Rückständigkeit der einflussreichen „Alten Herren" seiner Studentenverbindung, des Berg- und Hüttenmännischen Vereins, fand seinen nachdrücklichen Widerspruch. Mit den heftigen Auseinandersetzungen darüber war es nicht getan. Dieser Vorgang und Helmuts Mitgliedschaft in der SPD, die ihn unter den Kollegen in den Leitungen der Stahlbetriebe zum Außenseiter machte, brachten ihm sogar den Rausschmiss aus einer Geschäftsführerstelle ein. Was waren das für absurde gesellschaftliche Verhältnisse in Deutschland, noch in der Zeit des sozialdemokratischen Bundeskanzlers Willy Brandt? Hier kann man sich davon ein Bild machen.

Konfliktfrei ging es natürlich auch nicht zu, als beide Reihlens ihre Konsequenzen aus den Erfahrungen mit der Nazidiktatur und dem Krieg zogen. Als Kinder hatten das beide bedrückt und angstvoll erlebt. Vom nationalsozialistischen Jungvolk war Helmut noch begeistert gewesen, von der kommunistischen FDJ in der frühen DDR hielt er sich fern. Autoritäres Gehabe und Fanatismus, in welcher Verkleidung auch immer, waren ihm zutiefst zuwider. Aus verhängnisvollen Irrtümern und Verbrechen müsse man lernen, damit sie sich niemals wiederholten.

Wer aus Vergangenem lernen will, muss sich erinnern. Das einzusehen, fällt auch heute noch manchen Menschen schwer. In den Jahrzehnten nach dem Krieg war diese Unwilligkeit verbreitet. Altersgenossen von Helmut und Erika Reihlen plagt die Frage, wie denn die ältere Generation ihrer Jugendzeit, die ihnen Werte vermittelt und Autorität bedeutet hat, die Untaten des Naziregimes wahrgenommen hatte. Allzu oft wurde die Antwort schlicht verweigert. Die eigene Schuld durfte nicht wahr sein, die schrecklichen Opfer nicht vergeblich. Aus den Familien beider Eheleute werden solche Verhaltensweisen berichtet. Die ungeduldigen Fragesteller hatten und haben zu begreifen, dass sie ihre Erklärungen selbst finden müssen, Antworten der Wissenden aber nicht erwarten dürfen.

Der Unwillen scheint sich sogar zu vererben. In der Mentalität derer, die mit der Erinnerung an vergangenes Unrecht „endlich Schluss machen" wollen, wird das sichtbar. Ebenso in der Absage an die „Gedenkhysterie", die – zunächst erfolgreich – gegen die Errichtung einer Gedenkstätte für verschleppte und ermordete Juden in Berlin-Steglitz, dem Wohnbezirk der Reihlens, vorgebracht wurde. Erika und Helmut Reihlen haben mit Anderen gegen diese Ablehnung heftig gekämpft und sich durchgesetzt. Das einzigartige Denkmal einer „Spiegelwand" mit den Namen von 1 723 jüdischen Opfern erinnert heute an zentraler Stelle an das Schicksal der deportierten Berliner Juden.

Wer die Erinnerung nutzbar machen will, um den Frieden zu sichern, muss Frieden auch selbst stiften. Beide Reihlens haben das oftmals getan. Ihre Verbindungen in die USA, nach Israel und Polen und viele andere haben sie dafür eingesetzt. Besondere Bewährung in friedensfördernder Rolle wurde ihnen abverlangt, als sich bald nach der rauschhaften Freude über die Einheit Deutschlands in einem von Misstrauen und Fremdheitsgefühlen gestörten Meinungsklima die Aufgabe stellte, Einrichtungen und Gremien in der evangelischen Kirche zusammenzuführen. „Nehmet einander an", war das Leitwort des evangelischen Kirchentages 1993, als dessen Präsidentin Erika Reihlen für Verständnis und Verständigung warb. Helmut Reihlen hatte die langwierige Arbeit, als Synodenpräses in der berlin-brandenburgischen Landeskirche die beiden Teile äußerlich und innerlich zu vereinen. Geduldig und nachdrücklich konnte er dieses Vorhaben meistern, ebenso die Zusammenführung der Diakonischen Werke in beiden Kirchenteilen. Pragmatismus und Augenmaß, guter Wille und Beharrlichkeit bringen viel zustande.

Die von Helmut und Erika Reihlen überwundenen Missstände und gelösten Probleme sind weitgehend Vergangenheit. Die segensreichen Auswirkungen ihrer Arbeit sind Gegenwart. Man kann sie weit besser ein- und wertschätzen, wenn man ihre – noch gar nicht so weit zurückliegende – Geschichte zur Kenntnis nimmt. Und man kann für den Fall ähnlicher Probleme in der Zukunft nützliche Hinweise für die Bewältigung und Lösung aufnehmen. Die von Dagmar Pöpping anschaulich aufgezeichnete Lebensgeschichte beider Reihlens bietet so nicht nur spannende, sondern auch nützliche Lektüre.

Inhalt

Einführung

Als ich Helmut und Erika Reihlen zum ersten Mal traf, um über das Projekt einer Biografie zu sprechen, ahnte wohl niemand von uns, welchen Weg wir zusammen gehen würden. Vier Interviews waren geplant und eine Zeit von drei Monaten für die Niederschrift der Biografie. Das war im Sommer 2007. Drei Jahre später stehen wir vor dem Abschluss unseres Projekts. Es ist eine Odyssee durch mehr als 75 Jahre deutsche Zeitgeschichte und durch zwei eng miteinander verwobene Leben geworden. Unmöglich, diese Leben in chronologischer Vollständigkeit zu beschreiben. So stehen wir vor zeitlich aufeinanderfolgenden Lebensszenen und Reflexionen, die einen Eindruck vom Leben Helmut und Erika Reihlens vermitteln. Zahlreiche Interviews bilden die Hauptquelle. Hinzu kommen Aufzeichnungen, Aufsätze, Veröffentlichungen, Protokolle und Alben des Paares, Briefwechsel und Interviews mit Dritten sowie Würdigungen und Artikel zum beruflichen Wirken der beiden.

Nicht immer steht das Private im Vordergrund. Streckenweise ist dieses Buch ein Rechenschaftsbericht über die Arbeit und das ehrenamtliche Engagement von Helmut und Erika Reihlen. Gleichzeitig gibt es Auskunft über das Ethos, das die beiden vorantrieb und zusammenhielt. Wir begegnen preußisch-protestantischen Werthaltungen, die die Zeit des Nationalsozialismus im deutschen Bürgertum überdauerten. Und wir begegnen der Erfahrung der unvergleichlichen militärischen und moralischen Niederlage des deutschen Reiches von 1945. Sie bestimmte das Lebensgefühl der „45er-Generation", zu der Helmut und Erika Reihlen zählen. Ihre Geschichte ist auch die Geschichte einer deutschen Jugend, die antrat, um das verlorene Ansehen Deutschlands in der Welt zurückzugewinnen. Blinder Autoritätsglaube war ihre Sache nicht. Nicht zufällig ist ihr Lebensgefühl an der angelsächsischen Welt orientiert, deren unideologischer und lösungsorientierter Habitus Helmut Reihlen schon in seiner Jugend faszinierte. Die rationale Vermittelbarkeit allen gesellschaftlichen Tuns ist der Ausgangspunkt. Dies gilt auch für das christliche Selbstverständnis der Reihlens. Erika Reihlen hat es oft betont: Ein christlicher Glaube, der ihren Verstand ausblendet, kommt für sie nicht in Frage.

Wer über andere schreibt, fängt an, sich mit ihnen zu vergleichen und über seine Rolle in der Gesellschaft nachzudenken. Unwillkürlich verändert sich die Sicht auf das eigene Milieu. Hier die Geisteswissenschaftler, kontemplativ und kritisch, etwas am Rand der Gesellschaft. Dort das tatkräftige Paar, das sich als Teil der Gesellschaft fühlt und Verantwortung übernimmt. Hier die Post-68er-Generation, die vielfach ihre eigenen Stimmungslagen zum Mittelpunkt des Lebens erklärt. Dort eine Generation, die das eigene Gebrechen „nicht einmal ignorieren" will, weil es Wichtigeres auf der Welt gibt. Helmut und Erika Reihlen blicken nur selten auf das eigene Ich. Ihr Blick geht auf das Machbare und die Gesellschaft.

Es ist diese pragmatische, vorwärtsgewandte Munterkeit, die mich immer wieder für Helmut und Erika Reihlen eingenommen hat: Schwieriges als Aufgabe anzunehmen und dann zu überwinden, für das Bessere, Gerechtere oder auch nur das Erträglichere. „Gesund ist nicht der, der keine Krankheit hat, sondern der, der sein Elend überwinden will", so eine Formulierung des Gesundheitsforums auf dem Deutschen Evangelischen Kirchentag 1985, die wichtig für Erika Reihlen geworden ist. Dahinter steht eine zutiefst christliche Haltung, die durch Glauben, Hoffnung und Liebe befähigt, Schwäche und Resignation immer wieder aufs Neue hinter sich zu lassen.

Ich bin Helmut und Erika Reihlen persönlich zu großem Dank verpflichtet, zum einen, weil sie mir – so oft ich wollte – freigiebig Einblick in ihr Leben und ihre Motive gewährten, zum anderen, weil sie manchmal besser als ich wussten, was auf der Tagesordnung stand, und wie es weiter gehen sollte. Zuverlässig und mit trockenem Humor waren sie stets auf unser Ziel orientiert und haben mich so bei der Arbeit gehalten.

Dank gebührt auch den Menschen in ihrer Umgebung, die geholfen haben, meinen Blick auf die Reihlens zu schärfen. Da ist zunächst Burckhard Scheffler, Leiter des Bonhoeffer-Hauses in der Berliner Marienburger Allee 43. Er war der erste, der mir einen Eindruck von der Effizienz vermittelte, mit der Helmut Reihlen für die Evangelische Kirche wirkte.

Ein besonderer Dank gilt Frau Bärbel Märtin, der langjährigen Chefsekretärin und Assistentin von Helmut Reihlen beim Deutschen Institut für Normung e. V. (DIN). Sie hat entscheidende Hinweise über die Persönlichkeit von Helmut Reihlen in seiner Rolle als Vorgesetzter gegeben.

Erich Kotnik und Carl-Heinz Moritz vermochten es, das berufliche und kirchliche Werk Helmut Reihlens in seinen Ämtern als Ratsvorsitzender des Diakonischen Werkes Berlin e. V. und Vorsitzender des Verwaltungsrats der Stiftung Warentest zu beschreiben. Sie gaben aus unterschiedlichen Perspektiven Einblicke in die enge Verbindung von wirtschaftlichem Denken und christlich-ethischer Zielsetzung bei Helmut Reihlen.

Sehr dankbar bin ich Friedrich Wilhelm Pape. Er nahm sich Zeit, um mir die Atmosphäre und die Entwicklung des Oberlinhauses in Potsdam-Babelsberg, das er von 1983 bis 2005 leitete, zu beschreiben. Er hat mir eine lebendige Vorstellung über eine christliche Enklave in der DDR vermittelt. Wie einschneidend die Arbeit des neuen Vorsitzenden des Zentralvorstandes Reihlen für die Geschicke des Oberlinhauses gewesen ist, wäre mir ohne ihn nicht deutlich geworden. In diesem Zusammenhang möchte ich auch Frau Stephanie Gensitz danken, der Archivarin des Oberlinhauses. Ihrer Hilfsbereitschaft verdankt das Kapitel über das Oberlinhaus seine dokumentarische Basis.

Dank gebührt Bischof Martin Kruse, der mir ein langes Interview gewährte und mir anschaulich die wilden Berliner Jahre seiner Bischofszeit (1977–1994) beschrieb, die er Seite an Seite mit Synodalpräses Reihlen durchgestanden hat.

Danken möchte ich auch dem Berliner Senator für Gesundheit und Soziales a. D. Ulf Fink. Er schilderte mir seinen Kampf für die Trinkwasserfluoridierung im Berlin der achtziger Jahre und verschaffte mir damit einen Eindruck von der Atmosphäre dieser turbulenten Zeit, vor deren Hintergrund Erika Reihlen ihre beruflichen Jahre als Zahnärztin im Öffentlichen Gesundheitsdienst erlebte.

Dankbar bin ich Eckart Reihlen, der mir einen Blick zurück in seine Kindheit und Jugend ermöglichte. Ihm und seinen Geschwistern, Irmgard Reihlen und Albrecht Reihlen, ist außerdem zu danken, dass sie der Auswertung ihrer Beiträge in den Weihnachtsbriefen der Familie Reihlen zustimmten.

Klaus Vogler und Wolfgang Krogel möchte ich für die gute Zusammenarbeit danken. Klaus Vogler hat beim Evangelischen Landeskirchlichen Archiv in Berlin das persönliche Archiv der Reihlens verzeichnet. Wolfgang Krogel, Leiter des Archivs und Netzwerker von hohen Graden, vermittelte den Kontakt zu den Reihlens.

Nicht zuletzt möchte ich meinem Lebensgefährten Michael Grüttner dafür danken, dass er mich stets bei Laune hielt und das Manuskript kritisch mit mir diskutierte.

Teil I
Erste Begegnungen mit Helmut und Erika Reihlen

„Höre die Stimme der Vergangenheit.
Verliere dich nicht selbstherrlich an die
flüchtige Gegenwart. Sei treu der guten
Art deiner Familie, und überliefere sie
Kindern und Enkeln."

Klaus Bonhoeffer[1]

Das eigene Leben und die Geschichte davon

„Mach Du das allein!", sagt Erika Reihlen zu ihrem Mann, der gerade nach einem ersten Interviewtermin sucht. „Das geht ja richtig in die Vergangenheit. Ich habe noch keine Zeit dafür, das ist doch etwas für alte Leute."

Helmut Reihlen sieht das anders. Für ihn gibt es eine Tradition. Einen Staffelstab, der an die Nachkommen weitergegeben werden soll. Helmut Reihlen hat ihn von seiner Mutter Irmgard übernommen, die selbst ihr Leben in einem Buch „Erinnerungen" aufgeschrieben hat. Da war sie 66 Jahre alt und blickte mit Dankbarkeit zurück.

Für den Sohn ist sie Vorbild, er bewundert ihren Mut zum redlichen Umgang mit der eigenen Geschichte, auch dann, wenn die Zeitläufte eine Aussage heute als nicht mehr „politisch korrekt" erscheinen lassen. Irmgard, so heißt es, hatte ihren Hang zur Geschichte und zum Geschichtenerzählen von ihrer Mutter Ella Stolper. Die Großmutter war eine gute Geschichtenerzählerin und hat selbst Märchen und Gedichte verfasst. Als Kind hat Helmut Reihlen diese Großmutter gern in Göttingen besucht. Neben Märchen hörte und lernte er deutsche Geschichte von ihr. Sie erklärte dem Enkel, dass die Schulaufsätze im Krieg mit „Gott strafe England" endeten. Helmut Reihlen will sein Leben nicht allein erzählen. Er sieht zu seiner Frau. Die stimmt

---

[1] Aus dem Abschiedsbrief von Klaus Bonhoeffer, (5.1.1901–23.4.1945), des Bruders von Dietrich Bonhoeffer, an seine Kinder. Geschrieben Ostern 1945 in der Haftanstalt Lehrter Straße, kurz vor seiner Ermordung durch die Nationalsozialisten. In: Dietrich Bonhoeffer, Pfarrer, Berlin-Charlottenburg 9, Marienburger Allee 43. Begleitheft zur Ausstellung. Hg. vom Kuratorium Bonhoeffer Haus, 2. korrigierte und erweiterte Auflage, Berlin 1996, S. 3.

zu. Ihr ist ein Satz von Max Frisch eingefallen: „Jeder Mensch erfindet sich früher oder später eine Geschichte, die er für sein Leben hält."[2] Das gefällt ihr. Sie schätzt die Ironie daran, das Lachen, menschliche Fähigkeiten, die sie zuweilen in ihrem kirchlichen Umfeld vermisst. Bald wird sie 73 Jahre. Man sieht es ihr nicht an. Sie ist eine zeitlose Erscheinung – immer präsent und wach. Protestantisch schlank, gerade und voller Spannkraft. Das volle Haar steht eigenwillig nach oben – grau begann es schon in ihren Dreißigern zu werden. Die Kleidung ausgesucht und dezent, aber nicht farblos, sondern geschmückt mit einem kleinen, aber besonderen Detail, das im Auge des Betrachters hängen bleibt.

Auch sie liebt Geschichten. Ihr ganzes Leben hat sie Geschichten aufgeschrieben. Geschichten zu erzählen, Rechenschaft abzulegen, das ist für sie auch eine Verpflichtung gegenüber den Nachkommen. „Wenn Dein Kind Dich morgen fragt"[3], so heißt die Losung des Deutschen Evangelischen Kirchentages 2005 in Hannover. Erika Reihlen antwortet immer auf die Fragen, die Kinder ihr stellen.

Wer Geschichten erzählt, der möchte Menschen bei sich haben und ihren Blick auf sich spüren. „Wir brauchen Euch auch während des Jahres", schreibt sie in einem ihrer Weihnachtsbriefe. Und wer Geschichten erzählt, der gibt sich preis. „Wir haben das nie so richtig gesagt bekommen, aber wir hören es und spüren es hier und da immer wieder", sagt Erika Reihlen, „dass unsere Art der Familienbriefe nicht nur Freude bei anderen ausgelöst hat." Freunde und Verwandte in der DDR empfanden es zum Beispiel als problematisch, wenn ihnen die Reiseberichte der Reihlens vor Augen führten, was ihnen selbst verwehrt blieb. Wer – wie uneitel auch immer – von sich erzählt und sich über Erfolge freut, will in der Regel keine Minderwertigkeitsgefühle bei anderen auslösen, und doch tut er es möglicherweise bei denen, die sich vergleichen.

Gibt es so etwas wie ein gemeinsames Lebensthema? Diese Frage klingt fast überflüssig. Fast fünfzig Ehejahre, drei Kinder, die längst selbstständig sind. Und acht Enkelkinder, deren Entwicklung – fotografisch festgehalten – eine ganze Wand in Erika Reihlens Arbeitszimmer ziert. Verwandte und viele gemeinsame Freundschaften, unzählige gemeinsame Reisen und Feste. Und

---

[2]   Max Frisch: Mein Name sei Gantenbein. Frankfurt/M. 1964, S. 74.
[3]   5. Mose 6,20.

nicht zuletzt ihr lebenslanges gesellschaftliches und kirchliches Engagement. Sind das nicht genug Gemeinsamkeiten? Die Frage lässt die beiden nicht los. Immer wieder kommen sie darauf zurück. Umkreisen sie wie ein unbekanntes Licht. Und dann haben sie mit einem Mal eine Idee.

Ja, es gibt ein Thema, das sich durch ihr Leben zieht, einen Grundakkord, der immer mitschwingt, in ihren Freundschaften, in ihren Familien, im Beruf und auch dort, wo sie sich politisch und kirchlich engagieren. Die Geschichte von Helmut und Erika Reihlen ist auch eine Ost-West-Geschichte: zu allererst die Geschichte der elterlichen Herkunft, dann die Geschichte der Teilung und der wiedergefundenen Einheit der Deutschen.

Helmut Reihlen ist ein Jahr alt, als seine Familie 1935 nach Leipzig übersiedelt. Mit 15 flieht die Familie aus seiner sächsischen Heimat in die Bundesrepublik. Das ist nicht ungewöhnlich für die Zeit vor dem Mauerbau, in der viele Familien die DDR verlassen. Kindheit und Jugend von Helmut Reihlen bleiben in dem großen Haus im Leipziger Vorort Leutzsch zurück.

Auch Erika Reihlen, die selbst nie in der DDR gelebt hat, ist seit ihrer Kindheit durch Verwandte und Freunde mit dem anderen Teil Deutschlands eng verbunden. Ihre Großeltern haben mit ihren Familien fast ihr gesamtes Leben in Ostdeutschland zugebracht. Mutter Hanna Niebuhr stammt aus einem ursächsischen Pfarrhaus. Und ihr Vater Max Walter kommt aus Halle an der Saale. Ein großer Teil ihrer Familie ist nach 1945 „drüben" geblieben. So die Schwester ihres Vaters Ella und ihr Mann Heinrich Sanitz. Und auch die Familien von Martin und Johannes Anger, Brüder von Hanna Niebuhr, bleiben in der DDR. Martin gilt seit 1943 als in Russland vermisst. Wäre er je zurückgekehrt, er hätte seine Frau und seine Tochter in Dresden wiedergefunden, wo er sie verlassen musste. Johannes wird kurz nach Kriegsende für zehn Jahre im Gefängnis in Bautzen eingesperrt.

Hanna Niebuhr ist zeit ihres Lebens mit ihren Verwandten in Ostdeutschland auf besondere Weise verbunden. Und Tochter Erika Reihlen führt diese Tradition fort. „Recht erfolgreich agierte die Elterngeneration – und später deren Kinder, um die trennende Grenze nicht zur beabsichtigten Teilung der Familien werden zu lassen", schreibt die Cousine Bärbel Jacob in ihren Erinnerungen an Tante Hanna.[4]

Noch 1985 schließt Erika Reihlen ihren Weihnachtsbrief mit den Worten: „Für 1986 wünsche ich der durch die DDR-Grenze getrennten Familie von Roland und Cousine Bärbel Jacob samt den Eltern Sanitz die Wiedervereinigung."

Inzwischen ist die deutsche Spaltung Geschichte. Erika und Helmut Reihlen sind im beruflichen Ruhestand und ihre zahlreichen Ehrenämter werden weniger. Am Tag unserer ersten Begegnung am 15. Juni 2007 ist Helmut Reihlen noch Kurator des Domstifts in Brandenburg an der Havel. Den Leitfaden für seine Aufgaben dort formuliert er so: „Es geht um die Vermittlung des Zeugnisses unserer Vorfahren, darum, was sie im Leben und im Sterben geleitet hat. Es geht um Erinnerung an Vergangenes, damit wir heute und morgen leben können." Wer mit den Reihlens zu tun hat, weiß schon bald, dass hier nicht nur das Ethos eines öffentlichen Amtes formuliert ist, sondern das zutiefst geschichtliche Selbstverständnis des eigenen Lebens.

Kinder und Enkelkinder sollen etwas haben, worauf sie bauen können. In einer Rede zu ihrem siebzigsten Geburtstag, „Die 70 macht mir zu schaffen", fragt sich Erika Reihlen selbst, was eigentlich gewesen ist. Was war wichtig? Und: Wo stehen wir jetzt? Antwort findet sie im 5. Buch Mose: „Und der Herr sprach zu Mose: Dies ist das Land, von dem ich Abraham, Isaak und Jakob geschworen habe: Ich will es deinen Nachkommen geben. – Du hast es mit deinen Augen gesehen, aber du sollst nicht hinübergehen."[5] Helmut und Erika Reihlen haben ihre Kinder und Enkelkinder an „ihr Land" herangeführt, bebauen werden sie es selbst.

Domspaziergang

1. Dezember 2007. Vor der Tür steht ein roter Golf. Darin Helmut Reihlen. Er wartet schon etwas ungeduldig. Unser Ziel ist das Domstift in Brandenburg, seine Wirkungsstätte der letzten acht Jahre. Vor zwei Monaten ist er, der Kurator, dort festlich verabschiedet worden. Helmut Reihlen gehört dem

---

[4] Barbara Jacob: Erinnerungen an Tante Hanna. In: Erinnerungen an Hanna Niebuhr. Aufzeichnungen aus ihrer Familie. Hg. von Helmut und Erika Reihlen, Berlin-Lichterfelde 2008, S. 58.
[5] 5. Mose 34,4.

Domkapitel seit 1996 an, 1999 bis 2007 als Kurator, das heißt Geschäftsführer. Die erste und dringlichste Aufgabe schon zu DDR-Zeiten und dann in den neunziger Jahren war es, den kulturgeschichtlichen Bestand zu sichern und den weiteren Verfall des Doms aufzuhalten.[6]

Acht Jahre leitete und verwaltete Helmut Reihlen das Domstift. Acht Jahre lang trug er Sorge für die Domkirche, die Petrikapelle, das Museum, das Archiv samt Bibliothek, für die Gebäude der Domgemeinde, der Schulen, des Pädagogisch-Theologischen Instituts, des Predigerseminars. Auch war er verantwortlich für die Verwaltung und die Bewirtschaftung der forst- und landwirtschaftlichen Betriebe des Domstifts.

---

[6] Das hieß, die Fundamente des Doms, der Domklausur und weiterer historischer Gebäude wie der Petrikapelle und der Domkurien, zu sichern, die Dächer und die Dachstühle zu sanieren und den Leerstand durch Ansiedlung neuer Gebäudenutzungen zu verringern. Im Gesamtplan mussten Aussagen zur zukünftigen Gebäudenutzung getroffen werden. Die Gebäudesanierungen und -nutzungen sollten der Verkündigung des Evangeliums und dem Gemeindeaufbau dienen und die Dominsel mit ihren historischen Gebäuden und Einrichtungen als zentralen Ort brandenburgischer Geschichte für jedermann erlebbar machen. Helmut Reihlen unterstützte das für den Gemeindeaufbau und für die Zukunft der Kirche in Brandenburg wichtigste, zugleich aber auch in seiner Realisierung schwierigste Vorhaben des Ausbaus des Kindergartens und des Horts sowie die Errichtung einer zweizügigen Grundschule und eines zweizügigen Gymnasiums. Das brandenburgische Privatschulgesetz sicherte eine hohe staatliche Beteiligung an den Personalkosten. Es verlangt jedoch vom Träger die Bereitstellung und den Unterhalt der Gebäude und die Deckung sämtlicher Sachkosten. Der Träger darf zur Deckung eines Teils dieser Kosten ein Schulgeld erheben. Heute bzw. nach dem erforderlichen Umbau werden viele der historischen Gebäude ganz oder teilweise durch die beiden Schulen, durch Kindergarten und Hort genutzt: die Ritterakademie, die Klausur des alten Klosters, das Hospiz, die Schulenburgsche Domkurie, die Warteschule, die von der Stadt Brandenburg langfristig gepachtete Domkietz-Schule aus der DDR-Zeit, der Dom, die Petri-Kapelle, die Domaula und die Sportfläche auf der Mühleninsel. In der Planung befindet sich eine neue Turnhalle. Zunächst wollte das Domstift das Domgymnasium in der leer stehenden Burgmühle unterbringen. Das Gebäude hätte Raum für ein dreizügiges Gymnasium geboten. Fahrlässige Brandstiftung einer Gruppe von Jugendlichen hat diese Absicht buchstäblich verbrannt. Voraussetzung insbesondere für den Aufbau des Domgymnasiums in der 1973 im Schulbauprogramm der DDR, Typ Erfurt, in Schottenbauweise errichteten Domkietz-Schule war eine bundesweit durchgeführte Geldsammlung als Gemeinschaftsaktion des Domstifts und der Evangelischen Schulstiftung der Landeskirche.

Dann kam der Sturz auf der Treppe in Stuttgart im Januar 2007. Helmut Reihlen brach sich einen Halswirbel. Der Halswirbelbruch wurde im Stuttgarter Katharinenhospital operiert. Eine weitere Operation, nun im Berlin-Steglitzer Klinikum Benjamin Franklin, schloss sich an. Es folgte ein langwieriger Heilungsprozess. Das hat Spuren hinterlassen. Die Kraft, die ihn bislang immer nur nach vorne zog, war erst einmal gebrochen, und so entschloss er sich, vom Amt des Kurators zurückzutreten.

Auf dem Weg zum Dom halten wir am Mötzower Gutshof. „Wir haben vier solche Dörfer", erklärt Helmut Reihlen, „doch nur eines von ihnen bewirtschaften wir selbst." Den „Vielfruchthof" in Mötzow und Grabow betreibt ein Pächter. Er hat den Hof in Mötzow zum Erlebnispark mit Restaurant ausgebaut, der Besucher von weither, auch aus Berlin anlockt. Je nach Saison werden Spargel, Erdbeeren und Blaubeeren, Blumen oder Honig aus eigenem Anbau oder von Dritten verkauft. Für Kinder gibt es einen Streichelzoo, zu Festen einen „Erlebnisbrunch". Hinzu kommen Themenwochenenden, Musikveranstaltungen und eine „Kunstmühle" für Ausstellungen. Gerade ist Weihnachtsmarkt im umgebauten Schafstall. Helmut Reihlen redet mit ein paar Leuten über die Besucherzahlen und wie sich das Wetter auf dieses Wochenende auswirken wird. Dann geht es weiter Richtung Dominsel.

Es sei schon eine Herausforderung gewesen, die jahrhundertealte Wirtschaft auf eine neue ökonomische Basis zu stellen, erklärt er. Bis 2001 betrieb man auf den Domstiftsgütern Mötzow und Grabow Getreideanbau, Bullenmast und Schafzucht. Doch das erwies sich als unrentabel und so wurden noch vor Ausbruch der BSE-Krise die Bullenmast und ein großer Teil der Schafzucht eingestellt. Seitdem setzt der Pächter auf Getreideanbau, auf Spargel, Beerenfrüchte sowie eine groß angelegte Gastronomie. „Das marktorientierte, auf Gewinnerzielung ausgerichtete Wirtschaften hat manche Bitterkeit erzeugt", erläutert Helmut Reihlen. Von ursprünglich 130 Mitarbeitern auf den Höfen des Stifts blieben zunächst nur 15, heute sind es wieder 35. Zur jährlichen Spargel- und Erdbeerernte kommen über 500 polnische Saisonarbeiter.

Dann sehen wir die Dominsel. Helmut Reihlen berichtet von ihrer wechselvollen Geschichte. Für die Christen begann sie, als der sächsische Kaiser Otto I 948 die slawische Burg auf der Havelinsel eroberte und das Bistum Brandenburg gründete. Doch bald schon erkämpften sich die Slawen ihren alten Herrschaftssitz zurück. Erst im 12. Jahrhundert gelang es dem askanischen

Markgrafen Albrecht dem Bären erneut und nun auf Dauer, die Havelinsel für die christlichen Sachsen und für das Deutsche Reich zu sichern. Danach bewohnten der Bischof von Brandenburg und der Markgraf friedlich die Dominsel und stritten sich allenfalls um die Rechte an den Steuern in den „neuen Territorien" bis zur Oder.

Helmut Reihlen zeigt auf ein Gebäude, das ehemalige Hospiz, später Herrenkurie und Predigerseminar, in Zukunft der evangelische Kindergarten. Hier wird 1237 der Vertrag geschlossen, der den Streit zwischen Bischof und Markgraf beilegt, „weitgehend zugunsten der Kirche". Die Urkunde wird im Domarchiv aufbewahrt. Wichtig ist sie auch deshalb, weil hier erstmals Cölln urkundlich erwähnt wird. Cölln war die eine Hälfte der Doppelstadt Berlin/Cölln.

Ein gewisser Notarius Schlabrendorff fertigte damals den Vertrag aus, Vorfahre von Fabian von Schlabrendorff, einem der Verschwörer des 20. Juli 1944. Sein Sohn Jürgen Lewin von Schlabrendorff wird am 1. Oktober 2008 die Nachfolge Helmut Reihlens als Vorsitzender des Kuratoriums der Bonhoeffer Lehrstuhl-Stiftung antreten.

Das Domstift erweist sich als historischer Spiegel, in dem Helmut Reihlen immer neue Bezüge zur eigenen Geschichte findet und der sein Leben um Jahrhunderte vertieft. Wir parken auf dem kostenpflichtigen Parkplatz des Domstifts. „Mit seiner Errichtung 2006 hatte das wilde Parken zwischen den historischen Gebäuden ein Ende", erläutert Helmut Reihlen. Dann geht es zu Fuß über die im selben Jahr angelegte Havelbrücke auf die Dominsel. Helmut Reihlen erzählt von ihren Anfängen: Auf der Havelinsel etablierte sich 1165 ein christliches Stift. Prämonstratenser-Mönche kamen und legten 1165 den Grundstein zur Domkirche St. Peter und Paul. Vor uns steht einer der frühesten norddeutschen Backsteinbauten, ein Monumentalbau mit unregelmäßig ausgebesserter Fassade – gebaut auf sandigem Grund. Es sei ein mühsamer Kampf um die Festigung der Fundamente in den letzten Jahren gewesen, berichtet Helmut Reihlen.

1996 war der Dom einsturzgefährdet, wieder einmal. Seit dem Mittelalter bereitet die Standfestigkeit des Doms auf dem sandigen, teilweise auch morastigen Baugrund außerordentliche Schwierigkeiten.[7] Zehn Jahre mühten sich die Ingenieure um die Standsicherheit. 140 Tiefgründungen wurden eingebracht. „Eine High-tech-Arbeit am lebenden Gebäude", erläutert Helmut Reihlen, der Ingenieur, „kein Unfall, kein Einsturz, kein Verlust historischer Substanz, darüber haben wir ziemlich viel geschwitzt."

Fast geschäftig betreten wir den Dom. Herr Sacharowitz, ein Mitarbeiter des Dommuseums, wartet schon. Er begleitet uns in respektvollem Abstand. Mit einem großen Schlüsselbund schließt er schweigend jede Tür auf, durch die es Helmut Reihlen zieht. Eine Hüftoperation aus dem Jahr 2004 macht ihm das Gehen schwer. Waghalsig wie ein Akrobat nimmt er die allgegenwärtigen Stufen in einem nicht unbeachtlichen Tempo. Halb stolpert, halb fliegt er die Treppen herunter und herauf, die kunstgeschichtliche Bedeutung von Altären, Leuchtern und Malereien präzise erläuternd. Das ist sein Reich: Die Kreuzgänge und Kapellen, der Chor, die Krypta und die Klausurgebäude des alten, erst romanischen, dann gotisch überbauten Doms. Seine Mauern umschließen eine dumpfe Kälte, weit eisiger als der Tag draußen. Morgen am Sonntag feiert die Kirche den Ersten Advent.

---

[7] Der westliche Teil des Doms steht auf dem u. a. mit organischen Materialien verfüllten Burggraben der slawischen Befestigung. Die organischen Bestandteile faulen noch bis heute. Die Erhöhung der Obergadengewände und die Einwölbung der ursprünglich flachen Decke des Langhauses in der gotischen Bauperiode brachten zusätzliche Lasten in die Arkadenpfeiler ein, die sich daraufhin verformten. Schon die mittelalterlichen Baumeister trafen Gegenmaßnahmen. Später untersuchte Karl Friedrich Schinkel die Standfestigkeit des Doms und verbesserte sie mit dem Einbau von stählernen Zugankern im Langhaus, die die von der gotischen Einwölbung herrührenden Querkräfte neutralisierten. Doch glaubte er nicht, dass der Dom länger als 100 Jahre Bestand haben würde. In der DDR-Zeit wurden einige der Arkadenpfeiler nachgegründet. 1997/98 stand eine grundlegende Stabilisierung an: Die Nachgründung des Nordturms und der westlichen Arkadenpfeiler erfolgte mit dem Hochdruckinjektionsverfahren. Dabei wurde eine rotierende Lanze in den Boden geführt, die durch eine seitliche Düse unter hohem Druck Flüssigkeit in den sandigen Boden schießt. Der Boden wird gelöst und teilweise nach oben ausgespült. Der verbleibende Schlamm wird durch die gleiche Düse mit Beton vermischt. So entstanden zylindrische Säulen mit einer Tiefe von bis zu sieben Metern, die die Lasten des Turms bzw. der Arkadenpfeiler aufnehmen. Ferner wurden die Fundamente der Apsisstrebepfeiler nachgegründet, und zwar mit Kugelkopfpfählen.

Im Dom ist die Zeit nicht so genau auf den Punkt zu bringen. Behäbig haftet sie an den Bauten und Einbauten aller Stilepochen der vergangenen 800 Jahre. Wir eilen unter der barocken Wagner-Orgel, vorbei am Epitaph für Adam von Königsmarck im Mittelschiff, der mittelalterlichen „Bunten Kapelle". Links streifen wir die Schlabrendorff'sche Gruft. Von hier aus geht es in den unteren östlichen Kreuzgang.

Abrupt bleibt Helmut Reihlen stehen. Unaufgefordert schaltet unser Begleiter die Scheinwerfer ein, die auf einer Stellage vor einem Terrakottakapitell aufgestellt sind. Der Unkundige hätte es übersehen: Unter der Inschrift „Pinkas"[8], einer im Mittelalter gebräuchlichen Bezeichnung für Juden, ist eine Muttersau mit einem menschlichen Kopf zu erkennen. Sie trägt einen Spitzhut, die im Mittelalter Juden kennzeichnende Kopfbedeckung. Grüßend blickt sie dem Betrachter entgegen. Ein Jude betet sie verehrungsvoll an, ein anderer macht sich an ihrem Anus zu schaffen. Die Nachbarkapitelle zeigen den Kampf von christlichen Rittern und Drachen, das Zeichen des Antichristen, sowie Rosen, Zeichen der ewigen Königsherrschaft Christi. Keine Frage, wir stehen vor einem dunklen Kapitel der Kirchengeschichte, einem Monument des Antijudaismus, das an Gehässigkeit kaum zu überbieten ist. Es hat die Jahrhunderte im Dom, so wie in vielen anderen christlichen Kirchen, überdauert. Die Nazis führten ihre HJ-Führer zum „Juden-Kapitell". Hier fanden sie Bestätigung für den eigenen Hass auf die Juden. Lange überging das Domstift diese Skulptur bei seinen Führungen durch den Kreuzgang. Doch das ist für Helmut Reihlen ein unzulänglicher Umgang mit der Geschichte: „Wir müssen etwas dazu sagen", meint er, „wir müssen die Geschichte dieses Kapitells erzählen, seinen Sitz im Leben." Nur durch die Kenntnis der Geschichte werde man verhindern können, dass sie sich wiederholt. „Niemand kann seine Geschichte verleugnen, wir können nur aufklären!" Beeindruckt hat ihn das Buch seines New Yorker Freundes Donald Shriver: „Honest patriots. Loving a country enough to remember its misdeeds." Shriver lobt Südafrika und Deutschland, die sich in seinen Augen vorbildlich mit den dunklen Phasen ihrer Geschichte, dem Nationalsozialismus und der Apartheid, befassen. Er mahnt seine Landsleute, ähnliches in Blick auf die Geschichte der Afrikaner und der indianischen Urbevölkerung in den USA zu leisten.

---

[8] 4. Mose 25,7.

Als Kurator fördert Helmut Reihlen die Auseinandersetzung mit dem kirchlichen Antijudaismus. Und er veranlasst einen Historiker, das Archiv der Staatsbibliothek München aufzusuchen. Der findet heraus, dass 1235, in der Bauphase des Brandenburger Kreuzgangs, Kinder in Fulda bei einem Mühlenbrand ums Leben gekommen sind. Man braucht einen Schuldigen. Sofort werden die Juden Fuldas des „Ritualmordes" verdächtigt, mit einem Pogrom überzogen und verjagt, zum Teil umgebracht. Daraufhin setzt der Stauferkaiser Friedrich II eine Kommission ein. Diese stellt fest, dass es für Juden religiös sinnlos ist, Christenkinder zu ermorden. Friedrich II stellt die Juden des Reiches unter seinen Schutz. Damit hat sich Kaiser Friedrich viele Feinde gemacht, die ihn von nun als „Feind der Christen, als Helfer des Antichristen" denunzieren.

Hat sich die Auseinandersetzung zwischen Kaiser und Vatikan, die Polemik gegen den Kaiser als Freund „der Gottesmörder" im Bau der Kapitelle des Brandenburger Kreuzgangs niedergeschlagen? „Wir müssen das erforschen!", sagt Helmut Reihlen. Ein Satz, der noch öfter an diesem Vormittag im Dom zu Brandenburg fällt.

Im Kreuzgang neben dem Kapitell mit dem Kampf zwischen Rittern und Drachen steht ein modernes Meditationskreuz, gestaltet 1986 von Wieland Schmiedel. Es ist eine der beiden Dauerleihgaben der Stiftung St. Matthäus, der Kunststiftung der Evangelischen Kirche Berlin-Brandenburg-schlesische Oberlausitz. Die zweite ist ein Ölbild aus dem Jahre 2008, die „Brandenburgische Bergpredigt" von Matthias Koeppel. Sie zeigt die Mitglieder des Domkapitels vor der Dominsel, während sie die Predigt Jesu hören. Unter dem „Volk" ist neben dem Maler und seiner Frau auch Erika Reihlen zu sehen. Sie und ihr Mann haben das Bild in Auftrag gegeben und es der Stiftung St. Matthäus geschenkt. Helmut und Erika Reihlen schätzen die Kunstinitiative ihrer Kirche und gehören zu den Freunden und Förderern der Stiftung seit ihrer Gründung 1999. Als Vorbild stand ihnen die Kunstförderung der katholischen Kirche beim Wiederaufbau des kriegszerstörten Köln vor Augen.

Die Stiftung St. Matthäus präsentiert moderne Kunst und pflegt Liturgie, Kontemplation und das Gespräch mit den Künstlern, „traditionell ein von der evangelischen Kirche zu wenig bestelltes Feld der Glaubensverkündigung", wie Helmut Reihlen erläutert. Die Stiftung hat ihren juristischen Sitz am Dom zu Brandenburg. Ihr wichtigster Veranstaltungsort ist die

St. Matthäus-Kirche in Berlin-Tiergarten, die infolge der Kriegszerstörungen keinen eigenen Gemeindebezirk mehr besitzt. Sie steht in unmittelbarer Nachbarschaft der Philharmonie, der Neuen Nationalgalerie, der Gemäldegalerie am Kulturforum und der Staatsbibliothek. Im Zuge der Neubebauung des Potsdamer Platzes musste das Areal des alten Gemeindehauses abgegeben werden. Der Verkaufserlös floss nicht in den allgemeinen Kirchenhaushalt, sondern wurde zum Stiftungskapital der neuen Kunststiftung.[9]

Im Dommuseum herrscht fast völlige Dunkelheit; hier ist ein Teil des lichtempfindlichen Textilschatzes ausgestellt. Der Dom beherbergt fast 100 liturgische Gewänder und Textilien aus dem Mittelalter und den nachfolgenden Epochen. Zentrum des Bestandes sind die Gewänder des Prämonstratenserklosters. Es waren Fürsten, die ihre wertvollen weltlichen Gewänder den Mönchen stifteten, die diese dann zu liturgischen geistlichen Gewändern umarbeiten ließen. Ohne diese Stiftungen hätte sich ein mittelalterliches Prämonstratenserkloster in der kargen Mark Brandenburg solch kostspielige Stoffe nicht leisten können. Die prachtvollen Gewänder bleiben auch über die Reformation hinaus im Dom in Gebrauch. Andere werden ihm in Obhut gegeben. In die Mark Brandenburg kommt die Reformation spät, sanft und ohne Bildersturm. Auch nach dem Zweiten Weltkrieg werden die Gewänder genutzt. Der Kulturbund im Zusammenwirken mit dem Domstift ließ 1948 den „Kinderkreuzzug" von Marcel Schwob mit Gewändern aus dem Textilschatz des Domstifts aufführen, allerdings nicht, ohne erhebliche Schäden an den gebrechlichen Stoffen anzurichten. Freiberufliche Textilrestauratorinnen bewahren den Schatz, so gut es geht. Erst 2004 gelingt es Helmut Reihlen, eine domstiftseigene Restaurierungswerkstatt einzurichten.

Mit dem Textilschatz ist auch ein Ort aus der Jugendzeit Helmut Reihlens in Erinnerung gerufen worden. Römhild, eine Kleinstadt in Südthüringen. Hier besuchte Helmut Reihlen im Winter 1946 drei Monate lang das Internat/ Waisenhaus auf Schloss Glücksburg. Als er 2005 hört, dass die Römhilder evangelische Kirchengemeinde mit ihrem von den Grafen von Henneberg auf

---

[9] Treibende Kräfte dieser Gründung und ihrer unkonventionellen Finanzierung waren Bischof Wolfgang Huber und Pfarrer Christhard Georg Neubert. Huber wurde Vorsitzender des Kuratoriums der Stiftung, Bischof Markus Dröge sein Nachfolger. Neubert wurde ihr Direktor.

sie überkommenen Textilschatz wenig anzufangen weiß und ein geeignetes Museum als Depot sucht, meldet er sich und holt ihn in das Dommuseum nach Brandenburg.

Dann gelangen wir in die Gewölbe im Obergeschoss des nördlichen Kreuzgangs. 2001 – so erzählt Helmut Reihlen – gab es hier eine kleine kunstgeschichtliche Sensation. Als der Kreuzgang restauriert werden soll, kommen Wandmalereien aus der Mitte des 15. Jahrhunderts zum Vorschein. Kurz vor Abschluss der Arbeiten Ende 2005 gelingt es, diese Malereien mit einem Reisetagebuch aus dem 15. Jahrhunderts in Verbindung zu bringen, das haarklein die Ausmalungen einer Bibliothek beschreibt, die man bislang irrtümlich der im 18. Jahrhundert abgerissenen Prämonstratenserkirche auf dem Harlunger Berg zugeordnet hat. Der Autor ist Hartmann Schedel, ein Nürnberger Stadtmedicus und Humanist. Seine Beschreibung ermöglicht es, die nur bruchstückhaft erhaltenen Reste einer Darstellung der sieben freien Künste an den Wänden des Kreuzgangs und die dazugehörigen Texte zu identifizieren. Helmut Reihlen, die Restauratorin Birgit Malter und der Dombaumeister Jürgen Padberg sind stolz darauf, dass dies in ihrer gemeinsamen Amtszeit gelang.

Organisieren liegt ihm. Ein Bedenkenträger ist Helmut Reihlen nie gewesen, nicht als Kurator, nicht im Beruf und auch nicht im Privatleben. Oft hat er Zweifel seiner Frau entkräftet und ihr gesagt: „Wenn wir in die Situation kommen, lernen wir das schon." Schon als Kind macht er sich diese Maxime zu eigen. Als Zweitjüngster von fünf Brüdern kann er es sich nicht leisten, viel zu grübeln. Er muss stark sein, denn in der Familie gehört er zu den beiden „Kleinen" ganz unten in der Brüderhierarchie. Noch bei der letzten gemeinsamen Bootstour der Brüder im Jahr 2000 auf der Müritz sind die Rollen klar verteilt: Der „Große", Eberhard, geht an die Pinne. Dieter besorgt die Küche. Die „Kleinen", Helmut und Roland, halten das Boot sauber und holen morgens die Brötchen.

Helmut Reihlen ist ein geübter Redner. Sachkundig spricht er über Politik, Technik, Geschichte oder Kunst: mit ruhiger, Stimme, immer auf das Ergebnis oder eine Pointe ausgerichtet. Auch dies verbindet ihn mit seinen Brüdern. Als Kinder sind sie verpflichtet, vor jedem Ausflug einen kleinen Bericht über die Kunstschätze und Sehenswürdigkeiten zu geben, die man sich gemeinsam anschauen will. Zu den Geburtstagen der Brüder hat der jeweils Jüngere die Aufgabe, den Älteren mit einer Rede zu erfreuen. Das alles hat gebildet, wenn es auch nicht immer leicht war, denn ständig lief man Gefahr, sich vor den älteren Brüdern zu blamieren. Die warteten nämlich nur auf Fehler, über die sie lachen konnten. Für Helmut Reihlen, der sich davon nicht unterkriegen ließ, war das eine gute Schule.

In der Tätigkeit des Kurators laufen die verschiedenen Fäden seines Lebens zusammen. Helmut Reihlen ist Ingenieur, ein Mann der Wirtschaft ebenso wie Familienvater, Kunst-, Musik- und Geschichtsliebhaber, aber auch Christ, ein Mann seiner Kirche. Alle diese Interessen und Rollen bekommen hier im Domstift ein gemeinsames Aufgabenfeld. Selbst seine Kinderjahre leben wieder auf. Das Haus in Leipzig-Leutzsch, wo die Reihlenbrüder aufgewachsen sind, wurde einst liebevoll „unser Rittergut" genannt. Hier gab es Kaninchenställe, Obstbäume und Beerensträucher, eine wichtige Nahrungsgrundlage für die ganze Familie in der Nachkriegszeit. 1950 flüchtete die Familie in den Westen. „Auf Dauer wären wir mit Sicherheit in Konflikt mit dem kommunistischen Regime geraten", sagt Helmut Reihlen. Als Kurator des Domstifts Brandenburg hat er – wenn man so will – „sein" Rittergut in Brandenburg wiedergefunden.

1999, als er Kurator des Domstifts wird, ist die Situation eine andere als im Jahr 1950. Denn mit dem Ende der DDR gehören auch die Repressionen gegen Kirche, bürgerliche und adlige Eliten der Vergangenheit an. Zwar sind die Christen in Brandenburg nach zwöf Jahren Nazi-Diktatur und 44 Jahren SED-Regime zu einer Minderheit geschrumpft, aber für Christen gibt es keinen Grund mehr, in der inneren oder äußeren Emigration zu verharren – wie einst unter der Herrschaft der SED. Selbst einige der Rittergutsbesitzer, die 1945 im Zuge der Bodenreform von den Kommunisten enteignet und vertrieben worden waren, sind auf ihre Güter zurückgekehrt oder sie haben sich von ihrer neuen Heimat in Westdeutschland aus für die Orte ihrer Herkunft eingesetzt. So Otto Graf Lambsdorff, Schüler der Ritterakademie am Dom zu Brandenburg und nach der Wende einer der Domherren und Initiatoren des Fördervereins Dom zu Brandenburg. So Hans Georg von der Marwitz, der wieder in Friedersdorf lebt und wirtschaftet und Mitglied des Deutschen Bundestages wurde, so die Stechows in Nennhausen, die Finckensteins in Alt-Madlitz, die Oppens in Lindow und Herr von Ribbeck auf Ribbeck im Havelland. Oder auch Vicco von Bülow, bekannt als Loriot, der 1923 in Brandenburg an der Havel geboren ist und dort in der Noch-DDR-Zeit eine viel beachtete Ausstellung seiner Werke im Domstift ermöglichte. Sie alle und viele weitere haben geholfen, dass das Domstift Brandenburg wieder wächst und gedeiht.

„In der Stadt Brandenburg ist unsere Kirche in einer missionarischen Situation", erklärt Helmut Reihlen. Hier gehören 8 000 von insgesamt 74 000 einer Kirche an. Die Arbeitslosigkeit liegt bei 16 Prozent. Brandenburg war der größte Stahlproduzent der DDR. Heute sind in der Stahlindustrie weniger als 1 000 Menschen beschäftigt. Doch neben Bitterkeit und Abwanderung gibt es auch Hoffnung. Dazu will das Domstift beitragen. Die Kirche genießt im Havelland Ansehen und Respekt, mit Krankenhäusern und Häusern für ältere Menschen, mit der Kirchenmusik, mit der Jugendarbeit in Kindergärten, Jugend- und Arbeitslosenzentren, mit Konfirmanden- und Religionsunterricht und mit sonntäglichen Gottesdiensten. Während Helmut Reihlens Zeit als Domherr und später als Kurator ist der Aufbau einer evangelischen Grundschule und eines evangelischen Gymnasiums gelungen. Sein Anliegen: Aufbau und Stärkung der Kirche durch Bildung. Während seiner Amtszeit als Kurator ruft er unermüdlich zu Spenden auf. Die Grundschule öffnet ihre Pforten im Jahr 2000. Und am 27. August 2006 ist es soweit: Das Brandenburger Domgymnasium am Domkiez 5 nimmt den ersten Jahrgang auf. Für die dominierende Kirchenferne in der Umgebung zunächst ein Stachel im Fleisch, auf Dauer jedoch ein allgemein respektiertes Angebot zum Kennenlernen christlicher Lebensgestaltung.

Von außen betrachtet wirkt es bescheiden. Das Gebäude des Domgymnasiums ist ein DDR-Serienschulbau mit schadhafter Plattenfassade. Doch die Fassade täuscht. Innen ist der Bau vollständig saniert. Schon in den ersten beiden Jahren ihres Bestehens sind beide Schulen zum Anziehungspunkt für ihre Umgebung geworden.[10] Als Ganztagsschule pflegt das Domgymnasium reformpädagogische Lernformen und Gemeinschaft. Mit Mahlzeiten und Festen nach christlichen Ritualen knüpft es an die Traditionen der preußischen Ritterakademie an, die 1705 von König Friedrich I im Westflügel der Domklausur gegründet wird. Hier werden die Söhne des märkischen Adels erzogen und auf Führungspositionen am Hof, im Staat und im Heer vorbereitet. Die Ritterakademie habe die Aufgabe gehabt, den Söhnen des

---

[10] Bislang haben sie 400 Schüler, 600 werden es am Ende sein. 700 sind es, wenn man Kindergarten und Hort dazurechnet.

märkischen Adels das Essen mit Messer und Gabel beizubringen, erzählt Helmut Reihlen und beruft sich dabei auf einen Ausspruch Graf Lambsdorffs. Das Domstift, sein Dom, seine Räume, seine Musik, seine Wälder, seine Kultur sind in den Schulalltag des neuen Gymnasiums und der Grundschule einbezogen. Zugleich versteht sich die Schule als Impulsgeberin für die Stadtteilarbeit.

Die evangelischen Schulen sind bewusst kirchlich, aber offen für alle Kinder, deren Eltern sich um Aufnahme bewerben. Voraussetzung ist, dass sie die Grundsätze und Ziele der Schulen bejahen. Die Kirchenmitgliedschaft ist keine Bedingung. Religionsunterricht ist Pflicht. Ungefähr die Hälfte der Schülerinnen und Schüler gehört keiner Kirche an. Das gesamte Schulleben, auch die Andachten und Gottesdienste nehmen darauf Rücksicht. Helmut Reihlen ist sicher: Die Attraktivität der beiden Schulen am Dom liegt im guten Schulgeist, der christlichen Identität und der Offenheit für andere Überzeugungen, getreu der Devise des Alten Fritz: „Jeder soll nach seiner Fasson selig werden, solange es ihm nur ernst damit ist." Der zweite Teil dieses Zitats ist Helmut Reihlen wichtig. Nicht ohne Stolz berichtet er, dass im Unterschied zu den staatlichen Schulen Brandenburgs, denen Schüler abhanden kommen, die beiden kirchlichen Schulen mehr Bewerber haben, als sie aufnehmen können.

Das Domstift Brandenburg ist so etwas wie die letzte Station im Berufsleben Helmut Reihlens. Zwar ist der Posten des Kurators „nur" ein Ehrenamt, doch eigentlich ist er so etwas wie eine „dritte Phase" seines Berufslebens geworden, nach Schwermaschinenbau und technischer Normung, so der Domdechant Bischof Wolfgang Huber anlässlich der Verabschiedung von Helmut Reihlen als Kurator. Helmut Reihlen war von Anfang an mit Leidenschaft dabei. „Meine neue Liebe ist der Dom zu Brandenburg", schreibt er am Ende des Jahres 1999 – und so ist es geblieben bis zum Schluss.

Für seine Verdienste um das Land Brandenburg, insbesondere um den Dom und die Errichtung zweier evangelischer Schulen, hat Ministerpräsident Platzeck Helmut Reihlen am 14. Juni 2006 den Verdienstorden des Landes Brandenburg, den Roten Adler, verliehen. In früheren Jahren war die Verleihung des Verdienstordens Erster Klasse der Bundesrepublik Deutschland und des Verdienstzeichens in Gold der Bundesrepublik Österreich vorausgegangen.

Und dann gibt es in der Domaula ein Fenster, das Helmut Reihlens Namen trägt. Zu besichtigen ist es seit dem Kapitelstag im Oktober 2007. Helmut Reihlen erinnert sich noch gut: Bischof Huber hielt eine freundliche Rede zur Verabschiedung des Kurators, dann gingen alle Versammelten zu einem Empfang in die Aula. Hier wartete eine Überraschung. „Sein Fenster" ist das dritte neben den Fenstern mit den Wappen der Domherren Otto Graf Lambsdorff und Knud Caesar. Über dem Namen Reihlen gibt es kein Familienwappen, aber das Wappen des Domstifts, die zwei gekreuzten Petrusschlüssel. Sie erinnern an den Auftrag Jesu an Petrus: „Du bist Petrus, und auf diesen Felsen will ich meine Gemeinde bauen, und die Pforten der Hölle sollen sie nicht überwältigen. Ich will dir die Schlüssel des Himmelreichs geben: Alles, was du auf Erden binden wirst, soll auch im Himmel gebunden sein, und alles, was du auf Erden lösen wirst, soll auch im Himmel gelöst sein", heißt es im Matthäusevangelium.[11]

Der Sturz von der Treppe hat diese Station im Leben Helmut Reihlens beendet. Nun hält er Ausschau nach der Zeit „nach dem Dom". Und eigentlich ist immer noch viel zu tun. Dennoch: Etwas hat sich verändert in seinem Leben. Während seiner langen Genesungsphase nach dem Halswirbelbruch, in der er sich nicht bewegen kann, beschäftigen ihn die Lieder Paul Gerhardts. Obgleich er viele dieser Lieder seit langem auswendig kennt, ist ihm die an Krankheit und Leid anknüpfende Frömmigkeit Paul Gerhardts fremd geblieben. Jetzt erkennt er ihre Realität. „Krankheit und Leid", das sind alltägliche Erfahrungen zu Zeiten Paul Gerhardts: „Menschliches Wesen, was ist's gewesen? – In einer Stunde geht es zu Grunde – Sobald das Lüftlein des Todes drein bläst", heißt es in einem seiner Lieder aus dem Jahr 1666.[12] Doch von all dem ist am Ende des Jahres 2007 nicht mehr viel zu spüren. Helmut Reihlen wirkt frisch und voller Tatendrang. Seine Beschwerden, sagt er, „ignoriert er nicht einmal". Mit Leidenschaft wendet er sich der neuen Aufgabe zu: sich zu erinnern an die Geschichten seines Lebens.

---

[11] Mt 16,19.
[12] Die güldne Sonne, EG 449/7.

Teil II
Die Reihlens – Kindheit im Nationalsozialismus

Eltern und frühe Familienjahre

An einem Sonntag, dem 14. August 1934, wird Helmut Reihlen in Bergisch Gladbach geboren. „Ein Kinderparadies", erinnert sich Mutter Irmgard in ihren „Erinnerungen". Die Familie bewohnt ein großes Haus in der Friedrichstraße. Unmittelbar gegenüber auf dem Lindenplatz finden zweimal im Jahr eine Kirmes und ein Dorfzirkus statt. An Sommerabenden kann man die Glühwürmchen von der Terrasse aus beobachten und einen Dachs, der aus seinem Bau kommt. Fast wehmütig sind die Erinnerungen der Mutter an diese frühe Familienidylle: „Den Osterhasen persönlich besuchten wir am Strundener Bach", schreibt sie, und auch der Garten mit seinem Spargelbeet habe allen viel Freude bereitet.

In Bergisch Gladbach erlebt die Familie 1933 die Machtübernahme durch die Nationalsozialisten, was die Stimmung aber keineswegs trübt, im Gegenteil. Rückblickend erinnert sich Irmgard Reihlen: „Hitler war an die Macht gekommen. Otto und ich können uns den Vorwurf nicht ersparen, ihn mit in den Sattel gesetzt zu haben, da wir bei der entscheidenden Wahl beide für den Nationalsozialismus stimmten."

Der Nationalsozialismus ist sichtbar in Bergisch Gladbach. Die Kinder erleben ihn als etwas Besonderes. Als Irmgard eines Abends mit ihrem ältesten Sohn Werner von einem Ausflug ins Siebengebirge nach Hause kommt, präsentieren die anderen Söhne Eberhard und Dieter ihr stolz Figuren, Fahnen, Tribüne und ein Ehrenmal, die sie aus Bausteinen errichtet haben. Das Modell ist bis auf den letzten Fußbreit mit Nazis besetzt. „Ganz wie auf dem Gladbacher Marktplatz, der seit heute Adolf Hitlerplatz heißt", schreibt Irmgard Reihlen in ihren „Erinnerungen".[13] Das ist am 20. und 21. Juni 1935, dem Kreistag der NSDAP in Bergisch Gladbach. Nie zuvor hat Bergisch Gladbach so pompöse Aufmärsche gesehen. Bei der Abschlusskundgebung marschieren 12 600 Männer zum Generalappell vor dem Gauleiter von Köln-Aachen,

---

[13] Irmgard Reihlen: Erinnerungen. Köln 1968, S. 28.

Josef Grohé, auf.[14] „Die ganze Kreisstadt war auf den Beinen, und die Massen füllten die Innnenstraßen und den Marktplatz aus, um den Vorbeimarsch am Gauleiter zu sehen, der nunmehr vor sich ging. Fast der gesamte Stab der Gauleitung stand auf der Freitreppe des Rathauses [...] Und so stand die ganze Kreisstadt mit dem gesamten Kreis im Bann dieser gewaltigen Partei- und Volkskundgebung. Der Kreistag war ein überragendes Bekenntnis ohne Vorbild in der Heimatgeschichte, ein Bekenntnis zum nationalen und sozialen Wollen des Nationalsozialismus, ein einziger flammender Treueschwur für unseren Führer Adolf Hitler", heißt es im Jahrbuch des Rheinisch-Bergischen Kreises.[15]

In seiner Taufrede für Sohn Helmut vom 27. Oktober 1934 ist sich Otto Reihlen noch ganz sicher, dass „Helmut und seine Brüder ihre Entwicklungs- und Mannesjahre in einer besseren deutschen Zukunft erleben werden".[16]

Dennoch halten Irmgard und Otto Reihlen Abstand zu den Nationalsozialisten; der NSDAP treten sie nicht bei. Im Unterschied zu manchen Freunden, die in die Partei eintreten, weil sie meinen, den bürgerlichen Elementen Einfluss auf Partei und Regierung verschaffen zu müssen, auch wenn sie die NS-Ideologie in wesentlichen Punkten nicht teilen.

Irmgard Reihlen will sich selbst ein Bild machen. 1935 beginnt sie, „Mein Kampf" zu lesen und kommt zu dem Schluss, dass die Ideen Hitlers hirnverbrannt und unmöglich seien. Dabei ist sie in Bergisch Gladbach zunächst der NS-Frauenschaft beigetreten. Später in Leipzig kühlen sich ihre Kontakte jedoch ab. Zunehmend fühlt sich die Mutter unwohl im Kreise „kritiklos gläubiger Eiferer". Als man sie bei einer Versammlung auffordert zu klatschen, antwortete sie: „Nur, wenn ich ehrlich zustimme." Das ist auch die Zeit, als Otto Reihlen in Konflikt mit dem Altherrenverein seiner Studentenverbindung gerät, der „Akademischen Gesellschaft Sonderbund zu

---

[14] Joachim Scholtyseck: Unter dem Hakenkreuz. Nationalsozialismus im Raum Bergisch Gladbach 1933–1945. In: Bergisch-Gladbacher Stadtgeschichte, hg. im Auftrag der Stadt Bergisch Gladbach von Albert Esser (Beiträge zur Geschichte der Stadt Bergisch Gladbach, Bd. 9), Bergisch Gladbach 2006, S. 353–401, S. 379.

[15] Dr. Anton Jux: Der Kreistag des Rheinisch-Bergischen Kreises 1935. In: Jahrbuch des Rheinisch-Bergischen Kreises, 1937, S. 12–19, S. 18 f.

[16] Taufrede Otto Reihlens für Helmut vom 27.10.1934 in Bergisch-Gladbach. Privatbesitz Reihlen.

Stuttgart", kurz „Sonderbund". Dieser hatte seinen „nichtarischen" Mitgliedern nahegelegt, freiwillig den Bund zu verlassen. Otto Reihlen nennt das einen „Treuebruch" gegenüber Freunden, der durch nichts zu rechtfertigen ist, denn es verstößt gegen das Prinzip des „Lebensbundes". „Ja bleibt ja, und nein bleibt nein! – gleichgültig, ob später aufgekommene Rassenprobleme diese menschlichen Bindungen anfechten", schreibt er 1935 an den Vorstand der Altherrenschaft. Otto Reihlen bezweifelt, dass ein Treuebruch ein gutes Fundament für den Aufbau einer neuen Gemeinschaft sein kann und tritt dafür ein, den „Sonderbund" besser aufzulösen, als ihn mit einem Treuebruch zu retten.[17]

Es sind Werte wie „Treue" und „charakterliche Aufrichtigkeit", die – ernst genommen – auch für national denkende Konservative zum Konflikt mit den Nationalsozialisten führen können. Für Otto und Irmgard Reihlen ist es nicht gleichgültig, ob man einen Freund verrät oder nicht. Sie stimmen nicht nur deshalb einer Sache zu, weil alle anderen es tun, sondern vertrauen auf die eigene Urteilsfähigkeit. Das ermöglicht ihnen, eine gewisse Distanz zum Nationalsozialismus zu wahren. Ein Grund, warum sie auch später noch ihren Kindern in die Augen sehen können, wenn diese sie nach ihrem Verhalten in jener Zeit fragen.

Kennengelernt haben sich Otto Reihlen und Irmgard Stolper 1923 auf Radwanderungen und Festen im Kreis einer befreundeten Familie in Breslau, der Heimat von Irmgards Großeltern mütterlicherseits. Hier hat Irmgard ihre erste Stelle als Sekretärin. Ein gutes Jahr später sind die beiden verheiratet. 1925 ziehen sie in den vierten Stock eines Hauses in der Württembergischen Straße in Berlin-Wilmersdorf. Otto Reihlen, Ingenieur des Maschinenbaus, ist zunächst bei der Breslauer, dann bei der Berliner Verkaufsstelle der späteren Klöckner-Humboldt-Deutz AG angestellt und reist für diese durch die Lande, um Dieselmotoren, Schlepper, Schiffsmotoren, Lokomotiven, Lastwagen und Stromgeneratoren zu verkaufen. 1926 wird Werner, ihr erstes Kind, geboren. Dann kommen Eberhard (1928) und Dieter (1930).

Otto und Irmgard sind ein glückliches Paar, obgleich Otto nicht „unbeschadet" in diese Ehe gegangen ist, wie er seiner Braut kurz vor der Verlobung beichtet. 1914 meldet er sich, der Sohn des Arztes und Professors der Medizin Max Reihlen, und seiner Frau Maria, geb. Tafel, Tochter des Nürnberger

---

[17] Vgl. auch S. 101 f.

Fabrikanten Julius Tafel, freiwillig an die Front. Er ist gerade 18 und hat damit sein „Heldenabitur" bekommen. Als Aufklärer in der Artillerie muss er erleben, wie viele seiner Kameraden getötet werden, kaum dass er mit ihnen Freundschaft geschlossen hat. Auch sein Bruder Ernst kommt bei einem Aufklärungsflug weit hinter der Kampflinie ums Leben. Wie durch ein Wunder überlebt Otto Reihlen sämtliche Schlachten: „Ich habe manchen feinen Menschen wiedergetroffen", schreibt er an Irmgard, „aber länger als vierzehn Tage ließ uns der Tod nicht zusammen. 1915, 1916, 1917 machte ich alle großen Schlachten des Westens mit, mehr als einmal den Tod suchend. Immer der Überlebende zu sein, hatte ich satt." Allein in den beiden Flandern- bzw. Ypernschlachten in Belgien, an denen er 1915 und 1917 teilnimmt, sterben 300 000 deutsche Soldaten. Ein ähnlicher Albtraum sind die verlustreichen Isonzoschlachten, in denen italienische Truppen gegen die österreichisch-deutsche Allianz kämpfen. Jahrzehnte später erzählt Otto Reihlen seinen Söhnen noch von ganz anderen Qualen. Von der Angst in den Schützengräben, wenn die Granaten geflogen kamen. Und den vielen Leichen, an denen die Ratten nagten. Wie sich die jungen Männer anfassten, um die Angst zu besiegen und sich warm zu halten. Nicht selten kamen dabei erotische Gefühle auf. Nach den Fronteinsätzen haben diese Männer dann unter ihrem „schlechten Gewissen" gelitten und wagten es nicht, von ihren Erfahrungen zu berichten.

Am Ende des Krieges sind viele Freunde und Frontkameraden von Otto Reihlen tot. Niedergeschlagen, verletzt und sehr einsam kehrt er in das besiegte Deutschland zurück. Für den jungen Mann sind die Kriegserlebnisse nur schwer zu verarbeiten. Seine Psyche hat empfindlich gelitten. Und wie so viele andere kann Otto Reihlen nicht fassen, dass sein Land „so unsagbare Opfer" umsonst gebracht haben soll. Lange habe ihn eine „unsägliche Unruhe" geplagt, gesteht er seiner Braut Irmgard. Sie soll es wissen, denn von ihr will er verstanden werden. Noch 1918 nimmt er sein Studium des Maschinenbaus an der Technischen Hochschule Stuttgart auf und wird Mitglied der „Akademischen Gesellschaft des Sonderbundes zu Stuttgart", einer nichtfarbentragenden, nichtschlagenden Studentenverbindung deutschnationaler und liberaler Prägung. Im November 1918 kommt es in Stuttgart wie auch in anderen Teilen Deutschlands zu Unruhen. Revolutionäre Arbeiter sind in den Generalstreik getreten, um einen Waffenstillstand zu erzwingen. Gewerkschaften, Unabhängige Sozialdemokraten (USPD), Spartakisten und Arbeiterräte marschieren in der Stuttgarter Innenstadt auf und fordern die Einführung der Republik. Eine Regierung aus SPD und USPD soll gebildet werden. Der „Spartakus" besetzt das Rathaus. In dieser Situation zieht auch der Sonderbündler Otto Reihlen auf die Straßen Stuttgarts, bereit, gegen den „Spartakus" einzustehen. Kriegsteilnehmer unter den Studenten bilden unter der Führung von Eberhard Wildermuth (1890–1952)[18], Mitglied der liberalen Deutschen Demokratischen Partei (DDP), ein Studentenbattaillon. Die kritische Lage in Stuttgart entspannt sich schon nach wenigen Tagen. Am 11. November 1918 übernimmt eine Koalition aus Sozialdemokraten und Bürgerlichen die Regierungsverantwortung in Württemberg. Die „kommunistische Gefahr" ist gebannt.[19]

Doch der vom Krieg traumatisierte Otto Reihlen bleibt dem Kampf verpflichtet. Bald zieht er mit zum Annaberg in Schlesien, wo deutsche Freikorps im Interesse der deutschen Irredenta einem prodeutschen Abstimmungsergebnis Geltung verschaffen wollen. Hier beginnt Otto Reihlen zu begreifen, dass der Idealismus der jugendlichen Kämpfer im Sinne antidemokratischer Interessen benutzt wird, und er bricht gemeinsam mit einer Gruppe württembergischer Studenten seinen Einsatz ab. Nun erst beginnt sein ziviles Leben.

Die Geschichte dieses kämpferischen und patriotischen Studenten hat Helmut Reihlen Zeit seines Lebens beschäftigt. Für ihn verkörpert Otto Reihlen das Ethos einer Elite, die ihre politische Verantwortung gegenüber dem Gemeinwesen erkennt und bereit ist, für ihre Überzeugungen zur Not auch militärisch einzutreten. Otto Reihlen wird zum Vorbild für den Sohn, der sich ebenso wenig mit tatenlosen Diskussionen zufriedengeben will. Noch vierzig Jahre später ist es diese kämpferische Kraft des Vaters, die Helmut Reihlen leitet, als er 1957/58 – nun selbst Studentenführer – die Frage diskutiert, ob deutsche Studenten nicht den aufständischen Ungarn als Freiwillige zur Seite stehen müssen. Doch dann kommt er zu dem Schluss: „Es sind schon viel zu viele junge Menschen umgekommen." Bis heute begegnet Helmut Reihlen dem Bild kämpfender Studenten – wie durch Zufall und doch als Zeichen seines eigenen politischen Selbstverständnisses, das ihn mit seinem Vater verbindet. Als Helmut Reihlen 2008 die Friedrich-Schiller-Universität in Jena besucht, sieht er an der Frontwand der

---

[18] 1949 wurde Eberhard Wildermuth Bundesminister im ersten Kabinett Adenauer.

[19] Vgl. Irmtrud Wojak: Fritz Bauer 1903–1968. Eine Biographie. München 2009, S. 88.

Aula ein vier mal sechs Meter großes Wandbild: Der „Auszug der Jenenser Studenten in den Freiheitskrieg 1813". Das Bild des Schweizer Malers Ferdinand Hodler ist ihm seit seiner Jugend aus dem Bücherschrank seiner Eltern bekannt. Eine Hommage an die Studenten, die in Fünferreihen ausziehen, um ihr Land von der napoleonischen Herrschaft zu befreien.

Die Ehe mit Irmgard tut der angeschlagenen Seele von Otto Reihlen gut. Der berufliche Erfolg und die fünf Söhne, die sich zur Freude des Paares einstellen, tun ihr Übriges. Dass die Jungen eine glückliche Kindheit erleben, in der ihnen zudem noch eine erstklassige Ausbildung zuteil wird, verdanken sie vor allem ihrer Mutter. Während der Vater den Tag über seiner Arbeit nachgeht und oft auf Dienstreisen ist, kümmert sich Irmgard um die Söhne. Dabei geht sie weit über die üblichen Mutterpflichten hinaus. Sie lässt ihre Kinder früher als andere Englisch und Französisch lernen und sie vermittelt ihnen ein solides Wissen in Geschichte, Ethik, Kunst und Literatur.

Irmgard ist die Tochter des Gerichtsmediziners Professor Paul Stolper (1865–1906) und seiner Frau Ella, geb. Ponfick (1879–1970). Ella lernt ihren Mann Paul als Assistenten ihres Vaters, Prof. Emil Ponfick (1844–1913), in Breslau kennen. Sie muss ihre drei Kinder jedoch allein großziehen, denn ihr Mann, Gründer des Instituts für Gerichtsmedizin an der Universität Göttingen, stirbt, als Irmgard vier, Schwester Paula zwei und Bruder Ernst noch nicht geboren ist. Zum Zeitpunkt seines Todes ist Paul Stolper noch nicht beamteter Lehrstuhlinhaber, sondern Honorarprofessor für Gerichtsmedizin ohne festes Einkommen. Seiner Witwe und ihren drei Kindern mangelt es an Geld. Ella Stolper ist auf Zuwendungen wohlhabender Verwandter angewiesen, dies vor allem, seit die Inflation das Erbe und alle Ersparnisse vernichtet hat. Den Anschluss an das bürgerliche Milieu hält sie trotzdem. Nicht durch Wohlstand, aber durch Bildung. So sorgt sie dafür, dass Tochter Irmgard Abitur macht, bei einem Schauspieler das Deklamieren lernt, Italienischstunden nimmt und schon viele kunstgeschichtliche Ausstellungen besucht hat, bevor sie sich entschließt, Deutsch, Geschichte und Kunstgeschichte zu studieren. Irmgard liebt ihr Studium, doch ist es ihr nicht vergönnt, es abzuschließen. Während der Inflation 1923 muss sie es nach nur zwei Semestern abbrechen, damit Bruder Ernst Bergbau studieren kann. So kommt es, dass die gebildete und bildungshungrige Irmgard all ihr Können und ihre Talente in die Erziehung und Ausbildung ihrer fünf Söhne setzt.

Als Helmut auf die Welt kommt, sind seine Geschwister Werner, Eberhard und Dieter acht, sechs und vier Jahre alt. Eine kurze Szene aus dem Familienleben in dieser Zeit schildert Otto Reihlen in seiner Taufrede für Helmut:

„Wenn ich – was selten sich ereignet – meine Ruhe haben will, platzt Irmgard überwältigt vor innerer Freude [...]. Der Freudentanz ereignet sich ungefähr 3 bis 4 Mal täglich, je nachdem, ob Werk- oder Sonntag, und dann ruft sie aus: ‚Der Helmut ist das schönste Baby. Du guckst ihn viel zu wenig an. – Sieh doch, wie herzig Dieter mit dem geknickten Finger spielt, und der Ebi ist mein Bester und der liebe Werner!' Ich pflege dann zu sagen: ‚Werner könnt was gescheiter sein, Ebi kräftiger, Dieter ist eine krumme Brillenschlange und schöne Babys pflegen glückliche Kinder zu werden.'"[20]

Etwas „eigenwillig" und ein „wenig unbändig" ist der Junge allerdings schon. „Wir glaubten bisher einige Erfahrung in Kindererziehung zu haben", schreibt Vater Otto an Schwiegermutter Ella, doch bei Helmut versagte zunächst alles. „Er pflegt Tag und Nacht nach seinem Willen einzuteilen und sich wenig um die dem Schlaf vorbehaltenen Stunden zu kümmern. [...] Auch scheint ihm die vom Menschen erdachte Einrichtung zum Schlafen, das Bett, durch anderes zweckmäßig ersetzt zu werden. Das heißt: Überläßt man Helmut seiner Mutter, so pflegt er auf ihrem Arm, Kopf an Kopf gelegt, zwischen 10 und 12 Uhr nachts einzuschlafen. Vorher spielt er sehr vergnügt und schreit nur, sobald man es wagt, ihn etwa ins Bett zu legen oder auch nur mit ihm die Treppe hinaufzugehen. Zwischen 7 und 8 Uhr morgens meldet er sich dann wieder. Tags über schläft er nur wenig, aber er gedeiht. Wenn er nicht schreit, strahlt er und möchte am liebsten mit seinem Vater spielen."[21]

Die „Unbändigkeit" und ein „hastig, aufbrausendes Wesen" sind Eigenschaften, die Erwachsene immer wieder an dem Kind kritisieren. Unter ihnen auch der Chefarzt des Diakonissenhauses, Dr. Maske. Als Helmut sich im Alter von vier Jahren in kurzer Zeit zwei mal hintereinander dasselbe Bein bricht, nimmt dieser sich den Jungen vor und sagt ihm „mit dem ganzen Gewicht seiner Persönlichkeit, er müsse gegen sein hastiges und aufbrausendes Wesen angehen, müsse ruhiger werden und überlegt handeln,

---

[20] Taufrede Otto Reihlens für Helmut vom 27.10.1934 in Bergisch Gladbach. Privatbesitz Reihlen.
[21] Irmgard Reihlen: Erinnerungen. Köln 1968, S. 24.

sonst könne er mal einen Knochen brechen, der nicht so gut heile wie diese beiden".[22] Anlässlich seines ersten Schulzeugnisses schreibt Mutter Irmgard: „Im Übrigen scheint er in der Schule als ungeheuerlicher Raufbold bekannt zu sein, der sich nichts gefallen läßt und als Klassengrößter wahrscheinlich auch immer siegt."[23] Gern wird auch berichtet, dass Helmut in der Schule dem Schüler in der Bank vor ihm die Haare abschnitt oder Tinte in den Kragen kippte.

Erst als Helmut Reihlen mit 21 Jahren von einem einjährigen Studienaufenthalt aus den USA zurückkehrt, sind die Eltern erleichtert, denn nun dominieren klar andere Eigenschaften. „Das Amerikajahr hatte aus dem oft eigenwilligen und unbändigen Jungen einen Sohn gemacht, der unsere Freude war, und einen verantwortungsbewussten, aktiven Studenten", erinnert sich die Mutter.[24]

Helmut Reihlen verbringt nur das erste Lebensjahr in Bergisch Gladbach. Erinnerungen an diese Zeit hat er keine. Die setzen erst in Leipzig ein, wohin die Familie 1935 zieht. Hier hat der Vater die technische Leitung der Verkaufsstelle samt Reparaturwerkstatt der Klöckner-Humboldt-Deutz AG übernommen.

Schon auf ihrer ersten gemeinsamen Fahrt in die Stadt Leipzig Ende 1935 schlägt Otto und Irmgard Reihlen eine positive Stimmung entgegen. Irmgard berichtet von einem Gespräch mit drei älteren Männern, die ein Gitter an der Straße bauen und sich frierend in die Hände blasen. „Wir fragten sie nach dem Weg und hätten uns über Klagen nicht gewundert. – Nein, sagte einer, und die anderen stimmten ein: ‚Das ist doch schön, daß man in unserem Alter noch mitarbeiten darf am Bau der Straße für das neue Deutschland.'"[25]

Nach den trüben Jahren der Weltwirtschaftskrise kündigt sich 1935 gerade ein Konjunkturaufschwung an, den sich die Nationalsozialisten als eigenes Verdienst anrechnen. Leipzig profitiert von der wachsenden Rüstungswirtschaft. Als Otto und Irmgard Reihlen nach Leipzig kommen, ist es der Stadt, so scheint es, nie besser gegangen.

---

[22] Ebd., S. 39 f.
[23] Ebd., S. 107.
[24] Ebd., S. 360.
[25] Ebd., S. 35.

Zunächst mietet die Familie das erste Stockwerk der Villa des Kofferfabrikanten Mädler, unmittelbar am Wald im Leipziger Vorort Leutzsch. „Es war eine Gründerzeitvilla in einem großen, herrlichen Park mit Fischteich und Brücke, Wiesen und alten Bäumen, Auffahrt und Pavillon. Zur ersten Etage, die wir mieteten, ging es über Halle und Marmortreppe", erinnert sich die Mutter. Zwei Jahre lang genießt die Familie dieses fürstliche Haus. Helmut und seine Brüder lieben den verwilderten Park. Man feiert gern, gibt Kindergesellschaften und andere Feste.

Als Helmut und Erika Reihlen im Sommer 2008 ins Riesengebirge reisen und den früheren Wohnsitz Gerhart Hauptmanns besichtigen, trauen sie ihren Augen nicht. Vor ihnen steht das Ebenbild der Mädlervilla, die „Villa Wiesenstein", erbaut von Hans Griesebach um 1900 im Stil der Neorenaissance.

Die Zeit in der Mädlervilla endet jäh, als die „Mädlerwitwe" ihnen angesichts des zu erwartenden fünften Reihlen-Kindes kündigt. Otto Reihlen kauft daraufhin ein 1 000 Quadratmeter großes Grundstück in der Otto-Schmiedt-Straße 24 in unmittelbarer Nachbarschaft zur Mädlervilla. Hier entsteht nach den Bauplänen Otto Reihlens ein neues Haus. Das ist im Jahr 1937.

Im Erdgeschoss des neuen Hauses liegen die Küche, das Esszimmer, das Herrenzimmer und das Kinderspielzimmer mit einem eigenen Ausgang ins Freie. An der Decke des Spielzimmers verläuft ein Fries mit kindergerechten Bildern, Lastwagen, Kaufmanns- oder Feuerwehrwagen, den Helmut Reihlen als Kind besonders liebt. Im ersten Stock das Elternschlafzimmer, das Bad und die Zimmer der drei älteren Brüder, Werner, Eberhard und Dieter. Helmut hat eine eigene Kammer im Dachgeschoss. Darin ein Bett, ein Nachttisch und ein kleiner Schreibtisch für die Schulaufgaben. Daneben liegen das Dienstmädchenzimmer und ein Zimmer für „Einquartierungen". Später wohnt hier Fräulein Franzke, eine Zahnärztin, die ausgebombt worden ist. Sie sorgt dafür, dass die Zähne der Reihlenbrüder reguliert werden. Wenn Fräulein Franzke abends aus der Zahnklinik nach Hause kommt, sieht sie nach, ob die Brüder ihre Zahnspangen auch wirklich tragen.

Gegenüber dem neuen Haus liegen der Schulgarten mit „grünen Klassen-
zimmern", einer riesigen Wiese und der Kirchengemeindegarten. Wieder
ist die Familie Reihlen in ein „Kinderparadies" gezogen. Hier wird 1938 der
jüngste der fünf Reihlensöhne, Roland, geboren. Am Tag seiner Geburt, es
ist der 26. März, stehen die begeisterten Hitlerjungen Werner und Eberhard
Spalier in der Leipziger Messehalle, wo Adolf Hitler gerade eine Rede hält.

Die Familie, die fremd in Leipzig angekommen ist, findet schnell Anschluss.
Sie hat Kontakt zu den Bundes- und Verbandsbrüdern des Vaters vom
Schwarzen Ring, einem Zusammenschluss von nichtfarbentragen-
den und nichtschlagenden Studentenverbindungen. Zudem gibt es den
Schwabenverein.

Es sind glückliche Jahre, die Helmut und seine Brüder in Leipzig-Leutzsch
verleben. Hier wird ihnen bewusst, dass sie sich im Vergleich zu ihren Klas-
senkameraden in einer „gehobenen Situation" befinden. Bei den Kindern
aus der Arbeitergegend liegt das Klo auf halber Treppe und muss mit einer
anderen Familie geteilt werden.

Das Leben der Reihlenkinder ist von Pflichten, Regeln und Ritualen
bestimmt, die ihre Kräfte beständig fordern und ihre Tage ausfüllen. Helmut
und seine Brüder müssen sich an der Hausarbeit beteiligen, bei der Wäsche
helfen, den Tisch abräumen, spülen, bei der Gartenarbeit und beim Einko-
chen der Ernte helfen. Auch vom Heizen, das in jenen Tagen noch mit Arbeit
verbunden ist, werden sie nicht verschont.

Gegen Mittag bringt ein Fahrer den Vater nach Hause. Wenn Otto Reihlen mit
einem besonderen Geräusch seinen Schlüsselbund auf das Brettchen unter
dem großen Spiegel im Flur fallen lässt, wissen die Kinder: „Jetzt müssen
wir schleunigst antreten und die Fingernägel vorzeigen."

Die Mahlzeiten beginnen mit einem Tischgebet. Das fällt erst später fort, als
die selbstbewusster werdenden Söhne protestieren. Gegessen wird erst,
wenn alle sitzen und die Schüsseln auf dem Tisch stehen. Zwar darf geredet
werden, aber nur sehr diszipliniert. Die Kinder dürfen die Erwachsenen nicht
unterbrechen. Am Kopf des Tisches sitzt der Vater, neben ihm die Mutter.
Auf dem Teewagen liegt ein Stenoblock. Kommt Otto Reihlen eine Idee für
einen Brief, stenografiert die Mutter mit. Im Laufe des weiteren Tages tippt
sie den Brief ab.

Nach dem Essen gehen die Kinder an ihre Schularbeiten. Der Vater legt sich auf sein Sofa im Herrenzimmer und bittet seine Frau, ihm die Post vorzulesen. Gelegentlich endet das damit, dass er einschläft, woraufhin die Mutter leise weiter liest. Auch die Kinder kommen manches Mal nach dem Mittag in das Herrenzimmer ans Sofa des Vaters. Dort können sie Fragen stellen oder Probleme aus der Schule besprechen. Zuweilen müssen sie auch ein Buch vorlegen, in dem die Lehrer Vermerke über Fehlleistungen oder Fehlverhalten festhalten, die der Vater zu unterschreiben hat. Hier im Herrenzimmer fallen alle wichtigen Entscheidungen, die das Leben der Familie betreffen.

Doch nicht nur Regeln und Pflichten prägen das Verhältnis zwischen Eltern und Kindern, sondern auch Rituale der „Nahbarkeit". So dürfen die Kinder Sonntagfrüh vor der Kirche zu den Eltern ins Bett, um dort mit den Eltern zu reden und herumzutollen. Nachbarn und andere Familien blicken zuweilen befremdet, manchmal aber auch begeistert auf diese Sitten. Otto und Irmgard Reihlen lassen sich gern auf die „kindlichen Dinge" ein. Abends kultivieren sie das Kartenspielen mit den Jungen, die jubeln, wenn der Vater sich ihnen auf diese Weise als „Gleicher unter Gleichen" zuwendet. Otto Reihlen ist einmal an der Riviera in einem Spielcasino gewesen und kennt die französischen Fachausdrücke des Roulette, die er nun seinen wissbegierigen Söhnen beibringt. Seine Cousinen in Stuttgart und auf dem Ingerlhof, die „Tafelschwestern", finden es hingegen ungehörig, „wenn der Otto mit seinen Kindern ‚jeut'".

Nach den Hausarbeiten haben die Kinder frei und laufen in den Garten, der so groß ist, dass die Brüder dort ihre Hütten bauen können. Man spielt Krocket oder Boccia. Es gibt Turngeräte und eine riesige Trauerweide, die regelmäßig erklettert wird und deren Äste eigene Namen tragen. Im Sommer ist es das Wasserbecken vor dem Herrenzimmer, das die Brüder anzieht. Mit seinen vier mal sechs Metern und einem halben Meter Wassertiefe bietet es genug Platz für „Seeschlachten", die die Brüder vor den Augen der Nachbarskinder, die nur als Zaungäste geduldet werden, in Zinkwannen austragen. Alle Reihlenkinder müssen eine musikalische Elementarausbildung durchlaufen, haben Blockflöten- oder Klavierunterricht.

Doch auch hier in diesem Kinderparadies auf der Otto-Schmiedt-Straße ist der Nationalsozialismus nicht fern. Er ist sogar allgegenwärtig, denn die älteren Brüder Werner, Eberhard und Dieter werden Pimpfe im „Jungvolk", dem Teil der Hitlerjugend, dem die zehn- bis vierzehnjährigen Jungen angehören.

Die Eltern haben nichts dagegen, erkennen sie doch im Jungvolk eine „Verstaatlichung" der bürgerlichen Jugendbewegung. Das Jungvolk ist durchaus auch für „bessere Kreise" akzeptabel. Vieles von dem, was die Älteren noch aus Wandervogelzeiten kennen, taucht nun – wie man meint – in nur leicht veränderter Form wieder auf. Wie in der Jugendbewegung wird auch im Jungvolk „Jugend von Jugend" geführt und wie zuvor erwandert man sich auch jetzt die deutsche Heimat, treibt Sport und musiziert miteinander. Die Lieder der bündischen Jugend finden sich im Liedrepertoire des Jungvolks wieder. Unter den Jungvolkführern gibt es sogar ausgesprochen musikalische Talente wie den Jungstammführer Dirk Haubold, ein guter Freund von Eberhard, dem Zweitältesten der fünf Brüder. Dirk geht bei den Reihlens ein und aus, isst dort zu Mittag und bleibt bis zu seinem Tod Anfang der neunziger Jahre eng mit der Familie Reihlen verbunden. Regelmäßig trifft sich das Jungvolk zum Singen unter seiner Leitung in der Ehrenhalle des Hermann-Göring-Heims, Jugendheim der Nazis, in der Elsteraue nahe dem Flutbecken für Ruderregatten zwischen Leutzsch und der Leipziger Innenstadt.

Helmut Reihlen erinnert sich noch gut an diese Stunden, die nicht nur mit Freude, sondern auch mit Schmerzen verbunden sind. Öfter muss er so lange mit der Fahne stehen, bis er ohnmächtig wird. Die politische Indoktrination der Pimpfe ist in ein attraktives Freizeitangebot verpackt, das immer auch die gesellschaftliche Umgebung mit einbezieht und auf den Gemeinschaftsgeist zielt. Das Jungvolk organisiert Feierstunden, Heim- und Elternabende. Spannungen sind kaum zu spüren, auch wenn Eltern wie Irmgard und Otto Reihlen nicht der Partei angehören. Die Jungen fühlen sich im Jungvolk wichtig und ernst genommen. Sie sind begeistert, mit ihren jugendlichen Führern ganz unter sich zu sein. Es fasziniert sie zu tun, was die Erwachsenen, ihre Vorbilder, vormachen. Sie üben militärischen Drill, marschieren in geordneten Kolonnen durch die Straßen, bewegen sich mit dem Marschkompass und Karten lesend durch die Landschaft und legen Zeugnis von „Tapferkeit, Mut und Treue" ab, stolz, damit ihren eigenen Beitrag zum großen Ganzen, der „Volksgemeinschaft" zu leisten. Werner, der älteste Bruder, steigt als erster zum „Fähnleinführer" auf und führt das Kommando über 100 Jungen. Eberhard und Dieter folgen seinem Beispiel als Jungzug- und Jungschaftführer. Bei so viel Vorzügen mag es kaum ins Gewicht fallen, wenn zuweilen auch neue Lieder wie „Licht aus, Messer raus, schmeißt die Juden zum Fenster raus" angestimmt werden. Helmut Reihlen erinnert sich, es nicht als Widerspruch empfunden zu haben, dass die Brüder wie selbstverständlich zur Gemeindejugend der Evangelischen Laurentius-Kirchengemeinde gehören, wo sie den Kindergottesdienst und den Singkreis besuchen und in der Weihnachtszeit Hirtenspiele einstudieren. Es muss um den 10. November 1938 gewesen sein – am Tag nach der Pogromnacht –, als der vierjährige Helmut seine Mutter fragt, warum denn Fenster in der Nachbarschaft zerbrochen seien, während er auf anderen, intakten Fenstern breite, weiße Balkenkreuze sehe. Die Mutter antwortet ihm ungewohnt unbestimmt, das habe etwas mit den Juden zu tun.

Zu dieser Zeit ist in Leipzig wie auch in allen anderen Städten Deutschlands die gesellschaftliche Isolation der Juden schon weit vorangeschritten. Ein Jahr zuvor ist der Leipziger Oberbürgermeister Carl Goerdeler von seinem Amt zurückgetreten. Nationalsozialisten hatten in seiner Abwesenheit das Denkmal Felix Mendelssohn Bartholdys abgerissen, weil dieser aus einer jüdischen Familie stammte. Inzwischen sind die Nürnberger Rassegesetze von 1935 wirksam, und die Enteignung jüdischen Vermögens setzt ein. Am Ende des Krieges leben noch fünfzehn Juden in der Stadt, die 1933 eine blühende jüdische Gemeinde mit 13 000 Mitgliedern und dreizehn Synagogen war, die größte in Sachsen.

Otto und Irmgard Reihlen wissen, dass auch ihre Freunde, die Theurers, in Gefahr sind. Wie tödlich die Gefahr ist, ist ihnen damals noch nicht klar. Die Familienfreundschaft Theurer/Reihlen hat eine lange Geschichte, sie beginnt mit der gemeinsamen Schulzeit von Hansjörg Theurer, geb. 1897, und Otto Reihlen, geb. 1896, in Stuttgart. Beide sind im Ersten Weltkrieg Soldaten. Sie treffen sich 1918 wieder. Jetzt sind sie Studenten an der Technischen Hochschule Stuttgart und im Stuttgarter Sonderbund. Die Freundschaft Reihlen/Theurer offenbart ein deutsches Schicksal: Hansjörg Theurer stammt väterlicherseits aus einer Berliner jüdischen Familie, die in der zweiten Hälfte des 19. Jahrhunderts zum christlichen Glauben konvertierte. Seit langem ist die Familie assimiliert. Ihre „jüdische Herkunft" ist ihr selbst kaum noch präsent. Vielmehr fühlt sie sich dem württembergischen Protestantismus zugehörig und verkehrt in denselben Kreisen wie die Reihlens. Doch in der Sprache des Dritten Reiches und seiner Nürnberger Gesetze ist Hansjörg Theurer „Halbjude". Sein württembergischer Arbeitgeber, die Firma Siegle, kündigt ihm. Hansjörg Theurer findet eine neue Anstellung bei der Farbenfabrik Springer & Moeller in Leipzig. Familie Springer wohnt in der Otto-Schmiedt-Straße, nicht weit von Reihlens. Auch Theurers wohnen in der weiteren Nachbarschaft, in der Bienitzstraße. In den folgenden Jahren kann der Fabrikant Springer mehrere Versuche abwehren, Hansjörg Theurer ins KZ abzuholen – stets mit dem Argument, dieser sei für die Belieferung der Wehrmacht mit Tarnfarben unverzichtbar. Theurer ist „u. k.-gestellt", das heißt unabkömmlich, er wird an der „Heimatfront" gebraucht.

Als die Verhaftungen von Juden in Leipzig einsetzen, sorgen sich Otto und Irmgard Reihlen um die Freunde und schicken ihre Söhne regelmäßig unter einem Vorwand bei den Theurers vorbei. Die Brüder gehen gerne in die Bienitzstraße. Uli, der ältere der beiden Söhne, ist in Helmuts Alter. Hinzu kommt: „Onkel Theurer" besitzt etwas, das die Herzen der Jungen höher schlagen lässt: eine Märklin-Eisenbahn. Er ist ein begnadeter Bastler. Er stellt die elektrischen Weichen, sorgt dafür, dass die Schranken heruntergehen, wenn der Zug kommt, und dass die Lokomotive ordentlich pfeift.

Erst im letzten Kriegsjahr versagt der Schutz der Firma Springer. Ende 1944 wird Hansjörg Theurer verhaftet und für die Organisation Todt im Südharz (Region Nordhausen) in ein KZ-ähnliches Arbeitslager gebracht, geringfügig dadurch begünstigt, dass er auch im Arbeitslager seinen Tarnfarben-bezogenen technisch-wissenschaftlichen Studien für Springer & Möller nachzugehen hat.

Nach der Befreiung durch die Amerikaner kehrt er körperlich unversehrt nach Hause zurück und nimmt die Arbeit bei seiner alten Firma erneut auf. Otto und Irmgard Reihlen und Hansjörg und Ilse Theurer sind einander zeit ihres Lebens treue Freunde geblieben.

Vom Führen und Erobern

Helmut Reihlen lernt früh, sich allein in der Welt zurechtzufinden. Die Welt, das ist zunächst die Welt der Mutter, bevölkert mit den großen Schriftstellern und den berühmten Künstlern und Architekten der Kulturgeschichte. Irmgard Reihlen vermittelt ihren Söhnen einen hohen Bildungsanspruch, über den sie auch den gesellschaftlichen Status der Familie definiert. „Wir gehören solange dazu, solange man uns als gebildete Menschen erkennt", lautet ihre Devise. Ein guter Charakter und Bildung, alles andere ist zweitrangig. Die Kinder wissen, dass sie bei aller Strenge nicht immer artig sein müssen – dass es nicht auf Reichtum ankommt, sondern darauf, ein anständiges Leben zu führen, hilfsbereit zu sein, sich um Bildung zu bemühen. Irmgard Reihlen versteht es, den Blick der Söhne auf die Dinge zu richten, die ihr am Herzen liegen. Sie stellt Lesepulte mit Bildern vom Straßburger Münster oder den Skulpturen Michelangelos auf, damit sich die Augen der Söhne an etwas Schönem und Gutem bilden können. Über jedes neue Bild auf dem Lesepult gibt Irmgard ihren Söhnen Erläuterungen, auch während der gemeinsamen Stunden im Bett am Sonntagvormittag.

Im sächsischsprachigen Leipzig werden die Brüder schnell zu Vorlesern ihrer Schulklassen, denn sie sprechen hochdeutsch wie die in Göttingen aufgewachsene Mutter.

Die Söhne sollen früh selbstständig werden. Helmut fährt mit seiner Mutter mehrere Male im D-Zug zur Großmutter Reihlen. 1940 darf er zum ersten Mal allein fahren. Seinen Namen, die Adresse und sein Reiseziel trägt er auf einem Schild um den Hals. Mutter setzt ihn in Leipzig in den Zug, Großmutter holt ihn acht Stunden später in Stuttgart ab. Das vergnügte Lachen der Mitreisenden versteht er erst später. Werner hatte auf das Schild geschrieben: „Bitte nicht füttern."

Zum Bildungsverständnis der Familie gehört es, sich in seiner unmittelbaren Umgebung auszukennen. In ihrer Jugend war Irmgard Mitglied im Wandervogel. Ihre Begeisterung für die Natur gibt sie an die Söhne weiter. Zusammen erwandern sie sich Sachsen und Thüringen. Irmgard Reihlen beschafft Bücher, mit denen sich Vögel, Steine, Pflanzen und Pilze bestimmen lassen. Jeder gemeinsame Ausflug muss inhaltlich vorbereitet werden und gerät so zur Bildungsreise. Die Kinder treten ins Herrenzimmer vor den Vater und halten in freier Rede kleine Referate über die Orte und wichtigen Kirchen, Burgen und Schlösser, die sie besichtigen wollen. Bildung ist das Wichtigste, das die Eltern ihren Söhnen mit auf den Weg geben. Doch ist Bildung kein Gut, mit dem sich Kinder einfach ausrüsten ließen. Sie steht und fällt mit dem eigenen Willen, sie sich anzueignen. Sie setzt Selbstständigkeit voraus und ein hohes Maß an Selbstführung. Der Wille dazu wird innerhalb der Familie geweckt und von ihr gefördert. Im Wettstreit unter den Geschwistern, wenn es darum geht, Vorträge zu halten oder sich ohne fremde Hilfe von einem Ort zum anderen durchzuschlagen.

Wenn Fahrer kommen, um Ersatzteile aus der Firma des Vaters zu holen, bittet dieser zuweilen darum, seine Söhne in ihr Heimatdorf mitzunehmen. Von dort aus sollen sie nach Leipzig zurückwandern. Das sind oft Entfernungen von 100 Kilometern, gute drei Tagesmärsche. Im Gegenzug verrichten die Jungen Handlangerdienste. „Ich begrüße es, wenn meine Söhne sich ihre Heimat erwandern", schreibt Otto Reihlen an die Fahrer oder auch in einem Passepartout an den Polizisten, der sie eventuell als Ausreißer aufgreifen könnte. Die Reihlenbrüder setzen diese Tradition bald aus eigenem Antrieb fort. Otto Reihlen erinnert sich noch viel später an die Energie und Organisationskraft, mit der Helmut, kaum älter als zehn Jahre, eigene Wanderungen plant und umsetzt. „Wie in ganz Deutschland herrschte auch bei uns kein Überfluß an Lebensmitteln, und so waren wir auf die Hilfe der Schlepperhändler von Deutz, denen ich Ersatzteile lieferte, angewiesen. Helmut kannte sie besser als ich. So erschien er bei mir und sagte: ‚Vater – Schumann/Aschersleben, hat mich eingeladen, Du mußt jetzt eine Entschuldigung für die Schule schreiben. Ich mache dann einen Ausflug in den Harz und komme am Montag wieder'. Herr Schumann hatte noch gar nicht richtig begriffen, daß er Helmut eingeladen hat, während Helmut dies schon vollkommen klar war. Mit einem fertigen Plan über drei oder vier Tagestouren überraschte er dann auch noch Mutter, und so zog er dann mit Schumann nach Aschersleben und schilderte – heimgekehrt – von fabelhaften Wanderungen. Diese wiederholten sich verhältnismäßig oft. Vater hatte die Entschuldigung für die Schule zu schreiben. Nachdem Helmut später keine gleichaltrigen Kameraden mehr fand, mußte eben dafür der jüngere Roland mit, so daß ich dann auch noch für ihn die Entschuldigung schreiben durfte. [...] Fahrten reihten sich an Fahrten, teils in Ostdeutschland, teils in Westdeutschland; Fahrten, die mir immer so sehr gut gefielen, weil sie ganz hervorragend vorbereitet waren, und weil er dadurch sicherlich mehr von ihnen hatte, als seinem Alter entsprach."[26]

Als Otto Reihlen 1942/43 im Russlandfeldzug als Reserveoffizier und Leiter der Panzerreparaturwerkstatt der 6. Armee Richtung Stalingrad marschiert und Mutter und Söhne allein auf sich gestellt sind, setzt die Familie die Wanderungen in die heimische Landschaft fort. Irmgard Reihlen wird Mitglied des Ornithologischen Vereins und wandert mit ihren Söhnen ganz früh zur Vogelbeobachtung an Luppe und Elster oder zu den Frohburger Teichen. Im Winter beobachten sie Seeadler, Bussarde, Eulen, Tölpel, Wildenten und

---

[26] Otto Reihlen: Gedanken zu einer Rede zu Helmuts Verlobung am 23. Januar 1960. Privatbesitz Reihlen.

Singschwäne: „Sie rufen wie Trompeten und fliegen sehr schön. Guck doch bitte mal nach, ob du sie in Rußland auch siehst", schreibt der neunjährige Helmut am 3. März 1943 an seinen Vater.[27]

Irmgard will ihren Söhnen die ihr damals zugängliche Welt zeigen und sich andersherum von ihnen die Welt zeigen lassen. Ein „Pflichtjahrmädchen", das ihr bei der Hausarbeit hilft, macht es möglich. Maria lebt zur Freude der Familie ab 1940 im Dachgeschoss des Hauses. Es ist Krieg – und dennoch ist es eine gute Zeit für Irmgard Reihlen und ihre Söhne. Zwar müssen sie ohne den Vater auskommen, aber das macht sie auch stark. Jeder trägt mehr Verantwortung und wächst mit seinen Aufgaben. Als der gerade einmal zwölfjährige Dieter die Aufnahmeprüfung zur Napola (Nationalpolitische Erziehungsanstalt), eine Schule für die zukünftige Elite in Partei, Staat, Militär und SS, besteht, übernimmt Werner, der älteste Bruder, zunächst die Rolle des abwesenden Vaters und rät ab. Es sei schlecht, sich bedingungslos mit dem Nationalsozialismus und mit der Partei zu identifizieren, argumentiert er, und außerdem habe der Vater gesagt, eine Familie gehöre zusammen, heute ganz besonders.[28] Mit diesem Rückhalt fällt es Dieter, der stolz darauf ist, die Prüfung bestanden zu haben, leichter, der Napola abzusagen. Auf die Frage seines Rektors vor der in der Aula versammelten Schule, warum er nun doch nicht zur Napola gehe, antwortet Dieter fest: „Nein, meine Mutter hat es nicht gewollt."[29] Der Satz wird bei Reihlens zum geflügelten Wort.

Auch wenn Otto Reihlen weit weg an der Ostfront ist, gibt er der Familie Rückhalt und Kraft. Das spüren und das wissen auch die Kinder. Für sie ist der Vater ein Held, zu dem sie aufblicken und dessen Autorität ihnen auch aus der Ferne noch Stolz und Selbstbewusstsein vermittelt.

Helmut Reihlen ist mit zehn Jahren so selbstständig, dass er ohne fremde Hilfe durch Deutschland reisen kann. Im Juli 1944, als der Bombenkrieg gegen Deutschland auf seinen Höhepunkt zugeht, schickt ihn seine Mutter allein auf die Reise zum geliebten Ingerlhof oberhalb des Tegernsees – ein

[27] Irmgard Reihlen: Erinnerungen. Köln 1968, S. 111.
[28] Ebd., S. 122.
[29] Ebd.

Kinderheim, das den Cousinen seines Vaters gehört. Hedwig, Berta, Emma und Amalie Tafel sind unverheiratet. Deshalb hat Vater Wilhelm Tafel einen Berghof erworben, den sie als Kinderheim bewirtschaften.

Helmut Reihlen kennt den Hof und hat schon zwei wunderbare Sommer hier zugebracht. Hier werden alle Kinder am Tag ihrer Ankunft und ihrer Abreise auf einer Sackwaage gewogen. Als Erfolg gelten die Ferien dann, wenn die Kinder deutlich an Gewicht zugelegt haben.

Seine Mutter bringt ihn zum Zug. Helmut hat keine Angst. Zu dieser Zeit reist noch jeder mit dem Zug und die soziale Kontrolle ist groß. Dennoch wird die Reise nach München zur Bewährungsprobe. Denn an diesem Tag erlebt München einen großen Bombenangriff der Alliierten. Der Zug stoppt in Augsburg, nicht bereit, weiter in die brennende Stadt München zu fahren. Die Mitreisenden raten Helmut, wieder nach Leipzig zurückzukehren. Doch der denkt nicht daran, sondern sucht sich einen Pendelzug nach München. Dreizehn Kilometer vor München stoppt auch dieser und Helmut geht zu Fuß weiter. Es ist dunkel, es regnet in Strömen und rechts und links stehen Häuser in Flammen.

Gegen Mitternacht steht Helmut vor dem zerbombten Münchener Hauptbahnhof. Von dort aus läuft er nach Bogenhausen zum Haus der „Tafelschwestern". Helmut will niemanden stören und steigt durchs Fenster, legt sich auf ein Sofa und schläft sofort ein. Tante Emsel (Emma) hat den ganzen Abend vergeblich auf den Jungen gewartet. Die Nacht tut sie vor Sorgen um ihn kein Auge zu, nicht ahnend, dass er längst in ihrem Haus schläft.

Es ist der Rückhalt in der Familie, der Helmut Reihlen und seinen Brüdern ihre frühe Sicherheit gibt, mit der sie sich in der Welt bewegen. „Wir wussten, wo wir Schutz und Heimat hatten", sagt Helmut Reihlen. „Schutz und Heimat", das bedeutet vor allem, dass kein Außenstehender den Zusammenhalt der Familie beschädigen kann. Unvergesslich ist der Tag, an dem Otto Reihlen in die Schule bestellt wird, weil Sohn Dieter eine Unterschrift gefälscht hat. Doch der Vater stellt sich schützend vor den Sohn: „Wie kommen Sie dazu, mir zu unterstellen, ich hätte eine kindliche Schrift? Das ist meine Schrift!", fährt er den Lehrer an. Dass ein Fremder seinen Sohn als Lügner hinstellt, duldet er nicht. Zuhause bestraft er Dieter hart, doch das geht keinen Außenstehenden etwas an.

Ähnlich verhalten sich die Eltern zur nationalsozialistischen Ideologie. Dort, wo sie den Zusammenhalt und die christliche Tradition der Familie in Frage gestellt sehen, wehren sie ab. Dies betrifft vor allem die Kinder, die permanent dem Einfluss des Nationalsozialismus ausgeliefert sind und die „neuen Ideen" in die Familie tragen. Als Bruder Eberhard im Alter von vierzehn Jahren den Wunsch äußert, aus der evangelischen Kirche auszutreten, steuert der Vater in einem Brief aus dem Feld dagegen: „Der Glaube an Gott und an eine Vorsehung, daß Deutschland zur Weltherrschaft bestimmt sei, erscheint immer wieder in Reden oberer Parteileute. Darauf baut sich aber eine Religion nicht auf, so wenig wie auf die Begriffe von Blut und Boden. Die christliche Lehre ist wohl 2 000 Jahre alt. Sie erscheint Dir überholt und in ihren Begriffen schwer faßbar, aber sie besitzt sehr viele ewige Weisheiten." Im Christentum, so schreibt er aus dem Feld, gehe es um eine „tragende Idee über die Geschlechter hinweg".[30] Feste wie Taufe, Konfirmation, Hochzeit und Tod seien über Generationen hinweg durch das christliche Ritual gestaltet worden. Wer dies zerschlage, zerbreche am Ende auch den geschichtlichen Zusammenhalt einer Familie. Die Argumente des Vaters überzeugen Eberhard nicht. Dennoch lässt er sich konfirmieren.[31]

Als Dieter mit vierzehn Jahren mit seiner Klasse in ein Wehrertüchtigungslager nach Neuhausen im Erzgebirge geschickt wird, findet das nicht den Beifall des Vaters, hat dieser den Sohn doch noch kurz zuvor nur mit Mühe davon abbringen können, sich freiwillig für den Volkssturm zu melden. Otto Reihlen holt Dieter „eigenhändig" kraft seiner Autorität als Offizier nach Hause. Aus Sicht der Nazis ist das „Wehrkraftzersetzung" und bleibt nicht unbemerkt. Dirk Haubold, HJ-Führer und Freund Eberhards, zeigt Otto Reihlen an – ohne Konsequenzen und höflich von den Eltern beschwiegen. Erst zwei Jahre nach dem Krieg, als Dirk Haubold von Leipzig nach München geht, um Architektur zu studieren, erfährt Helmut Reihlen davon. Als sein Vater

---

[30] Schreiben Otto Reihlens an Eberhard Reihlen vom 25. Oktober 1942. In: Irmgard Reihlen: Erinnerungen. Köln 1968, S. 144 f. Bei den Feldpostbriefen des Vaters war stets zu bedenken, dass sie mit dem Wissen um die Feldpost-Prüfstellen der jeweiligen Armeeoberkommandos geschrieben wurden. Diese kontrollierten in Stichproben die insgesamt 40 Milliarden Postsendungen von und an die Soldaten im Feld, immer auf der Suche nach „Nachrichten zersetzenden Inhaltes". Vgl. Klaus Latzel: Deutsche Soldaten – nationalsozialistischer Krieg? Kriegserlebnis – Kriegserfahrung 1939–1945 (KRiG 1). Paderborn u. a., 2. Aufl. 1998, S. 27.

[31] Ebd., S. 146.

den Cousinen vom Ingerlhof, den „Tafelschwestern", mit der Bitte schreibt, sich um Haubold zu kümmern („da kommt ein Flüchtling, der Heimat braucht"), erinnert ihn Frau Irmgard an die Anzeige: „Hör mal, der hat sich aber nicht so ganz fein Dir gegenüber benommen", sagt sie zu ihrem Mann. „Man hat es dem Dirk wohl verziehen", sagt Helmut Reihlen heute. Vielleicht haben die Eltern Verständnis für diesen verblendeten Jugendlichen – und möglicherweise fragen sie sich, wie weit wohl ihre eigenen Söhne, Werner und Eberhard, in einer vergleichbaren Situation gegangen wären.

Für Otto Reihlen geht es 1944 vor allem darum, seine Familie zu schützen. Gegenüber Dieter appelliert er an Loyalität, Pflichtgefühl und Verantwortung gegenüber seiner Mutter und seinen jüngeren Geschwistern: „Ein Gefühl verbindet mich aber mit allen übrigen, nämlich der Wunsch, daß in solcher Notzeit die Familie soweit es möglich ist, und soweit ihre Glieder nicht zur Reichsverteidigung aufgerufen wurden, zusammengehört und das Schicksal gemeinsam zu meistern und zu tragen hat. Werner und Eberhard sind weg. Ich werde zu den Waffen gerufen [...]. In letzterem Fall ist es Deine Pflicht als ältester Sohn, der zur Führung der Waffe noch zu jung ist, der Mutter und Deinen kleinen Brüdern zu helfen."[32]

Und auch Werner wird ermahnt, als dieser, gerade 17-jährig, überlegt, die aktive Offizierslaufbahn einzuschlagen: „Es verliert sich der Schutz des Elternhauses in jeder Beziehung", schreibt Otto Reihlen an den Sohn. Die Kameradschaft beim Militär beruhe auf dem „Ertragen gleicher Entbehrungen und gleicher seelischer Leiden", gibt er zu bedenken. Otto Reihlen, der vom 18. bis zum 21. Lebensjahr Soldat im Ersten Weltkrieg gewesen war, weiß, wovon er spricht. Denn er kennt beides: Das militärische Leben, in dem es primär um Unterordnung, Selbstverleugnung, Angst, Schmerzen und Tod geht. Aber auch das zivile Leben, das ihm die Möglichkeit gegeben hat, sein Glück zu finden, als Familienvater und als Ingenieur. Bei letzterem geht es um Dinge, die Freude bereiten, um einen persönlichen, positiven Lebensentwurf. Dazu rät Otto Reihlen auch seinen Söhnen: Sie sollen sich dem Leben zuwenden und nicht dem Tod und der Angst.

---

[32] Schreiben Otto Reihlens an Dieter Reihlen vom 28. Oktober 1944. In: Irmgard Reihlen: Erinnerungen. Köln 1968, S. 166.

Um den Zusammenhalt der Familie, um „Schutz und Heimat" geht es auch nach dem 20. Juli 1944, dem Tag des Attentates auf Hitler, als die Familie Goerdeler, die in einer Nachbarstraße der Reihlens wohnt, in Sippenhaft genommen wird. Eine Pfarrersfrau kümmert sich um sie. Sie bittet Irmgard Reihlen, Frau Goerdeler nach ihrer Entlassung aus Krankenhaus und Haft bei sich aufzunehmen. Irmgard Reihlen sagt ihr ab, „um meine Familie nicht zu gefährden und auch, um sie nicht zu entzweien, denn meine Söhne waren ja überzeugte Hitlerjungen", schreibt sie vorwurfsvoll gegen sich selbst in ihren Erinnerungen.[33]

Auch Otto Reihlen steht dem Umsturzversuch der Verschwörer vom 20. Juli 1944 ablehnend gegenüber. Für ihn hätte ein Erfolg der Verschwörung einen „unvorstellbaren Bürgerkrieg" bedeutet, „der den Vater vom Sohn, den Freund vom Freunde" getrennt hätte. Otto und Irmgard Reihlen erleben, dass niemand die Partei der Attentäter ergreift, dass vielmehr überall „schroffe Empörung über das Attentat" laut wird. Die Attentäter – so Irmgard Reihlen in ihren „Erinnerungen" – seien in so großer Zahl gefasst worden, weil nahezu alle nach ihnen gefahndet hätten.[34]

Bildung, Verantwortungsgefühl, Hilfsbereitschaft, eine frühe Selbstständigkeit sowie „Schutz und Heimat": All das vermitteln die Eltern ihren Söhnen. Doch sind diese Gaben nicht umsonst. Die Kinder bekommen einen Kredit und wissen, dass sie verpflichtet sind, ihn eines Tages „weiterzugeben". Otto Reihlen hat es in seiner Konfirmationsrede für Helmut am 10. April 1949 formuliert. Lebenslange Dankbarkeit gegenüber der Mutter, das ist nur eine der Pflichten, die der Sohn der Mutter schuldet. „Aufgewachsen im Elternhaus im Kreise sich liebender Brüder hast Du Deine Jugend fröhlich ungetrübt und glücklich verlebt. Umhegt von mütterlicher Liebe bist Du herangewachsen. Alle vernünftigen Wünsche hat die Mutter erfüllt, sie hat nie geruht, Dir zu helfen in allen Dingen, sie hat Dich geführt. Du konntest mit jedem Anliegen kommen und hast Rat gefunden. Deiner Mutter hierfür dankbar zu sein und zu bleiben, ist eine Deiner vornehmsten Pflichten. Mit einem Leben voll Dankbarkeit kannst Du diese Schuld kaum tilgen." Und weiter: „Du hast mehr als Deine Kameraden an Schönem und Erhabenen erlebt. Keine Ferien vergingen, in denen Du nicht Reisen und

---

[33] Irmgard Reihlen: Erinnerungen. Köln 1968, S. 241.
[34] Ebd.

Fahrten durch ganz Deutschland gemacht hast. Darüber hinaus ließt Du im letzten Sommer keinen Monat verstreichen, ohne Harz, Schmücke, Elbsandsteingebirge und andere schöne Gebiete Sachsens zu besuchen. Wer eine solche Jugend genoss, ist auch verpflichtet, mehr zu leisten, als der Durchschnitt. Du musst an Dir selbst arbeiten, alle Lücken des Wissens zu schließen, Deine Mängel in Charakter und Veranlagung zu beseitigen."[35]

Für die Zukunft heißt das: Helmut muss gut im Beruf sein, gut in der Familie und gut in seinem gesellschaftlichen Engagement. Und dieses „gut" bedeutet eigentlich, „besser sein als die anderen". Ständige Leistungsbereitschaft und das fortwährende Bestreben, über sich selbst hinauszuwachsen, sind gefordert.

Die Konfirmationsrede des Vaters für seinen Sohn Helmut im April 1949 ist ein Schlüsseltext für das erzieherische Selbstverständnis Otto Reihlens, aber auch für den weiteren Werdegang seines Sohns. Denn die Vision, die Otto Reihlen hier für Helmuts Zukunft entwirft, hat sich tatsächlich erfüllt: „In Deinem ferneren Leben sehen wir dich als Bergingenieur in Hütten und Gruben arbeitend und lernend in allen Erdteilen der Welt. Zonengrenzen sind nach Deiner Ansicht für andere da. Länder und Kontinentgrenzen wirst Du überspringen. Du wirst Dich auch regen und keine Mühe scheuen, um im Beruf zu lernen und zu neuen Erkenntnissen zu kommen."

Otto Reihlen versucht, seinem Sohn nicht nur seinen Beruf nahezubringen, sondern auch seine Sicht auf die Welt. Otto Reihlen liebt das Buch „Hinter Pflug und Schraubstock" des Ingenieurs und Dichters Max Eyth (1836–1906)[36]. Darin schildert der weltfrohe Schwabe seine abenteuerlichen Reisen nach Ägypten, Syrien, Ungarn, Peru, die USA oder in die Türkei, die er seit den 1860er-Jahren im Auftrag der englischen Firma für landwirtschaftliche Maschinen John Fowlers unternahm, um Dampfpflüge in aller Welt zu verkaufen. Ist es ein Zufall, dass Helmut Reihlen später tatsächlich seinem Vorbild folgt, als er für die DEMAG durch die Welt reist und Walzwerke verkauft?

---

[35] Rede Otto Reihlens anlässlich der Konfirmation Helmut Reihlens vom 10. April 1949. Privatbesitz Reihlen.

[36] Max Eyth: Hinter Pflug und Schraubstock. Skizzen aus dem Taschenbuch eines Ingenieurs. Stuttgart 1949.

Max Eyth vermittelt den Glauben an die Möglichkeit des Ingenieurs, das Schicksal der Menschen durch technische Erfindungen zu verbessern. Schließlich können Maschinen die Menschen von harter körperlicher Arbeit befreien und schenken ihnen so mehr Muße für ein Leben auf einem hohen, kulturellen Niveau. Das Credo des Ingenieurs ist zeitlos. Es geht um das Bestreben, Probleme zu verstehen und einen Weg zu ihrer Lösung zu finden. Sein Vorteil: Der Ingenieur kann in verschiedenen politischen Systemen überleben, denn gebraucht werden seine Fähigkeiten überall.

Otto Reihlen hat seinen Söhnen das Buch von Max Eyth zur Konfirmation geschenkt, auch im Dritten Reich, als es üblich war, Adolf Hitlers „Mein Kampf" zur Konfirmation zu schenken. Nach dem Krieg schenken linientreue Bürger in Leipzig Anton Makarenkos Buch „Der Weg ins Leben" ihren Kindern zur Jugendweihe oder zur Konfirmation. Ein „pädagogisches Poem", in dem der Autor seine Erfahrungen als Leiter einer Arbeitskolonie für minderjährige Rechtsverletzer in der Sowjetunion der zwanziger Jahre schildert – eine Erfolgsgeschichte, in der kriminelle Jugendliche zu glücklichen, sozialistischen Persönlichkeiten erzogen werden.[37] Otto Reihlen kann aber auch mit diesem Buch nichts anfangen. Für ihn geht der Weg zu einem gelungenen Leben nicht vom Kollektiv aus, sondern vom Einzelnen und dessen Streben nach Glück. Als Helmut Reihlen 1948 konfirmiert wird, schenkt der Vater auch ihm das Buch von Max Eyth.

Helmut Reihlen kennt noch heute die Geschichte vom „Elefantenrennen"[38], in dem ein amerikanischer und ein englischer Dampfpflug in Louisiana gegeneinander zum Wettkampf antreten. Ein nahezu ritterliches Abenteuer, bei dem es darum geht, die Angebetete im Publikum zu beeindrucken. Sein Held ist von der urwüchsigen Freude an der Technik und vom Credo des Machers getrieben, der sich nicht lange mit Theorien aufhält, sondern Dinge in Bewegung setzt. Max Eyth steht für den Fortschritts- und Zukunftsglau-

---

[37] Anton Semjonowitsch Makarenko (1888–1939), kommunistischer Pädagoge und Schriftsteller. Die drei Teile seines Buches „Ein pädagogisches Poem" erschienen erstmals 1934/35 in Moskau.

[38] Max Eyth: Hinter Pflug und Schraubstock. Skizzen aus dem Taschenbuch eines Ingenieurs, Stuttgart 1949, S. 296–306.

ben des 19. Jahrhunderts,[39] für Neugier, Naturbeobachtung und Naturwissenschaft, das heißt die Kenntnis der Gesetze der physischen Welt. Aber auch für Natureroberung und ihre Beherrschung. Und nicht zuletzt steht Max Eyth für den Glauben, als Ingenieur die Freiheit und den Wohlstand einer Gesellschaft vergrößern zu können.[40] „Das, was sich bei mir später vollzogen hat, das ist auch so ein bisschen durch den großartigen Max Eyth grundgelegt worden", sagt Helmut Reihlen heute.

Der Krieg kommt nach Leipzig

Gewalt, Kummer und Tod, von denen in Deutschland zu Beginn des Krieges so wenig zu spüren gewesen ist, rücken immer näher an die Familie Reihlen. Ist der Krieg zuerst noch ein großes Abenteuer für die Kinder, das sie nur aus Schilderungen ihres Vaters kennen und in den Wehrmachtsberichten am Radio verfolgen, so verdichten sich gegen Ende des Krieges die verstörenden Ereignisse. Rückblickend werden sie zu dunklen Vorzeichen.

In Leipzig beginnt die Niederlage mit dem alliierten Großangriff am Morgen des 4. Dezember 1943. Die Stadt ist lange verschont geblieben. Vor ihr werden die westdeutschen Industriestädte an Rhein und Ruhr, auch Hamburg Opfer der alliierten Flächenbombardements, mit denen die Zivilbevölkerung demoralisiert werden soll. Die Leipziger sind auf einen Großangriff vorbereitet. Zivil- und Militärbehörden, die Partei und die kommunale Verwaltung haben mit der Bombardierung der Stadt und mit einer großen Zahl von Toten gerechnet. Und obgleich bei dem Angriff am 4. Dezember erhebliche Teile des Stadtzentrums vernichtet werden, ist die Zahl von 1 815 Todesopfern im Vergleich zu anderen Städten verhältnismäßig niedrig. Allerdings werden 40 000 Wohnungen zerstört, so dass das Elend der Ausgebombten

---

[39] Vgl. dazu Christiane Todrowski: Bürgerliche Technik-„Utopisten". Ein Beitrag zur Funktion von Fortschrittsoptimismus und Technikeuphorie im bürgerlichen Denken des 19. Jahrhunderts, dargestellt am Beispiel der Publikationen Max Eyths und Max Maria von Webers. Dissertation, Münster 1996, S. 193–208.

[40] „Er wollte mit seinem Wissen etwas schaffen, das der Menschheit mehr Nutzen brächte als alles Wissen. Das aber ist die Kraft." In: Max Eyth: Der Schneider von Ulm. Geschichte eines zweihundert Jahre zu früh geborenen. Stuttgart/Leipzig 1909, S. 156.

schnell überall sichtbar wird.[41] Irmgard Reihlen beschreibt die Bombennacht vom 4. Dezember in ihren Erinnerungen: „Es wurde früh halb vier Uhr Alarm gegeben [...] Der eigentliche Angriff dauerte 40 Minuten und wurde von nur 70 Bombern ausgeführt, wie uns die Luftwaffenhelfer aus Werners Klasse sagten. Er richtete sich mit der größten Wucht auf die Innenstadt. In den uns gegenüberliegenden Kirchengemeindegarten und in den Garten des Nachbarn fielen 20 Brandbomben im Reihenwurf, im Wald nicht weit vom Haus liegt ein abgeschossenes Flugzeug, und eins sahen Dieter und ich von der Dachluke aus hinter dem Rathaus Leutzsch abstürzen. Dann mußten wir sehr plötzlich in den Keller rennen, weil es in allernächster Nähe rauschte. Roland kuschelte sich dicht an mich und erklärte, er habe aber doch etwas Angst. Er und Helmut sind Gottlob während der Angriffe immer sehr ruhig und vertrauen darauf, daß ihre Eltern nichts Böses an sie kommen lassen. – Wir konnten schon während des Alarms in der Runde und besonders über Leipzig viele einzelne Brandherde erkennen, die sich dann von Stunde zu Stunde mehr zu einem riesigen Brand auswuchsen, der den Himmel in den Vormittagsstunden unheimlich karminrot färbte."[42]

Der Vater nimmt Helmut die Furcht vor den Bomben, als der ihm erklärt: „Du brauchst keine Angst zu haben, denn schau, wo die Christbäume stehen, wir liegen nicht im Abwurfgebiet."[43] Das überzeugt, schließlich ist der Vater nicht nur in den Augen seiner Söhne ein Kriegsheld. Anfang 1943 ist Otto Reihlen als einer von wenigen der Katastrophe von Stalingrad entronnen. Er hat es geschafft, mit seinen Männern durch eine Lücke im „Kessel von Stalingrad", den die Sowjets um die 6. Armee geschlossen haben, auszubrechen.

In den Leipziger Bombennächten kriecht die Familie durch ein Loch in einer Brandschutzmauer, die das Haus vom Keller trennt, in die Kellerräume. Dort schläft sie in dreistöckigen Betten. Wer im obersten Bett liegt, dem hängt die Kellerdecke nur wenige Zentimeter über dem Kopf. Nicht selten passiert es, dass Helmut Reihlen sich morgens aufrichtet, wie er es gewohnt ist. Ein Schlag erinnert ihn dann daran, dass er nicht in seinem Bett liegt.

---

[41] Leipzig im Bombenhagel. Sonderband des Leipziger Kalenders. Hg. von der Stadt Leipzig – Stadtarchiv, Leipzig 1998, S. 192 ff.

[42] Irmgard Reihlen: Erinnerungen. Köln 1968, S. 154.

[43] „Christbäume", so nannte man die Leuchtmunition, mit der die Alliierten bei Nachtangriffen ihre Bombenziele markierten.

In dieser Zeit kommt es auch vor, dass Bücher vom Himmel fallen. Der Hitzestrom der brennenden Stadt hat sie kilometerweit durch die Luft gezogen, und nun landen sie fast unversehrt im Garten der Reihlens. Schnell haben sich die Kinder an den Kriegsalltag gewöhnt. Die Hitlerjugend versorgt sie mit Heften und Büchern über Kriegstechnik und vermittelt ihnen das trügerische Gefühl, sich bestens mit Waffen auszukennen. Leidenschaftlich gern sammeln die Brüder Bombensplitter, um diese mit anderen zu tauschen. Und dann gibt es noch die Brandbomben, die bei Notabwürfen oder systematischen Abwürfen in die sumpfige Aue um Leipzig gefallen sind. Einmal feucht geworden, zünden sie nicht mehr. Für die Kinder Grund genug, sie einzusammeln. Schließlich kennen sich die Brüder aus. Sie wissen, dass nur die Bomben gefährlich sind, die einen Sprengsatz haben, der zehn Minuten nach dem Einschlag zündet, um auch das Löschpersonal der Deutschen zu töten.

Die Brüder machen sich einen Spaß daraus, selbst die Bomben im leeren Schwimmbecken ihres Gartens zu zünden. Helmut Reihlen wundert sich bis heute, dass die Mutter diese Spiele nicht verbot. Irmgard Reihlen muss ihren Söhnen viel zugetraut haben. Schließlich hörte man immer wieder, wie andere Kindern sich verletzt haben. Sah sie, wie fachmännisch ihre Jungen mit den Brandbomben umgingen?

Durch die Otto-Schmiedt-Straße wälzen sich Ströme von Obdachlosen auf dem Weg zum Leutzscher Bahnhof. Die drei „Großen" seien tief beeindruckt von all dem Elend, schreibt Irmgard Reihlen, während die „Kleinen" sich laut über die Süßwarensonderzuteilung freuten. Helmut Reihlen erinnert sich noch an sein Befremden am Straßenrand, mit dem er sich fragte: „Warum heulen die bloß alle so?" Dann wollen die „Kleinen", Helmut und Roland, helfen. Erst recht, als sie sehen, dass sich Erwachsene anbieten, gegen Geld die Habseligkeiten der ausgebombten Leute auf Handwagen zum Bahnhof zu bringen. So etwas finden sie „unanständig". Hat es diese Leute nicht schon hart genug getroffen? Helmut und Roland befördern zwei Tage lang mit ihrem Handwagen das Gepäck der Leute vom Auffanglager Schützenhof zum Bahnhof Leutzsch.

Mit dem Fortschreiten des Krieges mehren sich die verstörenden Erlebnisse. Die älteren Brüder berichten den Jüngeren zuweilen von ihren grausigen Beobachtungen und Erlebnissen. Und auch Helmut und Roland sehen vieles, was andere Eltern bis zuletzt von ihren Kindern fernhalten, denn sie sind oft allein unterwegs.

Alles, was am Himmel geschieht, fasziniert sie. Es muss Sommer oder Herbst 1944 sein, als Helmut Reihlen beobachtet, wie ein amerikanischer Bomber durch die Flak abgeschossen wird und ein Pilot mit seinem Fallschirm zur Erde schwebt. Was nun folgt, schildert er über 50 Jahre später in einer Rede: „Ich raste mit meinem Fahrrad zu der Stelle, an welcher der Fallschirm vermutlich landen würde. Als der Flieger den Boden berührte, stand ich kaum zwanzig Meter entfernt. Er war zu Tode erschrocken. Ich auch. Er holte eine kleine Pistole hervor, schien jedoch nicht zu wissen, was er damit anstellen sollte. Der Feind – ich – war ein zehnjähriger Junge, der vor Angst zitterte. Es verschlug mir aber wirklich den Atem, als er seinen Fliegerhelm abnahm. Er glich aufs Haar meinem ältesten Bruder Werner und war auch etwa im selben Alter."[44]

Werner wird Mitte Februar 1944 vom Arbeitsdienst, dann von der Wehrmacht eingezogen. In Norwegen wird er zum Infanteristen ausgebildet. Gerade achtzehn, kann Werner gar nicht schnell genug an die Front kommen. Er meldet sich freiwillig zum Einsatz.

Nur einmal noch bekommt Helmut Reihlen die Gelegenheit, seinen Bruder wiederzusehen. Werner ist auf dem Weg von Norwegen nach Italien. Als sein Truppentransportzug einen längeren Aufenthalt am Bahnhof Leipzig-Schönefeld hat, ruft er seine Mutter an. Das ist am 15. Dezember 1944 morgens um vier. Mutter und Sohn sprechen nur knapp zehn Minuten miteinander, weil Werner die Kameraden drängen. Auch sie wollen telefonieren. Kurz entschlossen läuft Mutter Irmgard mit Helmut und Roland aus dem Haus. Die drei erwischen die erste Straßenbahn des Tages und fahren

---

[44] Helmut Reihlen: Ansprache anlässlich der Verleihung der Union Medal am 2. Februar 1995, Humboldt-Universität Berlin. In: Schuld und Versöhnung in politischer Perspektive. Dietrich-Bonhoeffer-Vorlesungen in Berlin, hg. von Wolfgang Huber (Internationales Bonhoeffer Forum Forschung und Praxis 10), Gütersloh 1996, S. 91–99, S. 91 f.

nach Schönefeld ans andere Ende der Stadt. Vergeblich. Dort angekommen, sehen sie gerade noch, wie sich der Zug in Bewegung setzt. Sie winken und rufen. Sie werden Werner nie wieder sehen.[45]

Derweil führt Otto Reihlen einen beeindruckenden Kampf um seine jüngeren Söhne, Eberhard und Dieter, die nur knapp dem Schicksal Werners entgehen. Zuerst muss der kaum 14-jährige Dieter davon abgehalten werden, sich freiwillig zum Volkssturm zu melden. Dann gerät Eberhard in Gefahr, als er noch im Januar 1945 vom Luftwaffenhelfer zum Kanonier befördert wird und zum Einsatz im Kampf gegen die Rote Armee kommen soll. Nur durch Zufall entkommt Eberhard dem Tod und gelangt zurück nach Leipzig. Kurz nach Kriegsende schicken ihn die Eltern zu Bekannten nach Westfalen, das bereits unter britischer Besatzung steht.[46]

Werner fällt am 16. April 1945 in Obritzberg bei St. Pölten im Kampf gegen die Russen. Die Familie erfährt es erst am 22. Dezember 1947. Otto Reihlen, Helmut und Roland sitzen im Esszimmer am Tisch, als Mutter Irmgard der Familie den Brief mit der Todesnachricht vorliest. Sie weinen. Und dann fragen sie sich: Wie sagen wir es der Traudel? Mit ihr, einer BDM-Führerin aus der Nachbarschaft, war Werner befreundet. Lange noch, bis zu ihrem Tod, bleiben Traudel und ihr späterer Ehemann den Reihlens verbunden. Irmgard Reihlen hat die Frage nie mehr losgelassen: „Warum musste Werner diesem Wahnsinn bis zum letzten zum Opfer fallen? Er, der der freudigste von all unseren Kindern war, der mit der größten Hingabe dem Führer folgte, und der vielleicht fallen musste, weil ihm der Himmel eingebrochen war, als er den Wahnsinn erkannte."[47]

Für Helmut Reihlen ist die Geschichte von dem Feind mit dem Gesicht seines Bruders Werner längst über sich hinausgewachsen und so etwas wie eine christliche Parabel auf den Krieg geworden.

63 Jahre später

Draußen fällt der erste Schnee. Früh für die Jahreszeit. Am Morgen des 21. November 2008 sitzen Helmut und Erika Reihlen im Wohnzimmer der Wulffstraße 12 mit dem Rücken zum Fenster und sehen den Schnee nicht.

---

[45] Irmgard Reihlen: Erinnerungen. Köln 1968, S. 169.
[46] Ebd., S. 160. Leipzig stand zu dieser Zeit noch unter amerikanischer Besatzung.
[47] Ebd., S. 269.

Sie sind weit fort in ihrer Jugend, bei Vater, Mutter und Geschwistern. Tief im Wurzelwerk ihres Lebens, das ihr Zuhause in der Zeit befestigt. Wie sich die Geschichten ausbreiten, verwandelt sich auch das Zimmer, Raum und Zeit verschmelzen miteinander, die Gegenstände bekommen einen anderen Glanz. Gegenwart und Vergangenheit werden eins. Die Rede kommt auf Eberhard, den zweitältesten der Reihlenbrüder. Eberhard, geboren 1928, ist Anfang 2007 gestorben, nach einem Leben als Familienvater, Ingenieur und Unternehmer in Ulm, dem Skilaufen, dem Bergwandern, der Geselligkeit in der „Schlaraffia" zugetan.[48] Noch kurz vor seinem Tod hat Helmut ihn in Ulm besucht. Hat er mit seinem Bruder über seinen Kriegseinsatz als Luftwaffenhelfer gesprochen? „Überhaupt nicht", sagt Helmut Reihlen, ohne zu zögern, „er hat überhaupt nicht viel über sich geredet und schon gar nicht über diese Zeit." Warum? Konzentrischen Kreisen gleich hat sich das Schweigen im Leben Eberhards ausgebreitet. Doch wann begann es? Vielleicht Ende Januar 1945? Als Eberhard, gerade sechzehn, ein Schülersoldat in Hitlers letztem Aufgebot, bei klirrender Kälte zum Fronteinsatz gegen russische Panzer im Warthebruch eingesetzt wird? Am Tag, bevor seine Einheit vernichtet wird, schickt der Batteriekommandant ihn zurück. Eberhard bedient das Funkmessgerät zum Anpeilen feindlicher Flugzeuge und ist deshalb untauglich für den Bodenkampf. Er schließt sich einem Flüchtlingstreck aus Pferdefuhrwerken an. Eine Bäuerin legt ihren in eine Decke gewickelten Säugling in Eberhards Arme, um nach etwas Essbarem zu fahnden. Der Treck rollt weiter. Sie kehrt nicht zurück. Nach einer Stunde entdeckt Eberhard hilflos, dass das Kind auf seinem Arm tot ist.

Oder begann es im Mai 1945, als die Niederlage des Deutschen Reiches besiegelt ist und die frohe und gläubige Jugend als begeisterter Hitlerjunge ihr jähes Ende findet? Möglicherweise begann sein Schweigen erst im Januar 1948, als er vom Tod seines Bruders Werner erfährt. „Ja, in meinem Gedächtnis wird Dein Name nicht verlöschen. Mit der Erinnerung an Dich werden mir jedes Mal die schönen Jahre einfallen, die wir zusammen verleben durften", schreibt Eberhard an die Eltern, als diese ihn vom Tod des älteren Bruders unterrichten.[49]

---

[48] 1859 in Prag gegründet, ist die Schlaraffia eine deutschsprachige Vereinigung zur Pflege von Freundschaft, Kunst und Humor.

[49] Schreiben Eberhard Reihlens an seine Eltern vom 19. Januar 1948. In: Irmgard Reihlen: Erinnerungen. Köln 1968, S. 270.

Mit Werner, der so begeistert dem Befehl des „Führers" gefolgt war, sein Leben für das Vaterland zu opfern, „verführt, verblendet und missbraucht", wie es später heißt, verbinden Eberhard wunderbare Jugendjahre. Und Eberhard bleibt dem Bruder, dem Vorbild und Freund, zeit seines Lebens treu. Kritik an den Idealen dieser Jugend, für die Werner gestorben ist, duldet er nicht. Für Eberhard sind diese Jahre sicher um vieles mehr „seine Zeit" als für die jüngeren Brüder, die noch zu klein waren, um die nationalsozialistische Ideologie so zu verinnerlichen. Er lehnt es ab, sich auseinanderzusetzen. Möglicherweise hat diese Zeit bis zuletzt in seinem Inneren geleuchtet. Ein Teil von ihm – so scheint es – ist für immer bei Werner geblieben.

Helmut Reihlen zitiert den italienischen Schriftsteller Antonio Tabucchi: „Was ist das Leben, wenn es nicht erzählt wird?" Wie nah hätte man sich kommen können, wenn Eberhard über sich gesprochen hätte. Das aber gelang ihm nie. Er verbarg die Zeit mit Werner vor den Blicken der anderen. Ein gesellschaftliches Leben mit all den kritischen Diskussionen über die deutsche Vergangenheit, so wie Helmut und Erika Reihlen es führten, kam für ihn nicht in Frage. Dafür hätte er die Tür zu seiner Jugend, zu Werner und der Zeit bei der Hitlerjugend aufstoßen müssen.

Am 17. April 1945 rollen die amerikanischen Panzer in Leipzig-Leutzsch ein. Dieter sichtet sie zuerst unweit von Zuhause. Vom Westen her nähern sie sich dem Stadtzentrum. Helmut Reihlen erinnert sich an eine langgezogene Schützenkette von Soldaten, jeder hinter einem Straßenbaum Deckung suchend, ehe er weiter geht, die Maschinenpistole schussbereit. Lautsprecher fordern die Familien auf, von den Fenstern zurückzutreten. Die Kinder sind fasziniert von dem Spektakel. Der siebenjährige Roland entwischt der Mutter und lässt es sich nicht entgehen, die Panzerkolonnen vom Gartentor aus zu beobachten. Noch sind die letzten SS-Einheiten, die Hitlerjungen und der Volkssturm nicht entwaffnet, ein Kampf um das Stadtzentrum droht. Die amerikanischen Kampfeinheiten ziehen durch die Otto-Schmiedt-Straße. Dann kommt der Tross und nimmt Quartier in den Villen von Leipzig-Leutzsch. Auch die Reihlens müssen das Erdgeschoss für fünfzehn amerikanische Soldaten räumen. An diesem Tag im April 1945 sieht Helmut Reihlen den ersten Schwarzen in seinem Leben. Er ist ein bisschen aufgeregt und versucht, Englisch mit dem GI zu reden. Anerkennend streichelt ihm der kinderliebe Mann über die Wangen. Doch das führt zu dunkelsten Ahnungen. Unverzüglich eilt der Junge zu einem Spiegel, suchend, ob etwas Braunes abgefärbt hat. Es ist derselbe Schwarze, der ihm später eine Tafel Cadbury-Schokolade anbietet. Eigentlich will Helmut sofort hineinbeißen. Doch plötzlich fällt ihm ein, dass Geschenke des Feindes vergiftet sein könnten. Das hat er beim Jungvolk gelernt, dem er ein Jahr lang angehörte. Helmut findet eine Lösung und bietet die Schokolade zunächst einem Mitschüler an – einem, den er nicht sonderlich mag.

Die amerikanischen Soldaten richten für etwa zehn Tage ihr Hauptquartier in der Mädlervilla ein. Das Verhältnis zu den Reihlenkindern ist freundlich und neugierig auf verschiedenen Ebenen. Sie spielen miteinander, halb im Ernst und halb im Scherz. Zuerst lernen die „Amis" von den Jungen die Spielregeln des Krocket. Mit der Zeit entwickeln beide Seiten „Handelsbeziehungen". In der Mädlervilla werden in einem kleinen Speiseaufzug Lebensmittel aus dem tiefen, kühlen Keller nach oben befördert. Die Kinder kennen den Gartenzugang zum Tiefkeller und machen es sich zur Gewohnheit, Schokolade und andere Köstlichkeiten aus dem Aufzug zu klauen. Als die Soldaten das bemerken, pochen sie nicht auf ihre Macht, sondern schlagen den Kindern ein Geschäft vor. Helmut und seine Brüder finden einen Zettel mit einer Nachricht im Aufzug. Sie sollen eine Gegenleistung bringen und Angelhaken besorgen. Angelhaken, auf Englisch „fish hooks". Das Wort hat sich eingeprägt. Die Soldaten wollen im Teich der Mädlervilla Fische fangen. Der Handel kommt zustande.

Für die Kinder setzen sich die oftmals undurchsichtigen und zum Teil gefährlichen Ereignisse, die schon die letzten Monate des Krieges prägen, auch unmittelbar nach Kriegsende fort. Helmut Reihlen erinnert sich gut an den Tag, als ungefähr dreißig aus ihrem Lager befreite italienische Zwangsarbeiter durch die Otto-Schmiedt-Straße ziehen und sich aneignen, was sie brauchen können. Mit einem Mal stehen die abgemagerten und verwahrlosten Männer im Erdgeschoss des Reihlen'schen Hauses. Eine Angst einflößende Situation. Doch Mutter Irmgard bleibt ruhig. Sie besinnt sich ihrer Italienischkenntnisse, die sie sich angeeignet hat, als sie im Oktober 1941 sechs Wochen lang ihren Mann in Neapel besuchte. Hauptmann Otto Reihlen war dort für den Kfz-Nachschub, die Reserveteile für das Afrika-Corps General Rommels und für die Instandsetzung von beschädigtem Kriegsgerät verantwortlich.

Irmgard Reihlen versammelt die vier anwesenden Söhne um sich und holt noch ein paar weitere Kinder aus der Nachbarschaft dazu. Sie bittet die Gäste, auf dem Rasen im Garten Platz zu nehmen, fragt sie nach ihren Geburtsorten und dann singt sie mit ihnen italienische Kinderlieder. Sie versucht, den Männern zu helfen und schlägt ihnen vor, Briefe an die Pfarrer ihrer Heimatorte zu schreiben, damit diese ihre Familien über ihren Verbleib und ihr Überleben informieren können. Dann erfährt sie, dass der Anführer der Gruppe eine junge Italienerin, ebenfalls eine Zwangsarbeiterin aus dem Lager, heiraten will. Sie redet ihren Gästen aus, die Aussteuer durch Plündern herbeizuschaffen. „Darauf liegt kein Segen für das Brautpaar", mahnt sie. Stattdessen schlägt sie vor, Lebensmittel aus dem Lager mitzubringen und bietet ihnen an, das Festessen für die Hochzeitsfeier zu kochen. Sie will eine kleine Theateraufführung mit ihnen einüben und zu all dem den Leipziger katholischen Pfarrer hinzubitten. Die ausgemergelten Männer verwandeln sich zusehends. Eben noch wüst und gefährlich, beginnen sie von ihren Familien zu erzählen. Der Krieg ist aus. Das Plündern ist für diese Menschen zu Ende. Sie wollen nichts sehnlicher als Frieden und zurück nach Hause.

Später gibt es Zwischenfälle mit russischen Soldaten. Rätselhaft und verstörend sind sie, wie an dem Tag, als Helmut und Roland mit einem Handwagen zu einer Deponie fahren. Dort wollen sie fruchtbare Erde für die Tomatenbeete zu Hause stechen. Von weitem sehen sie eine Frau auf einem Fahrrad. Ein Russe nähert sich ihr. Er wirft sie zu Boden, die Frau schreit, wehrt sich. Die Kinder sehen, wie der Russe sich nach einiger Zeit davonmacht. Helmut und Roland glauben, der Russe habe ihr das Fahrrad klauen wollen. Sie laden die verletzte, weinende und sprachlose Frau auf ihren Handwagen und bringen sie ins Diakonissenhaus, wo sie – nichtsahnend – den Diakonissinnen eine soeben vergewaltigte Frau übergeben. Einmal retten die Söhne ihre Mutter, ohne es zu wissen, vermutlich vor einem ähnlichen Schicksal. Mutter und Söhne sind auf dem Weg zur Oma Ella Stolper in Göttingen, schwarz über die grüne Grenze. Dafür fahren sie mit dem Zug nach Nordhausen. Zwischen Ellrich und Walkenried wollen sie die Grenze zur englischen Zone passieren und werden von russischen Soldaten festgesetzt. Doch der Kommandant ist freundlich. Erst lässt er die Mutter sein Quartier putzen, dann gestattet er den Jungen, vorzeitig die Grenze zu passieren, während er Irmgard Reihlen erst später gehen lassen will. Irmgard Reihlen aber setzt alles daran, dass die Jungen bei ihr bleiben. Erst sehr viel später ahnen die Jungen, warum die Mutter, die ihnen sonst so viel Freiheit lässt, sie plötzlich ganz und gar nicht gehen lassen wollte.

Otto und Irmgard Reihlen erwarten die militärische Niederlage seit langem. Spätestens seit dem Russlandfeldzug leben sie mit der Vorstellung, zukünftig ein besetztes Land zu sein. Irmgard tut viel dafür, den Kindern während des Krieges Englisch und Französisch beizubringen. Und so kann der knapp elfjährige Helmut schon auf bescheidene Englischkenntnisse zurückgreifen, als die amerikanischen Soldaten kommen. Während des Krieges lernt Irmgard bei einem deutsch-baltischen Pfarrer Russisch, für den Fall, dass Leipzig von den Sowjets besetzt wird.

Besorgt fragen sich die Eltern, was von der drohenden russischen Besatzung zu erwarten sei, die dann tatsächlich ab dem 2. Juli 1945 Wirklichkeit wird, als die Sowjets die Stadt Leipzig übernehmen: „Was, wenn uns die Russen eines Tages so behandeln, wie wir sie behandelt haben?" Wer sollte die Russen daran hindern, nun ihrerseits Zwangsarbeiter aus Deutschland für den Aufbau ihrer zerstörten Heimat zu rekrutieren? Otto Reihlen hält sich etwas darauf zugute, dass er beim Vormarsch in die Sowjetunion sehr auf die Disziplin der ihm unterstellten Soldaten geachtet hat. Aber würde ihm das jetzt noch nützen? Schließlich weiß er, wie andere Soldaten und die Waffen-SS dort gehaust haben. Otto Reihlen kennt die Kriegsverbrechen auf der eigenen Seite. Ihm ist nicht verborgen geblieben, dass unzählige russische Soldaten während des Krieges in deutschen Kriegsgefangenenlagern verhungert sind. Und auch der „Kommissarbefehl", der Wehrmachtsoldaten ermächtigte, politische Kommissare der Roten Armee ohne jede Gerichtsverhandlung zu erschießen, ist ihm noch in Erinnerung.[50] Die Berichte von Flüchtlingen über die Gewalttaten der Roten Armee verheißen nichts Gutes.

Eines Tages – es ist schon die Zeit der russischen Besetzung Leipzigs – kommen sie wirklich, die „Muschkoten", wie die einfachen Fußsoldaten der Roten Armee etwas geringschätzig genannt werden. Ein großer Lastwagen mit einem Anhänger fährt vor, und heraus kommen fünf wilde Gesellen.

---

[50] „Otto hatte es erlebt oder zuverlässig erfahren, als er für den Corpswerkstattzug Hilfswillige aus den Lagern holte, wie gnadenlos ungezählte russische Kriegsgefangene verhungern mußten, Kommissare ohne Verhör erschossen wurden. Durften wir nach diesem Krieg für uns Besseres erwarten?" In: Ebd., S. 177.

Helmut öffnet ihnen. Er ist allein mit seinem jüngeren Bruder. Die Soldaten beginnen sofort mit der Hausbesichtigung, verkünden, dass sie die Nacht hier verbringen wollen, und machen sich schon im Herrenzimmer und im Wohnzimmer breit. Doch das lässt der Junge ihnen nicht durchgehen. Mit fester Stimme belehrt er sie: „Das ist das Herrenzimmer. Da können Sie nicht bleiben, das ist Vaters Zimmer!" Und wie um seine Autorität zu unterstreichen, fügt er hinzu: „Ich bin hier der älteste Junge!"

Dann weist er den Dolmetscher an: „Sie können nicht in die Küche. Sie können ins Kinderzimmer. Sie können aufs Klo gehen und sich waschen." Fühlen sich die Soldaten entwaffnet von so viel kindlichem Selbstbewusstsein? Sie tun jedenfalls, was Helmut Reihlen ihnen sagt. Vielleicht auch deshalb, weil sie illegal unterwegs sind. Sie kommen gerade aus einer Schnapsbrennerei, wo sie sich kistenweise mit Schnaps eingedeckt haben. Als die Eltern nach Hause kommen, sind die Soldaten bereits dabei, geschäftig die Schnapskisten ins Haus zu tragen, strengstens überwacht von Helmut. Mutter Irmgard ist begeistert, dass ihr „großer, kleiner" Junge eigentlich schon alles für sie geregelt hat.

Teil III
Aufbrüche und innere Emigration – Leipzig 1945–1950

Das Kriegsende am 8. Mai 1945 bedeutet für Otto und Irmgard Reihlen eine Erleichterung und Befreiung. Nun kann sich kein Sohn mehr zu einem selbstmörderischen Einsatz gegen den Feind melden oder dahin abkommandiert werden. Der Krieg ist vorbei. Aber er hat das Leben der Familie beschädigt. Der Tod Werners und nicht zuletzt das neue kommunistische Regime, das der in Leipzig verbliebenen Familie mehr und mehr die Lebensperspektive nimmt, sind bedrückend. Die Situation erfordert Mut und Entscheidungskraft.

Erneut geht es darum, die eigenen Werte zu behaupten. Für Irmgard Reihlen zählen dazu Hilfsbereitschaft, vor allem für die vielen Flüchtlinge, unter anderem aus dem weiten Kreis der Verwandtschaft und der Bundesbrüder, Bildung, Geschichtsbewusstsein und eine christliche Lebensführung. Mit aller Macht hält Irmgard Reihlen diese Ideale hoch, auch da, wo sie sichtlich verraten worden sind. Keine Begebenheit zeigt dies so deutlich wie ein Tag im April 1949 in Potsdam.[51]

Es ist die Zeit der Berlin-Blockade, als die Sowjets versuchen, Gesamt-Berlin unter ihre Kontrolle zu bringen, indem sie die Versorgungswege nach West-Berlin unterbrechen. Nun kann es passieren, dass eine Familie aus dem Ostteil des Landes sich aufmacht, um ihre West-Berliner Verwandten mit Lebensmitteln zu versorgen. Das jedenfalls tun Otto und Irmgard Reihlen mit ihren Söhnen Helmut und Roland, als sie um drei Uhr morgens aufstehen, um von Leipzig nach Berlin zu fahren. Die Lebensmittel für die siebenköpfige Familie von Tante Paula Kleucker, der Schwester Irmgards in Siemensstadt, müssen sie gut vor den Augen der Grenzsoldaten verbergen. In Innenbeuteln vernäht, versteckt in den Säcken mit Holzschnitzeln, bestimmt zur Verbrennung im Holzgasgenerator, der an der Hinterfront ihres Opel Super 6 befestigt ist, Höchstgeschwindigkeit 45 km/h.

---

[51] Helmut Reihlen beschreibt sie in seinem Festvortrag auf der Hauptversammlung des Deutschen Gießereitages am 21. Juni 2002 in Berlin. In: Giesserei 89 (2002), Nr. 12 vom 10. Dezember 2002, S. 31–40.

Als die Familie gegen neun Uhr zum Grenzübergang Glienicker Brücke kommt, bemerken die sowjetischen Soldaten nichts von dem Fett und den Kartoffeln im Sack mit den Holzschnitzeln. Doch in den Papieren des Vaters fehlt ein Ukas, eine Bescheinigung. Otto Reihlen wird verhaftet und zur Wache des NKWD in den Neuen Gärten gebracht. Erst gegen 13 Uhr darf die Familie sich nach seinem Verbleib erkundigen.

Mutter und Kinder haben vier Stunden Zeit. „Sie wollte uns nützlich beschäftigen und uns – vielleicht auch sich selbst – von der drohenden Gefahr ablenken", erinnert sich Helmut Reihlen. Irmgard Reihlen tut aber noch mehr. Sie zieht mit ihren Kindern über die Ruinen des zerstörten Potsdam und erzählt ihnen preußische Geschichte. Von der ausgebrannten Garnisonkirche wandern sie zum ebenfalls ausgebrannten Potsdamer Stadtschloss. Und Mutter Irmgard erzählt von der religiösen Toleranz Preußens, von der Aufnahme der Hugenotten, die im 17. Jahrhundert aus Frankreich vertrieben wurden. Sie erzählt von der preußischen Landschaftsarchitektur und der Gartenbaukunst.

Als die Sowjets Otto Reihlen um 13 Uhr immer noch nicht freilassen wollen, ziehen Mutter und Söhne nach Sanssouci. „So war sie. Der grimmige Humor dieses Marschbefehls ist mir erst viel später aufgegangen – Sanssouci, sorgenfrei", kommentiert Helmut Reihlen.

In Sanssouci hören die Kinder etwas über den Preußenkönig Friedrich II, auch Friedrich der Große genannt, den Liebhaber der Künste, den Querflötenspieler und Verehrer Johann Sebastian Bachs. Er schaffte die Folter ab und führte eine eingeschränkte Pressefreiheit ein. Und er bekannte sich zu dem Grundsatz, dass Bürger, Bauer, Bettler und Edelmann vor dem Gesetz gleich seien, genauso zu behandeln wie der König.

Für Helmut Reihlen bleibt die Geschichte Preußens wichtig. Diese europäische Großmacht, deren staatliche Existenz mit dem Dritten Reich untergeht, wird ihm zum identitätsstiftenden Vorbild für das wiedervereinigte Deutschland. Denn Preußen, das ist mehr als eine absolute Monarchie, die es in der Geschichte zu einigem kriegerischen Erfolg gebracht hat. Preußen, das ist auch ein aufgeklärtes Staatswesen, das religiöse Toleranz praktiziert, das Rechtssicherheit bietet, Bildung auf breiter Basis fördert, ein Land der Wissenschaft und der Technik. Insofern steht Preußen für politische Werte, die den Nationalsozialismus und dann auch den DDR-Sozialismus überdauern.

Am Abend kommt Vater Reihlen frei. Die Fahrt mit den Lebensmitteln zu Kleuckers in Siemensstadt erreicht ihr Ziel.

Bald beginnen sich Otto und Irmgard Reihlen um die Entwicklungsmöglichkeiten ihrer Söhne zu sorgen. Welche Chancen würden einer bürgerlichen Familie in einer kommunistischen Gesellschaftsordnung eingeräumt werden? Würden die Söhne unter den neuen politischen Vorzeichen überhaupt studieren können? Schließlich sind sie Akademikerkinder mit Eltern, die nicht bereit sind, in die SED einzutreten. 1945, unmittelbar nach Kriegsende, begleiten Eberhard und Dieter eine hochschwangere Cousine Irmgards und deren Kinder auf der Flucht aus dem Riesengebirge nach Herford in die britische Besatzungszone. Dort sollen die Brüder die Schule besuchen und in den Genuss einer Schulbildung kommen, die sie in Leipzig wahrscheinlich nicht erhalten können. Nur schweren, ja „weinenden" Herzens trennen sich Otto und Irmgard Reihlen von ihren nicht einmal volljährigen Kindern, ungewiss, sie je wieder zu sehen, doch voller Vertrauen in ihre Selbstständigkeit und Durchsetzungsfähigkeit. „Wir hoffen, daß diese Maßnahmen, die uns selbst schwerstens betroffen haben, sich zum Wohl der Kinder auswirken", schreibt Irmgard am 23. Juni 1945.[52] Die Eltern wissen, dass Eberhard und Dieter sich auch in Ausnahmesituationen durchsetzen können. Schließlich sind sie zur Selbstständigkeit erzogen.

Die Eltern bleiben mit den beiden Jüngeren, Helmut und Roland, zurück in Leipzig. Der Vater will die Außenstelle der Klöckner-Humboldt-Deutz-AG wieder aufbauen, vor allem die zerbombte Werkstatt. Zudem möchte die Familie das Haus in Leutzsch nicht vorschnell aufgeben. Die Aussichten, obdachlos in eine der zerstörten westdeutschen Städte zu ziehen, lockt sie nicht. „Ihr verlaßt ein schönes, wertvolles und trotz Mitbewohnern immer noch geräumiges Heim, um im Wohnungselend einer zerstörten westdeutschen Stadt armselig unterzukommen", geben Freunde zu Bedenken.[53] Im Herbst 1945 kehren Eberhard und Dieter nach Leipzig zurück und machen 1947 und 1948 Abitur. Eberhard tritt eine Lehrstelle bei Magirus in Ulm an, damals ein Teil von Klöckner-Humbold-Deutz. Dieter erhält einen Studienplatz am Dolmetscherinstitut in Germersheim für die Fächer Französisch

---

[52] Irmgard Reihlen: Erinnerungen. Köln 1968, S. 179
[53] Ebd., S. 178.

und Russisch. 1945, mit knapp elf Jahren, ist Helmut Reihlen plötzlich der älteste Bruder im Haus. Er beneidet seine großen Brüder um ihre frühe Selbstständigkeit.

Jetzt geht es darum, die Weichen für seine Zukunft zu stellen. Der Wechsel auf das Gymnasium steht bevor. Doch das neue kommunistische Schulsystem schreibt acht Grundschuljahre vor. Da sich die Eltern aber die Möglichkeit, selbst eines Tages in den Westen zu ziehen, offenhalten wollen, soll Helmut von der 6. in die 8. Klasse springen, damit er in die letzte herkömmliche gymnasiale Klassenstufe wechseln kann. Doch als Otto Reihlen sich an den neuen Schulrat wendet, weist dieser ihn zurück und nennt ihn einen Kapitalisten-Knecht, der seinem Jungen nur einen Vorteil über die Arbeitersöhne verschaffen wolle.[54]

Die Eltern wenden sich an eine alte Freundin aus Breslauer Tagen: Ilse Schmölder, die im Zuge der Übergabe Schlesiens an Polen mit ihrem Waisenhaus auf die Glücksburg in Römhild umgesiedelt wurde. Helmut kommt im September 1946 in die 8. Klasse der mit dem Waisenhaus verbundenen Schule

Die Zeit in Römhild ist hart und verbunden mit Kränkungen. Die „Pädagogen" des Waisenhauses arbeiten mit zweifelhaften Methoden. Kinder, die eine Schwäche zeigen, müssen beim Frühstück einen Papierhelm tragen, so auch Helmut Reihlen, wenn er nachts ins Bett gemacht hat.

Die Mitschüler machen sich lustig über ihn. Zudem sind sie ihm an Kraft überlegen, eine ungewohnte Erfahrung für den Jungen, der in Leipzig immer zu den Stärksten seiner Klasse gehörte. Sie hänseln ihn, weil er auch privat mit der Direktorin Ilse Schmölder verkehrt. Helmut Reihlen gerät in die Rolle eines Außenseiters. Eigentlich hatte ihm sein Vater gesagt: „Du kannst Dich hier wieder zeigen, wenn Du in allen Fächern eine Zwei hast und ein Abgangszeugnis an Ostern." Doch daraus wird nichts. Nach drei Monaten kommt Helmut zurück. Weihnachten steht er unerwartet vor der Tür in der Otto-Schmiedt-Straße, beladen mit einem riesigen Rucksack und einem noch größeren Koffer. Eine unvergessliche Szene für den Vater: „Mir war klar, da war etwas schiefgegangen, der ‚Kerl' will nicht wieder zurück. Es war hundekalt. Er erzählte – entgegen seinem bekannten Temperament

---

[54] Otto Reihlen: Gedanken zu einer Rede zu Helmuts Verlobung am 23. Januar 1960. Privatbesitz Reihlen.

– nicht viel von Römhild, aber väterlicher Sinn hatte zwei Dinge sehr schnell begriffen: Er geht nicht wieder zurück – und es hat ihm dort nicht gefallen. Ich hatte ihn deshalb nach seinem Abschlußzeugnis gefragt und nach den von mir verlangten Zweiern. Das war nicht darzustellen. [...] Hier war er zweifelsohne ungehorsam, denn er mißachtete die väterliche Vorschrift. – Nach 8 Tagen brachte er mir zart, aber klar bei, daß ich ihn nunmehr in der Leibniz-Oberschule [später Karl-Marx-Oberschule] anzumelden habe." Wie durch ein Wunder dringt er dieses Mal bei der Schulleitung durch. „Dann die denkwürdige Verhandlung mit Herrn Studiendirektor Riemer, und Du warst höherer Schüler – gegen alle Vorschriften. Diese Entscheidung war bestimmend für die weitere Ausbildung", erinnert sich Otto Reihlen in seiner Hochzeitsrede für Helmut und Erika Reihlen am 16. September 1961.[55]

Helmut Reihlen verlässt die Grundschule gern. Hier hat er sich oft gelangweilt und war mehr durch seine Streiche aufgefallen denn als guter Schüler. „Wenn Helmut in der Volksschule oft unnütz und streitbar gewesen war", erinnert sich Irmgard Reihlen, „so hörten wir aus der Leibniz-Schule lauter Lobenswertes über ihn, und waren froh, daß dieser Sprung gelungen war."[56]

Möglicherweise ist es die Abwesenheit der älteren Brüder, die neue Bedeutung als „ältester Junge" im Haus, die Helmut Reihlen stark macht, sich aktiv für die Gestaltung seiner Zukunft einzusetzen. Er beginnt, sich für Geologie zu interessieren. Von seinem früh verstorbenen Onkel Ernst Stolper, dem jüngeren Bruder seiner Mutter, hat Helmut eine Gesteinssammlung geerbt. Er will mehr wissen und meldet sich für einen Geologiekurs im Museum für Natur- und Heimatkunde an. Er ist das einzige Kind unter lauter älteren Herren. Als die sich über seine Anwesenheit wundern, behauptet er, für seinen „großen Bruder" mitschreiben zu müssen.

In dieser Zeit wird Helmut auch klar, dass er einen „montanistischen" Beruf erlernen will, er will Ingenieur werden. Das liegt in der Familie. So jedenfalls sieht es der Vater. Als Aufklärer der Artillerie im Ersten Weltkrieg hatte dieser früh seine Begeisterung für Technik entdeckt. „Und so war es nur natürlich, daß ich Maschinenbau studierte und in diesem Fach auch meinen Beruf suchte." Die Eisenhüttenkunde gibt es auch schon bei den Vorfahren

---

[55] Otto Reihlen für Helmut und Erika am 16.9.1961. Privatbesitz Reihlen.
[56] Irmgard Reihlen: Erinnerungen. Köln 1968, S. 205.

des Vaters. Der Großvater Otto Reihlens mütterlicherseits, Julius Tafel (1827–1893), hat sich ihr bereits mit Haut und Haar verschrieben. Als Generaldirektor zunächst bei den Ludwig von Roll'schen Eisenwerken in Gerlafingen in der Schweiz, der 1875 zusammen mit Reichsrat Freiherr Theodor von Cramer-Klett das Eisenwerk Julius Tafel & Co Nürnberg gründet. Das Hüttenwerk expandiert und wird in den zwanziger Jahren zum wichtigsten Zulieferer der Maschinenfabrik Augsburg Nürnberg und später wie die MAN Teil des Gutehoffnungshütte-Konzerns.

Otto Reihlen ist sich sicher, dass es diese Seite der Familie ist, von der aus die Freude am Eisenschmelzen und Eisenverarbeiten auf seine beiden jüngsten Söhne, Helmut und Roland, übergeht.[57]

Auch die mütterliche Linie liefert ein großes Vorbild für den Berufswunsch Helmut Reihlens. Hier inspiriert der Bruder von Mutter Irmgard, Onkel Ernst Stolper. Als junger Student Ende der 1920er-Jahre erhält er durch die Vermittlung seines Onkels Philipp Heineken, Präsident des Norddeutschen Lloyd in Bremen, ein Studienstipendium für die USA. Nach zwei Semestern Geologie, Mineralogie und Mathematik in Göttingen und einem Semester Studium an der Universität von Annapolis macht er sich in Richtung Westen auf und trampt ein Jahr lang durch die USA, um sich – wo immer es möglich ist – als Arbeiter in Berg- und Hüttenwerken zu verdingen. Er arbeitet in den Kupfergruben von Butte/Montana, an den Schmelzöfen der Anaconda, verbrennt sich die Haut mit Arsen, zieht weiter über die winterlichen Rocky Mountains, lernt Farmer, Cowboys, Holzfäller, Goldgräber und Trapper kennen, besichtigt die Bergwerke von Coeur d'Alene, die Hütten am kanadischen Trail und kommt schließlich über Portland nach San Francisco und Los Angeles. Weiter im Südwesten, im Wüstenstaat Arizona, arbeitet er als Schlepper in einer Kupfermine, durchwandert den Grand Canyon und lernt die Stahlöfen und Kohlebergwerke im Mormonenstaat Utah kennen. Dann kommt er zu den in den Rocky Mountains gelegenen Erzgruben von Climax, Colorado, zieht weiter nach Denver, Chicago und Detroit. Zuletzt besucht er die „Schwarze Stadt", die Kohle- und Stahlstadt Pittsburgh. Hier in Pittsburgh treffen wir auch Helmut Reihlen in einem Stahlwerk – 25 Jahre später, im Sommer des Jahres 1955.

---

[57] Otto Reihlen: Gedanken zu einer Rede zu Helmuts Verlobung am 23. Januar 1960. Privatbesitz Reihlen.

1930 – kurz nachdem Ernst Stolper wieder in Deutschland ist und in Aachen Bergbau studiert, verunglückt er tödlich. Ein Bauzug überfährt ihn, als er versucht, im letzten Augenblick über die Schienen zu springen. Zurück bleiben die untröstliche Mutter Ella Stolper, deren Gedichte und Ernsts Reisetagebuch voller Enthusiasmus über seine Abenteuer in Amerika, bearbeitet und publiziert von seiner Schwester Paula. Der Titel: „Werkstudent im wilden Westen. Aus dem Tagebuch eines jungen Studenten". Das Buch ist 1933 zum ersten Mal bei List in Leipzig erschienen und danach in weiteren zehn Auflagen.

„Ich hatt einen Jungen, den sargten sie ein – da legt ich mein Herze mit hinein. – Nun ruht's bei dem seinen, nun klopft es still – und fragt, ob ich endlich nicht kommen will. – Nun lächle ich wieder in froher Zeit, – nun weine ich wieder bei Weh und Leid. – Doch mein Herz geht nicht mit, und das Grab ist tief, – wo Herz mir und Lachen und Weinen erschlief. – Mein Herz ist begraben, da könnt ihr nicht hin, – und ich dank euch für Liebe und treuliches Mühn. – Mein Herz ist versargt, und ihr seid so weit, – und ich schreite allein durch die Ewigkeit." [58)]

Im Leipzig der Nachkriegszeit lebt die Familie Reihlen von Anfang an in einer Außenseiterrolle. Zwar hatten sich Otto und Irmgard Reihlen geweigert, der NSDAP beizutreten, so dass ihnen ein Entnazifizierungsverfahren erspart bleibt. Doch als eine gut bürgerliche Familie mit national-konservativen Wurzeln sind die Reihlens gewiss keine Kommunisten und gelten schon deshalb als politisch unzuverlässig. Die Fronten des Jahres 1945 sind weitaus klarer als im Jahr 1933. Hatte man mit den Nationalsozialisten anfangs noch manche Übereinstimmung gefunden, angefangen bei der Hitlerjugend mit ihren Anleihen vom Wandervogel, über die positive Würdigung der neuen, wirtschaftlich aufstrebenden „Volksgemeinschaft", bis hin zur selbstverständlichen Loyalität gegenüber der Wehrmacht, ist die Familie im SED-Regime von Anfang an politisch heimatlos. Otto Reihlen wird in Leipzig sehr früh Mitglied der CDU. Er will mithelfen, dass sich eine demokratische Gesellschaftsordnung entwickeln kann. An der CDU interessiert ihn weniger das C als das U, die Union von protestantischen und katholischen Bürgern, die nunmehr zusammen am Aufbau des neuen Staates mitwirken wollen, statt – wie noch in den Weimarer Jahren – getrennt oder gar gegeneinander in verschiedenen Parteien Politik zu machen.

[58)] Ella Stolper: Ernst. 1930. Privatbesitz Reihlen.

Die Söhne Reihlen treten nicht der FDJ bei, sondern halten sich an die „Junge Gemeinde", die evangelische Kirchenjugend. Hier wird über die Bibel in „jugendgemäßer" Form gesprochen, wird in Lehre und Geschichte der Kirche unterwiesen, werden Kirchenlieder gesungen. Hier wirkt man im Gottesdienst mit, führt kirchliche Verkündigungsspiele auf und nimmt an Kirchentagen oder Bibelrüstzeiten teil.

Den staatlichen Behörden und vor allem der FDJ ist die „Junge Gemeinde" ein Dorn im Auge, denn die FDJ beansprucht das Monopol auf die Erziehung der Jugend für sich. Noch hat die Verfolgung junger Christen ihren Höhepunkt nicht erreicht, aber gegen Ende der 1940er-Jahre zeichnet sich schon deutlich ab, wie es weitergehen wird. Helmut Reihlen erinnert sich daran. Er hat mit einer FDJ-unabhängigen Theater-Jugendgruppe der Leibniz-Oberschule bei einer Aufführung von Schillers „Kabale und Liebe" mitgewirkt. Eines Tages ist die Theaterwerkstatt zerstört, von einem Kommando der FDJ. Ein deutliches Zeichen.

Christliche Gruppen werden mehr und mehr illegalisiert und ins Abseits gedrängt. Ihre Mitglieder müssen damit rechnen, vom Gymnasium und später vom Studium ausgeschlossen zu werden.

Dennoch ist es für Helmut Reihlen wichtig, bei der Jungen Gemeinde mitzumachen. Sie ist, abgesehen vom Elternhaus, seine erste prägende gesellschaftliche Orientierung. Der Mitgliedsausweis der Jungen Gemeinde ermöglicht ihm billige Übernachtungen in kirchlichen Einrichtungen, wenn er zum Beispiel zur Oma nach Göttingen reist. Jeden Donnerstag um 16 Uhr trifft man sich und organisiert Freizeiten in der Umgebung von Leipzig, die Helmut Reihlen aus seinen vielen Wanderungen bereits bestens kennt. An der Schule wird unterdessen die Atmosphäre immer ideologischer und damit auch humorloser. Helmut Reihlen erfährt es am eigenen Leib. Eines Tages schlägt der Lehrer in Gegenwartskunde für die nächste Wandzeitung zwei Themen vor und schreibt sie in krakeliger Schrift an die Tafel. Beim ersten Thema greift Helmut Reihlen sofort zu: „Was weiß ich über Karl May?". Er will den Artikel schreiben. Das ist die Gelegenheit, endlich Karl May zu lesen! Zuhause stehen seine Bücher nämlich auf dem Index. Mutter Reihlen, die die Lesewürdigkeit von Büchern begutachtet, hat befunden, dass Karl Mays „unechte Naturbeschreibungen und seine primitive Trennung in Gut und Böse" keinen Wert für die Bildung ihrer Söhne haben. Jetzt kann Helmut ihr triumphierend verkünden, dass er den „Schatz im Silbersee" und

„Der Kaiser von Mexiko" für die Schule lesen müsse. Dagegen ist Mutter Irmgard machtlos, sie hilft ihrem Sohn dabei, einen Artikel zu verfassen, und Helmut gibt ihn rechtzeitig ab. Was folgt, ist ein furchtbares Donnerwetter. Warum? Helmut hatte das Thema falsch abgeschrieben. „Was weiß ich von Karl Marx?", sei die Frage gewesen, wie der Lehrer bitter bekräftigt. In seinem großen Verlangen nach Karl-May-Büchern ist Helmut ein Abschreibfehler unterlaufen. Komisch findet das niemand an der Schule, im Gegenteil, die harmlose Freud'sche Fehlleistung hat unangenehme Konsequenzen. Helmut Reihlen erhält eine in der Schulversammlung angezeigte Schulstrafe, vier Stunden Nachsitzen und eine Verwarnung an ihn und die Eltern wegen „Verächtlichmachung der Traditionen der Arbeiterklasse".

Leipzig und die Sowjetisch Besetzte Zone werden Helmut Reihlen zu eng. Seine Reisen quer durch die Besatzungszonen in Ost und West werden immer ausgedehnter. In den Sommerferien 1948 gelangt er per Zug und zu Fuß schwarz über die Grüne Grenze bei Bodenrode/Rittmarshausen und besucht Großmutter Stolper in Göttingen. Von dort aus geht es weiter bis zum Vogelberg, dann über Fulda in die Rhön bis Eisenach. Beim Grenzüberübertritt schnappt ihn die Volkspolizei und sperrt ihn 36 Stunden ein, ohne seine Eltern zu benachrichtigen. Das ist auch nach SBZ-Regularien gesetzeswidrig, weiß Helmut Reihlen, so hat er es in Gegenwartskunde gelernt. Seine Beschwerde bleibt jedoch ergebnislos. Nachts entwischt er aus dem dörflichen Polizeigewahrsam, marschiert zur nächstliegenden sowjetischen Kommandantur und beschwert sich erneut. Hier ist er erfolgreicher. Der russische Offizier lacht, fährt mit ihm zurück zu den gänzlich überraschten Volkspolizisten, ordnet an, dem jungen Wandersmann seinen Rucksack zurückzugeben und bringt diesen zur nächsten Reichsbahnstation Richtung Leipzig.

Im Sommer 1949 reisen Helmut Reihlen und sein Bruder Roland fünf Wochen durch die westlichen Teile Deutschlands, wo sie bei Bundesbrüdern des Vaters und bei Verwandten übernachten. Zunächst geht es mit der Eisenbahn legal über die Grenze nach Freiburg im Breisgau. Von Freiburg aus wandern sie nach Germersheim zum älteren Bruder Dieter, der dort am Dolmetscherinstitut studiert. Mit Bahn, Schiff, per Anhalter oder zu Fuß gelangen sie nach Koblenz, Trier und Köln, von wo sie schließlich mit der Bahn zurück nach Leipzig fahren.

Das Gefühl, in der „inneren Emigration" zu leben, verlässt die Familie nicht mehr. In ihr wächst die Entschlossenheit, ihr Leben grundsätzlich zu ändern. Darin unterscheiden sie sich von ihren besten Leipziger Freunden, den Theurers und den Heckmanns. Als Hansjörg Theurer aus dem KZ nach Leipzig zurückkehrt, bleibt er mit seiner Familie in der „Zone" – auch dann, als die Firma Springer und Möller, für die er arbeitet, verstaatlicht wird. Hansjörg Theurer ist Mitglied der VVN, der „Vereinigung der Verfolgten des Naziregimes". Das kommt der Familie zugute, besonders den Kindern, die dadurch einen besseren Zugang zum Bildungswesen haben als andere Kinder aus vergleichbaren Familien.

Und auch die Familie von Onkel Carl-Justus und Tante Hanne Heckmann, geb. Iwand, die gegen Ende des Krieges aus Breslau nach Nerchau und Leipzig geflüchtet sind, bleiben mit ihren fünf Kindern in der DDR. Carl-Justus Heckmann ist wie Hansjörg Theurer Ingenieur, Bundesbruder und lebenslanger Freund von Otto Reihlen. Er stammt aus einer alten Industriellenfamilie und baut nach dem Krieg die Heckmann-Werke als Ingenieurbüro und Fabrik für Chemieanlagen in Sachsen neu auf. Die Heckmann-Werke werden lange nicht verstaatlicht. Als Lieferant von Fettsäurefabriken in die Sowjetunion hat Heckmann einen Sonderstatus bei der DDR-Regierung. Schließlich müssen sich die Heckmann-Werke dann doch einer staatlichen Mehrheitsbeteiligung fügen. Gleichzeitig erhält Onkel Karl-Justus eine Professur an der Technischen Hochschule Magdeburg. Er und seine Familie machen aus ihrem Christsein nie einen Hehl. Karl-Justus ist Mitglied der sächsischen Landessynode. Er und seine Frau üben heftige Kritik an der Wiederbewaffnung der Bundesrepublik und an der Zustimmung der Evangelischen Kirche in Deutschland zum Vertrag mit der Bundesrepublik über die Seelsorge an den Soldaten der Bundeswehr 1957. Sein politisches Ideal für die DDR ist ein „Dritter Weg" zwischen der Planwirtschaft sowjetischen Musters und der vom Eigennutz getriebenen Marktwirtschaft. Doch letzten Endes hofft er vergeblich, die DDR bleibt enttäuschend starr und diktatorisch.

Nach dem Fall der Mauer verstärken sich seine Vorbehalte gegen die Marktwirtschaft westdeutscher Prägung. Er und seine Familie beteiligen sich an der kirchlichen Friedensbewegung, gemeinsam mit Kurt Biedenkopf, der damals in Leipzig Vorlesungen hält. 1990 werden die Heckmann-Werke von – wie er es empfindet – „kalten" Jungmanagern der Treuhandanstalt heimgesucht. Daran kann auch der neue Freund und spätere Ministerpräsident

Kurt Biedenkopf wenig ändern. Dann folgen die Reprivatisierung, der Verlust der Märkte in der Sowjetunion und später die Liquidierung der Heckmann-Werke.

In den Weihnachtsferien 1949 beschließen Otto und Irmgard Reihlen, Leipzig in Richtung Westen zu verlassen. Nur der genaue Zeitpunkt ist noch offen.

Im Februar 1950 wird Irmgard Reihlen von ihrem Untermieter, Herrn Blauert, der für die Volkspolizei arbeitet, gewarnt. Ihr Mann soll verhaftet werden. Jetzt zögern die Reihlens nicht mehr. Die nächste Dienstreise führt Otto Reihlen nicht mehr in die Otto-Schmiedt-Straße. Otto und Irmgard Reihlen treffen sich bei den Theurers und fahren von dort aus mit dem Zug nach Berlin-Siemensstadt zu Irmgards Schwester Paula Kleucker und deren Mann Otto, einem Bundesbruder Otto Reihlens.

Um keinen Verdacht zu erregen und Polizeikontrollen beim Verlassen der DDR zu vermeiden, reisen die Söhne Helmut und Roland sechs Stunden später ohne Gepäck im Zug nach Berlin. Nur ihre Fahrräder haben sie dabei. Als sie über die Grenze am Potsdamer Platz fahren wollen, ziehen russische Soldaten gerade eine Postenkette auf. Sechs Stunden warten die Kinder auf einem Trümmergrundstück. Mittlerweile ist es Nacht geworden. Dann endlich gelangen sie ungesehen über die Grenze. Die Situation ist ihnen nicht fremd. Das Überqueren der Zonengrenze ohne Pass haben sie in den letzten Jahren öfter üben müssen. Sie fahren mit ihren Rädern quer durch den Tiergarten, über Charlottenburg nach Siemensstadt. Sie sind schon im Heidewinkel und sehen Kleuckers Haus, da werden sie von einem Polizisten angehalten, weil das Rücklicht von Helmuts Fahrrad nicht funktioniert. Als der Polizist die beiden mit auf die Wache nehmen will, bricht Helmut in Lachen aus, so laut, dass Mutter Irmgard ihn hört und auf die Straße läuft. Nach diesem langen Tag der Ungewissheit kann sie ihre Kinder nur noch weinend in die Arme schließen.

Eine Woche bleibt die Familie in Siemensstadt. Dann wird sie vom Flughafen Tempelhof nach Hamburg ausgeflogen. Für Helmut Reihlen ist dieser Flughafen ein positiver Ort, denn er weiß: „Da sind die Alliierten, und die fliegen uns raus." In Hamburg wohnt die Famlie für ein paar Tage bei Schorsch Ritz, einem anderen Bundesbruder des Vaters. Von hier aus geht es mit dem Zug weiter nach Köln zum Sitz von Otto Reihlens Firma Klöckner-Humboldt-Deutz. Haus und Eigentum bleiben zurück in Leipzig. Wenig später gelingt

es Freunden in Leipzig, wichtige Teile des persönlichen Eigentums der Reihlens (Zeugnisse, Schriftwechsel, Bibliothek, Familienbibel, das Tafelsilber,
einige Möbel) mit einer für die Leipziger Messe und für Klöckner-Humboldt-
Deutz tätigen Speditionsfirma nach Köln zu holen.

Teil IV
Die Niebuhrs – Eine behütete Kindheit

Hanna Niebuhr

Zwei Jahre nach ihrem Tod, zu ihrem 100. Geburtstag im März 2005, beschloss die Familie, ihr ein Denkmal zu setzen. Unter Beteiligung von achtzehn Personen ist ein kleines Buch mit dem Titel „Erinnerungen an Hanna Niebuhr" entstanden. Tochter Erika hat es organisiert und redigiert. Folgt man den Darstellungen, muss Hanna Niebuhr eine Oma wie aus dem Bilderbuch gewesen sein, eine, die heute nicht mehr so leicht zu finden ist. Mütterlich, fürsorglich, immer fröhlich und optimistisch.

Hanna Niebuhr ist am 20. März 1905 als Hanna Elisabeth Anger in Borstendorf/Erzgebirge geboren, Tochter des Pfarrers Georg Anger und seiner Frau Helene, geborene Dentler. Groß geworden ist sie im Pfarrhaus im sächsischen Brandis bei Leipzig.

Hanna ist zeitlebens eine zupackende Frau, mit einem starken Sinn fürs Praktische. Gern wäre sie Wirtschafterin in einem Großbetrieb geworden, hat sie später einmal gesagt. Doch wurde sie als Medizinisch-Technische Assistentin ausgebildet und arbeitete einige Jahre im Sanatorium Dr. Stein in Sülzhayn im Südharz. Dann, auf der Hochzeit ihres Bruders Johannes Anger im Oktober 1934, lernt sie Max Walter Niebuhr kennen. Es muss Liebe auf den ersten Blick gewesen sein. Nur sechs Wochen später verloben sich die beiden und am 19. September 1935 heiraten sie. Hanna geht mit ihrem Mann, Walter Niebuhr, dem Bergingenieur, in die Rheinische Braunkohle, erst nach Brühl bei Köln, später nach Berrenrath. Im Rheinland werden ihre Kinder geboren, Erika 1936, Gisela 1938, Eckart 1941 und Albrecht 1946. Eckart stirbt, noch nicht zweijährig, an einer Darmverschlingung.

Hanna glaubt an die Familie. Auf sie richtet sich ihre ganze Kraft, hier „predigt" und lebt sie Nächstenliebe und Verantwortung – ganz Tochter eines protestantischen Pfarrers – mit Disziplin, Ordnungsliebe und Leistungsbereitschaft. Vom Vater Georg Anger gibt es ein Foto, das einen strengen und ernsten Patriarchen mit einem gepflegten Schnurrbart zeigt. Ernst und streng ist auch seine Botschaft am unteren Bildrand: „Des Menschen Würde heißt Arbeit! 1925." Ein Musterbeispiel des protestantischen Arbeitsethos, wie es Max Weber am Anfang des 20. Jahrhunderts in seiner „Protestantischen Ethik"[59) analysiert hat.

Hanna kümmert sich um alle, auch um den weiteren Kreis der Verwandtschaft, der nach der deutschen Teilung „drüben" geblieben ist. Das ist bis heute nicht vergessen. Familienberühmtheit erlangt die Geschichte von Petra Anger, der Tochter ihres im Zweiten Weltkrieg vermissten Bruders Martin. In der Hungerzeit nach dem Krieg will Martins Frau Dorothee ihre Tochter Petra auf den Bauernhof zu Verwandten nach Sachsen-Anhalt schicken. Dorothee hofft, Petra so vor dem Hunger bewahren zu können. Doch Onkel Viktor, der schon Verwandte bei sich aufgenommen hat, will Petra „nicht auch noch durchfüttern". In ihrer Not schreibt Dorothee an ihre Schwägerin Hanna im Rheinland. Hannas Antwort ist schriftlich dokumentiert: „Schicke mir Petra sofort her. Wenn ich drei Kinder groß bekomme, reicht es auch noch für ein viertes."[60) Petra bleibt von Februar bis Mitte Oktober 1948 in Berrenrath bei Tante Hanna, wo sie im Kreis ihrer Cousinen Erika und Gisela sowie Klein-Cousin Albrecht inmitten von Hühnern, Enten, einem Schwein und einer Ziege liebevoll aufgepäppelt wird. Zweifelsohne ist Hanna Niebuhr eine markante Persönlichkeit. Sie ist die „Bestimmerin". Im Vergleich zum Ehemann Walter ist sie die Lebenspraktische, hält Haus und Garten in Ordnung und erzieht die Kinder nach ihren Vorstellungen. Wichtig ist ihr, was die Leute von ihr halten.

Im Haus von Hanna und Walter Niebuhr herrscht eine von herkömmlicher bürgerlicher Ordnung geprägte moralische Enge. Als Tochter Erika kurz vor dem Abitur mit ihren Schulkameradinnen nach Düsseldorf ins Musical „Porgy and Bess" fahren will, darf sie nicht. Nicht zuletzt, weil ein Ensemble von farbigen Schauspielern und Sängern auftritt. Anlass genug für diskriminierende Bemerkungen der Eltern über Schwarze und ihre „Negermusik".

Die heranwachsenden Töchter werden strenger behütet als andere junge Frauen ihres Alters. Helmut Reihlen erinnert sich gut an die Zeit vor der offiziellen Verlobung mit Erika Niebuhr: „Wenn da Besuch kam, wurde ich

---

[59) Max Weber: Die protestantische Ethik und der Geist des Kapitalismus. Tübingen 1920.

[60) Petra Anger: Erinnerungen an den Zufluchtsort Berrenrath in der Hungerzeit 1948. In: Erinnerungen an Hanna Niebuhr. Aufzeichnungen aus ihrer Familie. Hg. von Helmut und Erika Reihlen, Berlin-Lichterfelde 2008, S. 54.

über einen Kellerausgang entsorgt", erzählt er schmunzelnd. Erika Reihlen findet das übertrieben. „Aber wie war es denn nun wirklich", insistiert ihr Mann, „als der Doktor Schmitt kam?" – „Musstest Du da etwa durch den Schornstein nach draußen?" – „Nein, aber durch den Keller." Helmut Reihlen erklärt: „Mutter Hanna vertrat die strikte Ansicht: Ein Mädchen hat viele Freunde, aber keinen Freund. E i n Freund – das war in Mutter Hannas Augen unschicklich." – „So war's", stimmt Erika zu.

Sie erinnert sich an eine andere Begebenheit: Freund Helmut hat 1957 in seiner Zeit als zweiter Vorsitzender des Verbandes Deutscher Studentenschaften (VDS) Besuch von zwei thailändischen Studenten, denen Erika die Kölner Innenstadt zeigen will. Die Mutter verbietet es: „Das geht einfach nicht, dass Du mit zwei unbekannten Jungs unterwegs bist."

Im Grunde genommen ist Mutter Hanna vieles suspekt, was mit dem anderen Geschlecht zu tun hat. Darüber wird nicht gesprochen. Erika Reihlen erzählt von einem Buch im Bücherschrank ihrer Eltern: „Die deutsche Mutter und ihr erstes Kind", ein Aufklärungsbuch rund um Schwangerschaft, Geburt und Kindererziehung von Johanna Haarer.[61] Wegen seiner unverhüllten und für die Zeit ungewohnt offenen Beschreibungen der weiblichen Geschlechtlichkeit, über die „man" in der Familie Niebuhr nicht redet, ist es den Mädchen nicht erlaubt, dieses Buch in die Hand zu nehmen. Erika und Gisela tun es trotzdem – wenn die Mutter nicht zuhause ist. Schon weil es verboten ist, ist es unwiderstehlich.

Zum ersten Mal 1934 erschienen, erlebt dieses Buch auch nach dem Krieg noch zahlreiche Auflagen – dann allerdings gereinigt von seinen politischen Inhalten. Bis 1945 ist es ein beredtes Zeugnis nationalsozialistischer Weltanschauung. Die Schwangerschaft – so heißt es bei Johanna Haarer – sei ein Teil des „Gesamtschicksals unseres Volkes" der „Gang an die Front der Mütter", die „Blut und Erbe unzähliger Ahnen", die „Güter des Volkstums und der Heimat" „weitertragen und auferstehen lassen".[62] Die Frau sei nicht

---

[61] Johanna Haarer: Die deutsche Mutter und ihr erstes Kind. München 1934. In den Auflagen nach 1945 umbenannt in: „Die Mutter und ihr erstes Kind".

[62] Ebd., S. 5.

zuletzt verantwortlich für die Erhaltung und Verteidigung des „rassisch Wertvollen". Ihre Gattenwahl müsse deshalb unter gesundheitlichen und rassischen Gesichtspunkten erfolgen.[63]

Am 14. Mai 1957 stirbt Walter Niebuhr 52-jährig, der geliebte Mann und Vater. Zu dieser Zeit sind die Kinder noch im Haus. Hanna ist 52 Jahre alt. Tochter Erika (20) studiert im dritten Semester Zahnmedizin in Köln, Gisela (19) hat in Köln ein Lehramtsstudium mit Erdkunde und Englisch begonnen. Sohn Albrecht geht noch zur Schule, er ist noch keine elf Jahre alt.

Hanna Niebuhr weiß, dass sie aus dem geräumigen Werkshaus, das die Firma, die Roddergrube, der Familie ihres Direktors zur Verfügung gestellt hat, heraus muss. Was soll sie tun? Sie ist zwar sehr traurig, aber ihre alte Stärke hat sie nicht verlassen und sie ist nicht allein. Hanna und ihr Mann haben immer ein geselliges Haus geführt. Und so hat sie Freunde und auch Berater aus der Firma ihres Mannes, die sie bei ihren weiteren Planungen unterstützen.

Vor Jahren hat sie mit Walter zusammen ein Grundstück in Junkersdorf bei Köln gekauft, um sich fürs Alter ein Haus zu bauen. Nun baut Hanna das Haus allein. Zwei Jahre später, 1959, holt sie ihre alten Eltern aus dem sächsischen Brandis bei Leipzig, damals DDR, in ihr neues Zuhause. Die beiden alten Leute, Georg und Helene Anger, 1871 und 1883 geboren, lernen hier das Fernsehen kennen. Vor allem die Fernsehgottesdienste sind ein Segen für den fast 90-jährigen Pfarrer, der das Haus nicht mehr verlassen kann. Helmut Reihlen erinnert sich, dass Georg Anger abends um zwei Minuten vor Acht oben an der Treppe aufgestützt stand und mit seiner unnachahmlichen Stimme auf sächsisch rief: „Hanna, de Daachesschau!" Der Großvater lebt noch bis 1964 in Köln-Junkersdorf. Seine Frau Helene stirbt ein Jahr vor ihm. In seinem letzten Lebensjahr kann man ihn zuweilen am Grab von Helene murmeln hören: „Ich komme bald nach."

---

[63] Ebd., S. 8. Haarer propagiert unter anderem die Nürnberger Rassegesetze von 1935, so das „Gesetz zum Schutze des deutschen Blutes und der deutschen Ehre" von 1935 (Verbot von Eheschließung und außerehelichem Verkehr zwischen Juden und „Deutschblütigen"), aber auch das „Gesetz zur Verhütung erbkranken Nachwuchses" von 1933 (Sterilisation von Personen mit erblichen Krankheiten).

Hanna Niebuhr gehört zu einer Generation, in der es nicht üblich ist, die persönlichen Gefühle ins Zentrum des Lebens zu stellen. Das eigene Ich hat gegenüber dem der anderen zurückzustehen. „Ihr innigster Wunsch war es, nur keinen ihrer Lieben mit ihren Wünschen und Problemen zu belasten", schreibt Sohn Albrecht.[64] Dazu gehört auch der Grundsatz: Nichts Negatives über Dritte weitersagen.

Hanna Niebuhr – so viel steht fest – gibt viel an ihre Tochter weiter, vor allem ihre Disziplin und Energie. Wer Erika Reihlen kennen lernt und die „Erinnerungen an Hanna Niebuhr" liest, stolpert nahezu über die Gemeinsamkeiten von Mutter und Tochter. Auch Erika klagt nicht, vermittelt eine grundpositive Lebenseinstellung, ist geradlinig, wirkt gefestigt und optimistisch. Sie steht mit beiden Beinen im Leben und hilft, wo sie kann. Wie ihre Mutter schätzt sie Leistung, liebt Musik und ist bis heute eine mitteilsame Briefschreiberin.

Doch Disziplin, Strenge und Energie sind nur die eine Seite. Die andere Seite ist verborgener und erschließt sich erst bei näherer Bekanntschaft. Denn Erika Reihlen ist auch ein Sinnenmensch. Sie schätzt gutes Essen, was man der schlanken Frau nicht ansieht. Und sie liebt Gerüche. Vielleicht weil es die Gerüche sind, die sich von allen Sinneseindrücken am tiefsten in die Erinnerung einprägen. Erikas Parfum heißt „Arpège" wie das ihrer Mutter. So gibt es eine Geruchstradition von Mutter Hanna bis hin zu ihren Enkeln und mittlerweile Urenkeln, die diesen Duft nun mit ihr verbinden. Erikas Enkelsohn Melchior, geboren 1996, hat dazu mit fünf Jahren bemerkt: „Oma, du riechst so gut!"

Und dann ist da der christliche Glaube, der die protestantische Pfarrerstochter Hanna mit ihrer Tochter Erika, der späteren Kirchentagspräsidentin, verbindet, sie eint, aber sie auch unterscheidet.

Sie beide kennen Psalmen, Kirchenlieder, Sprüche, Bekenntnisse und Gebete ihrer Konfirmanden- und Jugendzeit gut, vielfach auswendig. Beiden bedeuten sie viel, und sie geben ihnen Weisung – Mutter Hanna allerdings mehr im gewohnten Rahmen von Gemeinde und Familie, Tochter Erika mehr mit Blick auf die politische Verantwortung der Christen und der Kirche.

---

[64] Albrecht Niebuhr: Mutter Hanna Niebuhr aus der Sicht ihres Jüngsten. In: Erinnerungen an Hanna Niebuhr. Aufzeichnungen aus ihrer Familie. Hg. von Helmut und Erika Reihlen, Berlin-Lichterfelde 2008, S. 36.

Erika Reihlen geht es nicht um einen geschützten Raum inwendiger Christlichkeit, sondern gerade um die Welt vor ihrer Tür. Auch die Familie wird mit der rauen Außenwelt konfrontiert, spätestens in dem Augenblick, als sie 1976 ihre erste reguläre Stelle als Zahnärztin im Öffentlichen Gesundheitsdienst antritt. Ein Familienleben wie bei Mutter Hanna, ganz auf das häusliche Glück konzentriert, gibt es hier nicht. Praktisch und zupackend wie ihre Mutter managt Erika Familie, Beruf und ihr ehrenamtliches Engagement in Kirche und SPD. Die Zeit, die Mutter Hanna noch für Häkeldeckchen und geschmackvolle Arrangements hatte, fehlt der Tochter.

Die Großmutter habe noch gewusst, wie man schöne Dinge angenehm präsentiere, schreibt Erikas Sohn Eckart über seine Oma Hanna – und es klingt fast ein wenig bedauernd. „Stets wohl gekleidet mit einem großen Sinn für Lebensstil", beschreibt er sie. „Eine weiße Leinentischdecke mit aufgestickten Initialen gehörte zum Standard, Stoffservietten und Silberbesteck ebenso wie schönes Porzellan, dasjenige, das an normalen Tagen nicht benutzt wurde."[65] Eckart vermisst diesen Sinn für das Schöne bei der Generation seiner Eltern. Die hätten wohl wegen ihrer Berufstätigkeit weniger Zeit gehabt und in der kargen Nachkriegszeit wohl auch nicht die Mittel für nutzlose Schönheit, vermutet er.[66]

Zweckfreie Ästhetik versus Pragmatismus? Nicht ganz, weisen doch Möbel und Bilder, Bücher, Alben und Erinnerungsstücke bei Erika Reihlen immer über sich selbst hinaus. Fast nichts gibt es hier ohne Grund, jedes verweist auf ein anderes und ist mit mindestens einer Geschichte oder einem Menschen in ihrem Leben verbunden. In ihrer Wohnung herrscht eine andere Zeit als draußen auf der Straße. Beziehungsreich, ausgedehnt und gedankenvoll, eine Lebenszeit von mehr als zwei Mal siebzig Jahren, das Leben von Helmut und Erika Reihlen, größer als die reine Gegenwart.

Auch Hanna Niebuhr ist hier präsent. Ob Erbstücke aus der Biedermeierzeit oder kühle Moderne, die sprichwörtliche Sauberkeit und Ordnung von Hanna teilt sich dem Besucher auch im Haus Reihlen mit. Hanna Niebuhr wäre vermutlich erstaunt, wenn sie wüsste, dass sogar ihre letzten Lebensjahre von

---

[65] Eckart Reihlen: Oma Hanna und der Sinn für das Schöne. In: Erinnerungen an Hanna Niebuhr. Aufzeichnungen aus ihrer Familie. Hg. von Helmut und Erika Reihlen, Berlin-Lichterfelde 2008, S. 73.

[66] Ebd., S. 74.

Erika Reihlen dokumentiert worden sind. Wenn Erika Reihlen Sitzungstermine in Westdeutschland hatte, besuchte sie ihren Bruder Albrecht in Rheinbach. Dort traf sie auch Mutter Hanna, die in den letzten zehn Jahren ihres Lebens im Haus des Sohns lebte, und Erika machte es sich zur Gewohnheit, am Tag nach dem Besuch ihre Eindrücke aufzuschreiben.

Ihre Aufzeichnungen werden zum Protokoll einer fortschreitenden Altersdemenz bei Hanna Niebuhr. Und so gibt es zahlreiche Geschichten, lustige und traurige, die den Weg, auf dem Mutter Hanna die Gegenwart verlässt, bezeugen. So etwa diese: Wenn Mutter Hanna bei Tochter Erika ist, fragt sie immer nach dem Programm. „Was machen wir heute?" – „Das hab ich Dir doch vorhin erklärt, wir gehen zum Zahnarzt", antwortet Erika. „Zahnarzt? Kenn ich den?", fragt Hanna. „Ich habe Dir doch gesagt, wir gehen zu Dr. Nachtweh", erläutert Erika. „Nacktweh? Hab ich noch nie gehört", kommt es von Hanna zurück. „Nachtweh wie der Tag", stellt Erika richtig.

Dr. Nachtweh behält Hannas Zahnersatz in der Praxis, um ihn zu reparieren. Doch kurz darauf hat sie schon wieder alles vergessen: „Verflixt noch mal, wo sind denn meine Zähne?", fragt Hanna. „Du, wir waren doch heute beim Zahnarzt", erinnert Erika. „Ach so, beim Zahnarzt, na schon gut." Als Tochter und Mutter die Zähne aus der Praxis abgeholt haben, fragt Mutter Hanna: „Kann ich die Zähne dann beim Essen drin behalten?"

Die Familie nimmt es mit Humor. „Es ist ein großes Lernfeld, mit demenziell erkrankten Menschen umzugehen", erläutert Erika Reihlen, man muss ihre Sicht der Dinge hinnehmen und damit umzugehen lernen."

Eine andere Antwort Mutter Hannas: „Zahnarzt, dann ist das doch bestimmt ein Freund von Dir. Dann soll er Dir mal sagen, dass Du Dir die Haare färben lässt." Graue Haare, das ist lange Zeit ein Thema zwischen Mutter und Tochter. Hanna Niebuhr hat sich bis ins hohe Alter die Haare braun gefärbt, denn für sie waren graue Haare wohl ein Makel, den sie vor der Welt verbergen wollte. Ganz anders ihre Tochter. Sie studiert noch, als ein Kommilitone, der während einer Vorlesung hinter ihr sitzt, ihr erstes graues Haar bemerkt und auszupft. Auch wenn sich die grauen Haare von Jahr zu Jahr bei ihr vermehren, werden sie nicht gefärbt.

Hanna Niebuhr stirbt 2003, fast 98-jährig. „Bis zuletzt behütet und gepflegt in der Familie meines Bruders Albrecht – zu allerletzt im Rheinbacher Malteserkrankenhaus. Geduld und Vertrauen uns gegenüber hat sie bewahrt bis in die letzten Stunden, aber mit abwehrenden Gesten und leisen Bekundungen hat sie uns bedeutet, dass sie nicht mehr wollte", schreibt Erika Reihlen im Weihnachtsbrief am Ende des Jahres. „Mutter", so fährt sie fort, „erhielt im Krankenhaus im Kreis der Familie die Krankensalbung. Sie sah uns mit großen Augen an, und unsere Nähe tat ihr wohl. Aber ich bin sicher, hätte sie noch einen wachen Geist gehabt, die lutherische Pfarrerstochter mit ihrem Mutterwitz hätte mich gefragt: ‚Was macht denn ihr hier mit mir?'"[67]

Walter Niebuhr

Im Leben der jungen Erika Niebuhr ist der Vater ein ruhiges, aber starkes Kraftzentrum. Die Fotos von Walter Niebuhr zeigen das Gesicht eines ernsten, in sich ruhenden Mannes, pflichtbewusst und nach innen gekehrt. Ein bisschen kränklich wirkt er, gezeichnet von einem Nierenleiden, das ihm zusetzt. Seinen Mund umspielt ein leichtes Lächeln, so als wisse er, dass er Glück hat. Das Glück, eine starke, lebensbejahende Frau geheiratet zu haben. Das Glück zweier verständiger Töchter, die ihn – besorgt um sein Wohl – mit kleinen Aufmerksamkeiten verwöhnen. Und schließlich noch das Glück eines späten Sohns, Albrecht, der 1946 zur Welt kommt, drei Jahre nach Eckarts, des allzu früh verstorbenen Bruders Tod. In der Familie erholt sich der Vater von der Arbeit. Er liebt es zu wandern, Tiere zu beobachten und zu malen. Was Walter Niebuhr dringend braucht, ist Ruhe, Einsamkeit und Abstand von fremden Menschen. Und vor allem die Stille und die Farben der Natur. Zum Ausgleich und als Gegensatz zu den Braunkohlegruben, Elektrizitätswerken und Brikettfabriken, die sein Arbeitsalltag sind.

Höhepunkte der Regeneration im Grünen sind die Fahrten nach Udenbreth, einem kleinen, 700 Meter hoch gelegenen Ort in der Eifel. Hier lässt sich im Sommer nach Herzenslust wandern und im Winter Skifahren. Ein Glücksfall, den die Familie Herrn Dr. Moser verdankt, einem praktischen Arzt aus Udenbreth. Seit Mai 1954 vermietet er der Familie Niebuhr an den Wochenenden und in den Ferien zwei Räume, in denen es – bemerkenswert zu dieser Zeit – fließendes kaltes und warmes Wasser gibt sowie eine Zentralheizung. Auf gemeinsamen Spaziergängen entdecken Vater und Tochter Erika Fotomotive. Walter Niebuhr fotografiert seit Urzeiten. Sein Hobby wird das seiner Tochter. „Der konnte", so schreibt diese später, „die schönsten

---

[67] Weihnachtsbrief Erika und Helmut Reihlens 2003 (ELAB 62/2).

Fleckchen aufstöbern und war groß darin, das geeignete Motiv mit dem rechten Vordergrund zu finden."[68] Die Sonntage verbringt Walter Niebuhr gern „en famille". „Wir waren unter uns", heißt es in Erikas Erinnerung. Und etwas Besseres konnte es kaum geben. Der Vater bringt Ruhe in die Familie, die Ruhe, die er selbst bei ihr suchte und von ihr bekam. „Ob ich mich nun aufrege oder nicht, davon kommt die Sache nicht schneller in Ordnung", sagt er.

In der Familie soll das Leben harmonisch sein. Dass dies gelingt, verdankt Walter Niebuhr vor allem seiner Frau, die ihm das Familienleben gibt, das er braucht. Und so hat es möglicherweise eine tiefere Wahrheit, wenn die Töchter zu ihm sagen: „Papi, wenn du Mutti nicht geheiratet hättest, wärest du längst tot."[69] Die tüchtige Hanna sorgt nicht nur für sein leibliches Wohl, sondern erzieht auch ihre Töchter so, dass sie ihren Vater zärtlich umsorgen, so als sei er ein kostbares, aber zerbrechliches Gut. Die heranwachsenden Mädchen, die sich gern und laut streiten, nehmen Rücksicht auf den Ruhebedürftigen, und Erika ist bis heute überzeugt, dass es dieser Vater ist, durch den sie das Rücksichtnehmen im Leben gelernt hat. Sie ist neun, als ihr klar wird, dass Familie nur dann gelingen kann, wenn auch die Kinder zu ihrem Gelingen beitragen.[70]

Erika steht ihrem Vater nah. „Es war ein sehr schönes Verhältnis zu ihm, weil es auf Vertrauen beruhte. Ich glaube, dass wir ehrlich miteinander verhandelt haben, wenn es irgendetwas gab", schreibt sie nach seinem Tod 1957. An Irmgard Reihlen, ihre künftige Schwiegermutter, schreibt sie: „Wir sind sehr glücklich zusammen gewesen. Mein Vater wäre nicht gerne von uns gegangen, das wissen wir. Wir haben die schöne Zeit vor allem in den letzten Jahren bewusst gelebt, seitdem Papi vor sechs Jahren mit seinem von Zeit zu Zeit sich wieder bemerkbar machenden Nierenleiden große Beschwerden gehabt hatte. Daß wir aber so schnell auseinandergerissen würden, hätten wir nicht gedacht."[71]

---

[68] Erika Niebuhr: Einige Erinnerungen an meinen Vater Walter Niebuhr. In: Erinnerungen an Walter Niebuhr (1904–1957). Aufgeschrieben 1957 von Helmut Reihlen und Erika Niebuhr, Berlin 2004, S. 19–46, S. 29.

[69] Ebd., S. 20.

[70] Ebd., S. 27.

[71] Schreiben Erika Niebuhrs an Irmgard Reihlen vom 5. Juni 1957 (ELAB 62/3).

Seit 2004 sind ihre Gedanken über den Vater in den „Erinnerungen an Walter Niebuhr" veröffentlicht. Darin auch ein langer Brief von Helmut Reihlen an Erika Niebuhr, in dem sich Helmut an die wenigen Begegnungen mit Erikas Vater erinnert, um seine Freundin, die er zu diesem Zeitpunkt kaum ein Jahr kennt, zu trösten. Als „Geschenk gleichermaßen wie als Verpflichtung" soll Erika die Liebe, die Gaben und die Interessen empfinden, die ihr Vater ihr vermittelt habe. „Die Stufe des reinen Empfangens liegt unter Dir, Du bist jetzt reif geworden. Du musst alleine weitergehen. Du musst die Gaben pflegen und erhalten und selber Neues erwerben, um bereit zu sein, später so zu strahlen, wie Dein Vater, wie Deine Eltern es taten. Das sind die Stufen, die vor Dir liegen, und die auch voll von Schönem sind"[72], schreibt der kaum 23-jährige an seine 21-jährige Freundin. Auch er ein Student des Berg- und Hüttenwesens in Clausthal, wie Walter Niebuhr, der 1929 an der Bergakademie Clausthal sein Examen ablegt und dann als Dipl.-Ing. zur Roddergrube ins Rheinland geht.

Die Roddergrube liegt im Süden des rheinischen Braunkohlereviers, des größten Tagebauareals in Europa. Hier werden 1929 an die 48 Millionen Tonnen Braunkohle gefördert. Schon bald übernimmt Walter Niebuhr die Betriebsleitung der Brikettfabrik Berrenrath im Südwesten von Köln. Er beweist Talent. 1935 wird er zum technischen Vorstandsassistenten in der Hauptverwaltung in Brühl berufen. Im Marienhospital in Brühl wird am 2. August 1936 sein erstes Kind, Tochter Erika, geboren.

1941 ist Walter Niebuhr Betriebsdirektor für die Brikettfabriken und Kraftwerke der Abteilungen Vereinigte Ville und Berrenrath.[73] Im Juli 1944 zieht die Familie Niebuhr von Brühl nach Berrenrath in unmittelbare Nähe zum Werksgelände des Vaters.

---

[72] Schreiben Helmut Reihlens an Erika Niebuhr vom 2. August 1957. In: Erinnerungen an Walter Niebuhr (1904–1957). Aufgeschrieben 1957 von Helmut Reihlen und Erika Niebuhr, Berlin 2007, S. 7–16, S. 15.

[73] Nachruf auf Walter Niebuhr. In: Revier und Werk, 35, Juni 1957.

Walter Niebuhr liebt sein Revier. Wenn er aus dem Haus tritt, sieht er mit Wohlgefallen auf „sein" Kraftwerk, umgeben von einem gewaltigen Abraumgebiet für Braunkohle. Vor der Haustür der Niebuhrs fährt die Grubenbahn, tagaus, tagein mit Kohle beladen. Dahinter sieht man auf das ehemals bäuerliche Dorf Berrenrath. Das Wohnen am Rand der Braunkohle ist eine Idylle ganz eigener Art: in Hausnähe eine in Teilen aufgeforstete Wüste, bewohnt von bizarren Maschinenriesen und industriellen Bauiganten, zum Beispiel Schornsteinen, im Volksmund die „zwölf Apostel" und der „Dampfer" genannt. Hier gibt es Schaufelradbagger mit gewaltigen Rädern von 20 Metern Durchmesser und 7 000 Tonnen schwer. Hier stehen „Absetzer" zum gezielten Abkippen des ursprünglich über der Kohle liegenden Deckgebirges. Sie sehen aus wie gigantische Spinnen. Hinter dem Niebuhr-Haus aber herrscht ein nahezu bäuerliches Leben. Der Garten, in dem Gemüse, Kartoffeln, Erdbeeren, Himbeeren und Spargel wachsen. Jedes Kind pflegt sein eigenes Beet. Erika und Gisela ziehen Radieschen und Gurken. Albrecht, der kleine Bruder, pflanzt Gänsefedern, weil er glaubt, dass Gänse daraus wachsen.

Dazu gibt es 30 Kaninchen, ein Schwein, mal ein Schaf und mal eine Ziege, Hühner, Enten und Gänse. Das Schaf und die Ziege für Milch, das Schwein und die Kaninchen für Fleisch. So müssen die Niebuhrs auch gegen Ende des Krieges und in den ersten Nachkriegsjahren nicht hungern. Der Bekanntenkreis weiß zu schätzen, dass Hanna Niebuhr auch in Krisenzeiten selbstgemachte Wurst verschenkt.

Erika besucht mit ihrem Vater zusammen Kraftwerke und Brikettfabriken, vor allem an Sonntagen, wenn er Dienst hat. Und an hohen Feiertagen, wenn die Betriebe still liegen, weil umgebaut wird oder Reparaturen durchzuführen sind.[74] Erika Reihlen erinnert sich daran, wie sie dem Vater über unzählige Treppen in immer luftigere Höhen folgt. Auf Treppen aus durchsichtigen Gitterrosten, die ihr ein etwas unheimliches Gefühl von der taumelnden Tiefe unter den Füßen vermitteln. Das hat ihr immer etwas zugesetzt, denn sie ist nicht schwindelfrei!

---

[74] Erika Niebuhr: Einige Erinnerungen an meinen Vater Walter Niebuhr. In: Erinnerungen an Walter Niebuhr (1904–1957). Aufgeschrieben 1957 von Helmut Reihlen und Erika Niebuhr. Berlin 2004, S. 19–46, S. 36.

„Gerne bin ich mit Papi durchs Werksgelände gegangen", schreibt die 21-jährige Erika Niebuhr nach dem allzu frühen Tod des Vaters. „Als ich nach dem Abitur in den Ferien auf der Roddergrube arbeitete, holte ich ihn jeden Sonnabend im Büro ab. Manchmal hatte er noch etwas zu erledigen, wozu ich ihn begleiten durfte. Es ist seltsam, dass ich Papis Verantwortungsbewusstsein seinen Leuten und Betrieben gegenüber irgendwie auch auf mich übertrug. Natürlich war es auch der Stolz auf den Vater und der Stolz darauf, welches Ansehen er bei den Arbeitern genoss, der mich gerne mitgehen ließ. Vielleicht, sicher war ich auch stolz darauf, dass er mich mitnahm."[75]

Erika hat bis zuletzt ein gutes Verhältnis zu ihrem Vater. In ihren Erinnerungen erörtert sie die Gründe. Vielleicht, weil sie älter und selbstständiger ist als ihre Schwester Gisela und manchmal schon einen Vorschlag machen kann, wenn es darum geht, etwas gemeinsam zu unternehmen. Vielleicht aber auch, weil ihr Vater sie manchmal beschwichtigt, wenn sie sich von der Mutter ungerecht behandelt fühlt. Möglicherweise auch deshalb, weil sie ein Interesse für technische Dinge mitbringt.

Als die Niebuhrs 1954 von Berrenrath in ihr neues Haus nach Köln-Deckstein im Stadtbezirk Köln-Lindenthal ziehen, steht seit zwei Jahren fest: das alte Berrenrath muss der Braunkohle weichen. 1959 wird die gesamte Dorfgemeinde umgesiedelt. Berrenrath mit Kirche, Schule und seinen alten Wohnhäusern verschwindet. Grund und Boden darunter werden ausgekohlt. Nur wenige Jahre später ist das Revier zu einem riesigen Naherholungsgebiet „rekultiviert". Die ehemaligen Braunkohlegruben sind nun stille, tiefe Seen. Heute erinnert hier nichts mehr an die dramatischen Braunkohlelandschaften, in denen Walter Niebuhr und seine Tochter Erika zuhause waren. Wer heute auf den sanften, waldgrünen Hügeln steht, die das alte Berrenrath bedecken, sieht bei klarem Wetter in der Ferne den Kölner Dom.

---

[75] Ebd., S. 38.

Kindheit im Krieg

Erika Niebuhr ist ein behütetes Kind, vom Krieg sieht sie zunächst wenig. Ganz können Hanna und Walter Niebuhr ihre Kinder dann aber doch nicht vor den Ängsten und Gefahren bewahren, die vom Himmel her drohen. Zudem ist Erika gewarnt. Nie hebt sie Spielzeug auf, das sie auf der Straße findet. Es sei vergiftet oder mit Zündschnüren versehen, heißt es. Feindliche Tiefflieger hätten es abgeworfen. Das hat sich eingeprägt.

Die eindrücklichsten Erinnerungen an die Kriegszeit entstammen dem Jahr 1944, als die Familie nach Berrenrath umgezogen ist. Einmal, als Erika nach Ertönen der Sirenen mit Schwester und Mutter einen Bunker betritt, geht eine Luftmine mitten im Ort herunter. Dabei entsteht ein solcher Sog, dass sich die drei nicht mehr auf den Füßen halten können und regelrecht von den oberen Treppenstufen nach unten gefegt werden.

Dann kommt der 28. Oktober 1944, ein Samstagnachmittag, der so ruhig und schön beginnt. Mittags gibt es Kaninchenbraten mit Speck. Von fern hört man das Brummen der Bomber, die offensichtlich Köln anfliegen, doch niemand ist beunruhigt, denn in Berrenrath gibt es keinen Fliegeralarm. Und so sitzt die Familie Niebuhr gemütlich beisammen. Walter Niebuhr kommt sogar auf die Idee, mit Herrn Heim, einem bei der Roddergrube tätigen Juristen, der gerade zu Besuch ist, auf das sechzig Meter hohe Kraftwerk in Knapsack zu steigen. Zusammen wollen sie sich ansehen, wie die Bomben auf Köln fallen und Feuer den Himmel erhellt. Als sie über das freie Feld hinter dem Garten in Richtung Kraftwerk gehen, gibt es Vollalarm. Erika beobachtet es am Fenster. Ein Bomber bricht aus der Reihe der Geschwaderflugzeuge aus und fliegt im Bogen Knapsack an. Die anderen folgen ihm. Sie erkennt die Gefahr und ruft: „Der fliegt ja unser Haus ein!"

Dann muss alles sehr schnell gehen: Mutter und Kinder rennen in den Keller und verriegeln die schwere Eisentür. Sie hören Detonationen. Der mit den Luftminen entstehende Luftdruck reißt die Eisentür immer wieder auf. Erika hat es später aufgeschrieben: „Bombeneinschläge, Fensterscheibenklirren, ein dumpfer Fall, Angst und Kinderweinen – das elektrische Licht geht aus – wir sitzen und warten, können nichts tun als warten, sitzen mehrere Stunden so zusammen, erwarten bei jedem neuen Krachen, dass unser Haus getroffen ist. Denn wir wohnen nur 300 Meter vom Werksgelände entfernt!"

In den frühen Abendstunden verlassen sie den Keller. Draußen erwartet sie ein glutroter Himmel, einige Schornsteine stehen noch, die Fabriken sind in Rauch und Dunst gehüllt. Der Brikettschuppen mit vielen hundert Tonnen „Klütten" steht in Flammen. „So hell war der Widerschein, dass es einem bestimmt nicht schwer geworden wäre, die Zeitung zu lesen."[76]

Zur großen Freude und Erleichterung überlebt Walter Niebuhr den Angriff unverletzt. Auf die Werksanlagen sind 650 Sprengbomben und 70 Brandbomben gefallen.[77] Acht Tage brennt der Brikettschuppen, davon erlebt Erika jedoch nur zwei. Denn am übernächsten Tag packt der Vater Kinder, Frau und Radio in seinen DKW und bringt sie nach Lemgo/Lippe zu Verwandten, die dort ein 300 Morgen großes Gut besitzen, den Laubkerhof.

Aber auch hier im ländlichen Westfalen im November 1944 ist der Luftkrieg nicht mehr weit. Er begleitet die Kinder ständig, diffus, als brummendes Geräusch in der Luft auf dem Weg zur Schule, zwei Kilometer über die Felder. Erika lernt, den Summton eines Trafohäuschens vom Brummton eines Tieffliegers zu unterscheiden. Wie ein Radar richtet sie ihre Ohren auf den Himmel, jeden Tag zweimal eine halbe Stunde, auf dem Weg zur Schule, hin und zurück.

Und eines Tages sind die Tiefflieger wirklich da. Mit dem kalten Novemberregen jagen sie über die Felder zwischen Lemgo und Laubke, dem Schulweg von Erika Niebuhr. Als Erika sie hört, wirft sie sich auf den Boden. Sie versteckt sich unter ihrer Pelerine aus schwarzem Wollstoff, die wohl die Kälte abhält, nicht aber die Nässe. Dann liegt sie eine lange Zeit reglos auf dem Feldweg und fürchtet sich vor den Schüssen aus dem Himmel. Irgendwann steht sie einfach auf und geht nach Hause, völlig durchnässt.

Den Vater sehen sie zu Weihnachten und dann erst wieder im Mai, als der Krieg zu Ende ist. Er musste sich um seine Betriebe kümmern.

Ein Jahr nach dem Krieg, Erika Niebuhr ist fast zehn ihre Schwester Gisela acht Jahre alt, bekommt die Familie ein weiteres Kind. Albrecht, den freudig erwarteten Sohn. Am 1. Juli 1946 um 9 Uhr früh klingelt es an der Haustür. Als Erika öffnet, steht der Vater vor ihr. „Ihr habt ein Brüderchen bekom-

---

[76] Ebd., S. 25.
[77] Ebd., S. 26.

men!", sagt er stolz und Erika fällt aus allen Wolken. Sie hat nicht die leiseste Ahnung. Wie auch? In der Familie Niebuhr ist sexuelle Aufklärung ein Tabu. Einen Tag später schreibt Erika der Mutter einen Brief ins Krankenhaus:

„Meine Allerbette![78] Wie geht es Dir? Heute hatten wir keine Handarbeitsstunde. Als Fräulein Lülsdorf in die Schule kam, fragte sie mich sofort, ob ich ein Brüderchen bekommen hätte. Ich sagte ja. Sie sagte nachher zu mir: wenn ich noch einmal zu Dir führe, sollte ich Dir recht viel Glück wünschen. Heute haben wir einen Schulausflug gemacht in der Hitze. Gisela hat von unserem Lehrer noch einen Bonbon bekommen, weil sie mit gegangen war. Mit Kopfschmerzen kamen wir nach Hause. Dann haben wir gebadet und sind ins Bett gegangen. Rosemarie Lingscheid hat mir heute erzählt: Ihr Putchen hätte die Katze gefressen. Herzliche Grüße von Erika."[79] Albrecht, der kleine Bruder, ist ein Glück für die Familie. Er tröstet über den frühen Tod von Eckart hinweg. Albrecht wird von allen geliebt, und die beiden älteren Schwestern, Erika und Gisela, üben sich in der Mutterrolle an ihm.

Als Albrecht etwa zwei Jahre alt ist, hört Erika die Mutter öfter sagen: „Der Papi ist so deprimiert heute." Erst Jahre nach dem Tod des Vaters erfährt sie, was ihn in dieser Zeit so betrübt hat. Sein Unbehagen beginnt vermutlich mit dem Schreiben des „Entnazifizierungshauptausschusses für den Kohlenbergbau Köln" vom 31. August 1948. Darin wird Walter Niebuhr um Mitteilung gebeten, ob er schon von „irgendeinem Hauptausschuss entnazifiziert und kategorisiert" worden sei. Ansonsten solle er den beigefügten Fragebogen „genauestens ausgefüllt, baldigst an unseren Hauptausschuss zurückreichen".[80] Der beigefügte Fragebogen ist zu dieser Zeit der Schrecken von acht Millionen ehemaligen NSDAP-Mitgliedern. Und wenig später der Titel des ersten bundesrepublikanischen Bestsellers „Der Fragebogen" von Ernst von Salomon. Er beschreibt das Lebensgefühl so vieler Deutscher, die sich keiner Schuld an der jüngsten Vergangenheit bewusst sind. „Was sie auch gegen mich vorbringen mögen, es ist nichts, wo ich wirklich Verantwortung getragen habe", lässt Ernst von Salomon seinen Hanns Ludin sagen und spricht damit wohl den meisten Deutschen aus der Seele. Die Lektüre des Fragebogens habe in ihm ein durchdringendes Unbehagen

---

[78] Familieninterner Ausdruck für „Meine Allerbeste".
[79] Privatbesitz Reihlen.
[80] Hauptstaatsarchiv Düsseldorf, Entnazifizierungsakte ‚Walter Niebuhr'. AZ 18134.

ausgelöst, schreibt von Salomon. Vergleichbar etwa dem eines ertappten Schuljungen, „der erst zu Beginn seiner Erfahrungen mit jenen großen und drohenden Mächten steht, die sich ihm als Gesetz, Sitte, Ordnung und Moral darstellen".[81] Vermutlich hat es auch Walter Niebuhr gekannt: das „unbehagliche Gefühl". Das Buch Ernst von Salomons steht jedenfalls in seinem Bücherschrank. Der Fragebogen, der Walter Niebuhr zugesandt wird, enthält 128 Fragen des „Military Government of Germany". Er beginnt mit Fragen zum Geburtstag und -ort, zur Ausbildung, den Prüfungsnoten und den verschiedenen Anstellungsverhältnissen. Weiter geht es zu den „Mitgliedschaften" in der Partei und ihren Organisationen sowie NS-nahen Institutionen. Mitgliedschaften in über siebzig Organisationen stehen zur Auswahl. Schließlich muss der Befragte genaue Auskünfte über Arbeitsplatz und Einkommen, Reisen sowie seine Sprachkenntnisse seit 1931 geben. Fast immer kann Walter Niebuhr mit „Nein" antworten. Die Mitgliedschaften in der Deutschen Arbeitsfront (DAF), im NS-Bund Deutscher Technik, im Reichskolonialbund und im Reichsluftschutzbund muss er bejahen. Und Blockwart ist er gewesen, aber nur von 1933 bis 1934. Walter Niebuhrs Leben hat keine politischen Auffälligkeiten für den deutschen Entnazifizierungshauptausschuss Kohlenbergbau Köln. Er wird in die Kategorie IV als „Mitläufer" eingestuft und zu einer Zahlung von 800 DM verurteilt.[82]

Mit seinem Parteieintritt 1933 ist er einer von vielen. Zu dieser Zeit scheint das vielen das Gegebene zu sein, nützlich für das eigene Fortkommen und Ausdruck für den Willen, die ungeliebte Weimarer Republik endlich hinter sich zu lassen. Und doch hält sich in der Familie Niebuhr bis zur Einsichtnahme in die Entnazifizierungsakte des Vaters im Jahr 2008 die Legende, dieser sei erst Anfang der vierziger Jahre Parteimitglied geworden, weil zumindest einer der leitenden Angestellten der Roddergrube Mitglied sein musste. Warum hält Hanna Niebuhr Zeit ihres Lebens an dieser Version fest? Einen politischen Irrtum zuzugeben, gar einen, der ihren Walter ins Zwielicht rückt, das lag wohl nicht in ihrer Art.

Walter Niebuhr fühlt sich zu Unrecht von dem Entnazifizierungsausschuss verurteilt. Er zahlt zunächst nur 400 DM. Gegen die Zahlung der zweiten Hälfte wehrt er sich. Er habe ungewöhnlich hohe Ausgaben durch eine

---

[81] Ernst von Salomon: Der Fragebogen. Hamburg 1951, S. 8.
[82] Hauptstaatsarchiv Düsseldorf, Entnazifizierungsakte ‚Walter Niebuhr'. AZ 18134.

Operation seiner Frau gehabt, schreibt er am 10. Januar 1951 an den Entnazifizierungshauptausschuss in Düsseldorf.[83] Zudem sei ihm die Zahlungs-
aufforderung erst einige Tage nach der Währungsreform 1948 zugestellt
worden, was ihn gegenüber allen anderen, die vor der Währungsreform
zahlen mussten, benachteilige. Schließlich findet er, dass 800 DM ohnehin zu viel seien, da keine ernstlichen Belastungen gegen ihn vorlägen.
Doch sein Widerspruch scheitert. Mit dem behördlichen Hinweis auf ein
ungewöhnlich hohes Gehalt als Betriebsdirektor der Roddergrube und die
zusätzlichen Vorteile von „freier Wohnung, Brand und Licht" erhält er am
11. Juni 1951 einen abschlägigen Bescheid vom Geschäftsführer des Deutschen Entnazifizierungsausschusses in Düsseldorf, Dr. Harzheim.[84]

Hanna Niebuhr hat nicht mit ihren Kindern über dieses Thema gesprochen.
Und so bleiben für Erika Reihlen Fragen zurück, zum Beispiel die, ob Walter
und Hanna Niebuhr nicht doch auch Juden kannten. Mutter Hanna versi-
cherte stets, es habe nie Juden in der Bekanntschaft gegeben. 2006 sieht
Erika Reihlen in Brühl ein Denkmal für die dort vertriebenen und ermordeten
Juden und stellt fest: „So wenige waren es in Brühl gar nicht." Und wieder
fragt sie sich: Konnte sich das Schicksal dieser Menschen tatsächlich so
unbemerkt vor den Augen ihrer Eltern vollziehen? Pflegten die Eltern vielleicht selbst antisemitische Vorurteile? Kannte Hanna Niebuhr, die lutherische Pfarrerstochter, die antijüdischen Auslassungen Martin Luthers?
Hatten diese für sie eine Bedeutung? Fragen und Gespräche darüber hat
Hanna Niebuhr immer abgewehrt.

---

[83] Ebd.
[84] Ebd.

Teil V
Staatsbürger werden
Die Schul- und Studienjahre Helmut Reihlens
1950–1960

> „Anders als üblicherweise behauptet
> wird, haben die 45er sehr wohl
> eine politische Antwort auf den
> Nationalsozialismus gegeben, nämlich
> indem sie die Bundesrepublik als eine
> politische Ordnung verstanden, die
> sowohl gefestigt als auch reformiert
> werden müsse. Das ist in der deutschen
> Geschichte etwas Neues und sollte nicht
> gering geschätzt werden."
>
> *Dirk Moses*[85]

Über die Generation Helmut Reihlens und seiner Brüder ist viel geschrieben worden. Der Soziologe Helmut Schelsky hat den Begriff der skeptischen Generation für sie geprägt und damit das Bild von ihr über lange Jahre bestimmt. Die skeptische Generation, das sind die von Hitler verblendeten Jugendlichen, die nach der Niederlage des Deutschen Reiches ihren Idealismus verlieren und fortan ohne Ideale weiterleben. Erst in jüngster Zeit wird das graue und wenig attraktive Bild dieser Generation revidiert und durch ein weitaus dynamischeres, positiveres Bild ersetzt. In der neueren Forschung ist nicht mehr von der „skeptischen Generation" die Rede, sondern von „den 45ern". Für den Historiker Dirk Moses ist das die Generation, die die Bundesrepublik zu einer lebens- und konkurrenzfähigen Demokratie gemacht hat, pragmatisch, zupackend und misstrauisch gegenüber

---

[85] Dirk Moses: Die 45er. Eine Generation zwischen Faschismus und Demokratie. In: Neue Sammlung, 40, 2000, S. 233–263. Vgl. auch Ulrich Herbert: Drei politische Generationen im 20. Jahrhundert. In: Generationalität und Lebensgeschichte im 20. Jahrhundert. Hg. von Jürgen Reulecke unter Mitarbeit von Elisabeth Müller-Luckner (Schriften des Historischen Kollegs, Kolloquien 58). München 2003, S. 95–114.

Ideologien.[86] Die 45er, das sind die, die alt genug sind, um zu wissen, was Krieg und Nationalsozialismus bedeuten. Gleichzeitig ist diese Generation zu jung, um durch den Nationalsozialismus kompromittiert zu sein, und jung genug, um sich neu zu orientieren. Auch wenn Helmut Reihlen ein sehr junger „45er" ist, gibt es nur wenige, die das neue, positive Bild von denen, die ihre Jugend im Krieg verbracht haben, besser verkörpern als er. Kaum ist er 1950 in Westdeutschland angekommen, mischt er sich zuerst als Klassensprecher ein, dann als Schülersprecher, schließlich als Fulbright-Stipendiat in den USA. Später als AStA-Mitglied, stellvertretender Vorsitzender des VDS und als aktives Mitglied des Berg- und Hüttenmännischen Vereins, dem er sich zu Beginn seines Studiums in Aachen anschließt.

Von Leipzig nach Köln

1950 liegt Köln zwar noch in Trümmern, doch geht es bereits spürbar nach oben. Während es in Leipzig zu dieser Zeit noch Lebensmittelkarten gibt und der Mangel den Alltag bestimmt, kann man in Köln bereits alles kaufen und sogar schon etwas Geld verdienen. Die Dinge dort sind wohl organisiert, es herrscht Aufbruchstimmung. Eine Kölner Stadtchronik redet sogar euphorisch von den neuen „Gründerjahren". Köln – so heißt es da – sei 1950 zum zweiten Mal geboren worden.[87] Die Stadt profitiert davon, dass das benachbarte kleine und beschauliche Bonn seit 1949 Hauptstadt der neu gegründeten Bundesrepublik ist, und entwickelt sich zu einem politischen und kulturellen Zentrum Westdeutschlands. Botschaften, Konsulate, Handelsvertretungen, Kulturinstitute und Interessenverbände lassen sich in Köln nieder, Rundfunkanstalten wie der WDR oder die Deutsche Welle kommen hinzu. Eine Kunst- und Museumslandschaft entsteht und verschafft der Stadt eine neue, internationale Publizität.

Dies alles liegt 1950 mehr in der Luft, als dass es schon mit Händen zu greifen wäre, denn noch beherrschen Trümmer das Stadtbild. Die werden allerdings in atemberaubender Geschwindigkeit beseitigt. 1950 sind bereits 30 Millionen Kubikmeter Trümmer in Köln beseitigt. Stolz rechnen Statis-

---

[86] Ebd.

[87] Hans Schmitz: Blick in die jüngste Vergangenheit Kölns (1945–1990). In: Chronik zur Geschichte der Stadt Köln. 2: Von 1400 bis zur Gegenwart. Hg. von Peter Fuchs, Köln 1991, S. 258–261, S. 259.

tiker den Kölnern die beseitigten Trümmermengen im Stadtgebiet vor. Die „Entschuttungsbilanz" von 1950 entspricht einem Kegel mit 700 Metern Grundflächendurchmesser und 234 Metern Höhe.[88]

Am Anfang gehört die Familie Reihlen, das sind die Eltern, zwei schulpflichtige und zwei in Aachen bzw. Paris studierende Söhne, zu der großen Zahl der Heimatvertriebenen, der Kriegsheimkehrer und „Zonenflüchtlinge", die immer noch täglich zu Tausenden nach Westdeutschland kommen. Heimatlos geworden, leben sie zunächst bescheiden in einer 3-Zimmer-Wohnung, 90 Quadratmeter im Erdgeschoss mit Garten eines nicht fertig gebauten Einfamilienhauses in Köln-Thielenbruch. Doch ist die Zeit der Familie in der „inneren Emigration" vorbei. Nun sind die Reihlens in einer Gesellschaft angekommen, in der die Zukunft ihrer Kinder wieder offen ist. Und Otto Reihlen hat eine feste Anstellung und Einkommen bei Klöckner-Humboldt-Deutz.

Ist es ein Zufall, dass der Dom und eine ganze Reihe weiterer Kirchen noch aufrecht stehen? Es sieht so aus, als hätten die bürgerliche Gesellschaft und die christliche Kirche den Krieg überlebt und stünden für eine neue Ära politischer und gesellschaftlicher Wirksamkeit bereit, an der auch Helmut Reihlen im Laufe der kommenden Jahre wachsenden Anteil haben wird. Helmut Reihlen preist bis heute die gesellschaftliche Reife der Bevölkerung der drei Westzonen und ihrer Besatzungsmächte, die viele Millionen Flüchtlinge aus Ost- und Mitteldeutschland wie selbstverständlich in ihr kriegsversehrtes Gebiet aufnehmen. Mit ihrem in der DDR geschärften politischen Bewusstsein haben die Flüchtlinge ihren rheinischen Mitschülern etwas voraus. Das Leben in Leipzig hatte auch sein Gutes. Hier waren Helmut und seine Familie gezwungen, den eigenen Standpunkt gegen eine politisch feindliche Umwelt zu verteidigen. Und so verfügt er bereits als Schüler über ein ausgeprägtes politisches und moralisches Selbstbewusstsein. Neu in der Obertertia des Naturwissenschaftlichen Gymnasiums Köln-Mülheim wundert er sich über das politische Desinteresse seiner neuen Mitschüler. Helmut Reihlen spürt, dass die junge Demokratie das Engagement und das Verantwortungsgefühl ihrer Jugend braucht, wenn sie gelingen soll. Von Enttäuschung über den „verpassten Neuanfang der Stunde Null" oder der Desillusionierung der heimatlos gewordenen Generation, die Heinrich Böll und Wolfgang Koeppen in

---

[88] Peter Fuchs (Hg.): Chronik zur Geschichte der Stadt Köln. 2: Von 1400 bis zur Gegenwart. Köln 1991, S. 283.

ihren Werken über die Nachkriegszeit so eindringlich beschreiben, ist bei ihm nichts zu spüren. In Köln herrscht eine Stimmung des Aufbruchs. Von der Nazizeit will fast niemand mehr etwas wissen. „Wiederaufbau" ist das Losungswort, zurück in die gute alte Zeit, keine Experimente. Vielleicht ist es das, was Helmut Reihlen über die schwere Anfangszeit hinweg trägt. Denn der neue Lebensabschnitt beginnt für ihn mit viel Arbeit. Das erste Halbjahr 1950 muss er Latein pauken, Vokabeln und Grammatik, um den Anschluss an das neue Schulniveau zu finden. Seine Mitschüler haben ihm viereinhalb Jahre Lateinunterricht voraus. Ein Lateinlehrer der Schule gibt ihm Privatunterricht. Mit dem Ende der ersten großen Ferien hat Helmut Reihlen das Niveau der Klasse wenigstens formal eingeholt. Seine Mutter betätigt sich in dieser Zeit als Repetitorin und gibt ihm zusätzlich Englischunterricht, ein Pensum von eineinhalb Jahren.

Englandfahrten

Die Sehnsucht nach einer heilen, neuen Welt, die mit Krieg und Zerstörung nichts mehr zu tun hat, ist in Köln 1950 überall zu spüren. Und so entsteht auch in dem Jugendlichen Helmut Reihlen der Wunsch, sich in den Nachbarländern umzusehen.

Kaum ein Jahr nach der Flucht aus Leipzig, Helmut ist sechzehn Jahre alt, organisiert er seine erste Englandfahrt. Er geht in das britische Kulturinstitut „Die Brücke" in der Kölner Hahnenstraße und spricht einen britischen Education Officer an. Der verschafft ihm ein Visum und zwanzig Pfund Sterling. Ein Lehrer seiner neuen Schule, Dr. Schreyer, der zunächst wegen seiner Parteimitgliedschaft in der NSDAP entlassen, dann aber wieder eingestellt worden ist, gibt ihm die Adresse einer Londoner Freundin, die Helmut eine verbilligte Übernachtungsmöglichkeit in einer Hausmeisterwohnung vermittelt. Es trifft sich gut. Im Vorgriff auf seinen Geburtstag hat Helmut ein Rabeneick-Fahrrad geschenkt bekommen. Er besorgt sich ein kostenloses Visum, mit dem er innerhalb von 24 Stunden von der belgischen Grenze bis nach Ostende gelangen muss, und radelt los. Die erste Englandfahrt ist bis heute wichtig für Helmut Reihlen geblieben. Immer noch steht ihm London 1951 lebendig vor Augen. Umgeben von Autokolonnen sieht er sich auf seinem neuen Fahrrad über den Trafalgar Square radeln. „Ich hatte nicht gerade Angst", sagt Helmut Reihlen, „aber verdammt noch mal, so was gab es bei uns nicht: ein völlig kriegsunzerstörter Platz mitten in der Stadt und alles ist in Ordnung!" Doch dann kommt er auch in andere Orte, wo der Krieg seine Wunden hinterlassen hat. Zum ersten Mal sieht er Trümmer im „Feindesland", von deutschen Bomben und Raketen zerstörte Stadtteile, die auch 1951 noch am Boden liegen. Und er erlebt, was es heißt, das Kind von Feinden zu sein. Er trifft Menschen, die sich nur allzu gut an den Krieg erinnern, die abrupt das Gespräch unterbrechen und ihm den Rücken zuwenden oder nicht in der gleichen Kammer mit ihm schlafen möchten, wenn sie ihn als Deutschen ausmachen. Helmut Reihlen kann das einordnen, es ist noch nicht lange her, dass er seinen Bruder im Krieg verloren hat. „Versöhnung", das wird ihm in England bewusst, kann es nur geben, wenn man erfährt, dass die anderen, die ehemaligen Feinde, ganz ähnliche Schmerzen empfinden wie man selbst. Und hatte er selbst nicht wenige Jahre zuvor noch den Bruder im Gesicht des feindlichen Soldaten am Fallschirm erkannt?

In England erlebt er auch, wie ihn die eigene Familie weit über die heimatlichen Grenzen ins Leben hinausträgt. Von seinem älteren Bruder Dieter, der Anfang der fünfziger Jahre schon in Paris studiert, bekommt er Kontakte und Adressen. Und Helmut Reihlen sucht sie auf: „Ich heiße Reihlen", verkündet er fröhlich, wenn er sich vorstellt, „mein älterer Bruder ist gut bekannt mit ihrer Tochter. Hier bin ich." Das öffnet ihm die Türen. Man empfängt ihn äußerst freundlich und gibt ihm eine Dachkammer, in der er erst einmal wohnen kann. Diese Offenheit kennt er sonst nur bei den Bundesbrüdern seines Vaters. Helmut Reihlen will vor allem eines: lernen. Und er lernt, wo immer er hinkommt. In Erinnerung sind die großen, prinzipiellen Unterschiede zwischen englischer und deutscher Mentalität geblieben, zum Beispiel die Fähigkeit der Engländer, viele Dinge auch ohne klare Regeln zu handhaben, eine Fähigkeit, die das Leben nicht schwieriger, sondern einfacher für alle machen kann. Als sein Jugendherbergsvater merkt, dass er knapp bei Kasse ist, schlägt dieser ihm vor, „duties" zu übernehmen. Helmut bekommt die Möglichkeit, die Klos zu putzen oder Unkraut zu jäten und muss dafür weniger oder sogar gar nichts für seine Unterkunft bezahlen. Dass dieses Prinzip der freiwilligen Regulierung zum Nutzen aller funktioniert, das beeindruckt und beeinflusst ihn bis in sein späteres Berufsleben hinein.

Auslandsreisen sind unter Jugendlichen Anfang der fünfziger Jahre gewiss die Ausnahme. Doch sie sind möglich. „Das einzige, was man dazu brauchte", so Helmut Reihlen heute, „war Initiative." Und die hatte er. Wer wollte, konnte reisen, auch als Deutschland noch in Trümmern lag. Vater Otto, der mit achtzehn schon in den Ersten Weltkrieg gezogen war, unterstützt die Englandreisen seines Sohns nach Kräften, nicht zuletzt, weil dieser damit etwas für seine zukünftige berufliche Karriere tut. Dass Helmut die Weltsprache Englisch lernt, hält Otto Reihlen für „besonders glücklich". „Ein gewandtes Englisch wird Dir in Deinem Beruf in jedem Falle viel nützen. Aber Du musst mehr können, als nur stümpern, denn das können viele andere auch", schreibt er an Helmut.[89] Dem verschlägt es vor lauter neuen Erlebnissen erst einmal die Sprache. Atemlos und noch etwas unbeholfen klingt sein erster englischer Brief an die Eltern: „ I had in the last 3 weeks such a lot of adventures that I don't know what I shall narrate you. Therefore I finish."[90]

Im folgenden Jahr geht es erneut nach England. Wieder steht Helmut vor einer Fülle von neuen Eindrücken und Beobachtungen: „Ich kann es gar nicht aufnehmen", schreibt er glücklich. Er will seine Eltern an seinen Erlebnissen teilnehmen lassen und so berichtet er, was er sieht, hört und tut: von den Konzerten in der Royal Albert Hall, dem British Museum, den Clubs und Tennisplätzen, wo er sich als Balljunge verdingt, und den Bekannten, zu denen fast täglich neue hinzukommen. Der Vater versucht ihn durch wohlmeinenden Zuspruch auf dem „richtigen Kurs" zu halten: „Du fragst nach der Geldeinteilung", schreibt er dem Sohn, „Als erstes möchte ich dazu sagen: Es ist Dein Geld und Du sollst es nach Deinem Ermessen einteilen.[91] Zum zweiten möchte ich sagen: Hosen und Mäntel kann man immer kaufen. Diese Gelegenheiten laufen nicht davon. Reiseerlebnisse und tiefe Eindrücke in fremden Ländern mit neuen Freunden in jungen, aufnahmefähigen Jahren kann man dagegen nicht beliebig oft bekommen, sondern diese Gelegenheiten müssen am Schopf gefasst werden, sonst verflüchtigen sie sich und kommen nicht wieder. Ich würde Dir also raten, alles zu unternehmen, um möglichst viel zu sehen und zu erleben, neue Freunde zu gewinnen und Verbindungen anzuknüpfen, und dafür würde ich das Geld anlegen. Ich

---

[89] Schreiben Otto Reihlens an Helmut Reihlen vom 18. August 1951 (ELAB, 62,3).
[90] Schreiben Helmut Reihlens an seine Eltern am 22. August 1951 (ELAB, 62,3).
[91] Helmut hatte seine Eltern in seinem Brief vom 20. August 1952 um Erlaubnis gebeten, sich einen „erstklassigen" Pullover kaufen zu dürfen (ELAB, 62,3).

habe es bisher mit Euch nicht anders gehalten. Wenn dann dafür an einem anderen Ende die Decke etwas kurz ist, so muss man eben die Beine etwas einziehen, bis sie wieder länger wird."[92]

Während seines zweiten Londonaufenthalts im Sommer 1952 arbeitet Helmut Reihlen 43 Stunden die Woche bei W. T. Brown, einer Gravurfirma, die Guss- und Pressformen für Reklameschilder, Buchdeckel oder Schokoladenkästchen herstellt. „Ich mach es sehr gerne", schreibt er seinen Eltern. „Ich poliere die Innenseite einer Gußform für das Wort ‚baby'. Klar, dass man mich laufend fragt: ‚Your baby is allright? What is his name? You are a good nurse', etc." Helmut lebt schnell und intensiv. „Entschuldigt bitte", schreibt er nach einer Briefpause von vierzehn Tagen, „ich war full up belegt und bin keine Nacht vor 1 Uhr ins Bett gekommen, aber macht Euch keine Sorgen, ich bin quietsch fidel." Dann folgt ein zehnseitiger Brief, in dem es um die Arbeit in der Gravurfabrik geht. Die Szene, die Helmut für seine Eltern festhält, ist bemerkenswert. Sie zeigt, wie nah die jüngste Geschichte noch ist und zugleich aber auch wie unbeschwert der Umgang mit ihr schon sein konnte, selbst unter ehemaligen Feinden: „Außerdem vermutet man in mir immer einen Spion, den Sohn eines deutschen Industriellen. Das bringt mir das Vertrauen meines Chefs ein. Wenn Geld wegzubringen ist oder wertvolle Werkzeuge geholt werden müssen, ruft Max[93] die nächste Taxizentrale an und fährt dann stolz wie Krösus durch London. Meine Genossen lernen langsam deutsch, es macht ihnen kindische Freude, ‚Guten Morgen, guten Abend', ‚bitte schön' und ‚danke schön' zu sagen. Wenn der Chef kommt, stehen wir alle stramm und bringen ein 3-faches ‚Sieg-Heil' auf ihn aus. Gibt er irgendeine Anweisung, so heißt es nur noch: ‚Jawoll, mein Führer.' Dabei grüßt man, wie sich das gehört und hält den linken Zeigefinger unter die Nase, das macht Hitlers Schnurrbart. Sind wir mittags gerade in the mood, dann singen wir abwechselnd das Englandlied und ‚We hang our washing on the Siegfried line if the Siegfried line's still there'."

Beide Englandreisen leben von ihren Bekanntschaften, die sich fast täglich neu ergeben. Zu Beginn seiner ersten Londonreise lernt Helmut Reihlen Bill Lyster kennen, einen Attaché der australischen High Commission

---

[92] Schreiben Otto Reihlens an Helmut Reihlen vom 25. August 1952 (ELAB, 62,3).

[93] So nannte Helmut sich hier mit seinem Zweitnamen, um den Kollegen die schwierige Aussprache von Helmut zu ersparen.

(Botschaft). Lyster spricht ihn im British Museum an. Er hat beobachtet, wie Helmut Reihlen ein Bild studiert und fragt den Jugendlichen, woher er komme. An diesem Tag trägt Helmut Reihlen eine Lederhose und sieht nicht sehr britisch aus. Bill Lyster lädt ihn zum Essen ein und besorgt ihm eine Unterkunft. Nun beginnen gemeinsame Ausstellungs- und Theaterbesuche. Briefe an Helmut Reihlen sollen an „Mr. William Lyster, Private Secretary, High Commission, Australia House, London Strand" geschickt werden, schreibt der Sohn seinen Eltern: „England is a lovely country. I wish to see more and more. I have nearly each day friends with which I drive. If you wish to write me, write to Mr. Lyster."[94] Ausflüge folgen, man badet gemeinsam in der Themse und Helmut Reihlen darf das Auto von Bill Lyster steuern. Zwei Wochen später berichtet er seinen Eltern ausführlich von einem weiteren Wochenende: „Friday in the evening I arrived at London. I got a bed in one of the London's hostels and went in the same evening to Mr. Lyster at the Australia House. We had supper in the City and went than to a theatre. ‚The three sisters' by Tchechow. I understood quite enough. On Sutterday we had a trip to East Kent. He visited his father and I lounged a little in the country and at length I indicated the states of a cricket game at the table. This morning I had a bath and met Mr. Lyster at Kleopatras's needle. We looked for a funny market-place in the east of London. After that we went to the Exhibition of the festival of Britain. Now I am in his apartment writing. Half past seven Albert Hall concert. Cheerio Helmut."[95]

Doch die Freundschaft mit Bill bleibt nicht lange unbeschwert. Der Mann ist homophil. Seine Annäherungsversuche sind dem Jugendlichen unsympathisch und er wehrt ihn ab: „I don't like this!". Daraufhin verzichtet Bill auf weitere Annäherungsversuche. Der ansonsten schon so weltgewandte Junge tut sich schwer damit, die Situation richtig einzuordnen. Seine Eltern haben nie mit ihm über solche Themen geredet. Sexualität und alles, was mit ihr zu tun hat, ist ein dunkler Planet für ihn. Er erzählt seinen Eltern zunächst nichts von der Sache. Erst als Bill Lyster Otto und Irmgard Reihlen später in Köln besucht und seine Ausflüge mit dem Sohn fortsetzt, fragt die Mutter nach.

---

[94] Postkarte Helmut Reihlens an die Eltern vom 13. August 1951 (ELAB 62/3).
[95] Schreiben Helmut Reihlens an die Eltern vom 26. August 1951 (ELAB 62/3).

Auch im folgenden Jahr wohnt Helmut Reihlen in der Wohnung des Londoner Freundes, der gerade verreist ist.[96] Doch jetzt fallen seine Berichte schon kritischer aus. Was dieser über Deutschland sagt, gefällt ihm gar nicht: „Er sagt, wir sollten uns um die 18 Millionen im Osten keine Sorgen machen, es helfe doch nichts, sie seien vorläufig, wahrscheinlich für immer, verloren. Wir sollten wenigstens in der Ruhe vor dem Sturm richtig leben. Ich konnte ihn nicht widerlegen, aber was er sagte, war so richtig eklig."[97]

Dann berichtet Helmut von seiner ersten Bekanntschaft mit der „Moralischen Aufrüstung", einer Bewegung, die ihn noch Jahre später beschäftigen soll. „Montag Abend saß ich bis 12 Uhr mit Francis Brown und seinem Freund zusammen. Sie sind, beide etwa 5 Jahre älter als ich, Mitglieder der Bewegung für moralische Aufrüstung. Wir haben den ganzen Abend geredet, ich hab sie öfters unsicher gemacht, ihre Gedanken sind aber so, daß man ihnen gar nicht ausweichen kann. Einige ihrer wirklich erstklassigen Schriften werde ich mit nach Deutschland bringen. Sie sagen Folgendes: Wir können den Kommunismus nicht mit Kanonen aus der Welt schaffen. Wir müssen dieser Idee eine höhere Idee gegenüberstellen. Wir müssen eine neue Lebensgemeinschaft gründen, um unsere westliche verteidigenswert zu machen. Die neue Idee ist das Leben nach vier ‚absolute standards of life'. Absolute honesty, absolute purity, absolute unselfishness and absolute love." Die „neuen" Ideen der „Moralischen Aufrüstung" gibt es Anfang der fünfziger Jahre schon seit mehr als dreißig Jahren. Ihr Gründer, der Amerikaner Frank Buchman (1878–1961), verkündet schon Anfang der zwanziger Jahre, die Welt könne nur dann wieder eine christliche werden, wenn sich zuerst jeder Einzelne im Sinne der vier moralischen Grundsätze erneuere. Die sogenannte Oxfordgruppenbewegung nennt sich 1938 in Anbetracht des heraufziehenden Weltkrieges in „Moral Re-Armament" (MRA) um. Sie soll die überlegene Ideologie sein, die den Westen in die Lage versetzt, dauerhaft dem Kommunismus zu trotzen. Auf Massenveranstaltungen in Europa und den USA verkündet Buchman eine neue soziale Ordnung unter der Diktatur Gottes. Es gelingt der Bewegung, in führende politische und wirtschaftliche Kreise der westlichen Welt einzudringen. Die US-Präsidenten Herbert Hoover, Franklin D. Roosevelt und Harry S. Truman, aber auch Wirtschaftsführer wie Henry Ford zählen zu ihren Anhängern. Doch als im

---

[96] Schreiben Helmut Reihlens an die Eltern vom 2. August 1952 (ELAB 62/3).
[97] Schreiben Helmut Reihlens an die Eltern vom 5. August 1952 (ELAB 62/3).

Zweiten Weltkrieg der Westen Seite an Seite mit der kommunistischen Sow-jetunion gegen Hitler kämpft, den Buchman wegen seines Antikommunis-mus zuvor öffentlich bewundert hat, wird es still um die MRA.[98]

Im Kalten Krieg erleben die „Moralen" ein Comeback. Nun ist die MRA so etwas wie die evangelikale Variante des Kalten Krieges. „America needs an ideology", lautet einer ihrer Buchtitel, der zugleich ein „Rezept" gegen den Kommunismus zu sein verspricht. Wenn sich nur jeder zu den vier morali-schen Grundsätzen des Frank Buchman bekenne, werde der Kommunismus bald aus der Welt sein. Nicht zuletzt die finanzielle Unterstützung durch Familien wie Philips, den Eigentümern des weltweit operierenden hollän-dischen Elektrokonzerns, verschafft der MRA die finanziellen Mittel, große Hotels wie das im Schweizer Caux oder im US-amerikanischen Macinack Island, Mich., zu kaufen und zu betreiben. Zudem unterhält sie Außenstellen in den Hauptstädten der Welt, von denen aus die Kontakte zu maßgeblichen Politikern gepflegt werden, so auch in Bonn.

Vom Schulsprecher zum Fulbright-Scholar

Auf seiner Schule bewährt sich Helmut Reihlen bald so weit, dass er zum Klassen- und dann zum Schülersprecher seines Gymnasiums gewählt wird. Zudem wird er Mitbegründer und Sprecher der Kölner Schülermitver-waltung. Ein Hinweis darauf, wie ihn seine Mitschüler beurteilen, gibt die „Laterna Magica", die „Bierzeitung der Abiturienta 1954". Im „Kritischen Bericht" wird jeder Abiturient in Form eines Verses porträtiert. Über Helmut Reihlen heißt es:

„Unser Reihlen, unser Kecker, – Ist der Mann mit viel Gemecker. – Trotzdem muß man zugesteh'n – seine vielen ‚Prachtideen', – die er ab und zu mal eben, – so zum Besten hat gegeben. – Weil noch manches hier zu sagen, – wollen wir mal Goethe fragen, – und wir stimmen überein: – Daraus wird noch mal ein Wein."

Der Leiter des Mathematisch-Naturwissenschaftlichen Gymnasiums Köln-Mülheim, Dr. Paul Börger, ist ein ungewöhnlicher Mann, hilfsbereit und prag-matisch im Alltäglichen und stockkonservativ im Grundsätzlichen. Da liegen

---

[98] Vgl. Reinhold Niebuhr: Christianity and Power Politics. New York 1940.

Konflikte mit seinem selbstbewussten Schüler und Schülersprecher Helmut Reihlen nahe.[99] Börger sorgt dafür, dass Helmut Reihlen als Sprecher der Kölner Schülermitverwaltung zurücktreten muss.

1953 beteiligt sich Helmut Reihlen an einer Ausschreibung der New York Herald Tribune zum Thema UNO. Zu gewinnen ist die Teilnahme an einer Jugendkonferenz in New York City. Börger verweigert ihm die Genehmigung, die Sommerferien um vier Wochen zu verlängern. Er will nicht mit ansehen, wie „deutsche Jugend in amerikanischen Camps verkommt". Auch die für das Einreisevisum verantwortliche US-Behörde gibt dem ehrgeizigen Schüler zunächst keine Chance. Hier herrscht noch die düstere McCarthy-Gesinnung, geprägt von einer hysterischen Angst vor Kommunisten, von denen man fürchtet, sie würden die Gesellschaft unterwandern. Man entdeckt, dass Helmut Reihlen aus der DDR kommt und fünf Jahre von kommunistischen Lehrern erzogen worden ist. Grund genug, ihm das Einreisevisum zu verweigern.

Helmut Reihlen ist sauer, aber er weiß, was er zu tun hat. Er schreibt einen wütenden Brief an Christine Teusch, die Kultusministerin von Nordrhein-Westfalen. Wie konnte es sein, dass ein Schüler die Chance bekommt, nach Amerika zu reisen und sein Schulrektor verhindert das? Prompt lädt ihn die Ministerin ein, tröstet ihn und rät zur Geduld. Sie erzählt dem Schüler von „Fulbright", einem neuen akademischen Austauschprogramm, das die Amerikaner aufgelegt haben, um die zukünftigen Eliten ehemals verfeindeter Staaten einander anzunähern. Dann beauftragt sie einen ihrer Oberräte, Helmut Reihlen auf die Bewerberliste zu setzen. 1954 läuft das Fulbright-Programm erst im zweiten Jahr. Helmut Reihlen bewundert bis heute die Ideen des amerikanischen Senators J. William Fulbright aus Alabama,

---

[99] Während der Zeit des Nationalsozialismus war Börger Pfarrer und Anhänger der Deutschen Christen und der NSDAP. Im Zweiten Weltkrieg meldete er sich freiwillig zum Kampfeinsatz an die Front. Vor Kriegsende beteiligte er sich als Pionieroffizier an der Anbringung der „Domplombe" zur Sicherung des durch Sprengbomben gefährdeten Südturms des Kölner Doms. Nach einer relativ kurzen Pause, bedingt durch die Entnazifizierung, kam er wieder in den Schuldienst, als Leiter eines Gymnasiums. Hier bemühte er sich um die Integration von Flüchtlingskindern in den Schulbetrieb. Börgers Lehrbuch für den evangelischen Religionsunterricht „Am Quell des Lebens" atmet den Geist herkömmlichen Christentums, individualistisch und ohne jede gesellschaftliche Dimension des Glaubens. Eine „Theologie nach Auschwitz" war für ihn undenkbar.

dessen Ziel es war, die nationalen akademischen Eliten aus ihrer kulturellen Isolation zu befreien und so die Empathie füreinander zu fördern. Nach Fulbright ist es auch deshalb zum Zweiten Weltkrieg gekommen, weil die meisten Menschen niemals ihr eigenes Land verlassen haben. Nur wenn man die anderen nicht kennt, ist es möglich, sie als bloße Verkörperung eines abstrakten, feindlichen Prinzips zu sehen. Wer aber die Gelegenheit hat – so sein Gedanke –, die anderen kennenzulernen, der empfindet Respekt und verhält sich höflich – vor allem aber denkt er nicht an Krieg. Das Gesicht des Feindes, das an den eigenen Bruder erinnert, ist kein feindliches Gesicht mehr. Besonders beeindruckt ist Helmut Reihlen von der Idee, Teile des amerikanischen Kriegsmaterials, den „ex army scrap", nach dem erfolgreichen Krieg zu verkaufen und mit den Erlösen die Kosten der Austauschstudenten zu finanzieren. Nun werden also junge deutsche Akademiker mit Geldern, die eigentlich für ihre militärische Vernichtung vorgesehen waren, nach Amerika geholt, um dort etwas über die demokratischen und gesellschaftlichen Grundsätze ihrer ehemaligen Feinde zu lernen. Grundsätze, nach denen sie dann später auch im eigenen Land verfahren können. Das Wort des Propheten Micha: „Sie werden ihre Schwerter zu Pflugscharen und ihre Spieße zu Sicheln machen. Es wird kein Volk wider das andere das Schwert erheben, und sie werden hinfort nicht mehr lernen, Krieg zu führen"[100], das in den achtziger Jahren von der DDR-Friedensbewegung aufgenommen wird, kommt hier schon dreißig Jahre früher zur Geltung.

Helmut Reihlen bewirbt sich noch als Schüler um ein Fulbright-Stipendium. Kurz nach seinem Abitur schreibt er seinen Eltern: „Vorgestern war ich in Düsseldorf auf dem amerikanischen Generalkonsulat. Die gesamte Auswahl und Nominierung der Amerikafahrer wird seit Ende des vergangenen Jahres vom Kultusministerium bewerkstelligt, die Amerikaner haben keinen Einfluß mehr darauf. Ich bin sofort zum Ministerium gegangen und hab dort durch die freundliche Mithilfe zweier Oberschulräte, die mich von der SMV-Arbeit [Schülermitverwaltung] her kannten, folgendes erreicht:

---

[100] Mi 4,3.

Ludwig Rang[101] und Helmut Reihlen sind als Nummer 28 und 29 in die letzte Runde eines Studentenaustauschprogramms aufgenommen (ursprünglich 1 000 Bewerber), von diesen 29 werden 10 im Juni 1954 in die Staaten fahren und an einer Universität studieren."[102] Die Auswahlgespräche in den folgenden Monaten verlaufen erfolgreich. Vor der Kommission muss er sich als Debattenredner beweisen. Seine Aufgabe ist es, bestimmte Positionen überzeugend zu vertreten. So muss er etwa über die „Wünschbarkeit von Luftschlössern und deren Verteidigung" reden oder als Vertreter der vegetarischen Bewegung argumentieren. Eine leichte Übung für jemanden, der das Redenhalten von klein auf geübt hat. Im Februar 1954 kommt der ersehnte Brief mit der Zusage des Stipendiums, unterschrieben von James Bryant Conant (1893–1978), vormals Biologe und Präsident der Harvard-Univerität, der seit 1953 US-High Commissioner (Botschafter) in der Bundesrepublik ist. Und auch von deutscher Seite kommt grünes Licht: „Einen triumphalen Zug habe ich noch durchs Kultusministerium geführt. Außer mir sind nur Ludwig und ein dritter als Abiturienten zum Stipendium zugelassen. Die Oberschulräte betrachten uns gewissermaßen als die Letzten, die die Ehre der Schulen hochhalten."[103]

Doch zunächst beginnt er im Sommersemester 1954 das Studium des Eisenhüttenwesens an der TH Aachen. Er wird Mitglied im Berg- und Hüttenmännischen Verein (BuH-Verein) und hat durch die Vermittlung von Patenonkel Helmut Spitzer, ein Bundesbruder des Vaters, im August 1959 ein Praktikum beim „Verein Deutscher Eisenhüttenleute" in Düsseldorf absolviert.

---

[101] Ludwig Rang ist ein Freund von Helmut Reihlen aus Detmold, den er aus der Schülermitverwaltung kennt. Zusammen mit ihm gibt Helmut Reihlen die Schülerzeitschrift „Politicus" heraus, wo es um Themen wie die grundgesetzliche Abschaffung der Todesstrafe oder die Europäische Verteidigungsgemeinschaft geht. Eine Zeitschrift, die gut ins Reeducation-Programm der Amerikaner passt und vermutlich auch von diesen eine Zeit lang finanziert wird.

[102] Schreiben Helmut Reihlens an die Eltern vom 29. August 1953 (ELAB 62/3).

[103] Schreiben Helmut Reihlens an die Eltern vom 15. August 1954 (ELAB 62/3).

In Amerika!

31. August 1954. Der Tag der Abreise. „Morgen, endlich fahre ich, per Zug, zweiter Klasse nach Rotterdam, dann mit der Sibajak", schreibt Helmut Reihlen freudig an seine Eltern. Die US-Educational Commission hat die Sibajak gemietet. Sie bietet Platz für 800 Leute. Das Schiff der Holland-Amerika-Linie ist ein alter Truppentransporter der Amerikaner, eine eigene Schiffsklasse, entwickelt für den Krieg. Seine Außenhaut ist nicht mehr genietet, sondern geschweißt. Bei Sturm brechen diese Schiffe schon mal auseinander, erzählen alte Seebären.

Das ganze Schiff ist voll von jungen welthungrigen Studenten, ausreisenden Europäern und heimreisenden Amerikanern. Die Stimmung an Bord ist euphorisch. Man wohnt in Viererkabinen und lebt wie Gott in Frankreich mit indonesischer Mannschaft und der angesehenen Stellung des „Fulbright Scholars". Unter den Reisenden sind Musiker, die für gute Konzerte sorgen.

Schnell ist Helmut Reihlen in seinem gewohnten Element. Er arbeitet mit an einer Bordzeitung, in der es um die Frage geht, ob gemeinsam mit den Franzosen die europäische Verteidigungsgemeinschaft begründet werden könne. Hintergrund: Soeben hat die französische Nationalversammlung den EVG-Vertrag scheitern lassen. Auf dem Schiff lernt er Joan Hillsley kennen, die ihn, den „Kurssprecher", verehrt. Sie kommt gerade von einer Bildungsreise aus Europa zurück. Und dann freundet er sich auch noch mit Boney Fisher an, der Tochter eines prominenten Professors der Wirtschaftswissenschaften an der Wesleyan University, Clyde Olin Fisher. Als das Schiff nach zehn Tagen in Hoboken auf der Westseite des Hudson-River gegenüber von Manhatten anlegt, bietet sich Boney Fisher an, sein Gepäck schon einmal nach Wesleyan mitzunehmen. Helmut Reihlen wird indes bis zum Semesterbeginn bei den Eltern von Joan Hillsley in Larchmont, einem New Yorker Vorort, wohnen und zusammen mit Joan und Freund Ludwig Rang New York erkunden.

Für Mr. Fisher, der seine Tochter vom Kai abholt, ist die Sache klar: Hier hat er es mit einem deutschen Romeo zu tun, der gleich zwei Frauen für sich eingespannt hat. Als Helmut Reihlen an der Wesleyan University eintrifft, eilt ihm dieser Ruf bereits voraus. Eigentlich hatte er ihn gar nicht verdient, sagt er heute, aber unangenehm sei ihm das auch nicht gewesen.

Dann beginnt die Zeit an der Wesleyan University in Middletown, Connecticut, wo er als Undergraduate das College im zweiten Studienjahr als sophomore besucht. Die Universität hat er sich nicht selbst ausgesucht. Die Liste mit den von der deutschen Fulbright-Kommission positiv beurteilten Stipendiaten ist nach Washington zum Hauptsitz der Fulbright-Kommission gegangen. Hier haben die Vertrauensdozenten der einzelnen Universitäten sich „ihre" Studenten ausgesucht. Im Fall von Helmut Reihlen ist es der foreign student advisor der Wesleyan University, Lawrence E. Gemeinhardt, ein deutschstämmiger Germanistikprofessor. Helmut Reihlen hat nicht vor, das in Aachen begonnene Studium des Hüttenwesens hier fortzusetzen. Er weiß, dass die Amerikaner auch in diesem Fach führend sind. Doch nach nur einem Semester Grundlagenstudium sieht er sich noch nicht in der Lage, von der fortgeschrittenen Technologie in den USA zu profitieren. Also wählt er Fächer, die bei ihm nach der Flucht aus Leipzig zu kurz gekommen sind: englische Literatur, Musikgeschichte, amerikanische Architektur und Wirtschaftswissenschaft.

Was nun beginnt, ist neu und begeisternd. Da sind zunächst die beiden Zimmerkameraden, Dan Anthony und Russell Snyder. „Die besten Genossen, die ich mir nur wünschen kann", findet Helmut Reihlen. Russ, Sohn eines Deutschlehrers aus Philadelphia, studiert Musik und Physik. Der andere, Dan Anthony, stammt aus einer alteingesessenen Bostoner Familie. Der Vater ist Vorstandsvorsitzender einer Versicherungsgesellschaft und Mitglied in verschiedenen Aufsichtsräten. Er ist auch „trustee" der Wesleyan University. Dan studiert Staatswissenschaften und will sich nach seiner Collegezeit an einer theologischen Hochschule zum Pfarrer ausbilden lassen. Tatsächlich wird er Anwalt, der sein Examen in Harvard ablegt. Seit seiner Pensionierung lebt er abwechselnd auf einer ererbten Farm auf Cape Cod, Massachussetts, und in Hartford, Connecticut.

Schnell schließt Helmut Freundschaft mit Dan und Russ. Schon in den Herbstferien lädt ihn die Familie von Russ Snyder zu sich nach Hause ein. Was Helmut Reihlen an seinen neuen amerikanischen Kommilitonen auffällt, ist ihre Freundlichkeit, Lockerheit und ihre Sicherheit im Umgang mit Kommilitonen und Professoren. Verwundert ist er über ihre geringe Geschichtskenntnis. Viele tragen deutsche oder französische Namen, aber wenn er sie nach der Herkunft ihrer Familien fragt, zucken sie meist die Achseln.

Auch hier berichtet Helmut in Briefen an seine Eltern, was er sieht und erlebt. Die unmittelbare Umgebung seines Colleges, seine Kurzreisen zu neuen Bekannten und deren Familien wie Joan Hillsley an der Cornell University in Ithaca, NY, sowie überhaupt sein ausgefülltes gesellschaftliches Leben. Er beschreibt das amerikanische Schulsystem, das Wetter in Middletown. Er erklärt das amerikanische Football-Spiel ebenso wie das Baseball-Spiel. Er lässt sich von Konzertaufführungen der Wesleyan Choral Society und des Wesleyan Kammerorchesters begeistern. Über die Aufführung von Beethovens Messe in C-Dur opus 86 schreibt er an den Vater: „Ich bin unfähig, über ein Stück wie dieses zu schreiben, ich weiß auch gar nicht, ob du mich verstehen würdest, aber es war einfach wunderbar."[104] Er schildert die politische Lage, die Zeitungslandschaft und das Notensystem und erklärt, wie seine Noten am College zustande kommen.

Seine Eltern sind anspruchsvolle Leser, die nicht leicht zufriedenzustellen sind. So fordert Otto Reihlen seinen Sohn auf, mehr und Genaueres über sein neues Leben zu schreiben. „Hab' vielen Dank für Deinen letzten Brief ohne Datum", schreibt er an Helmut. „Wir können uns nun einen Begriff machen, wo Du Deine Studien verbringst, aber es hört schon etwas auf, wenn wir uns vorstellen wollen, wie Du untergebracht bist, mit wem Du Dein Zimmer teilst und ob die Interessen Deiner Schlafgenossen sich ungefähr decken mit den Deinen – oder ob hier eine vollständige Divergenz vorliegt. Das letzte möchte ich beinahe annehmen, weil Du auf die Beziehung zu Deinen Kollegen und Lehrern mit keinem Wort eingehst. Schreibe uns doch auch das nächste Mal mehr in dieser Richtung und vielleicht auch etwas über Deine Gedanken, die Du Dir über dieses Erziehungssystem und über das amerikanische Leben, über die Auffassung Deiner Freunde usw. machst. Wir wollen mit Dir auch in diesen geistigen Sachen über dieses Jahr in enger Verbindung bleiben."[105] Die Anteilnahme des Vaters geht Helmut Reihlen zuweilen zu weit. Als dieser zum vierten Mal schriftlich den Wunsch formuliert, Helmut möge seine Vorträge auf Tonband aufnehmen und den Eltern zuschicken, wehrt der sich: „Wenn eine Kirche, ein Club, das College mich einlädt, über Deutschland zu sprechen, so erwartet die entsprechende Gruppe, dass ein 20jähriger mit gutem Willen, laienhaft und mit der gehörigen Bescheidenheit seine Gedanken vorträgt. Die Rede auf ein mitgebrachtes Tonband

---

[104] Schreiben Helmut Reihlens an den Vater vom 1. Mai 1955 (ELAB 62/3).
[105] Schreiben Otto Reihlens an Helmut Reihlen vom 13. Oktober 1954 (ELAB 62/3).

zu übertragen, würde hier wie in Deutschland als leicht größenwahnsinnig betrachtet. Sicher habt ihr ein Recht, Euren Sohn zu beobachten, ebenso jedoch darf Deutschland eine würdige Vertretung erwarten, welche zu geben ich mich bemühe. [...] Die Bitte zu erfüllen, wäre unklug gewesen und mir scheint der Gedanke nicht abnorm, dass ein 20jähriger Sohn genügend Hirn von seinen Eltern besitzt, um seine Handlungsweise im Ausland selbst zu bestimmen, und dass seine Eltern seine Handlungsweise als derartig überdacht respektieren."[106]

Helmut Reihlen wird Mitglied in mehreren Clubs der Universität. „Ich bin im ‚Deutschen Verein' Ehrenmitglied und Gast im ‚Wander-Club'", schreibt er, „und im ‚International Relations Club'. Normales, das heißt zahlendes Mitglied, bin ich im ‚Filmclub' und in der ‚Konzert-Gesellschaft'." Bald ist er allerorten zu Vorträgen eingeladen. Die Eltern unterstützen ihn, wo sie nur können. Als Helmut Reihlen sie bittet, ihm Material für einen Vortrag über die Korporationen im Dritten Reich zu schicken, verfasst Otto Reihlen eine zweiseitige eng getippte Darstellung, in der er Gründe für den Aufstieg und den Erfolg der Nationalsozialisten in Deutschland darlegt. Das Unglück habe mit der ungerechten Kriegsniederlage im Ersten Weltkrieg angefangen und sich dann im Versailler Vertrag und seiner Kriegsschuldthese fortgesetzt, heißt es. Der folgende „Schmachfrieden" mit seinen überhöhten Reparationsforderungen hätten Deutschland ruiniert. Zu alledem sei auch noch die Gefahr einer kommunistischen Machtergreifung hinzugekommen. Dann kommt Otto Reihlen zur Geschichte der Korporationen, die auch seine eigene Geschichte ist. Es ist ihm wichtig zu zeigen, hier Rückgrat bewiesen zu haben, gegen den Strom seiner Zeit und ihren mörderischen Antisemitismus. Dies soll sein Sohn wissen, wenn er den Amerikanern etwas über deutsche Korporationen erzählt: Er, Otto Reihlen, habe seine jüdischen Bundesbrüder nicht verraten. Und er ist sich sicher, dass dies auch die Haltung der meisten Sonderbündler gewesen sei. Seine Botschaft an den Sohn lautet: Mochte die nationalsozialistische Ideologie sich auf der Oberfläche organisatorischer Strukturen durchgesetzt haben, in das private Handeln und Denken seiner Bundesbrüder konnte sie nicht vordringen. Otto Reihlen hat sich mit seinen Bundesbrüdern gestritten, als es darum ging, Juden und

---

[106] Schreiben Helmut Reihlens an seine Eltern vom 17. Juni 1955 (ELAB 62/3).

„jüdisch Versippte", das heißt diejenigen, die mit einem „nichtarischen" Ehepartner verheiratet waren, im Zuge der Gleichschaltung der Korporationen aus dem Sonderbund auszuschließen.

Dieser Streit war in gewisser Hinsicht typisch für das Verhältnis zwischen Korporationen und NS-Staat. Denn selbst in jenen studentischen Verbindungen, die traditionell einen tief sitzenden Antisemitismus pflegten, stieß der Ausschluss von Bundesbrüdern auf Widerstand. Dergleichen widersprach einem der wichtigsten Grundsätze der Korporationen, dem Prinzip des „Lebensbundes" und der daran geknüpften lebenslangen Treue.[107] „Das Schwerwiegendste", schreibt Otto Reihlen, „war für mich die Entlassung der Juden. Ich habe in der entscheidenden Sitzung bei uns über 60 Stimmen gesammelt gehabt und für Verweigerung gestimmt. Ich wurde aber nicht nur von den Jungen, sondern auch von der Altherrenschaft niedergestimmt mit der Begründung, dass durch die Auflösung gar nichts erreicht würde, und dass man sich vollständig aus der Mitarbeit ausschalte. Und dann auch kein Recht mehr habe, Kritik zu üben. Praktisch hat es sich in allen anderen Verbindungen ebenso abgespielt,[108] wobei die persönliche Bindung zu den jüdisch versippten Bundesbrüdern von nahezu allen aufrecht erhalten wurde. Wie Du weißt, habe ich sie nicht nur aufrecht erhalten, sondern habe sie meinem früheren Bundesbruder Hansjörg Theurer gegenüber zu einer wahren Freundschaft auswachsen lassen. Und ich habe ihn, der auch beruflich verfemt war, deshalb in Leipzig mehrmals wöchentlich aufgesucht. Eine gleiche Haltung haben viele, ich möchte wohl sagen die meisten, anderen würdigen Angehörigen guter Korporationen gezeigt."[109]

Das ist mehr als das Material für den Vortrag des Sohns, das ist der Versuch, einer Erklärung für den Aufstieg der Nationalsozialisten, zugleich die Verteidigung der eigenen Rolle und der Bundesbrüder innerhalb der studentischen Korporationen. Auf die Frage seines Sohns, wie der Sonderbund sich zu den völkischen Verlautbarungen der Burschenschaft und des

---

[107] Vgl. Michael Grüttner: Studenten im Dritten Reich. Paderborn u. a. 1995, S. 296.

[108] Es gab allerdings Ausnahmen. So wurden fünf Corps und drei Burschenschaften aus ihren Verbänden (dem Kösener SC und der Deutschen Burschenschaft) ausgeschlossen, weil sie es abgelehnt hatten, sich von ihren jüdischen Angehörigen zu trennen. Ebd., S. 297 f.

[109] Schreiben von Otto und Irmgard Reihlen an Helmut Reihlen vom 20. Februar 1955 (ELAB 62/3).

Deutschen Studentenbundes (DStB) gestellt hat und vor allem, wie es 1935 zur Anerkennung der Arierklausel gekommen ist, antwortet Otto Reihlen nicht. Diesen Erklärungsversuch des Vaters empfindet der Sohn als beschönigend und unbefriedigend. Zurück in Deutschland, erwachsen daraus noch schwierige Gespräche mit den Eltern.

In Amerika begegnen Helmut Reihlen unterschiedliche Perspektiven auf die deutsche Geschichte. Eine, sich deutschfreundlich gebende Redeweise macht ihn sprachlos. Sie ist für ihn schwerer erträglich als die Feindschaft, die ihm Jahre zuvor in England zuweilen begegnet war. Der Kalte Krieg hat 1954/55 für viele Amerikaner die Fronten verschoben. Der Kommunistenhass der Nazis – verbunden mit dem Krieg gegen die Sowjetunion – führt bei manchem Amerikaner zu einer rückblickenden Relativierung des Nationalsozialismus. Nicht selten hört Helmut Reihlen Komplimente für die Art, wie Hitler mit den Kommunisten umging. Ein Autofahrer, der ihn beim Trampen mitnimmt, erzählt: „Ich war Marine Corps-Mann. Die einzige Truppe, die wir ernst genommen haben, war die SS. Auch wir haben keine Gefangenen gemacht." Und dann begegnet er einer ganz anderen Feindesliebe, tief beschämend für den jungen Deutschen, der gekommen ist, das neue, das junge, das tolerante Deutschland zu vertreten. Sie offenbart sich ihm in Gestalt seines Kunstgeschichtsprofessors, Prof. Heinrich Schwarz, ehemals Leiter des Wiener Kupferstichkabinetts und Dürer-Experte. Dieser lädt ihn zum Essen ein und nimmt sich des jungen Studenten an, wenn er krank ist. An ihn wendet sich Helmut Reihlen, als sein Vater ihm einen Brief in Sütterlinschrift schreibt, den er nicht entziffern kann. Helmut Reihlen ist begeistert über so viel Gastfreundschaft. Die Besuche bei Prof. Schwarz und seiner Frau mehren sich. Eines Tages fragt Helmut Reihlen ihn, wann und warum er aus Österreich weggegangen ist, und erfährt, dass er Jude sei und es noch geschafft habe, aus Wien wegzugehen, nicht aber seine drei Geschwister, die zu lange gewartet hatten. Sie sind von den Nazis ermordet worden. Prof. Schwarz will sich nicht von der Erinnerung und vom Hass gegen die Deutschen verzehren lassen. Deshalb sucht er die Nähe zu jungen Deutschen, den Nachfahren der Mörder seiner Angehörigen, die er lieben kann. Denn nicht nur das Neue, sondern auch das Alte Testament weiß von der Feindesliebe.

Die zwei Semester an der Wesleyan University sind schnell vorbei. Die Noten sind passabel. 1955 will er die verlängerten Semesterferien Juni bis Oktober, seine letzten Monate in den USA, nutzen, um in einem amerikanischen Stahlwerk zu praktizieren, wie die deutsche Studienordnung es verlangt und wie es auch sein Onkel Ernst Stolper getan hat. Doch hier einen Job zu bekommen, ist gar nicht leicht. Um als Arbeiter in einem Stahlwerk zu arbeiten, muss er Mitglied der Stahlarbeiter-Gewerkschaft sein, denn die Stahlwerke sind „Closed Shops", eine Errungenschaft der Gewerkschaften im Kampf um ein hohes Lohnniveau und um die Abwehr billiger ausländischer Arbeitskräfte. Helmut Reihlen schreibt an Senator Fulbright. Der wird aktiv und wendet sich an den Stahlarbeiter-Gewerkschaftsführer McDonald. Der willigt ein, den Studenten zu empfangen. Helmut Reihlen trampt nach Pittsburgh und zurück, 1500 Kilometer. Der Gewerkschaftsboss ist freundlich und redet mit ihm über Gott und die Welt, Kapitalismus, Kommunismus und die deutsche Montanmitbestimmung. Schließlich beteuert er, es sei wunderbar gewesen, Helmut kennengelernt zu haben; wenn er ihm helfen könne, immer, aber leider: In der Sache seiner Mitgliedschaft in einer Gewerkschaft könne er nichts für ihn tun. Er sei halt Ausländer.

Enttäuscht erzählt Helmut Reihlen Herrn Anthony, dem Vater seines Freundes und Zimmergenossen Dan, von seinem Problem. Der wendet sich in einem Schreiben direkt an den Vorsitzenden des Aufsichtsrats von „Jones & Laughlin Steel Corporation". Helmut berichtet es seinen Eltern: „Im Anfang erzählt er, wer ich bin, dann meine Pläne, daß er mir helfen will, was für große Sachen ich schon hinter mir habe. Bis hierher noch nichts Besonderes; dann kommt aber ganz am Ende eine Zeile, wegen der ich in 4 Tagen Antwort hatte." Und Helmut zitiert Mr. Anthony: „Ich denke gerne an die Werkstour zurück, die Sie im Sommer vergangenen Jahres für Ihre größeren Aktieninhaber durchgeführt haben. Anthony, President Columbia National Life Insurance." – „Das hat gesessen", so Helmut Reihlen weiter, „ich bin für die Osterferien eingeladen, das Werk zu besichtigen."[110] Und plötzlich ist auch die Mitgliedschaft in der Gewerkschaft kein Problem mehr, denn nur Lohnempfänger müssen der Gewerkschaft angehören. Helmut Reihlen bekommt einen Vertrag als Angestellter, als „special observer". Dennoch will Helmut Reihlen selbst mit der Schaufel beim Abstich dabei sein,

---

[110] Schreiben Helmut Reihlens an die Eltern vom 10. Februar 1955 (ELAB 62/3).

er will „richtig arbeiten" – und auch das wird ihm nicht verwehrt. Von nun an kommen seine Briefe an die Eltern aus Pittsburgh. Von Juni bis Oktober 1955 arbeitet er bei der „Jones & Laughlin, Steel Corporation" in Pittsburgh, damals der viertgrößte Stahlkonzern der USA – inmitten der Hitze eines Stahlwerkes. Nun beginnen härtere Zeiten. Im Werk wird er nicht richtig eingearbeitet, es ist heiß und sehr laut und manchmal platzen irgendwo Rohre. Einmal wird gestreikt. Als Angestellter ist Helmut Reihlen verpflichtet, ins Werk zu kommen. Posten gegen die Streikbrecher werden aufgestellt, es kommt zu Prügeleien. Er hat Glück, dass es ihn nicht trifft.

Die Arbeit selbst setzt ihm kaum zu. Auch hier will er lernen. Er notiert jeden Abend Fragen, die er dann am nächsten Tag seinen Vorgesetzen vorlegt. Eher ist es die Tristesse, die Langeweile des Arbeitsalltags und der Menschen um ihn herum, die seinen Enthusiasmus dämpfen. Am 17. August schreibt Helmut Reihlen an seine Mutter: „Mittlerweile hab ich mich in Pittsburgh eingerichtet. Ich fühle mich eigentlich gar nicht mehr in Amerika, sondern einfach irgendwo; wenn mir die Leute sagten, dies sei Essen oder Hull oder Lille, ich würde es ebenso glauben. Ich werde jeden Morgen von einem Ingenieur im Wagen abgeholt (10 nach 8) und abends bin ich gegen 5 wieder zurück. Niemand arbeitet sehr hart. Lunch ist immer eine 90 Minuten Affäre, mit Diskussionen über das letzte base-ball game und die neuesten Burlesk-Vorstellungen. Meine drei Vorgesetzten haben als Arbeiter im Betrieb begonnen und sind nach vielen Jahren Abendhochschule Diplomingenieure geworden. Sie sind entsprechend selbstbewußt und vom Blickpunkt eines Kunstliebhabers gesehen langweilig. Jedermann vermutet in mir einen Krupp oder Henlein junior incognito und behandelt mich sehr angenehm reserviert. Natürlich heiß ich nur Max und die anderen für mich Joe, Andy, George; wir kommen blendend miteinander zu recht und das Walzwerken ist auch OK. Nach fünf beginnt der hellere Teil meines Tages. Nach einem kurzen Abendbrot verziehe ich mich in die Carnegie-Bücherei oder das Musikinstitut und lese oder höre Schallplatten oder schreibe. Nur ganz wenige Leute hier kennen mich, so daß ich meine Ruhe habe und mich um nichts zu kümmern brauche als meine eigene Welt. Wunderbar ist mein Leben hier."[111]

---

[111] Schreiben Helmut Reihlens an Irmgard Reihlen vom 17. Juli 1955 (ELAB 62/3).

Eine neue Erfahrung ist die Begegnung mit der Arbeiterschaft, mit denen, die am Hochofen stehen – und denen, die sich hochgearbeitet haben. Auf manch einen von ihnen wirkt der zwanzigjährige Student aus bürgerlichem Hause wie eine Provokation. Wer mit Helmut Reihlen „kämpfen" will, findet in ihm einen gelassenen Gegner. Auch davon berichtet er den Eltern:

„Im Werk bin ich zu einem neuen Boss gekommen, dem Superintendenten der Hochöfen. 35 Jahre alt und von stämmiger Statur rollt er immer vornüber gebeugt durch den Betrieb, seine langen Arme bis zu den Knien hängend – kurz – the monkey-boss. Als ich ihm zum ersten Mal vorgestellt wurde und er hörte, daß ich deutscher Abiturient und in Amerika Student der freien Künste sei, empfahl er meine Anstellung als Zuhälter im Bordell. Er ist Arbeitersohn, der sich mit viel Mühe und Begabung in seine heutige Stellung emporgearbeitet hat. Seine Verachtung für alle, die mehr Zeit haben, auf den helleren Wegen des Geistes zu gehen, überschattet gelegentlich seine natürliche Gutmütigkeit. Allmorgendlich kam er zu meinem Schreibtisch und begann zu ‚kämpfen'. Die 260 Pfund waren entweder über mir oder im Begriffe dorthin zu gelangen. Er hat mich aber nie wütend gemacht, und als vor ein paar Tagen die elektrische Rechenmaschine auf meinen Kopf fiel, war er so erschrocken und verängstigt, daß er fast zu früh um Hilfe gerufen hätte. Wieder aufgestanden erklärte ich ihm, sein Name Lowe (ausgesprochen ‚Loh') sei deutsch ‚Löwe' und das hieße ‚lion'. Er meinte, daß ich zumindest Haltung hätte, entschwand für eine Viertelstunde, kam zurück mit zwei Flaschen Bier, und seither bin ich sein ‚Freund'."[112]

Helmut Reihlen besucht auch die Familien seiner schwarzen Kollegen am Hochofen. Sie wohnen in Ghettos. Hier erlebt er, dass es Barrieren zwischen Bevölkerungsgruppen gibt, die kaum zu überwinden sind. Die Familien sprechen Ghettoslang, so dass er, der Weiße, sie nicht versteht – eine unbewusste, vielleicht auch bewusste Distanzierung von ihm. Arbeitete dieser weiße Student vielleicht nur hier, um später besser über sie herrschen zu können?

Als Helmut Reihlen wieder zurück in Aachen ist, steht das Studium im Vordergrund. In den Semesterferien praktiziert er nach dem Wintersemester 1955/56 im Hochofenbetrieb der Westfalenhütte. Auch dieses Mal berichtet er über die Erfahrungen mit den Arbeitern seiner Umgebung. „Sie sind

---

[112] Schreiben Helmut Reihlens an die Eltern vom 15. August 1955 (ELAB 62/3).

alle recht ungebildete, raue, wenig denkende Leute", schreibt er an seine Eltern, „jedoch sind sie sehr anständig zu mir, d. h. zu mir nicht rauer als zu jedem anderen und ich fühle mich ganz wohl unter ihnen. Ich lese regelmäßig Sportnachrichten, gehe mit ihnen zum Fußballspiel, erzähle dreckige Witze und keile mich mit ihnen wie alle anderen auch. Ich bin recht froh, in 6 Wochen wieder ein zivileres Leben anzutreten, möchte aber diese und weitere solche Erfahrungen nicht missen."[113]

Helmut Reihlen hat sein Leben lang von diesen Erfahrungen gezehrt. Was kollektive Erniedrigung oder auch die Erniedrigung des Einzelnen bedeutet – eine historische Erfahrung, die schwarze Amerikaner verinnerlicht haben – hätte er nie verstanden, wenn er nur an der Universität geblieben wäre.

Die Arbeit bei „Jones & Laughlin" und sein sparsamer Lebenswandel haben es Helmut Reihen erlaubt, Geld auf einem Sparkonto anzusammeln, das er noch zum Kurs 1:4 nach Deutschland transferiert und in Aktien angelegt hat. Das war 1961 die Voraussetzung für den Grundstückskauf in Rheinhausen.

Der Austausch mit der Wesleyan University und ihren Angehörigen ist seit über fünfzig Jahren lebendig und in beiden Richtungen über den Atlantik hinweg eine Bereicherung geblieben. Wesleyan-Studenten mit dem Hauptfach Deutsch studieren ein Semester in Heidelberg oder Regensburg. Reihlens haben sie regelmäßig nach Berlin eingeladen und sie zum Beispiel mit den Menschen und Lebensverhältnissen einer evangelischen Gemeinde in Ostberlin bekannt gemacht. Auch Dan und dessen Eltern besuchten Aachen und Berlin, ebenso die Deutsch-Professoren Lawrence Gemeinhardt, Krishna Winston und Peter Frenzel samt Ehefrau Laury. An Gegenbesuchen hat es nicht gefehlt. Helmut und Erika Reihlen waren öfter in Connecticut bei Dan Anthony und seiner Frau Nora, ebenso ihre Kinder, Irmgard, Eckart und Albrecht Reihlen. Ein Höhepunkt der Beziehungen zur Wesleyan University war die Verleihung des Grades eines Doktors der Naturwissenschaften ehrenhalber an Helmut Reihlen im Juni 1988.

---

[113] Schreiben Helmut Reihlens an den Vater vom 19. März 1956 (ELAB 62/3).

Studienjahre in Aachen und Verband Deutscher Studentenschaften in Bonn

Für Helmut Reihlen endet sein Fulbright-Jahr im Oktober 1955. Er ist gerade 21 und hat viel gelernt in diesem einen Jahr. Das wichtigste Bildungserlebnis, das er mit nach Deutschland nimmt, ist die Erfahrung, dass Amerikaner sich persönlich und privat im öffentlichen Raum engagieren, dass sie gesellschaftliche Verantwortung empfinden, so wie Herr Anthony, der Vater seines Stubengenossen Dan, der als Mann der Versicherungswirtschaft und ehemaliger Student der Wesleyan Universität im Aufsichtsrat der Universität sitzt, zugleich ist er Kirchenältester seiner Heimatgemeinde, Aufsichtsratsmitglied einer Theologischen Hochschule und Finanzberater des CVJM. Solche Einblicke sollen ihm bei seinen gesellschaftlichen Aktivitäten in den kommenden Jahren noch zugutekommen.

Am 17. Oktober verlässt Helmut Reihlen die „Groote Beer" in Rotterdam. Von dort geht es weiter nach Dortmund, wohin die Eltern in der Zwischenzeit gezogen sind. Hier arbeitet Otto Reihlen seit kurzem wieder als Leiter einer Außenstelle von Klöckner-Humboldt-Deutz. Eine Stelle, die seiner Tätigkeit in Leipzig entspricht. Fünf Jahre nach der Flucht hat sich Otto Reihlen in Westdeutschland beruflich etabliert. Er kauft jetzt ein Haus im südlichen Stadtteil Löttringhausen. Es ist das letzte Haus in seinem Leben.

In Dortmund wartet bereits John Bowrs, ein neuer amerikanischer Freund auf Helmut, ein „Fulbrightee", der in Göttingen studieren will und für ein paar Wochen bei Reihlens in Dortmund Unterkunft finden soll. Und auch für Freundin Joan Hillsley hat Helmut Reihlen schon ein halbes Jahr als Haustochter bei Irmgard und Otto Reihlen organisiert. Daraus soll allerdings nichts werden. Kaum ein halbes Jahr nach Helmuts Abreise von Wesleyan heiratet Joan und verfolgt ihre Deutschlandpläne nicht weiter.

Jetzt beginnt die Studentenzeit in Aachen. Helmut Reihlen ist engagiert im Berg- und Hüttenmännischen Verein und hochschulpolitisch aktiv für den AStA, dem allgemeinen Studentenausschuss.[114] Nach knapp zwei Semes-

---

[114] Der AStA ist das geschäftsführende Organ der verfassten Studentenschaft an vielen deutschen Hochschulen. Er ist so etwas wie die studentische „Regierung", die vom „Studierendenparlament" gewählt wird. Der AStA besteht aus einem oder mehreren Vorsitzenden und einer Reihe von Referenten.

tern steht Helmut vor einer schwierigen Entscheidung. Soll er sich weiter in der Studentenschaft engagieren oder lieber zügig sein Studium beenden? Und wie immer, wenn es um wichtige Fragen geht, bittet er die Eltern um Rat:

„Liebe Eltern, eben komme ich von einem sehr langen Konvent zurück. Es ergaben sich einige Fragen im Hinblick auf das nächste Semester. Da gilt es einerseits für den Bund die geeigneten Chargen zu finden und zweitens gute Leute für die studentische Selbstverwaltung abzustellen. Es ist eine alte Sitte des BuH-Vereins, sich nicht nur mit dem Bund selbst zu befassen, sondern auch mit den Angelegenheiten der Studentenschaft schlechthin. In Berlin lag in der Verfassung der Bergakademie verankert, daß von drei Astavertretern immer einer BuH-Mann sein muß. Diese Tradition führte der Aachener BuH-Verein fort, indem eines seiner Mitglieder in den Fachschaften für Bergbau und für Hüttenkunde regelmäßig entweder den Posten des AStA-Vertreters oder den des Fachschaftsleiters innehatte. Dieses Semester nun muß ein neuer Astavertreter für die Hüttenleute gewählt werden. Es ist wahrscheinlich, daß der Konvent beschließen wird, mich für diesen Posten zu nominieren. Die Wahrscheinlichkeit ist groß, daß ich die Wahl gewänne und den 2. AStA-Vorsitz übernähme. Dass es gerade der 2. Vorsitz sein wird, liegt nahe, da mein Bundesbruder Lindemann 1. Vorsitzender sein wird und er gerne einen BuH-Mann als seinen Vertreter sähe. Der 2. AStA-Vorsitz bedeutet im nächsten Semester automatisch das Aufrücken zum 1. Vorsitzenden. Liebe Eltern, ich stehe hier vor einer harten Entscheidung. Einerseits lockt mich die große Aufgabe, die Verantwortung, die Möglichkeit, organisatorische Fähigkeiten zu beweisen und zu schulen, der Umgang mit fremden Menschen und vieles mehr. Auf der anderen Seite steht die Gefahr, wieder von meinem primären Ziel, dem Hüttenstudium abgelenkt zu werden. Eines ist sicher, dieses Jahr in der studentischen Selbstverwaltung wirft mich ein Semester zurück. Ich werde nicht elf, sondern zwölf Semester studieren. Das bedeutet, ich wäre Diplomingenieur im September 1961. Liebe Eltern, schreibt mir doch bitte bald, was Ihr zu meinem Problem zu sagen habt, die Entscheidung muß bald gefällt werden. Es grüßt Euch sehr herzlich Euer Helmut."[115]

---

[115] Schreiben Helmut Reihlens an die Eltern vom 29. Juni 1956 (ELAB 62/3).

Der Vater sichert seinem Sohn seine volle Unterstützung zu. Denn auch Otto Reihlen ist ein politischer Student gewesen. „Du machst hier Sachen, die ich auch gemacht habe", schreibt er. In der Weimarer Republik hat er für die Demokratie gekämpft und über ihre Bedeutung diskutiert. Dennoch mahnt er den Sohn, er solle den Hauptzweck seines Studiums, nämlich Eisenhüttenmann zu werden und selbstständig Geld zu verdienen, nicht aus den Augen verlieren. Vor allem aber solle sein Sohn daran denken, dass elf Semester die absolute Obergrenze dessen bedeuten, was sein Vater zu finanzieren bereit sei. Helmut Reihlen ist von der Strenge und Fairness des Vaters beeindruckt. Erst später entdeckt er, dass sein Vater vermögender ist, als er geglaubt hat. Damit kommen auch Fragen auf, die Vater und Sohn einander entfremden. Warum zum Beispiel hat dieser vermögende Mann seiner Frau Irmgard keine Haushaltshilfe bewilligt, als sie krank war? Oder auch: Warum hat Otto Reihlen seine Söhne während ihrer Studentenzeit so knappgehalten?

Im Wintersemester 1956/57 wird Helmut Reihlen zum 2. AStA-Vorsitzenden der Rheinisch-Westfälischen Technischen Hochschule (RWTH) Aachen gewählt. Ermutigt wird er nicht zuletzt vom BuH-Verein, seiner Studentenverbindung, die ihre Mitglieder dabei unterstützt, Wahlmandate in den Fachschaften und im Allgemeinen Studentenausschuss zu übernehmen. Alles läuft mit einer gewissen Selbstverständlichkeit auf das politische Engagement zu. Gerade 22 Jahre, kann Helmut Reihlen aus dem Vollen schöpfen. Von Hause aus redegewandt, verfügt er über einen breiten politisch-historischen Horizont, der von zahlreichen Menschen aus seiner Umgebung geprägt wurde, angefangen bei seinen Ahnen bis hin zu Vater und Brüdern. Vorbilder gibt es viele. So wie der Großonkel, Prof. Wilhelm Tafel, mit seiner Rede zur Reichsgründungsfeier 1925, die im Bücherschrank seines Vaters steht. Und Helmut Reihlen vergewissert sich seiner Quellen frühzeitig. Noch bevor er in den AStA-Vorstand gewählt wird, schreibt er dem Vater: „Kürzlich fand ich in Deinem Bücherschrank eine sehr beachtliche Universitätsrede von Onkel Wilhelm [Prof.] Tafel, die er 1925 zum Reichsgründungstag hielt. Er stand damals wohl auf einem etwas anderen Boden als wir heute. Besonders die letzten Seiten, in denen er an Tugend und Anstand appelliert, erscheinen mir etwas unwesentlich. Seine Gedanken über die Erbfehler der Deutschen jedoch, über die Verantwortung des Industrieführers sowie über die Aufgaben der akademischen Jugend hielt ich für ganz hervorragend. Falls ich einmal zum AStA-Vertreter oder 1. Chargierten gewählt werden sollte, werde ich mit großer Freude auf diese Rede eines Eisenhüttenmannes zurückgreifen."[116] Vorbild ist auch der ältere Bruder Dieter. Dieter studiert an der Ecole de Science Politiques in Paris und ist ein politischer und wendiger Geist. Noch in Leipzig überspringt er eine Klasse und schon 1945 nimmt er an politischen Diskussionsrunden der Nachbarschaft teil.

Als Helmut sein Studium an der RWTH Aachen fortsetzt, hat er schon USA-Erfahrung, ist weltgewandt, kulturell gebildet und ausgestattet mit vielen Kontakten. Er hat die Zeit genutzt und auch nicht die Augen vor denen verschlossen, die weniger privilegiert aufgewachsen sind als er. Von der Politik und den Politikern in Deutschland macht er sich längst sein eigenes Bild. Schon vor Beginn seines Studiums in Aachen besucht er Wahlkampfveranstaltungen, auf denen er Konrad Adenauer, Franz Blücher oder Carlo Schmid trifft. Auf einer Wahlversammlung der SPD im Sommer 1953 mit Heinz Kühn meldet er sich zu Wort, stellt Fragen an den Wahlkreiskandidaten und bekommt Beifall. „Wahrscheinlich am meisten deshalb, weil ich den Mut hatte, einem ausgewachsenen Menschen entgegenzutreten", schreibt er an seine Eltern.[117]

Nun als 2. AStA-Vorsitzender sind seine Tage „vollgestopft" mit Terminen. Abend für Abend sitzt er in studentischen Gremien, kommt Einladungen nach oder geht zu Veranstaltungen des BuH-Vereins. Hinzu kommen politische Kundgebungen wegen des Ungarnaufstandes und wegen der militärischen Besetzung des Suezkanals durch französische und britische Truppen. „Dem Studium geht es recht schlecht", resümiert er in einem Brief an die Mutter vom 5. Dezember 1956. „Noch habe ich Hoffnung, mein chemisches Praktikum bis Weihnachten abschließen zu können, aber wenn der AStA-Betrieb so weiter geht, werde ich's kaum schaffen. Jeder Abend dauert so lange, daß ich auch morgens nicht um 8 Uhr anfangen kann."[118]

Der Kontakt zum Elternhaus bleibt weiterhin eng, verläuft aber nicht immer ohne Spannungen. Denn der Vater hält ihn äußerst knapp. In zahlreichen Briefen muss Helmut Reihlen ihn bitten, seine Auslagen zu bezahlen. Für

---

[116] Schreiben Helmut Reihlens an den Vater vom 19. März 1956 (ELAB 62/3).
[117] Schreiben Helmut Reihlens an seine Eltern vom 29. August 1953 (ELAB 62/3).
[118] ELAB 62/3.

sein Amt im AStA-Vorstand braucht er einen neuen Anzug. Doch um den Vater zu überzeugen, bedarf es vieler Worte und manche sind nicht ohne Bitterkeit.

„Lieber Vater", heißt es da nach einer minutiösen Auflistung seiner Sonderauslagen, „vielleicht wirst Du stutzen und sagen, der Anzug sei doch erst zu Weihnachten gedacht gewesen. Das ist aber nicht richtig. Der Anzug wurde mit dem Beginn dieses Semesters unbedingte Notwendigkeit. Ich muß jeden Tag in den AStA, jeden Tag Professoren besuchen. Es ist ganz ausgeschlossen, daß ich da mit einem Anzug, dem grünen, den ich im März 1954 bekam, ankomme. Er muß ja gelegentlich auch geflickt und gereinigt werden. Dann habe ich bisher immer den Schwarzen zum Aushelfen genommen. Aber das ist ja auf die Dauer kein Zustand. Ich habe Dir auch Ende letzten Semesters geschrieben, daß meine AStA-Tätigkeit eine finanzielle Mehrbelastung ist. Aber Vergünstigungen, die ich durch den AStA habe, bedeuten ja nur, daß ich die vielen Dinge, die ich jetzt mehr tue, billiger als ohne AStA habe, aber es bleiben Mehrausgaben. Z. B. war die Berlinfahrt relativ billig, aber wäre ich in Aachen geblieben, so hätte ich sicher weniger gebraucht. Ich habe den Anzug von meinem Gelde gekauft, wenn Du meine Bitte ablehnst, muß es dabei bleiben. Für Weihnachten wünsche ich mir eigentlich ein Paar Skischuhe; denn es ist nicht schön, wenn man zu Weihnachten das an sich Minimalnotwendige als Geschenk bekommt. Es grüßt Dich Dein Helmut."[119]

Der Einstieg in die Hochschulpolitik gelingt. Helmut Reihlen wird im Mai 1957 nach nur dreiwöchigem AStA-Vorsitz in Aachen von der Mitgliederversammlung des VDS, der die studentischen Interessen innerhalb der Bundesrepublik und West-Berlins vertritt, in Euskirchen zum 2. Vorsitzenden gewählt. Mit nicht einmal 23 Jahren ist er für zwei Semester hauptamtlicher Studentenpolitiker und zieht dafür von Aachen nach Bonn, wo er den Spitzen der deutschen Politik begegnet, zahlreiche Auslandskontakte pflegt und sich für die Rechte der Studenten einsetzt. Auf der Euskirchener VDS-Mitgliederversammlung geht es um die allgemeine Studentenförderung nach dem Honnefer Modell (heute Bundesausbildungsförderungsgesetz BAFöG) und die Ausstattung der Bundeswehr mit Atomwaffen. Diskutiert

---

[119] Schreiben Helmut Reihlens an den Vater vom 18. November 1953 (ELAB 62/3).

wird der Göttinger Protest gegen die atomare Bewaffnung der Bundeswehr, angeführt von dem Atomphysiker und Philosophen Prof. Dr. Carl-Friedrich von Weizsäcker. Auch von Weizsäcker nimmt an der VDS-Konferenz teil.

Neben dem Honnefer Modell zählt die Betreuung ungarischer Flüchtlinge nach dem Ungarnaufstand 1956, die Integration von Flüchtlingen aus der DDR und die Betreuung ausländischer Studenten zu den Arbeitsschwerpunkten Helmut Reihlens. Ein für Helmut Reihlen schwer durchschaubarer Konflikt entsteht, als der VDS-Vorstand sich entschließt, den langjährigen Leiter des Amtes für Gesamtdeutsche Studentenfragen, den späteren Staatssekretär im zuständigen Bundesministerium Dietrich Spangenberg, zu kündigen. Der Grund: Altgediente und durchaus verdiente Studentenfunktionäre treiben, angebunden an die großen politischen Parteien und das zuständige Bundesministerium, Deutschlandpolitik, ohne sich groß um die Vorstellungen ihrer Vorgesetzten, der gewählten Studentenvertreter, zu kümmern. Die sind in der Mehrzahl zehn Jahre jünger und haben Hemmungen, sich auf geheimdienstnahe, dem Kalten Krieg geschuldete Tätigkeiten einzulassen. Die aus der DDR geflüchteten und vom VDS zu betreuenden Schüler und Studenten dienen den westlichen Diensten als Informationsquelle.

Gelegentlich muss sich Helmut Reihlen gegen Anfragen aus der Altherrenschaft des BuH-Vereins wehren. So wenn diese erwarten, dass die Studentenvertreter ihre politischen Stellungnahmen vorher mit ihr abstimmen. Zu solchen Fragen finden immer wieder interne Gespräche im BuH-Verein statt. Helmut Reihlen beharrt darauf, dass die Gespräche beratenden Charakter haben und er frei bleibt, welche Inhalte er in seinem Wahlamt vertritt.

1957 bittet Bundespräsident Theodor Heuss sieben Studentenvertreter, darunter Helmut Reihlen, zu einem Gespräch in die Villa Hammerschmidt. Helmut Reihlen fragt Theodor Heuss, warum er mit seiner DDP-Fraktion 1933 dem Ermächtigungsgesetz zugestimmt habe. Heuss dankt für die Frage und gibt eine ausführliche Erklärung. Dabei zögert er nicht, sein Verhalten im Licht der weiteren Entwicklung als Fehler zu bezeichnen. Als Helmut Reihlen im Kreis der Alten Herren über das Gespräch berichtet, erntet er heftige Kritik. Es sei ungehörig gewesen, so mit dem Staatsoberhaupt umzugehen. Eine ähnliche Kontroverse ergibt sich über die Frage, ob Studenten während der Studienregelzeit zum Wehrdienst herangezogen werden dürfen. Verteidigungsminister Franz Josef Strauß wünscht dies. Der VDS-Vorstand widerspricht, zum Ärger auch einiger Alter Herren des BuH-Vereins, die Helmut

Reihlen deshalb kritisieren. Der politische Kompromiss im entsprechenden Gesetz bestimmt, dass ein bereits „weitgehend gefördertes Studium" nach Abschluss des dritten Semesters nicht unterbrochen werden muss.

Zweiter Vorsitzender des VDS, das ist zweifellos eine attraktive Aufgabe für einen 22-Jährigen. Doch auch Reihlen ist attraktiv für den VDS. Er ist einer der wenigen mit Amerikaerfahrung, kommt zudem aus dem anderen Teil Deutschlands und hat sich seinen Weg in die westdeutsche Gesellschaft gebahnt. Das Studium muss er für ein Jahr unterbrechen. Zu dieser Zeit erhält er vom VDS eine monatliche Zahlung von 400 DM. Der Wechsel des Vaters beträgt damals 175 DM je Monat. Seine wichtigsten Aufgaben sind nun im VDS-Vorstand die Betreuung der Flüchtlingsstudenten und der politisch verfolgten Kommilitonen in der DDR sowie der Einsatz für die sozialen Belange der Studenten. 1953 beschließen Bund und Länder das „Honnefer Modell" einer allgemeinen Studentenförderung und führen es 1957 bundesweit ein. Zum ersten Mal werden Studenten aus mittleren und niedrigen Einkommensschichten finanziell gefördert. Dafür hat sich Helmut Reihlen schon als 2. Vorsitzender des Aachener AStA eingesetzt: gleiche Studienchancen für alle, nicht nur für die, die durch ihr Elternhaus privilegiert sind wie er selbst – gleiche Studienchancen, orientiert an Eignung und Bedürftigkeit. Hier liegt sein besonderes Interesse. Er tritt dafür ein, dass auch Fachhochschulstudierende in die Förderung einbezogen werden. Ebenso wichtig ist ihm die indirekte Förderung der Studenten. Er fordert den Bau von mehr Mensen und Studentenwohnheimen und die Verbesserung der studentischen Krankenversorgung.

Rückblickend ist die Durchsetzung des Honnefer Modells ein bleibender Erfolg des damaligen VDS-Vorstandes Heinrich Wittneben/Helmut Reihlen: die Einführung einer allgemeinen Studentenförderung an den Universitäten und wissenschaftlichen Hochschulen und deren finanzielle Verankerung im Bundeshaushalt.

Das vom Sozialistischen Studentenbund (SDS) favorisierte Förderungsmodell geht dagegen von der These aus, Studieren sei eine Leistung im Sinne der Gesellschaft und solle unabhängig von der finanziellen Leistungsfähigkeit des Studenten oder seiner Eltern wie ein Gehalt mit Rechtsanspruch gezahlt werden. Der VDS-Vorstand verweigert sich diesen Forderungen und findet die Unterstützung der CDU, der FDP und der SPD.

Eine weitere Aufgabe seiner Zeit als 2. Vorsitzender des VDS ist die Vorbereitung des 5. Westdeutschen Studententages vom 1. bis zum 4. Mai 1957 in Karlsruhe. Hier sollen 700 Studentenvertreter in 28 Diskussionsgruppen Vorschläge zu einer Hochschulreform ausarbeiten. Es geht um die studentische Mitbestimmung sowie um die generelle Neugestaltung der Universität, die vielfach als veraltet empfunden wird. Helmut Reihlens Leitgedanken zu dieser Konferenz werden von der „Deutschen Studenten Zeitung" als „Reihlens Leid-Gedanken" verspottet. Letztlich bleiben die Beiträge des VDS zur Hochschulreform blass und folgenlos. All dies geschieht vor dem Hintergrund der Diskussionen über die atomare Bewaffnung der Bundeswehr. Zur Enttäuschung der Linken wie auch studentischer Gruppen in der DDR enthält sich der VDS-Vorstand einer Stellungnahme. Für Helmut Reihlen ist es fraglich, ob der VDS ein Mandat für solche allgemeinpolitischen Stellungnahmen besitzt.

Im Wintersemester 1957 geht es darum, den Mehrbedarf an Fördergeldern zu ermitteln. „Ich muß unbedingt noch in diesem Monat eine Umfrage an etwa 60 Hochschulen und Universitäten losschicken, die die bisherige Durchführung des Honnefer Modells darstellt. Die termingerechte Fertigstellung ist notwendig, weil sich aus dieser Umfrage – sie umfaßt etwa 700 Zahlen – auch der Mehrbedarf an Fördergeldern ergibt und diese Gelder müssen bis zum Jahresende angefordert sein", unterrichtet Helmut Reihlen seine Eltern.[120] Auf längere Sicht soll ein neuer Richtlinienentwurf für das Honnefer Modell entwickelt werden. Dafür nimmt er an der Hochschulkonferenz in Bad Godesberg Anfang Juli 1957 teil.

Eine andere Umfrage des VDS soll ermitteln, welche Austauschstipendien die Bundesländer für ein Studium in den Ländern der Europäischen Wirtschaftsgemeinschaft (EWG) gewährt haben. Zudem muss bis Weihnachten ein Bericht über den Stand der Förderung der ungarischen Studenten in Deutschland geschrieben und ein Vorschlag zur Neuregelung des Notaufnahmeverfahrens für Flüchtlingsstudenten aus der DDR ausgearbeitet sein.[121]

---

[120] Schreiben Helmut Reihlens an die Eltern vom 22. November 1957 (ELAB 62/3).
[121] Ebd.

Dem Presseecho ist zu entnehmen, dass Helmut Reihlen seine Aufgabe gut macht. Er selbst urteilt skeptischer. „Jeder Studentenvertreter muß sich darüber im Klaren sein, daß der Bereich seines Urteilsvermögens begrenzt ist", zitiert ihn die Deutsche Studentenzeitung.[122]

Und plötzlich ist der Weg zum politischen Funktionär, zum „Berufspolitiker" greifbar nah. Doch der Gedanke, ohne Studienabschluss zu sein und später keinen anderen Weg mehr als den des Politikers gehen zu können, abhängig von den unsteten politischen Machtkonstellationen, schreckt Helmut Reihlen ab. Er will lieber sein Studium beenden und Ingenieur werden und sich noch andere Lebenswege offenhalten. Helmut Reihlen arbeitet gern für den VDS, doch setzt er sich von Anfang an Grenzen. „Jede einzelne Arbeit ist hoch interessant", schreibt er den Eltern, „und immer weiß man, daß, wenn man sie schlecht macht, irgendein Student darunter zu leiden hat. Alle privaten Belange leiden etwas darunter, aber schließlich ist es ja auch nur ein Jahr, und das eine Jahr will ich dann auch mit aller Kraft für die studentische Sache gearbeitet haben."[123]

Bei den „Moralen"

Während seiner Zeit als VDS-Funktionär trifft Helmut Reihlen erneut auf die Moral-Rearmement-Bewegung (MRA), die er schon von seiner zweiten Englandreise her kennt. 1957 kommen die Moralen in Begleitung eines Enkels von Mahatma Gandhi nach Bonn, um mit dem VDS-Vorstand zu sprechen: Vier „angenehme, gut gekleidete junge Leute".[124] Bald stellt sich heraus, dass auch der „Enkel" einer aus den Reihen der MRA ist. Eigentlich erwarten die Bonner Studentenführer von ihm, dass Gandhi über Indien und die Probleme der indischen Studenten sprechen wird. Doch der „Enkel" spricht nur über die „Süßigkeit der Lehre der MRA".[125]

---

[122] Undatierte Kopie eines Zeitungsausschnitts aus der Deutschen Studentenzeitung (ELAB 62/23).

[123] Ebd.

[124] Helmut Reihlen: Aktennotiz. Moralische Aufrüstung. Bonn, den 23. September 1957 (ELAB 62/32). Zu Teilen veröffentlicht in: Seelenwäsche, Massenhysterie. Wie sich die Moralische Aufrüstung die Rettung der Welt vorstellt. In: DSZ, 4. Februar 1958, S. 8.

[125] Ebd.

Der Begegnung folgt eine Einladung an vierzig Studenten nach Mackinac Island, in das neue Kongresszentrum der MRA, wo am 30. Mai 1957 eine „Konferenz der Nationen" stattfindet. Über 1 000 Vertreter aus 38 Ländern tagen hier den ganzen Sommer lang. Konzipiert ist die Konferenz als Konkurrenzveranstaltung zu den VI. Weltfestspielen der Jugend und Studenten vom 28. Juli bis zum 11. August 1957 in Moskau. In den Augen der MRA eine ernsthafte Bedrohung, da hier der Idealismus der Weltjugend für die kommunistische Idee gewonnen werden soll.[126]

Helmut Reihlen nimmt die Einladung an und erklärt sich bereit, geeignete Mitreisende auszusuchen. Unter ihnen Aachener, Kölner und Bonner Studenten, seine Freundin Erika Niebuhr, Bruder Dieter Reihlen und Cousine Ingrid Kleucker, Diplomübersetzerin aus Berlin-Siemensstadt. Die Studenten kostet die Reise nichts. Die MRA hat die Reise durch ihre guten Kontakte zu Ministerien und großindustriellen Spendern finanziert. Allein die Hälfte der Kosten übernimmt angeblich das Auswärtige Amt.[127]

Am 3. August 1957 ist es so weit. Eine über 50-köpfige Delegation von Studenten und Professoren aus dem gesamten Bundesgebiet besteigt ein Sonderflugzeug der niederländischen Königlichen Luftfahrtgesellschaft „KLM" nach Michigan. Drei Wochen sind geplant.

Von dieser Reise gibt es zwei Berichte. Einen, den Helmut Reihlen für den VDS verfasst, und ein Reisetagebuch, das Freundin Erika Niebuhr für ihre persönlichen Erinnerungen schreibt. Während Helmut Reihlen sich auf die inhaltliche Auseinandersetzung mit den Moralen beschränkt, um eine Empfehlung für den zukünftigen Umgang der Studenten mit den Moralen abzu-

---

[126] „Dem ging der vergebliche Versuch der MRA-Bewegung voran, die katholische Studentengemeinde nach Mackinac Island einzuladen. Diese hatte abgelehnt, stattdessen aber hatte sich die Evangelische Studentengemeinde bereit erklärt, Vertreter nach Mackinac zu schicken. Letztere wiederum wurden von den Moralen abgelehnt. Jetzt erst riefen die Moralen den V.D.S. an, um den Besuch des Sohnes von Ghandi anzukündigen. Dieser Besuch galt ausschließlich der Rekrutierung einer studentischen Elite für die Teilnahme am Kongress in Mackinac." Reiseaufzeichnungen Erika Reihlens über die Amerikareise 1957. Privatbesitz Reihlen.

[127] Reiseaufzeichnungen Erika Reihlens über die Amerikareise 1957. Privatbesitz Reihlen.

geben, richtet Erika Niebuhr ihren Blick auf das Detail. Sie beschreibt Tagesverläufe, hält Beobachtungen und Informationen am Rande fest und treibt ihre eigenen Milieustudien auch außerhalb der großen Veranstaltungen und Auseinandersetzungen.

Der Flug nach Mackinac Island ist ihr erster Flug. Erika Niebuhr beschreibt ihn ausführlich in ihrem Tagebuch. Auf Mackinac gibt es keine Autos. Alles ist auf Ferien eingerichtet, ein Nationalpark mit einem neuen noblen Zentrum, gebaut, um ein paar Tausend Menschen zu beherbergen. Eine Unterkunft, die an Gediegenheit kaum zu überbieten ist. „Das äußere Gepräge war wohlstandsbürgerlich. Teppichbelegte Schlafzimmer mit Bad, vorzügliches Essen, gepflegte Teeküchen, Clubräume, Obst auf den Zimmern, alles und jedes konnte man bekommen", so schildert es der 23-jährige Helmut Reihlen. Wie Erika Niebuhr genießt auch er seine Umgebung sichtlich. Solchen Wohlstand ist die deutsche Nachkriegsjugend nicht gewöhnt. Der Kontrast zu den kargen Lebensbedingungen in den deutschen Trümmerstädten ist groß.

Die deutschen Studenten genießen den Wohlstand. Erika Niebuhr ist fasziniert von der Gruppenarbeit. Besonders die praktizierte Gleichbehandlung gefällt ihr. „Möhrenschälen im Keller mit 1 engl. Admiral, 1 Musikprofessor, 1 koreanischen General, 1 schwedischen Bischof!" Und: „Fast jeder bedient, auch die Professoren." Untere Gesellschaftsschichten sind hier nicht vertreten, gehört es doch zur Strategie Frank Buchmans, die Eliten für seine „Ideologie" zu gewinnen.

Der Tag hat eine feste Struktur. Auch die hat Erika Niebuhr festgehalten. „6 Uhr schellt der Wecker. Man setzt sich aufrecht im Bett hin und schreibt Gedanken und Ideen in das Guidance Book. 7.30 Meeting. Es nennt sich Trainingsmeeting. 4–6 Damen oder Herren sitzen auf der Bühne. Einer tritt vor und gibt das Thema aus. Meistens geht es um die Guidance[128]. Einer spricht über seine morgendlichen Gedanken und bittet die anderen, die über dasselbe nachgedacht haben, darüber zu sprechen. Meist ist es nur so, daß bloß 10 % der Sprecher auf das gestellte Thema eingehen. 8.30 Breakfast. Mit Juice, vorher: Cereals, die man sich selber mit Milch anmischen kann, Eier (z. B. Rühreier, Spiegel-, gekochte Eier), Toast mit Butter + Marmelade,

---

[128] „Guidance" bedeutet, die unmittelbaren Eingebungen von Gott, die jeder Anhänger der MRA-Bewegung zu erhalten meinte.

Kaffee oder Tee, koffeinfrei, wenn gewünscht. 11.00 – Meeting. Große und kleine Speeches mit den Berichten der M. R. A. – Arbeit aus aller Welt, einer Bestätigung dessen, was das Ideal aller Moralen ist: ‚remaking the world‘. Unterbrechung durch Songs, die alle die moralische Ideologie wiedergeben, sich auszeichnen durch schmissigen Rhythmus und Harmonien. Flotte Dinger! Lieder sind alle hier komponiert samt Text. Chöre. Meeting danach 2 Stunden. 13.00 Lunch. Mit H_2O, Fleisch, Gemüse, Reis (Nudeln, Kartoffeln), Nachtisch und Kaffee – (Tee). Je nachdem, ob diskutiert wird oder ob man nur ‚mit dem Herzen‘ zuhört, dauern die Essen 1–3 Stunden. 16.30 Tee in den großen Räumen mit Biskuits. 17.00 meeting, entweder für alle in der Meeting-Hall oder getrennt in 2 Räumen für men + women (absolute purity). 19.00 Dinner, ähnlich wie Mittagessen mit Fleisch, fast immer warm und Nachtisch + Kaffee. Ausdehnung beschränkt, weil 20.30 Theater. Moraltendenziöse Stücke in Form von seriösen Theater-Stücken (The Man with the Key. The IInd Chance) oder in Form von Musicals (Vanishing Island. Yotham Valley). Die Stücke spielen teils auf der Bühne der großen Weltpolitik, denn M. R. A. will remake the world ebenso unter den Diplomaten. Die Musicals zeichnen sich aus durch ihre schmissigen Rhythmen und ihre schnell zugängliche Art, menschliche Atmosphäre. Yotham Valley: 2 Brüder, die Jahre lang nicht mehr miteinander gesprochen haben. Ihr Tal ist in Not; der eine Bruder hat die Schleusen in der Hand, will sie aber nicht öffnen, weil er die Wassernot auch für seine Leute befürchtet. Moral Ideology zwingt ihn zum Nachdenken über sein Handeln und changt ihn schließlich. Versöhnung mit Frau, Untergebenen, Bruder und Mitmenschen. Entzückende u. rührende, oft schelmische und schauspielerisch-komische Songs und Szenen.“

Dann kommt Erika Niebuhr zu den inhaltlichen Schwierigkeiten, die sich schon beim Empfang der deutschen Gruppe einstellen. Ein Morale stellt die Frage an alle Versammelten: Was tun wir hier? Antwort des Publikums: Wir ändern uns! Und dann plötzlich singt das ganze Haus: „Wie ich bin, so ist die Familie, so sind Konferenzen, so ist's im Betrieb.“ Dann hören sie eine Rede Max Bladecks, eines Kommunisten aus dem Ruhrgebiet, der seit zehn Jahren den Moralen angehört. Erika Niebuhr kommentiert: „Ziemlich viele leere Phrasen: Change; forget that you are Germans; forget your nationalism (dabei wird pausenlos von der deutschen Delegation gesprochen! Deutschland-Lied!!) M. R. A. is no party ... it is no political party ... it is not a party at all, ... it is no religion ..., it is a new way of life, ... no organization.“

Die deutsche Gruppe ist befremdet, kichert und beschließt, sich über die Merkwürdigkeiten auszusprechen, die sie gerade erlebt hat. Im Laufe der nächsten Tage wächst das Befremden zur Enttäuschung. Und irgendwann notiert Erika Niebuhr: „allgemeine deutsche Resignation". Inhaltlich deckt sich ihre Analyse mit der von Helmut Reihlen. Sie bekommen keine Antworten auf ihre Fragen, dafür aber viele Phrasen. Auf den Meetings werden gewisse Sätze immer wieder im Chor wiederholt, aber auch der einzelne Morale spricht in Formeln und wiederholt sie, wo er nur kann: „Guidance, change, to fight, battle, struggle, ideology, the 4 absolute moral standards, force to remake the world, i'll tell you another story. I'm so glad to be in a home. M. R. A. is the only answer. If MRA fails, world fails." Mit diesen Floskeln geht es seitenweise im Reisetagebuch Erika Niebuhrs weiter. Ein Repertoire, das sich leicht und schnell lernen lässt, das die analyse- und diskussionsfreudigen Deutschen aber nicht befriedigen kann.

Helmut Reihlen fühlt sich indes sichtlich verfolgt. „Sie lassen ihre Opfer bei keinem Essen unbewacht, bei keinem Spaziergang, ob man baden geht, ob man frühstückt, ob man abwäscht, ob man schlafen geht, immer sind Moralen um einen herum und reden von nichts anderem als immer nur der Ideologie", schreibt er.

Eifersüchtig wachen die Moralen über ihre Gäste, die gern öfter mit ihren Freunden und Freundinnen allein wären. Doch das verletzt den Grundsatz der Geschlechtertrennung, die „absolute purity". Die Gruppe um Helmut und Dieter Reihlen lässt sich jedoch nicht beeindrucken. Sie schmiedet Pläne, um der Kontrolle zu entkommen. Eine abgezählte Anzahl Fahrräder wird bereitgestellt und auf ein Zeichen fahren alle gleichzeitig los. Für die „Moralen" bleibt kein Fahrrad übrig, bis die zu Fuß hinterherkommen, ist immerhin eine Stunde vergangen. Eine Stunde unbeschwertes Beisammensein ohne nervende Missionare.

Die anfängliche Begeisterung und auch die freundliche Anerkennung, die Helmut Reihlen den „Moralen" einst als jugendlicher Englandreisender zollte, sind erloschen. Was die deutschen Studenten hier hören und erleben, befremdet sie zutiefst. Wie sollen sie damit umgehen, wenn sich auf all ihre Fragen die Gesichter ihrer Gesprächspartner verklären und diese ihnen antworten: „Sie dürfen nicht fragen, Sie müssen es erleben!" oder: „Frank Buchman hat gesagt ..." Das erinnert Helmut Reihlen peinlich an HJ und FDJ.

Vergebens warten sie auf überzeugende Antworten. Etwa auf die Frage: „Kann die MRA dem Kommunismus offensiv entgegentreten, wenn sie nur den einzelnen Menschen in der freien Welt zu ändern sucht, in den östlichen Machtbereich jedoch weder eindringen kann noch will?" Und auch die Moralen sind enttäuscht, dass der „Change" bei ihren deutschen Gästen so lange auf sich warten lässt, denn die „Verwandlung" jedes Einzelnen in ihresgleichen hätte ihnen gewiss so manche unangenehme Diskussion erspart. Die Deutschen aber bestehen auf echter Auseinandersetzung und echter Diskussion. Das aber wird ihnen gründlich verwehrt.

Währenddessen versucht Erika Niebuhr allem, was ihr bei den Moralen begegnet, die positiven Seiten abzugewinnen. Sie hat eine Menge guten Willen mitgebracht. Auf einem deutsch-französischen Meeting fasst sie die Anregungen der vergangenen Tage zusammen: „Wir jungen Leute sind persönlich nicht von dem Leid getroffen, das die Kriege der älteren Generation gebracht haben: Warum sollten wir nicht von dem Hass lassen, der noch in unseren Familien ist, und gemeinsam neu anfangen? Wir sind hier zu vielen jungen Leuten zusammen, die miteinander sprechen können und ihre Gedanken und Entschlüsse austauschen, den Willen kundtun, sich gegenseitig zu helfen. – Das Beispiel ist das Entscheidende, dem anderen etwas zu bedeuten. Wenn wir nun hier junge Leute und eine Frau wie Irene Laure sehen, die in ihrer Familie großes persönliches Leid durch die deutschfranzösischen Kriege erfahren haben, die aber ihre Bitterkeit überwunden haben und den Willen zu einer neuen Gemeinsamkeit haben, so können wir jungen Leute ihr doch nur beistimmen und müssen uns ernsthaft darüber klar werden, was wir beitragen können. Wir sind nicht nur für uns da, sondern auch für unsere Nächsten. Wir sind zwar noch jung und haben keine bedeutende Stellung, aber fangen wir doch bei uns an. Wir wollen christlich miteinander sein, und bei uns, unserer Familie, eine Basis des wirklichen und echten Vertrauens schaffen. Ich sehe, was zwischen Deutschland und Frankreich geschehen ist und möchte, daß wir in Zukunft keine Feinde mehr sind. Ich sehe für mich persönlich noch keinen konkreten Weg, wie ich dazu beitragen kann, aber ich weiß, daß ich etwas tun werde, wenn ich es kann."

Bei allem guten Willen. Erika Reihlen kann nicht ernst nehmen, dass sie alles, was man ihr dort erzählt, einfach nur glauben soll. Gedankenketten wie: „Erst der Flirt, dann braucht man Geld, es folgt das Verbrechen und schließlich kommt man zum Kommunismus" kommen ihr einfach nur absurd vor. Die Atmosphäre zwischen der deutschen Gruppe und den Moralen verschlechtert sich zusehends. Immer wieder kommt es zu kleinen und großen Schikanen gegenüber einzelnen Deutschen. Zwei von ihnen müssen Mackinac sogar vor der Zeit verlassen. Der eine ist angeblich ein Kommunist, der andere soll Gerüchte über Frank Buchman verbreitet haben.

Das Resümee Helmut Reihlens am Ende dieser Reise ist vernichtend:

„Die Moralische Aufrüstung ist aber auch bösartig, in dem sie 1.) eine Betäubung des Verstandes herbeiführt, in dem sie durch gekonnte Massenpsychose, Massensuggestion Menschen unter völliger Ausschaltung des Verstandes in einen rauschhaften, fanatischen Zustand versetzt und indem sie 2.) erzieht zu einer völligen Respekt- und Schamlosigkeit gegenüber den intimsten Lebens- und Glaubensbereichen des Menschen. Sie rufen ihre Gläubigen und solche, die es werden sollen, 3 × täglich zu 2-stündigen Versammlungen, in denen sich das Schauspiel grässlichster Entpersönlichung darbietet, in der Form von Sündenbekenntnissen und Bekanntgabe der Gebets- und Guidanceinhalte, coram publico." Ein solches exhibitionistisches Gebaren ist für ihn nur eine höhere Form der Eitelkeit. „Das innerste Bekennen und auch das Zuhören bei einem solchen Bekenntnis kann Ehrfurchtlosigkeit bedeuten. Genau wie man eine körperliche Ehrfurcht kennt, gibt es auch eine geistige."[129]

Schließlich verabschiedet sich die deutsche Gruppe am 22. August 1957 von den Moralen und beginnt eine Reise durch den Nordosten der USA. Zuerst über den Huron See nach Mackinac-City und dann mit dem Omnibus weiter nach Detroit. Die Deutschen werden auf verschiedene Familien verteilt. Erika Niebuhr hat Glück und kommt zu der freundlichen Familie Rhynd in Windsor/Canada. Auch hier weiß sie die gute und reichliche Bewirtung zu schätzen: „Ich bekomme ein nettes Abendessen mit Frikadellen, Kartoffeln, Möhren. Danach Kuchen und Tee", schreibt sie. Sie hilft beim Abtrocknen und erzählt dabei nur das Positive von M. R. A., „über die Küche, über die Idee, die Gemeinschaft". Abends kommt es dann zu einem Gespräch. „Guan Rhynd zitiert mir den Satz von Bischof Temple: ‚The best M. R. A. People are those who come into contact with it and leave it behind.'"

---

[129] Ebd., S. 3.

Am nächsten Tag gibt es einen Empfang beim Bürgermeister von Detroit und einen Besuch bei Ford. Auch darüber berichtet Erika Niebuhr. „Alle 47 Sekunden ein Auto." Oder: „Auszahlung pro Tag 1,25 Mill. $. 56 000 Leute beschäftigt, eigene Feuerwehr. Polizei, Hüttenwerk." Oder: „Rotunde. Bau wie Zahnräder, = Symbol der Autoindustrie. 1934 auf d. Weltausstellung in Chicago. Abmontiert und 1935 nach Detroit als Autosalon. Im Krieg Luftwaffen-Verwaltung."

Abends sitzen wieder alle zusammen mit ihren Gastgebern beim Abendessen. Die Deutschen werden angehalten, Lieder zu singen und Klavier zu spielen. Dann gibt es noch einmal Kaffee und Ice-Cream bei Rhynds. Jetzt werden sogar Choräle gesungen.

Am nächsten Tag geht es weiter nach Washington. Wieder sind die Reisenden in Familien untergebracht. Und wieder ist es interessant für Erika Niebuhr: „Mrs. Fortune. Sehr aktive Frau, die als Sekretärin arbeitet, nebenbei Psychologie studiert. Lebt getrennt von ihrem Mann, 2 Kinder, beide auswärts in Universität und Schule." „Wohnung", so heißt es weiter, „unordentlich, unaufgeräumt, unsauber. Frau hat keine Zeit." In den nächsten Tagen geht es nach Massachusetts. Man besucht ein MRA-Haus. Erneut beeindruckt der ungewöhnliche Reichtum. Das alte Patrizierhaus, ein Schmuckkasten voll kostbarer Möbel, einem Klavier, einem Flügel, überall Teppiche, Ölgemälde und eine holzgetäfelte Bücherei. „Wundervolles Silber und altes Geschirr: ganz große flache, blau gemalte Teller. Excellentes Mittagessen mit herrlichstem Vanille-Pfirsich-Eis", fügt Erika Niebuhr hinzu.

Beeindruckend ist auch Washington: Die Library of Congress mit ihren „760 t Büchern = 250 Miles". Neben dem Kapitol und der National Galery mit den berühmten Gemälden von El Greco, Turner und Constable. Und auch hier übersieht Erika Niebuhr das Essen nicht: „Special Washington (chicken sandwich salade) und cherry pie", hält sie fest. Abends geht es zu einer „Negerparty" bei Mrs. Fortune. „Etwa 15 Leute. Größtenteils Studenten (u. innen)." Man redet über M. R. A. Sie fragen: „Was gedenken Sie zu tun, wenn Sie jetzt nach Hause kommen?" Eine Frage, die Erika Niebuhr durchaus ernst nimmt. Denn: Was immer man über die Moralen denken kann, die Begegnung mit ihnen hat ihr gezeigt, dass es auf sie ankommt, dass auch sie die Welt im christlichen Sinne verändern kann. Am 27. August geht es nach New York, von wo aus die Gruppe am folgenden Nachmittag zurück nach Deutschland fliegen soll. Hier steigen sie 250 Meter hoch auf das

Rockefeller Center Buildung. „Zwar Dunst, aber gute Sicht. Ein großes Erlebnis." Danach besichtigen sie das UNO-Gebäude, beeindruckend durch seine schiere Größe. „11 Architekten bauten daran. Kostenpunkt 66,5 Mill. $, 81 Staaten gehören dazu, eigene Polizei, 4000 Angestellte." Später gibt es einen Empfang beim deutschen Botschafter.

Und dann am 28. August, dem Tag der Abreise, bleiben nur noch ein paar Stunden freie Zeit. Noch einmal zieht Erika Niebuhr mit Freund Helmut und ein paar anderen los. Sie sehen die neugotische Kirche St. Patricks' am Rockefeller Center, spazieren durch die 5th Avenue, schlendern durch das Museum of Modern Art, fahren zum Times Square „mit seiner schreienden Reklame, dem Wasserfall über dem Kino und den Wolkenkratzern". Es folgen Broadway, Wallstreet, Hafen und Statue of Liberty. In der Trinity Church gibt es mittags um 13.30 Orgelmusik. „Die Hälfte der Kirche ist gefüllt mit andächtigen Zuhörern (Jeden Tag für 1 Std. Orgelmusik um eine best. Zeit). Das ist Amerika! wie man es nicht vermutet", notiert Erika Reihlen. Und dann in Chinatown: „Schuhputzer wie überall an den Ecken. Natürlich können Helmut und Jochim[130] nicht umhin, sich die Schuhe wienern zu lassen." Um 18.30 startet der PAA-Charter-Flight ab Idlewild. „Dolles Abendessen mit Menu-Karte", notiert Erika Reihlen und: „Wir erleben einen ganz herrlichen Sonnenuntergang am Cape Cod." Unterdessen erklärt Freund Helmut ihr in allen Einzelheiten, wo er wann mit den Anthonys war – vor drei Jahren, als er an Wesleyan studierte. Gute 22 Stunden dauert der Flug nach Düsseldorf, mit Zwischenlandung in Neufundland und Paris.

Zurück in Bonn verfasst Helmut Reihlen eine Notiz über den zukünftigen Umgang des VDS mit der MRA. Er rät allen nachfolgenden VDS-Generationen, schon die erste Einladung und den ersten Kontaktversuch der MRA strikt abzulehnen. Der gute Wille allein reiche eben nicht, „und da unsere Arbeitszeit und Arbeitskraft beschränkt ist", so sein Fazit, „sollten wir unsere Zusammenarbeit auf solche Bewegungen beschränken, die außer dem guten Willen auch die gute Methode besitzen und etwas, auch nur etwas mehr Geist."[131]

---

[130] Gemeint ist Jochim Hagen.
[131] Ebd., S. 7.

„Deutschland", so schreibt er, „braucht keine Ideologie mehr, die Menschen in einen fanatischen Rausch versetzt, sondern nüchterne, sachliche verantwortliche Menschen."[132] So spricht der neue, der positive Bundesbürger – der 45er, wie ihn Dirk Moses beschrieben hat –, der gut und gerne auf totalitäre Heilslehren verzichten kann, deshalb aber noch lange nicht desillusioniert ist. Für einen christlichen Intellektuellen heißt das: Die Realität, die conditio humana, in all ihrer Unvollkommenheit und schuldhaften Verstrickung anzunehmen und dennoch nicht davon abzulassen, sie mit der Zukunftshoffnung der christlichen Glaubensbotschaft neu zu gestalten.

In Clausthal zum Diplom

Anfang des Sommersemesters 1958 ist der Ausflug in die Hochschulpolitik für Helmut Reihlen erst einmal vorbei. Die Zeit als VDS-Funktionär ist beendet. Helmut Reihlen zieht nach Clausthal, um dort sein Hauptstudium des Eisenhüttenwesens in Ruhe und ohne politische Verpflichtungen bis zum Diplom zu vollenden. Ein Schritt, so radikal wie notwendig. Aachen liegt Bonn einfach zu nah. In Clausthal schwört er sich, kein Bier mehr zu trinken und hält bis zu seinem Diplom daran fest. Er mietet ein Zimmer in einem Studentenwohnheim, nahe der Bergakademie. Jetzt hat das Studium erste Priorität. Im Sommer 1958 arbeitet Helmut Reihlen erneut als Praktikant in der Dortmunder Westfalenhütte. In den Semesterferien nach dem Wintersemester 1958/59 beginnt er mit der Diplomarbeit auf der August-Thyssen-Hütte in Verbindung mit dem Eisenhütteninstitut der Bergakademie Clausthal. Im Oberharz trifft Helmut Reihlen täglich auf die Spuren des Bergbaus, des Hüttenwesens und der zugehörigen Wasserwirtschaft. Er und seine Bundesbrüder unternehmen regelmäßig Wanderungen und Exkursionen zu den vierzig meist kleinen Stauseen, den Gräben, den Hub- und Zechenhäusern, oft geführt von Oberbergrat Dennert, dem Bundesbruder Berghauptmann Wunderlich oder auch in eigener Regie. In den Stauseen hatten die Berg- und Hüttenleute vor der Erfindung der Dampfmaschine auf möglichst hohem Niveau die Niederschlagswässer gesammelt und in Gräben zu den Berg- und Hüttenwerken geführt, wo sie Pumpengestänge zum Sümpfen der Gruben, das heißt zum Abpumpen von Wasser, Pochwerke zur Erzaufbereitung, Gebläse und Hämmer in den Hütten antrieben. Die Studenten schätzen

---

[132] Ebd.

diese Teiche und Gräben als Wander- und Badeziele. Der größte der alten Stauseen ist der Oderteich mit einem 148 Meter langen und 22 Meter hohen Damm, errichtet 1714 bis 1721 mit einem Stauvolumen von 1,7 Mio. Kubikmetern. Helmut Reihlen und seine Kommilitonen studieren seine Bauweise, die Abdichtung mit einem Kern aus Grassoden, die Querschläge an den Gräben zum Schutz vor Hochwasser und die zugehörigen Wasserschieber und Ventile aus Eichenholz. Der Oderteich versorgte über den acht Kilometer langen Rehberger Graben die Andreasberger Gruben. Das Wasser fließt noch heute. Wer den Graben entlang wandert, stößt auf halbem Weg auf die Goethe-Klippen, an denen sich der Weimarer Minister Goethe von seinem Freund, dem Zellerfelder Berghauptmann von Trebra, eine Kontaktmetamorphose zeigen ließ. Dort war die alte Grauwacke im Kontakt mit der heißen, flüssigen Magma erhitzt und zu Hornfels umgewandelt worden.[133] Über den vier Kilometer langen Sieberstollen gelangen sie am Ende einer solchen Exkursion zu dessen Mundloch im Siebertal. Dann machen sie Rast mit Schlackwurst und Bergmannsschnaps. Große Freude löst bei den Studenten das Verlesen des „Gevatterbriefes" aus. Mit diesem Brief vom 1. Juni 1785 suchte von Trebra seinen Clausthaler Kollegen von Veltheim als Taufpaten für seine soeben geborene Tochter zu gewinnen. Fröhlich mischt er Fachbegriffe aus dem Bergbau und der Geologie mit solchen der Geburtshilfe, der Erzaufbereitung und der christlichen Erziehung.

Viele Veranstaltungen des BuH-Vereins sind von selbst aufgeführter Kammermusik umrahmt. Unter den Aktiven und unter den beim Oberbergamt oder bei der Bergakademie tätigen Alten Herren oder deren Ehefrauen finden sich immer wieder genug für ein Trio oder ein Quartett. Dieselben Musikanten treffen sich dann auch im Hochschulorchester unter Leitung des

---

[133] Für Trebra war dies der Beweis des plutonischen Ursprungs des Harzgesteins und der Gegenbeweis zu der von Goethe ursprünglich vermuteten neptunischen Genese. Die Wässer des Rehberger Grabens werden heute wie damals in den Samsonschacht geführt, allerdings nicht mehr auf riesigen Kehrrädern, sondern sie treiben auf dem Niveau der tiefsten Wasser lösenden Stollen, dem Grün-Hirschler- und dem Sieberstollen, 130 bzw. 190 Meter unter der Erdoberfläche zwei Generatoren mit einer Leistung von insgesamt 720 KVA. Der Sieberstollen entwässerte bei seiner Fertigstellung 1754 über 12000 m lange Sohlenstrecken sämtlicher Andreasberger Gruben bis zu einer Teufe von 190 m. Für die BuH-Leute unter Anleitung des Oberbergrats Dennert ist die ursprünglich über ein riesiges Wasserrad angetriebene Fahrkunst des Samsonschachtes noch befahrbar.

Osteroder Kantors Andreas Vandree zu regelmäßigen Proben und Aufführungen wieder. Doch nicht nur in Clausthal, auch an anderen Orten geben sie Konzerte bis zur Bergakademie Leoben in der österreichischen Steiermark.

Jeder Bundesbruder ist verpflichtet, nach einer mündlichen Prüfung, seinen Beitrag zur „Sehschlange" zu leisten. Das heißt, er muss ein Protokoll über die Prüfungsatmosphäre, die Prüfungsfragen, über hilfreiche oder unliebsame Überraschungen und über die Steckenpferde des Prüfers verfassen. Das Durcharbeiten der „Sehschlange" während der Examensvorbereitung deckt Wissenslücken auf und gibt dem Prüfling eine gewisse Sicherheit. Prüfungsgruppen üben mit ihrer Hilfe im Rollenspiel, was sie in der eigentlichen Prüfung erwartet.

Helmut Reihlen erinnert sich noch gut an einen Bericht in der „Sehschlange" über eine Mineralogieprüfung mit Gesteinsbestimmung. Darin schreibt ein Prüfling, wie er einen unbeobachteten Augenblick zur verbotenen „Leckprobe" an einem weißen Mineral nutzte. Das Mineral, so wusste er, konnte über seinen Geschmack bestimmt werden. Bitter, salzig, klebrig oder geschmacklos, das waren Hinweise auf Kieserit, Steinsalz, Magnesit oder Quarz. Doch er hatte Pech. Der Vorgänger war auf die gleiche Idee gekommen und hatte an demselben Mineral geleckt. Leider hatte dieser zuvor Sauerkraut gegessen, das jeden Eigengeschmack des Minerals verdrängte.

Die Bergakademie Clausthal bemüht sich mit hartnäckiger Geduld um Kontakte zur Bergakademie Freiberg in Sachsen, worin sie der BuH-Verein und die Evangelischen Studentengemeinden in Freiberg und Clausthal nach Kräften fördern, dies auch mit Hilfe der Bergakademie Leoben in der Steiermark. Dort ist der Bundesbruder Fettweis Professor für Bergbaukunde. Häufig stehen in der DDR Kontakte nach Westdeutschland unter dem politischen Verdacht gesamtdeutscher Subversion, der aber gegenüber Österreich nicht geltend gemacht wird. Die Freiberger Berg- und Hüttentage sind eine gute und gern genutzte Gelegenheit, Einreisevisa in die DDR zu bekommen. Die Ausreise aus der DDR zum Gegenbesuch der Freiberger in Clausthal ist sehr viel schwieriger. 1964 gelingt es dem BuH-Verein, in Clausthal ein Kolloquium zum Vergleich der Studienordnungen des Berg- und Hüttenwesens in Clausthal, Freiberg und Leoben durchzuführen. Zwar werden dabei keine besonderen Ergebnisse erzielt. Aber jeder Kontakt nach „drüben" ist in den Jahren der deutschen Teilung ein Wert an sich.

Mit dem Ende der hauptamtlichen Tätigkeit als Studentenfunktionär werden auch die Besuche bei den Eltern wieder häufiger. Ansonsten bietet Clausthal alle Voraussetzungen für ein konzentriertes Studieren. „Clausthal hat seinen Winterschlaf angetreten", heißt es in einem Brief an die Eltern vom 16. November 1958, „es ist dauernd knapp über null Grad, naß, nebelig – nur früh morgens kann man gelegentlich noch bis zum Brocken sehn. Das Studium geht wacker voran. Mein Seminarvortrag im Entwerfen von Hüttenanlagen war mittelmäßig, hat aber trotzdem noch eine sehr gute Note eingebracht. Banalitäten mit feurigen Augen vorgetragen wirken wie Neuentdeckungen. Ich habe viele Vorlesungen und Übungen, da der Bund mich aber kaum beansprucht, komme ich auch viel zum Lesen von Fachliteratur."[134]

Die Diplomprüfungen kommen schnell. Die Diplomarbeit bei der August-Thyssen-Hütte in Duisburg behandelt Fragen der Desoxidation von im Siemens-Martin-Ofen erschmolzenen Stählen mit niedrigem Gehalt an Kohlenstoff. Helmut Reihlen hat eine große Zahl von Proben zu nehmen. Den Zeitpunkt der Probennahmen bestimmt der Schmelzrhythmus der Öfen. Das bedeutet, wenn das Programm in drei Monaten abgewickelt sein soll, muss er rund um die Uhr verfügbar sein. Zwischen den Proben liegen lange und zahlreiche Pausen. Helmut Reihlen will diese Zeit nicht ungenutzt verstreichen lassen und erfüllt sich einen lange gehegten Wunsch. Er erlernt das Querflötenspiel. Dafür nimmt er zwei Wochenstunden Unterricht bei einem der Flötisten des Duisburger Symphonieorchesters. Der Rhythmus der Öfen gibt ihm viel Zeit zum Üben. Es sind seine Bundesbrüder im BuH-Verein, die ihn motivieren. Sie spielen Geige, Bratsche, Cello, Querflöte und Klarinette. Ihre Hausmusik auf dem BuH-Haus bereichert viele Festlichkeiten und verstärkt das Zusammengehörigkeitsgefühl. Hinzu kommt, dass die Freundin Erika Niebuhr eine gute Klavierspielerin ist. Jetzt kann Helmut Reihlen hoffen, bald gemeinsam mit ihr zu musizieren.

Schon bald beginnt Helmut Reihlen, über eine Doktorarbeit nachzudenken. Eigentlich will er noch Betriebswirtschaftslehre studieren und das mit einer Promotion abschließen. Dafür holt er Informationen über die Universitäten in Berlin, Göttingen, Köln, Karlsruhe, Saarbrücken, Aachen und Clausthal ein. Zunächst tendiert er nach Saarbrücken, denn dort könnte er die Hütten im Saarland und vielleicht sogar die in Lothringen kennenlernen.

---

[134] ELAB 62/3.

Außerdem liegt Saarbrücken an der Grenze zu Frankreich. „Es liegt nahe, franz. zu lernen und evtl. einmal in den Sommerferien ein Zwischensemester in Frankreich zu studieren", schreibt er den Eltern.[135] Dann zeichnet sich eine Perspektive in Berlin ab. In Berlin würde er zweieinhalb Jahre für die Arbeit brauchen und könnte – so die Überlegung – Ostern 1962 in die Industrie gehen. Ein weiterer Pluspunkt: In Berlin sitzt der berühmte Prof. Konrad Mellerowicz, Betriebswirtschaftsordinarius an der Technischen Universität. Doch als Helmut Reihlen den berühmten Professor aufsucht, zeigt dieser ihm die kalte Schulter: „Sie wollen ein Glas Milch trinken, dafür brauchen sie sich keine Kuh zu kaufen."

Wo steht der Berg- und Hüttenmännische Verein?

Einmal noch holt die Politik Helmut Reihlen in Clausthal ein. Ganz unerwartet meldet sie sich zurück, mit ihrer kämpferischen Seite und durchaus unvergesslich im BuH-Verein. Sie trifft ihn in seiner Funktion als Betreuer der neuen Mitglieder (Fuxmajor) des BuH-Vereins im Sommersemester 1958. Es ist sein erstes Semester in Clausthal-Zellerfeld. Die Altherrenschaft will wissen, welche Bundesbrüder den Wehrdienst verweigern. Dieses Wissenwollen verheißt nichts Gutes, sitzen doch in der Altherrenschaft des BuH-Vereins Ende der fünfziger Jahre einflussreiche Bergbaumanager. Ihre Rolle im Dritten Reich ist umstritten. Sicher ist, dass sie kaum Anhänger der Weimarer Republik gewesen sind und auch dem Grundgesetz der Bundesrepublik Deutschland wenig Respekt zollen. Helmut Reihlen ist alarmiert. Schließlich kennt er die Argumente der Verfassungsdiskussion um die Wehrdienstverweigerung aus seinen politisch aktiven Jahren. Sie hat bereits Anfang der fünfziger Jahre mit der Debatte um die Wiederbewaffnung begonnen und war dann mit der Einführung der allgemeinen Wehrpflicht 1956 erneut aufgeflammt. Die Wehrdienstverweigerung hat ihn, den 2. VDS-Vorsitzenden, beschäftigt, als es um die Frage ging, ob Studenten noch während ihres Studiums zum Wehrdienst eingezogen werden können.

In den folgenden Jahren formiert sich Protest gegen die Stationierung von Atomwaffen in der Bundesrepublik. Große Teile der Bevölkerung sind „wehrmüde", schließlich sind gerade erst die letzten Kriegsgefangenen aus Russland zurückgekehrt.

---

[135] Schreiben Helmut Reihlens an die Eltern vom 15. September 1959 (ELAB 62/3).

Helmut Reihlen weiß die Clausthaler Aktivitas hinter sich, als er darauf besteht, dass Wehrdienstverweigerung nach Artikel 4,3 des Grundgesetzes ein verfassungsmäßiges Recht ist. Zudem wirft er der Altherrenschaft vor, dass mit der hier sichtbar werdenden Gesinnung die Weimarer Republik untergraben wurde. Nicht zuletzt – so macht er geltend – sei es die fehlende Verfassungstreue eben dieses national-konservativen Milieus gewesen, die die Republik ausgehöhlt und den Nazis zur Macht verholfen habe. Helmut Reihlen weiß, wohin diese politische Mentalität geführt hat und fragt die Alten Herren: „Weshalb musste mein Bruder Werner sterben?" Er empfindet das Ansinnen der Altherrenschaft als verfassungsfeindliche Gesinnungsschnüffelei. Die Clausthaler Aktivitas erstellt ein „Meinungsbild". Das ist so etwas wie eine höfliche Form des Widerspruchs. „Als grundsätzliche Voraussetzung für die Mitgliedschaft im Berg- und Hüttenmännischen Verein betrachtet die Clausthaler Aktivitas die unbedingte charakterliche Aufrichtigkeit und Sauberkeit. Bisher hat die Altherrenschaft den Aktivitates volles Vertrauen entgegengebracht, diesen Grundsatz in eigener Verantwortung zu wahren. Die Aktivitates ihrerseits haben sich bemüht, dieses Vertrauen zu rechtfertigen, und sind zur Wahrung dieses Grundsatzes nicht vor Ausschlüssen zurückgeschreckt. So werden sie auch jeden Fall ahnden, in dem sich ein Bb [Bundesbruder] seiner staatsbürgerlichen Pflicht und Verantwortung zu entziehen sucht. Die Clausthaler Aktivitas ist jedoch der Meinung, dass Wehrdienstverweigerung nicht von vornherein eine Mißachtung der staatsbürgerlichen Pflicht bedeutet. Sie achtet jeden Bb, der aus echten Gewissensgründen seinen Wehrdienst verweigert, zumal ihm das Grundgesetz ein Recht darauf einräumt und ihm andere, gleichschwere Pflichten auferlegt. Sie distanziert sich entschieden von der Auffassung, ein Wehrdienstverweigerer sei von vornherein als Bundesbruder nicht tragbar. Die Motive für eine so wichtige Entscheidung, wie es die Wehrdienstverweigerung darstellt, können unter Bundesbrüdern nicht verborgen bleiben. Die Clausthaler Aktivitas wird eine etwaige Unaufrichtigkeit in dieser Sache wie jede andere Unaufrichtigkeit ahnden und bittet die Altherrenschaft auch für die Zukunft um das Vertrauen in ihre richtige Entscheidung. Die Clausthaler Aktivitas hält diese Überlegungen für so wichtig, dass sie darum bittet, festzustellen, ob im Berg- und Hüttenmännischen Verein in dieser Frage eine gemeinsame Meinung besteht."

Helmut Reihlen schickt diese Stellungnahme an seine damalige Freundin und spätere Frau Erika Niebuhr mit der Bemerkung: „Eine böse Sache entnimmst Du der beigelegten Schreibmaschinenseite. Unter den älteren Alten Herren, dieselben, die schon den Nazis auf die Socken geholfen haben, macht sich eine üble Militärfreudigkeit bemerkbar. (Wehrdienstverweigerer sind feige etc. und gehören nicht zu uns). Zum Glück habe ich in Clausthal eine vernünftige Aktivitas."[136] Die Studenten weisen ihre Alten Herren auf den Pazifismus der Bergpredigt hin und auch auf die deutsche Sondersituation, dass Flüchtlinge aus der DDR in Zukunft gezwungen sein könnten, als Bundeswehrsoldaten auf ihre Freunde und Verwandten bei der Volksarmee zu schießen. Nicht zuletzt ist die Verweigerung des Wehrdienstes mit der Waffe ein zentrales Thema für die jungen Christen in der DDR – in der Jungen Gemeinde und in den Studentengemeinden, die damit nicht nur ihre pazifistische Gesinnung zum Ausdruck bringen, sondern auch im Sinne der Zusammengehörigkeit aller Deutschen handeln. Indes hält die Altherrenschaft an dem Vorurteil fest, Wehrdienstverweigerer seien mit hoher Wahrscheinlichkeit Drückeberger und vaterlandslose Gesellen. Doch die Clausthaler Aktivitas bleibt hart. Sie vollzieht weder die verlangte Meldung noch macht sie Mitteilung darüber, ob überhaupt Wehrdienstverweigerer unter den Studenten des BuH-Vereins zu finden sind. Und schließlich setzt sie sich durch. Die Altherrenschaft ist zuletzt weise genug, die Sache nicht weiter zu verfolgen.

Ganz ähnlich verläuft die Auseinandersetzung um die Aufnahme zweier indischer Studenten in den BuH-Verein. An der Bergakademie gibt es eine größere Gruppe Tadj Majilis, eine indische Studentenvereinigung. Zwei von ihnen, Habib Siddiqi und Shrinat Dhawan, passen gut zur Aktivitas des BuH-Vereins. Beide werden 1957 als Bundesbrüder aufgenommen, auch und gerade, weil sie ihre eigenen Traditionen nicht aufgeben. Habib, der Muslim, trinkt keinen Alkohol, verweigert sogar Weinschaum als Nachtisch. Als sein Vater einige Tage in Helmut und Erika Reihlens Clausthaler Wohnung wohnt, stattet er sein Zimmer mit einem Gebetsteppich aus. Shrinat will kein Rindfleisch essen, Habib kein Schweinefleisch. Für die Köchin auf dem BuH-Haus sind das verschärfte Bedingungen.

---

[136] Schreiben Helmut Reihlens an Erika Niebuhr vom 11. Juni 1958 (ELAB 62/3).

In dieser Zeit ist Indien von besonderem Interesse für deutsche Studenten. Indien, das bedeutet die Befreiung von Fremdherrschaft ohne Krieg; eine pazifistische Staatsraison, aber auch ein selbstbewusster Dritter Weg zwischen dem westlichen Kapitalismus und dem Kommunismus sowjetischer Prägung. Das beeindruckt – auch wenn manches davon später der Wirklichkeit nicht standhält. In Seminararbeiten analysieren die Studenten die unterschiedlichen Konzepte des Aufbaus der indischen Stahlwerke in Bihar durch die Sowjets, in Jamshedpur durch die Briten, in Rourkela durch die Westdeutschen. Die Altherrenschaft indes zeigt sich besorgt. Zwar ist sie allem Neuen gegenüber aufgeschlossen, besonders wenn es um den persönlichen Umgang oder um Fragen der Technik und der Betriebsführung geht, doch gesellschaftspolitisch ist sie zu dieser Zeit in ihrer großen Mehrheit bürgerlich-konservativ, teilweise sogar noch deutsch-national und „bräunlich". Mit Indern – so findet man hier – kann man befreundet sein, Bundesbrüder sollten diese aber lieber nicht werden. Diese Ansichten sind auch durch die äußere und innere Katastrophe der Nazizeit nicht ins Wanken gebracht worden. Vielmehr empfindet man es als schlimm genug, dass die Deutschen die doch im Grunde kulturlosen Amerikaner für die Befreiung von der Naziherrschaft brauchten. Und dass der demokratische und rechtsstaatliche Neubeginn von den Amerikanern, noch dazu in Verbindung mit den britischen und französischen Erbfeinden und schließlich sogar mit dem „tatarischen Iwan" ermöglicht wurde ist befremdlich. Die „Alten Herren" des BuH-Vereins fürchten um den „innersten Kern" des Deutschen. Den möchten sie bewahren. Wenigstens in der eigenen Familie und, nahe daran, im Bund. Schließlich ist der BuH-Verein ja auch ein „fröhlicher Heiratsmarkt". Und sollte dieser tatsächlich dazu beitragen, dass deutsche Mädchen zukünftig möglicherweise Inder heirateten? Gewiss, so argumentiert man hier, haben die Nazis es mit dem blauäugigen Germanentum übertrieben, aber auch Briten und Franzosen, Holländer und Schweden wahren doch ihre Identität. „Nur das wollen auch wir", erklären die Alten Herren den Studenten. Der BuH-Verein propagiere nicht die Überlegenheit der Deutschen gegenüber Ausländern, halte aber an der Heimat und an der Muttersprache fest. „Deutsch fühlen und denken", so lautet die Losung auf einem der ersten „Winterberger Gespräche", das sind Aussprachewochenenden zwischen der Altherrenschaft und den Aktiven im Ferienhaus eines Alten Herren in Winterberg.

Für Helmut Reihlen, und nicht nur für ihn, ist das eine kaum nachvollzieh-bare, befremdliche Deutschtümelei. Selbstverständlich sprechen auch er und seine Kommilitonen deutsch, aber sie studieren gemeinsam mit Stu-denten aus aller Welt, wollen selbst im Ausland studieren und dort freund-lich und offen aufgenommen werden. Man hat Freunde unter ausländischen Kommilitonen, will ihre Lebenserfahrungen wahrnehmen, von ihnen und mit ihnen lernen, indem man sie ganz nahe an sich heranlässt. In der Konse-quenz heißt das, dass es möglich sein muss, auch ausländische Studenten in den BuH-Verein aufzunehmen. Am Ende setzen sich auch hier die Stu-denten gegen ihre „Alten Herren" durch. Die Altherrenschaft akzeptiert die beiden Inder und nimmt später sogar weitere ausländische Bundesbrüder in ihren Kreis auf. Konflikte dieser Art – so bitter sie für manche Beteiligte waren – sind Teil eines Modernisierungsprozesses, der sich in diesen Jahren in der gesamten bundesdeutschen Gesellschaft vollzieht. Das Ergebnis ist eine Liberalisierung und eine Angleichung Westdeutschlands an westeuro-päische und US-amerikanische Maßstäbe.[137]

Monate in Lyon

> „Ich fühle mich wohl und nutze die Zeit."
>
> *Helmut Reihlen*[138]

Unterdessen geht das Studium von Helmut Reihlen intensiv weiter. Er schließt die Diplomarbeit und die Diplomprüfungen im November mit „sehr gut" ab. Nun hat er das durch die VDS-Arbeit verlorene Studienjahr wieder eingeholt.

Nach dem Diplom in Clausthal hat Helmut Reihlen den Wunsch, sein Schul-französisch zu verbessern und mehr über Frankreich zu lernen. Der Vater stimmt ihm zu. Otto Reihlen ist ebenso großzügig wie gerecht. Er hat allen Söhnen versprochen, ihnen zehn Semester Studium zu finanzieren.

---

[137] Vgl. Ulrich Herbert (Hg.): Wandlungsprozesse in Westdeutschland. Belastung, Integration, Liberalisierung 1945–1980. Moderne Zeit (Neue Forschungen zur Gesellschafts- und Kulturgeschichte des 19. und 20. Jahrhunderts. Bd. I). Göttin-gen 2002.
[138] Schreiben Helmut Reihlens an die Eltern am 4. März 1960 (ELAB 62/3).

Helmut Reihlen erinnert sich daran, was der Vater sagte: „Ihr bekommt eine anständige Ausbildung, aber ich darf erwarten, dass Ihr Euch anstrengt, dass Ihr auch selber etwas dazu beitragt. Wir sind nicht eng. Wenn es 11 Semester werden, bricht die Welt nicht ein, aber mehr geht nicht. Ich will euch alle gleich behandeln." Durch die Zeit seines Sohns in den USA hat Otto Reihlen ein Jahr den Wechsel für den Studenten gespart. Und nicht zuletzt: Wenn Otto Reihlen für etwas zu zahlen bereit ist, dann für die Bildung seiner Kinder. Helmut Reihlen kann sich also guten Gewissens in der ersten Februarwoche 1960 auf den Weg nach Lyon machen. Zwei Wochen zuvor hat er sich mit Erika Niebuhr verlobt.

Und wie zuvor auf seinen Reisen nach England und in die USA erlebt er auch jetzt das schier überwältigende Gefühl dessen, der in eine unbekannte Welt mit unzähligen Wundern aufbricht, bereit, alles in sich aufzusaugen und zu lernen, wenn nötig von morgens bis abends – bereit, auch diesen Teil der Welt zu verstehen und mit sich zu nehmen. Für Helmut Reihlen ist schon der Beginn der Reise ein Fest. Begeistert schreibt er: „Es lohnt sich noch, Examen zu machen. Von einer solchen Reise wie der meinen werden noch Urenkel zu rühmen wissen."[139] Fünf Tage lässt er sich Zeit, um sich „kirchenbetrachtender Weise" nach Lyon zu begeben. Es geht über Ulm, Straßburg, Schlettstatt, Colmar, Ruffach, Gebweiler, Ronchamp, Audincourt, Besançon, Monchard, Baume les Messieurs, Bourg e. B. und Dijon. Und er weiß es noch im Augenblick des Erlebens: dass er mit jedem dieser Namen eine Fülle von Erinnerungen schönster Art verbinden wird. Dann landet er bei der Familie Brisou, bei der auch schon Roland und Dieter gelebt haben. Dieter kennt die älteste Tochter vom gemeinsamen Studium in Paris.

Der Kurs „Civilisation Française" an der Universität Lyon beginnt im Februar und endet im April 1960. „Und ich verbringe meine Tage wieder wie ein Pennäler mit Vokabellernen. Ich fühle mich wohl und nutze die Zeit", schreibt Helmut Reihlen seinen Eltern.[140] Dabei hat er es schwer mit dem Französischen. Sein Stundenplan ist voll. 24 Wochenstunden Aufsatzschreiben, Übersetzen, Nacherzählen, Diktate schreiben, Kurse über französische Kultur, Literatur, Erdkunde, Geschichte und Politik. Doch schon die Lehrer sind die Reise wert. „Der Lehrer ist vermutlich Sohn einer Studienrätin und

---

[139] Schreiben Helmut Reihlens an die Eltern vom 14. Februar 1960 (ELAB 62/3).
[140] Schreiben Helmut Reihlens an die Eltern vom 4. März 1960 (ELAB 62/3).

eines Clowns; etwa 160 groß, ebenso breit. Es ist äußerst spaßig, wenn er mit unwahrscheinlicher Gesichtsakrobatik die einzelnen Laute erklärt und vorspricht. Dabei kommt ihm zustatten, daß sein Bärtchen abwechselnd weiß und schwarz gefärbt ist. Leider hat er nicht immer zahnärztlich-saubere Finger, wenn er seinen Schülern die Zunge in die richtige Stellung schiebt, die Lippen zerrt und einem die Nase zudrückt." Ausführlich schildert Helmut Reihlen seine Gastfamilie:

„Am nördlichen Ende der Innenstadt findet sich, auf die Sáome stoßend, die Rue Platière. Hier wohnt mit der herrlichsten Aussicht von Lyon Fam. Brisou. Sie hat sich gegenüber Rolands und Dieters Erzählungen nicht verändert. Mitte und Höhepunkt des Riesentrubels ist Madame. Sie ist den ganzen Tag emsig, sei's Kochen, sei's Wäsche, der Gemeindeabend, Frauenhilfe, Ausländerempfang oder Verbesserung meiner Aussprache. Sie ist eine sehr liebe, gutmütige Mutter und blendende Hausfrau. Ihre Interessen werden weitgehend durch die katholische Kirche bestimmt. Ich lese mit ihr ihre oft ausgezeichneten Gemeindeblätter; dort wird alles gebracht: Bibelarbeit, Kolonialprobleme, Atombombe, Filmkritiken, Papstbotschaften. Selbst und darüber hinaus tut sie wenig; aber sie kann diese Gedanken in vielen Gesprächen sehr anschaulich wiedergeben und ist damit in den vielen Gesellschaften, die sie gibt, sehr angesehen. Sie übt ein sympathisches, tätiges Christentum. Es gibt wenig Ausländerstudenten in Lyon, die nicht schon hier gegessen haben, zu Tanzereien kommen, zu Diskussionen, die sich hier nicht wohl fühlen und ernst genommen werden. Ihr Curé hat gesagt, daß die Liebe, von der Paulus spricht, nicht nur der Familie gelten soll, sondern auch den einsamen, jungen Studenten, und dies ist ihre Konsequenz.

Dabei sind ihr manche Feinheiten der neueren Wissenschaften ungewohnt. 2 Beispiele: 1. Kochendes Kartoffelwasser wird trotz eingehender Erklärung meinerseits nicht auf kleine Gasflamme gestellt. Im Gegenteil, noch eine solche Diskussion, und auch ich stelle das Gas groß und gieße alle 5 Minuten Wasser nach. 2. ‚Es liegt auf der Hand, daß die Atombombe das Erdbeben in Agadir ausgelöst hat. Und leiden muß, wie immer, die arme, unschuldige, menschliche Kreatur.' Aber wie gesagt: Das sind halt Feinheiten. Vater Brisou hat so seinen Bereich, in dem er selbstständig schafft, aber der liegt eigentlich mehr am Rande des allgemeinen Familiengeschehens. Er sorgt für den Wein, er spricht das Gebet, er kriegt nach dem Essen die Zeitung.

135

Er überwacht die Finanzen und das Auto. Er schafft auch viel im Hause, nur geschieht das alles im Stillen. Ein Beispiel: Bei jedem Essen bleibt ein wenig Brot übrig und wird trocken. Jedes Mal, wenn es Suppe gibt, läuft Monsieur in die Küche, holt sich zwei harte Krusten, weicht sie in der Suppe auf und vertilgt sie – auf daß nichts umkommt. Ich mache viel Späße mit ihm, lasse mir Straßen erklären und dergleichen. Aber anregender ist fraglos Madame.

Die anwesenden Kinder werden, ich will das vorsichtig sagen, von geistigen Interessen nicht gerade zu Tode gehetzt. François Regis, der seit 14 Tagen den Dienst in der Marine quittiert hat und als Ingenieur oder Techniker in Lyon arbeitet, wohnt mit Frau und Tochter in zwei Zimmern der elterlichen Wohnung. Er ist lustig und hat mich noch nicht länger besucht als er unterhaltsam ist. Seine Tochter ist goldig und gut mit mir befreundet. Sie geht, dreijährig, in den Kindergarten (école) und fragt mich, ob mir die Schule auch gefiele. Seine Frau ist mir etwas zu zielstrebig.

Chantal faulenzt durch die Welt, mit ungekämmten Haaren und Sonnenbrille bei Regen, aber wie alle Brisous ist sie sehr herzlich und fidel. Daniell schließlich ist ein richtiger Lausbub, der es heute z. B. geschafft hat, während der Mahlzeit unbemerkt sämtliche Bananen des Nachtischs zwischendurch wegzufressen. Madame quittierte das mit einem traurig-ärgerlichen: Écoute, Daniell!"

Selbst diese kurze Zeit ist für Helmut Reihlen ausgefüllt mit Reisen, die verschaffen ihm Freiheit, die er auch deshalb schätzt, weil er schon im Mai 1960 seine Stelle bei der DEMAG antreten wird. „Ich konnte fahren, wohin ich wollte", schreibt er, „bleiben, solange es mir gefiel, Wein kaufen und mir, im Bett liegend, die Hucke voll trinken. Ich habe diese Freiheit sehr genutzt und meine, daß auch ein Übergangsstadium wie das jetzige, gleich jedem anderen Lebensstadium voll genossen werden kann. Das ist eine reine Frage der Nerven, der eigenen wie der der Eltern. Die Euren möchte ich an dieser Stelle aus Veranlagung, bestem Willen und nach Erziehung durch ältere Brüder als hervorragend bezeichnen."[141]

---

[141] Schreiben Helmut Reihlens an die Eltern vom 4. März 1960 (ELAB 62/3).

Und weiter heißt es: „Ich habe unterdes eine einmalige Reise unternommen. Von Lyon durch die Kalkalpen nach Marseille und zurück durch das Rhonetal. Die großartigen Bauwerke der Provence werde ich Euch in vier Wochen mit Worten und Bildern schildern. Diese kurze Reise war fast noch reicher als die in die Auvergne und Gironde."[142]

---

[142] Schreiben Helmut Reihlens an die Eltern vom 16. März 1960 (ELAB 62/3).

Teil VI

„Eine Selbstbewusste"

> „Und dann stellte ich zu meiner Freude
> fest, dass meine Freundin handfest ein
> ganzes Glas Kölsch wegkippen konnte.
> Auf alle Fälle: sie machte sich nicht
> bange, in eine Kölsch-Kneipe am Dom
> zu gehen. Das war einfach eine Selbst-
> bewusste, meine Frau."
>
> *Helmut Reihlen, 26. Januar 2008 im Rückblick*
> *auf seine Verlobungszeit.*

Im katholischen Rheinland – Die Schuljahre Erika Niebuhrs

Im Rheinland leben die evangelischen Niebuhrs in der Diaspora. Das hat
Erika Niebuhr geprägt. Sie wird eine bewusste Protestantin in einer katholischen Mehrheitskultur, mit feinem Gefühl für die eigenen Vorzüge, aber
auch für die Sensibilitäten der anderen. Ihr Großvater Georg Anger, der
lutherisch-sächsische Pfarrer, hat sie in der Brühler Christuskirche getauft
und in der Brühler Zeit besucht sie dort den Kindergottesdienst bei Pfarrer
Grosser.

Nach dem Krieg auf der Volksschule im katholischen Berrenrath lernt sie
etwas bislang Unbekanntes: das Kreuzzeichen vor und nach dem Gebet
jeden Morgen. Dazu die Worte: „Im Namen des Vaters und des Sohnes und
des Hl. Geistes. Amen." Das Kreuzzeichen, Erinnerung an Jesu Tod, Tauferinnerung, Segenszeichen der Christen.

Katholisch ist auch Leni Heigl, die Haushaltshilfe der Niebuhrs. Sie erzählt
von „ihrem" Pastor und der Messe, damals mit der ausschließlich lateinischen Liturgie, dem Ave Maria, dem Pater noster und den Rosenkranzgebe-
ten. Leni kann das auswendig: „Pater noster – qui es in coelis – sanctificatur
nomen tuum – adveniat regnum tuum." Oder: „Ave Maria – Dominus tecum
– benedicta tu in mulieribus – et benedictus fructus ventris tui – Jesus."

Erika wundert sich darüber, dass Leni nicht genau weiß, was die lateinischen Worte bedeuten, die sie so oft ausspricht. Von Leni lernt sie auch: Die Predigt ist nicht so wichtig für die Katholiken, man kommt zu spät zum Gottesdienst, weil man eigentlich nur zur Kommunion gehen will.

Beeindruckt ist Erika Niebuhr von den katholischen Allerheiligen- und Allerseelenfeiern jedes Jahr Anfang November. Da werden auf dem Friedhof zum Totengedenken Kerzen angezündet. Den größten bleibenden Eindruck machen auf sie die dörflichen Fronleichnamsfeste, an denen in reich geschmückten Prozessionen das Sakrament der Eucharistie gefeiert wird. Der Priester trägt die Monstranz mit der Hostie voran, die Gemeinde folgt. An vier Altären im Freien werden Fürbitten gesprochen und der Priester segnet die Gläubigen.

Erika hat ihr Leben lang nicht vergessen, dass sie gern als Engelchen in der Fronleichnamsprozession mitgegangen wäre, und zugleich wusste sie, dass ihr dies als im Dorf bekanntes evangelisches Kind nicht möglich war. Damals wusste sie nicht, dass Fronleichnamsprozessionen früher traditionell immer auch Demonstrationen gegen den Protestantismus waren, verbunden mit konfessionellen Animositäten.

Das Dorf Berrenrath, in dem die Niebuhrs wohnen, gehört zur Evangelischen Kirchengemeinde Knapsack. Seit Ende des Krieges ist Vater Walter Niebuhr dort gewählter Presbyter und bestimmt die Geschicke der Knapsacker Gemeinde mit. Erika Niebuhr nimmt dort zwei Jahre lang am kirchlichen Unterricht teil, ein Jahr als Katechumenin, das zweite als Konfirmandin – bei Pfarrer Karl Keller. Am 18. März 1951 wird sie von ihm in Knapsack konfirmiert. Ihr Konfirmationsspruch stammt aus der Offenbarung des Johannes: „Sei getreu bis in den Tod, so will ich Dir die Krone des Lebens geben."[143]

Pfarrer Keller hat sie geprägt. Er war ein frommer Mann, Mitglied der Bekennenden Kirche und ein guter Freund der Familie. Als Erika zwanzig ist, bekommen die Kellers ihr fünftes Kind, ein Mädchen, das geistig behindert geboren wird und Erika heißt. Erika Niebuhr wird Patentante.

Die Beziehung zur Patentochter Erika, ihren Geschwistern und ihrer Mutter Annegret Keller besteht noch heute. Erika Keller – trotz damals anders lautender ärztlicher Prognosen – heute über fünfzig, lebenslustig, familiär tief

---

[143] Offb 2,10.

verwurzelt, lebt seit einigen Jahren in einer großen diakonischen Einrichtung in Wuppertal. Sie wird für Patentante Erika Beispiel und Lehrmeisterin für den Umgang mit Menschen mit Behinderungen.

Noch während des Krieges beginnen die konfessionellen Grenzen im Rheinland durchlässiger zu werden. 1944 wird das katholische Pfarrhaus in Berrenrath bombardiert und der katholische Priester Steppke findet bei den Niebuhrs vorübergehend ein Dach über den Kopf. Mehr als zuvor sind die Menschen aufeinander angewiesen. Laufend gibt es Einquartierungen, auch bei den Niebuhrs. Langsam verändern die vielen evangelischen Flüchtlinge aus dem östlichen Teil Deutschlands die konfessionelle Demografie des Rheinlands.

Der Katholizismus begleitet Erika Niebuhr weiterhin. Ostern 1946, nach Abschluss der 4. Klasse, tritt sie in die Brühler Ursulinenschule ein, ein erzbischöfliches Lyzeum, das bis zum Realschulabschluss führt. Es wird von katholischen Ordensschwestern geleitet. Auch „weltliche" Lehrerinnen und Lehrer sind dort tätig. Die Schule hat einen guten Ruf. Sicher hätte es auch in Köln weiterführende Schulen gegeben, aber Köln ist 1946 noch weitgehend zerstört. Zudem haben die Eltern immer eine gute Verbindung nach Brühl gehabt. Hier ist die Hauptverwaltung der Roddergrube, hier hat die junge Familie Walter und Hanna Niebuhr einige Jahre gelebt, hier wohnen alte Freunde und Bekannte.

Als Erika zu den Ursulinen kommt, sind Armut und Mangelernährung in Deutschland noch allgegenwärtig. Mittags gibt es die durch die USA finanzierte Hoover-Schulspeisung: Brötchen, Kakao, Rosinen, Bouillon – manchmal auch Nudeln – und Cadbury-Schokolade. Das Essen wird in einer Art Waschkessel zubereitet und in der Schule gegessen. Alle Kinder bringen von zu Hause einen „Henkelmann", ein kleines Essgefäß, mit. Um Viertel nach eins ist die Schule aus, und um halb zwei kommt die Bahn, mit der Erika eine Stunde zurück nach Berrenrath fährt.

Die wenigen evangelischen Schülerinnen wissen genau, dass sie hier in der Minderheit sind. Unter ihnen die selbstbewusste Erika Niebuhr. Sie ist sich sicher, zur „besseren Fraktion" zu gehören, und das lässt sie die Ordensschwestern ab und zu spüren. Als Erika einmal an einem Reformationsfest nachmittags zur Schule kommen soll, sträubt sie sich und gibt sich widerborstig: „Wir haben Reformationsfest, da komme ich nicht." Die Klassenlehrerin Mater Edeltrud ist empört und bestellt Mutter Hanna in die Schule.

141

Aber auch Hanna Niebuhr, die protestantische Pfarrerstochter, hält die Fahne des Protestantismus hoch, wo sie nur kann. Ihre Nichte Ingelore erinnert sich noch heute. Als sie 1953 nach ihrer Flucht aus Ostdeutschland bei den Niebuhrs wohnt, sagt Tante Hanna zu ihr: „Morgen fahre ich mit Dir nach Köln zum Kaufhaus Peters. Wir werden Stoff für ein Dirndlkleid kaufen." – „Warum gerade bei Peters?" fragte ich. „Wenn man evangelisch ist, kauft man bei Peters", antwortet Hanna Niebuhr.[144] „Mir waren solche Sprüche aus meiner 95prozentigen evangelischen ostdeutschen Heimat völlig neu, eigentlich unverständlich, und sie berührten mich sehr."

In den letzten drei Jahren auf der Ursulinenschule erhält Erikas Schulklasse eine „weltliche" Klassenlehrerin, Frau Hildegard Bergmann, die maßgeblichen Einfluss auf Erika Niebuhr gewinnt. Frau Bergmann ist Katholikin und Studienrätin für Deutsch und Geschichte. Für Erika wird sie zur Autorität im wohlverstandenen Sinne. Denn sie hält ihre Schülerinnen dazu an, selbstständig zu denken und eigenverantwortlich Entscheidungen zu treffen – in Freiheit und mit Verbindlichkeit. Für Frau Bergmann bedeutet Freiheit immer „verantwortete Freiheit", das heißt, jede Entscheidung geht mit der Bereitschaft einher, die Verantwortung für die Entscheidung zu übernehmen und die Konsequenzen zu tragen. Das Gegenbild von Frau Bergmann ist die strenge, immer angespannt wirkende Ordensfrau Mater Evangelista, unverrückbar in ihren Orden und die schulische Hierarchie eingebunden. In der letzten Mittelstufenklasse geht es um das Thema „Freiheit und Autorität", ethische Fragen stehen zur Debatte, zum Beispiel: Darf eine Schwangerschaft beendet werden, wenn das Leben der werdenden Mutter auf dem Spiel steht? Frau Bergmann, die Katholikin, bejaht dies. Ihr steht das Beispiel einer Freundin vor Augen. Frau Bergmann lebt mit ihrem Mann und ihren beiden Söhnen im rechtsrheinischen Oberkassel. Im letzten Schuljahr lädt sie die ganze Klasse zu sich nach Hause ein. Noch heute denkt Erika Reihlen an sie, wenn sie in diese Rheingegend kommt. Es kann gut sein, dass es Frau Bergmann ist, die früh die Weichen dafür stellt, was ihre Schülerin Erika Niebuhr später unter Christentum verstehen soll.

---

[144] Ingelore Meyer. Erinnerungen an Berrenrath nach Flucht aus Görschen 1953. In: Erinnerungen an Hanna Niebuhr. Aufzeichnungen aus ihrer Familie. Hg. von Helmut und Erika Reihlen, Berlin-Steglitz 2008, S. 52.

Erika Niebuhr hat es nie bereut, sechs Jahre auf einer katholischen Schule gewesen zu sein. Heute sagt sie: „Weil ich da so viel gelernt habe über die andere Fraktion." Die Ursulinenzeit hat sie mit bekennenden Katholiken zusammengeführt. Erika hat in dieser Zeit katholische Frömmigkeit, Traditionen, Kirchenlieder und die Marienverehrung kennengelernt.

Dies hat ihr das ganze Leben lang genützt. Immer wieder hat sie es mit Katholiken zu tun, auch über vierzig Jahre später als Kirchentagspräsidentin. Da trifft sie zum Beispiel in München bei einer offiziellen Begegnungsrunde auf Kardinal Wetter, der die katholische Delegation leitet. Und weil sie sich im Katholizismus ein bisschen auskennt, tritt sie selbstbewusst auf. Begriffe, die anderen Protestanten fremd sind, kann sie einordnen. Wenn sie ein Gespräch eröffnen muss und sie sagt: „Ich komme aus dem katholischen Rheinland" oder: „Ich war sechs Jahre auf einer Ursulinenschule", taut manches Eis sofort.

Die meisten Ordensfrauen, die Erika Niebuhr als Jugendliche kennenlernt, verkörpern für sie eine starre und autoritäre Seite des Katholizismus. Frau Bergmann steht dagegen für das aufgeklärte Glaubensverständnis der Reformkatholiken. Und schließlich erfährt Erika Niebuhr auch von der katholischen Jugendbewegung, dem Quickborn, und ihrem geistigen Führer Romano Guardini. Denn ihre Freundin Franzis Rondorf gehört dazu. Sie und ihre Eltern nehmen regelmäßig an den Seminaren Guardinis auf Burg Rothenfels am Main teil.

Guardini vertritt eine ganzheitliche Erneuerung der Welt auf katholischer Basis und eine moderne existentialistische Theologie, eine erneuerte katholische Mystik und Liturgie sowie den Gedanken der Ökumene. Eine Theologie mit vielfachen Anschlussmöglichkeiten zur protestantischen Jugendbewegung und dem Existenzialismus.

Erika Niebuhrs Zeit auf der Ursulinenschule geht 1953 zu Ende. Das „katholische Rheinland" begleitet sie weiter. Später, im Studium, ist eine ihrer ersten und engsten Studienkolleginnen an der Kölner Universität eine Franziskanerin. Schwester Ingeborg Wirsing studiert Zahnheilkunde wie Erika Niebuhr, um später als Zahnärztin für ihren Orden auf der Insel Nonnenwerth tätig zu sein. Die beiden Studentinnen verbringen ganze Tage zusammen im Labor, später im Examen, und erfahren viel voneinander.

Für den Besuch der gymnasialen Oberstufe wechselt Erika Niebuhr auf die Staatliche Hildegardis-Schule, wieder eine reine Mädchenschule, in Köln-Sülz, mit ihr fünf Klassenkameradinnen aus der Brühler Ursulinenschule.

Zuerst steht die kleine Gruppe der sechs Brühlerinnen etwas im Abseits. Es gibt Integrationsschwierigkeiten. Doch die lösen sich bald auf und schließlich wird Erika Niebuhr sogar Klassensprecherin.

Manche Erinnerung aus der Schulzeit von Erika Niebuhr wird erst Jahrzehnte später interessant. So geht ihr erst sehr spät auf, dass der „Alte Friedhof" an der Schildgestraße in Brühl in Wahrheit ein jüdischer Friedhof ist, was aber in ihrer Kindheit und Jugend nie jemand zur Sprache brachte. An seinen Mauern haben Erika und ihre Freundinnen in Freistunden oder nach der Schule oft „Völkerball" gespielt. Und auch dass Pfarrer Otto Dudzus, den Erika Niebuhr aus den Kölner Schulgottesdiensten kennt, ein Pfarrer der Bekennenden Kirche und Schüler Dietrich Bonhoeffers gewesen ist, erfährt sie erst viele Jahre später.

1953 kommt es zu neuen Einquartierungen im Hause Niebuhr: Ingelore und Liselott, die Töchter von Johannes Anger, des jüngsten Bruders von Hanna Niebuhr. Sie sind mit ihrer Mutter Lore Anger aus Görschen bei Naumburg in die Bundesrepublik geflüchtet und wollen sich ein neues Leben aufbauen.

Ihr Vater Johannes sitzt seit 1945 im Bautzener Gefängnis, wegen der Farbe seiner Ziegel „Gelbes Elend" genannt. Johannes hatte in eine Landwirtschaft in Görschen eingeheiratet, war zur Wehrmacht eingezogen und als Landwirtschaftskommissar in der Ukraine eingesetzt worden. „Er war ein Kräftiger", sagt Helmut Reihlen, „es war schon richtig, dass er in einen Hof einheiratete und Bauer wurde. Der hatte das Stabile." Für die Sowjets ist das Wirken der deutschen Heereswirtschaftsverwaltung ein Teil des Vernichtungskrieges gegen die Sowjetunion. Deshalb wird Johannes Anger 1945 vor ein sowjetisches Gericht gestellt und in einem Verfahren von nur drei Minuten zum Tode verurteilt. Das Urteil steht schon vorher fest. Eine Verteidigung ist zwecklos.

Johannes Anger hat einen Bericht über seine Zeit in Bautzen geschrieben. Dieser ist durchtränkt von tiefem Hass auf die Kommunisten. Sein Bericht setzt am 6. März 1946 ein. Er beginnt mit den Worten: „Um die tatsächlichen Erlebnisse, Demütigungen und Grausamkeiten der Menschheit meinen Nachfahren zu übermitteln, habe ich mich entschlossen, meine

Gefangenschaft hinter den Kerkermauern von Bautzen etc. niederzuschreiben." In den Gefängnissen – so erläutert Helmut Reihlen – ist mit Methoden gearbeitet worden, die keiner Überprüfung standgehalten hätten. Aber Johannes Anger hat überlebt. Sein großer Held wird Konrad Adenauer, dessen Verhandlungen 1955 in Moskau zu seiner Freilassung führen. Eigentlich ist Johannes ein fröhlicher und lebensbejahender Mensch, aber die Jahre in Bautzen haben ihn verbittert. Helmut und Erika Reihlen erinnern sich noch gut daran, mit welchem Hohn er vom Besuch Propst Heinrich Grübers in Bautzen sprach. Dieser Besuch hat ihn nicht losgelassen. Während einer Sonntagspredigt forderte Grüber die Gefangenen in Bautzen auf, einmal darüber nachzudenken, ob sie mit ihrem Verhalten in der Nazizeit Schuld auf sich geladen haben könnten. Die Gefangenen wiesen die Aufforderung des Propstes, der selbst während der NS-Zeit im KZ gesessen hatte, empört zurück. Johannes Anger wird nicht müde, das zu betonen.

Für Erika Reihlen ist dieser Onkel wichtig geworden. Denn durch seine Töchter Ingelore und Liselott, die eine Zeit im Hause der Niebuhrs wohnen, kommt sie schon früh mit der Ost-West-Problematik in Berührung. Ein Thema, das sie – ähnlich wie das der christlichen Konfessionen – ihr ganzes weiteres Leben lang begleiten soll.

Zahnmedizin

Eigentlich will Erika Niebuhr Philologie studieren und Lehrerin werden. Denn eines weiß sie schon sehr früh: Sie kann mit Kindern umgehen und sie liebt Kinder. Doch dieser Wunsch erfüllt sich nicht. Mutter Hanna mag keine Lehrer und redet ihrer Tochter die Idee aus: „Lehrer wissen immer alles besser und bevormunden einen." Zudem hätten Lehrerinnen das Image, Blaustrümpfe zu sein, „Übriggebliebene", die keinen Mann abbekommen haben.

Hanna sieht ihre Tochter lieber in einem medizinischen Beruf. Das hat sie schließlich auch gemacht. 1930 begann ihre Ausbildung zur Medizinisch-Technischen Assistentin. Dafür ging sie nach Sülzhayn im Südharz. Fünf Jahre lang lernte und arbeitete Hanna in Dr. Steins Neuem Sanatorium in diesem idyllischen Kurort. 1935 heiratete sie und wurde Hausfrau und Mutter.

Und dann gibt es noch Bekannte, Freunde, Vorbilder für die Niebuhrs, zum Beispiel das Ehepaar Disselbeck aus Brühl. Erika Reihlen erinnert sich daran, wie selbstbewusst die beiden Disselbeck-Töchter waren, die mit ihr auf die Ursulinenschule gingen. Als Renate ein Referat halten muss, stellt sie sich vor die Klasse und sagt: „Wer noch nicht weiß, dass meine Mutter Zahnärztin ist, dem sei es hiermit gesagt." Während Herr Disselbeck im Krieg ist, ernährt seine Frau die Familie als Zahnärztin. Das imponiert Hanna Niebuhr. Denn sie sieht, dass andere Frauen es nicht so leicht haben, Geld zu verdienen, wenn der Mann im Krieg gefallen oder vermisst ist. Die Frauen ohne Berufsausbildung müssen putzen gehen oder als Haushaltshilfe arbeiten. Hanna Niebuhr ist froh darüber, dass ihr dergleichen nicht mehr passieren kann. „Seht", sagt sie zu ihren Töchtern, „das muss ich nicht", und: „Auch Mädchen brauchen eine ordentliche Ausbildung. Man kann ja nie wissen." Nicht dass Mutter Hanna im Beruf ein Mittel der Selbstverwirklichung für eine Frau sieht. Die Berufung der Frau liegt für sie klar in Ehe und Mutterschaft. Der Beruf einer Frau soll aber ein „Notnagel" sein für den Fall, dass sie verwitwet oder verlassen wird.

Auch ein gewisser Dr. Fritz Wustrow, Arzt und Zahnarzt, Oberarzt und später Ordinarius für Hals-Nasen-Ohrenheilkunde an der Universität in Köln, steht am Wegesrand, als Erika Niebuhr entscheiden muss, was sie studieren will. Das Ehepaar Wustrow zählt zu den engsten Freunden von Walter und Hanna Niebuhr. Es liegt nahe, dass Wustrow ein wichtiger Berater für Hanna Niebuhr wird, als sie sich um die Studienwahl ihrer ältesten Tochter Gedanken macht. Gegen Ende ihres Studiums wird er ihr Doktorvater.

Hanna Niebuhr jedenfalls hat eine Reihe guter Argumente, die für ein Studium der Zahnmedizin sprechen. Zum Beispiel dass die Zahnmedizin nur zehn Semester Regelstudienzeit braucht. Die Ausbildung zum „Vollmediziner" würde hingegen mindestens zwölf Semester dauern. Und während Zahnmediziner unmittelbar nach Abschluss des Studiums die Approbation erhalten, müssen Mediziner erst noch zwei Assistentenjahre absolvieren. Die Überschaubarkeit dieses Studiums überzeugt auch Tochter Erika, denn eigentlich will auch sie einmal heiraten und da würde eine allzu lange Ausbildung vielleicht nur im Wege stehen. Sie möchte zügig zu einem Abschluss gelangen, bevor ihr nächster Lebensabschnitt beginnt.

Zudem nimmt sie den Rat der Mutter sehr ernst. „Man ist nicht nur für einen Beruf geschaffen", sagt sie. Die Achtung vor der Meinung der Eltern, auch wenn diese weit ins eigene Leben eingreift, ist eine Selbstverständlichkeit. Erika Reihlen entschließt sich, Zahnärztin zu werden.

Auch wenn sie nicht Lehrerin wird, hat sie doch immer mit Kindern zu tun. Schon während ihres Studiums begleitet sie Kindererholungstransporte, die von der Roddergrube, der Firma ihres Vaters, als Familien ergänzende Vierwochen-Programme finanziert und durchgeführt werden. Es geht nach Büsum oder Norderney. Am Anfang kennt sie die Kinder nicht. Doch das bleibt nie lange so. Sie weiß es aus einem ihrer eigenen Briefe, die sie damals an Freund Helmut Reihlen schreibt. Als sie sich von den Kindern verabschieden will, fragen die: „Bleibst Du auch bei uns?" Und sogar Lehrerin ist sie noch geworden, wenn auch nur ganz nebenbei. 25 Jahre später steht Erika Reihlen als Leiterin des Zahnärztlichen Dienstes beim Steglitzer Gesundheitsamt vor Schulklassen und Kindergärten, vor Elterngruppen, Lehrerinnen und Erzieherinnen – spricht über zahnmedizinische Prophylaxe und übt mit ihnen das richtige Zähneputzen.

Als Erika Niebuhr sich an der Universität zu Köln einschreibt, ist sie sich nicht sicher, ob die Zahnmedizin das Richtige für sie ist. Der Stundenplan gefällt ihr nicht. Von 43 Wochenstunden im ersten Semester sind allein zwanzig für die Arbeit im Labor vorgesehen. „Technisch-propädeutischer Kurs für Vorkliniker mit Demonstrationen" nennt sich der vorgeschriebene Kurs, in dem Grund für die Arbeiten gelegt wird, die später in der zahnärztlich-prothetischen Behandlung von Patienten Anwendung finden. Jeder Student, jede Studentin bekommt einen eigenen Laborplatz zugewiesen. Ein bisschen geht es hier zu wie bei der Bundeswehr. Die Studenten müssen strikte Ordnung halten und haben die Anweisung, ihre Plätze sauber zu halten, denn beim Arbeiten mit Gips und Metall entstehen Stäube. So hat sich Erika Niebuhr ihr Studium nicht vorgestellt. Zwanzig Wochenstunden Labor! Eigentlich will sie nach dem ersten Semester aufhören. In den Semesterferien verreist sie mit ihrer Familie, nicht ahnend, dass dies die letzte gemeinsame Reise mit dem Vater ist.

Danach hat sich ihre Aufregung über das Studium gelegt. Und so beginnt sie das zweite Semester in Köln mit Zuversicht und Überzeugung. Sie belegt Anatomie, Physik, Chemie, Technische Propädeutik, Zahnärztliche Werkstoffkunde, Entwicklungsgeschichte und zwei physikalische Praktika. Jetzt weiß sie, dass sie dabei bleiben wird. Inzwischen hat sich die Semestergemeinschaft gefestigt. Auch das hilft ihr weiterzumachen.

Im Sommersemester 1957, es ist ihr drittes Semester, stirbt ihr Vater. Es ist selbstverständlich, dass die Töchter nun ihrer Mutter beistehen und ihr helfen, den Alltag zu bewältigen. Hanna Niebuhr kann weder Fahrrad- noch Autofahren. So fährt Erika die Mutter mit dem Auto mindestens einmal in der Woche zum Grab des Vaters, das wenige Kilometer vom elterlichen Haus entfernt auf dem Kölner Südfriedhof liegt. Gemeinsam pflegen sie das Grab. Auch in ihren Garten mit den Spargelbeeten kommt Hanna Niebuhr nicht mehr ohne die Fahrdienste ihrer Tochter. Dieser Garten liegt etwa zehn Kilometer von Köln entfernt, in der Nähe des alten Wohnorts Berrenrath.

Ein unbeschwertes Studentenleben ist das nicht für Erika. Sie verbringt viele Wochenstunden an der Uni und ist in ihrer freien Zeit damit beschäftigt, zu lernen oder ihrer Mutter zur Hand zu gehen. Freund Helmut Reihlen rät ihr dringend, Köln als Studienort zu verlassen. Zu groß erscheint ihm der Einfluss von Hanna Niebuhr auf das Leben seiner Freundin, die wenig Zeit und Kraft für ein Leben außerhalb der Universität, des Gartens und des Friedhofs übrig hat.

Im Sommer 1958, am Ende des fünften Semesters, besteht Erika Niebuhr ihr Physikum. Das „vorklinische" Studium ist damit beendet und das „klinische" Studium kann beginnen. Da trifft es sich gut, dass die Studentenbude der alten Freundin Elisabeth Pieper in Freiburg frei wird. Im Wintersemester 1958/59 schreibt sich Erika Niebuhr an der Albert-Ludwigs-Universität Freiburg ein und zieht in das Zimmer der Freundin. Gegenüber ihrer Mutter kann sie gute Gründe geltend machen, denn Freiburg hat eine renommierte Fakultät für Zahnheilkunde. Jetzt ist es an der jüngeren Schwester Gisela, mehr häusliche Pflichten zu übernehmen.

Auch in Freiburg muss Erika ein beachtliches Pensum absolvieren. Wieder verbringt sie viele Stunden im Labor. Dennoch: Hier gibt es Zeit für anderes – und zuweilen sogar für Spontanes. Gerade in Freiburg angekommen, trifft Erika eine alte Kölner Schulfreundin auf der Straße. Die erzählt ihr, dass sie im Russischen Chor der Universität singt. Kurz darauf ist auch Erika Niebuhr Chormitglied. Sie belegt sogar einen Kurs an der Uni: „Studium geistlicher und alter weltlicher Volkslieder". Der Chorleiter ist ein Flüchtling aus Zeiten der Russischen Revolution, Alexander Kresling (1897–1977). Als junger

Dozent in Russland bereiste er den Ural und Nordrussland. Dort hörte er Lieder und Volksweisen, die er später in der Emigration aus dem Gedächtnis heraus aufschrieb. 1930 gründete er den Russischen Chor der Universität Freiburg.

Kresling hat ein Archiv von über 1 400 Liedern. Sie handeln vom Leben und dörflichen Alltag im alten Russland. Darunter Wiegenlieder, gesungene Sagen und geistliche Gesänge der Altgläubigen, einer religiösen Gruppe, die sich im 17. Jahrhundert von der orthodoxen Kirche abgespalten hat und von den Zaren, aber auch den Sowjets verfolgt wurde. Gesungen wird a cappella und in russischer Sprache. Die Texte dafür werden auswendig gelernt. Kurze Zeit später tourt Erika Niebuhr schon mit ihrem neuen Chor durch die Bundesrepublik.

Schnell schließt sie neue Freundschaften. Zusammen mit Freund Helmut wandert sie auf den Schauinsland oder ins Elsaß. Auch lernt sie, die Rheinländerin, die gern und oft am Kölschen Karneval teilnimmt, die schwäbischalemannische „Fasnet" kennen. Ein faszinierender mittelalterlicher Brauch, verbunden mit älteren, archaisch wirkenden Traditionen kurz vor Beginn der kirchlichen Fastenzeit. „Wilde Leute", Teufels- oder Hexengestalten klappern in alten Holzmasken nachts durch die Straßen.

Nach einem Semester kehrt Erika Niebuhr zurück nach Köln, wo ihre Geschwister, Gisela und Albrecht, aber auch Mutter Hanna, der Garten und das Grab des Vaters schon auf sie warten. Jetzt verlässt Gisela das mütterliche Zuhause und geht ebenfalls nach Freiburg, wo sie zwei Semester lang Englisch und Erdkunde studiert. Auch sie bewohnt das ehemalige Zimmer von Elisabeth Pieper.

Kaum an die Medizinische Fakultät der Universität zu Köln zurückgekehrt, stellt Dr. Wustrow Erika Niebuhr das Thema für ihre Doktorarbeit: „Innerviert der Nervus nasopalatinus Scarpae die Pulpen der oberen Schneidezähne?" Zu diesem Thema gibt es 1959 keine einheitliche Lehrmeinung. Die Lehrbücher der Anatomie sprechen zwar davon, dass die Nasenseptumschleimhaut im unteren Bereich der Nase und auch die Gaumenschleimhaut durch diesen Nerv versorgt werden, aber über die Pulpen, das Zahnmark der oberen Schneidezähne und ihre Verbindung mit dem Nervus nasopalatinus ist wenig bekannt, obgleich bestimmte klinische Beobachtungen eine solche Verbindung nahelegen.

Bis zu ihrem Studienabschluss arbeitet Erika Niebuhr fast jede freie Minute an ihrer Dissertation. Sie hat bestimmte Knochenpräparate und mikroskopische Serienschnitte des menschlichen Zwischenkieferbereichs zu begutachten. Über ein Jahr lang ist sie „ständige Mitarbeiterin" in der Hals-Nasen-Ohrenklinik. Bei Patienten vor und nach einer Nasenscheidewandoperation prüft sie die Sensibilität der Oberkieferschneidezähne und der Gaumenschleimhaut im Zwischenkieferbereich – dies in der Annahme, dass durch die Wirkung der Anästhesie bzw. die Operation selbst die gewohnte Sensibilität dieses Bereichs verändert oder beeinträchtigt sein könnte.

Als Erika Niebuhr im Juli 1961 das Staatsexamen ablegt, ist auch ihre Doktorarbeit fertig. Ihre Untersuchungen haben zu keinem eindeutigen Ergebnis geführt. Erika Niebuhr und die Wissenschaftler, die sie betreuen, gehen aber aufgrund klinischer Beobachtungen weiterhin von der Möglichkeit aus, dass der Nervus nasopalatinus an der Innervation der Pulpen der oberen Schneidezähne beteiligt sein könnte.[145]

„Fräulein Niebuhr, was machen Sie nach dem Staatsexamen?", hatte der Kölner Zahnklinikchef Prof. Karl Friedrich Schmidhuber[146] anfragen lassen. „Ich werde heiraten und ..." Erika Reihlen brauchte nicht auszureden, da sagte die Chefsekretärin zu ihr: „Da nimmt der Chef Sie nicht." Diese Szene ist Erika im Gedächtnis geblieben. Ihre Entscheidung nach erfolgreichem Abschluss von Studium und Promotion am Ende des Jahres 1961 ist klar: Heiraten, Haus einrichten, vielleicht Kinder kriegen.

---

[145] Erika Reihlen geb. Niebuhr: Innerviert der nervus nasopalatinus Scarpae die Pulpen der oberen Schneidezähne? Inaugural-Dissertation zur Erlangung der Doktorwürde der Zahnheilkunde der Hohen Medizinischen Fakultät der Universität zu Köln. Köln 1961, S. 55.

[146] Karl Friedrich Schmidhuber, geb. 21.2.1895, gest. 23.8.1967, seit 1933 Mitglied der NSDAP und der SS, seit 1935 a. o. Prof. für Zahn-, Mund- und Kieferheilkunde in Heidelberg, V-Mann des SD, 1936–1945 Leiter der Dozentenschaft und Dozentenbundführer an der Universität Heidelberg, Prof. ebd., 1941 Hauptsturmführer, im Krieg Stabsarzt der Wehrmacht, 1947 im Spruchkammerverfahren als „Minderbelasteter" eingestuft, 1951–1965 Leiter der Kölner Zahnklinik. In: Michael Grüttner: Biographisches Lexikon zur nationalsozialistischen Wissenschaftspolitik, Heidelberg 2004.

Die Barbarafeier 1955 und was daraus folgte

> O Heilige, behalte Ruh',
> das ging nicht ohne Schwindel zu.
> Aufs BuH-Haus zum Studentenballe
> kamen zwei Damen, schöner als alle.
> Helmuts Herz zum Halse schlug,
> dieweil er sich mit dem Plane trug,
> bei Fräulein Niebuhr Besuch zu machen.
> Doch ihm fehlte der Anlaß. Es ist zum Lachen!
>
> Schallplatten wurden von Helmut versteckt,
> von Niebuhrs gesucht und nicht entdeckt.
> Doch am Sonntag hat Helmut sie „wiedergefunden",
> fein eingepackt und zugebunden.
> Mit Plattenpaket und Blumenstrauß
> mogelt er erstmals sich ins Haus."
>
> *Roland Reihlen: Für Erika und Helmut Reihlen*
> *zu ihrem Hochzeitstage am 16. September 1961.*[147]

War es 1955 oder 1956? Spontan kann es Erika Reihlen heute nicht mehr sagen. Auf jeden Fall ist es die Barbarafeier des Aachener BuH-Vereins, auf der sie sich zum ersten Mal treffen. Die Heilige Barbara, Schutzpatronin der Bergleute, wird einmal im Jahr, Anfang Dezember, von den Berg- und Hüttenleuten gefeiert. Auch junge Damen sind eingeladen, oft auf Empfehlung älterer Bundesbrüder, denn Barbarafeiern sind immer auch ein Heiratsmarkt für die jungen BuH-Leute. So können die Bundesbrüder und ihre Familien sicher sein, dass ihre potenziellen Partnerinnen aus demselben Milieu kommen wie sie selbst. 1955 geht Erika Niebuhr noch zur Schule und denkt noch lange nicht ans Heiraten. BuH-Mann Hans Heinemann, Sohn eines Berufskollegen von Vater Niebuhr, hat sie eingeladen. Herr Hossbach, Walter Niebuhrs Chauffeur, fährt die beiden Schwestern Erika und Gisela nach Aachen und bringt sie kurz nach Mitternacht wieder nach Köln zurück.

---

[147] Privatbesitz Reihlen.

Helmut Reihlen sieht und hört, wie Gisela und Erika auf dem Barbaraball vierhändig Klavier spielen. Erika weiß noch, dass sie dem Ersten Vorsitzenden des BuH-Vereins – als Hl. Barbara – einen Barbarazweig überreichte. Der wird am 1. Dezember geschnitten und in die Vase gestellt, damit er gegen Weihnachten blüht. Erika trägt ein Gedicht vor, über die BuH-Leute, gemacht von BuH-Leuten.

Sie kann sich nicht erinnern, dass ihr Helmut bei der Barbarafeier 1955 schon aufgefallen ist. Vielmehr weiß sie noch, dass sie viele junge Männer in ihrer Studienzeit kennenlernt, im Rheinland und in Süddeutschland. Gleich mehrere Studenten werben um sie, werden zuweilen sogar etwas zudringlich. Einer von ihnen, kein Student mehr, beruflich etabliert und wohlhabend und etliche Jahre älter – für den hätte sie ihr Studium aufgeben müssen. So einer kommt für sie nicht in Frage.

Warum Helmut Reihlen ihr Freund und später ihr Ehemann wird, das weiß sie allerdings von Anfang an sehr genau. „Ich wusste, mit dem wird's nie langweilig. Und so ist es auch gekommen – bis heute. Es wurde und wird mit ihm nie langweilig."

Und auch noch viele Jahrzehnte später, an ihrem 70. Geburtstag, kann sie das nur bestätigen: „Mit dem wird's nie langweilig – früh erkannt von mir und erwiesen bis heute. Mit ihm habe ich etwas von der Welt gesehen, durch ihn hatten wir über die Jahre einige Tausend Gäste im Haus. Nie langweilig!" Heirat während des Studiums? „Nein!", sagt Erika.[148] Erika Reihlen macht im Frühjahr 1956 ihr Abitur und beginnt im Sommersemester ihr zahnmedizinisches Studium in Köln. Eigentlich hat sie keine Zeit für eine enge Beziehung. Viel wichtiger ist ihr das Studium. Und doch geht es irgendwie weiter. Beide interessieren sich für Kunstgeschichte, beide lieben Musik, beide wandern gern. Gemeinsam fahren sie nach Brühl, besuchen ein Fest der Freunde des Wallraff-Richartz-Museums. Und nicht zuletzt denken beide darüber nach, was Christ sein heißt. Erika tut dies bewusster als Helmut, bei dem das Christentum zwar zum bildungsbürgerlichen Elternhaus dazugehört, aber bis dahin noch zu keiner eigenständigen Bedeutung gelangt ist.

---

[148] Erika Reihlen: Die 70 macht mir zu schaffen. Privatbesitz Reihlen.

Helmut Reihlen hat sich einen gebrauchten Lloyd gekauft, auch „Leukoplastbomber" genannt. Das war eine Art „Trabi" des Bremer Autobauers Borgward, mit Zweitaktmotor, einer Karosserie aus Holz und Kunststoff. Der Lloyd ist klein und beweglich, kann schnell, das heißt maximal 65 km/h, von Aachen nach Köln oder Dortmund fahren.

Erika Niebuhr, Enkelin eines evangelischen Pfarrers, Tochter eines Presbyters, Schülerin katholischer Ursulinenschwestern, interessiert sich für die neueren theologischen Strömungen. Sie erzählt ihrem Freund von den Schriften Ethelbert Stauffers[149]. Sie schätzt es, wenn sie biblische Geschichten nicht nur einfach hinnehmen muss, sondern diese auch im Zusammenhang historischer Fakten interpretieren und verstehen kann. Sie gehen zusammen zum Gottesdienst. Auf Empfehlung einer katholischen Freundin hören sie den Domprediger am Dom zu Köln. So öffnet Erika Niebuhr neue Dimensionen des christlichen Glaubens für Helmut Reihlen, die ihm bislang verschlossen geblieben sind. Das Gespräch der beiden setzt sich über viele Briefe fort. Erika Niebuhr schildert ihrem Freund die Antigone von Jean Anouilh und übersetzt den Text für ihn ins Deutsche.

Fest steht, dass Erika Niebuhr auch beim Barbarafest des Aachener BuH-Vereins 1956 dabei ist. Dieses Mal soll sie die Rolle der Heiligen Barbara übernehmen. Das dreiköpfige „Festkomitee Barbara", in dem selbstredend auch Helmut Reihlen zu finden ist, schreibt ihr: „Deine bzw. Ihre Pflicht wird es sein, mit keusch-anmutsvollem Lächeln wohlgeformte Verse zur Erbauung und Ermahnung rauer Berg- und Hüttenleut' zu verlesen. Die Verse werden rechtzeitig hier verfertigt."[150]

Die Verbindung zwischen Helmut Reihlen und Erika Niebuhr festigt sich, getragen von der Erwartung und dem Gefühl für das unvergleichliche Mehr, das da noch kommen wird. Selbstverständlich sind auch die jeweiligen Elternhäuser in diese Freundschaft einbezogen. Zart sind die Bande,

---

[149] Ethelbert Stauffer (1902–1979), 1934–1948 Prof. für Neues Testament an der Universität Bonn, 1948 Prof. für Neutestamentliche Wissenschaft an der Universität Erlangen.

[150] Schreiben Adolf Morsbachs, Martin Bauers und Helmut Reihlens an Erika Niebuhr vom 20. November 1956 (ELAB 62/24). Die Barbararede im Versmaß des Hexameters deutet Vorkommnisse und Probleme des BuH-Vereins während des vergangenen Jahres an.

die in Besuchen und Briefen geknüpft werden. Die Briefe Erika Niebuhrs an Irmgard und Otto Reihlen sind höflich, warm und respektvoll, Zeugnis einer vollendeten Erziehung:

„Sehr verehrte gnädige Frau! Sehr geehrter Herr Reihlen!

Wir sind noch ganz erfüllt von dem reizenden Abend in Ihrem gastlichen Hause, daß wir Ihnen noch einmal recht herzlich danken und Ihnen sagen möchten, wie gut es uns bei Ihnen gefallen hat", beginnt ein Brief Erika Niebuhrs an Otto und Irmgard Reihlen vom 30. Juni 1956.[151]

Nach vier Jahren verloben sie sich heimlich. Das Datum ist eingraviert in ihre Ringe: der 7. Februar 1959. An diesem Tag besucht Erika Niebuhr Helmut Reihlen in seinem Studiendomizil in Clausthal-Zellerfeld und sie schreiben Mutter Hanna eine Karte. Mit einer Strophe aus dem Bergmannslied, in dem es heißt: „Es grüne die Tanne, es wachse das Erz. Gott schenke uns allen ein fröhliches Herz." Die letzte Zeile wandeln sie ab: „Gott schenkte uns beiden EIN fröhliches Herz." „Da wusste die Mama Bescheid", sagt Helmut Reihlen.

Eine offizielle Verlobungsfeier gibt es erst ein Jahr später, am 23. Januar 1960. Im November 1959 hat Helmut Reihlen sein Hauptexamen als Dipl.-Ing. bestanden. Die Verlobungsfeier findet im Haus von Hanna Niebuhr in Köln-Junkersdorf statt. Fast wird das Fest noch dramatisch. Denn Helmut Reihlen hat Schnee geschippt und sich dabei eine schmerzhafte eitrige Entzündung, eine Phlegmone, an der Innenhand zugezogen, die sich schnell ausbreitet. Zu spät diagnostiziert, kann sie zu einer Versteifung des Handgelenks führen. „Ich dachte natürlich, ich kenne keinen Schmerz und bin erst im allerletzten Augenblick ins Krankenhaus gefahren", erinnert sich Helmut. Erika kann die Reime, die Otto Kleucker, der Onkel ihres Verlobten, dazu verfasste, noch auswendig.

„Um die Männer einzufangen, zur Verlobung zu gelangen,
braucht ein Mädchen viele Mittel: Manche schaffen's mit dem Titel,
andere durch Schönheit glänzen, oder zeigen Referenzen.
Doch bei hartgesottnen Fällen, nämlich solchen Junggesellen,
die die goldne Freiheit schätzen, allen Listen schlau entwetzen,
sein dies kleine oder große, da hilft nur noch die Narkose.

---

[151] Schreiben Erika Niebuhrs (unterschrieben auch von Susan Wilbraham und Gisela Niebuhr) an Otto und Irmgard Reihlen vom 30. Juli 1956 (ELAB 62/3).

Und er wird, noch halb bedeppt, zu der Feier angeschleppt.
Plötzlich ist er Bräutigam und weiss gar nicht, wie es kam.
Die Moral von der Geschicht': Fege Du die Straße nicht!
Sondern lasse solche Sachen später Deine Holde machen,
die, des Besenstiels gewohnt, dadurch Deine Hände schont."

Während Erika Niebuhr, die junge Verlobte, noch Wochen später damit
beschäftigt ist, sich für die zahlreichen Briefe und Geschenke zu bedanken: „Abends erwarten mich Berge von Briefen und herrlichste Geschenke,
die nach Danksagung schreien. Für die nächsten drei Wochen brauche ich
keine Nebenbeschäftigung!"[152], macht sich der junge Verlobte schon bald
auf nach Lyon zum Studium der französischen Sprache. Erika Niebuhr plant
unterdessen eine 14-tägige Italienreise mit dem AStA der Kölner Universität.

Die Verbindung der beiden Familien Niebuhr und Reihlen ist ein Glücksfall.
Fünf Jahre kennen sich die beiden, genug Zeit für die gestrenge Hanna Niebuhr, die neue Familie in ihr Herz zu schließen. Nun ist auch sie glücklich.
Nach einem Besuch bei den zukünftigen Schwiegereltern von Tochter Erika
schreibt sie an Irmgard Reihlen: „Jetzt – da ich nun auch Euer Heim kenne
und einmal länger mit Dir und Deinem lieben Mann zusammen war – bin ich
doch sehr glücklich zu sehen, in was für eine liebe Familie Erika kommt. Ihr
habt sie so liebevoll in Eure Familie aufgenommen, dass ich gut nachfühlen
kann, wie gern sie immer wieder zu Euch kommt. Helmut und Erika passen
wirklich prächtig zusammen. Ich habe es in letzter Zeit oft gedacht. Und
Helmut ist mir wirklich so lieb wie ein eigenes Kind. Wir hier freuen uns stets
alle, wenn er kommt."[153]

---

[152] Schreiben Erika Niebuhrs an Otto und Irmgard Reihlen vom 26. Januar 1960
(ELAB 62/3).
[153] Schreiben Hanna Niebuhrs an Irmgard Reihlen vom 2. Mai 1960 (ELAB 62/3).

155

Das besondere Jahr 1961

Die Zeit bis zur Hochzeit ist unruhig. Erika Niebuhr lebt in Köln-Junkersdorf bei Mutter, Schwester und Bruder. Helmut Reihlen hat sich eine „Bude" in Rheinhausen genommen und ist viel für die DEMAG unterwegs. „Ein Glück, daß die Zeit für uns arbeitet und das ewige Auseinander-Sein bald ein Ende hat!", schreibt Erika Niebuhr an die zukünftigen Schwiegereltern.[154] Die Verlobten planen, in Rheinhausen ein Haus zu bauen.

Die standesamtliche Trauung findet am 28. August 1961 in Weiden statt, ganz in der Nähe des Hauses von Hanna Niebuhr. Gefeiert wird im engsten Familienkreise mit Otto und Irmgard Reihlen, Hanna Niebuhr und den Wustrows. Fritz Wustrow, Erikas Doktorvater, und Mutter Irmgard Reihlen sind Trauzeugen. Danach geht es zum Essen ins Marienbildchen, ein Lokal etwas außerhalb von Junkersdorf auf der Aachener Straße.

„Wir alle sind so vergnügt über den gestrigen Tag, wenn wir daran zurückdenken", schreibt Erika Reihlen am nächsten Tag an die Schwiegereltern, „und wie man den richtigen Hochzeitstag noch schöner und lustiger begehen kann, ist mir noch unklar. Lieber Vater, wir danken Dir sehr herzlich, daß Du dem Tag einen so festlichen Rahmen gegeben hast, an den sich gewiss alle gern erinnern. Auch Wustrows sind begeistert und bedanken sich noch einmal."[155] Doch die „richtige" Hochzeit steht noch bevor. Es ist die kirchliche. Getraut werden die beiden am 16. September 1961 in Weiden von Pfarrer Walter Bienert. Dieses Mal feiern sie ein großes Fest mit sechzig Gästen. Ein festliches Essen findet im Stadtwaldrestaurant in Köln statt. Ab Nachmittag wird im Haus von Hanna Niebuhr in Junkersdorf weiter gefeiert. Alle sind da: beide Familien, die Paten, Vettern und Cousinen, Bundesbrüder und Studienkollegen, auch Erikas Großeltern Helene und Georg Anger, 78 und 90 Jahre alt. Der Trauspruch entstammt dem Galaterbrief: „Einer trage des anderen Last, so werdet Ihr das Gesetz Christi erfüllen."[156]

---

[154] Schreiben Erika Niebuhrs an Otto und Irmgard Reihlen vom 1. November 1960 (ELAB 62/3).

[155] Schreiben Erika Reihlens an Otto und Irmgard Reihlen vom 29. August 1961 (ELAB 62/3).

[156] Gal 6,2.

Reden werden gehalten. Bruder Roland Reihlen führt ein Stück auf, das ein paar Ereignisse aus Helmuts Leben aufgreift. Sein Gegenüber: Apollonia, die Schutzheilige der Zahnwehkranken. „Vor einiger Zeit, es war im August, – wurde man sich im Himmel bewußt, – daß Erika Niebuhr Examen besteht – als Stolz der ganzen Fakultät. – Ich dachte, sie wird nun Professorin werden, – die Geissel Zahnweh vertilgen auf Erden, – auf den Zahn fühlen den Menschen, den bösen, – und die Haare von ihren Zähnen lösen. – Nun erfahr ich – wie kann das sein – daß sie den Zahnarztberuf gibt ein, um in den Ehestand zu eilen – mit einem Herrn Mäx Etsch Reihlen.[157] – Wer ist es, der sie so verführt? – Der Frage sei jetzt nachgespürt."[158]

Die ernstere Rede hält Vater Otto Reihlen. „Mit großen Hoffnungen und Freuden feiern wir diese Hochzeit, weil sie die Erfüllung einer jahrelangen heißen Liebe ist", beginnt er und dann spricht er alle Beteiligten persönlich an. Seinen Sohn, die Braut, Hanna Niebuhr und Albrecht, den jüngeren Bruder. Er will der Braut klarmachen, was es bedeutet, mit einem Ingenieur verheiratet zu sein. „Da auch der Beruf den Mann formt, dazu einige Gedanken. Er kämpft nicht nur mit Menschen, die er von seinen Gedanken überzeugen muß und wo sich das normale Spiel des Lebens vom Geben und Nehmen abspielt. Er kämpft vielfach noch mehr mit Abstraktem – mit Material, das er nach seinem Geist formt. Hier gibt es kein Geben und Nehmen, sondern hier ist der Erfolg nur von der Härte des eigenen Einsatzes, von der Folgerichtigkeit der Gedanken, von der Hartnäckigkeit und der Beharrlichkeit abhängig. Das Material widerspricht nicht, es muß besiegt werden. So entwickelt sich der Ingenieur leicht zum härteren Menschen, der gewohnt ist zu entscheiden.

Die Zeichnung oder Berechnung ist eine Entscheidung und verbindlich – gleichgültig ob vom einfachen Konstrukteur oder vom technischen Direktor hergestellt. Hier gibt es kein ‚Irrtum vorbehalten' – wie auf dem Rechnungsauszug des Kaufmanns.

---

[157] Den Namen „Max Etsch" brachte Helmut Reihlen aus den USA mit. Die Amerikaner konnten Helmut nicht aussprechen und redeten ihn deshalb mit seinem zweiten Vornamen und dem Anfangsbuchstaben von Helmut an: „Max H."
[158] Roland Reihlen: Für Erika und Helmut Reihlen zu ihrem Hochzeitstag am 16. September 1961. Privatbesitz Reihlen.

Helmut ist nicht nur Ingenieur, er ist auch musisch veranlagt und hat so in seinem Wesen einen guten Ausgleich zum Beruf. Aber auch ihn wird gelegentlich der Beruf übermannen, dann erinnere Dich dieser Gedanken."[159]

Mitte September 1961 brechen die Jungvermählten zu ihrer Hochzeitsreise nach Wien auf. Es ist ein warmer und sonniger Herbst. Die Reise geht von Passau aus die Donau abwärts, über Inzell, das Mühlviertel, Linz, Zwettel, St. Florian nach Wien. Und überall besuchen sie die Zeugen einer reichen Geschichte: Schlösser, Kirchen, Kapellen und Klöster. Wien – es konnte eigentlich nicht schöner sein für die jungen Eheleute. Sie freuen sich „riesig an dieser Stadt". Sie wohnen in Purkersdorf mitten im Wiener Wald, tagsüber schlendern sie durch Galerien und Schlösser. Abends gehen sie ins Theater und in Konzerte. „Aber Geschichte bietet nicht nur Schönes", erinnert sich Helmut Reihlen viele Jahre später. „Am Weg lag auch Mauthausen. Wir besuchten das Konzentrationslager, den Steinbruch, der vielen zum Grab wurde, die Verhörzellen, die Vergasungskammern, die Öfen, die Denkmäler, von jenen errichtet, die Mauthausen überlebt haben, voller Trauer und Verzweiflung über die Menschen und über Gott."[160] Mauthausen, unweit von Linz, errichtet nach dem Anschluss Österreichs ans Deutsche Reich im März 1938, war es das einzige KZ auf Reichsboden, dessen erklärtes Programm die „Vernichtung durch Arbeit" war. Hier fielen gut 100 000 Häftlinge dem Mordprogramm der Nazis zum Opfer.

Und dann fahren sie nach Obritzberg und besuchen das Grab von Werner, dem ältesten Reihlenbruder. „Werners Grab war sehr gepflegt", schreiben sie an Otto und Irmgard Reihlen, „Der Pfarrer des Ortes sprach eine Viertelstunde mit uns und erzählte von den letzten Kriegswochen. Die Lage des Friedhofes ist einmalig schön. Wir stifteten 100 Ö. S. für die Gemeindekasse, bedankten uns auch in Euer Namen für die wirklich schöne Grabpflege und fuhren dann weiter nach Göttweig."[161]

---

[159] Hochzeitsrede Otto Reihlens für Helmut und Erika vom 16. September 1961. Privatbesitz Reihlen.

[160] Helmut Reihlen: Zur Stiftung der Werner-Reihlen-Vorlesung. In: Wirtschaftsethik. Interdisziplinäre und interkonfessionelle Orientierungshilfe. Beiheft zur Berliner Theologischen Zeitschrift. Sonderdruck aus: Theologia Viatorum Neue Folge. Halbjahresschrift für Theologie in der Kirche, 9, 1992, S. 2.

[161] Postkarte Helmut und Erika Reihlens an Otto und Irmgard Reihlen vom 27. September 1961 (ELAB 62/3).

Dreißig Jahre später beschreibt Helmut Reihlen Obritzberg in seiner Rede zur Stiftung der Werner-Reihlen-Vorlesung. „Nun, September 1961 standen wir in Obritzberg. Vor uns eine sonnendurchflutete Senke hin zum Dunkelsteiner Wald. Von der Kirche aus ein weiter Rundblick über die erntereifen Felder. Im Schutz der Kirche der Dorffriedhof. Hier liegt Werner zusammen mit 18 Kameraden im, wie der Dorfgeistliche es nannte, ‚Ehrengrab'. Man muß sich zwingen, sich auf eine Bank setzen, die Augen schließen, um sich in Gedanken in das Grauen zurückzuversetzen. April 1945, Panzer, Kanonen, MG-Salven, Gräben, Schreie, blutjunge deutsche Infanteristen, 18 Jahre alt, in ihrem ersten Einsatz gegen wahrscheinlich ebenso junge Rotarmisten."[162]

Er erinnert an Bernhard Wickis Film „Die Brücke", der die Geschichte einer Gruppe Jugendlicher am Ende des Krieges erzählt, die – zu einem Zeitpunkt, als der Krieg schon längst entschieden ist – voller Idealismus, blind und gläubig dem Führer vertrauend, eine Brücke verteidigen und ihr Leben dabei verlieren. Helmut Reihlen glaubt, dass dieser Film die Gemütslage seines Bruders in seinen letzten angsterfüllten Lebensstunden richtig beschreibt.[163]

Nach der Hochzeitsreise zieht Erika Reihlen zu ihrem Ehemann nach Rheinhausen in eine winzige Dachwohnung in der Reichsstraße 17. Dort beschäftigt sich die junge Ehefrau mit der Fertigstellung und Einrichtung ihres neuen Einfamilienhauses. Im Grabenacker 25. Unter anderem sorgt sie dafür, dass das Nussbaumschlafzimmer ihrer Eltern, das seit dem Tod des Vaters in einem Möbellager steht, nach Rheinhausen kommt.

Schließlich muss sie sich auf ihre mündliche Doktorprüfung am 6. November 1961 vorbereiten. Ihre zahnärztliche Approbation hat sie schon seit dem 12. September 1961 in der Tasche. Die Doktorurkunde ist immer noch sehenswert, lateinisch geschrieben, wie in alten Zeiten. Überschrieben mit den sieben Buchstaben: Q. b. f. f. f. q. s. (quid beatum felix faustum fortunatumque sit). Frei übersetzt heißt das: „Was zum aller-aller-aller-höchsten Glück gereichen möge." Die Urkunde gilt „Mulieri doctissimae cui nomen est

---

[162] Helmut Reihlen: Zur Stiftung der Werner-Reihlen-Vorlesung. In: Wirtschaftsethik. Interdisziplinäre und interkonfessionelle Orientierungshilfe. Beiheft zur Berliner Theologischen Zeitschrift. Sonderdruck aus: Theologia Viatorum Neue Folge. Halbjahresschrift für Theologie in der Kirche, 9, 1992, S. 4.
[163] Ebd.

Reihlen e gente Niebuhr, Erika", „der hochgelehrten Frau mit Namen Erika Reihlen aus dem Niebuhrstamm". Helmut Reihlen ist heute noch stolz auf diesen Titel seiner Frau. In den ersten Ehemonaten in Rheinhausen nimmt Erika Reihlen Kontakt zu einer Zahnarztpraxis auf. Schließlich weiß sie nicht, ob ihr Kinderwunsch bald in Erfüllung gehen wird.

Die Erinnerungen an den Hausbau sind fröhlich, leicht und beschwingt. Helmut Reihlen pfeift eine Melodie, eine kurze Tonfolge, das Erkennungszeichen der BuH-Leute. Es sind die Anfangstöne vom „Ännchen von Tharau", einem ostpreußischen Volkslied von Friedrich Silcher und einem Text von Simon Dach. Das ist heute noch die Erkennungsmelodie für ihn und seine Frau, mittlerweile auch von der nächsten und übernächsten Generation übernommen. Alle wissen: Wo das gepfiffen wird – sei es im Museum oder im Hausflur – sind die anderen nicht weit.

Wenn Helmut Reihlen auf den Bau kommt und seine Frau sucht, pfeift er das „Ännchen" und schon kommt sie und steckt einen Kopf aus dem Fenster. Die Bauarbeiter lernen es schnell und machen den Pfiff nach. Wenn Erika Reihlen dann irgendwo den Kopf herausstreckt und nach ihrem Mann sucht, lachen sie.

Inzwischen hat Erika Reihlen fast vollständig die Korrespondenz mit den Schwiegereltern übernommen. Ihre Briefe sind dankbar und liebevoll besorgt. „Liebe Eltern, lasst uns Euch in diesem Brief noch einmal danken für die fröhlichen Stunden, die wir in diesem Jahr wieder bei Euch und mit Euch verlebten. Vor allem danken wir für Eure vielen Ratschläge und die große Hilfe, die Ihr uns zu unserer Haushalts- und Hauseinrichtung zukommen lasst. Wir wünschen sehr, daß wir es Euch einmal zeigen können, wie wir uns darüber freuen", schreibt sie gegen Ende des Jahres 1961.[164]

Und was für ein Jahr das war: im Juli das Staatsexamen, im August und September Eheschließung, Hochzeitsfest und Hochzeitsreise, und im November die Doktorprüfung. Das neue Haus ist auch fast fertig. Am 31. Dezember 1961 steigen die jungen Eheleute in die Badewanne, um das leere Haus „einzubaden". Dieses Datum darf aus Abschreibungsgründen nicht ungenutzt verstreichen und muss zur Not dem Finanzamt belegt werden.

---

[164] Schreiben Helmut und Erika Reihlens an Otto und Irmgard Reihlen vom 12. Dezember 1961 (ELAB 62/3).

Teil VII
Walzwerke und Kinder – Rheinhausen 1960–1971

In Rheinhausen und bei der DEMAG

Ein bürgerliches Kulturleben mit Museen und Cafés gibt es in Rheinhausen mit seinen über 70000 Einwohnern nicht. Nicht einmal eine Buchhandlung ist zu finden. Wer ein Buch kaufen will, fährt nach Duisburg oder Moers. Dennoch hat Rheinhausen seinen eigenen Charme. Die Industriestadt Rheinhausen ist wenig mehr als ein Zusammenschluss einiger niederrheinischer Dörfer, die durch den Bau der Krupp'schen Hüttenwerke und der Bergwerke Diergardt/Mevissen 1934 zur kommunalen Zusammenarbeit gezwungen worden sind. Anfang der sechziger Jahre zählen das Hüttenwerk und die Zechen über 20000 Beschäftigte. Neben den Resten alter Dorfkerne gibt es stilvolle Werkssiedlungen aus dem Anfang des 20. Jahrhunderts und den zwanziger und dreißiger Jahren. Die Neubauten der fünfziger und sechziger Jahre sind weniger stilvoll. Gemeinschaftsprägend sind die Schulen, die Kirchengemeinden, die Gartenkolonien, die Kneipen, die Gewerkschaftshäuser und der SPD-Ortsverein.

Das Haus Grabenacker 25 liegt im Rheinhausener Ortsteil Hochemmerich, am Rand einer Neubausiedlung von drei bis vier Häuserreihen. Ein schlichtes Einfamilienhaus mit Garten, Rasen, Sandkasten und Jägerzaun, dahinter Felder. Als Eckart Reihlen sich das Haus in den neunziger Jahren noch einmal anschaut, ist es viel kleiner als in seiner Erinnerung, „verwechselbar mit hunderttausend anderen". Wo einst noch Felder waren, stehen jetzt weitere Ein- und Zweifamilienhäuser.

Wenn die Reihlens aus dem Fenster sehen, schauen sie auf eine bescheidene braune Häuserreihe, die unmittelbar nach dem Zweiten Weltkrieg für die Mitarbeiter der Zeche Diergardt/Mevissen und ihre Familien errichtet wurde. Haus an Haus mit Karnickelställen und kleinen Gärten. Nicht weit von ihnen liegt die Margarethensiedlung, die Krupp 1904 für seine Arbeiter bauen ließ, und eine Villenkolonie für „Hüttenbeamte". Zentrum des alten Dorfkerns ist eine mittelalterliche Kirche.

Die DEMAG, ursprünglich das Kürzel für Deutsche Maschinenbau Aktiengesellschaft, auch „die Mutter der Maschinen" genannt, ist 1960 ein Maschinenbaukonzern mit Sitz in Duisburg und 12000 Mitarbeitern. Ihr traditioneller Arbeitsschwerpunkt ist die Maschinenausrüstung von Berg-und Hüttenwerken sowie Krananlagen in aller Welt. 1975 liegt ihr Umsatz bei 800 Millionen DM.

Dass Helmut Reihlen Anfang Mai 1960 eine Stelle bei der DEMAG angeboten wird, verdankt er Joachim Mietzner, einem Konsemester in Aachen. Ein Corpsbruder von Mietzner, Josef Hatting, ist nach zehn Jahren aus Chile zurückgekehrt und Direktor der Walzwerkabteilung bei der DEMAG geworden. Mietzner soll ihm junge Ingenieure empfehlen. Er empfiehlt Peter Heintz, Helmut Reihlen und noch einige andere. Sie alle landen schließlich bei der DEMAG.

Die Zeit ist gut für Karrieren. Der Wiederaufbau Deutschlands ist in vollem Gange. Viele junge Männer sind im Krieg gefallen, Helmut Reihlen hat Auslandserfahrungen und beherrscht die neue Weltsprache Englisch. Der Anfang ist hart. Die Arbeitswoche hat über fünfzig Stunden und sechs Arbeitstage.[165] Aber schon nach zwei Monaten hat Helmut Reihlen seine altgewohnter Leichtigkeit zurückgewonnen: „Bei der DEMAG geht alles zum Besten."[166]

Intermezzo in Bremen

1960 bekommt die DEMAG vom Klöckner-Konzern den Auftrag, in Bremen ein kontinuierliches Kaltbandwalzwerk zu bauen. Es sollen 1 880 mm breite Stahlbänder für die Automobilindustrie gewalzt werden. Helmut Reihlen begleitet den Bau des Walzwerkes, die Lizenzübernahme von Blaw Knox, Pittsburgh, Pennsylvania, die Übertragung der amerikanischen Zeichnungen ins metrische System bis zur Fertigung in den DEMAG-eigenen Werkstätten und die Montage in Bremen. Er reist mehrere Male nach Pittsburgh. Jetzt kommen ihm seine Englisch-, Landes- und Ortskenntnisse zugute.

Am Morgen des 2. Mai 1962 – Helmut und Erika Reihlen wohnen gerade einen Monat in ihrem neuen Haus – machen sich die beiden mit ihrem neuen VW-Käfer, der noch „appetitlich wie neue Schuhe riecht", auf nach Bremen. Dort beziehen sie ihre dritte gemeinsame Wohnung. Möbliert, zwei Zimmer, Küche, Bad, 80 Quadratmeter, im zweiten Stock eines um 1900 erbauten Bremer Kaufmannshauses in der Hermann-Böse-Straße, fünf Minuten

---

[165] Schreiben Helmut Reihlens an seine Eltern vom 14. Mai 1960 (ELAB 62/3).
[166] Schreiben Helmut Reihlens an die Eltern vom 6. Juli 1960 (ELAB 62/3).

vom Hauptbahnhof entfernt und 15 Minuten Gehweg zum Zentrum. Das Haus liegt an einer Hauptverkehrsstraße, wo auch nachts der Autolärm nicht abreißt. Trotzdem fühlen sich die beiden pudelwohl und genießen das Leben. „Die Möbel sind alt und z. T. abgewohnt, aber was macht's?", schreibt Erika Reihlen. Sie ist im dritten Monat schwanger.

Zwar nimmt die Montage des Walzwerkes Helmut Reihlens Tage und Nächte in Anspruch, aber das ermöglicht ihm zugleich, sich auch einmal freie Tage zu nehmen und die Zeit zusammen mit seiner Frau zu nutzen. Die Stadt mit ihrer Wallanlage, den alten Kirchen, dem Marktplatz samt Rathaus, der Böttcherstraße, dem Schnoor-Viertel und den gepflegten Parks gefällt ihnen. Im Vergleich zu Rheinhausen hat Bremen ein reiches Kulturleben. Sie besuchen Museen und Galerien, fahren hinaus in die Moorlandschaft Richtung Worpswede und sehen sich die Werke von Paula Modersohn-Becker an. Sie kaufen sich Karten für die Gesamtaufführung von Wagners „Ring des Nibelungen". Ein Einführungsabend und vier Opernabende zu zweit! Selbstredend werden die Operntexte und die Leitmotive vorher studiert. In Bremen besuchen sie Onkel Hans Heineken und seine Schwester Emmy von Heimburg sowie Gernot und Ursel Ponfick in Bruchhausen-Vilsen. „Am Sonntag hatten wir eine nette Kaffee-Stunde mit Tante Emmy und Onkel Hans, die 10 Minuten von uns entfernt wohnen – zu Fuß. Sie lassen alle herzlich grüßen, Onkel Hans besonders Dich, liebe Mutter. Onkel Hans ist die Lustigkeit und Lebendigkeit selbst, während Tante Emmy mir richtig wie eine alte Dame vorkam. Ihre lange Krankheit scheint sie wohl mitgenommen zu haben. Einige köstliche Bemerkungen haben wir mitgekriegt: die beiden schimpften ganz schön, wie sehr das moderne Hochdeutsch mit amerikanischen Ausdrücken durchsetzt sei, dabei parlierten sie selbst ein hübsches Französisch-Deutsch (‚refusierte', ‚dekreditiert', ‚remise', ‚sich depeschieren' usw.)."[167]

Herzliche und familiäre Bande in die Bremer Region haben für die Reihlens bis heute Bestand. Gernot und Ursel Ponfick in Bruchhausen-Vilsen mit ihrem gastlichen Haus, mit Kamin und großem Garten, sind vielfach Ferienanlaufpunkt für die heranwachsenden Kinder Irmgard, Eckart und Albrecht und deren Freunde. Für Erika Reihlen ist Bremen die Zeit ihrer ersten Schwangerschaft. Ihre Berichte über die gemeinsam verbrachte Freizeit sind

---

[167] Schreiben Erika und Helmut Reihlens an Otto und Irmgard Reihlen und Rosi und Eberhard Reihlen vom 29. Mai 1962 (ELAB 62/3).

enthusiastisch, vielleicht weil ihr Alltag ein ganz anderer ist. Tagsüber ist sie viel allein und auch abends sieht sie oft kaum etwas von ihrem Mann. Der arbeitet nahezu pausenlos. Ihre Briefe erzählen selten davon, nur manchmal berichtet sie an die Schwiegermutter: „– es ist ja doch ein anstrengendes Berufsleben mit der zusätzlichen Fahrerei, aber er ist nun mal von Natur aus ein Quecksilber, und ein ruhiges, beschauliches Leben wäre nichts für ihn".[168] Und an anderer Stelle heißt es: „Du glaubst nicht, wie sehr Dein Sohn in Arbeit steckt, und ich, die ich den ganzen Tag und manchmal die Nacht über alleine bin, würde ihn so gerne entlasten und ihm etwas abnehmen." Und dann schildert sie einen Arbeitstag ihres Mannes: „12 Stunden Arbeit ohne Mittagessen, Abendessen, ein kurzes Bad und wieder zur Hütte. Die Nacht arbeitet er durch, kommt erst am nächsten Tag um 14 Uhr nach Hause, schläft 4 Stunden und geht wieder zur Arbeit."[169]

Für Erika Reihlen endet das Bremer Intermezzo im Oktober 1962, als sie sich auf den Heimweg nach Rheinhausen begibt. Dort hat die „Read-Gymnastik" zur Geburtsvorbereitung bereits begonnen. In dieser Zeit führt sie minutiös Tagebuch. „Ich nahm den Zug nach Bremen noch am Nachmittag, um abends Helmut zu treffen und am nächsten Tag weiter nach Rheinhausen zu fahren, denn die Read-Gymnastik begann noch am gleichen Tag bzw. die erste Stunde war bereits versäumt. Nach drei Wochen, als der Gymnastikkurs beendet, die Kindererstausstattung beschafft war, ich es außerdem alleine ohne Helmut nicht mehr aushielt, umgekehrt eben), setzte ich mich wieder in die Bahn und steuerte Bremen an, wir unternahmen noch Weihnachtseinkäufe, sahen noch ‚Die Entführung aus dem Serail', danach blieb ich in Erwartung des Babys endgültig alleine in Rheinhausen, z.T. überwacht von Helmut, von Gisela und Mutter."

Die erste Geburt

An einem Samstag, dem 24. November 1962, bekommen Erika und Helmut Reihlen ihr erstes Kind, Irmgard Erika Reihlen. Das fünfte Enkelkind von Otto und Irmgard Reihlen, benannt nach Irmgard, der Großmutter, und Erika, der Mutter. Es ist derselbe Tag, an dem Erikas Großeltern, Georg und Helene

---

[168] Schreiben Erika Reihlens an Irmgard Reihlen vom 28. August 1962 (ELAB 62/3).
[169] Schreiben Erika Reihlens an Irmgard Reihlen vom 25. September 1962 (ELAB 62/3).

Anger, in Köln ihre Diamantene Hochzeit feiern. Eigentlich haben Helmut und Erika geplant, zu ihnen zu fahren. Doch morgens zwischen acht und neun setzen die Wehen ein. Helmut Reihlen bringt seine Frau ins Johanniter-Krankenhaus und fährt von dort aus gleich weiter nach Köln zur Diamantenen Hochzeit. Eigentlich wäre er gern bei der Geburt dabei gewesen. Aber er darf nicht. Zu dieser Zeit ist es noch nicht üblich. Dabei wird dies eine Geburt, bei der „Gott und die Welt" zusehen. Denn eine Steißgeburt steht an, bei der das Kind nicht mit dem Kopf am Geburtskanal liegt, sondern mit dem Po oder den Füßen. Lehrreich für jeden jungen Mediziner und jede Hebamme, die noch lernen müssen. Und so verfolgt eine Gruppe lernwilliger – für Erika Reihlen unbekannter – Gestalten die Risikogeburt der kleinen Irmgard hinter einer großen gläsernen Trennscheibe.

Erika Reihlen hat 1962 einen „Erlebnisbericht" geschrieben, sachlich und zugleich erschüttert:

„Früh halb neun Ziehen im Unterleib wie starker Periodenschmerz, Helmut aber nichts gesagt, da schon mehrfach falscher Alarm zuvor. Ich stehe auf, um Frühstück ans Bett zu bringen. Beim Herrichten unten bereits Ziehen im Kreuz, so daß ich mich setzen muß. Stuhldrang. Frühstück nach oben gebracht, gleich ins Bett. Nach 10 Minuten die zweite Wehe. Dann Wehen um 9.10, 9.15, 9.20. Aus dem Bett – angezogen – denn nun kommen die Wehen alle 2 Minuten. Helmut, bereits im vom Schwiegervater geerbten Stresemann[170] für die Diamantene Hochzeit der Großeltern Anger in Köln, räumt fieberhaft auf, aufgeregt. Der Deckel der Zuckerdose fällt der Erdanziehungskraft zum Opfer.

Wir fahren los – Wehen im Auto, Wehen vor dem Krankenhausportal, Wehen bei der Aufnahme. Ich werde gleich von Schwester Maria in Empfang genommen. Ausziehen, aufs Bett verfrachtet. Sofort ohne Untersuchung ins Kreißsaalvorzimmer. Anamnese wird aufgenommen – Wehen werden stärker, Stuhldrang. Dr. Hanf kommt, untersucht. ‚Frau Doktor wird uns wohl eine Read'sche Entbindung vorexerzieren.' Ich atme kräftig. Aber mit Atem-Anhalten und 30 Sekunden, das klappt nicht. Ich kann nur tief in den Bauch

---

[170] Ein nach Gustav Stresemann benannter Anzug für gesellschaftliche Anlässe unterhalb des Fracks, eingeführt 1925, schwarz-grau gestreifte Hose, schwarze Schuhe, schwarzes einreihiges Jackett, eine hellgraue Weste, weißes Hemd, silbergraue Krawatte.

atmen, schnaufen und hinterher die herrlichen Wehenpausen genießen. Es ist eine wunderbare Erleichterung, obwohl man weiß, daß Sekunden später der Körper von Naturmächten wieder geschüttelt werden wird. Im Kreißsaal ist es ruhig. Schwester Elisabeth hantiert umsichtig, macht einen Einlauf, katheterisiert. Die Wehen werden stärker, manchmal folgen zwei direkt aufeinander. Schwester Elisabeth massiert das Kreuz, das zu bersten scheint. Ab und zu mach ich es selbst. Das lenkt ab und schafft auch Linderung.

Dr. Hanf ist inzwischen wieder da, kontrolliert wie die Schwestern die Herztöne – alles okay – er piekt die Fruchtblase auf, und ich liege nach der Wehe plötzlich in einem warmen See. Mittlerweile sind die Wehen enorm stark geworden. Ein unaufhaltsamer Drang zum Pressen hat sich eingestellt. Die Uhr zeigt den Zeitfortschritt. Es ist gegen 12. Instrumente werden bereit gestellt, alles fertig gemacht für die Austreibung, das heißt, bei den ersten Preßwehen fordert mich Schwester Brigitte, die erste Hebamme, mit ruhigem energischem Ton auf, tief durchzuatmen. Danach geht's los: tief Luft holen, zusammenrollen, pressen, ‚wie bei Frau Everhard gelernt‘. Zwischendurch Ermunterungen: ‚Mehr, noch mehr, noch mehr. Es ist eine Freude, mit Ihnen eine Geburt zu erleben.‘

Damit es besser geht, werden mir Stricke in die Hand gegeben, an denen ich beim Pressen ziehe. Die Entspannung in den Wehenpausen geht gut. Ich fühle mich zwar angestrengt, aber nicht matt. Ich bin ja auch ausgeruht und erholt. Das Pressen ist bzw. die Preßwehen sind nicht schmerzhaft, obwohl man merkt, wie das Kind nach unten rückt. Man muß nur abwarten bis kurz vor dem Höhepunkt der Kontraktion und dann pressen. Ab und zu kriege ich mit, wie weit wir sind: ‚Es zeichnet sehr stark, der Anus wird gedehnt.‘ Herr Dr. Hanf wäscht sich. Inzwischen wird das Bett zum Op-Tisch verwandelt, mit Beinstützen wie beim gynäkologischen Untersuchungsstuhl. Es wird weiter gepreßt wie vorher. Dr. Hanf sitzt mir gegenüber, und ich merke, wie er die Öffnung spreizt. Er sieht schon eine Menge, wie er sagt. Er wolle erst den Steiß, dann das Köpfchen entwickeln, und bei letzterer Aktion bekäme ich einige Teilstriche Evipan. Deshalb sitzt links von mir Dr. Werner, der bereits die Vene gesucht und eingestochen hat. Ich presse weiter, höre plötzlich etwas strahlend spritzen, aber es tut nichts weh. Dann merke ich bei der nächsten Wehe, wie Dr. Hanf irgendwie unten eingeht. Ich höre seine

Anweisungen noch, dann wird Evipan[171] gespritzt. Kurz darauf sehe ich ein Geflimmer vor Augen, höre: ‚Frau Doktor, eine Tochter!' Babyschreien, das Baby wird mir vorgehalten. Ich kann es schon anfassen. Dann höre ich, daß Helmut nicht zu erreichen war und sage nur: ‚Dann ist die Gesellschaft noch beim Essen im Kölner Stadtwaldrestaurant.' Später sagt Dr. Hanf, daß er Helmut gesprochen hat. Ich dämmere im Kreißsaal. Das Kinderbettchen steht neben mir. Die Kleine stößt manchmal leise Schreie aus. Ich kann das Bettchen schaukeln. Dann werde ich gewaschen und liege im Kreißsaal weiter bis gegen halb fünf. Abends erklärt Dr. Hanf mir seine geburtshilflichen Maßnahmen: erst den Steiß kommen lassen, dann die Beinchen, dann mit Hilfe verschieden benannter Handgriffe die eine Schulter, dann das Köpfchen entwickeln. Schließlich die Nabelschnurumschlingung (!!!) lösen."

In Köln beim Fest der Diamantenen Hochzeit wird gerade der Nachtisch serviert, als der Kellner Helmut Reihlen einen Zettel bringt, auf dem vermerkt ist: „Anruf: Ihre Tochter ist geboren." Gegen Abend kommt er ins Krankenhaus – mit einer Perlenkette als Geschenk. Ab jetzt wird alles anders im Leben von Helmut und Erika Reihlen. „Wir sind, wie Du Dir denken kannst, sehr glücklich und lassen uns in der großen Freude auch gerne die töchterliche Diktatur aufzwingen. Sie bestimmt alles, wann wir essen, wann wir schlafen, ob wir fortgehen und so fort. Und trotzdem ist es herrlich", schreibt Erika Reihlen kurz nach Irmgards Geburt an ihre Tante Lotte Meier vom Laubkerhof.

Intermezzo in Clausthal – 1962–1964

Das gleiche Walzwerk, das die DEMAG bei Klöckner in Bremen errichtet, verkauft sie ein zweites Mal an die Salzgitter AG. Auch hier ist Helmut Reihlen der zuständige Ingenieur. In Salzgitter begegnet ihm Herr Funke, ein pensionierter Betriebsleiter des Kaltwalzwerkes der Hüttenwerke Siegerland in Wissen und ein alter Kunde der DEMAG. Funke spricht Helmut Reihlen an: „Mein Sohn ist gerade Professor in Clausthal geworden und braucht einen Assistenten." Ob er sich nicht bewerben wolle. Helmut Reihlen verhandelt mit dem jungen Professor, gleichzeitig verhandelt er auch mit der Betriebsleitung des neuen Walzwerkes in Salzgitter.

---

[171] Evipan oder Hexobarbital, ein kurzfristig wirkendes Schlafmittel.

Nur ein halbes Jahr später – Helmut Reihlen ist eben erst aus Bremen nach Rheinhausen zurückgekehrt – zieht die junge Familie nach Clausthal. Helmut Reihlen, bei der DEMAG für die Dauer seiner Forschungsarbeit beurlaubt, wird beamteter Assistent an der Fakultät für Bergbau und Hüttenwesen. Sein Chef: Prof. Dr. Ing. Paul Funke, Direktor des Instituts für Verformungskunde und Walzwerkswesen der Bergakademie Clausthal, Technische Hochschule. Jetzt bekommt er doch noch die Möglichkeit zu promovieren. Er will nach der Inbetriebnahme Messungen an der neuen Kaltbandstraße vornehmen, als Grundlage für deren Weiterentwicklung bei zukünftigen Aufträgen der DEMAG und für seine Dissertation. Für die finanzielle und technische Unterstützung sorgen die Deutsche Forschungsgemeinschaft, das Max-Planck-Institut für Eisenforschung, die Siemens-Schuckert AG und die DEMAG. Der Titel seiner Arbeit lautet: „Untersuchungen zur Bauweise und zur Walztechnik einer viergerüstigen Kaltwalz-Tandemstraße". Es geht um den Energiebedarf dieses Walzwerkstyps, um dessen elastische Verformung im Belastungszustand und um eine Optimierung dieser beiden Größen durch Variation der wesentlichen Einflussgrößen mit Hilfe eines für damalige Verhältnisse umfangreichen Rechnerprogramms. An der Bergakademie steht dafür ein Rechner Typ Zuse 23 zur Verfügung.

„Helmut und Erika lebten sehr gern in dem kleinen Harzstädtchen", schreibt Mutter Irmgard Reihlen in ihren Erinnerungen. Und in der Tat, die Briefe des jungen Paares an die Schwiegereltern sind fröhlich. Baby Irmgard wächst zu einem strahlenden Kleinkind heran. Sie ist der Sonnenschein ihrer Eltern. Ein ausgesprochen fröhliches und liebes Kind. Das Leben wird durch sie leichter und in gewisser Hinsicht entspannter. „Des Tages Freude und Abwechslung ist das Baby, das jetzt bei dem schönen Wetter stundenlang ohne Decke im Bettchen strampeln kann"[172], schreibt Erika Reihlen an Otto Reihlen. Bald heißt Baby Irmgard nur noch „unsere Putte". „Unsere Putte ist süß und goldig wie immer", schreiben sie, oder: „Habe ich Dir eigentlich schon erzählt, wie großer Beliebtheit sich Dein Enkelkind Nr. 5 hier selbst in Junggesellen-Bundesbrüder-Kreisen erfreut? Der eine kommt und bringt Schokolade mit. Der andere bestaunt die Munterkeit des Kindes und sagt: ‚Warte nur, wenn Du noch ein bisschen größer bist, dann gehen wir Zwei zusammen tanzen!' Der Dritte, dem wir gelegentlich einmal ein Foto des

---

[172] Schreiben Erika Reihlens an Otto Reihlen vom 6. Juli 1963 (ELAB 62/3).

Babys gezeigt hatten, bringt dem Kind Blumen mit, mit Recht vermutend, es seien wohl die ersten Blumen, die dem Mädchen Irmgard geschenkt würden. Dieser Bundesbruder, übrigens war er mit uns 1957 in Mackinac bei den ‚Moralen‘, stand dann vor dem Kinderbett und besah sich das fröhliche Baby und rief aus: ‚Welch ein Schatz ist das!‘ Stell’ dir vor, lieber Vater, das ist ein Junggeselle. Ich war ganz platt, daß selbst sie solcher Empfindungen fähig sind.“[173] Und dann: „Unser Baby wird immer süßer und größer [...]. Die Kleine zu füttern macht so viel Spaß, daß Helmut und ich uns am Wochenende oft nicht einigen können, wer heute ‚darf‘. Sie macht den Mund jetzt sperrangelweit auf, so daß man den gehäuften Kaffeelöffel einschieben kann. Kaum daß man den nächsten Löffel gefüllt hat, und der Mund steht schon wieder weit offen.“[174] Oder: „Dem Kind geht es gut. Es strampelt, ißt, heult selten und lacht den ganzen Tag.“[175] „Meine Worte sind mager und dürr, um solche harmonischen und geselligen Tage zu beschreiben. Wir preisen unser Geschick, daß wir nach Clausthal gegangen sind“, schreibt Helmut Reihlen seiner Mutter am 22. Juli 1963.[176] Auf der einen Seite genießt er die Familienidylle, auf der anderen Seite steht sein anstrengendes Leben unter selbstgemachtem Leistungsdruck. Er muss regelmäßig nach Salzgitter für seine Versuchsreihen. Da er als Assistent auch noch Lehrverpflichtungen an der Bergakademie und Übungen durchzuführen hat, arbeitet er oft die Wochenenden und Nächte durch und wird so mit dem notwendigen Messprogramm relativ schnell fertig.

Doch auch die freie Zeit wird noch optimal genutzt, nicht nur für das Familienleben. Helmut Reihlen spielt Querflöte im Studentenorchester, mit Bundesbrüdern auf dem BuH-Haus und nicht zuletzt auch, um seiner Frau nahe zu sein und mit ihr, der geübten Klavierspielerin, gemeinsam zu musizieren.

„Eine Dauerbeschäftigung ist mir das Studentenorchester geworden. Im Februar ist wieder ein Konzert geplant. Bis dahin wird fleißig geprobt. Auf dem Programm stehen zwei Symphonien von Haydn, eine von Mozart und ein Konzert für zwei Flöten und Orchester von Telemann. Das Orchesterspiel ist für mich in jeder Hinsicht förderlich. Einmal erzieht es sehr

---

[173] Schreiben Erika Reihlens an Otto Reihlen vom 10. Juli 1963 (ELAB 62/3).
[174] Schreiben Erika Reihlens an Otto Reihlen vom 23. Juli 1963 (ELAB 62/3).
[175] Schreiben Erika Reihlens an Otto und Irmgard Reihlen vom 22. August 1963 (ELAB 62/3).
[176] Irmgard Reihlen: Erinnerungen. Köln 1968, S. 368.

zum ‚Durchhalten'. Man kann schon mal falsch spielen, nur aus dem Takt kommen oder die Übersicht verlieren darf man nicht. Beim Üben wird richtig soldatisch exerziert und kommandiert. Auch kriegt man durch das viele Proben die Melodien der anderen Instrumente so ins Ohr, daß man sich nicht mehr so sehr an den eigenen Noten orientiert als am Klang des ganzen. Der andere große Vorteil ist für mich, daß ich klassische Musik mitspielen kann, wenngleich die Flöte darin durchaus eine zweitrangige Rolle inne hat. Die solistische Flötenliteratur der Klassik ist eine Klasse zu schwer für mich, so daß ich – wenn nicht als letzter Pfeifer im Orchester – gar nicht dazu käme, dergleichen selber mitzuspielen."[177]

Im Juni 1963 besuchen Otto und Irmgard Reihlen die junge Familie in Clausthal. Sie erleben einen erholsamen und harmonischen Urlaub im Grünen und in fröhlicher Geselligkeit mit ihren Kindern und den Clausthaler Freunden. Doch auf dem Rückweg nach Dortmund erleidet Otto Reihlen einen Herzinfarkt. Nach einem sechswöchigen Klinikaufenthalt wird er entlassen, am 2. Oktober 1963 stirbt er zu Hause an einem weiteren Herzinfarkt. Otto Reihlen ist nur 67 Jahre alt geworden, die Teilnahme an zwei Weltkriegen, vier Jahre im Ersten und fünf Jahre im Zweiten, hat ihre Spuren hinterlassen. Auf dem Sterbebett bekundet er gegenüber seiner Frau Irmgard noch einmal das, was ihm wichtig war im Leben, die Botschaft, die er seinen Söhnen hinterlassen will: Die Liebe, mit der ihre Mutter sie erzogen hat, sollen sie weitertragen und dann sollen sie „Anständiges leisten". „Das vorhandene Vermögen ist nicht Selbstzweck, aber Ihr sollt es auch nicht klein achten. Es ist über zwei Inflationen hinweg erhalten und vermehrt worden, und Ihr habt alle die teuerste akademische Ausbildung bekommen, die verpflichtet, Anständiges zu leisten."[178]

Es ist sein Vermächtnis an die Kinder, das, was er schon in der Konfirmationsrede an Sohn Helmut formuliert hat. Der hat es nicht vergessen und ist längst auf dem Wege: in der Familie, im Beruf und bald auch in der Gesellschaft.

Im Dezember 1964 endet die Clausthaler Zeit. Inzwischen sind die Reihlens zu viert. Am 22. November 1964, dieses Mal ist es ein Sonntag, wird Eckart Helmut geboren, das zweite Kind von Helmut und Erika Reihlen, mit dem

---

[177] Schreiben Helmut Reihlens an seine Mutter vom 20. Dezember 1963 (ELAB 62/3).
[178] Irmgard Reihlen: Erinnerungen. Köln 1968, S. 371.

Vornamen nach dem früh verstorbenen kleinen Bruder Erikas genannt. Auch über diese Geburt gibt es einen Bericht von Mutter Erika, der hier im Wortlaut wiedergegeben wird:

„Am Sonnabend-Abend und nachts ab und zu in Seitenlage heftiges Ziehen in Gegend der Mutterbänder, von dem ich wach werde. Kein Ausstrahlen in den Rücken. 8 Uhr morgens – Irmgard aufs Töpfchen. Bemerken eines leichten Ziehens, das nach 10 Minuten wiederkehrt und um den Rücken herum wandert. Zweimal Stuhlgang, die Schmerz-Abstände wechseln. Anziehen, Ordnen von Koffer und Irmgards Sachen, Putte anziehen, Helmut ist leicht aufgeregt, macht Frühstück. Bei Irmgards Wehenbeginn (vor 2 Jahren) zersprang der Zuckerdosendeckel, bei Eckart war es die Butterdose! Helmut packt das Auto. 9.30 Uhr – wir bringen Irmgard zu Funkes, die erst ahnungslos annehmen, ich bringe das Kind einfach so, um mich zu erholen. 10 Uhr. Krankenhaus in Sicht. Wehen im 6-Minuten-Abstand, aber leicht. Hebamme sieht uns vom Entbindungsraum aus. ‚Hab ich mir doch gleich gedacht!' Frau Pinski, Herr Dr. Lindau – Begrüßung. Anweisung eines Einzelzimmers, ausziehen. 10.30 Uhr. Helmut geht, während ich liege und die Wehen stärker werden und in kürzeren Abständen kommen. Untersuchung durch Hebamme und Arzt, Einlauf. 11.15 Uhr. Hebamme holt mich in den Entbindungsraum. Wehen alle 2 Minuten und stark, i. m. [intramuskuläre] Injektion, danach stärkere Wehen, Kribbeln in Händen, Gesicht und Oberkörper, geistig keine Benebelung. Nach gewisser Zeit rektale Untersuchung durch Hebamme, Sprengung der Fruchtblase, von da an stärkste Wehen, plötzlich Pressdrang. Dr. Lindau spritzt i. m., ich komme aus dem Pressen nicht mehr heraus, geistig etwas weggetreten. Ich höre: ‚Nur pressen, wenn eine Wehe kommt!' Aber alles schien mir permanente Wehe. Ich presse und hechele lange, der Schnitt (Epi) wird von mir nicht registriert. Dr. Lindau verabreicht Chloräthyl, das ich einatme – nicht unangenehm. Ich merke erst das Nachlassen der Körperbeherrschung (Beine fallen zur Seite), das Sehen schwindet. Ich höre aber. Danach ist das Auffallendste, dass es mir wie Druck oder Beckenschlag auf die Ohren vorkommt, der sich 3–4-mal intensiviert. Hinterher ist mir klar, dass dies der Durchtritt des Köpfchens des Kindes gewesen sein muss, denn der ‚Druck' begann mit der letzten spürbaren Weitung des Muttermundes. Ich denke: ‚Wenn du jetzt stirbst, könnte das Gefühl nicht anders sein.' Plötzlich Dr. Lindau über mir: ‚Frau Reihlen'. Ich weiß, dass ich mich noch nicht bewegen kann, versuche, klappe mit den Augenlidern, ‚Frau Reihlen!' Jetzt sage ich ‚Ja' und höre Kindergeschrei. ‚Sehen

171

Sie Ihren Sohn?' Eckart, der gerade angekommen und abgenabelt ist, wird von der Hebamme gewaschen. Das Unfassbare: es ist erst 12 Uhr. Das Baby ist ein Junge. Freude. Lachen. Dr. Lindau übt Druck auf den Unterleib aus: Plazenta und Nachgeburt flutschen heraus. Lokalanästhesie und Naht der Scheide und des Dammes. Eckart liegt im Körbchen neben meinem Geburtsstuhl im Kreissaal. Telefongespräch mit Helmut auf dem BuH-Haus. ‚Frau Reihlen haben Sie Hunger?' ‚Ja', und mir wird im Kreissaal ein fürstliches Essen serviert: Gänsebraten, junge Bohnen, Kartoffeln, als Nachtisch Fürst-Pückler-Eis. Gegen 13.30 Uhr Abtransport ins Zimmer, später bei gutem Appetit Kaffee und Kuchen und Besuch des stolzen Vaters."

Eine sehr leichte Geburt verglichen mit der Geburt Irmgards. Für Erika Reihlen ist es ihre „schönste Geburt". Wenn auch unter kaum fassbaren hygienischen Bedingungen. Bis heute ist ihr unverständlich, wie man ihr das Essen in einem Raum servieren konnte, wo gerade eine Geburt stattgefunden hatte.

Unvergesslich ist diese Geburt aber auch wegen der Äthernarkose. Als Erika merkt, wie ihre Körperkräfte und Sinne schwinden, bis sie nur noch etwas hört, da kann sie sich plötzlich vorstellen, wie es ist zu sterben. Sterben, das weiß sie seitdem, muss nicht dramatisch sein und ist vielleicht nicht einmal unangenehm. Diese Erfahrung hat sie bis heute begleitet und immer irgendwie beruhigt.

Kaum drei Wochen später, am 12. Dezember 1964, kommt der Tag der Doktorprüfung für Helmut Reihlen. Seine Mutter Irmgard ist eingeladen und Patenonkel Helmut Spitzer, gleichfalls Eisenhüttenmann. In ihren Erinnerungen beschreibt Irmgard Reihlen den weithin sichtbaren Triumph dieses Tages. „Jetzt kam Helmut nach der mündlichen Prüfung im Doktorhut die breiten Stufen der Institutstreppen herunter mit dem Freudenruf: ‚Mit Auszeichnung bestanden!' Erika, ich, Bundesbrüder und Freunde hatten sich zum Gratulieren eingefunden, und dann wurde der junge Dr.-Ing. auf einen Sessel gehoben und von vier Bundesbrüdern durch die Stadt getragen. Der Berghauptmann grüßte von seinem Balkon, an Helmuts Haus, der Wohnung in der Schulstraße, ging es vorbei, wo die Wirtsleute vor der Tür aufgereiht standen und ‚Hoch! Hoch!' riefen. Am Kronenplatz leitete der Polizist die

Autofahrer um den neuen Doktor herum, der ihnen fröhlich zuprostete, und die Clausthaler hoben ihre Kinder auf die Schulter: ‚Da sieh, einer von unseren Studenten hat es wieder geschafft!'"[179]

Zum Politischen Nachtgebet

> „Das Politische Nachtgebet wird so etwas wie ein Zentrum geistiger Auseinandersetzung in einer geschichts- und kulturlosen Stadt, die noch nicht ganz 4 Jahrzehnte besteht."
>
> *Eberhard Roos, Katholischer Theologe im Jahr 1970 über das Politische Nachtgebet in Rheinhausen.*[180]

1966 sitzt Helmut Reihlen beruflich im Sattel. Ausgestattet mit einer Reihe ingenieurwissenschaftlicher Veröffentlichungen und mit dem Doktortitel kehrt er nach Rheinhausen und zur DEMAG zurück und wird zum Abteilungsleiter Bandwalzwerke befördert. Nun will er sich auch gesellschaftlich engagieren. Zusammen mit Freunden unterhält er kurzfristig einen kleinen Arbeitskreis in Rheinhausen. Entstanden ist er wohl aus der Einsicht heraus: „Wir haben eine berufliche Stellung, wir haben Familie, jetzt ist es an der Zeit, gesellschaftliche Verantwortung zu übernehmen. Wir sollten in eine politische Partei eintreten, aber welche?" Auch große Industriefirmen ermutigen ihre Mitarbeiter damals, politische Mandate wahrzunehmen. Helmut Reihlen bildet gemeinsam mit dem Bundesbruder Rainer Tillessen, unterdessen auf einer Steinkohlenzeche in Kamp-Lintfort tätig, und Reihlen-Bruder Dieter einen informellen Arbeitskreis. Sie laden nacheinander Vertreter von CDU, SPD und FDP ein und befragen sie über ihre Programme und über die Möglichkeiten der Mitwirkung. Das Ergebnis ist verblüffend: Jeder von ihnen tritt am Ende in eine andere Partei ein. Rainer Tillessen geht in die CDU, Dieter Reihlen in die FDP und Helmut Reihlen in die SPD. Helmut Reihlen hat Gründe für seine Entscheidung. Da ist zum einen das größere Interesse der SPD an der DDR, während man im konservativen Lager von der „sogenannten DDR" spricht. Zugleich sucht die SPD den Ausgleich mit Polen und der Sowjetunion, um die Voraussetzungen für eine Wiedervereinigung

---

[179] Ebd., S. 371.
[180] In: Schlaglichter (ELAB 62/33).

173

der beiden deutschen Staaten zu schaffen. Bei der SPD sieht Helmut Reihlen mehr Einsatz zur Bildung für jedermann und ein größeres Gespür für Bürgerrechte sowie für eine Zusammenarbeit mit der Dritten Welt. Die CDU und auch die FDP erscheinen ihm als zu konservativ, zu fern von dem Streben nach einer erneuerten Welt. In seinem beruflichen Umfeld und in den Kreisen des BuH-Vereins wird Helmut Reihlen durch seinen SPD-Eintritt zum Außenseiter, die SPD ist noch lange nicht salonfähig im Unternehmerlager.

1966 – die Familie lebt seit einem guten Jahr wieder in Rheinhausen – wird das dritte Kind geboren, Albrecht Walter. Er wird, wie auch Irmgard, im Rheinhausener Johanniterkrankenhaus geboren. Jetzt erfährt Erika Reihlen zum dritten Mal, was sie wohl am stärksten beim ersten Kind empfunden hat: die Beschneidung der persönlichen Freiheit. Unmöglich, sich einfach mal in den Zug oder ins Auto zu setzen, um nach Köln zu fahren und die Mutter zu besuchen.

Erika Reihlen sieht sich noch in der Diele im Grabenacker 25 auf der Treppe sitzen und ihren Kindern vorlesen. Sie ist jetzt Mitglied in einem Buchclub, denn eine Buchhandlung gibt es in Rheinhausen nicht.

Jetzt ist sie Mutter von drei quicklebendigen, gesunden, eigenwilligen und streitlustigen Kindern. Äußerlich erinnert alles an das von Friedrich Schiller beschriebene Idyll: „Der Mann muss hinaus ins feindliche Leben ... Drinnen waltet die züchtige Hausfrau, die Mutter der Kinder." Während Helmut Reihlen die Hälfte seiner Zeit im Ausland ist, gibt es für seine Frau Arbeit genug im Haus. Die Kinder füllen Erika Reihlen aus. Gleichzeitig aber machen sich Melancholie und Gefühle des Eingeengtseins, auch Neid auf die Freiräume des Partners bei ihr breit. Erika empfindet, dass ihre sprachliche Ausdrucksfähigkeit schrumpft.

Etwas muss sich ändern. Sie will etwas Eigenes beginnen, etwas, das ihre Kompetenzen mehr herausfordert, sich nicht mehr ausschließlich über Ehemann und Kinder definieren, den Beruf ausüben? Wie Doris Schulz, die Lehrerin und Mutter zweier Kinder, bis heute in Freundschaft verbunden. Irgendwie aus dem Gehäuse übernommener bürgerlicher Verhaltensweisen herauskommen, ohne die Familie zu vernachlässigen – aber wie? Sie ist unzufrieden mit ihrem Leben. Sie erzählt ihrer Schwiegermutter Irmgard davon und trifft auf Verständnis und Mitgefühl.

Helmut * 1934 und
Erika Reihlen * 1936,
1961 als Brautpaar

Großeltern Prof. Dr. med.
Paul Stolper (* 1865, † 1906)
und Ella Stolper geb. Ponfick
(* 1879, † 1970)

Großvater Prof. Dr. med. Max Reihlen
(* 1860, † 1937) mit seiner zweiten Frau Anna
geb. Lieb (* 1872, † 1942) und den drei Söhnen
Otto (* 1896, † 1963), Hans (* 1893, † 1950)
und Ernst (* 1894, † 1917)

Mutter Irmgard Reihlen geb. Stolper (*1902, †1978) mit ihren fünf Söhnen
Werner (*1926, †1945), Eberhard (*1928, †2007), Dieter *1930, Helmut *1934,
Roland *1938, aufgenommen 1943 für den zur Wehrmacht eingezogenen Vater Otto R.

Haus der Familie Reihlen
in Leipzig-Leutzsch, 1937

Vater Otto Reihlen als Hauptmann
der Reserve mit seinen Söhnen Werner,
Eberhard und Dieter 1940 im Elbsandsteingebirge unmittelbar nach seiner
Einziehung zur Wehrmacht

Großeltern Georg (*1871, †1964) und Helene (*1883, †1963) Anger geb. Dentler, Köln 1955

Vater Dipl.-Berging. Walter Niebuhr (*1904, †1957) und Mutter Hanna Niebuhr geb. Anger (*1905, †2003) mit ihren Kindern Erika *1936, Gisela *1938 und Albrecht *1946, Köln 1949

Familie Reihlen 1999
oben: Albrecht und Susanne Reihlen, Michael Börgers und Irmgard Reihlen
mit Tochter Clara, Laura Guerra und Eckart Reihlen,
unten: Erika und Helmut Reihlen und die Enkelkinder Elisabeth, Melchior
und Ferdinand

Helmut Reihlen, als Student genannt der PINGUIN, vor und nach der Doktorprüfung, Clausthal 1964, gezeichnet von Rainer von Busekist

Dr.-Ping.

Helmut und Erika Reihlen mit ihren Kindern v.l.n.r Irmgard * 1962, Eckart * 1964, Albrecht * 1966, im Garten ihres Hauses in Berlin-Lichterfelde, 1972

Berlin

Buchschlag

Stuttgart

2008

Die acht Enkelkinder von Helmut und Erika Reihlen: obere Reihe v.l.n.r. Melchior * 1996, Ferdinand * 1994, Clara * 1998, Elisabeth * 1992, Siena * 2005, untere Reihe v.l.n.r. Paula * 2000, Philine * 2005, Olivia * 2006

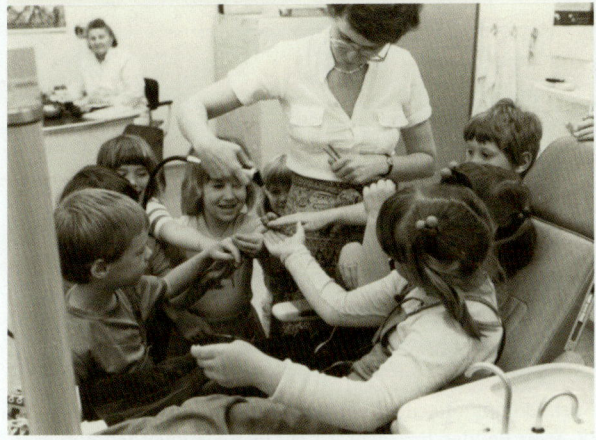

Für mehr Kinder mehr Mundgesundheit

Aus der Praxis der Berliner Kariesprophylaxe

Erika Reihlen als Jugendzahnärztin, Vorschulprogramm Berlin-Steglitz, 1981

Demonstration der KAI-Systematik am großen Gebissmodell, 1993

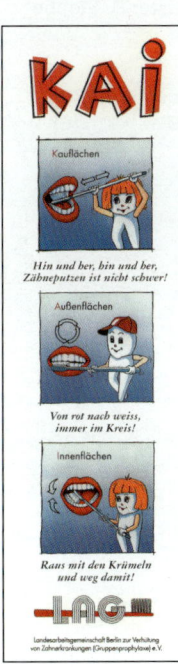

Die Arbeitsgemeinschaft Sozialdemokratischer Frauen (ASF) demonstriert auf dem SPD-Landesparteitag 1978, Erika Reihlen im Gespräch mit dem Regierenden Bürgermeister D. Stobbe

Stand der Sozialdemokratischen Frauen auf dem Markt der Möglichkeiten des Ev. Kirchentages, Berlin 1977, E. Reihlen im Interview

Die vormaligen Kirchentagspräsidenten W. Huber und R. v. Weizsäcker, Organisationsleiter Steege und die amtierende Kirchentagspräsidentin E. Reihlen, München 1993

Abschlussgottesdienst des Münchener Kirchentages 1993, im Vordergrund rechts Bischof K. Engelhardt, Generalsekretär des Weltkirchenrates K. Raiser, Bischof C. Stier, Bischöfin M. Jepsen, Kirchentagspräsidentin E. Reihlen

Viergerüstige Tandem-
Kaltbandstraße,
August Thyssen-Hütte
Duisburg 1964
Foto: DEMAG AG

Sendzimir-Kaltband
Walzwerk,
Deutsche Edelstahlwerke,
Krefeld 1963
Foto: DEMAG AG

Gießbandwalzwerk,
Rheinisches Zinkwalz-
werk GmbH,
Datteln, 1969
Foto: DEMAG AG

„Liebe Mutter, vielen Dank für Deinen mitfühlenden Brief. Ich konnte ihm noch jetzt richtig anmerken, daß Du einmal ähnliche Gefühle für die Firma Deines Mannes gehegt hast wie ich heute manchmal für die DEMAG. (Dabei ist es ja höchst ungerecht, gegen so etwas Anonymes wie eine Aktiengesellschaft innerlich zu wettern, denn in Wirklichkeit ist der Posten ja Helmut auf den Leib geschneidert, und wenn die Geschäftslage im Moment etwas besser wäre, so würde er sich über nichts beklagen!) Du hast völlig recht: auch ein zeitweiliges Getrenntsein hat (einige wenige!!) gute Seiten. Man freut sich immer halbtot, wenn der Mann wieder gesund und ohne Schaden aus der Luft heimgekehrt ist, und dann feiern wir sofort ein großes Fest, so mit Sekt un alles, würde sicher Jürgen von Manger formulieren."[181]

Einen ersten kleinen Ausweg aus ihrer häuslichen Enge findet sie, als Albrecht zwei Jahre alt ist. 1968 organisieren Erika Reihlen und eine Gruppe von Eltern einen Kindergarten-Elternausschuss in ihrer Rheinhausener Friedenskirchen-Gemeinde. Grund dafür sind organisatorische Mängel im evangelischen Kindergarten. Die Erzieherinnen machen von 12 bis 14 Uhr Mittagspause, weshalb die Kinder um 12 Uhr abgeholt werden müssen. Mittagessen oder Mittagsschlaf im Kindergarten sind unbekannt. Außerdem gibt es eine Putzfrau, die nicht erst kommt, wenn die Kinder weg sind. Vielmehr arbeitet sie bei „vollem Haus". Das wiederum zwingt die Kinder, Rücksicht auf sie zu nehmen, ein dauerndes Ärgernis. Die Arbeitszeiten der Mitarbeiterinnen müssen neu organisiert werden.

In dieser Zeit schließt sich Erika Reihlen auch einer Gruppe junger Leute an, die den Jugendgottesdienst am 8. Dezember 1968 in einer anderen evangelischen Gemeinde, der „Gemeinde auf dem Wege", vorbereitet. Das Thema: „Kann man leben, ohne zu lügen?" Sie kümmert sich um die Zusammenstellung der Texte, Lieder und Gebete, verfasst die Begrüßung, einzelne Sprechszenen und eine Meditation.

250 Menschen besuchen den Gottesdienst. – Das sind fast zehnmal so viel wie an „normalen" Sonntagen. Zwei Drittel von ihnen sind jünger als 25 Jahre. Eine Rockband begleitet den Gottesdienst anstelle der Orgel. Auf die Frage, warum sie gekommen seien, antworten die meisten Jugendlichen, dass sie sich für Beat interessieren. Der Gottesdienst variiert das Thema „Lüge" in Reflexionen, Meditationen, Gebeten, Spielszenen und in

---

[181] Schreiben Erika Reihlens an Irmgard Reihlen vom 22. August 1966 (ELAB 62/3).

einer Predigt. Er soll Bewusstsein für die kaum sichtbaren Übergänge von der Wahrheit zur Lüge schaffen. „Man braucht dabei nicht gleich an das hinterlistige Betrügen des Mitmenschen zu denken, auch die Täuschung, die Unehrlichkeit, die Unwahrhaftigkeit, das Herausreden aus einer misslichen Lage gehören zum Begriff der Lüge", erklärt Erika Reihlen den Besuchern in ihrer Begrüßungsrede.

Lohnt Lügen sich nicht sogar manchmal? Warum Mathe pauken, wenn man auch abschreiben kann? Oder muss man ehrlich sein, wenn Eltern einem einen hässlichen Pullover schenken? Warum ehrlich sein, wenn Unehrlichkeit Ärger und Vorwürfe ersparen kann? Wer lobt einen schon für seine Ehrlichkeit?

Die Botschaft: „Es ist nicht so einfach, ehrlich zu sein. Denn Ehrlichkeit, die Wahrheit sagen, das ist nicht nur eine Sache der Gesinnung, sondern es gehört auch dazu, daß man eine gegebene Situation ernsthaft bedenkt, daß man den Menschen einschließt, dem gegenüber man handelt." Und: „Ehrlich sein heißt, die verschiedenen Wirklichkeitsbereiche, in denen wir uns befinden, untereinander in Einklang zu bringen." Versöhnung unserer unterschiedlichen Wirklichkeitsbereiche heißt nicht, dass wir alles, was wir aus einem unserer Wirklichkeitsbereiche wissen, zu jeder Zeit oder vor jedem offenlegen sollen. „Wer über alles redet oder alles aufdeckt, ist ein zynischer Mensch, auch wenn er sich dabei vielleicht besonders ehrlich vorkommt. Aber er verbindet nicht Wirklichkeitsbereiche, sondern er zerreißt sie", heißt es in der Predigt des jungen Pfarrers Jürgen Döllscher.

Im Dezember 1969 erhält Erika Reihlen ein Schreiben des Stadtdirektors von Rheinhausen. „Sehr geehrte Frau Dr. Reihlen! Der Rat der Stadt Rheinhausen hat Sie in seiner Sitzung am 28. November 1969 als sachkundiger Bürger in den Jugendwohlfahrtsausschuß gewählt. Die Wahl erfolgte auf Vorschlag der Inneren Mission. Ich bitte Sie, mir möglichst umgehend mitzuteilen, ob Sie die Wahl annehmen." Der Anfang ist gemacht, von nun an tritt Erika Reihlen in kleinen Schritten immer ein Stück weiter heraus aus dem Grabenacker 25. Zwar ist es „nur" ein Ehrenamt. Aber Ehrenamt bedeutet Kommunikation mit der Welt, die Möglichkeit, sich mit aktuellen Problemen der Stadt und ihren Menschen auseinanderzusetzen. Das ist bereichernd und übersteigt den Horizont des Hausfrau- und Mutterdaseins.

1969. Das ist auch die Zeit der Studentenunruhen und eines weithin spürbaren gesellschaftlichen Aufbruchs. „Emanzipatorische" Gruppen sind angetreten und verändern das gesellschaftliche Klima, auch innerhalb der evangelischen Kirchen. Das Christentum, das Erika Reihlen gegen Ende der sechziger Jahre begegnet, unterscheidet sich von dem Christentum, das sie aus ihrer Familie und durch den Religionsunterricht kennt. Nicht mehr die introvertierte Frömmigkeit ihrer Mutter, die sich auf den sonntäglichen Gang in die Kirche und einen rigiden Moralkodex reduziert, sondern ein neues, ein gesellschaftsbezogenes, ein politisches Christentum beginnt, sich Raum zu verschaffen.

Helmut und Erika Reihlen treffen aufgeschlossene Menschen, die über die christliche Verantwortung in der Gesellschaft nachdenken und ähnliche Fragen haben wie sie selbst. Ein theologischer Arbeitskreis entsteht, darin unter anderem die Religionspädagogin Margret Schoenborn, ihr Ehemann, der Pfarrer Paul-Gerhard Schoenborn, Pfarrer Johann Herlyn und seine Ehefrau Sigrid Herlyn, das Ehepaar Rosemarie und Jürgen Karbaum sowie Pfarrer Bernhard Kremer. Ein katholischer Theologe ist dabei, Eberhard Roos, vor nicht allzu langer Zeit aus seinem Kloster ausgeschieden. Hinzu stößt ein altgedienter Kommunist, Peter Mayer. Zusammen lesen und diskutieren sie biblische Texte und Theologen wie John A. T. Robinson[182], Dietrich Bonhoeffer und Heinz Zahrnt. Von Bonhoeffer lernt Erika Reihlen: „Der Mensch muss wirklich in der gottlosen Welt leben und darf nicht den Versuch machen, ihre Gottlosigkeit irgendwie religiös zu verdecken. Er muss weltlich leben und nimmt eben darin an dem Leiden Gottes teil. Er darf weltlich leben, das heißt er ist befreit von den falschen religiösen Bindungen und Hemmungen. Christ sein heißt nicht, in einer bestimmten Weise religiös sein, aufgrund irgendeiner Methodik etwas aus sich machen (einen Sünder, einen Büßer oder einen Heiligen), sondern es heißt Mensch sein, nicht einen Menschentypus, sondern den Menschen schafft Christus in uns. Nicht der religiöse Akt macht den Christen, sondern das Teilnehmen am Leiden Gottes

---

[182] John Arthur Thomas Robinson (1919–1983) war ein anglikanischer Suffraganbischof in Woolwich.

im weltlichen Leben."[183] Mit diesen Gedanken gelingt es Erika und Helmut Reihlen, sich von dogmatischen Formeln und beengenden bürgerlichen Denkweisen zu befreien.

Zusammen mit ihrem theologischen Arbeitskreis fahren sie nach Köln. Hier nehmen sie an den Politischen Nachtgebeten einer Gruppe um Dorothee Sölle, Fulbert Steffensky und Marie Veit teil. Erika kennt Dorothee Sölle aus ihrer Schulzeit in der Kölner Hildegardisschule als Referendarin im Deutschunterricht. Bekannt wird Dorothee Sölle auf dem 12. Deutschen Evangelischen Kirchentag in Köln 1965. Ihre unorthodoxen Rundfunkansprachen und Andachten werden veröffentlicht. Erika Reihlen hat die Texte damals erworben und bis heute aufbewahrt.

„Christen sollen gesellschaftlich-politische Verantwortung übernehmen", lautet eine zentrale Botschaft von Dorothee Sölle. Sie ist es, die auf die politische Dimension des Evangeliums zeigt. Der Satz Jesu: „Ich bin krank gewesen, und ihr habt mich besucht", ist für Erika Reihlen so etwas wie die Initialzündung zu einem neuen tätigen Christentum. Gleichzeitig steht er auch am Anfang ihres eigenen neuen Lebens. Sie ist Christin, will aber keine alten Formeln „nachbeten", sondern in der Nachfolge Jesu tätig sein, mit Herz und Verstand und dem Ziel, die Welt menschlicher und bewohnbarer zu machen.

Das neue „religionslose Christentum" fällt gerade in Rheinhausen auf fruchtbaren Boden. Kirchenferne Arbeiter bilden hier die große Mehrheit. Katholische Geistliche beschreiben Rheinhausen als „modernes Heidenland". Wer in der Schwerindustrie arbeitet, verausgabt sich bei der Arbeit, die Freizeit dient der Regeneration, die man gewöhnlich nicht in der Kirche verbringt. Pfarrer und Presbyter denken darüber nach, wie sie das Christentum aus dem abgeschlossenen Raum der Kirche ans Licht der Gesellschaft bringen können. Eines ist klar: Um hier im „modernen Heidenland" Rheinhausen gehört zu werden, müssen die Christen neue Wege gehen.

„Politische Pfarrer" laden Pfarrer aus der DDR ein oder sprechen über den 17. Juni 1953. Und auch die kritische Auseinandersetzung mit der Rolle der Kirchen im Nationalsozialismus ist bald kein Tabu mehr. Ein aktives

---

[183] Schreiben Dietrich Bonhoeffers an Eberhard Bethge vom 18. Juli 1944. In: Dietrich Bonhoeffer: Widerstand und Ergebung. Briefe und Aufzeichnungen aus der Haft. Hg. von Eberhard Bethge, Gütersloh, 19. Aufl. 2008. S. 193.

DKP-Mitglied wird zum Presbyter gewählt. Wie er haben auch andere neu gewählte Presbyter bislang nur „sehr selten" den herkömmlichen Gottesdienst besucht. In dieser Zeit wird auch Helmut Reihlen Presbyter.

Die neuen „fortschrittlichen" Kräfte der Kirche wollen den vielfach als lebens- und weltfremd empfundenen Gottesdienst auch für die Kirchenfernen interessant machen. Inspiriert von der 68er-Bewegung wollen sie sich am Kampf um mehr politisches und gesellschaftliches Bewusstsein und um mehr Gerechtigkeit beteiligen.

Zusammen mit einigen gleichgesinnten Paaren planen die Reihlens, auch in Rheinhausen ein „Politisches Nachtgebet". Sie wollen dem Aufruf Dorothee Sölles folgen, frei nach Che Guevara: „Schafft zwei, drei ... viele Nachtgebete."

Im März 1969 kommt ein Kreis aus zwölf Personen zusammen, der das erste Politische Nachtgebet für den 25. April vorbereiten soll. Der Arbeitskreis ist eine „Ökumene von Christen und Nichtchristen". Ihm gehören Pfarrer und DKP-Funktionäre, Arbeiter, zwei Katholiken und Leute wie Erika und Helmut Reihlen an, die zum linksliberalen Bürgertum zählen. Die meisten von ihnen haben Abitur und unterscheiden sich schon dadurch von denen, die in Rheinhausen die breite Bevölkerungsmehrheit ausmachen.

Später vergrößert sich der Arbeitskreis auf über dreißig Personen. Doch leidet er unter einer starken Fluktuation der Mitglieder. Seine Kontinuität lebt vom festen Kern der sechs Paare aus dem theologischen Arbeitskreis. Das Durchschnittsalter ist für kirchliche Verhältnisse jung, 30 bis 35 Jahre. Die Themen der Politischen Nachtgebete sind aktuell. Sie sollen – das ist die Bedingung – „auf den Nägeln brennen", einen gesellschafts- und ideologiekritischen Bezug haben und für politische Aktionen auf örtlicher und auch überregionaler Ebene geeignet sein.

In den Jahren 1969 bis 1971 finden die Nachtgebete im Rhythmus von drei bis vier Monaten statt. Themen sind: „Evangelium und Mitbestimmung" (25.4.1969), „Gleiche Chancen für Mann und Frau. Die Frau liegt immer noch unten" (4.7.1969), „(Un-)Gehorsam eine Bürgerpflicht" (26.9.1969), „Entwicklungshilfe" (28.11.1969), „Glaube – Kirche – Politik" (27.2.1970). 1970 und 1971 geht es um „Gastarbeiter", „Lehrlingsausbildung", „Alte Menschen" und „Nationalismus".

Der Arbeitskreis trifft sich alle zwei Wochen. In einer Plenarsitzung wird über die Themen befunden. Dann werden Untergruppen gebildet, die sich mit den Einzelfragen auseinandersetzen, Textentwürfe vorlegen, diese zur Diskussion stellen und danach verändern oder neu schreiben. Von besonderer Bedeutung ist die Werbung. Denn schließlich sollen auch die erreicht werden, über die man spricht: die Frauen, die Lehrlinge, die Gastarbeiter und die alten Menschen. 2 500 Plakate werden gedruckt. Eingeladen sind immer auch Vertreter des öffentlichen Lebens, der Stadt und des Kreises Moers, persönliche Bekannte und die Redaktionen der lokalen Zeitungen in Rheinhausen.

Die Vorbereitungen enden mit einer Sprechprobe, in der die Texte mit verteilten Rollen gelesen werden. Die neuen und sehr weltlichen Gottesdienste verzichten fast vollständig auf die hergebrachte kirchliche Liturgie. Stattdessen wird informiert, meditiert und diskutiert, gesungen, gebetet und in der Bibel gelesen.

An die Stelle wirklichkeitsfremder Predigten tritt die Suche nach konkreten Lösungen für gesellschaftliche Probleme.[184]

Margret Schoenborn beschreibt detailliert das Drehbuch eines Politischen Nachtgebets:

„Unseren vorbereiteten Text haben wir vervielfältigt und bieten ihn am Eingang zum Kauf an. Die meisten Teilnehmer haben ihn während des Gottesdienstes in den Händen und lesen mit. Mit Ausnahme des 10. Nachtgebetes haben wir uns an den Ablauf des Kölner Modells gehalten: Sachinformation, biblische Information. Meditation und Gebet, Diskussion, Aktion.

Die Sachinformation nimmt einen breiten Raum im Nachtgebet ein und bedient sich der verschiedensten didaktisch-methodischen Mittel (Dias, Filme, Sketche, Schallplatten). Denn wir meinen, daß, wer beten will, auch wissen muß, für wen und worum er bittet. Es genügt nicht, allgemein für die Hungernden in der Welt zu beten, man muß auch konkrete Kenntnisse über die Hungersnot in einem indischen Dorf oder die Elendsviertel in Bogotá haben.

---

[184] Thesen des Arbeitskreises „Politisches Nachtgebet Rheinhausen" für das Gespräch mit Prof. D. Dr. Beckmann am 28. April 1970. In: Aktion Politisches Nachtgebet. Hg. von Roswitha Koch, Helmut Reihlen, Paul-Gerhard Schoenborn, Uwe Seidel, Diethard Zils, Düsseldorf 1971, S. 237 f.

Die biblische Information beleuchtet den dargestellten Sachverhalt kritisch nach den Maßstäben des Evangeliums. Zum Beispiel wurde der Sachinformation über die Ausbeutung der Gastarbeiter in der Bundesrepublik die biblische Information über das Fremdenrecht im alten Israel gegenübergestellt. In Meditation und Gebet bedenken wir unsere Versäumnisse an den benachteiligten Menschen, um die es uns gerade geht, und lassen uns ermutigen, mit Phantasie und Tatkraft für sie einzutreten.

In der Diskussion sollen Aktionen, praktische Auswirkungen dieses Gottesdienstes, überlegt und in Gang gesetzt werden. Vorsorglich haben wir schon einige Aktionsvorschläge vorbereitet, die nach dem Gebet vorgetragen werden.

Danach ist eine 10 bis 15minütige Pause bis zum Beginn der Diskussion. Diese Pause hat sich immer als sehr fruchtbar erwiesen. Wurde bis dahin angespannt und kritisch zugehört, so trifft man sich nun in kleinen Gruppen und beginnt das Gehörte – meist noch sehr emotional – zu diskutieren. Man besorgt sich Getränke beim Hausmeister und steckt sich eine Zigarette an. Unser Bücher- und Schriftentisch zum Thema des Gottesdienstes findet in dieser Zeit das größte Interesse. Dann folgt die gemeinsame Diskussion, bei der 70–80 % der Teilnehmer bis zum Schluß, noch 1 bis 2 Stunden dableiben. Nicht selten mußte der Hausmeister das Licht abdrehen, damit wir ein Ende fanden. In einem Privathaus ging's dann allerdings weiter bis in den Morgen. In der Diskussion wird unser Text befragt, angegriffen, kritisiert. Es entsteht eine Atmosphäre von Solidarität und Gemeinschaft einerseits und Polemik und Widerstand andererseits. Hauptzweck der Diskussion ist das Finden und Planen von Aktionen.

Die Aktion ist der Punkt unserer Nachtgebete, der uns bis jetzt noch die meisten Sorgen macht. Denn der Funke von der Aktivität des Arbeitskreises zur Aktivierung der Zuhörer springt nur schwer über. Ein Brief an den Rat der Stadt, Kindertagesstätten einzurichten, um Mütter für Aufgaben außerhalb der Familie freizusetzen, wird noch gern unterschrieben. Ein Arbeitskreis gegen Mietwucher für Gastarbeiter kam aber nicht zustande."[185]

---

[185] Margret Schoenborn: „Schafft zwei, drei ... viele Nachtgebete!" Politisches Nachtgebet Rheinhausen. In: exempel. Magazin für Jugendarbeit und Gemeindeaufbau, 4/1971, S. 25 f.

Eine Aktion, hervorgegangen aus dem Politischen Nachtgebet mit dem Thema Entwicklungshilfe (28.11.1969), ist der Initiativantrag bei der Bundestagsfraktion und der Bundesregierung, in dem beide aufgefordert werden, der Entwicklungspolitik einen höheren Rang einzuräumen. Ziel sind drei Prozent des Bruttosozialprodukts für die Entwicklungshilfe, dies soll möglichst in einem Gesetz festgelegt werden. Zudem sollen Entwicklungsländer als Handelspartner in der Wirtschaftspolitik der Europäischen Wirtschaftsgemeinschaft begünstigt werden. Die Mittel für die Gesellschaft für Technische Zusammenarbeit (GTZ) in Köln sollen auf 300 Millionen DM erhöht werden.[186]

Die politischen Nachtgebete sind ein Erfolg und für Rheinhausen ein kulturelles Ereignis. Lebendig und immer überfüllt, zählen sie bis zu 300 Teilnehmende, darunter viele engagierte junge Leute. Kein traditioneller Gottesdienst erreicht diese Zahlen. Hinzu kommt: Die Hälfte von ihnen sind kirchenfremde Leute, das heißt genau die, die erreicht werden sollen. Interessiert sind solche, „die es als notwendig erkannt haben, an der Veränderung der Zustände dieser Welt mitzuarbeiten", schreibt Margret Schoenborn.[187] Die politischen Nachtgebete in Rheinhausen werden zum Ort intensiver geistiger Auseinandersetzung.

Die Kirchenleitung und mit ihr die Vertreter der herkömmlichen Frömmigkeit in den umliegenden Gemeinden betrachten das Politische Nachtgebet skeptisch und manchmal auch mit Empörung. Flugblätter gegen ketzerische Pfarrer tauchen auf, es hagelt Leserbriefe an Tageszeitungen, die Leitung der Kreissynode beschwert sich, weil sie wichtige protestantische Grundsätze verletzt sieht. Joachim Beckmann, der Präses der rheinischen Landeskirche (1958–1971) kritisiert die allzu große Nähe der „Nachtgebete" zur Tagespolitik. Bei ihm, einem führenden Mitglied der Bekennenden Kirche, werden alte Erinnerungen an die Deutschen Christen wach, die 1933 ebenfalls die Kirche in den Dienst der Politik stellten – wenn auch für ganz andere Ziele. Beckmann moniert die fehlende Bezugnahme auf Gott und den übertriebenen Glauben an die Fähigkeiten des autonomen Individuums. Hier wolle sich der Mensch durch eigene Leistung in das rechte Verhältnis zu Gott setzen.

---

[186] Initiativantrag Rheinhausen. Entwicklungshilfe (ELAB 62/33).
[187] Ebd., S. 27.

Für Beckmann ist das „Pelagianismus", eine häretische Lehre, nach der der Mensch durch eigene Anstrengung zur Erlösung gelangen kann.[188] Eine solche „Werkgerechtigkeit" ist aus der Sicht vieler Protestanten katholisch. Evangelisch sei es hingegen, auf die Gnade Gottes zu vertrauen.[189] Außerdem vermisst Beckmann im Politischen Nachtgebet die entscheidenden liturgischen Elemente eines Gottesdienstes. Deshalb fordert er eine Namensänderung und dass die Veranstaltungen nicht mehr in kirchlichen Räumen stattfinden.

Doch die Verfechter des Politischen Nachtgebets geben nicht nach. „Das Reden und Handeln der Kirche hat unter anderem das gesellschaftliche Bewußtsein prägende, das heißt also auch politische Wirkungen – gewollte und ungewollte – und die Reflexion der Kirche darauf ist auf allen Ebenen, auch auf der Ebene der Gemeinden in Ergänzung der liturgischen Gottesdienste notwendig. Gebet und Gottesdienst haben auch eine politische Dimension."[190] Und an anderer Stelle heißt es: „Nirgends kann heute Nächstenliebe umfassender und wirkungsvoller in Erscheinung treten als im politischen Handeln."[191] Politisches Denken und Parteilichkeit sind gewollt. Vorbild dafür ist der Ökumenische Rat der Kirchen in Genf, der offen Partei für die Bürger- und Menschenrechtsbewegungen in aller Welt ergreift. Dorothee Sölle hat das so formuliert: „Es läßt sich eher eine deutliche Tendenz auf Entscheidung ablesen, in deren Rahmen man das Politische Nachtgebet einordnen kann. Neutralismus oder Parteilichkeit ist die Alternative, auf die kirchliche Probleme zulaufen; der Kampf, den die deutschen Bischöfe gegen die Ökumene und ihren Vorsatz, Befreiungsbewegungen Geld zu geben, führen, spiegelt genau diese Alternative: Neutralität oder Parteilichkeit für die Unterdrückten."[192]

---

[188] Die Lehre des Pelagius wurde im Jahr 415 n. Chr. auf der Synode von Karthago als Häresie verurteilt.

[189] Aktion Politisches Nachtgebet. Hrsg. von Roswitha Koch, Helmut Reihlen, Paul-Gerhard Schoenborn, Uwe Seidel, Diethard Zils, Düsseldorf 1971, S. 240 f.

[190] Ebd., S. 239 f.

[191] Ebd., S. 245.

[192] Politisches Nachtgebet in Köln. Band 2. Texte – Analysen – Kritik. Im Auftrag des ökumenischen Arbeitskreises „Politisches Nachgebet". Hg. von Dorothee Sölle und Fulbert Steffensky, Stuttgart, Berlin, Mainz o. J., S. 234.

Zum Symbol für die Neutralität wird Pilatus, der seine „Hände in Unschuld" wäscht und Jesus der Menge seiner Feinde überlässt. „Wir haben versucht, den spätbürgerlichen Pilatus in uns zu überwinden", sagt Dorothee Sölle.[193)]

Die Sprache der Linken ist allgegenwärtig, so in Wendungen wie der „spätbürgerliche Pilatus", oder der „Lange Marsch durch die Kirche". Ziel dieser linken kirchlichen Reformbewegung ist es, die Kirche keinesfalls den Herrschenden zu überlassen. Der Bezug zu Politik und Gesellschaft fehlt an keiner Stelle. Das eigene Verhältnis zu den großen Kirchen sei mit dem der Jusos zur SPD vergleichbar, heißt es. Wie am Ende die so sehr gewollte politische Aktion aussehen soll, bleibt jedoch oft unklar. Dorothee Sölle überlässt diese Frage der Zukunft: „Aber welche politische Praxis entspricht diesem begrenzten und kritischen Engagement? Muß es eine gemeinsame sein, und ist die Lösung, die mir zunächst vorschwebte, ‚getrennt, das heißt in vielen verschiedenen Gruppen arbeiten, gemeinsam beten' – unmöglich? Unser Weg wird leichter werden, je mehr wir eine Gemeinde werden, das heißt in einigen Stücken gemeinsames Leben versuchen. Wir sind erst am Anfang."[194)]

Das Politische Nachtgebet ist ein wichtiger Schritt der Reihlens auf dem Weg in die Kirche, den sie in den folgenden Lebensjahrzehnten nicht mehr verlassen werden. Das hier praktizierte Christentum ist eines, hinter dem sie nicht nur wegen seiner Tat- und Politikfreudigkeit stehen können, sondern auch, weil es Theologen gibt, die ihnen eine neue Sichtweise auf die Bibel eröffnen. Vor allem Heinz Zahrnt ist es, der Erika Reihlen einen Zugang zur Bibel verschafft, der nicht ihren Verstand beleidigt. Heinz Zahrnt, mit dem sie später lange Jahre im Kirchentagspräsidium tätig ist, verehrt sie als denjenigen, der es verstanden hat, die historisch-kritische Methode der Bibelforschung auch theologischen Laien verständlich zu machen. Zahrnt kommt zu dem Schluss, dass die Bibel kein historischer Bericht ist, sondern ein Buch menschlicher Erfahrungen mit Gott, ein Buch voller Glaubenszeugnisse, die von dem einen höchsten Gebot zeugen: „Du sollst deinen Nächsten lieben wie Dich selbst."[195)]

[193)] Ebd., S. 235.
[194)] Ebd., S. 237.
[195)] 3. Mose 19,18.

Nicht auf die historische Belegbarkeit der Bibelgeschichten komme es an, sondern auf ihre für uns Heutige verstehbare Auslegung. Es ist das Glaubenszeugnis hinter der biblischen Geschichte, das es in die Gegenwart zu übersetzen gilt.[196] Zahrnt, so resümiert Erika Reihlen, hat viele von uns Laien sprachfähig gemacht. Er hat die Bibel so ausgelegt, dass nichts mehr „einfach nur geglaubt, hingenommen" werden muss. Wenn es heißt, dass Jesus auf dem Wasser gehen kann, dann geht es nicht um die „historische Tatsache", dass ein Mensch auf dem Wasser gehen konnte, sondern darum, dass hier von einem ungewöhnlichen, Gott nahen, begabten und wirkungsstarken Menschen erzählt wird, der seine Zeitgenossen und uns in Bewegung hält. Mit dieser Sicht auf die Bibel kann Erika Reihlen leben.

Zu ihrem Glaubensverständnis gehört es, Fragen an Dogmen zuzulassen und Zweifel an biblischen Aussagen äußern zu dürfen.[197] Denn „auch der Verstand ist eine gute Gabe Gottes", sagt Erika. Mutter Hanna vergleicht sie deshalb schon als Heranwachsende mit dem faustischen Teufel: „Du bist der Geist, der stets verneint", sagt sie zu Erika und meint doch nur deren Streben nach einem eigenen, selbstständigen und kritischen Urteil, auch dann, wenn es um die Bibel geht.

Zudem lernt Erika Reihlen in der Zeit des „Politischen Nachtgebets" vom Christentum etwas, das ihr ganzes weiteres Leben maßgeblich beeinflusst: „Nichts ist vorgeschrieben – außer Liebe." Das ist der Kernsatz des anglikanischen Theologen und Bischofs John A. T. Robinson, der in den sechziger Jahren, aufbauend auf der These Bonhoeffers vom „religionslosen Christentum", den Satz vom „Gott ohne Religion", eine Theologie ohne Transzendenz, begründete. Es gibt keine religiösen Normen und Gesetze, die sich für den Menschen unfassbar aus dem Jenseits herleiten lassen, so sein Credo. Jede Norm hat nur dann einen Sinn, wenn sie aus einer Haltung der Liebe heraus praktiziert wird, und verliert ihren Sinn, wenn dies nicht geschieht. Insofern ist die Norm dem Gebot der Liebe untergeordnet. Gott geschieht

---

[196] Vgl. Heinz Zahrnt: Die Sache mit Gott. Die protestantische Theologie im 20. Jahrhundert. München 1966. Hier vor allem die Darlegungen zu Karl Barth, S. 13–66. Ders.: Mutmaßungen über Gott. Die Summe meines Lebens. München 1996, S. 48.

[197] „Fragen, Zweifel, Widerspruch, Protest im Auslegen der Hl. Schrift sind zugelassen." Erika Reihlen: Die 70 macht mir zu schaffen. Dankrede an unsere Gäste zu meinem 70. Geburtstag am 2.6.2006. Privatbesitz Reihlen.

mitten im Leben und wir haben in jeder konkreten Situation die Wahl, sie aus der Position der Liebe, das heißt der unbedingten Anerkenntnis unseres Gegenübers anzugehen oder nicht. Insofern ist Gott auch da, wo keine Religion mehr ist. Christus ist in jeder zwischenmenschlichen Begegnung zu erleben.[198]

Das Ehrenratsverfahren

Am 28. September 1969 ist die Ära der CDU-geführten Bundesregierungen beendet. Die SPD gewinnt die Wahlen und stellt zum ersten Mal in der Geschichte der Bundesrepublik den Kanzler.

In seiner Regierungserklärung vom 28. Oktober 1969 verkündet Willy Brandt, der frisch gewählte Kanzler: „Wir stehen nicht am Ende unserer Demokratie, wir fangen erst richtig an." Damit spricht er aus, was überall schon längst im Gange ist, angestoßen durch die linke Studentenbewegung und ihren Forderungen nach revolutionärer Umwälzung der gesellschaftlichen Verhältnisse.

In ihrer Studentenverbindung, dem BuH-Verein, gehören Helmut Reihlen ebenso wie sein jüngerer Bruder Roland mittlerweile zu den „Alten Herren". Als aktives SPD-Mitglied hat Helmut Reihlen den Aufbruch der Gesellschaft in eine neue Ära des politischen und gesellschaftlichen Engagements aufmerksam verfolgt. Dieser Entwicklung sollten sich auch die Korporationen nicht entziehen, meint er. Denn eines ist klar, die Elite der Studenten findet sich nicht mehr im Berg- und Hüttenmännischen Verein mit seinen Werten und Ritualen aus dem 19. Jahrhundert. Die studentische Avantgarde hat sich in der APO, der außerparlamentarischen Opposition gesammelt und von dort aus den gesellschaftlichen Aufbruch in Gang gebracht.

Die Brüder Reihlen führen einen zunächst privaten Briefwechsel über den Sinn und Zweck des BuH-Vereins in dieser neuen, politischen Zeit. Am 20. Juli 1969 schreibt Roland Reihlen:

„Lieber Helmut, vor mir liegt der Brief des „ad-hoc-Ausschusses" Hilfsaktion Aachen. Ich muß gestehen, daß ich ausgesprochen verblüfft bin, Deinen Namen in diesem Ausschuß wiederzufinden. Auf der einen Seite engagierst

---

[198] John A. T. Robinson: Gott ist anders. Honest to God. München 1964, S. 120–125.

Du Dich politisch Mitte links, auf der anderen Seite interessierst Du Dich für ein Gebilde, das man als konservativ-introvertiert, politisch farblos mit Rechtsdrall – charakterisieren könnte.

Ich meine, man sollte den Berg- und Hüttenmännischen Verein einen friedlichen Tod sterben lassen, den nicht nur jeder einzelne, sondern bisher auch jede Institution irgendwann sterben mußte. Meiner Ansicht nach hat der Berg- und Hüttenmännische Verein von seiner Struktur und von seiner Altherrschaft her keine Chance mehr, einen Studenten in seiner Persönlichkeit besser zu fördern als es der Student alleine oder andere, bestehende Institutionen an der Hochschule könnte. Wenn das stimmt, so hat die Aktivitas keine Lebensberechtigung mehr."[199]

Roland Reihlen wirft dem Verein vor, nur noch zweit- und drittklassige Studenten zu fördern. Denn das Berg- und Hüttenwesen sei bereits im Niedergang begriffen und eigentlich ohnehin das „falsche Studienfach". Auch eine Vortrags- und Diskussionskultur gebe es nicht mehr, die eigentlichen politischen Diskussionen finden in anderen Gruppen statt. Die vorgebliche politische Neutralität des BuH-Vereins, die in Wahrheit ein Bekenntnis zum Konservatismus sei, stoße politische Studenten sogar ab. Der eigentliche Grund seines Unwohlseins aber ist, dass die „Zeichen der Zeit einfach auf anderes weisen als auf Akademikerverbindungen. [...] Ich brauche Dich nicht darauf hinzuweisen", schreibt Roland Reihlen, „daß die Bindungen lockerer sind als früher, daß der einzelne mehr Freiheit für sich verlangt, daß wir alle unduldsamer werden bei der Beschneidung unserer Freiheiten."

Die Sicht von Helmut Reihlen auf den BuH-Verein ist differenzierter, historischer, auch optimistischer:

„Lieber Roland", schreibt er, „hab vielen Dank für Deinen Brief vom 20. Juli. Der Vorsitzende des Liberalen Studentenbundes in Aachen, mit dem ich die Misere des Berg- und Hüttenmännischen Vereins diskutierte, resümierte genau so wie Du, nur frei von sentimentalen Bindungen, ‚was fallen will, soll man auch noch stoßen'. Ich stimme Dir und ihm zu, daß vieles dafür spricht, Aachen und Berlin aufzulösen. Es gibt aber auch einiges, was man dagegen halten kann.

---

[199] ELAB 62/26.

1. Die Auflösung ist irreversibel. Eine Neugründung aus der Alt-Herren-schaft heraus halte ich für unwahrscheinlich. Deshalb sollte man sehr gründlich überlegen, ob nicht doch ein letzter Versuch geboten ist. Ver-birgt sich hinter Deiner Argumentation nicht auch ein wenig Verdruß über die Belästigung, Abwehren von Engagement, Rückzug auf den unverbind-licheren, Dich weniger fordernden persönlichen Bekanntenkreis? Ver-birgt sich hinter Deinem Rat nicht sogar ein wenig Rechtfertigung für in den letzten Jahren nicht erbrachtes Engagement? Wir sind der Berg- und Hüttenmännische Verein. Es hat schließlich an uns gelegen, uns mehr um die Aktivitas zu kümmern, Kneip-Comment, Fahnenweihelied, zukunfts-lose fachliche Bindung etc. rechtzeitig über Bord zu werfen. Ich finde es nicht besonders interessant, im nachherein den angeblich unveränderli-chen Lauf der Dinge festzustellen und davon zu sprechen, daß jede Insti-tution einmal sterben müsse. Sie stirbt ja nur, weil wir ihr kein sinnvolles Leben eingehaucht haben. Wie könnte der Berg- und Hüttenmännische Verein weiterleben?

2. Wir brauchen einen neuen Alt-Herren-Vorstand, der sich in extremer Weise auf die Erfordernisse der Aktivitas einstellt. Seine personelle Besetzung muß ahnen lassen, daß er das Jahr 1980 im Auge hat. Es muß ein Vorstand sein, der Unruhe will, der politisch denken kann.

3. Die Behauptung, die Aktivitas sei politisch neutral, war seit jeher ein Selbstbetrug. Vergleiche nur Schlichts und Vaters Beschreibung vom Kampf um den Annaberg, um zu sehen, wie selbstverständlich rechts wir standen. Von da geht eine gerade Linie zu Middendorfs vorletzter Stif-tungsfestrede über die Studentenunruhen.

Die schöne Vorstellung von der politischen Bildung des einzelnen, die der Bund betreibt, die sich aber nicht in politischen Gruppenäußerun-gen manifestieren darf, beinhaltet eine Degradierung des politischen Denkens und Handelns unserer aktiven Mitglieder zum Sandkastenspiel. Wenn die intelligenteren Studenten in den 50-er Jahren karrierebewußte, bürgerlich liberal gebildete Individualisten waren, so ist dieselbe Gruppe heute gesellschaftlich engagiert. Für den Karristen der 50-er Jahre stellte der Bund den geeigneten Rahmen. Für diejenigen, die heute als Creme der Studentenschaft anzusehen sind, stellen wir diesen Rahmen nicht. Rudi Dutschke hätte, was ich bedaure, bei uns nicht aktiv werden können. Das bewußte Eintreten in gesellschaftliche Verantwortung, die

Politisierung des Berg- und Hüttenmännischen Vereins, ist das Gebot der Stunde. Aufgaben gibt es genug, von Alten Herren und Aktiven. Gemeinsam zu beackern wären beispielsweise folgende Gebiete: Entwicklungshilfe, Jugendstrafvollzug, wirtschaftliche Mitbestimmung, Studienordnungen.

4. Die Beschränkung auf Studierende des Berg- und Hüttenwesens ist aufzugeben; sie stellt eine negative Auslese dar. Sich nunmehr auf nur eine andere Fachrichtung zu konzentrieren, was Du und manche andere empfehlen, halte ich für ein Fossil aus der Zeit der karrieristischen Orientierung unseres Bundes. Sicherlich wäre die studienmäßige Unterstützung unserer jungen Bundesbrüder schön, aber bei der Festsetzung von Wertigkeiten steht das gesellschaftliche Engagement obenan. An die zweite Stelle mag eine neue Fachorientierung rücken.

5. Alles was Du sonst vorträgst, Erziehungsfunktionen, interne Kritik, enge oder lose Bindung, alles das kann nur diskutiert werden unter einem gemeinsamen Dach. Das alte Dach hieß Karriere. Adieu, schönes Garderegiment des Ruhr-Bergbaus, die Zeiten sind vorbei. Das neue Dach heißt: gesellschaftliche Verantwortung, individuell und kollektiv. Wenn das unsere Aufgabe ist, so ergeben sich daraus Sachzwänge, die alles Weitere, was ich aus Deinem Brief herauslesen konnte, verwirklichen werden. Wer politische Aktionen plant, schult sich in freier Rede, übt Kritik an seinen Gesinnungsgenossen, erlebt gesellige Entspannung nach gemeinsamer erbrachter Leistung, unterwirft sich Gruppenordnungen, nicht weil Ordnung so schön wäre, sondern weil sie zur Erreichung des Zieles erforderlich ist.

6. Eine derart lebendige Aktivitas wird auch für die Alt-Herrenschaft als Partner interessant. Die Chance jeder Korporation, der Austausch zwischen Jüngeren und Älteren, bekommt wieder einen Sinn; von der Sorge, die höheren Töchter unter die Leute zu bringen, ganz zu schweigen. Wenn der Aachen-Ausschuß den Weg in dieser Richtung ebnet, wäre ich vielleicht doch am richtigen Platz. Einen Versuch – meine ich – hat die Sache noch verdient. Herzliche Grüße Dein Helmut."

Einig sind die beiden Brüder in der Feststellung, dass der Bergbau als führende Industrie schon seit Mitte der fünfziger Jahre im Niedergang begriffen ist. Die führenden Technologien sind nun Elektrotechnik, Kraftfahrzeugbau und Umwelttechnik. Eine Korporation, die sich auf das Fach Berg- und

Hüttenwesen konzentriert, ist für Studenten, die an Zukunftstechnologien orientiert sind, unattraktiv. Die beiden Brüder wissen, dass sie ausgesprochen haben, was viele ohnehin denken, und schlagen dem Vorstand der Altherrenschaft vor, ihren Briefwechsel im Mitteilungsblatt des BuH-Vereins zu veröffentlichen. Damit haben sie das Kartell der ewig Gestrigen in ihrem Nerv getroffen. Es ist verletzt und wehrt sich: „Warum hat Bruder Roland sich nicht selbst mehr engagiert?", kommt es von dort zurück, und „warum soll man sich bitteschön überhaupt gesellschaftspolitisch engagieren?"[200] Zwei grundverschiedene Mentalitäten treffen aufeinander. Auf der einen Seite die Reihlenbrüder als Vertreter einer Zeit der „Kritik", die in der Politisierung aller gesellschaftlichen Gruppen und Bereiche eine begrüßenswerte Entwicklung sehen. Auf der anderen Seite die Konservativen, für die Parteipolitik eher ein „schmutziges Geschäft" ist und die sich mit dem Hinweis, ein fachlich orientierter Verband zu sein, außerhalb des „Parteiengezänks" sehen. Sie repräsentieren die überkommene Haltung deutscher Akademiker. Eine in der Tat „introvertierte" Haltung, die sich in der Vergangenheit höchst problematisch ausgewirkt hat, als es zum Beispiel um das Gelingen der Weimarer Republik ging.

Aufschlussreich ist der Brief des Vorsitzenden des Alt-Herren-Verbandes, Heinrich Middendorf, an Helmut Reihlen vom 8. September 1969. „Ich glaube, es werden hier die Rollen verwechselt. Vielmehr ist es Deine Unduldsamkeit gegenüber der Meinung eines großen Teils der Alten Herren, sind es Deine ständigen Diskussionen und Versuche zur ‚Politisierung' des Berg- und Hüttenmännischen Vereins, zur Umgestaltung unserer Aktiven-Vereine in eine ‚politisch engagierte Gruppe', die sich ‚in politischen Gruppenäußerungen manifestieren' soll, ist es Deine Forderung nach politischem Engagement auch der Altherrenschaft, ist es schließlich auch Deine Behauptung, unsere fachliche Bindung sei zukunftslos und eine negative Auslese, wodurch die Geschlossenheit der Altherrenschaft beeinträchtigt und eine Krise im Altherren-Verband provoziert wird. Ohne Zweifel hat sich unser Bund neben zahlreichen Aufgaben auch um die staatspolitische Bildung seiner jungen Mitglieder zu bemühen, das heißt aber nicht politische Schulung zu ‚Gesinnungsgenossen'. Diese Art von Bildung lehnen wir ab, der Bund ist überparteilich. Jedem Bundesbruder bleibt dabei seine etwaige

---

[200] Vgl. das Schreiben Heinrich Middendorfs an Helmut Reihlen vom 1. September 1969 (ELAB 62/26).

persönliche politische Bindung unbenommen, ob CDU, FDP oder auch, wie ich von Dir annehme, SPD mit Linksdrall. Wir sind nicht wegen politischer Vorstellungen und Voraussetzungen Mitglied unseres Berg- und Hütten-männischen Vereins geworden, wir wollen uns auch nicht umfunktionieren lassen und verstehen unter Bundesbruder etwas anderes als Gesinnungs-genosse. Daher ist Deine Agitation, unseren Bund auf eine politische Grund-lage umzufunktionieren, für mich und die meisten Alten Herren undiskuta-bel, sie zerstört die auf Lebenszeit geschlossene Bundesbrüderschaft.

Bei Deinen immer wieder in dieser Richtung gemachten Vorstößen ist aller-dings auch einmal bei mir und vielen Alten Herren die Duldsamkeit zu Ende. Wer Politik als wesentliche Lebensaufgabe sieht, soll bei politischen Insti-tutionen oder Vereinen tätiges Mitglied werden und sich deren ‚Gruppen-ordnung unterwerfen‘, aber nicht versuchen, unsere bundesbrüderliche Gemeinschaft und unser bisheriges Vertrauensverhältnis zu zersetzen. Ohne Zweifel mag der Betreffende ein durchaus achtenswertes und aktives Mitglied unserer Gesellschaft sein, er paßt jedoch nicht in unseren Bund, wenn er hier ein Feld sieht, politisch zu schulen und anderen seine politi-sche Auffassung aufzuzwingen. Ich bin keineswegs ängstlich, diese Dinge anzupacken und die Politisierung unseres Berg- und Hüttenmännischen Ver-eins zu unterbinden, solange ich hierzu die Möglichkeit im Vorstand habe. Ich bin auch nicht gewillt, an der Beerdigung unseres Bundes mitzuhelfen, indem wir aus ihm etwas anderes machen, was sein Name und Inhalt seit Generationen bedeutet."[201]

Nur eine Woche später bekommt Helmut Reihlen ein Schreiben vom Ehren-ratsratsvorsitzenden Hans Cirkel, Bergassessor a. D., der ihn informiert, dass er den Ehrenrat des Altherren-Verbandes des BuH-Vereins Aachen, Berlin und Clausthal e. V. zusammengerufen habe. Am 8. Oktober 1969 kommt es zur mündlichen Verhandlung vor dem Ehrenrat. Der Vorwurf: „Schädigung des Alt-Herren-Verbandes und der aktiven Vereine." Das bedeutet: Es gibt keine Aussprache im Kreis der 300 Mitglieder und auch keine Abstimmung über einen Kurswechsel. Am 9. November 1969 fasst der Ehrenrat den Beschluss, beiden Brüdern eine Verwarnung zu erteilen. In der Urteilsbegründung wehrt er sich in 19 Punkten gegen die Kritik der Brüder,

---

[201] Schreiben Heinrich Middendorfs an Helmut Reihlen vom 8. September 1969 (ELAB 62/26).

stellt fest, dass „Reihlen II" mit seiner Forderung, den BuH-Verein eines friedlichen Todes sterben zu lassen, sich ohnehin schon „außerhalb unserer bundesbrüderlichen Gemeinschaft gestellt hat".

Der zentrale Vorwurf gegen „Reihlen I" richtet sich auf die geforderte Politisierung der Verbindung. „Reihlen I" wolle die Aktivitates offensichtlich nach dem Muster linksextremistischer Gruppen umwandeln, heißt es. Besonders schmerzhaft für die Altherrenschaft ist der Verweis von „Reihlen I" auf Rudi Dutschke als „Creme der Studentenschaft". Und dann geht der Alt-Herren-Verband zum Gegenangriff über: „‚Reihlen I' wolle den Verein dazu missbrauchen, ein politisierter Karrieristenclub zu werden, da man nach ‚moderner' Auffassung durch richtiges politisches Engagement schneller Karriere machen kann als durch gute Leistungen in seinem Beruf." Insgesamt bewertet der Ehrenrat die Briefe der Reihlenbrüder als polemisch, zum Teil überheblich, beleidigend und destruktiv für den Verein.

Nun haben die Brüder die Wahl. Nehmen sie den Spruch des Ehrenrats an, bleibt es bei der Verwarnung. Lehnen sie ihn ab, bedeutet das den Ausschluss aus dem BuH-Verein, dem sie einmal beigetreten sind, um lebenslange bundesbrüderliche Gemeinschaft und Solidarität zu üben. Helmut Reihlen lässt sich beraten. Ratgeber ist der Freund und Bundesbruder Jochen Dietrich, der 1937 als „Halbjude" aus dem BuH-Verein herausgedrängt worden ist, ähnlich wie Hansjörg Theurer aus dem Sonderbund. Er nimmt am 20. Januar 1970 als Stellvertreter des Ehrenratsvorsitzenden Hans Cirkel an der Sitzung des Ehrenrats teil. Dietrichs Stimme hat Gewicht auf beiden Seiten. Der Freund kann die Verwarnung gegen die Brüder nicht aus der Welt schaffen, aber er rät allen Seiten zur Mäßigung. „Wir alle", so schreibt er, „die wir uns um den Verein Sorgen machen, machen uns deshalb Sorgen, weil wir ihn im Grunde für eine gute und erhaltenswerte Sache halten." Er mahnt zu Geduld und verweist darauf, dass Vorstand und Ehrenratsvorsitzender ohnehin ihre Ämter im Mai 1970 niederlegen und dann der Weg für eine Richtungsänderung offen stehe. „Deshalb", so fährt er fort, „bitte ich Dich, im Interesse der Bundesbrüder, die stärker in die Zukunft als in die Vergangenheit sehen, die unerfreuliche Angelegenheit auf sich beruhen zu lassen und dem Spruch des Ehrenrates nicht zu widersprechen. Es gilt, das Rechte zu tun und nicht Recht behalten zu wollen."[202] Helmut

---

[202] Schreiben Jochen Dietrichs an Helmut Reihlen vom 23. Januar 1970 (ELAB 62/26).

Reihlen verteilt diesen Brief unter den Bundesbrüdern. Dietrich hat ihm eine Brücke gebaut, über die er gehen will. Nun kann er die Verwarnung akzeptieren, ohne seine Auffassung zu verleugnen.

Roland Reihlen akzeptiert das Urteil nicht und scheidet damit aus dem BuH-Verein aus.

Eigentlich hätte der Konflikt damit beendet sein können. Aber die Gräben, die hier sichtbar geworden sind, sind tief. Das Ehrenratsverfahren geht an die Substanz – auf beiden Seiten: Linkes gegen traditionalistisches Selbstverständnis. Besitzstandswahrung gegen den Versuch, neue Wege in Gesellschaft und Politik zu gehen. Freund-Feind-Denken gegen eine neue Sicht auf die Gesellschaft. 1970 soll dies noch ein böses Nachspiel für Helmut Reihlen haben.

Unbehagen im Beruf

1965, nach fünf Jahren bei der DEMAG, ist Helmut Reihlen promoviert und Abteilungsleiter, nach drei weiteren Jahren wird er Abteilungsdirektor des gesamten Walzwerkbaus. Doch wirklich zuhause fühlt er sich nicht in der Atmosphäre dieser Maschinenfabrik und ihrer Kundschaft. Ingenieure mit einem gesellschaftspolitischen Verständnis ihres Berufs sind zu dieser Zeit eine Seltenheit. Was Helmut Reihlen über den Walzwerkbau hinaus interessiert, findet hier kaum ein Echo.

Hinzu kommt, dass die DEMAG in den sechziger Jahren mit wachsenden wirtschaftlichen Schwierigkeiten zu kämpfen hat. Zu lange hat sie im Bereich der kontinuierlichen Bandwalzwerke für Massenstahl und der großen Ölflutlager auf eigenen Entwicklungen beharrt und dabei versäumt, rechtzeitig Lizenzverträge mit den besten US-amerikanischen Partnern/Konkurrenten zu schließen. Ein Fehler, denn die Amerikaner setzen technologisch und mengenmäßig die Maßstäbe. Aufträge sind unter diesen Umständen häufig gar nicht oder nur zu schlechten Preisen zu ergattern. Besser läuft das Geschäft für die DEMAG im kleineren Bereich der Kaltbandwalzwerke für Edelstahl und der Bandveredelungsanlagen, für den Helmut Reihlen seit 1967 zuständig ist. Unter seiner Verantwortung gelingt es der DEMAG erstmals, vollkontinuierliche Gießband-Walzwerke für Zink- und Aluminium-Breitband zu bauen. „Vollkontinuierlich", das bedeutet, dass das geschmolzene Metall in einem Arbeitsgang gegossen und auf die gewünschte Dicke ausgewalzt wird. Erst in den achtziger Jahren kann diese Technik auch für

Stahl mit seinem erheblich höheren Schmelzpunkt eingesetzt werden. Insgesamt verschlechtert sich die wirtschaftliche Lage für den DEMAG-Walzwerksbau. Die Renditen, die noch in den fünfziger Jahren, als der Markt für Stahlblech rasant wächst, möglich sind, sind Ende der sechziger Jahre nicht mehr zu erreichen.

Nach fünf Jahren bei der DEMAG ist das Leben von Helmut Reihlen hektisch und von ständigen Dienstreisen zerrissen. Für Familie und Kammermusik bleibt nur wenig Zeit. Und auch die Dienstreisen selbst nehmen manchmal bizarre Züge an. Ende der sechziger Jahre ist Helmut Reihlen auf dem Weg von Bangkok, Pnom Phen über Saigon nach Hongkong. Er sieht sich noch in einer Air-France-Maschine, ein junger Geschäftsmann in einem Ledersessel der Ersten Klasse, Flughöhe 6000 Meter. Gerade reicht ihm die Stewardess Champagner, als unter ihm amerikanische Bomber auftauchen. Am Boden entstehen in einer langen Reihe immer neue kreisrunde Flächen, Bombenkrater im Vietcong-Gebiet. Helmut Reihlen entdeckt sich im Zuschauerraum des Vietnamkrieges und fühlt sich mit einem Mal wie eine leibhaftige Karikatur von George Gross. Der Geschäftemacher ganz oben blickt 3000 Meter unter ihm auf die Bomber der hoch geschätzten Freunde aus Amerika. Ganz unten auf der Erde wird krepiert.

„Wenn Sie Walzwerke verkaufen wollen, sind Sie völlig darauf angewiesen, Ihrer Kundschaft zu genügen. Ich war buchstäblich die Hälfte des Jahres in Rourkela oder Kiew oder Düsseldorf oder Wuhan, um Kunden zu beraten und herauszufinden, was der Kunde braucht, wer das Problem billiger und besser löst und eigene Ideen und Vorschläge zu entwickeln", erzählt Helmut Reihlen.

Manchmal kann er die Dienstreisen allerdings auch nutzen, um allein oder mit Frau Erika alte Freunde wiederzusehen. Gegen Ende der sechziger Jahre besuchen sie während einer Dienstreise Helmuts Universität, die Wesleyan University in Middletown, Connecticut. Freunde organisieren einen Vortrag über das Politische Nachtgebet an der Emory-University in Atlanta, Georgia. Als Helmut und Erika Reihlen dort ankommen, werden sie auf den „March against Repression" mitgenommen. Er ist die Antwort auf eine Demonstration schwarzer und weißer Studenten an der State University in Kent, Ohio, gegen die Diskriminierung der Schwarzen. Auf dieser Demonstration sind erstmals „ganz normale weiße" Studenten erschossen worden.

Da marschieren sie nun: der Prokurist einer deutschen Aktiengesellschaft und seine Frau. Links und rechts der Straße eine Phalanx von Polizisten, schwer bewaffnet mit Helmen, Knüppeln, Schildern und Gaspistolen. Auf der anderen Seite die Schwarzen und ihre Unterstützer, die weißen Bürgerrechtler. Sie hören unter anderem die Rede von Coretta King, der Witwe des ermordeten Pfarrers Martin Luther King Jr. Die Menschen um sie herum singen. Helmut und Erika Reihlen haben das Lied bis heute nicht vergessen. Gefallen hat ihnen der Text nicht. „Power to the people, black, black power to the African people. Who shall survive in America, only a few Niggers and no Whities at all. Power to the people."

„Ist das die Lösung des dringend lösungsbedürftigen Problems der Diskriminierung der schwarzen Bevölkerung?", fragt sich der Ingenieur. Die Demonstranten ziehen am College von Marin Luther King und an der Kirche, an der sein Vater Pfarrer gewesen ist, vorbei. Helmut und Erika Reihlen haben keine Angst, schließlich sind auch sie gegen den Rassismus. Aber plötzlich liegt die Möglichkeit nicht fern, hier unter die Räder zu kommen. Was wird passieren, wenn Agents Provocateurs die Polizisten angreifen? Wie wohl der Vorstand der DEMAG reagieren wird, wenn die deutsche Botschaft ihn informiert, dass Helmut Reihlen im Rahmen einer Dienstreise zum Verkauf von Walzwerken an einer Demonstration teilgenommen hat, die in Gewalttätigkeiten ausgeartet ist und nun gemeinsam mit seiner Frau in einem US-amerikanischen Untersuchungsgefängnis sitzt? Doch das ist nur die eine Seite ihrer Überlegungen. Auf der anderen Seite fühlen sich die beiden als Weltbürger. Die Menschenrechte gelten weltweit. Die Pflicht, sie zu schützen, endet nicht an Ländergrenzen. Zudem weiß Helmut Reihlen, dass auch an „seiner" Wesleyan Universität Studenten und Lehrkörper mit überwältigender Mehrheit die Bürgerrechtler unterstützen.

Irgendwann fängt Helmut Reihlen an, darüber nachzudenken, ob er die nächsten dreißig oder vierzig Jahre so weitermachen will. Hinzu kommt, dass sein Eintritt in die SPD 1966 keinen Beifall bei seinen Vorgesetzten und Kollegen auslöst. Sie legen ihm das als Treulosigkeit gegenüber dem Unternehmertum aus. „Wenn man sich da für die SPD einsetzte, saß man dann schon irgendwie beim Feind", sagt Helmut Reihlen. Der SPD geht es um die Ausweitung der Mitbestimmung über die Montanindustrie hinaus. Sie fordert die gleichberechtigte Beteiligung von Arbeit und Kapital in den Aufsichtsräten. Die Studienfreunde und manche Bundesbrüder wundern sich, warum Helmut Reihlen dieses Handicap auf sich nimmt. Mit dem BuH-Verein steckt er tief im Unternehmerlager, was seinem eigenen unternehmerischen Selbstverständnis entspricht. Wegen seiner Mitgliedschaft in der SPD lassen ihn die Bundesbrüder ihr offenes Befremden und manchmal sogar ihre Feindschaft spüren.

Und noch ein anderes Problem macht Helmut Reihlen zu schaffen. Öfter erhält der Wettbewerb den Zuschlag aus Gründen, die nicht technischer oder preislicher Natur sein können. Da spielen Fragen der für den Ingenieur kaum beeinflussbaren Kaufpreisfinanzierung eine Rolle. Hinzu kommt der Helmut Reihlen unsympathische Einsatz von „nützlichen Abgaben", das heißt im Klartext: Korruption, deren Kosten damals vom Gewinn des Unternehmens steuerlich absetzbar waren.

Bei Helmut Reihlen weitet sich das latente Unbehagen an seiner Arbeit aus. Ein leises System der unauffälligen Begünstigung umgibt ihn. Das Übliche eben, wenn es mehrere gleich gute Wettbewerber für einen großen Auftrag gibt, erläutert er. „Dann organisieren sie eben mal eine Elchjagd in Schweden, verbunden mit der Besichtigung einer Erzverladeanlage in Narvik/Norwegen." Oder eine Jagdausrüstung. Oder jemand möchte unbedingt in Bayreuth den „Parzival" hören. Auch das kann organisiert werden. Dabei gibt es noch Unerfreulicheres, etwa in Entwicklungs- oder Ostblockländern, wo Firmen Geld an Regierungsbeamte abführen müssen, wenn sie einen Auftrag haben wollen. Von hier aus ist es auch kein weiter Weg mehr dahin, dass „Damen" organisiert werden müssen, damit die Kunden zufrieden sind. Helmut Reihlen haben diese Dinge zu schaffen gemacht. „Und was einem zu schaffen macht, das macht man auch nicht gut."

Fast unglaublich klingt eine Geschichte aus dem indischen Kalkutta. Als große, schwere Reserveteile für das Stahlwerk Rourkela geliefert werden sollen, senkt sich unter der Last die Kaimauer im Hafen von Kalkutta. Für den Ingenieur eine mittlere Katastrophe. Alles verzögert sich. Die Kunden zahlen nicht. Ein DEMAG-Vertreter, selbst Inder, weist Helmut Reihlen darauf hin, dass er den nächstliegenden Tempel nicht eingeschaltet habe. Die DEMAG hätte dem am Hafen gelegenen Kloster etwas zahlen sollen. Schnell ist eine Gelegenheit gefunden. Hatte man nicht eben eine religiöse Elefantenparade gesehen? Als das Kloster Geld für diese Zeremonie bekommt, hält die Kaimauer wieder. „Das ist wie früher bei uns", sagt Helmut Reihlen, „dass nur der den Rheinhandel betreiben konnte, der an den Ritterburgen gelöhnt hat, damit auch die Ritter leben können."

Helmut Reihlen hat ein Sensorium dafür, wenn er sich überfordert, hilflos fühlt. Wenn er etwas nicht mehr gern macht, bildet sich auf der Haut ein Ekzem. Dann weiß er Bescheid. In dieser Zeit muss die Suche nach einer Alternative begonnen haben. 1970 überlegt er, als Entwicklungshelfer nach Afghanistan zu gehen. Doch dazu kommt es nicht mehr.

Noch im Frühjahr des Jahres ist Helmut Reihlen nach Kinshasa gereist, um mit der Regierung des Kongo einen Vertrag für ein Mini-Stahlwerk zu unterzeichnen, das aus einem Elektroofen, einer Stranggießanlage und einem Walzwerk für Baustahl besteht. Es soll am Unterlauf des Kongo-Flusses in Matadi errichtet werden. Kurze Zeit später erbringen ein nach Belgien geliefertes Kaltband-Walzwerk und ein hochmodernes Aluminium-Gießband-Walzwerk für ALCAN in Ontario/Kanada größere Verluste als geplant für die DEMAG. Sie werden in diesem Jahr auch durch Gewinne bei Bandveredelungsanlagen und Edelstahl-Kaltwalzwerken nicht ausgeglichen.

Helmut Reihlen wird aufgefordert, die DEMAG zu verlassen. Man könnte fragen, warum der Ingenieur, und gar einer, der in Fachkreisen hohes Ansehen genießt, und nicht der verantwortliche Kaufmann gehen muss. Die Antwort ist einfach. Der Kaufmann in der Leitung des Walzwerksbaus ist Mitglied der Eigentümerfamilie.

Helmut Reihlen verlässt die DEMAG ohne Widerspruch. Es gelingt ihm, das Gute an diesen vergangenen zehn Jahren zu sehen: Er hat große Erfahrungen als Ingenieur gesammelt und ist durch zahllose Dienstreisen zum Weltbürger geworden. Erika und er veranstalteten in ihrem Garten ein Abschiedsfest für alle Mitarbeiter. Ein Lebensabschnitt ist abgeschlossen. „Auf zu neuen Ufern."

Die zu finden, erweist sich als ein unerwartet langwieriger und dorniger Weg. Relativ rasch engagiert ihn die Salzgitter Industriebau GmbH als technischer Geschäftsführer. Das Hüttenwerk Salzgitter war von den Nationalsozialisten im Rahmen der damaligen Bemühungen um wirtschaftliche Autarkie als Hermann-Göring-Werke errichtet worden. Die Industriebautochter sollte das dabei gewonnene Know-how weltweit vermarkten. Wenige Wochen nach Helmut Reihlens Dienstantritt löst Salzgitter den Vertrag mit ihm wieder auf. Der Vorstand liefert in einem harschen Gespräch eine hane-büchene Begründung. Kein Wort über Salzgitter, kein Wort über Helmut Reihlens erste Wochen bei Salzgitter und seine Pläne; keine Klage über unvollständige oder falsche Bewerbungsunterlagen. Stattdessen eine aus-führliche Darlegung über Helmut Reihlens Widerborstigkeit im BuH-Verein, über das Ehrenratsverfahren, über seine SPD-Zugehörigkeit. Offenbar hat der Vorstand einen guten Freund im BuH-Verein, der mit Helmut Reihlen eine alte Rechnung begleichen will und von dessen „Untaten" berichtet hat.

Der Vorstand beendet das Gespräch mit den Sätzen: „Zu einem Mann wie Ihnen habe ich kein Vertrauen. Mit Ihnen werde ich nicht zusammenar-beiten. Vom Pferd gefallen! Sehen Sie zu, dass Sie schleunigst vom Hofe kommen." Auch in diesem Fall bemüht Helmut Reihlen nicht die Gerichte. Tatsächlich gibt es nunmehr keine Basis für eine ersprießliche Zusammen-arbeit. Und ein Prozess hätte, unabhängig von seinem Ausgang, die Chan-cen für eine leitende Tätigkeit anderswo eher verschlechtert. Sicher ist ihm ein volles Jahresgehalt ohne Arbeit. Er nutzt die Zeit, um sich eine neue Auf-gabe zu suchen und um verschiedene technisch-wissenschaftliche Arbeiten gemeinsam mit seinem Clausthaler Doktorvater, Paul Funke, fertigzustellen und zu veröffentlichen.

Erika und Helmut bereden und bedenken die zurückliegenden Ereignisse. Erika fragt, ob die Konfliktfelder der Vergangenheit klug gewählt, die mög-lichen Konsequenzen hinreichend bedacht waren. Sie bestärkt ihn, auch in Zukunft drei Felder zu beackern, Familie, Beruf, Kirche und Gesellschaft. Sie bestärkt ihn, keine opportunistischen Kompromisse einzugehen und selbst-verständlich Mitglied der Partei seiner Wahl, der SPD, zu bleiben. Wenn Not an der Frau sei, könne auch sie das notwendige Familieneinkommen als Zahnärztin verdienen und Helmut würde sich um Haushalt und Kinder küm-mern. „So ist es zwar nicht geplant gewesen, aber ehe wir kuschen, gibt es auch diese Möglichkeit."

Teil VIII
Einladung zur Reise I.
Erika Reihlens Weg in Kirche und Beruf

> „Vielleicht ist dies das Geheimnis Ihres
> Erfolges, dass Sie alles, was Sie vertreten,
> mit Überzeugung tun und dabei Ihre Familie
> hegen und in Ihrem Glauben ruhen."
>
> *Jürgen Gromball (Vizepräsident der Zahnärzte-*
> *kammer Berlin) 2006 anlässlich des 70. Geburts-*
> *tages von Erika Reihlen.*

Berlin – Das Haus in der Paulinenstraße 3

1971 ziehen die Reihlens nach Berlin. Helmut hat als Mitglied der Geschäftsleitung des DIN Deutsches Institut für Normung e. V. eine neue berufliche
Aufgabe gefunden. Die Stadt ist ihnen nicht unbekannt. Die Kleuckers
wohnen hier. Sie waren 1950 der erste Anlaufpunkt der Reihlens nach der
Flucht aus Leipzig gewesen.

Als Wohnort aber ist Berlin neu für Helmut und Erika Reihlen. Die Enge
dieser „Insel im Roten Meer" empfinden sie nicht. Denn im Vergleich zu den
rheinischen Städten Köln, Aachen, Rheinhausen – ganz zu schweigen von
Clausthal-Zellerfeld – fällt ihnen auf, wie großzügig diese Stadt gebaut ist,
mit ihren breiten Straßen und Bürgersteigen, den ausgedehnten Wohnblö-
cken, Parks und Wäldern. Berlin ist eine grüne Stadt, umgeben von einer
ausgedehnten Seenlandschaft. Es dauert allerdings eine Zeit, bis sich die
Reihlens an die langwierigen und unberechenbaren Kontrollen an den Grenzen zum Ostsektor der Stadt und zur DDR gewöhnen.

Die Menschen in Berlin sind offen, es ist leicht, Anschluss zu bekommen.
Attraktiv ist auch die Nähe zu den Verwandten und Freunden in der DDR, den
Angers in Dresden, den Sanitz' in Halle, den Heckmanns in Leipzig und zu
Konstanze und Eberhard Theurer in Ost-Berlin.

Reihlens ziehen in ein Haus in Lichterfelde im grünen Süden Berlins. Anfang des Jahrhunderts erbaut, mit Fachwerk- und Jugendstilelementen geschmückt und mit hohen Räumen ausgestattet. Noch in Rheinhausen erzählt Helmut Reihlen seinen Kindern von dem Haus in der Paulinenstraße 3. Es sei alt und groß und habe einen Wintergarten. Dergleichen kannte er noch nicht, erinnert sich Eckart Reihlen, der immer stolz darauf war, in so einem großzügigen Haus zu leben. Besonders der Garten mit seinen 1 000 Quadratmetern ist ein Kinderparadies. Ein Rasen mit einer sehr hohen Fichte, die irgendwann in den siebziger Jahren bei einem Sturm auf das Haus fällt, ein Steinrosenbeet und ein verwilderter Teil hinter einer Hecke, der einmal ein Erdbeerbeet war. Eckart erinnert sich, dass er als Kind im verwilderten Teil des Gartens drei Häuser bauen durfte, ein Baumhaus sowie ein großes und ein kleines Haus auf festem Boden. „Ich baute sogar Fenster ein und bekam das Dach dicht." Im großen Haus bekommt er ein Zimmer mit einer riesigen Weltkarte als Wandtapete.

Manches, vor allem der Garten, mag hier an die Kindheit Helmut Reihlens und sein „Rittergut" in der Leipziger Otto-Schmidt-Straße erinnern. Helmut Reihlen bringt seinen Kindern früh bei, was er einst von seinem Vater gelernt hat: Skat und Doppelkopf.

Viel freie Zeit, um mit seinen Kindern zu spielen, bleibt dem beschäftigten Vater nicht, der zudem in zahlreiche Ehrenämter eingebunden ist. Dennoch schafft er es, seinen Kindern das Segeln beizubringen, auf ihrer Jolle im Wannsee, Tischtennis und Federball mit ihnen zu spielen.

Die Kinder gehen auf die nahe gelegene Clemens-Brentano-Grundschule. Hier herrscht weniger Disziplin auf dem Pausenhof als in Rheinhausen, erinnert sich Eckart Reihlen, der damals in die 2. Klasse geht. Mussten sich in Rheinhausen die Schüler noch aufstellen, um „geordnet in Gruppen" nach der Pause das Klassenzimmer zu betreten, geht in Berlin jeder allein in seine Klasse.

Erika Reihlen wird in den Schulelternausschuss gewählt. Dort lernt sie Eltern kennen, die es leid sind, ihre Kinder in eine renovierungsbedürftige Schule zu schicken, die zupacken und den Pinsel selbst in die Hand nehmen.

Der Klassenlehrer von Eckart zieht sich Mutter Erikas Missbilligung zu. Denn der ohrfeigt zuweilen noch seine Schüler. Er sei sehr alt und schon im Krieg Lehrer gewesen, erklärt Erika Reihlen ihrem Sohn. Der und seine Mitschüler können diesem Lehrer aber auch komische Seiten abgewinnen. Sie finden es lustig, wenn er ihnen etwas auf der Altflöte vorspielt – schief, wie die Kinder meinen – und behauptet, das läge am Schimmel in seinem Mundstück. Gern verteilt der strenge Mann Strafarbeiten. Immer wenn es wieder einmal jemanden treffen soll, hebt er den Daumen. Dann muss der Missetäter eine Seite beliebigen Inhalts schreiben. Auch Eckart trifft es öfter. Einmal macht er sich einen Spaß daraus, nur Zahlen von eins bis dreißig auszubuchstabieren. Sein Lehrer hat nichts daran auszusetzen.

Eckart wechselt nach der 4. Klasse auf die Kronach-Grundschule, um Latein zu lernen. Alle drei Kinder wechseln nach sechs Jahren Grundschule auf das Gymnasium, Albrecht und Eckart, die im Bruderkampf Geübten, auf unterschiedliche. Irmgard und Eckart besuchen das Lilienthal-Gymnasium, während Albrecht auf die Goethe-Oberschule kommt.

„Mit Albrecht habe ich viel gespielt und noch mehr gestritten", sagt Eckart Reihlen heute, und: „Ich war der Stärkere, Ältere und Schuldigere." Die Auseinandersetzungen zwischen den Brüdern hören erst gegen Ende der siebziger Jahre auf, als Eckart fünfzehn und Albrecht dreizehn ist. Erschreckt von der eigenen Stärke wird dem Älteren bewusst, was er im Ernstfall mit einer „Keilerei" anrichten kann. Plötzlich gibt es sogar Situationen, in denen die Brüder feststellen, dass sie einander helfen können. „Zum Beispiel beim Reparieren des unerlaubt benutzten Kopierers von Mama im Keller", erzählt Eckart. Mit dem Älterwerden wird auch der jüngere Bruder für ihn interessanter. „Er liebte die Beatles und hatte einen netten Freundeskreis."

In Lichterfelde entfaltet sich ein reges gesellschaftliches Leben. Die Gäste in der Paulinenstraße kommen aus allen Enden der Welt. Darunter viele Kirchenleute und Vertreter der technischen Normung. Das sind internationale Angelegenheiten. Da ist es hilfreich, dass Erika Reihlen, die promovierte Zahnärztin, nicht nur das Haus, sondern auch gerne Gespräche führt. Die Gäste fühlen sich wohl und erinnern sich noch viele Jahre später an Einladungen und Begegnungen in der Paulinenstraße. Die Feste sind liebevoll geplant und geradezu professionell organisiert, oft verbunden mit musikalischen Aufführungen.

Seit 1991 kennen die Reihlens den Pianisten Alexander Malter, einen Emigranten aus der Sowjetunion, bekannt als hervorragender Musiker, der in der Sowjetunion allerdings an der Ausübung seines Berufs gehindert wird und nun versucht, sich ohne großes Einkommen mit seiner Familie in

Berlin durchzuschlagen. Er spielt einige Male bei abendlichen Empfängen. „Klaviermusik bei Reihlens" – so der schlichte Titel einer Veranstaltung am 26. März 1994 – mittlerweile in der Steglitzer Wulffstraße. Auf der Einladung eine etwas merkwürdige künstlerische Darstellung, das Bild eines kleinen Kindes, das Panflöte spielt, daneben ein riesiger Faun, der sich theatralisch die Ohren zuhält. Das Klavierprogramm: ausgewählte Stücke von Bach, Schubert, Chopin, Liszt, Tschaikowsky, Balakirew und Prokofjew. Das DIN eignet sich allemal für gute Unterhaltung, wenn Helmut Reihlen die DIN-Normen über die Stimmgabel oder die Klaviertastatur als Deckblatt zum Musikprogramm verteilen lässt.

Es gibt aber auch noch ganz andere Partys bei den Reihlens. Schon in Rheinhausen wurden sie gefeiert, in der Garage, geschmückt mit Girlanden und ausgestattet mit einigen Kästen Bier und Schallplatten von Wolf Biermann. Bis heute geraten Helmut und Erika Reihlen in Begeisterung, wenn sie über die Lieder Wolf Biermanns reden, des Kommunisten, der 1953 mit seinen Eltern in die DDR auswanderte, weil er gern ein guter Kommunist gewesen wäre und später zum linken Oppositionellen in der DDR wurde. In den sechziger und siebziger Jahren steht Biermann in linken bürgerlichen Kreisen für die Hoffnung, dass es jenseits des Realsozialismus eine bessere als die rein kapitalistische Welt geben könnte.

Erika Reihlen gefallen seine Frechheiten, die Stirn, die er der DDR und dann nach seiner Ausbürgerung 1976 auch der Bundesrepublik bietet. 1977 nehmen Reihlens für zwei Wochen Kerstin Graf in ihr Haus in der Paulinenstraße auf. Sie war im Zuge der Biermann-Ausbürgerung ebenfalls aus der DDR ausgewiesen worden.

„Ein wirklich wahrer Künstler auf der Gitarre, technisch und auch musikalisch. Seine Lieder, die gehen einem das ganze Leben nicht mehr aus dem Kopf", sagt Erika Reihlen. Sogar zwischendurch fallen sie ihr ein – immer dann, wenn sie Lust hat, eine Frechheit zu sagen. Helmut und Erika Reihlen fangen an, Wolf-Biermann-Lieder zu singen: „Das war in Bukow zur Süßkirschenzeit" oder: „Soldat, Soldat, ich finde nicht, Soldat, Soldat, Dein Angesicht. Soldaten sind sich alle gleich, lebendig und als Leich."

In Rheinhausen und dann in Berlin singen sie oft seine Lieder und die des Kinder- und Jugendtheaters GRIPS, bis die Großmutter, Hanna Niebuhr klagt: „Meine Enkel, Ihr erzieht sie zu Kommunisten." Da muss sie durch.

Weit über 1 000 Menschen lernt Erika Reihlen als ihre Gäste im Laufe der Zeit durch die Feste und Empfänge in ihrem Haus kennen. Ein Privileg, eine Inspiration, eine Abwechslung im durchorganisierten Alltag.

Es ist im Jahr 1972, als Oma Irmgard, Helmuts Mutter, aus dem Rheinland angereist, mit einem Koffer vor der Tür in der Paulinenstraße steht. Die Sehnsucht, ihre Enkelkinder wiederzusehen und der Wunsch, das Haus in Lichterfelde kennenzulernen, sind der Anlass. Eigentlich will sie nur ein paar Wochen in Berlin bleiben. Aber dann bleibt sie bis zu ihrem Tod im Jahr 1978. In den Jahren davor hat sie bei Sohn Dieter und seiner Frau Uschi in Bergisch Gladbach gewohnt, die für sie in ihrem Haus eine Einliegerwohnung einge-richtet haben. Dem gingen Jahre des Alleinlebens in Köln-Lindenthal voraus, nach dem Tod ihres Mannes Otto Reihlen 1963.

Jetzt lebt sie im Erdgeschoss der Berliner Paulinenstraße. Parterre gibt es kein Badezimmer. Manchmal muss sie getragen werden, um ins Bad in den ersten Stock zu kommen. Sie ist schwer herzkrank, hat oft Atemnot und nimmt seit vielen Jahren Medikamente.

Irmgard Reihlen sucht ihre Rolle in der Familie. Wenn Sohn Helmut aus dem Dienst kommt, erwartet sie ihn schon mit Notizblock und Schreibstift, so wie einst ihren Ehemann. Sie klärt ihn über seine Posteingänge auf und wartet darauf, dass er ihr sogleich die Antworten diktiere. Helmut nutzt das Angebot seiner Mutter zwar gern, doch eigentlich will er das Büro hinter sich lassen, wenn er nach Hause kommt.

Der Besuch von Mutter Irmgard in der Paulinenstraße dauert ein halbes Jahr. Im April 1972 zieht sie nach Mariendorf in eine altengerechte Wohnung im Dibeliusstift. Dort lebt sie drei Jahre, mehrere Male unterbrochen von Kran-kenhausaufenthalten. Ihr Herz, dem die Ärzte vor Urzeiten zwei (nicht fünf!!) Schwangerschaften zumuten wollten, macht ihr im Alter immer mehr zu schaffen.

Irgendwann geht es auch in der Seniorenwohnung nicht mehr weiter. Helmut und Erika Reihlen finden ein Pflegeheim, das im Steglitzer Ortsteil Lankwitz, Lichterfelde benachbart, liegt, das Sanatorium West. Dort zieht sie 1975 ein und dort wohnt sie die letzten drei Jahre ihres Lebens in einem geräumigen Doppelzimmer, zusammen mit ihrer Nachbarin, Frau Lemme. Einige in der weiteren Familie verwundern sich darüber, aber Mutter Irmgard ist ganz froh, mit einer anderen Frau im Zimmer zusammen zu sein, mit der sie sich austauschen und nach der sie sehen kann. So erleben sie Helmut und Erika als positiv gesonnene Frau bis an ihr Lebensende.

Alleine, unter den baulichen Gegebenheiten der Paulinenstraße, hätten Helmut und Erika Reihlen es nicht geschafft, Mutter Irmgard zu pflegen. Einen ambulanten Pflegedienst gibt es damals noch nicht. Sie sind froh, sie nicht weit entfernt wohnen zu wissen. So können sie Irmgard oft mal schnell besuchen und an Wochenenden holen sie sie fast immer zu sich und den Kindern in die Paulinenstraße.

1975 ist auch das Jahr, in dem sich Erika Reihlen auf ihren Berufseinstieg vorbereitet. Albrecht, ihr Jüngster, ist jetzt neun Jahre alt. Sie hospitiert einige Wochen lang in zwei Zahnarztpraxen in Steglitz, bei ihrem Kollegen und Kammerpräsidenten Werner Hartmann und ihrer Kollegin Dr. Sigrid Rönnefahrt. Außerdem besucht sie Fortbildungen über Kinderbehandlung in der Zahn-, Mund- und Kieferklinik der Freien Universität in der Assmannshauser Straße in Wilmersdorf. Sie will in den öffentlichen Dienst, der in Berlin vergleichsweise gut ausgestattet ist. Nicht nur Prophylaxe und Gebissuntersuchungen in Kindergarten und Schule stehen auf dessen Programm, sondern auch zahnärztliche Kinderbehandlungen. Eine eigene Praxis strebt Erika Reihlen nicht an. Wie hätte das mit drei halbwüchsigen Kindern und einem beruflich oft aushäusigen Ehemann, der darüber hinaus ehrenamtlich engagiert ist, gehen sollen? Von den eigenen ehrenamtlichen Tätigkeiten ganz abgesehen!

1978, am 14. Mai, zu Pfingsten, wird Eckart Reihlen in der Lichterfelder Johanneskirche konfirmiert. Gefeiert wird in großer Familien- und Freundesrunde in der Paulinenstraße, so dass auch Oma Irmgard – fast ausschließlich liegend – dabei sein kann. Sie spricht ausführlich mit ihren Söhnen, den Schwiegertöchtern und Enkelkindern. Sie ist körperlich schwach. Vier Tage später, am 18. Mai 1978, stirbt sie an Herzversagen, mitten im Gespräch mit ihrer Nachbarin. Für die Konfirmation hatte sie noch einmal all ihre Kräfte zusammengenommen. Ihr Testament ist einfach und nüchtern, vielleicht geht es deshalb so zu Herzen, denn kein Wort verbrämt den Abschied.

„Meine lieben Söhne Eberhard, Dieter, Helmut und Roland,

ich bestimme, dass Euch mein Vermögen, sowie meine sonstigen irdischen Güter an gleichen Teilen zufallen sollen. Zum Testamentsvollstrecker und Nachlasspfleger ernenne ich Helmut. Begrabt mich neben Eurem Vater Otto Reihlen auf dem Städtischen Friedhof in Dortmund-Grossholthausen, Feld 5, Nr. 145 + 144. Ob Ihr mich verbrennen lassen oder meine Leiche im Sarg beisetzen werdet, das ist mir beides gleich recht. Behaltet Euch alle immer lieb!

Eure Mutter Irmgard Reihlen geborene Stolper"[203]

Für ihre letzte Botschaft „Behaltet Euch immer lieb!" hatte sie gelebt. Sie bedurfte keiner weiteren Erläuterung. Ihr Wunsch ist auf lange Sicht in Erfüllung gegangen. Die Reihlenbrüder und ihre Nachkommen, aber auch die Niebuhrs – inzwischen zur Großfamilie geworden – pflegen den Zusammenhalt in jährlichen Familientreffen und Festen. Auch die Kinder wissen das zu schätzen. Eckart Reihlen schreibt: „Wir sind zusammen gezählt 18 Cousins und Cousinen, verteilt auf sechs Familien im ganzen Land. Wenn wir in die Stadt eines Familianten reisen wollten, war sein Heim immer unsere Oase. Zu den großen Familienfesten wie Taufe und Konfirmation wurde die Großfamilie mit dazu geladen. In meiner Erinnerung finden sich zahlreiche unvergessliche Familienfeste in Köln, Ulm, Berlin, Rheinbach, Rheinhausen und Erlangen."

Mut zu neuen Wegen – Das Jahr 1976

Was 1968 in Rheinhausen mit Ehrenämtern in Kirche und Stadt, mit Jugendgottesdiensten und Politischem Nachtgebet bei Erika Reihlen beginnt, gewinnt 1976 Konturen: als Weg über das Hausfrau- und Muttersein hinaus. Erika Reihlen wird Jugendzahnärztin im Zahnärztlichen Dienst des Bezirksamtes Steglitz. Dort wird sie jährlich Tausende von Kindergarten- und Schulkindern untersuchen. Sie wird pädagogische Vorsorgeprogramme entwickeln und mit Kindern zusammen ausführen, und sie wird Kinder zahnärztlich behandeln, die „sonst nicht zum Zahnarzt gehen".

---

[203] Testament Irmgard Reihlens vom 1. Juni 1977 (ELAB 62/21).

Es ist ihre erste reguläre berufliche Tätigkeit vierzehn Jahre nach Abschluss ihres Studiums. Zunächst auf einer Halbtagsstelle. Später kommen Stunden dazu, sogar über die Vollzeittätigkeit hinaus: Zusätzlich zu ihrer Tätigkeit in Steglitz übernimmt sie eine koordinierende Funktion für die gesamte West-Berliner Jugendzahnpflege.

In demselben Jahr wird Erika Reihlen zur Vorsitzenden der Arbeitsgemein-schaft Sozialdemokratischer Frauen (ASF) in Steglitz gewählt, in der die weiblichen Mitglieder der Steglitzer SPD organisiert sind. Kurz darauf ist sie die SPD-Koordinatorin einer Kooperation aus verschiedenen Berliner ASF-Gruppen, die gemeinsam mit drei kirchlichen Frauengruppen auf dem Markt der Möglichkeiten des Deutschen Evangelischen Kirchentages 1977 in Berlin die Anliegen von Frauen und die gesellschaftspolitisch ungelösten Fragen zum Thema darstellen wollen.

Was Erika Reihlen 1976 anfängt, bekommt eine unvorhergesehene Dyna-mik. Ihre Kinder sind jetzt vierzehn, zwölf und zehn Jahre alt. Groß genug, um auch ohne die oftmals abwesende Mutter fertig zu werden. Helmut und die Kinder unterstützen sie, wenngleich es später schon mal kritisch ver-merkt wird, dass einer (Albrecht) seinen Besuch beim Orthopäden mutter-seelenallein machen muss oder dass andere Eltern ihre Kinder am Sonntag bei wichtigen Fußball- oder Hockeyspielen in das Olympiastadion begleiten.

Zugleich eröffnen sich für die Kinder Freiräume, die ihnen sonst unbekannt geblieben wären. Eckart Reihlen erinnert sich an die Zeit, als seine Mutter berufstätig wurde. „Da die Eltern sehr oft auch Abendtermine hatten, [...] waren wir Reihlenkinder viele Freiheiten gewohnt. Sturmfreie Bude war fast die Regel. Insofern fand ich es gut, dass Mutti ihren Interessen nach-ging und habe, so ich das beurteilen kann, nur davon profitiert. Mutti hatte Haushalt und Beruf immer gut im Griff, und unsere Beziehung war immer liebevoll und gütig."

Im Juni 1977, als Erika Reihlen ihren ersten Einsatz auf dem Markt der Mög-lichkeiten beim Deutschen Evangelischen Kirchentag in Halle 5 der Berli-ner Messe hat, besuchen sie dort auch ihre Kinder. Es ist heiß, die Sonne scheint. Irmgard, Eckart und Albrecht vergnügen sich im Sommergarten am Funkturm, offensichtlich auch im oder am Wasserbecken. Als sie dann mit völlig durchnässten Jeans zu ihrer Mutter in die Halle kommen, sagt die zu ihnen: „Ich habe hier keine trockenen Hosen, dafür müsst ihr schon selbst sorgen." Erika Reihlen erinnert sich nicht mehr, wie die Kinder nach Hause gekommen sind. Sie hatte Dienst am Stand, aber sie weiß: „Die haben auch ihren Spaß gehabt."

Unterstützung in der Hausarbeit erfährt die ganze Familie in diesen Jahren durch Frau Degner, die sauber macht und dafür sorgt, dass es mittags etwas zu essen gibt, wenn die Kinder aus der Schule kommen.

„Politik ist Frauensache" – Vorsitz in der ASF Steglitz

Erika Reihlen tritt 1972 in die SPD ein. Auslöser dafür sind Willy Brandts Ostpolitik und das Misstrauensvotum gegen ihn von Seiten der CDU/CSU-Bundestagsfraktion.[204]

Als Mitglied in der SPD-Steglitz will Erika Reihlen innerparteiliche Arbeit leisten, Genossinnen, Genossen und soziale Probleme kennenlernen. Sie wird Sozialbeisitzerin in ihrer „Abteilung", so heißen in Berlin die Ortsvereine. Zu ihren Aufgaben gehört es unter anderem, ältere Mitglieder an ihren Geburtstagen zu besuchen.

Gemütlich geht es in den Abteilungen der Berliner SPD nicht zu. Oft ist die Stimmung aufgeheizt. 1972 ist immer noch die Zeit des politischen Aufbruchs. Seine Schlagworte sind „Mehr Demokratie wagen!", „Neue Ostpolitik", „Entwicklungshilfe" und „Frauenbewegung". In den SPD-Ortsvereinen und in der ASF kämpfen die Frauen für die Reform des Ehe- und Familienrechts und für die Liberalisierung des § 218. Die Steglitzer SPD-Frauen helfen mit, eine Frauenberatungsstelle für Schwangerschaftskonflikte einzurichten.

---

[204] Kritiker verurteilen die Ostpolitik von Bundeskanzler Willy Brandt (SPD) als „Ausverkauf deutscher Interessen". Befürworter interpretieren sie als Anerkennung der politischen Realitäten in Europa. Zu Beginn der Legislaturperiode wechseln einige Abgeordnete von der SPD und FDP zur CDU. So sieht diese sich 1972 in der Lage, durch ein konstruktives Misstrauensvotum an die Macht zu kommen. Dies führt zu Demonstrationen und Warnstreiks, bei denen viele ihre Sympathie für Willy Brandt bekunden. Bei der geheimen Abstimmung im Bundestag am 19. April 1972 scheitern die CDU und ihr Kanzlerkandidat Rainer Barzel überraschend an zwei fehlenden Stimmen. Zwei Bundestagsabgeordnete sind von der DDR-Staatssicherheit bestochen worden, wie sich nachträglich herausstellte. Die Wahlen zum Bundestag werden nun auf den 19. November 1972 vorgezogen. Sie enden mit einem triumphalen Sieg der SPD. Vgl. Arnulf Baring: Machtwechsel. Die Ära Brandt-Scheel. Stuttgart 1982, S. 396–503.

Die ASF verfolgt das Ziel, die Integration der Frauen in Partei und Gesellschaft zu fördern. Dazu gehört es einerseits, Frauen als SPD-Mitglieder zur Mitarbeit in der Männerpartei zu bewegen und sie damit zu einem politisch bewussten und agierenden Teil der Gesellschaft zu machen. Zugleich will die ASF innerhalb der SPD dem politischen Willen der Frauen mehr Geltung verschaffen.

Im weiteren Sinne geht es darum, das Bewusstsein innerhalb der Gesellschaft für die Probleme von Frauen zu schärfen. Denn: Vermeintliche „Frauenprobleme" sind in Wahrheit gesamtgesellschaftliche Probleme. Erst wenn sich das allgemeine Rollenverständnis von Männern und Frauen grundlegend geändert habe, sei die ASF am Ziel. „Wenn wir es geschafft haben, die Lasten in Haushalt und Familie umzuverteilen [...], wenn sich die Einstellung der Gesellschaft zur Erwerbstätigkeit der Frauen geändert hat", heißt es dazu auf der Bundeskonferenz der ASF in Siegen 1977.[205] Dabei versteht sich die ASF keineswegs als Frauengruppe, die thematisch und personell in Konfrontation zur Männerwelt lebt. Ihr Ziel ist vielmehr eine demokratisch-sozialistische Gesellschaft. Auf dem Weg dahin soll die Unterdrückung der Frauen abgeschafft werden. Dies liegt für die ASF auch im Interesse der Männer, mit denen die Frauen gemeinsam für die „Emanzipation der Geschlechter" von alten Rollenmodellen kämpfen sollen.

Im Februar 1976 stehen Vorstandswahlen der Steglitzer ASF an und Erika Reihlen wird gefragt, ob sie bereit sei, für den Vorsitz zu kandidieren. Sie nimmt die Herausforderung an. Denn sie will sich da betätigen, wo sie hofft, etwas bewegen zu können. Wie alle feministisch inspirierten Frauen ihrer Zeit liest sie Simone de Beauvoir, Alice Schwarzer und Betty Friedan. Deren Botschaft ist klar: Die Rolle der Frau als Mutter und Ehefrau, unbezahlt und außerhalb gesellschaftlicher Machtpositionen, ist nicht naturgegeben, sondern auf Erziehung und Politik im Interesse überkommener, patriarchalischer Macht- und Sozialstrukturen zurückzuführen.

Die Themen der Frauenbewegung sind auch die Themen Erika Reihlens. Auch sie hinterfragt ihre bisherige Rolle, die ganz der Familie gewidmet war. „Wir wollen heraus aus der alten gutbürgerlichen Frauenrolle, die die Frauen vorrangig darauf festlegt, das Herz der Familie zu sein. Wir wollen heraus

---

[205] Erika Reihlen und Doris Meyer: „Politik ist Frauensache". Aus den Thesen und Forderungen der Bundeskonferenz der ASF. Siegen 1977.

aus dieser alten Rolle, denn sie bringt uns nur Nachteile und Benachteiligungen, sie hindert uns daran, gleichberechtigte Demokratinnen zu werden", schreibt sie in ihrem Aufruf „Klagt nicht – Organisiert Euch!" anlässlich des Deutschen Evangelischen Kirchentages 1977. Damit formuliert sie auch ihre eigene Situation, aus der sie sich selbst nur langsam und mühevoll befreien kann.[206]

Erika Reihlen will etwas verändern, für sich selbst und andere. Ihre Analyse der Situation lässt an Schärfe nichts zu wünschen übrig. „Viele Frauen, viele Vollhausfrauen sind unzufrieden. Die berufstätigen Mütter sind doppelt belastet. Viele Frauen übertragen ihre unerfüllten Hoffnungen auf den Partner und die Kinder und schaden durch übertriebene Fürsorge und Gängelei ihren Familien und sich selbst. Viele Frauen fliehen in psychosomatische Krankheiten oder fangen an zu trinken, vor allem wenn die Kinder groß sind."

Dann kommt der Tag der Wahlversammlung der Steglitzer ASF im Karl-Renner-Haus in Lichterfelde. Es ist der 19. Februar 1976. Irgendetwas stimmt nicht, eine seltsame Spannung liegt in der Luft. Es ist unruhig. Frauen verlassen den Raum, um zu telefonieren. Männer mischen im Hintergrund mit. Die Steglitzer „Rechte" versucht, ihre Fraktion, auch Genossinnen aus Altersheimen, zu mobilisieren, um Stimmen gegen Erika Reihlen zu sammeln. Jede Frau, die zu den „Rechten" zählt oder auch nur gegen die „Neue" ist, wird gedrängt, zur Wahlversammlung zu kommen und die Gegenkandidatin zu wählen. Die Telefonaktion ist erfolgreich. Am Ende kommen 200 Frauen. Eine solche Mobilisierung hat es nie zuvor gegeben. Das Wahlergebnis ist atemberaubend knapp: Erika Reihlen wird mit 100 zu 95 Stimmen gewählt.

Diese Wahl ist für sie eine ganz neue und wichtige Erfahrung. Zum einen fühlt es sich hässlich an, mit einem Mal so viele Gegnerinnen zu haben und nicht zu wissen warum. Das ist Erika Reihlen nicht gewohnt. Sie will sich doch „nur" für eine gute Sache einsetzen. Erst im Nachhinein wird ihr klar, dass sie hier schnell und nachhaltig erfahren hat, wie Politik gemacht wird: nicht zur Selbstverwirklichung der Einzelnen, sondern als Kampf um Macht. In diesem Fall: um die Macht innerhalb der Partei. Für die „rechten Frauen",

---

[206] „Frauen in der SPD". Kirchentag 77 Berlin. Broschüre. Privatbesitz Reihlen.

die die Berliner Abgeordnetenhausmandate besetzen, bedeutet eine neu gewählte Frau, die von außen dazukommt und sich artikulieren kann, vor allem eines: Konkurrenz, eine Gefahr für die eigenen Pfründe.

Auf der anderen Seite erfährt Erika Reihlen die Gegenmobilisierung auch als etwas Gutes, denn sie zeigt, dass sie hier an einer Stelle ist, wo das, was sie tut, wirklich zählt.

Nach ihrer Wahl zur Vorsitzenden ist die Steglitzer ASF gespalten. Linke und liberale Frauen bleiben unter sich. Eine Kooperation mit dem rechten Flügel wird kaum praktiziert. Daher fordert Erika Reihlen in ihrem Rechenschaftsbericht über ihre erste zweijährige Amtszeit die Genossinnen aller Parteigruppierungen auf, zusammenzuarbeiten. „Viele Genossinnen sind die dauernden Auseinandersetzungen leid und wünschen eine sachliche Zusammenarbeit", schreibt sie. Ihr Appell scheint Zustimmung zu finden. Die Rechts-Links-Querelen werden sich zukünftig nur noch vor Neuwahlen zum ASF-Vorsitz einstellen. Deshalb knüpft Erika Reihlen 1980 ihre Kandidatur an die Bedingung, dass diese Querelen vor den Wahlen eingestellt werden.

Nach zwei Jahren politischer Erfahrung ist „Integration" zu einem zentralen Anliegen der ASF Steglitz geworden. Dazu gehört die Integration linker und rechter Parteifrauen, aber auch die Integration der Frauen in die Männerwelt. „Aus unseren Aktivitäten", so die ASF-Vorsitzende, „ist eins ganz deutlich geworden: wer sich dafür einsetzt, dass Frauen gleichberechtigt am öffentlichen Leben teilnehmen, kann nicht oder nur zeitweise auf Frauen-Gruppen beschränkt arbeiten. Er/sie muß hinein in die von Männern beherrschten Organisationen, in Parteien und Gewerkschaften, muß dafür arbeiten, daß in allen Lebensbereichen, bei Männern und Frauen gesellschaftliche Veränderungen politisch durchgesetzt werden", schreibt sie in ihrem Rechenschaftsbericht von 1978. Diese Haltung setzt die ASF den Angriffen erklärter Feministinnen aus, die mit der Parole „Feministinnen gehören nicht in die ASF" Front gegen die SPD-Frauen machen. Doch dagegen weiß die streitbare Vorsitzende sich zu wehren. „Sind Feministinnen etwa nur die Frauen, die Männer radikal aus ihrer politischen Arbeit ausgrenzen?", fragt sie zurück und zitiert Alice Schwarzer: „Feminismus ist keine Organisation, sondern Ausdruck des Bewußtseins, daß man für die speziellen Forderungen der Frauen kämpfen muss." Auch die ASF kämpft für die speziellen Forderungen der Frauen und in diesem Sinne können sich auch die Frauen der ASF mit Fug und Recht als Feministinnen bezeichnen. „Wir betrachten das als Auszeichnung", erklärt Erika Reihlen. „Nur vergeßt nicht", mahnt sie ihre Genossinnen, „die meisten Feministinnen haben Partner und erziehen Söhne und Töchter. Für Männerhass ist da kein Platz, so denken wir Aktiven in der ASF alle."

Die ersten beiden Jahre der ASF-Vorsitzenden haben es in sich. Die ASF veranstaltet zahlreiche Diskussionsabende innerhalb der SPD mit Themen wie „Frauenarbeitslosigkeit", „Lohn für Hausarbeit?", „Wege zur Befreiung der Frau" oder „Familienpolitik von SPD und CDU". Die wichtigste Aktivität in Erika Reihlens erster Amtsperiode aber ist die Mitarbeit der ASF-Frauen am Deutschen Evangelischen Kirchentag 1977 in Berlin mit einem Stand und einer Ausstellung auf dem „Markt der Möglichkeiten". Erika Reihlen koordiniert alle beteiligten Frauengruppen aus der Berliner SPD und sie führt sie mit den beteiligten kirchlichen Frauengruppen zusammen.

Selbstbewusst blickt sie als Vorsitzende in ihrem Rechenschaftsbericht 1978 auf diese Zeit zurück. „1977 zum Deutschen Ev. Kirchentag haben wir als Sozialdemokratinnen eine große Ausstellung erarbeitet. Thema ‚Benachteiligung von Frauen in Gesellschaft und Kirche und die notwendigen Schritte'." Diese Aktion, so fährt sie fort, habe sehr viel Zeit und Kraft in Anspruch genommen und eine fruchtbare Zusammenarbeit mit anderen Berliner ASF-Gruppen und aufgeschlossenen kirchlichen Frauengruppen gebracht. „Und damit Ihr seht, dass die Arbeit Kinder kriegt: In N ü r n b e r g, auf dem nächsten Evangelischen Kirchentag in zwei Jahren wird diese Arbeit eine Fortsetzung finden (denn auch dort gibt es aktive Sozialdemokratinnen)."

Die folgende Wahl zur ASF-Vorsitzenden 1978 geht schon besser aus für Erika Reihlen als zwei Jahre zuvor. Nun wird sie mit 145 zu 106 Stimmen wiedergewählt. Sie notiert: „Glückwunsch spezieller Art durch Eckart [ihr älterer Sohn, damals 14], der mit Fahrrad und ausgepresstem Orangensaft im Bildungszentrum Immenweg [dem Veranstaltungsort] angefahren kam."

1978 steht die Gründung des autonomen Frauenhauses in Berlin an. Es ist das erste Frauenhaus in Deutschland. In der Vorphase wird viel über Gewalt gegen Frauen diskutiert. Einmal erklärt Erika Reihlen im Kreisvorstand der SPD-Steglitz, dessen Mitglied sie ist, dass Gewalt gegen Frauen in allen Kreisen vorkomme, auch in akademischen. „Das sind nicht nur die sozialen Randgruppen, die sich gegenseitig schlagen", sagt sie zu den vorwiegend männlichen Vorstandsmitgliedern am Tisch. Da stehen einige von ihnen auf und verlassen den Raum. Erika Reihlen kann es bis heute nicht fassen: „Man tat nichts, als die Wahrheit auszusprechen, und der rechte Flügel fühlte sich beleidigt." Über die Jahre greift das angepeilte Integrationskonzept in der ASF. Die als „Linke" abgestempelte Erika Reihlen macht gute Arbeit. Ein politisches Mandat strebt sie indes nicht an.

1980 – so scheint es – hat Erika Reihlen keine Gegnerinnen mehr. Als sie zum dritten Mal für den ASF-Vorsitz kandidiert, wird sie einstimmig gewählt, mit 55 Ja-Stimmen und keiner Gegenstimme. Die Wahlbeteiligung ist allerdings auf ein Viertel der Vorjahre geschrumpft. Es zeichnet sich ab, dass die Zeit der großen politischen Kämpfe, die bis in die Ortsvereine hinein ausgefochten werden, vorbei ist. In ihrem Rechenschaftsbericht von 1982, der ein Rückblick auf die vergangenen drei Amtsperioden als ASF-Vorsitzende ist, aber auch ein Ausblick auf die kommende Zeit, schreibt Erika Reihlen: „Im Vergleich zu den 70er Jahren wird die Politik für Frauen in den 80er Jahren vielschichtiger und schwieriger werden. Die Zeit der plakativen, publikumswirksamen, beifallssicheren Forderungen ist zu Ende. Wichtige, mit großer Frauenmobilisierung verbundene Gesetzesvorhaben, wie die Liberalisierung des § 218 oder die Neuordnung des Ehe- und Familienrechtes, sind vorerst abgeschlossen. Die öffentlichen Kassen sind leer, die Arbeitslosenzahlen steigen, gemessen am Reallohn werden wir alle ärmer, konservativ sein ist chic – was passt da besser, als den Frauen wieder einmal ihre alte Rolle begründet schmackhaft zu machen? Und damit auch die Männer und Väter in ihren alten Denk- und Verhaltensmustern zu belassen?"[207]

Erika Reihlen sollte Recht behalten. Die große politische Zeit der neuen Frauenbewegung, die sich am Ende der sechziger Jahre formiert hatte, ist 1982 vorbei. Ihre politischen Ziele haben sich vielfach in der Gesetzgebung niedergeschlagen. Bloß der allgemeine gesellschaftliche Bewusstseinswandel, der die neuen Gesetze mit Leben füllen muss, steht immer noch aus. Schlimmer: Das politische und gesellschaftliche Klima droht in einen neuen Konservatismus umzuschlagen. Denn im Oktober 1982 übernimmt die christlich-liberale Koalition von Bundeskanzler Helmut Kohl die Regie-

---

[207] Privatbesitz Reihlen.

rungsgeschäfte. Unter dem Schlagwort der „geistig-moralischen Wende" beschwört sie genau den wertkonservativen Geist, den die Frauenbewegung so viele Jahre lang bekämpft hat.

Dennoch verschwindet die Frauenbewegung nicht. Sie tritt vielmehr den „Rückzug nach innen" an. Es sind jetzt weniger die kurzfristigen politischen Aktionen, mit denen sie auf sich aufmerksam macht, sondern Selbsterfahrungsgruppen, Frauen-Wohngemeinschaften oder Mütter- und Lesbengruppen. Ein gegenkulturelles Milieu entsteht, eine eigene „Frauenszene". Hier werden neue, vermeintlich weibliche Heilmethoden propagiert, Frauenbuchläden eröffnet, eine eigene weibliche Denk- und Fühlweise behauptet und ein neues Universitätsfach, die „Frauengeschichte", beginnt sich zu etablieren. Langfristig wirken sich diese Phänomene nachhaltig auf traditionelle Verhaltensmuster von Männern und Frauen aus.[208]

Nach sechs Jahren ASF-Vorsitz kandidiert Erika Reihlen nicht wieder. Seit Ende der siebziger Jahre sind für sie neue ehrenamtliche Verpflichtungen dazugekommen, in der Zahnmedizin und beim Deutschen Evangelischen Kirchentag. Und so überlegt Erika Reihlen sehr ernsthaft, ob und wo sie sich künftig, unter Beibehaltung ihres kirchlichen Engagements, bevorzugt engagieren will. In der SPD oder im Beruf?

Die Entscheidung fällt zu Gunsten des Berufs aus. Da ist sie anerkannte Fachfrau; die Tatsache, dass die Schweiz in überschaubarer Zeit mit systematischer Jugendzahnpflege und Fluorid-Einsatz ihre Kariesraten halbiert hat, ist Ansporn und Herausforderung.

Mancher Mann in der SPD plädiert damals vermutlich schon für die Auflösung der ASF. Das aber ist nichts für die Ohren von Erika Reihlen. Zum Abschied wendet sie sich noch einmal mahnend an ihre männlichen Genossen: „Und, Genossen, solange es Genossinnen gibt, die den Finger auf die Wunde nicht vollzogener Gleichstellung von Frauen legen und dabei die Strukturen dieser Arbeitsgemeinschaft nutzen wollen, so lange sollten wir von Auflösung der ASF nicht reden." Und auch eine Belehrung grundsätzlicher Art gibt sie ihren männlichen Genossen mit auf den Weg: „Sozialismus ist eine Bewegung, ein Prozess hin zu mehr Gerechtigkeit, kein Zustand, den man erreicht."

---

[208] Vgl. Manfred Görtemaker: Geschichte der Bundesrepublik Deutschland. Von der Gründung bis zur Gegenwart. München 1999, S. 634–637.

Markt der Möglichkeiten

Der Deutsche Evangelische Kirchentag (DEKT) ist eine Gründung Reinold von Thadden-Trieglaffs, eines begüterten, in Pommern beheimateten Mitglieds der Bekennenden Kirche, der 1949 zum ersten Mal nach dem Zweiten Weltkrieg ein großes Laientreffen evangelischer Christen in Hannover – als Deutsche Evangelische Woche – organisiert. Von Thadden konzipiert den Kirchentag als Treffen der evangelischen Laien, der „Experten des Alltags", wie er sie nennt. Als Glieder der Kirche, aber unabhängig von der verfassten Kirche, sollen Laien ein Forum haben, aktuelle Fragen und Probleme des gesellschaftlichen Lebens öffentlich zu diskutieren.

1977 findet der DEKT bereits zum 17. Mal statt. Seine Losung: „Einer trage des anderen Last."[209] Gruppen aus Kirche und Gesellschaft, auch die SPD mit ihren Arbeitsgemeinschaften, sind eingeladen, sich mit am „Markt der Möglichkeiten", einem viel gefragten Diskussionsforum, zu beteiligen und ihre Arbeit vorzustellen. Vier Kreisarbeitsgemeinschaften Sozialdemokratischer Frauen in Berlin, Wilmersdorf, Schöneberg, Zehlendorf und Steglitz sowie der ASF-Landesverband Berlin melden ihr Interesse an. Zusammen mit der Stellvertretenden ASF-Landesvorsitzenden im Landesverband Berlin wird Erika Reihlen zur Koordinatorin der Aktivitäten der SPD-Frauen auf Kreis- und Landesebene gewählt.

Schon bald schließen sich drei kirchlich engagierte Frauengruppen aus Berlin an und bilden eine Kooperation mit den Sozialdemokratinnen. Für die Vertreterin des ASF-Landesvorstandes Anlass genug, aus den Kirchentagsvorbereitungen auszusteigen, so dass Erika Reihlen bald allein die Verantwortung für die Koordination der ASF-Gruppen hat. Sprecherin der Frauengruppen der Evangelischen Kirche ist Susanne Kahl.

Die ASF-Steglitz bearbeitet gleich drei Themen für den gemeinsamen Stand: „Praxis des § 218 in Berlin", „Mehr Frauen in die Politik" und „Situation älterer Frauen". Der Grafiker Christian Ahlers berät bei der Konzeption der Ausstellung. Er entwirft einen Vorschlag zur Raumaufteilung und ein Standmodell. Bauen müssen es die Frauen selbst – im Keller der Paulinenstraße 3. Sie kaufen Latten, aus denen sie Rahmen bauen, und sie hängen Großfotos und Plakate nach eigenen Textentwürfen hinein. Schließlich werden die Stellwände in der Halle 5 der Berliner Messe aufgebaut. 140 Quadratmeter

---

[209] Gal 6,2.

haben die sieben Frauengruppen zur Verfügung. Ein großzügig dimensionierter Stand, der schon bei seiner Eröffnung mit Senatorin Ilse Reichel und Stadträtin Erika Heß für viel Aufmerksamkeit sorgt.

In den kommenden Tagen entwickelt sich der Stand zu einem beliebten und immer überfüllten Treffpunkt. Trotz seiner Größe wird ihm „Atmosphäre" bescheinigt. Zwischen den Stellwänden mit ihren Bildern, Collagen und Informationen gibt es immer wieder uneinsehbare Ecken mit gemütlichen Sesseln und kleinen Tischen, Blumenschmuck und Getränken. Eine „Oase" inmitten des Gewühls auf dem Markt der Möglichkeiten. Täglich finden hier intensive Diskussionen mit dem Publikum statt. Aufschlussreich ist vor allem die Kritik des Publikums, die auch schriftlich geäußert wird. So heißt es, die Berufstätigkeit der Frauen werde zu stark betont. Oder die Berufstätigkeit der Frau lasse doch zuletzt nur die Kinder leiden. Männer geben zu bedenken, die schwierige Lage am Arbeitsmarkt mache eine neue Rollenverteilung unmöglich. Und Frauen befürchten ein Auseinanderbrechen ihrer Familien im Falle ihrer Berufstätigkeit.

Immer wieder stellt sich Prominenz aus Kirche und Parteien am Stand ein. Darunter der SPD-Vorsitzende und Altbundeskanzler Willy Brandt, der ehemalige Kirchentagspräsident Richard von Weizsäcker, der Regierende Bürgermeister Dietrich Stobbe, der Stellvertretende SPD-Vorsitzende und Bremische Bürgermeister Hans Koschnick, der SPD-Politiker Jürgen Schmude, der Berliner Senator für Gesundheit und Umweltschutz Erich Pätzold (SPD). Auch Egon Bahr, der SPD-Bundesgeschäftsführer, findet sich am Stand ein. Er schreibt einen Brief, der sich bis heute in den Papieren Erika Reihlens findet: „Liebe Erika Reihlen, ich möchte mich vielmals für Eure textlich und bildmäßig gut gelungene Ausarbeitung des Evangelischen Kirchentages von Berlin bedanken. Auch für das beigefügte Foto. Lasst mich auf diesem Wege noch einmal meine Anerkennung für Euren Frauen-Stand zum Ausdruck bringen. Ich war – wie einige meiner Bonner Freunde – sehr beeindruckt. Das habt Ihr wohl auch schon bei meinem Rundgang durch die Messehallen gespürt. Ich hoffe, dass Ihr bei Eurer weiteren Arbeit vom Landesvorstand nach Kräften unterstützt werdet, zumal die Berliner SPD allen Anlass hätte, auf Euch stolz zu sein."[210]

---

[210] Schreiben Egon Bahrs an Erika Reihlen vom 27. September 1977. Privatbesitz Reihlen.

Drei Tage dauert das Marktspektakel. Es gibt zwei begleitende Broschüren der SPD- und der Kirchenfrauen zu dem Stand und einen Büchertisch. Drei Künstlerinnen haben sich mit einer Großcollage zum Thema „Die Vermarktung der Frau und ihre Situation in der Familie" beteiligt. Auch Lehrer und Schüler einer Berliner Grundschule haben mitgemacht. Ihre Fragen: „Wie sehe ich meine Mutter?", „Was tut meine Mutter?" und „Was können Frauen?"

Eine Podiumsdiskussion zum neuen Ehe- und Familienrecht findet in einer Halle mit 1 800 Plätzen statt. Neun Kurzfilme mit Titeln wie „Endstation einer Familie. Geputztes Haus und alleingelassene Frau" werden gezeigt. Im Arsenalkino gibt es zudem zehn Kinofilme zu Frauenthemen zu sehen. Darunter: „Die unwürdige Greisin" von René Allio nach einer Erzählung von Bertolt Brecht und „Nehmen Sie es wie ein Mann, Madame" von dem dänischen „Frauenkollektiv Rote Schwester".

Sehr populär wird eine Gruppe Wilmersdorfer Genossinnen, die nach der Melodie von „Mariechen war ein Frauenzimmer" ein Bänkellied mit dem Titel „Vom Leben einer benachteiligten Frau" vorträgt. Das Lied endet mit der Aufforderung an die Männer, die Frauen zu unterstützen. Das ist der Augenblick, in dem die Sängerinnen ihre Schürzen abnehmen und sie den zuhörenden Männern, möglichst prominenten, umbinden. „Der Erfolg der Singegruppe war durchschlagend. Je mehr wir uns dem Ende des Kirchentages näherten, desto häufiger trat sie auf", vermerkt Erika Reihlen in ihrem Erfahrungsbericht vom Dezember 1977.

Der Stand hat so viel Zulauf, dass SPD- und Kirchenfrauen mit einem Kurzbericht über ihre Arbeit in das Programm des Schlussgottesdienstes aufgenommen werden. Die Bänkelsängerinnen sind dabei! Der Erfolg hat sein Echo auch in der Präsentation des Standes durch Fotodokumentation und schriftlichen Erfahrungsbericht. Es wird verabredet, dass bald nach Abschluss des Kirchentages der Stand wieder aufgebaut wird – in einer Berliner Evangelischen Kirche, im DGB-Haus und auf SPD-Veranstaltungen.

Für Erika Reihlen ist dieser Stand nicht nur erfolgreich, er ist auch folgenreich. Die Leitung des DEKT fragt unmittelbar nach dem Berliner Ereignis bei ihr an, ob sie nicht Lust und Zeit habe, sich weiterhin ehrenamtlich für den Kirchentag – diesmal von der Leitungsseite her – zu engagieren. Und so wird Erika Reihlen 1979 Mitglied in der 120-köpfigen Präsidialversammlung. 1980 wird sie Vorsitzende des Projektausschusses Markt der Möglichkeiten, eine Aufgabe, die sie bis zum Ende der achtziger Jahre wahrnimmt. 1981 wird sie in das 26-köpfige Präsidium des DEKT gewählt.

Die Kirchentage und „ihr" Markt der Möglichkeiten verlaufen nicht immer so glatt wie 1977. Große Konflikte, Spiegel der gesellschaftlichen Wirklichkeit, spielen sich auch auf dem Markt der Möglichkeiten von Kirchentagen ab. 1979 zerstören Atomkraftgegner nachts einen Stand, der unter dem Thema „Gesicherte Energie, Zukunft durch Technik" für die zivile Nutzung der Atomenergie wirbt. 1985 werden Schwangerschaftsberatungsgruppen aus dem Diakonischen Werk und dem Sozialdienst Katholischer Frauen durch aggressive Abtreibungsgegner mit zur Schau gestellten, in Formalin konservierten Föten im Glas als Kindesmörderinnen diffamiert. 1985 versuchen zwei unter dem Dach der „Gesellschaft für bedrohte Völker" zugelassene Gruppen aus der afghanischen Befreiungsbewegung mit Messern aufeinander loszugehen. Auf dem Frankfurter Kirchentag 1987 werden für Lateinamerika engagierte Menschenrechtsgruppen handgreiflich. Sie versuchen, die Schließung des Standes der Internationalen Gesellschaft für Menschenrechte zu erzwingen. Auf dem Markt der Möglichkeiten geht es hoch her. „Ehe ihr diesen Stand einreißt, müsst ihr erst mich verprügeln!", ruft Helmut Simon, Präsidiumsmitglied und ehemaliger Kirchentagspräsident.[211] Und Erika Reihlen springt auf einen Tisch, um den Stand vor seinen „Feinden" zu schützen. „Zu zweit verteidigten wir den bedrohten Stand körperlich", schreibt sie am Ende des Jahres 1987.[212]

Nach einem turbulenten Tag gibt es eine abendliche Diskussion zwischen Kirchentagspräsidium und Störern, begleitet von einer großen Gemeinde aktiver „Marktleute". Es wird schriftlich vereinbart, dass jede zugelassene Gruppe andere, auch ihr inhaltlich unbequeme Gruppen, mindestens die drei Markttage lang zu ertragen habe, ohne sie zu diffamieren oder zu vertreiben.

War es 1985 noch ausreichend, die streitenden Gruppen räumlich und mit schriftlicher Übereinkunft voneinander zu trennen, so machen es die Vorkommnisse 1987 unumgänglich, grundsätzlich über die Weiterentwicklung des Marktes der Möglichkeiten und seiner Zulassungskriterien

---

[211] Richter am Bundesverfassungsgericht und Präsident des DEKT 1977 und 1989.
[212] Vgl. den Weihnachtsbrief der Familie Reihlen 1987 (ELAB 62/1).

nachzudenken. Das Kirchentagspräsidium setzt eine Arbeitsgruppe ein, die „Gemischte Kommission", zu der unter anderen auch Erika Reihlen gehört. Die Kommission formuliert 1988 das Grundverständnis des Kirchentages: „Kirchentag als Teil von Kirche ist Forum offener gesellschaftlicher Auseinandersetzung. Mit problemorientiertem Diskurs – dem Kontroversprinzip verpflichtet – versteht sich Kirchentag als ein Forum konziliaren Suchens und Fragens im Streit um die Wahrheit des Evangeliums. Kirchentag ist kein Forum der Beliebigkeit. Kirchentag ist auf der Suche nach Eindeutigkeit von Positionen. Kirchentag handelt, von Toleranz bestimmt, im Austragen von Konflikten gewaltfrei. Die Partizipation von Gruppen seit den 70er Jahren ist konstitutiv (‚Willy Brandt: Mehr Demokratie wagen!'). Die Teilnahme am Kirchentag setzt die Zustimmung zu formulierten Zulassungskriterien und verabredeten Verhaltensregeln voraus."

1989 wird Erika Reihlen für sechs Jahre – zusammen mit Erhard Eppler und Ernst Benda – in den Vorstand des Kirchentagspräsidiums gewählt. Von 1991 bis 1993 ist sie selbst Kirchentagspräsidentin. Der 25. Deutsche Evangelische Kirchentag 1993 in München wird „ihr" Kirchentag.

„Dem Volk aufs Maul geschaut" – Zahnärztin im öffentlichen Dienst

> „Sie ist unerhört engagiert. Also, das muss ich sagen: Die brennt für ihre Sache und setzt sich wirklich dafür ein."
>
> *Senator a. D. Ulf Fink am 7. Mai 2009*

1978. Erika Reihlen ist seit zwei Jahren Jugendzahnärztin beim Bezirksamt Steglitz. Sie hat jetzt genügend Berufserfahrung, um selbst zu sehen, wohin sie will. Wie viele andere in den Zahnärztlichen Diensten der Gesundheitsämter arbeitet sie auch dafür, dass die Zahngesundheit nicht erst dann zum Thema wird, wenn es um die Heilung von Krankheit geht, denn Gesundheitsvorsorge ist schon immer eine der Hauptaufgaben des Öffentlichen Gesundheitsdienstes.

Erika Reihlen liest von den Prophylaxe-Erfolgen in der Schweiz. Sie weiß, dass in der Schweiz, um die Zähne vor Karies zu schützen, Fluoride eingesetzt werden, mit der Fluoridanreicherung des Trinkwassers (TWF) zum Beispiel in Basel, mit der Fluoridierung von Speisesalz in einigen Kantonen.

Aber auch in Berlin werden Fluoride eingesetzt, zum Beispiel in Tabletten-
form bei Säuglingen und Kleinkindern sowie in Kindertagesstätten mit dem
Einverständnis der Eltern. Und Erika Reihlen fragt sich, warum die Schweiz
der Bundesrepublik Deutschland auf dem Gebiet der Kariesbekämpfung so
unglaublich weit voraus ist.

1978 besucht sie die Jahrestagung der Deutschen Gesellschaft für Zahn-,
Mund- und Kieferheilkunde (DGZMK) in Nürnberg: „Jugendzahnheilkunde
heute – die Entscheidung für morgen". Dort hört sie Professor Thomas Marthaler vom Zahnärztlichen Institut der Universität Zürich. Er berichtet über
neue Ansätze in der Schweizer Prophylaxearbeit, mit der Anfang der sechziger Jahre begonnen worden ist. Mit Hilfe wissenschaftlicher Studien kann
Marthaler 1978 zeigen, dass sich durch gezielte gruppenprophylaktische
Maßnahmen die Kariesrate bei Schweizer Kindern und Jugendlichen halbiert
hat.

Erika Reihlen ist überzeugt, dass dieser Weg auch in der Bundesrepublik
eingeschlagen werden muss. 1978 ist die Bundesrepublik allerdings noch
Lichtjahre von den Schweizer Erfolgen entfernt. Für Professor Marthaler kein Grund zum Pessimismus: „Nach meiner Ansicht kann die Prophylaxe überall und unter allen Umständen realisiert werden. Aber man muss
damit beginnen."[213] Für Erika Reihlen ist das genau die Ermutigung, die sie
braucht, der Startschuss. Denn das heißt: Auch in Berlin muss möglich sein,
was in der Schweiz seit fünfzehn Jahren praktiziert wird: eine systematische
und flächendeckende Gruppenprophylaxe für Kinder und Jugendliche.

1981 wird Erika Reihlen Leiterin des Zahnärztlichen Dienstes in Berlin-
Steglitz. Mit ihr zusammen arbeiten dort zwei Zahnärztinnen und insgesamt
drei Zahnarzthelferinnen. Eine praxisnahe Fortbildung zur Kariesprophylaxe
in Basel mit Hospitation in einer Schule bestärkt Erika Reihlen darin, neue
Ansätze zu verfolgen.

---

[213] Thomas Marthaler in der „Diskussion der Hauptvorträge" der 104. Jahrestagung
der Deutschen Gesellschaft für Zahn-, Mund- und Kiefer-Heilkunde in Nürnberg
1978. In: Deutsche Zahnärztliche Zeitschrift, 34, 1979, S. 100–109, S. 103.

„Und wenn es auch keine TWF in Berlin gibt – man muss es einfach erlebt haben, wie eine Schweizer Schulklasse im Unterricht die Zahnputzbecher und Bürsten aus dem Schrank holt, und wie jedes Kind (unter Aufsicht der Lehrerin) sein Fluoridgelee mit System und Sorgfalt einbürstet", berichtet Erika Reihlen.

Rückblickend beschreibt sie ihre Anfänge auf dem Gebiet der Gruppenprophylaxe so: „Hören, lernen, tun." Das steht schon im 5. Buch Mose. Und dem fügt sie hinzu: „Aber man muss anfangen." Nicht nur reden, sondern auch tun! Alle Mitarbeiterinnen im Zahnärztlichen Dienst Steglitz sind mit von der Partie.

1978 beginnt Erika Reihlen mit einem Sonderbesuch aller mehr als 60 städtischen, kirchlichen und privaten Kindertagesstätten in Steglitz. Ziel der Aktion ist es, das tägliche Zähneputzen in allen Einrichtungen einzuführen. Dazu gehört nicht nur der Wille aktiver Erzieherinnen, sondern auch die geeignete Ausstattung der Kinderwaschräume mit Becherhalterungen. Es dauert sechs Jahre, bis die letzte der Steglitzer Kindertagesstätten meldet: „Jetzt putzen wir auch!"

Zu Erika Reihlens neuen Ansätzen gehört auch die Entwicklung eines „Vorschulprogramms Zahngesundheit".[214] Eingeladen in den Zahnärztlichen Dienst Steglitz sind alle 5–6-jährigen Steglitzer Vorschulkinder aus Kindertagesstätten und Grundschulen. Ihr Besuch dient in erster Linie und auf spielerische Art dazu, die Zahnarztpraxis, den Raum mit seinen Geräten und seinem Mobiliar zu einer positiven Erfahrung zu machen. Hier sollen die Kinder neue und aufregende Eindrücke sammeln, Zuwendung erfahren, Dinge sehen, hören, fühlen, riechen und schmecken, von denen sie bislang noch nichts wussten. Denn wenn erst eine schmerzhafte Zahnbehandlung ansteht, ist es meist zu spät für positive Eindrücke – „Angst vor dem Zahnarzt", das ist, was informierte kleine Patienten nicht haben sollen!

Das Vorschulprogramm – Gesamtdauer etwa zwei Stunden – beginnt mit Gespräch und Kennenlernen in einer mit Kasperletheater und Bauklötzen ausgestatteten Wartezone. Gemeinsam wird gefrühstückt, danach werden mit System und unter Anleitung im großen Zahnputzraum die Zähne geputzt.

---

[214] Erika Reihlen: 10 Jahre Steglitzer Vorschulprogramm Zahngesundheit. In: Oralprophylaxe 11, 1989, S. 32–38 und Dies.: Steglitzer Vorschulprogramm Zahngesundheit 1978–1998. In: Oralprophylaxe 20, 1998, S. 225–228.

Das Kennenlernen des Sprechzimmers, des „Bohrers" und „Fühlers" ist mit der zahnärztlichen Untersuchung auf dem „großen Stuhl" verbunden und einer Fluoridierung der Kindergebisse, wenn die Eltern ihr schriftliches Einverständnis dazu erklärt haben.

Die Akzeptanz dieses Vorschulprogramms ist hoch. 75 Prozent der ca. 1 500 Vorschulkinder pro Jahrgang nehmen teil. Erika Reihlen hat es über zwanzig Jahre lang dokumentiert und in Fachzeitschriften publiziert. Kreativ begleitet wurde es in Gestalt von Gemälden und Collagen durch Kinder, durch Erzieherinnen und Erzieher, Lehrer und Lehrerinnen.

Ein Neuansatz in Steglitz ist auch die Wiederbelebung der Kleinkindervorsorge-Aktion, zu der der gesamte Jahrgang der 1 500 Kinder im 3. Lebensjahr mit ihren Eltern eingeladen wird. Auch hier ist der Zahnarztstuhl wichtiger Bestandteil des Programms mit Gesprächen über Nuckel und Babyflaschen und der Chance, die Kinderzähne ansehen und untersuchen zu dürfen. Immer zu zweit sitzen sie auf dem großen Stuhl, die Eltern in Reichweite. Auch die Kleinkindervorsorge-Aktion hat guten Zulauf.

In den folgenden Jahren wird Trinkwasserfluoridierung (TWF) ein Thema in Berlin. Seit Langem weiß Erika Reihlen vom Rückgang der Karies dort, wo das Trinkwasser fluoridangereichert ist. Der Leipziger Professor Künzel hat 1974 errechnet, dass es ca. 100 Millionen Menschen in aller Welt sind, unter anderem in den USA, in Holland, in Großbritannien, in Basel-Stadt, auch in Karl-Marx-Stadt/DDR, die von fluoridangereichertem Trinkwasser profitieren. Deshalb verfolgt Erika Reihlen, wo immer sie hinkommt, aufmerksam den Umgang von Ärzten und Politikern mit diesem Thema und sorgt nebenbei für ganz eigene Informationen.

Auf ihrer Israelreise mit der Familie 1981 organisiert die Chefin des israelischen Normeninstituts Miriam Müller einen „zahnmedizinischen Tag" für sie. Erika Reihlen hat ihn festgehalten:

„Unter sehr sachkundiger und menschlich netter Führung von Dana Haber, einer in Niedersachsen ausgebildeten zahnmedizinischen Fachhelferin, die jetzt für die Organisation zahnärztlicher Materialien für ganz Jerusalem zuständig ist, gab es ein Gespräch mit Dr. Kalmen, einem der Obergötter im Jerusalemer Gesundheitsministerium. Kalmen hatte eine dicke Akte unter dem Arm, den Vertrag für die TWF in Tel Aviv. Seit kurzem gibt es auch TWF in Jerusalem." Und dann fragt Dr. Kalmen sie: „Why haven't you water-fluoridation? Have the German dentists given up to fight for it?"

Erika Reihlen ist erstaunt, dass in Israel Wasser fluoridiert wird, hat sie doch nie etwas darüber gelesen. „Er spricht von einem Zehnjahresprozess, in dem sie öffentlich nicht diskutierten. Das ist eine Frage der Fachleute. Sie bewahrten Stillschweigen. Jetzt ist TWF für Jerusalem verordnet. Ein Rezept für mich [Erika Reihlen] auf den Weg: Sag jeden Tag einem Menschen, dass TWF notwendig ist. Mach das zehn Jahre lang, und Du erreichst es." [...] „Beweggründe für die TWF in Israel: 1. Ökonomie, 2. Die Leute gehen nicht zum Zahnarzt."[215)]

1984 wird die TWF auch in Berlin zu einem heiß umkämpften Thema. Erika Reihlen, die im selben Jahr zur Medizinaldirektorin ernannt wird, ist jetzt Vertreterin des Landes Berlin in der Landesarbeitsgemeinschaft Berlin zur Verhütung von Zahnerkrankungen und Stellvertretende Vorsitzende der Arbeitsgemeinschaft Kinderzahnheilkunde und Prophylaxe in der Deutschen Gesellschaft für Zahn-, Mund- und Kieferheilkunde (DGZMK). Ihre Stimme hat Gewicht.

Doch Trinkwasserfluoridierung ist ein politisch vermintes Gebiet, ein Thema, das wie geschaffen ist für allerlei Verschwörungstheorien. Seit langem ist es Stoff im Kampf der Ideologien zwischen Ost und West. So kursiert seit Beginn des Kalten Krieges das Gerücht, die TWF sei eine Erfindung der Kommunisten, um Amerika, wo seit 1945 vereinzelt die TWF realisiert wird, zu vergiften.

Obgleich es gute Gründe für die Trinkwasserfluoridierung gibt, kommen sachliche Argumente auch in den Diskussionen innerhalb der Bundesrepublik entschieden zu kurz. Dass die DDR in Karl-Marx-Stadt die TWF eingeführt hat, ist auf der anderen Seite des Eisernen Vorhangs Grund genug, um dagegen zu sein. Hier wage sich der zentralistische und diktatorische Staat mit seiner Zwangsmedikamentierung einmal mehr entschieden zu weit in das Leben der Menschen vor, heißt es etwa.

[215)] Reisetagebuch Erika Reihlens vom Januar 1982. Privatbesitz Reihlen.

Das Gerücht kommt auf, die Zuckerindustrie stecke hinter der TWF, um von der Schädlichkeit des Zuckers für die Zähne abzulenken. Auf den Wogen der ökologischen Gesundheitswelle kämpfen auch die Grünen gegen die Trinkwasserfluoridierung. Da die Aus- und Wechselwirkungen von Fluorid und anderen Substanzen auf den Menschen umstritten sind, ist es leicht, uralte Ängste vor Zwangsmedikation und kollektiver Vergiftung zu schüren. Bücher wie „Chemie in Lebensmitteln"[216] liefern die pseudowissenschaftlichen Argumente. Chemiker unter Hitler, so heißt es da etwa, hätten mit der Trinkwasserfluoridierung die Menschen verdummen wollen. Denn Fluor schwäche die Funktionen der linken Gehirnhälfte. Zudem mache es Frauen steril.

Es ist nicht verwunderlich, dass es Sympathisanten oder Befürworter der TWF wie Erika Reihlen schwer haben, sachlich zu argumentieren und Gehör zu finden.

Inmitten dieser Stimmung unternimmt der Berliner Gesundheitssenator Ulf Fink (CDU) einen Vorstoß, die TWF in Berlin einzuführen. Der junge und ambitionierte Senator ist voller Tatendrang und beseelt von dem Bemühen zu zeigen, dass Berlin nicht nur Kostgänger des Bundes sein kann, sondern Vorreiter für die Lösung von Problemen, die auch in Westdeutschland relevant sind.[217] Fink selbst scheut sich nicht, anlässlich von Aktionen Berliner Gesundheitsämter zusammen mit Vorschulkindern öffentlich seine Zähne zu putzen. Unterstützt von der Zahnärztekammer Berlin, ist er überzeugt, dass den Menschen mit der Einführung von TWF etwas Gutes geschieht: Die Karies wird reduziert und die Kosten im Gesundheitswesen sinken.

Leider fehlt den Streitern für die TWF die Unterstützung der Freien Universität. Als Senator Fink 1984 eine Informationsreise nach Basel antritt, um mehr über die TWF zu erfahren, wirft Professor Raimund Harndt, Leiter der Abteilung für Zahnerhaltung, ihm vor, sinnlos Steuergelder zu verschwenden. Die bessere Zahngesundheit von Kindern in der Schweiz sei nicht auf die TWF zurückzuführen, sondern auf eine größere Dichte zahnmedizinischer Betreuung.

---

[216] Chemie in Lebensmitteln. Hg. von der Katalyse Umweltgruppe Köln e.V., Frankfurt 1982.

[217] Gespräch mit Ulf Fink am 7. Mai 2009.

Eine Reihe niedergelassener Zahnärzte zeigt kein Interesse an umfangreicheren Prophylaxemaßnahmen der öffentlichen Hand. Zwar ist Deutschland in Sachen Kariesbefall bei Kindern und Jugendlichen Mitte der achtziger Jahre im Vergleich mit anderen westlichen Industrieländern ein „Entwicklungsland" – eine „Insel der Karies", aber der „Freie Verband Deutscher Zahnärzte" fürchtet die Prophylaxe. „Zunächst werden den freien Praxen die Kinder weggenommen, später immer weitere Bevölkerungskreise", ist von dieser Seite zu hören. Auf der anderen Seite unterstützt ein großer Teil der Berliner Zahnärzteschaft die Ausweitung der Prophylaxe und auch die TWF. Für Ulf Fink ein Beweis dafür, dass es hier einen Berufsstand gibt, der nicht ausschließlich daran denkt, mit der Karies Geld zu verdienen.

Im Januar 1984 findet ein Symposium zur Trinkwasserfluoridierung[218] in Berlin statt, veranstaltet von Gesundheitssenator Fink und Zahnärztekammerpräsident Dr. Dieter Ontrup, geleitet von Prof. Karl Bergmann vom Bundesgesundheitsamt. Er ist von Hause aus Kinderarzt. Ein Fachpublikum aus Medizin, Zahnmedizin und Politik ist geladen, um die Fachleute aus Zahnmedizin, Toxikologie, Hygiene und Wasserwerksbetrieben zur Trinkwasserfluoridierung zu hören. Pro und Contra werden ausgetauscht, neue Erkenntnisse gibt es nicht, aber einige wenige ungeklärte Fragen naturwissenschaftlicher und technischer Art finden in der Zusammenfassung ihren Platz. Das Presseecho ist mäßig.

Die politischen Diskussionen flammen erst wieder auf, als Senator Fink verlautbart, er verfolge seinen Plan zur Trinkwasserfluoridierung weiter, und als er ankündigt, eine Aufklärungs- und Informationskampagne in Berlin, verbunden mit einer Meinungsumfrage zu TWF, zu starten.

Das ist im April 1984. Jetzt setzt eine aufgeregte öffentliche Diskussion mit Begriffen wie „Zwangsdiät" und „Zwangsmedikation" ein. Die düsteren Zukunftsvisionen von Aldous Huxleys „Schöner Neuer Welt" und George Orwells „1984" werden beschworen: „Wer versichert uns", so die Autoren von „Chemie in Lebensmitteln", „dass rein prophylaktisch nicht demnächst auch etwa Jod ins Trinkwasser kommt gegen Strahlenschäden

---

[218] Dokumentation 1984. Hg. vom Senator für Gesundheit, Soziales und Familie. Privatbesitz Reihlen.

oder vielleicht etwa Beruhigungsmittel zur Versachlichung der Diskussion?" Die Frage: Was mischt ihr uns noch ins Wasser? bewegt die Menschen und mobilisiert die Gegner der TWF.

Angeführt werden diese von Günter Matthes, dem einflussreichen Chefredakteur des Berliner „Tagesspiegel". An seiner Seite stehen die Berliner Wasserbetriebe. Hier sind die Verantwortlichen so stolz auf die Reinheit ihres Wassers, dass die Idee, diesem eine Chemikalie zuzufügen, sie zu erbitterten Gegnern der TWF macht.

Im Juli 1984 will Fink den öffentlichen Diskussionen ein Ende bereiten und endlich zu einer Entscheidung in Sachen TWF kommen. Noch im selben Monat erscheint in einer Auflage von 185 000 Stück das angekündigte Informationsblatt des Gesundheitssenators mit Meinungsumfrage.

Die veröffentlichte Meinung ist das eine, so glaubt der Senator. Etwas anderes ist, wie die Bevölkerung wirklich denkt. Jetzt will er den Beweis antreten, dass die Berliner anders denken als der Tagesspiegel und die Berliner Wasserbetriebe. Die 185 000 Informations- und Fragebögen liegen abholbereit in Arztpraxen, Bezirksämtern und Krankenkassengeschäftsstellen aus. Erneut kommt es zu einer breiten öffentlichen Diskussion. Doch der Ertrag der Umfrage ist vergleichsweise mager. Am Ende können nur 1 000 Fragebögen ausgewertet werden. Darin sprechen sich zwei Drittel von denen, die die Fragebögen ausgefüllt haben, gegen die TWF aus. Die Kampagne ist gescheitert.

Jetzt schreitet der Regierende Bürgermeister von Berlin, Richard von Weizsäcker, ein und bittet Ulf Fink eindringlich, die Trinkwasserfluoridierung für Berlin aufzugeben. Damit ist die politische Niederlage für Ulf Fink besiegelt. Er bedauert das bis heute. Denn es gibt – so seine Überzeugung – keine andere Präventionsmaßnahme, bei der die schädlichen Nebenwirkungen praktisch gegen null gehen.

In den kommenden Jahren werden die Diskussionen ruhiger und sachlicher. Senator Fink schlägt jetzt einen neuen Weg ein. Da die große Lösung der flächendeckenden TWF gescheitert ist, sucht er nach der kleineren. Nun kämpft er für eine Gesetzesänderung im Bundesrat, um die Zulassung von fluoridangereichertem Speisesalz in Deutschland durchzusetzen, das zum Beispiel in Frankreich und in einigen Kantonen der Schweiz schon seit Jahren verfügbar war.

Die Salzfluoridierung in Deutschland wird zum Erfolg. Das Konzept entwickelt Dr. Hanns Hey, niedergelassener Zahnarzt in München, zusammen mit dem Deutschen Arbeitskreis für Zahnheilkunde (DAZ) und der Salzindustrie in Bad Reichenhall. Seit 1991 ist fluoridiert-jodiertes Speisesalz in Deutschland als Haushaltspackung auf dem Markt. Man muss es nicht kaufen, denn es gibt ja auch das andere nicht fluoridierte Salz. So kann niemand von Zwangsmedikation reden.

Das fluoridiert-jodierte Salz setzt sich in wenigen Jahren durch. Sein Marktanteil an verkauften Haushaltspackungen beträgt im Jahr 2007 nahe 70 Prozent.

Auch die jahrelangen politischen Forderungen nach Einführung von Prophylaxeleistungen in die gesetzliche Krankenversicherung (GKV) werden umgesetzt. Damit es aber zu den bundesgesetzlichen Regelungen kommt, bedarf es einer etwa zehnjährigen Vorphase. Das sind im Wesentlichen die achtziger Jahre, als die zahnmedizinische Prophylaxe in den im Gesetz zuständig erklärten Institutionen und Organisationen diskutiert wird. Die Berliner Senatsverwaltung für Gesundheit, die Arbeitsgemeinschaft Kinderzahnheilkunde und Prophylaxe in der DGZMK erarbeiten Grundsatzpapiere und Prophylaxeprogramme, dies alles in Kenntnis der Schweizer Maßnahmen und Erfolge und verbunden unter anderem mit den Namen der Schweizer Kollegen Thomas Marthaler und Martin Büttner. Die Bundesverbände von Zahnärzteschaft und AOK bringen zum Beispiel 1983 eine Empfehlungsvereinbarung zur Gruppenprophylaxe heraus, der Öffentliche Gesundheitsdienst (ÖGD) in Berlin schult Prophylaxe-Mitarbeiterinnen. 1984 und 1985 organisieren ÖGD und AOK-Berlin groß angelegte Zahnpflege-Öffentlichkeitsaktionen auf der Grünen Woche, von den Medien ausgiebig begleitet. 1984 gründen Zahnärztekammer Berlin und ÖGD mit den Krankenkassen zusammen eine erste Landesarbeitsgemeinschaft zur Verhütung von Zahnerkrankungen (LAG). Von 1984 bis 1990 ist Erika Reihlen deren stellvertretende Vorsitzende.

Am 1. Januar 1989 tritt das Gesundheitsreformgesetz als Bundesgesetz in Kraft (Sozialgesetzbuch V (SGB V)). Es regelt unter anderem ärztliche/zahnärztliche und Arzneimittelleistungen. Auch Leistungen zur medizinischen und zahnmedizinischen Vorsorge sind vorgesehen. Der § 21 SGB V trägt die Überschrift „Verhütung von Zahnerkrankungen (Gruppenprophylaxe)". Er verpflichtet Krankenkassen, Zahnärzte und den Öffentlichen

Gesundheitsdienst der Länder, bei der Förderung der Zahngesundheit von Kindern bis zu zwölf Jahren zusammenzuarbeiten. Die Krankenkassen haben auf flächendeckende Maßnahmen hinzuwirken und sich an den Kosten zu beteiligen. Mit diesem Paragraphen werden klare organisatorische Strukturen vorgegeben, was sich später auch in der Novellierung der Berliner Landesgesundheitsdienstgesetzgebung niederschlägt. Kinder sollen Zahngesundheitswissen erlangen und lernen, eigenverantwortlich etwas für ihre Zähne zu tun.[219] Dafür müssen zahnärztliche Untersuchungen, Zahnpflegeübungen, Zahnschmelzhärtung (Fluoridierung) und Ernährungsberatung zum Standardprogramm in Kindergärten und Schulen werden. Das Gesundheitsreformgesetz sieht nicht nur Gruppenprophylaxe vor. In SGB V § 22 sind individualprophylaktische Leistungen in der Zahnarztpraxis für Kinder und Jugendliche geregelt.

In dieser Zeit wird der Prophylaxegedanke auch von Personen des öffentlichen Lebens mehr und mehr propagiert. Nicht nur Gesundheitssenator Fink kämpft für die TWF und die Verstärkung von Präventionsmaßnahmen im Gesundheitswesen. Auch Schulsenatorin Hanna-Renate Laurien (1928–2010) äußert sich mit der Hoffnung, dass es chic werden müsse, sich die Zähne zu putzen. Die Berliner sollen Prophylaxe treiben.

Eigentlich ein gutes Klima für die Ziele von Erika Reihlen. Sie betätigt sich mit Vorträgen in Erzieherausbildung und Lehrerfortbildung in Berlin, beteiligt sich als Referentin an von Wohlfahrtsverbänden organisierten Schulungen werdender Mütter und an Elternabenden in Kita und Schule, in den neunziger Jahren auch als Referentin an Prophylaxe-Kongressen und -Fortbildungen, zum Beispiel der Deutschen Arbeitsgemeinschaft für Jugendzahnpflege (DAJ) in Erfurt und Münster.

Am 11. Juli 1990 wird die heutige LAG als e. V. gegründet. Mitglieder sind Zahnärztekammer, Krankenkassen und Land Berlin. Erika Reihlen als Vertreterin des Landes wird zur stellvertretenden Vorsitzenden (1990–1999) und 1999 zur Vorsitzenden gewählt, eine Aufgabe, die sie bis 2008 wahrnimmt. Die vorgeschriebenen Maßnahmen sind Untersuchung mit Befunderhebung, Mundhygiene, Ernährungsberatung und Zahnschmelzhärtung (Fluoridierung) – bei Kindern bis zu zwölf, in bestimmten Fällen bis zu

---

[219] Erika Reihlen: Zur Entwicklung der Mundgesundheit in Deutschland. In: prophylaxe impuls 2, 1998, S. 78.

sechzehn Jahren. Flächendeckung in Berlin heißt: Verantwortung für etwa 100 000 Kita- und etwa 200 000 Schulkinder. Dazu wird zu Beginn ein Stufenkonzept von den Kleinen hin zu den Großen entwickelt und umgesetzt, bis zu dem Zeitpunkt, da alle im Gesetz Vorgesehenen mehrmals im Jahr in ihren Einrichtungen pädagogisch-prophylaktisch erreicht werden. Entsprechend erhöht sich die Zahl der Mitarbeiterinnen bei jeder Erweiterung des Stufenkonzepts. Zur Steuerung der Aufgaben wird als Geschäftsführer Rainer Grahlen, von Hause aus Jurist, eingestellt. Eine Geschäftsstelle wird eröffnet. Jedes Jahr findet ein mehrwöchiger Schulungskurs für die Prophylaxehelferinnen statt, selbstverständlich unter Mitwirkung der (stellvertretenden) Vorsitzenden.[220]

In der zahnmedizinischen Gruppenprophylaxe laufen bei Erika Reihlen manche Fäden ihres früheren Lebens wieder zusammen. Ihre Hochschätzung von Kindern und ihr früherer Wunsch, Lehrerin zu werden, beflügeln sie bei ihrer Arbeit an einer Didaktik für Schulklassen und Kindergärten bis heute.

Erika Reihlen sucht nach einer kindgerechten Sprache und Bilderwelt für die Vermittlung ihrer Inhalte. Ihre Devise heißt: „Von den Kindern lernen." „Kinder sind Philosophen", schreibt sie, „Kinder sind Sprachschöpfer. Kinder sind keine kleinen Erwachsenen, aber sie bringen Beobachtungen

---

[220] Heute arbeiten außer dem Geschäftsführer in der LAG Berlin, fachlich verzahnt mit dem Öffentlichen Gesundheitsdienst, 75 geschulte Prophylaxehelferinnen, die allermeisten auf Teilzeitstellen. Sie geben Prophylaxeunterricht in Kindertagesstätten und Schulen, verbunden mit altersgerechten Zahnpflegeübungen. Das Konzept ist bedarfsorientiert angelegt. Das heißt: Wo das Kariesrisiko hoch ist und es viel Karies gibt, wird mehr in der Prophylaxe getan als dort, wo es gute Daten zur Zahngesundheit gibt. Für die Ermittlung der Bedarfsgruppen werden regelmäßig zahnärztliche Untersuchungsbefunde von Kindern und Jugendlichen mit den Daten des Berliner Sozialstrukturatlasses abgeglichen, und es erweist sich, dass hohe Kariesraten vorwiegend in Familien mit hoher Arbeitslosigkeit und niedrigem Bildungsgrad zu finden sind, vielfach in sozialen Brennpunkten. In Kindertagesstätten und Schulen mit hohem Kariesrisiko sind außer der jährlichen zahnärztlichen Untersuchung zwei pädagogische Prophylaxe-Impulse vorgesehen, verbunden mit (bei Einverständnis der Eltern) der Einbürstung von Fluoriden zur Stärkung des Zahnschmelzes. Der Datenabgleich bedeutet für die Geschäftsstelle immer wieder auch die Überprüfung und damit unter Umständen die Veränderung der derzeit geltenden Bedarfsgruppen bzw. die Anpassung an die aktuelle gesundheitliche Situation.

und Erfahrungen aus der Erwachsenenwelt mit. Sie reden unbekümmert in der Sprache ihrer Vorstellungswelt darüber und sind stolz, wenn darauf eingegangen wird, wenn ihre Erfahrungen gar gefragt oder erweitert werden. Erst beobachten und hören wir die Kinder, dann beobachten und hören sie uns. Dann bringen sie die Sache auf den Punkt, und am Ende sind alle, auch die Lehrenden, bereichert und auf einer neuen Stufe der Ausdrucksfähigkeit angelangt."[221] Um diese Ausdrucksfähigkeit geht es bei Erika Reihlen immer wieder. Die Wirklichkeit, die Wortwahl und die tiefere Weisheit der Kinder inspirieren sie bei ihrer Arbeit. Fast in jedem ihrer Artikel räumt sie Aussprüchen von Kindern großen Raum ein. Oft werden die Worte und Gedanken der Kinder auch zum festen Bestandteil gruppenprophylaktischer Praxis. Vielfach sind es aber einfach nur die Geschichten der Kinder selbst, die sie faszinieren und entzücken – für Erika Reihlen der „Lohn ihrer Arbeit", eine Welt, neu gesehen voller Fantasie, Gefühl und Wahrheit. Sie hat die Geschichten „ihrer" Kinder gesammelt. Zum Beispiel die Antwort des Kindes, dem gesagt wird, dass ein Bohrer auch wehtun kann. „Dann muss man ganz doll an seine Mutti denken, dann tut's nicht mehr weh." Oder ein Kind, das mit ernster Miene erzählt, es brauche seinen Nuckel nicht mehr, denn in Lichterfelde gebe es ein Vögelchen, das die Nuckel auf dem Balkon abholt. Oder: Der Junge, der seine alte Zahnbürste nicht oll, aber „verwelkt" findet, und dessen Freund, der gleich ergänzt: „Nicht verwelkt, aber verblüht!" Letztlich geht es immer um gegenseitige Bereicherung für die Welt der Kinder und für die Welt der Zahnmedizin. Beide Seiten müssen wissen: Es gibt viel zu entdecken bei den anderen.

Erika Reihlen und mit ihr die LAG vertreten das Konzept des „emotionalen Lernens". Zum Beispiel lernen die Kinder bei ihrem Besuch im Zahnärztlichen Dienst, nachdem sie gefrühstückt haben, einen kleinen Reim, der sie mit Spaß und Freude an das Zähneputzen erinnern soll: „Fege aus, fege aus, alle Krümel müssen raus!" Und weil die Kinder erfahren sollen, dass es sich hier um eine wirklich notwendige Maßnahme handelt, gehen sie nach dem Frühstück gleich in den Zahnputzraum, wo sie mit Wasser gurgeln und ausspucken müssen. Gemeinsam können sie jetzt die Krümel aus

---

[221] Erika Reihlen: Ein nüchterner Paragraph in der Welt der Kinder. Zahnmedizinische Gruppenprophylaxe nach § 21 SGB V. Sonderdruck aus: Prävention. Zeitschrift für Gesundheitsförderung, 18, 1995, Heft 3.

ihrem Mund im Becken entdecken.[222] Und seit Urzeiten im Zahnärztlichen Dienst immer mit dabei: das große Gebissmodell mit der Riesenzahnbürste. Nicht zu vergessen auch Kroko, das Krokodil, die Symbolfigur der LAG, als Handpuppe oder als Mensch im Tierkostüm – mit großen Zähnen und riesiger Zahnbürste – eine Figur, die ankommt und sich einprägt, die Heiterkeit erregt und die zum Anfassen und zu spontanen Ausrufen ermuntert. Selbst am Brandenburger Tor beim Deutsch-Türkischen Volksfest wurde der Kroko-Mensch schon gesichtet!

1988 ist ein besonderes Jahr für Erika Reihlen und die Gruppenprophylaxe in Steglitz. Es ist das Jahr von KAI. „KAI", so erzählt Erika Reihlen, entstand rein zufällig in einer 4. Klasse der Henri-Dunant-Grundschule in Berlin-Steglitz. Eines Tages passiert das, was sie die kindliche Fähigkeit, des „Etwas auf den Punkt bringen" nennt. Erika Reihlen steht vor der Klasse und trainiert die erprobte Zahnflächensystematik Kauflächen, Außenflächen, Innenflächen, die die Kinder seit Jahren kennen, und sie schreibt die drei Begriffe auch an die große Tafel. Eindringlich wiederholt sie die Worte: „Kauflächen, Außenflächen, Innenflächen", mal lauter, dann wieder leiser, schließlich flüsternd. Mitgerissen sprechen die Kinder ihr nach. Wie ein Echo kommt es zurück. Plötzlich meldet sich ein Junge und ruft: „Kauflächen, Außenflächen, Innenflächen – das ist ja KAI!" Noch im selben Augenblick wird diese Geschichte zum Gründungsmythos. Sofort erzählt Erika Reihlen die Geschichte weiter. Alle, die sie hören, sind begeistert: die Eltern, die Kinder, Lehrer, Prophylaxehelferinnen, Krankenkassenmitarbeiter, Zahnärzte und Journalisten. Die „Methode KAI" erscheint auf Plakaten und Lesezeichen, auf Flugblättern und Zahnputzanleitungen, in Fachartikeln, Kinderbüchern und pädagogischen Curricula.

Innerhalb weniger Jahre ist KAI in der Bundesrepublik bekannt. Mittlerweile haben hessische Jugendzahnärzte die niedergelassenen Kollegen aufgefordert, „ihren erwachsenen Patienten verstärkt die KAI-Systematik ans Herz zu legen".[223]

---

[222] Erika Reihlen: Steglitzer Vorschulprogramm Zahngesundheit 1978–1998. Eine Bilanz nach 20 Jahren. In: Oralprophylaxe 20, 1998, Nr. 4, S. 225–228, S. 227.

[223] KAI in jedem Alter. Was Hänschen lernt … In: zm 96, Nr. 13, 1.7.2006 (1794), S. 62.

Schließlich ist KAI auch zu einer Ost-West-Geschichte geworden, die Erika Reihlen das Vergnügen hatte, selbst zu erleben. Im Herbst 2008 übernachten die Reihlens in einer kleinen Pension in Brandis bei Leipzig. Eine junge Kellnerin erzählt Erika Reihlen von ihrer sechsjährigen Tochter Jody Sarah. Ihr seien die Backenzähne versiegelt worden. Zudem erzählt sie vom Zähneputzen im Kindergarten. Erika Reihlen fragt, ob sie dort eine bestimmte Zahnputzmethode hätten? „Ja, die putzen nach der KAI-Methode, Kauflächen, Außenflächen, Innenflächen", sagt die Mutter. Beim Frühstück am nächsten Morgen sieht Erika Reihlen ein kleines Mädchen. Es ist Jody Sarah! Ein Lob für fleißiges Zähneputzen bringt schnellen Kontakt. Wie Jody das macht, kann sie in Worten nicht ausdrücken, aber: „Soll ich mal zeigen?", fragt sie. Und Jody nimmt einen Zeigefinger und demonstriert KAI im Mund: Kauflächen, Außenflächen, Innenflächen.

Die Geschichte mit KAI geht weiter. In den letzten Jahren seit ihrem beruflichen Abschied beteiligt sich Erika Reihlen in einer interdisziplinären Arbeitsgruppe an der Entwicklung von Unterrichtsmaterialien zur Zahngesundheit für Kindergarten, Grundschule und Sekundarstufe. Es entstehen drei Bände, in denen es um den Bau, die Leistungen, die Erkrankungen, die Gesunderhaltung und die Behandlung des Gebisses geht.[224] Die Herausgeberschaft des Vereins für Zahnhygiene in Darmstadt garantiert bundesweite Verbreitung. Und natürlich ist KAI in jedem Band mit von der Partie.

Auch in der Steglitzer Wulffstraße treibt KAI sein „Unwesen". Als die Enkelinnen Siena (vier), Olivia (drei) und Clara (elf) zu Besuch sind, spielen sie vergnügt und völlig mit sich beschäftigt im Wohnzimmer, während Oma Erika in der Küche das Abendessen vorbereitet. Plötzlich hört sie die Stimme von Clara: „So musst du anfangen: erst die Kauflächen, dann die Außenflächen." Oma Erika spitzt die Ohren, zähmt ihre Neugier und stört die Kinder

---

[224] Rainer Grahlen, Sybille van Os-Fingberg, Alfred Pommerenke, Erika Reihlen: Gesunde Zähne. Materialien für den Kindergarten und ähnliche Einrichtungen. Hg. vom Verein für Zahnhygiene e. V., Darmstadt 2010.
Karlheinz Kollehn, Alfred Pommerenke, Erika Reihlen, Wolfgang Schill: Gebissgesundheit. Materialien für die Grundschulen. Hg. vom Verein für Zahnhygiene e. V., Darmstadt 2007.
Hans Esser, Alfred Pommerenke, Erika Reihlen, Ulrich Timm: Das Gebiss und seine Gesunderhaltung. Materialien für die Schulen der Sekundarstufe I (Klassen 5–10). Hg. vom Verein für Zahnhygiene e. V., Darmstadt 2004.

nicht. Clara, perfekt wie eine Prophylaxe-Assistentin, erklärt KAI. Offensichtlich hat sie die große Stoffpuppe Alex, die auf dem Klavier samt Riesenzahnbürste ihren Stammplatz hat, in den Arm genommen und demonstriert den kleinen Kusinen die Zahnputzsystematik. Clara hat ihre Sache gut gemacht, denn ihre Schülerinnen können das Gelernte sofort umsetzen: die allerkleinste, Olivia, drückt echte Zahnpasta auf die große Bürste und putzt dem Alex die Stoffzähne – natürlich wie KAI. Oma Erika hat die Zahnpaste bis heute nicht entfernt.

Nur eines bedauert Erika Reihlen bis heute: dass sie den Namen des Schülers, der ihr diese Idee geschenkt hat, nicht kennt. „Hätte ich doch bloß den Jungen nach seinem Namen gefragt!", klagt sie. Er weiß nicht, wie „berühmt" er für sie geworden ist. Gewiss hätte Erika Reihlen dafür gesorgt, dass er einen Anerkennungspreis erhält!

„KAI" wird zum Selbstläufer, der der Arbeit und den Zielen Erika Reihlens einen Namen gegeben hat. „Ihr Kind heißt KAI" titeln die „Zahnärztlichen Mitteilungen" (zm) im Jahr 2000 anlässlich der im September desselben Jahres vom Verein für Zahnhygiene an Erika Reihlen vergebenen Tholuck-Medaille. Im selben Beitrag würdigen die zm das ihr wenige Monate zuvor für ihre Verdienste in der zahnmedizinischen Gesundheitserziehung verliehene Bundesverdienstkreuz 1. Klasse.[225] Der Name KAI werde auf immer ihrer Tätigkeit verbunden bleiben, sagt Dr. Wolfgang Schmiedel, Präsident der Berliner Zahnärztekammer, die Erika Reihlen im Januar 2009 die Ewald-Harndt-Medaille verleiht.

Nicht zuletzt erfreut Erika Reihlen die Anerkennung von „allerhöchster" Stelle. Sie erhält einen Brief von Thomas Marthaler, dem Professor aus Zürich, der sie 1978 auf die Spur der Gruppenprophylaxe setzte. Der Professor ist begeistert von KAI. Die Drei-Flächen-Methode haben sie in der Schweiz auch praktiziert, nur hat sie keinen Namen. Nun will Marthaler den KAI „adoptieren". Sein Brief vom 15. Dezember 1994 wird bis heute streng gehütet.

Nicht nur KAI hat Spuren hinterlassen. Im Zahnärztlichen Dienst ist auch eine Attraktion zu besichtigen, die Steglitzer Nuckelwand. Hier sind vom Fußboden bis zur Decke Nuckel und Nuckelflaschen aufgehängt. Sie stammen

---

[225] Tholuck-Medaille für Dr. Erika Reihlen. Ihr Kind heißt KAI. In: zm, Nr. 20, 16. 10. 2000 (2474).

von kleinen Kindern, die zusammen mit Mutter oder Vater oder Erzieherin der Einladung zu einer zahnärztlichen Untersuchung gefolgt sind. Sie haben auf dem großen Zahnarztstuhl ihre Zähne vorgezeigt und nach einem liebevollen, aber ernsthaften Gespräch mit Erika Reihlen oftmals gesagt: „Ich bin jetzt groß, ich brauche keine Windel mehr, du kannst meinen Schnulli haben."

„Schon im zweiten Lebensjahr muss man den Kindern den Schnuller abgewöhnen", erläutert Erika Reihlen. „Eigentlich sollte man ihnen erst gar keinen angewöhnen. Wenn die Kinder noch bis ins dritte Lebensjahr hinein nuckeln, dann verformen sich die Kiefer, ein ‚Offener Biss' kann entstehen, die Kinder beginnen zu lispeln. Das lässt sich wieder rückgängig machen. Wenn man ihnen den Nuckel frühzeitig mit Liebe und Geduld abgewöhnt, heilt der ‚Offene Biss' ohne Behandlung aus. Die Kinder können wieder regelrecht abbeißen."

Und obwohl die Kinder es gewiss nicht ganz verstehen können, wollen sie, dass ihre Zähne wieder gerade wachsen. Sie vertrauen der Zahnärztin, dass das ohne Schnuller klappt. So haben sie ihre Schnuller und Flaschen abgegeben oder geschickt, was ihnen ihre Mütter oft gar nicht zugetraut hatten. Oft kommt im Zahnärztlichen Dienst auch ein Nuckelpaket an: die Kindergartengruppe hat aus dem Anliegen eine Gemeinschaftsaktion gemacht und nun werden sechs oder zehn Schnuller auf einmal verschickt! Alle Kinder erhalten sodann die von Erika Reihlen versprochene Belohnung: ein Überraschungspäckchen mit einem Schlumpf (Putzi) und einem handgeschriebenen Brief voll Lob und Anerkennung. Nuckel und Nuckelflaschen werden an der großen Wand aufgehängt, gekennzeichnet mit den Namen der Kinder, die sich von ihren Lieblingen getrennt haben, denn manche von ihnen wollen wiederkommen und nachsehen, wo ihr Nuckel hängt! Kein ganz leichtes Unterfangen, denn die Zahl der Nuckel an der großen Wand ist über die Jahre auf über 500 Stück angewachsen! Die Familien schätzen diese Arbeit. Viele Telefonate und Dankbriefe, zum Teil mit Kindergemälden und Fotos geschmückt, sind Beleg dafür. Der Brief aus einem Kindergarten ist dabei, in dem der Zahnärztliche Dienst zum Nachdenken darüber aufgefordert wird, ob denn nicht auch die Kinder, die nie einen Nuckel benutzt hätten, eine Belohnung verdient hätten.

Noch heute bereitet es Erika Reihlen große Freude, wenn sie, wie gerade geschehen, Jahre nach ihrem beruflichen Abschied, auf der Straße von einer Frau auf die Nuckelwand und die Erledigung des damals für sie leidigen Themas angesprochen wird. „Unser Sohn ist Psychologe geworden, längst fertig mit der Ausbildung, und die guten Zähne, die verdankt er Ihnen!"

Zwei Jahrzehnte alt sind nun die Prophylaxeparagraphen im Gesundheitsreformgesetz. Bundesweit gibt es „Landesarbeitsgemeinschaften zur Verhütung von Zahnerkrankungen", für die Berlin Vorbild war. Was Prof. Marthaler vor über dreißig Jahren für die Schweiz verkündete, ist auch für die Bundesrepublik Deutschland Wirklichkeit geworden. Die Kariesraten der Zwölfjährigen haben sich mehr als halbiert, die naturgesunden Gebisse haben sich mehr als verdoppelt. „Dies ist die Frucht von Gruppen- und Individualprophylaxe", resümiert Erika Reihlen, „von Zusammenarbeit kompetenter Personen und Organisationen – im öffentlichen Dienst, in Zahnärzteschaft und Krankenkassen, in Kindergärten, Schulen und Elternhäusern." Prophylaxe habe die Zahnheilkunde gründlich verändert, fügt Erika Reihlen hinzu. Prophylaxe sei Bestandteil aller zahnärztlichen Disziplinen geworden, der konservierenden wie auch der prothetischen und der kieferorthopädischen. Eine Füllung und eine Krone zum Beispiel hätten eine umso längere Lebensdauer, je besser die Mundhygiene, sprich die Prophylaxe sei.

Bei allen Prophylaxe-Erfolgen – so mahnt Erika Reihlen – dürfe nicht vergessen werden, dass die Karies zwar erheblich zurückgegangen, aber nicht ausgerottet sei, dass die Karies ungleich verteilt und bei Kindern und Jugendlichen in sozialen Brennpunkten häufiger sei als in gutbürgerlichen Stadtteilen.

„Wie kam die Kinderzahnheilkunde in den Einigungsvertrag?"[226]

Seit Anfang der siebziger Jahre halten Helmut und Erika Reihlen freundschaftlichen Kontakt zu Eberhard und Dr. Konstanze Theurer in Ost-Berlin, Eberhard, wie Helmut Ingenieur, Konstanze wie Erika Zahnärztin. Konstanze ist Fachzahnärztin für Kinderstomatologie. Sie vereinigt Prophylaxe und Kinderbehandlung in einer Hand, unterstützt von stomatologischen Schwestern und Fachschwestern für Zahn- und Mundhygiene. Prophylaxe

---

[226] Kapitelüberschrift in Friedrich Römer: Die Deutsche Gesellschaft für Kinderzahnheilkunde. Wie sie wurde – was sie ist. Hamburg 2004. S. 204.

234

und Behandlung in einer Hand – das geschieht zu dieser Zeit in West-Berlin nur in ganz kleinem Umfang. Zahnärzte im öffentlichen Dienst behandeln zwar auch, aber normalerweise sind für die Behandlung zahnkranker Kinder die „richtigen" Zahnärzte, das heißt die niedergelassenen, zuständig.

Durch die Tätigkeit in der Arbeitsgemeinschaft Kinderzahnheilkunde und Prophylaxe in der Deutschen Gesellschaft für Zahn-, Mund- und Kieferheilkunde sind Erika Reihlen die Arbeits- und Ausbildungsbedingungen von Kinderstomatologen und Hochschullehrern aus der DDR bekannt. Gern hätte sie nach dem Fall der Mauer einiges davon in den Westen hinübergerettet.

Doch nach der Wiedervereinigung müssen die Kinderstomatologen aus der DDR um ihre berufliche Existenz bangen, denn Fachzahnärzte für Kinderzahnheilkunde haben in der alten Bundesrepublik kein Pendant. Deshalb ergreifen einzelne ost- und westdeutsche Professoren und Wissenschaftler die Initiative. Auf dem deutsch-deutschen Treffen am 16. Mai 1990 in Halle und auf einer Tagung für „Ausbilder an den Universitäten" in Marburg am 8. Juni 1990 formulieren sie Forderungen für eine gesamtdeutsche Konzeption der Kinderzahnheilkunde.[227]

Gegenwind bekommen sie dabei vor allem vom Bundesverband der Deutschen Zahnärzte e.V., der sich dafür einsetzt, die Hochschulausbildung der Zahnärzte in Zukunft ausschließlich nach dem Muster der alten Bundesrepublik zu regeln und die bisherige Weiterbildung der DDR zum „Kinderstomatologen" ersatzlos zu streichen. Erika Reihlen macht sich dafür stark, das Potenzial der DDR zum Wohl des wiedervereinigten Deutschland auszunutzen. Es darf sogar vermutet werden, dass es unter anderem ihrem Einfluss zu verdanken ist, dass die Kinderzahnheilkunde sich schließlich im Einigungsvertrag wiederfindet. In einem Schreiben an den damaligen Vorsitzenden der CDU-Kommission „Deutsch-Deutsche Sozialgemeinschaft", Ulf Fink, mit dem sie schon in seiner Zeit als Berliner Gesundheitssenator (1981–1989) zusammengearbeitet hat, plädiert sie für den Erhalt der Ausbildung von Zahnärzten zu „Kinderstomatologen" an den Universitäten. Die Vorzüge einer solchen Ausbildung liegen für sie auf der Hand, beruhen sie doch auf den Einsichten einer jahrelangen Berufserfahrung als Zahnärztin für das öffentliche Gesundheitswesen. „An den DDR-Universitäten existieren Lehrstühle für Kinderstomatologie, eine Weiterbildung nach

---

[227] Ebd., S. 199–202.

dem Studium schließt mit dem Fachzahnarzt für Kinderstomatologie ab. Präventive und kurative zahnärztliche Verantwortung liegen in der DDR in einer Hand. Dies hat im Kindesalter besondere Vorzüge, deshalb auch der Begriff der Kinder-‚Stomatologie' und nicht der Kinder-‚Zahnheilkunde'. Bei uns gibt es solche Lehrstühle nicht. Die Approbationsordnung schreibt für die Ausbildung keine Kurse oder Vorlesungen für Prävention oder Kinderzahnheilkunde vor. Eine einzige Prüfungsfrage zur Kariesprophylaxe ist vorgesehen. Das kinderstomatologische Wissen ausgebildeter Zahnärzte ist deshalb gering. Bei allen Vorzügen unseres freiheitlichen und freiberuflichen Versorgungssystems: Die zahnärztliche Behandlung von Kindergebissen liegt bei uns im Argen. Dies belegen Untersuchungen aus Hochschule und Öffentlichem Gesundheitsdienst. Deshalb plädiere ich für den Erhalt der Kinderstomatologie der DDR und die Übernahme ihrer Vorzüge in unser System."[228]

Ulf Fink, der CDU-Mann, sichert ihr zu, dass er sich dafür einsetzen wird, ihren Vorschlag in die weitere Arbeit der Kommission einfließen zu lassen und trägt diesen Vorschlag an den Verhandlungsführer Wolfgang Schäuble und die beteiligten Ministerien heran. Das Ergebnis dieser Bemühungen findet sich in § 20 des Einigungsvertrags vom 31. August 1990 wieder, wo das Gesetz über die Ausübung der Zahnheilkunde in eine neue Fassung gebracht wird. Darin wird festgelegt, dass Kinderzahnheilkunde zukünftig eine Pflichtunterrichtsveranstaltung im Studium der Zahnheilkunde sein muss. Zudem soll sie zum festen Bestandteil der zahnärztlichen Prüfung werden.[229]

Nachrichten von drei Kindern

„Zum ersten Mal haben wir 5 Berliner Reihlens uns zu einem gemeinsamen Weihnachtsbrief aufgerafft, der Euch einige Informationen über unser Tun, über unsere Stimmungen und über unsere Pläne gibt." So beginnt 1982 die bis heute durchgehaltene Reihe von Weihnachtsbriefen, die mit einer Auflage von ca. 200 an Freunde und Verwandte versandt werden. Heute sind die Weihnachtsbriefe eine Chronik, die fast dreißig Jahre Familienleben umfasst und vieles festhält, was sonst vergessen wäre.

---

[228] Aus einem Schreiben Erika Reihlens an Ulf Fink vom 21. April 1990. Ebd., S. 204.
[229] Ebd., S. 204.

1982 sind die Kinder 20 (Irmgard), 18 (Eckart) und 16 (Albrecht) und dabei, ihr eigenes Leben zu beginnen. „Noch leben zwar alle zuhause", bemerkt Erika Reihlen, aber „die Abnabelung ist schon weit fortgeschritten." Nur ein Jahr später fühlen sich die Eltern schon fast kinderlos. „Es passiert oft genug, daß nur Erika und ich wie ein alleinstehendes Ehepaar beim Frühstück zusammensitzen oder abends kein Kind im Hause ist und wir auch gar nicht beunruhigt sind", schreibt Helmut Reihlen über diese Umbruchzeit. „Zum ersten Mal haben wir unseren Sommerurlaub völlig unabhängig von den Kindern geplant und durchgeführt", schreibt Helmut Reihlen 1984. „Wir schwelgten in der seltenen Möglichkeit, uns mit dem ganzen Tagesablauf auf die abendlichen Konzerte zu konzentrieren und vorzubereiten und wie nebenher die schöne Stadt Salzburg und ihre herrliche Umgebung zu erleben."

Zwar wohnen 1983 noch Albrecht und Eckart in der Paulinenstraße, aber im Grunde leben sie längst „andernorts". 1985 wohnt nur noch Albrecht (19) mit seinen Eltern in der Paulinenstraße. Eckart lebt inzwischen in Salt Lake City und studiert Elektrotechnik an der Universität von Utah. Irmgard studiert Jura in Bonn, in Genf und in Freiburg. „Wir sind Kleinfamilie mit einem (großen) Kind geworden", schreibt Erika Reihlen. „Wenn das Telefon mal nicht klingelt, herrscht – selten genug – eine unvorstellbare Ruhe im Haus. Wir finden das herrlich, so gerne und so viel ich beruflich auch mit kleinen Kindern zusammen bin." Jetzt ist wieder Zeit für Zweisamkeit und Helmut und Erika Reihlen nutzen sie. 1986 reisen sie für drei Wochen nach Venedig, treffen dort den Jugendfreund Dirk Haubold und dessen Frau Eva, hervorragende Kunstkenner und exzellente Stadtführer. Zusammen tauchen sie in das „Gesamtkunstwerk Venedig" ein, ein Jahrtausend europäischer Geschichte und Kunst. Sie entdecken die Berühmtheiten der Stadt, aber auch die zahllosen Details, die Gässchen, Brücken, Kanäle, Hinterhöfe und Winkel.

In den Weihnachtsbriefen spricht jedes der Kinder für sich selbst und beschreibt eigene Reisen, Lernziele und Erfahrungen – mit derselben Energie wie die Eltern und auf Wegen, die Helmut und Erika Reihlen manchmal schon für sie gefunden und bereitgestellt haben. Das gilt besonders für die Reisen. So wie 1979, als Eckart (15) und Irmgard (17) in die Vereinigten Staaten zu Anthonys und Frenzels in Hartford/Middletown, Connecticut reisen. Hinzu kommen ausgedehnte Familienreisen sowie Schul- und Sportreisen.

„Für mich", so beginnt der 16-jährige Albrecht die Reihe der Weihnachtsbriefe, „war 1982 ein Reisejahr über die Weihnachtstage in Israel, über Ostern 10 Tage in Hassmoor/Schleswig-Holstein, zu Pfingsten mit Rudern im Wannsee, Anfang Juni mit der Klasse für 15 Tage im Bayerischen Wald, dann 5 Wochen USA in den Sommerferien, Ende Oktober mit der Hockeymannschaft in Delmenhorst. Dazwischen war ich dreimal in der DDR." Den Sommer verbringt er bei zwei befreundeten Familien in Middletown, Connecticut. Albrecht endet mit den Sätzen: „Ich habe das vergangene Jahr ohne größere seelische, geistige oder sonstige Blessuren überstanden: Ich lebe noch!" Darin steckt die Erfahrung von Überfülle, aber auch ein frühes Bewusstsein für die Gefahr, die in der Überfülle steckt: die Überforderung.

Reisend steigt auch Eckart in sein eigenes, selbstbestimmtes Leben ein. Er verreist mit seinen Freunden vom Jugendkeller der Evangelischen Paulusgemeinde nach Theisenort in Franken oder an den Genfer See. 1982 macht er Abitur, anschließend ein Praktikum bei der Bundesanstalt für Materialprüfung in Berlin-Dahlem und beginnt dann im Sommersemester 1983 mit dem Studium der Physik und Elektrotechnik an der TU Berlin. Mit dem Ingenieurstudium tritt er in die Fußstapfen seines Vaters. 1984 erhält er, wie Helmut Reihlen dreißig Jahre zuvor, ein Fulbright-Stipendium für ein akademisches Jahr in den USA an der Universität Utah in Salt Lake City, wo er sich dem Studium der Halbleiterphysik widmet. Eckart ist ein scharfer Beobachter, der viel über die politischen, gesellschaftlichen und mentalen Besonderheiten der Amerikaner schreibt. Was ihn, den Linken aus dem friedensbewegten Deutschland der achtziger Jahre, stört, ist der unreflektierte „Hurra-Patriotismus" seiner amerikanischen Kommilitonen und Kommilitoninnen. „Um hier keine Gefühle zu verletzen, stehe ich [beim Erklingen der Nationalhymne] auch jedes Mal brav auf, aber habe mich noch nicht aufraffen können, die Hände aus den Taschen zu nehmen, geschweige denn aufs Herz zu legen, wie es die meisten Amerikaner machen. Selbst die – weiß Gott mit Patriotismus bedachten französischen Studenten machen sich darüber lustig", schreibt Eckart Ende des Jahres 1985. In dieser Zeit besuchen ihn seine Eltern und Geschwister. Eckart erinnert sich noch genau an den Tag, an dem er mit seinem Bruder nach New York City fährt. Es ist der 23. Dezember 1985. Zusammen durchstreifen die beiden einen ganzen Tag Manhatten „von Norden nach Süden". Spät abends kommen sie zurück nach Middletown, Connecticut, wo der Rest ihrer Familie versammelt ist. Für Eckart einer der bislang eindrucksvollsten Tage seines Lebens. Auch weil er erlebt hat, wie schön es ist, Albrecht als Bruder zu haben. Bei allen Unterschieden teilen sie einen ähnlichen Blick auf die Welt. Und wie so oft schon in den vergangenen Jahren bedauert Eckart die Streitereien ihrer Jugend und das, was sie beide verloren haben, als sie sich gegenseitig bekämpften.

Ein Jahr später stellt er fest, dass die Unterschiede zwischen jungen Amerikanern und dem Rest der Welt fast unüberwindlich groß seien. „Im Grunde verstehe ich es auch nicht, finde es schwer, das zu beschreiben. Tatsache ist, daß Ausländer quasi 100%ig unter sich bleiben. Man kann die Unterschiede zwischen Studenten aus Japan und, sagen wir, Frankreich geradezu wegwischen im Vergleich zu den Unterschieden zwischen, sagen wir, Engländern und Amerikanern. Irgendwie entwickeln sich amerikanische Jugendliche doch in eine andere Richtung als Jugendliche aus anderen Ländern." Dennoch fühlt er sich wohl – im Winter fährt er Ski in den Rocky Mountains, einmal in der Woche spielt er Volleyball – eine alte Leidenschaft aus Schulzeiten – und im Sommer spielt er Tennis. Zusammen mit Freunden und Freundinnen aus Berlin reist er nach New York, durch fünfzehn Nationalparks und fünf Großstädte bis nach Südkalifornien. 1986 entschließt er sich, für drei weitere Jahre in den USA zu bleiben, dort seinen Magister zu machen und die Doktorarbeit zu schreiben.

Auch Schwester Irmgard schreibt vom Reisen. Sie studiert zwar zunächst Jura an der FU in Berlin. Doch ganz nebenbei besucht sie Vorlesungen bei den Romanisten, lernt Spanisch und Französisch, fährt nach Paris, Madrid, Barcelona, Wien, Leijden oder St. Johann. Dann studiert sie in Genf und setzt ihr Jurastudium in Freiburg und Bonn fort. Im Oktober 1985 wird sie nach dreisemestriger Probezeit in die Studienstiftung des Deutschen Volkes aufgenommen.

Das Leben der Geschwister ist übervoll – die Reisen sind nur das, was noch hinzukommt – zu Sport, Schule, Studium, Musik, Ferienjobs, Freunden, und den regelmäßigen Familienfesten. Albrecht – der leidenschaftliche Hockeyspieler – läuft mit siebzehn Jahren den Berlin-Marathon. Eine kostbare und eine in der Familie vorbildlose Erfahrung für den Jugendlichen. Er macht Ende des Jahres 1984 Abitur und beginnt erst einmal eine zweijährige Ausbildung zum Bankkaufmann bei der Berliner Commerzbank. „Seit dem 1. Februar erscheine ich also an drei Tagen der Woche pünktlich um 8 Uhr in Anzug, Schlips und schwarzen Schuhen, vor allem aber kurzgeschoren, in meiner Zweigstelle an der Gedächtniskirche." Er leidet ein wenig an der allzu großen Reglementierung seines Alltags, der fast militärisch organisierten Berufsschule mit ihren Verboten, Anweisungen und Grundsätzen. Zum Nachdenken kommt er nicht, nur noch zum Lernen. Lichtblicke in dieser Zeit sind ihm die Mitschüler, das Hockeyspiel, die Reisen – wie die mit seinem klapprigen, alten Stadtfahrrad über die Alpen, drei Wochen lang über Mittenwald nach Venedig, Ravenna, Florenz, Livorno und Pescara und Hvar bei Split in Jugoslawien – und nicht zuletzt das Familientreffen der „fünf Reihlen" bei Eckart in den USA zur Jahreswende 1985/86. Als Albrecht seine Lehre 1987 abschließt, hat er genug vom Bankkaufmann. „Auszubildende mit Abitur fühlen sich ständig unterfordert und verlassen ihren Ausbildungsbetrieb nach Abschluss der Ausbildung – kein Wunder bei stundenlangem Kopieren, Zigarettenholen, Elektriker- oder Säuberungsarbeiten", schreibt er. Jetzt beginnt er ein Studium der Betriebswirtschaft an der FU. Vielleicht ist es der Vergleich zu dem, was er kennengelernt hat, vielleicht hat Albrecht aber auch jetzt erst seine Bestimmung gefunden. „Das Studium macht mir sehr viel Spaß und ist auch überaus befriedigend, auch wenn das den meisten Nicht-BW-lern kaum verständlich erscheint", schreibt er glücklich am Ende des Jahres 1987. Ein Jahr später zieht er nach Passau, einer Stadt, deren Vorteile er schnell erkennt – und die sich gegen alle Klischees als richtige Wahl erweist. „So schlimm, klein, konservativ, katholisch, bayerisch etc. ist Passau nicht." Scorseses „Letzte Versuchung Christi" im Stadtkino, deutliche Präsenz aller politischen Kräfte und lockere Uni-Atmosphäre sprechen eine andere Sprache. Dazu kommen eine wahrlich schöne Stadt, „Ferien"umgebung, eine Mensa mit Restaurantqualität, ein qualitativ hervorragendes Studium und niedrige Unterhaltskosten, um nur einige Beispiele zu nennen.

Auch für die Geschwister Irmgard und Eckart beginnt sich das Leben in dieser Zeit zu verändern. Eckart wird wissenschaftlicher Mitarbeiter an der University of Utah. Er promoviert über neue Halbleiterwerkstoffe, Gallium-Arsenid statt Silizium. Im vollen Wortlaut heißt sein Thema: „Optical Measurements of Fundamental Band Gaps and Luminescence Bands or Tertiary III/V Semiconductors". Er fängt nebenbei an, Japanisch zu lernen. Mitte 1990 will er die Promotion abschließen und zu „neuen Horizonten" aufbrechen. Auf längere Sicht möchte er nach Deutschland zurückkehren. Er zieht aus dem Studentenwohnheim in seine erste „echte" eigene Wohnung – zusammen mit Freund John Bradley.

Tochter Irmgard zieht ebenfalls 1987 um, in eine erste gemeinsame Wohnung mit Freund Michael Börgers in Bonn. Sie macht jetzt Examen und
beginnt mit einer Promotion zum Thema „Die Haftung von Rechtsanwälten
und Notaren gegenüber Drittbegünstigten für Fehler bei der Testaments-
errichtung im englischen und deutschen Recht". Im Zimmer nebenan sitzt
Freund Michael und promoviert ebenfalls. Das Thema seiner Dissertation:
„Von den ‚Wandlungen' zur ‚Restrukturierung' des Deliktrechts". Kaum ein
Jahr später feiern die beiden Juristen Verlobung – ganz in der Tradition der
großen Familienfeste. 1989, als ihre Dissertationen fast fertig sind, ziehen
sie nach Berlin, wo für beide das Referendariat beginnt. Der Gedanke, von
nun an in einer Stadt „ohne zugehörige Landschaft" zu leben und dort
einmal Kinder großzuziehen, gefällt ihnen nicht besonders. Als sie von
einem Fahrradurlaub auf dem „Festland" auf die Insel Berlin zurückkehren,
kommen ihnen erste Zweifel an ihrer Entscheidung für Berlin. Doch dann
verändert sich alles mit einem Schlag. Seit dem 9. November 1989 ist Berlin
keine Insel mehr, sondern eine „Stadt mit Umgebung", eine Stadt in Brandenburg, wo sich zudem trefflich Fahrrad fahren lässt.

Die Brüder Albrecht (Passau) und Eckart (Salt Lake City) erleben den Mauerfall als ganz großen historischen Moment. Selbst in Utah ist Eckart von den
Ereignissen in Deutschland mitgerissen. Begierig verfolgt er das Geschehen in den US-Medien und der „Zeit", schreibt Briefe, spricht mit Eltern und
Freunden. Seine asiatischen Kollegen beneiden ihn. Für sie liegt eine vergleichbare Aussöhnung etwa in Korea noch in weiter Ferne.

Und auch Albrecht ist noch lange erfüllt von dem Ereignis. „Berlin hat eine
neue Dimension bekommen – den Raum", schreibt er hingerissen, „wer
früher vom Haus in der Paulinenstraße noch drei Kilometer weiter gen
Süden ging, stand am Ende des für uns Erreichbaren. Diesseits der Grenze
abgestellte Autobusse der Verkehrsbetriebe und Altpapierlager, jenseits
Stacheldraht und Selbstschußanlagen. In der Folge des 9. November wurde
nun an genannter Stelle ein Grenzübergang errichtet. Als einer, der sich an
den Zustand der Trennung schon fast gewöhnt hatte, stand ich nach der Öffnung minutenlang schier fassungslos vor einer langen beleuchteten Allee,
die ins benachbarte Teltow führt." Auch noch ein Jahr später bewegt ihn die
deutsche Einheit. Mittlerweile ist Albrecht ein politisch engagierter Student,
Vorsitzender des studentischen Konvents in Passau und Mitglied des Juso-
Bezirksvorstandes von Niederbayern/Oberpfalz: „Kein politisches Ereignis

241

hat mich derart emotional ergriffen wie der gesamte deutsche Vereinigungsprozeß", schreibt er. „Die Einheit ist für mich noch nach wie vor unfaßbar, die Dynamik überraschend." Das alles hätte er sich allerdings langsamer gewünscht, denn „neben der staatlichen Einheit muß auch die Einheit der Herzen, der Lebensverhältnisse, der Wirtschaftskraft, der Lebensgewohnheiten, des Bildungssystems und vieler anderer Bereiche gesichert werden." Für ihn, der 1991 als Diplomkaufmann in Passau sein Studium beendet und kein großes Bedürfnis nach der Arbeitswelt mit Schlips und Anzug verspürt, sondern eine wissenschaftliche Laufbahn anstrebt, eröffnet die neue Situation zahlreiche Optionen: er könnte nach Leipzig, Rostock, Dresden oder auch nach Ost-Berlin an die Humboldt-Universität gehen. Doch dann wird er wissenschaftlicher Mitarbeiter am Lehrstuhl für Bankbetriebslehre bei Prof. Steiner in Passau und beginnt eine Doktorarbeit über das Qualitätsmanagement in Banken. Im Unterschied zu den anderen Kommilitonen, die nach dem Studium Passau verlassen, bleibt Albrecht der Stadt treu. Erst Mitte 1996 verlässt er Passau und zieht nach Frankfurt a. M., um dort bei der Helaba, der „Landesbank Hessen-Thüringen Girozentrale, Erfurt, Frankfurt am Main" eine Stelle in der Konzernsteuerung anzutreten. 2002 wechselt er zur Deka-Bank.

1990 kehrt Eckart nach fünf Jahren USA als Elektrotechniker und PhD bzw. Dr.-Ing. wieder nach Deutschland zurück. Der Entschluss ist ihm nicht schwer gefallen. „Vom Gefühl her stand er schon lange fest", schreibt er. „Ich habe mich trotz der Faszination, die von Amerika ausgeht, nie als richtiger Amerikaner gefühlt. Die Geschehnisse hier, von der Deutschen Einigung [...] bis zur Fußballweltmeisterschaft gehen mir einfach näher als vergleichbare Ereignisse in den USA." 1991 tritt Eckart eine Stelle bei Bosch im Bereich der Kfz-Sensorik an. Er wohnt jetzt in einer Wohnung in Reutlingen mit Blick auf die Schwäbische Alb, kauft sich Langlaufski und ein Rennrad und genießt seine neue Umgebung. Er lebe das Leben des „ledigen workaholic", schreibt er. Schnell steigt er in die mittlere Leitungsebene der Firma auf. 1996 übernimmt er die Abteilung des Reutlinger Steuergerätewerkes der Robert Bosch GmbH und geht 1997 nach Dänemark. Dort ist er im Auftrag von Bosch für die Fertigung von Mobiltelefonen verantwortlich.

Irmgard wird nach dem Assessorexamen Richterin. 1991 sorgen sie und Michael für einen Höhepunkt in der Familienchronik. Am 18. Mai heiraten sie und feiern im elterlichen Haus und im Garten in der Paulinenstraße.

120 Gäste kommen. Die Eltern und die Brüder haben eine „Tagesschau" für sie geschrieben, mit Berichten aus der Kindheit und Jugend von Irmgard. Schon bald folgt die nächste gute Nachricht, zur übergroßen Freude von Helmut und Erika Reihlen. Sie sollen zum ersten Mal Großeltern werden. Erika schreibt: „Und jetzt im Dezember zieren meinen Schreibtisch die ersten Ultraschallfotos unseres ersten Enkelkindes. Große Vorfreude. Es soll im April geboren werden."

Irmgards Beteiligung an der Familienchronik endet hier. Sie hat jetzt ihre eigene Familie – mit eigenen Weihnachtsbriefen. Ihre Kinder Elisabeth (geb. 1992), Ferdinand (geb. 1994), Melchior (geb. 1996) und Clara (geb. 1998) bleiben präsent in den Weihnachtsbriefen der Großeltern. Helmut und Erika Reihlen können gar nicht genug davon bekommen, sich an ihren Enkeln „in teilnehmender Verantwortungslosigkeit" zu freuen und von den Gesprächen mit ihnen zu erzählen. Zum Glück sind die Enkelkinder nicht weit. 1993 zieht die Familie von Tochter Irmgard in das Haus in der Paulinenstraße. Die Großeltern wohnen drei Kilometer weiter in der Steglitzer Wulffstraße am Fichtenberg, ganz in der Nähe des Steglitzer Kreisels, seit 1980 zahnärztlich-öffentliche Dienststelle von Erika Reihlen.

„Was wir sehr genießen, Nähe und Abstand gleichermaßen", kommentiert Erika Reihlen 1996. Und so bleibt es: „Ein großes Glück, sie so in der Nähe zu haben und ihre Entwicklung, besonders auch die sprachliche, mitzuerleben", heißt es auch im nächsten Jahr. Und so geht es weiter bis heute. „Die 4 sind ein Lebensborn für uns", oder: „Was wir Großeltern mit unseren Enkelkindern erleben, passt in keinen Weihnachtsbrief. Es ist beglückend und verbindet die eigene Vergangenheit mit Gegenwart und Zukunft. Wir sehen sie oder eins oder einige von ihnen, wenn die Eltern oder sie selbst oder wir Bedarf haben." Beglückend auch, worum sich die Enkel streiten. „Um das Übernachtendürfen bei Oma auf der Matratze wird gewetteifert. Vorlesen ist hoch im Kurs. Dafür gibt es ausgewiesene Sitzplätze in mittlerweile tradierter Rangfolge." Es ist – wie Erika Reihlen schreibt – das „uralte Gerechtigkeitsthema", dabei geht es darum, wer wie oft in der letzten Zeit in der Wulffstraße übernachten durfte oder um die Anzahl der zu verteilenden Marzipankartoffeln.

„Und wenn Clara sich weigert, ihrer Mutter den Telefonhörer zu geben, ‚weil das meine Oma ist', dann geht mir das Herz auf", bekennt Erika Reihlen.

1999 heiraten kurz hintereinander Albrecht und Eckart. Auch für sie ist nun die Zeit der gemeinsamen Weihnachtsbriefe mit den Eltern vorbei. Sie gründen eigene Familien. Laura Guerra, Eckarts Frau, stammt aus dem spanischen Salamanca. Sie hat in Spanien, Deutschland und in den Vereinigten Staaten Industrial Design studiert. Ihre beiden Kinder, Siena Maria und Olivia, werden 2005 und 2006 geboren. Eckart ist bei der Firma Bosch im Bereich Automobilelektronik tätig, zunächst in Stuttgart. Dann geht er zusammen mit seiner Frau für je drei Jahre nach Aalborg in Dänemark und nach Tokio. Danach kehren Laura und er nach Stuttgart zurück. Eckart ist nun Leitender Direktor der Gasoline Systems. Laura und Eckart leben in Stuttgart, seit einiger Zeit getrennt.

Albrecht ist Geschäftsführer der Deka Immobilien Investment GmbH in Frankfurt a. M. und lebt in Dreieich-Buchschlag im Süden Frankfurts. Mit seiner Frau Susanne hat er zwei Kinder, Paula, geboren 2000 und Philine, geboren 2005. Susanne hat wie Albrecht Betriebswirtschaftslehre in Passau studiert. Sie ist zunächst in der Westdeutschen Landesbank in Düsseldorf tätig, vor und nach der Hochzeit in der Unternehmensberatung der DG-Bank Frankfurt a. M.

Seit 2001 wissen Susanne und Albrecht um Susannes Krebserkrankung. Sie wird nach allen Regeln der ärztlichen Kunst untersucht und behandelt, von Ehemann Albrecht und den beiden Familien Grünewald und Reihlen begleitet und umfangen. Ihre Schwester Stephanie, leitende Ärztin in einer Londoner Kinderklinik, begleitet sie zu ärztlichen Besprechungsterminen in Frankfurt, wird ständiger Gast der Fluglinie London–Frankfurt. Stephanie hilft bei der Bewertung von Untersuchungsergebnissen und der Entscheidung über die einzuschlagenden Behandlungswege.

Susanne erlebt längere Phasen relativer Gesundheit, immer wieder beeinträchtigt durch Untersuchungen bzw. anschließende Behandlungen mit Strahlen oder Medikamenten oder durch operative Eingriffe. Sie erlebt ihren Alltag als Ehefrau und Mutter, sie erlebt Familienfeste, Urlaubsreisen, Besuche bei Eltern und Schwiegereltern und ihrer Schwester in London.

Doch die Heilung ihrer Krankheit ist ihr nicht vergönnt. Und Susanne kämpft. Sie will leben – mit und in ihrer Familie. Die Abstände zwischen Phasen von relativer Gesundheit und Schwäche werden immer kürzer. Albrecht und Susanne erleben diese Jahre als eine ihnen von Gott gewährte Zeit, bewusst und dankbar. Noch im Januar 2010 sind Helmut und Erika bei ihnen in Buchschlag übers Wochenende eingeladen. Susanne kocht und backt. Zuweilen wird sie müde und legt ein Schläfchen ein. Sie ist körperlich geschwächt, aber geistesgegenwärtig und diskussionsfreudig. Sogar einen Besuch im Senckenbergmuseum mutet sie sich zu.

Anfang April 2010 reisen Albrecht, Susanne, Paula und Philine zu einem Kurzurlaub nach Schloss Elmau. Vorzeitig müssen sie zurück nach Frankfurt. Susannes Zustand hat sich so stark verschlechtert, dass der Urlaub direkt im Krankenhaus endet. Familie und Freunde bleiben ohne Unterbrechung bei ihr. Ihr Zustand verschlechtert sich immer weiter, denn der Krebs wuchert und wuchert, bis sie ihm am Morgen des 27. April erliegt. Am Vorabend im Kreise der Familie hat sie die Krankensalbung empfangen.

Eine Woche später wird in Buchschlag die Trauerfeier gehalten, unter großer Beteiligung nicht nur der beiden Familien, sondern auch der Berufskollegen und des Kreises der Freunde und Nachbarn. Besonders anrührend ist die Urnenbeisetzung am 11. Mai. Auf dem liebevoll geschmückten Grabbeet mitten auf dem Rasen des Buchschläger Friedhofs ist ein hölzernes Kreuz aufgestellt, beschriftet mit Susannes Namen. Die Kinder, die an der Beisetzung teilnehmen, wissen, wozu ihr Vater die dicken Filzstifte mitgenommen hat: Sie dürfen das Kreuz für ihre Mutter bemalen!

Helmut und Erika sind, wie wohl alle anderen, schweren Herzens nach Hause gefahren.

Teil IX
Wenn Mauern fallen – 1989–1994

Turnhalle und Schweinegulasch – Tage nach dem Mauerfall

Wenn Helmut und Erika Reihlen von der Wiedervereinigung, der „friedlichen Revolution", erzählen, wissen sie nicht, wo sie anfangen sollen. Denn eigentlich ist das immer schon ihr Thema. Seit ihrer Jugend haben sie mit dem Wissen um die Bruchstelle der deutschen Teilung gelebt. Helmut Reihlen, der in Leipzig aufwächst und 1950 mit seinen Eltern und seinem jüngeren Bruder als Flüchtling nach Köln kommt. Erika Reihlen, deren Großeltern Anger bis 1959 in Sachsen leben und deren Onkel Johannes Anger zehn Jahre bis 1955 im Bautzener Gefängnis sitzt. Es gibt diese Verbindungen: zu Liselott und Ingelore, den Töchtern von Onkel Johannes und Tante Lore Anger in Görschen bei Naumburg, zu der Cousine Bärbel Jacob, ihrem Ehemann Roland und ihrer Tochter Ines. Und zur Cousine Petra in Dresden, der Tochter von Tante Dorothee und Onkel Martin Anger, der in Russland fiel. Hinzu kommen die Freundschaften mit Peter Schulze, Helmuts Spiel- und Wanderkamerad aus Leipzig-Leutzsch, und mit Hansjörg und Ilse Theurer in Leipzig. Nicht zu vergessen auch die Freundschaft zu den Heckmanns, Onkel Carl-Justus und Tante Hanne und deren fünf Kindern.

1984 wird das jährliche Familientreffen der Reihlens erstmalig nicht in einer der vier Brüder-Familien gefeiert, sondern bei Heckmanns in Leipzig, verstärkt um Tante Ilse Theurer und die fünfköpfige Familie Sanitz aus Halle, darunter Tante Ella, eine Schwester von Erikas Vater Walter Niebuhr. Zusammen besucht die aus Ost und West zusammengekommene Familie das Pfarrhaus von Erikas Großvater Pfarrer Georg Anger in Brandis und ein Konzert im Gewandhaus. Kurt Masur dirigiert Mendelssohn Bartholdy, Tschaikowsky und Beethoven.

Für eine aufregende Erfahrung sorgt der zwanzigjährige Eckart Reihlen kurz vor der Rückfahrt, als er seinen Reisepass nicht mehr finden kann. Heckmanns ahnen die Gefahr und raten, den Verlust rasch bei der Volkspolizei zu melden. Die reagiert wie befürchtet: Verdacht auf Beihilfe zur Republikflucht. Viele Fragen: „Warum erfolgt die Verlustmeldung erst jetzt, drei Tage nach der Einreise? Wann haben Sie den Pass zuletzt gesehen? Mit welchen Personen hatten Sie in Leipzig Kontakt? Wieso die Fahrt nach Brandis?"

– „Ihre Aufenthaltsgenehmigung bezieht sich auf Leipzig, nicht auf die umliegenden Landkreise!!!" Benachrichtigung der Grenzübergangsstellen. Die Gefährdung der Republik löst sich in Wohlgefallen auf, als Eckart, unterstützt von seiner Mutter, seinen Pass bei einer erneuten Durchsuchung des Autos unter dem rechten Vordersitz wiederfindet.

Viele Freunde und Verwandte sind „drüben" geblieben, oft mit der Begründung: „Gott hat uns hierher gebracht, damit wir hier verantwortlich leben. Wir lassen unsere Freunde, Patienten, Mitarbeiter, Gemeindemitglieder nicht allein." Da klingt oft auch eine kritische Anfrage mit an die, die „fortgemacht" haben. Otto Reihlen erwidert darauf, der Krieg habe ihnen den ältesten der fünf Söhne geraubt. Eberhard und Dieter seien nach ihrem Abitur 1947 und 1948 in den Westen gegangen, weil sie in der sowjetischen Zone als Akademikerkinder eines Vaters, der nicht bereit war, in die SED einzutreten, keine Studienzulassung erhalten hätten. Da Irmgard und er die Familie zusammenhalten wollten, mussten sie dorthin ziehen, wo ihre Kinder leben und sich entfalten können. Aber der leise Vorwurf derer, die „drüben" bleiben, begleitet die Eltern ihr weiteres Leben.

Für Helmut und Erika Reihlen ist es immer selbstverständlich, die Zusammengehörigkeit der Familien und Freunde über die politischen Grenzen hinweg im Rahmen des Möglichen aufrechtzuerhalten. Eines Tages – so hoffen sie – wird die Trennung überwunden sein. Deshalb neigen sie auch beide schon früh, entgegen den familiären Traditionen, eher zur SPD. Denn ganz offensichtlich ist Adenauer das von Protestanten bewohnte Land hinter der Elbe fremd geblieben. Die weltanschauliche und ökonomische Grundlage der bis 1969 CDU-geführten Bundesrepublik war der „rheinische Kapitalismus", eine Mischung aus katholischer Soziallehre und protestantisch geprägter sozialer Marktwirtschaft. Die Westorientierung ist Adenauer wichtiger als die deutsche Einheit. Die SPD dagegen gibt gesamtdeutschen Fragen von Anfang an ein größeres Gewicht. Auch für Vater Otto Reihlen, der sich in Leipzig sehr früh der CDU angeschlossen hat, bestimmen deutschlandpolitische Überlegungen sein Verhältnis zur Partei. Nach der Flucht aus Leipzig lässt er seine CDU-Mitgliedschaft einschlafen.

Erika Reihlen erinnert sich an das schwierige Verhältnis zur CDU, wenn es um die Deutschlandpolitik ging. 1971 gerät sie mit einer Berliner CDU-Abgeordneten aneinander, die nicht anerkennen will, welchen Fortschritt die von der Regierung Brandt geschlossenen Ostverträge für Deutschland bedeuten und dass es für die Betroffenen unendlich viel wert ist, wenn es von nun an leichter wird, die Grenzen zu passieren oder mit „drüben" zu telefonieren.

Nach dem Viermächteabkommen über Berlin und dem darauffolgenden Transitabkommen von 1971 können Menschen aus der Bundesrepublik ohne große Wartezeiten in die DDR reisen, im Unterschied zu den West-Berlinern, die immer noch Wochen vorher einen Antrag stellen müssen, wenn sie „rüber" wollen. Ein Vorteil, den Helmut und Erika Reihlen nutzen, denn sie sind mit zweitem Wohnsitz bei Mutter Hanna Niebuhr in Köln gemeldet und können neben ihrem Berliner Personalausweis einen bundesdeutschen Pass vorlegen. Jetzt ist es, abgesehen vom Zwangsumtausch von 25,– DM je Person und Tag und mancher kleinlicher Schikane kein Problem mehr, Freunde oder Verwandte in Ost-Berlin zu treffen.

Helmut und Erika Reihlen sind eigentlich immer zuversichtlich, dass die Mauer eines Tages fallen wird, vielleicht im Rahmen einer „europäischen Lösung". Aber das liegt in weiter Ferne. Militärische Entspannung, Respektierung der in Jalta festgelegten Grenzen, das könnte es für die Sowjetunion eines Tages überflüssig machen, sich einen Ring von Satellitenstaaten, einen cordon sanitaire vor ihrer westlichen Grenze zu halten. Aber das Wie und das Wann bleiben ungewiss.

In den siebziger Jahren ermutigen die UNO-Beitritte der DDR und der Bundesrepublik sowie die Unterzeichnung der Schlussakte von Helsinki die evangelischen Christen in der DDR, ihre Regierung beim unterschriebenen Wort zu den Menschenrechten zu nehmen.

Und dann kommt die heilsame Unruhe der achtziger Jahre, Gorbatschows Perestroika und Glasnost, Kirchentage in Ost und West, Solidarność, der polnische Papst, der Wahlbetrug der DDR-Regierung 1989, ihr wirtschaftliches Desaster, die Botschaftsflüchtlinge, die Friedensdemonstrationen – und schließlich der Abend des 9. November 1989. Die internationale Pressekonferenz, auf der Politbüromitglied Günther Schabowski auf die Frage eines Journalisten fast versehentlich verkündet, dass Ausreisen über alle Grenzübergänge der DDR zur Bundesrepublik und nach West-Berlin erfolgen können. Auf die Nachfrage eines italienischen Journalisten, ab wann denn die neue Regelung gelte, antwortet Schabowski unbeholfen und seiner

Sache noch unsicher: „Das tritt nach meiner Kenntnis … ist das sofort … unverzüglich". „Unverzüglich" ist das Stichwort. Noch am selben Abend setzt ein Sturm auf die Grenzübergangsstellen ein.

Vierzig Jahre DDR-Geschichte sind zu Ende. Helmut und Erika Reihlen erleben einen der wenigen historischen Momente, dessen Bedeutung allen schon im Augenblick des Geschehens bewusst wird. „Manchmal meine ich, in diesen Tagen seien Jahre vergangen. Unglaublich, diese gewaltfreie Revolution", schreibt Erika Reihlen am Jahresende an ihre Freunde und Verwandten.[230] Sie spricht von dem übermäßigen Erstaunen, der Freude und der Aufregung der Tage nach dem Mauerfall. Übermütig, atemlos, erfüllt: „Für alle, die es noch nicht mitbekommen haben sollten: in Berlin war was los im Jahr 1989". Und nicht einmal ihr Geschichtsbewusstsein, das sie daran erinnert, dass es auch „viele ungute Erinnerungen" wecken muss, Berlin wieder im Mittelpunkt des Weltgeschehens zu sehen, kann diese Freude mindern. Ganz ähnlich ergeht es Helmut Reihlen. „Hinter uns liegen bewegende, beglückende Tage. Lachen. Tränen. Umarmungen. Freunde. Fremde. Tanzen auf der Mauer, Tanzen durch die Mauer. Erleichterung: Berlin ist nicht Peking. Dank an Gott, dass er uns vor Schlimmem bewahrt hat. Wir schweben in einer Wolke seliger Erschöpfung. Wir lassen uns von Paulus erinnern: ‚Gott hat uns nicht gegeben den Geist der Furcht, sondern den Geist der Kraft und der Liebe und der Besonnenheit.' Mit den Ereignissen am 4. und 9. November in Berlin haben viele Einzelheiten, die ich im abgelaufenen Jahr und seit unserer Flucht 1950 erlebt habe, ihren Sinn und ihr Ziel bekommen."

Erika Reihlen versucht, das Tempo der Ereignisse einzufangen. Für sie zählt die pralle Gegenwart. „Ereignisreicher und turbulenter als dieses Jahr 1989 ist keines in meinem Leben gewesen. Deutsch-deutsche Begebenheiten, eine nach der anderen. Besuche im Durchgangslager Marienfelde bei legal ausgereisten Bekannten, der Familie Köppe. Aufnahme der über Ungarn geflohenen Familie Nieland mit Mariechen in der Paulinenstraße. Am Rande eines Reformationsempfanges Ende Oktober in der Ostberliner Gethsemanekirche erfahren wir von unserem Regierenden Walter Momper, dass die Stadtregierung sich – nach der ersten Liberalisierung des DDR-Reisegesetzes – auf den Ansturm von DDR-Bürgern im Dezember vorbereite. Dass 10 Tage später die Mauer fällt, meldet Eckart telefonisch nachts um zwei Uhr

---

[230] Erika Reihlen im Weihnachtsbrief der Familie Reihlen 1989 (ELAB 62/1).

am 9./10. November aus Salt Lake City. Er beobachtete die umwerfenden Ereignisse in seinen Abendnachrichten am Fernseher live, denn bei ihm war es noch Abend! Ich selbst überzeugte mich erst um 6 Uhr Berliner Zeit – das erste Mal im Leben saß ich zu solcher Stunde vor der Glotze. Dieser Freitag hat uns Insulaner völlig durcheinander gebracht und wie in Trance versetzt. Abends Gottesdienst in der Kaiser-Wilhelm-Gedächtniskirche mit Bischof Kruse. Der Kudamm war für den Autoverkehr gesperrt wie beim Kirchentag. Hunderttausende auf dem Kudamm oder mit dem Ziel Kudamm unterwegs, U-Bahnen und Busse brechend voll. Alte Bekannte lagen sich in den Armen, wo sie sich in der Dunkelheit fanden, auch Wildfremde." Konstanze und Eberhard Theurer aus Ostberlin stehen vor der Tür, ganz plötzlich, ein Überraschungsbesuch, „als wäre es die normalste Sache von der Welt".

Und dann berichtet Erika Reihlen von ihrem Tag in der Turnhalle. Nachdem in der Nacht von Donnerstag auf Freitag, den 9. auf den 10. November, die Mauer geöffnet wurde, beginnen die Berliner Wohlfahrtsverbände fieberhaft überall, auch in Turnhallen Betten aufzustellen. Denn allen ist klar: „Die werden von überall her kommen, aus Ostberlin und aus der ganzen DDR, die kosten den ganzen Tag im Westen aus, und sind dann abends so müde, dass sie nicht mehr nach Hause wollen." Am Freitag, dem 10. November, dem Tag nach der Maueröffnung, hat Erika Reihlen einen ganz normalen Arbeitstag. Morgens besucht sie einen Kindergarten in Lichterfelde zur Gruppenprophylaxe. Am Nachmittag behandelt sie gerade Kinder in ihrer Sprechstunde, als die Amtsärztin hereinkommt und fragt, ob jemand am nächsten Morgen den Dienst in der Turnhalle in der Haydnstraße übernehmen will. Erika Reihlen meldet sich sofort.

Samstagmorgen um sieben kommt bereits der erste Bus mit sechzig Leuten in die Haydnstraße. „Und dann ging's los", erzählt Erika Reihlen. Zuerst wollen alle ihren „Hunni" abholen, ihr Begrüßungsgeld. Und weil sie meist eine längere Reise hinter sich haben, brauchen sie eine Dusche, ein Handtuch und Seife – und dann ein gutes Frühstück. Oft sind es Männer, alleinstehend, geschieden, getrennt lebend, zwischen zwanzig und vierzig. Wie in einem Brennglas verdichten sich die Erlebnisse und Geschichten an diesem einen Vormittag. Ein junges Paar wirft sich auf eines der vielen Notbetten und vollzieht vor aller Augen den Koitus. „Frau Doktor, was sollen wir denn jetzt machen?", fragt ein verschreckter Mitarbeiter. „Sie wissen doch, das hört von selber wieder auf!", antwortet Erika Reihlen.

Und dann hört sie Geschichten noch und noch. Ein Lkw-Fahrer erzählt, dass er seinen Kühlwagen mit Frischfleisch im Wert von einer halben Million Mark am Brandenburger Tor abgestellt hat, „um die Freiheit zu schnuppern". Als er von der Maueröffnung hört, will er ausprobieren, ob es stimmt, gibt dem Grenzer die Autoschlüssel und ruft: „Ich hau jetzt ab." Ob er nach der Erfrischung in der Haydnstraße Erikas Rat gefolgt und wieder zu seinem Lkw zurückgegangen ist?

Andere Männer weinen sich bei Erika Reihlen aus. Sie wissen nicht, ob sie wieder in ihre alte Heimat zurück wollen. So wie der Mann aus Leipzig mit den verstümmelten Fingern, auch er will zuerst nur sehen, ob die Grenze wirklich offen ist. Dann aber kommen ihm Zweifel, ob er überhaupt zurückkehren soll. Zu Erika Reihlen sagt er: „Ach, ich bin doch geschieden, aber ich habe ein vierjähriges Kind. Frau Doktor, was soll ich denn jetzt machen?" Wer sie so klar fragt, der kriegt eine klare Antwort: „Sie gehen zurück zu ihrem Kind. Das ist jetzt Ihre Aufgabe. Jetzt haben Sie sich das mal angeguckt. Sie können ja wiederkommen."

Am Ende dieses langen Tages schenkt ihr jemand Blumen – als Dankeschön für die freundliche Betreuung. Acht Stunden sind vergangen und es ist erst zwei Uhr mittags. Für Erika Reihlen ist es eine Ewigkeit. Sie geht zu Edeka und kauft erst einmal drei Kilo Schweinegulasch. Für den Fall, dass Freunde in die Paulinenstraße kommen, kocht sie eine Gulaschsuppe. Dann geht sie in die Stadt zur Gedächtniskirche. Dort ist Gottesdienst. Bischof Kruse predigt. Als sie nach Hause kommt, liegt unter der Fußmatte ein Zettel: „Nun sind wir da, und Ihr seid weg!" Konstanze und Eberhard Theurer aus der Ost-Berliner Alexanderstraße hatten vor der Tür gestanden.

Helmut Reihlen ist indes auf der Synodaltagung der Evangelischen Kirche in Deutschland (EKD), die vom 5. bis zum 10. November in Bad Krozingen bei Freiburg stattfindet. Ihr Thema „Die Gemeinschaft von Frauen und Männern in der Kirche" interessiert spätestens am 9. November kaum noch einen. Am Abend des 9. November erklärt die Synode der EKD, dass es das Recht aller Deutschen in der DDR sei, ihren Weg in eine bessere Zukunft selbst zu bestimmen und zu gestalten. Damit hat sich der westliche Teil der Evangelischen Kirche äußerste Zurückhaltung auferlegt. Die weitere Entwicklung der „friedlichen Revolution", die seit Oktober 1989 im Gange ist und an diesem Abend mit der Maueröffnung ihren Höhepunkt erreicht, ist noch völlig offen.[231] Am Montagmorgen fliegt Helmut Reihlen nach Paris zu einer Besprechung im kleinen Kreis zur Internationalen Normung. Aber er ist unruhig und unkonzentriert, hier hält es ihn nicht lange und er fliegt früher als geplant nach Berlin zurück. So trifft er noch die Familie Theurer, die nun mit ihren beiden Kindern Adele und Philipp gekommen ist. Gemeinsam besuchen sie die Steglitzer Johanneskirchengemeinde. Dort feiern gerade fünfzig Mitglieder aus der Partnergemeinde Berlin-Karlshorst sehr vergnügt die neue Freiheit. Und nicht nur sie feiern, ganz Berlin, selbst die katholischen Schwestern von der Rosenkranzbasilika in Steglitz stellen einen Tisch vor ihre Tür und schenken Glühwein aus. An diesem Wochenende hat West-Berlin drei Millionen Gäste. Theurers lassen sich überreden, in der Paulinenstraße zu übernachten. Sie wollen ausprobieren, ob man sie auch noch am nächsten Tag zurück in die Republik lässt. Am Montagmorgen gehen Theurers und Reihlens gemeinsam zur Grenze und erleben, wie einfach es ist „rüberzugehen", in beide Richtungen. Auch im DIN wird Montagmorgen gefeiert. Viele bringen Frühstückskörbe mit, um die vielen Besucher von drüben zu bewirten und willkommen zu heißen.

Die Euphorie hält noch über Tage. Tage, an denen Erika Reihlen, die im ersten Stock des Steglitzer Kreisels ihre Dienststelle hat, gern einmal hoch in den 26. Stock fährt, um einen Blick auf die Schloßstraße zu werfen, wo Menschenschlangen auf den Bürgersteigen rechts und links in Fünferreihen Geschäfte, Auslagen und Preise inspizieren. Bereits mittags sind Bananen und Schokolade in den Supermärkten ausverkauft. Nicht nur die DDR-Bürger sind erstaunt, als am nächsten Tag alle Regale wieder aufgefüllt sind. „Wahnsinn" war das Kennwort dieser Tage, erinnert sich Helmut Reihlen. „Freudetrunken", ergänzt Erika und denkt dabei an Schiller und Beethoven. Klaus Peter Hertzsch, Theologieprofessor in Jena, schreibt 1989 ein Kirchenlied[232] – ursprünglich für eine Hochzeit –, in dem die Hoffnungen und die Dankbarkeit dieses Jahres zum Ausdruck kommen. Die letzte Strophe lautet:

---

[231] Martin Kruse: Der schwierige Vereinigungsprozess auf gesamtkirchlicher Ebene. In: Karl-Heinrich Lütcke (Hg.): Verschieden und doch vereint. Das Zusammenwachsen der Evangelischen Kirche in Berlin und Brandenburg nach der Wiedervereinigung. Berlin 2009, S. 36.
[232] Evangelisches Gesangbuch 1993, Nr. 395.

„Vertraut den neuen Wegen, auf die uns Gott gesandt.
Er selbst kommt uns entgegen. Die Zukunft ist sein Land.
Wer aufbricht, der kann hoffen, in Zeit und Ewigkeit.
Die Tore stehen offen. Das Land ist hell und weit."[233]

Am Samstag, dem 30. Dezember 1989, laden Reihlens zu einem großen
Frühstück in die Paulinenstraße 3 ein: „Viele Jahre waren wir stets Eure
Gäste in der DDR, weil die Mauer Euch nie eine gemeinsame Reise zu uns
erlaubte. Jetzt hat die Mauer große Löcher gekriegt, groß genug für ganze
Familienautos. Das gilt es zu feiern", heißt es in der Einladung. An einem
langen Tisch durch alle Räume des Erdgeschosses in der Paulinenstraße
finden 56 Personen aus der DDR und aus beiden Teilen Berlins Platz. Sie
haben sich viel zu erzählen, über die Vergangenheit und vor allem über eine
gemeinsamen Zukunft, zu der die Tore nun offen stehen.

Irene Melzer aus der Partnergemeinde in Berlin-Karlshorst stimmt als Tischgebet den Kanon an: „Danket, danket dem Herrn, denn er ist sehr freundlich, seine Güt' und Wahrheit währet ewiglich." Das singen alle aus vollem
Halse mit. Manfred und Ingrid Stolpe sorgen für den Kaffeenachschub.

Wiedersehen mit Leipzig-Leutzsch und Werner-Reihlen-Vorlesung

> „Werner Reihlen musste so früh sterben,
> weil Deutschland seine Maßstäbe für Sitte
> und Recht verloren hatte, weil Staat und
> Gesellschaft Gottes Gebote mißachteten."
>
> *Helmut Reihlen*[234]

Mit dem Fall der Mauer öffnet sich ein Vorhang. Zum ersten Mal seit seiner
Flucht aus Leipzig kann Helmut Reihlen den Ort seiner Jugend besuchen.
Plötzlich steht es wieder vor ihm, das Haus in der Leutzscher Otto-Schmiedt-
Straße 24. 1935/36 gebaut, 1 000 Quadratmeter Garten, Planschbecken,
Kletterbäume, Krocket-Rasen, später Beete für Kartoffeln, Bohnen und

---

[233] Evangelisches Gesangbuch 1993, Nr. 395.

[234] Helmut Reihlen, Joachim Zehner: Werner-Reihlen-Vorlesung. Ideen zu Beginn –
Erfahrungen – Erwartungen. In: Zutrauen zur Theologie. Akademische Theologie
und die Erneuerung der Kirche. Festgabe für Christof Gestrich zum 60. Geburtstag. Hg. von Anne-Kathrin Finke und Joachim Zehner, Berlin 2000, S. 102–121,
S. 105.

Tomaten, Terrasse, Steingarten, Vaters Garage, Kindergarage. Es ist das Elternhaus der Reihlen-Brüder, das „Rittergut" ihrer Kindheit. 39 Jahre ist es enteignet, von der SED-Leipzig bzw. von der Staatssicherheit als Gästehaus genutzt, für die Alteigentümer unzugänglich. Seit Dezember 1989 wird es durch den Hausmeister als Hotel garni betrieben. Jetzt stellt sich die Frage, wem es gehört.

Helmut Reihlen erkundet – zusammen mit Frau Erika – als erster aus der Familie die Lage in Leipzig, übernachtet dort in seinem alten Zuhause, bekommt Werners Zimmer zugewiesen. Dann berichtet er ausführlich an seine Brüder und an Tochter Irmgard, damals Justizreferendarin:

„Lieber Eberhard, lieber Dieter, lieber Roland, liebe Irmgard,

Erika und ich waren am vergangenen Wochenende aus kirchlichen und beruflichen Gründen in Erfurt und Leipzig. Im neu gegründeten Bezirksverein Leipzig des Vereins Deutscher Ingenieure hielt ich einen Vortrag über Technische Normung. Ältester Zuhörer war der 89 Jahre junge Carl-Justus Heckmann. Er sprudelt vor Lebensfreude und Unternehmergeist. Die reprivatisierten Heckmannwerke seien sehr gut beschäftigt und machten Gewinn. Das Ingenieurbüro Heckmann allerdings habe Probleme, weil die DDR-Chemieindustrie gegenwärtig keine Investitionsentscheidungen fälle. Der Besuch bot Gelegenheit nach Leutzsch zu fahren und in der Otto-Schmiedt-Str. 24 zu klingeln. Dort führt jetzt das Ehepaar J. die Pension ‚Leutzscher Aue'. Die etwa 40jährige Inhaberin hat uns sehr freundlich eingelassen und bereitwillig durch das ganze Haus geführt. Wir haben ihr erklärt, warum uns das Haus interessiert. Sie sagte, ihr sei bisher die Einsicht in das Grundbuch nicht gewährt worden, weshalb sie auch unseren Namen nicht kenne. Das Haus sei in der Vergangenheit als Gästehaus der SED, insonderheit der Stasi genutzt gewesen. Die Stasi habe die Mädler-Villa besetzt, viele der umliegenden Villen unter ihre Kontrolle gebracht und das Gartenschulgelände gegenüber von unserem Haus mit Miethäusern für Stasi-Mitarbeiter bebaut. Ihr Mann sei beim Bauamt beschäftigt und mit der Taxierung von Gebäuden beauftragt gewesen. Unter anderem habe er auch das Haus Otto-Schmiedt-Str. 24 zu taxieren gehabt und den Taxwert des Gebäudes mit 56 000 DM ermittelt. Diese Bewertung lasse den Wert des Grundstückes außer Acht, der zu einem späteren Zeitpunkt ermittelt würde und einen eventuellen Kaufpreis entsprechend erhöhe. Das Ehepaar J. ist am Kauf des Hauses und des Grundstücks interessiert. Gegenwärtig sei ihnen das

Gebäude zur Nutzung überlassen, ohne daß sie eine Miete zahlen müssten, allerdings mit der Verpflichtung zur Instandhaltung. Absehbar sei die Notwendigkeit einer vollständigen Dacherneuerung. Der Garten wirkt ordentlich aufgeräumt, aber lieblos behandelt. Er ist von der Otto-Schmiedt- und von der Matthiesen-Straße aus völlig einsehbar. Der Garagenberg und der Garagenvorplatz sind gepflastert, der Garagenvorplatz überdacht, Vaters Hühnerstall ist abgerissen, das Planschbecken eingeebnet, der Gartenzaun ist erneuert, die Kinderautogarage dient als Raum für Gartengeräte. Das Erdgeschoß wirkt unverändert. Das Spielzimmer dient als Büro, das Esszimmer ist auch jetzt Esszimmer der Pension, das Herrenzimmer ist Aufenthaltsraum. In den vier Zimmern und zwei Kammern des 1. und 2. Stockwerkes können 10 Pensionsgäste Aufnahme finden. Die Badewanne im Badezimmer ist entfernt und durch eine Dusche und eine abgeschlossene Toilette ersetzt. Der Abstellraum neben Dieters Zimmer im 2. Stock ist Duschraum und Toilette geworden. Im Keller sind im Vorratsraum zwei Duschen eingerichtet, die Heizung wurde auf Gasfeuerung umgestellt, einige wenige Heizkörper sind erneuert worden. Das Haus macht einen guten Eindruck, ohne hervorragend gepflegt zu sein. Frau J. wirkte frisch und unternehmerisch. Sie stammt aus Duisburg und ist 1961 mit ihren Eltern nach Leipzig gezogen. Wir haben diese in jenem Jahr etwas ungewöhnliche Umzugsrichtung nicht hinterfragt. Ihr liegt am Erwerb des Hauses, letztlich sei es ihr gleichgültig, ob sie den Kaufpreis gegenüber der Stadt Leipzig oder gegenüber dem alten Eigentümer zu erbringen habe. Anschließend besuchten wir die achtzigjährige Frau Schulze und trafen dort auch noch die etwa 50jährigen Töchter Uschi und Renate (Nana). Die waren überzeugt, daß das Ehepaar J. aus dem alten Stasi-Umfeld stammte. Vorrangig solche seien in den letzten Monaten in den Genuss und die Nutzungsberechtigung alten SED-Vermögens gelangt. Ungewöhnlich sei auch der Umzug von Duisburg nach Leipzig im Jahre 1961. Lasse das nicht auf eine KPD/DKP-Vergangenheit der Eltern schließen? Auffällig sei auch, daß die Telefonverbindung von unserem Grundstück zum alten Stasi-Gelände unseres Gartenschulgeländes und zur Mädler-Villa noch nicht gekappt sei. Sie wollen der Frage nachgehen und uns informieren. Irmgard oder ich melden sich, wenn neue Informationen vorliegen.

Es grüßt Euch Euer Helmut [m. p.]"[235]

---

[235] Schreiben Helmut Reihlens an Eberhard, Dieter, Roland und Irmgard vom 28. August 1990 (ELAB, 62/21).

Jetzt müssen die Brüder gemeinsam entscheiden, was sie mit dem Haus tun wollen. Eigentlich ist zunächst niemand von ihnen interessiert daran, Eigentumsansprüche geltend zu machen. Auch will keines der Kinder oder der Nichten und Neffen nach Leipzig umziehen. Dieter und Roland sind sogar eher abgeneigt. Auch Helmut Reihlen schlägt zunächst vor, die Sache auf sich beruhen zu lassen. „Haben wir nicht mit unserer Übersiedlung nach Westdeutschland 1950 ohnehin das bessere Los gezogen? Wäre es deshalb nicht richtiger, das Haus der Leipziger Kommunalen Wohnungsverwaltung zu überlassen?", fragt er. Dass dies dann doch nicht geschieht, liegt an dem Bild, das sich Helmut und Erika Reihlen nach und nach in Gesprächen mit Freunden und ehemaligen Nachbarn machen. Dabei erfahren sie, dass niemand mehr Vertrauen in die staatlichen Organe hat, Helmut Reihlen berät sich mit den Heckmanns. Gerade in den letzten Monaten seien eine Menge Grundstücke und Häuser in staatlicher Rechtsträgerschaft auf alten Kungel- und Beziehungswegen zu Spottpreisen auf private Eigentümer übertragen worden, teilt er seinen Brüdern mit. Das könne mit dem Haus in der Otto-Schmiedt-Straße genauso geschehen. Außerdem werde ja niemand, der das Haus guten Glaubens erworben oder als Mieter genutzt habe, verdrängt.[236] Etwa um diese Zeit liest Helmut Reihlen den Reisebericht des Theologieprofessors Christof Gestrich über seine Erfahrungen mit Theologischen Fakultäten in den USA. Gestrich ist wie Helmut Reihlen Mitglied der Berlin-Brandenburgischen Synode und Kirchenleitung. In seinem Bericht weist Gestrich auf Stiftungsvorlesungen in Erinnerung an verstorbene Familienmitglieder hin.[237] Er beschreibt eine Vorlesungsreihe, die „von einem privaten Stifter finanziert, sich vier Tage im Jahr mit einem bestimmten Thema beschäftigt". Für Gestrich ist das ein „erweiterter dies academicus", der nicht nur von Studierenden, sondern auch von Angehörigen des Lehrkörpers, Pfarrern und interessierten Laien aus der weiteren Umgebung besucht wird. „Man erhält

---

[236] Schreiben Helmut Reihlens an Eberhard, Dieter und Roland Reihlen vom 26. Juli 1990 (ELAB, 62/21).

[237] Helmut Reihlen: Zur Stiftung der Werner-Reihlen-Vorlesung. In: Wirtschaftsethik. Interdisziplinäre und interkonfessionelle Orientierungshilfe. Beiheft zur Berliner Theologischen Zeitschrift. Sonderdruck aus: Theologia Viatorum Neue Folge. Halbjahresschrift für Theologie in der Kirche, 9, 1992, S. 5.

eine Fortbildung mit international angesehenen Fachleuten" und: „Könnten wir so etwas nicht auch an der Kirchlichen Hochschule Berlin einrichten? Es müßte nur jemand den Weg zu einem Stifter zeigen."[238]

Für Helmut Reihlen ist dies eine Anregung für etwas, das er schon länger mit sich herumträgt. Es soll eine „Werner-Reihlen-Vorlesung" geben. Schließlich hat der Tod seines ältesten Bruders die Familie immer wieder beschäftigt. Drei der vier Brüder Reihlen finden die Idee überzeugend. Dagegen fragt Roland Reihlen, warum eine solche Vorlesung ausgerechnet an einer theologischen Fakultät angesiedelt sein soll. Das sei doch ein Elfenbeinturm für Theoretiker, die nur reden und nichts verändern. Außerdem habe die Kirche sich in erster Linie durch Opportunismus im Dritten Reich profiliert. „Ist sie wirklich noch der Raum, in dem Fragen nach einer staatlichen und gesellschaftlichen Ethik erörtert werden sollten? Und muss die Vorlesung den Familiennamen der Stifter tragen? Wird hier nicht bloß die persönliche Eitelkeit der überlebenden Brüder befriedigt? Und warum soll ausgerechnet an Werner erinnert werden, während soviel andere Namen von ebenso missbrauchten jungen Männern in Vergessenheit geraten?"[239]

Helmut Reihlen und seine beiden älteren Brüder finden diese Fragen zwar berechtigt, glauben aber auch, dass gerade die Namensnennung Werner Reihlens eine konkrete, personenbezogene Verpflichtung enthalte. In der Evangelischen Kirche gebe es ohnehin schon zu viele abstrakte Wahrheiten und zu wenig anfassbare.[240]

---

[238] Christof Gestrich: Anregungen für Theologische Fakultäten/Kirchliche Hochschulen in Deutschland aus der Beobachtung amerikanischer Verhältnisse. Unveröffentlichter Reisebericht. Privatbesitz Reihlen.

[239] Privatkorrespondenz Helmut und Roland Reihlen (ELAB, 62/21).

[240] Christof Gestrich: Anregungen für Theologische Fakultäten/Kirchliche Hochschulen in Deutschland aus der Beobachtung amerikanischer Verhältnisse. Unveröffentlichter Reisebericht. Privatbesitz Reihlen.

In seiner Rede zur Stiftung der Werner-Reihlen-Vorlesung am 6. Januar 1992 sagt Helmut Reihlen: „Die Erinnerung an Werner ist eine Mahnung zur gesellschaftlichen Verantwortung, daß sich das nicht wiederholt, was ihm geschah. Er musste so früh sterben, weil Deutschland seine Maßstäbe für Sitte und Recht verloren hatte, weil Staat und Gesellschaft Gottes Gebote missachteten. Mit der Erinnerung an Werner zu leben, an seine Ideale, an den Mißbrauch seiner Ideale, seiner Jugend, ist eine Mahnung, mitzuarbeiten an gerechten Gesellschaftsstrukturen in den Herausforderungen unserer Zeit."

Nicht zuletzt könne eine Demokratie nur überleben, wenn viele einzelne bereit seien, Verantwortung für das Ganze zu übernehmen.[241] Und heißt es nicht auch in Artikel 14 des Grundgesetzes: „Eigentum verpflichtet. Sein Gebrauch soll zugleich dem Wohle der Allgemeinheit dienen."?

Im Verlauf der weiteren Recherchen über die Besitzverhältnisse in der Otto-Schmiedt-Straße 24 stellt sich heraus, dass das Haus unverändert im Besitz der Familie Reihlen ist, sowohl nach altem DDR-Recht als auch nach dem Recht der Bundesrepublik. Die DDR ist so „eigentumsvergessen" gewesen, dass die Stadt Leipzig und die neuen Inhaber die Enteignung nie ins Grundbuch eingetragen haben. Anders die Söhne Reihlen, sie haben beim Tod ihrer Eltern 1963 und 1978 in den Erbscheinen das Haus nominell mit 1 DM vermerkt. Dennoch braucht es mehr als ein Jahr, bis sie über das Haus verfügen können. Als die Brüder das Haus verkaufen wollen, bekommen sie eine Rechnung der Vermögensverwaltungsgesellschaft der SED/PDS über 220 000 DM. Das Haus – so die Begründung – habe der SED von 1950 bis 1989 als Gästehaus gedient, die nun für den Unterhalt des Hauses in dieser Zeit eben jenen Betrag geltend mache. Helmut Reihlen schaltet einen Anwalt ein, der erfolgreich gegen die Ansprüche der SED-Nachfolgepartei streitet. Die Betriebskosten für das Haus – argumentiert er – seien mit der Pacht aufzurechnen, die die SED an die Eigentümer des Hauses hätte zahlen müssen. Das Gericht entscheidet im Sinne der Alteigentümer.

---

[241] Vgl. den Hinweis auf Richard von Weizsäcker in: Helmut Reihlen, Joachim Zehner: Werner-Reihlen-Vorlesung. Ideen zu Beginn – Erfahrungen – Erwartungen. In: Zutrauen zur Theologie. Akademische Theologie und die Erneuerung der Kirche. Festgabe für Christof Gestrich zum 60. Geburtstag. Hg. von Anne-Kathrin Finke und Joachim Zehner, Berlin 2000, S. 102–121, S. 106.

Mit der Öffnung der Mauer hebt sich noch ein ganz anderer Vorhang. Plötzlich steht die Geschichte der Entrechtung und Beraubung der Deutschen jüdischer Herkunft in der Zeit des Nationalsozialismus wieder auf. Die DDR hatte Zeit ihres Bestehens abgelehnt, Verantwortung für die Taten des NS-Regimes zu übernehmen. Erst jetzt, 45 Jahre nach Kriegsende, können die beraubten Juden ihre Ansprüche auf dem Boden der Ostzone bzw. der DDR geltend machen. Betroffen ist auch das Grundstück Otto-Schmiedt-Straße 24. Die Jewish Agency als Sachwalter der Vermögensinteressen der ausgebürgerten oder ermordeten jüdischen Bürger macht geltend, dass Otto Reihlen 1936 das unbebaute Grundstück viel zu billig erworben habe. Denn der kaufte es von jemandem, der es 1934 von einem jüdischen Verleger erstanden habe, der das Grundstück nicht freiwillig und zu sehr ungünstigen Bedingungen verkaufen musste. Helmut Reihlen erklärt die Bereitschaft der Familie, den Erlös aus dem Verkauf vorrangig für den Ausgleich solchen Unrechts einzusetzen, wenn dieses denn glaubhaft belegt werden könne. Diesen Beleg erbringen die Anwälte der Jewish Agency nicht einmal ansatzweise. Schließlich wird das Haus an einen aus dem Westen zugezogenen Architekten und Bauplaner verkauft. Der renoviert es vom Keller bis zum Dach.

Der Erlös des Hauses in der Otto-Schmiedt-Straße 24 bildet den Grundstock zur Errichtung der Stiftung Werner-Reihlen-Vorlesung im Jahr 1992. Stiftungszweck ist die „Förderung des Gesprächs der evange ,schen Theologie mit den anderen Wissenschaften mit Betonung des ethischen Gesichtspunkts". Seit 1992 wird an der Humboldt-Universität an jedem Buß- und Bettag unter Einschluss des Vorabends eine Vorlesungs- und Diskussionsreihe veranstaltet. Das Thema der ersten Werner-Reihlen-Vorlesung 1992 lautet „Wirtschaftsethik", das der XV. Vorlesung im Jahr 2007 die „Vernunft der Religion", eröffnet mit einer Doppelvorlesung des Ratsvorsitzenden der EKD Wolfgang Huber und des Vorsitzenden der katholischen Bischofskonferenz, Karl Kardinal Lehmann.[242]

Die Vorlesungsreihe wird an der evangelischen Kirchlichen Hochschule in Berlin-Zehlendorf angesiedelt. Sie ist eine Gründung der Bekennenden Kirche, die zur Zeit des Nationalsozialismus nach Wegen suchte, sich vor dem erdrückenden Einfluss des NS-Staates zu schützen. Die Kirchliche Hochschule ist heute Teil der evangelisch-theologischen Fakultät der Humboldt-Universität. Dass die Kirche Träger der Vorlesung ist, hat seinen guten Grund, denn – so Helmut Reihlen – christliche Ethik setze immer den Menschen als Glaubenden voraus. Dieser aber sei nicht als vereinzeltes Individuum zum Handeln berufen, sondern lebe im Glauben an Christus als Glied der Gemeinde. „Deshalb ist diese Gemeinde, die Kirche, auch der Ort, an

---

[242] Die Themen der Werner-Reihlen-Vorlesungen 1992 bis 2010 sind:

1992 Wirtschaftsethik, eine interdisziplinäre interkonfessionelle Orientierungshilfe
1993 Kirche, Staat, Gesellschaft
1994 Gehirntod und Organtransplantation als Anfrage an unser Menschenbild
1995 Ethik ohne Religion?
1996 Geschlechterverhältnis und Sexualität
1997 Welternährung und Gentechnologie, Praxis und ethische Bewertung
1998 Gott der Philosophen – Gott der Theologen, zum Gesprächsstand nach der analytischen Wende
1999 Moral und Weltreligionen
2000 Die biologische Machbarkeit des Menschen
2001 Die Aktualität der Antike, das ethische Gedächtnis des Abendlandes
2002 Die herausgeforderte Demokratie, Recht, Religion, Politik
2003 Gott, Geld und Gabe, zur Geldförmigkeit des Denkens in Religion und Gesellschaft
2004 Freier oder unfreier Wille? Handlungsfreiheit und Schuldfähigkeit im Dialog der Wissenschaften
2005 Gott in der Kultur, moderne Transzendenzerfahrungen und die Theologie
2006 An Leib und Seele gesund, Dimensionen der Heilung
2007 Die Vernunft der Religion
2008 Toleranz als religiöse Forderung?
2009 Die unsichtbare Hand und die Gier
2010 Was sind legitime außenpolitische Interessen?

den diese Stiftungsvorlesung gehört."243) In seiner Rede zur Stiftung der Vorlesung nennt Helmut Reihlen fünf mögliche Themen für die Vorlesung: Umgang mit Fremden in unserem Land, Grenzen der Wissenschaft, Bewahrung der Schöpfung, Schutz der natürlichen Lebensgrundlagen, Christsein und Bürgersein in einem demokratischen Staat und Umgang mit der Stasiproblematik in der Kirche.

Wichtig ist ihm, dass die Themen der Vorlesung an aktuelle ethische Debatten anknüpfen. „Gewollt ist ein gesellschaftlich wirksames Forum, das der ethischen Orientierung dient in Fragen, bei denen sich die Gesellschaft gegenwärtig unsicher ist."244) Wirksamkeit ist das Stichwort, das heißt, es soll nicht nur diskutiert werden, sondern es geht auch um Lösungsvorschläge, etwa für laufende Gesetzgebungsverfahren oder anstehende politische Entscheidungen. Alle Beiträge werden regelmäßig in einer thematischen Monografie veröffentlicht. Die Dokumentationen erscheinen als Beihefte zur Berliner Theologischen Zeitschrift, mit einer Auflage von bis zu 800 Exemplaren.

Die Vorlesungen, eigentlich Symposien, erfreuen sich nicht zuletzt wegen ihrer Aktualität großer Beliebtheit und haben bis zu 500 Hörer. Ihr langfristiges Ziel ist es, eine konkrete Diskursgemeinschaft über Fragen der Ethik und Gerechtigkeit zu schaffen, die – ausgehend von der Universität – in die Gesellschaft hineinwirkt. Ihre Werkzeuge sind die sachgerechte Darstellung der Probleme, die biblisch begründete Reflexion, die Entwicklung von Lösungsvorschlägen und die öffentliche Diskussion. Das erinnert an die Pläne zum Politischen Nachtgebet in Rheinhausen Ende der sechziger Jahre. Die oftmals weltabgewandten Geisteswissenschaften sollen so zu einer Relevanz zurückfinden, die ihnen nur allzu oft abhanden kommt.

Mittlerweile ist die Vorlesung zum festen Bestandteil des akademischen Jahres der Humboldt-Universität geworden. Sie erfreut sich akademischer und öffentlicher Aufmerksamkeit.

243) Vgl. den Hinweis auf Richard von Weizsäcker in Helmut Reihlen, Joachim Zehner: Werner-Reihlen-Vorlesung. Ideen zu Beginn – Erfahrungen – Erwartungen. In: Zutrauen zur Theologie. Akademische Theologie und die Erneuerung der Kirche. Festgabe für Christof Gestrich zum 60. Geburtstag. Hg. von Anne-Kathrin Finke und Joachim Zehner, Berlin 2000, S. 102–121, S. 106.
244) Ebd., S. 112.

DIN, CEN, ISO, Stiftung Warentest

> „Das individuelle Verdienst ist erkennbar,
> immer auch als allgemeine Norm der
> Gesellschaft, als Tugend der Tätigen."[245]
>
> *Helmut Reihlen*

> „Der kann ja keinen Tag ohne Arbeit sein."
>
> *Bärbel Märtin, Chefsekretärin im DIN*

1971 beruft der Präsident des DIN Deutsches Institut für Normung e.V.,
Dr. Franz Josef Leitz, Helmut Reihlen zum Mitglied der Geschäftsleitung
des DIN.[246] Dieses Mal bedarf es keiner Bundesbrüder und Beziehungen.
Helmut Reihlen hat sich ganz einfach auf eine Stellenanzeige in der FAZ
beworben. Er bekommt die Stelle wegen seiner Auslandserfahrung, seiner
Sprachkenntnisse und wegen seiner Tätigkeit in der Industrie. Auch seine
Persönlichkeit ist – so scheint es – in der Umgebung des DIN besser aufgehoben als bei der DEMAG. Denn sowohl Nikolaus Ludwig, der Vorsitzende
der Geschäftsleitung, als auch der Aufsichtsratsvorsitzende, Franz Josef
Leitz, sind ganz besondere Persönlichkeiten und alles andere als eindimen-
sionale Macher.

Ludwig wächst als Sohn eines deutschen Industriellen in Moskau auf. Nach
der Oktoberrevolution flüchtet er mit seinen Eltern nach Deutschland.
Wachen Sinnes verfolgt er die gesellschaftlichen Entwicklungen im Berlin
der zwanziger und dreißiger Jahre. Anfang der dreißiger Jahre entscheidet

---

[245] Helmut Reihlen: Christian Peter Wilhelm Beuth. Eine Betrachtung zur preußischen Politik der Gewerbeförderung in der ersten Hälfte des 19. Jahrhunderts
und zu den Drakeschen Beuth-Reliefs. Köln, Berlin 1992, S. 76.

[246] Das DIN wird 1917 im Verein Deutscher Ingenieure (VDI) als rechtlich selbstständiger Verein in Berlin gegründet. Seine Mitglieder sind Industrieunternehmen,
Energiewirtschaft und staatliche „Großunternehmen" wie Bahn, Post und Waf-
fenamt. Von einer besser aufeinander abgestimmten Normung bei der Produktion von Waffenteilen erhoffte man sich Vorteile in der Kriegsführung des Ersten
Weltkrieges. Zugleich stellte man mit der Gründung des DIN die Weichen für die
Nachkriegszeit. Der staatliche Einfluss auf die technische Regelsetzung sollte
nach dem Krieg mit Hilfe der im DIN organisierten privaten Industrie wieder ein-
gegrenzt werden.

er sich zwischen den damals im Reichstag, in der Presse und auf der Straße propagierten radikalen Alternativen „Rot oder Braun" für Rot. Er tritt der KPD bei. Die Nazizeit überlebt er in Berlin in einer Forschungsstelle für Panzerstähle bei der heutigen Bundesanstalt für Materialforschung- und -prüfung. In der Bundesrepublik macht er sich um die organisatorische Straffung der Normung verdient und schafft die Voraussetzungen für die aktive Mitarbeit des DIN in der Internationale Normung.

Franz Josef Leitz ist leitender Mitarbeiter der IG-Farben und später der BASF. In der Nazizeit gehört er der Bekennenden Kirche Badens an. Er ist ein persönlicher Freund Pastor Martin Niemöllers. Nach dem Krieg wird er Mitglied der Landessynode und der Kirchenleitung der Evangelischen Kirche von Hessen und Nassau sowie der Synode der Evangelischen Kirche in Deutschland. Mit dem BK-Mann und Industriellen Leitz fühlt sich Helmut Reihlen, dessen Wirken in der evangelischen Kirche 1971 noch am Anfang steht, bis heute verbunden.

Die Arbeit beim DIN bedeutet für Helmut Reihlen von Anfang an viel mehr als die Lösung technischer Probleme. Darin ist er sich mit Ludwig und Leitz einig. Mit der Arbeit an den Normen werden die technischen Voraussetzungen für mehr wirtschaftlichen Wohlstand, gesellschaftlichen Fortschritt und internationale Verständigung geschaffen. Ein humanistisches Weltbild prägt das Grundverständnis des DIN. Freiwilligkeit, Öffentlichkeit und allgemeiner Nutzen vor dem Vorteil des Einzelnen prägen seine Strukturen.

Als Helmut Reihlen zum DIN kommt, ist erkennbar, dass der Direktor des DIN und Vorsitzende der Geschäftsleitung, Nikolaus Ludwig, in etwa fünf Jahren altersbedingt in den Ruhestand treten wird. Mittelfristig also geht es auch um dessen Nachfolge. 1977 wird Helmut Reihlen zum Direktor des DIN berufen. Er übt diese Tätigkeit bis 1999 aus.

Zunächst ist es seine Aufgabe, die Mitarbeit der sogenannten interessierten Kreise beim DIN zu sichern. Neben den Vertretern der Industrie gehören auch die Verbraucher, Gewerkschaften, freie Berufe, Handwerker und Vertreter des Umweltschutzes dazu.

Zudem soll das DIN verstärkt an der internationalen und europäischen Normung mitwirken, denn es liegt im deutschen Interesse, dass der Welthandel nicht durch von Land zu Land unterschiedliche technische Normen behindert wird. So gehört es zu den Aufgaben Helmut Reihlens, sich für das Amt des ISO-Vizepräsidenten zur Verfügung zu stellen. Dazu gehört es, zum Aufbau des Gemeinsamen Marktes und der Europäischen Union durch die „europäische Harmonisierung" der Normen beizutragen.

Der DIN-Chef hat die Aufgabe, Entwicklungsländer und später die Staaten Mittel- und Osteuropas, bis 1989 im COMECON unter Führung der Sowjetunion zusammengefasst, sowie China beim Aufbau ihrer Normeninstitute zu unterstützen. Helmut Reihlen ist zudem dafür verantwortlich, dass das im Beuth Verlag erscheinende Deutsche Normenwerk über eine Datenbank digitalisiert verfügbar ist.

Die Arbeit als DIN-Chef eröffnet Helmut Reihlen neue Spielräume. Sie ermöglichen es ihm, seine vielseitigen Interessen an Gesellschaft, Geschichte, Religion und Wissenschaft in seine Berufswelt einzubringen. 1983 ernennt ihn seine alte Universität in Clausthal-Zellerfeld zum Lehrbeauftragten für das Fach Technische Normung. 1988 wird er Honorarprofessor. Bis 2001 nimmt er diesen Lehrauftrag wahr, indem er jedes Jahr im Februar zwei bis drei Wochen lang täglich vier Vorlesungen hält. „Normung ist die planmäßige, durch die interessierten Kreise gemeinschaftlich durchgeführte Vereinheitlichung von materiellen und immateriellen Gegenständen zum Nutzen der Allgemeinheit (DIN 820)." So beginnt die erste Vorlesung Helmut Reihlens.

„Die Vorlesung zwingt mich, die der Normungstätigkeit zugrunde liegenden Disziplinen herauszuarbeiten und den Pragmatismus des Alltags anhand solcher Überlegungen zu ordnen und zu überprüfen. Die Studenten greifen alle technisch-faktischen Lehrinhalte eifrig auf. Fragen der Grenzen naturwissenschaftlicher Erkenntnis, Fragen der Normungswürdigkeit, gesellschaftliche Wirkungen der technischen Normung sind schwerer zu vermitteln", schreibt er Ende 1985 nach zwei Jahren Lehrerfahrung im Weihnachtsbrief der Familie. Helmut Reihlen genießt die Wochen im Harz, denn sie bieten ihm eine Zeit der Konzentration auf ein Thema, ein willkommener Gegensatz zum umtriebigen Arbeitsalltag in Berlin. Während seiner Vorlesungswochen wohnt er im kulturvollen Jugendstil-Sanatorium Dr. Barner in Braunlage. Er verbindet seinen Aufenthalt mit einer jährlich fälligen Gesundheitsuntersuchung.

Christian Peter Wilhelm Beuth

Als Chef des DIN wirbt Helmut Reihlen für eine humane Idee der Technik. Er muss nicht lange suchen, bis er ein historisches Vorbild gefunden hat.

Bald beschäftigt er sich mit dem Namenspatron des DIN-eigenen Beuth Verlags, Christian Peter Wilhelm Beuth (1781–1853), dem preußischen Staatsrat aus der Zeit der Stein-Hardenberg'schen Reformen, zuständig für Handel und Gewerbe im preußischen Finanzministerium. Beuth gehört zu den preußischen Reformern, die aus Sorge vor einer Revolution des „Dritten Standes", wie sie 1789 in Frankreich stattgefunden hatte, das nationale Bürgertum durch eine „Revolution von oben" in die Lage versetzen wollen, eine staatstragende Rolle zu übernehmen und die Wirtschaftskraft Preußens zu heben. 1821 gründet er den Verein zur Beförderung des Gewerbefleißes in Preußen – ein Berliner Salon, so Helmut Reihlen, nicht mit literarischer, aber technologisch-wirtschaftlicher Zielsetzung.[247]

Hier geht es um den Weg zur liberalen Marktwirtschaft im Sinne von Adam Smith – im Konsens mit dem Staat und unter dessen Anleitung. Beuth kümmert sich um den Aufbau von Bildungsinstituten auf dem Gebiet der Technik und der industriellen Produktion. Er gründet das Preußische Gewerbeinstitut in Berlin, den Vorläufer der heutigen Beuth Hochschule für Technik und für die Technische Universität. Die neuen Gewerbeinstitute sind „bürgerliche Hochschulen", die aufstrebenden Jugendlichen die Chance geben, durch technisches Wissen und Fleiß in die Elite der zukünftigen industriellen Gesellschaft aufzusteigen. „Dank der polytechnischen Bildung konnte das Bürgertum der Aristokratie mit Leistungen bei der Industrialisierung entgegentreten", heißt es bei Helmut Reihlen.[248]

Beuth steht für die Anfänge eines systematischen „Technologietransfers". Er unternimmt ausgedehnte Reisen nach England, um die neuesten Produktionstechniken kennenzulernen und in Preußen bekannt zu machen, Erfindungen der überlegenen englischen Konkurrenz ins eigene Land zu holen, Personal anzuwerben, Maschinen zu kaufen, auch um sie zu kopieren. „Wenn Sie so wollen, legal, halblegal, illegal, wichtig ist die Wissensbeschaffung für das preußische Gewerbe", erläutert Helmut Reihlen, „ganz

---

[247] Vortrag Helmut Reihlens anlässlich der Verleihung des Beuth-Preises am 4. März 2009. Privatbesitz Reihlen.
[248] Ebd.

typisch: das preußische Patentgesetz: nicht die Erfindung einer Sache wird geschützt und prämiert, sondern die Erstanwendung in Preußen. Das ist der staatlich organisierte Ideenklau."

Auch die Preußen treiben „Industriespionage", um konkurrenzfähig zu werden – so wie viele Entwicklungsländer heute, sagt Helmut Reihlen. Nicht zuletzt hat er auch deshalb über Beuth geschrieben. „Daß es unsere Vorfahren auch getan haben, sollte zumindest nachdenklich machen, wenn wir über Länder urteilen, die sich heute den Industrienationen gegenüber in einer ähnlichen Situation befinden wie Preußen gegenüber Großbritannien Anfang des letzten Jahrhunderts, wenn man 1992 einem ‚Staatsrat Beuth' aus Lima oder Kuala Lumpur, Kiew oder Riga begegnet."[249] Geistiger Diebstahl, ein in bestimmten geschichtlichen Situationen rational nachvollziehbares Verhalten.

Um Fabrikanten und Handwerkern Orientierung zu geben und sie fähig zu machen, für einen größeren Markt zu produzieren, lässt Beuth die „Vorbilder für Fabrikanten und Handwerker" herausgeben. Für den Bereich des Bauwesens ist kein geringerer als Karl Friedrich Schinkel der Verfasser. Damit schafft er ein frühes Muster für die DIN-Norm. Der Verlag, in dem die DIN-Normen erscheinen, der Beuth Verlag, ist deshalb nach ihm benannt.

In seiner Zeit als DIN-Direktor würdigt Helmut Reihlen Christian Peter Wilhelm Beuth. Bis heute sind diese Bemühungen sichtbar: in der Burggrafenstraße vor dem Hauptgebäude des DIN. Dort stehen seit 1987 in Überlebensgröße Beuth und Wilhelm von Humboldt, die Begründer eines modernen technischen und geisteswissenschaftlichen Bildungswesens in Preußen. Die Zweiergruppe ist ein Abguss aus dem Sockel des Denkmals für König Friedrich Wilhelm III auf dem Kölner Heumarkt von Gustav Bläser.

„Die Busse zur Stadtbesichtigung fahren seither durch die Burggrafenstraße", berichtet Helmut Reihlen stolz im Weihnachtsbrief Ende 1987.[250] „Im Hause angebracht sind die acht Drakeschen Beuth-Reliefs aus dem Jahre 1861, eine Manifestation des steigenden bürgerlichen Selbstbewusstseins der Ingenieure und Fabrikanten und ein kleiner Beitrag zur preußischen

---

[249] Vgl. auch Helmut Reihlen: Christian Peter Wilhelm Beuth. Eine Betrachtung zur preußischen Politik der Gewerbeförderung in der ersten Hälfte des 19. Jahrhunderts und zu den Drakeschen Beuth-Reliefs. Berlin, Köln 1992, S. 33–40, S. 88.

[250] Weihnachtsbrief der Familie Reihlen 1987 (ELAB 62/1).

Industriegeschichte." Diese Reliefs sind Abgüsse vom Sockel des Beuth-Denkmals, das – bevor es dem DDR-Außenministerium weichen muss – auf dem Schinkelplatz gegenüber der ehemaligen Bauakademie in Berlin-Mitte steht, neben den Skulpturen von Karl Friedrich Schinkel und Albrecht Thaer.

1978 macht sich Helmut Reihlen auf die Suche nach dem Verbleib der Skulpturen und Reliefs und findet einige davon abgestellt im Innenhof des Märkischen Museums. Er beauftragt einen Historiker, ins Staatsarchiv nach Merseburg zu fahren und dort die Dokumente zur Förderung des Gewerbes in Preußen einzusehen. Dabei stellt sich heraus, dass sich die DDR zu diesem Zeitpunkt immer noch unschlüssig ist, welchen Platz sie Beuth in ihrem Geschichtsbild einräumen will. Ist Beuth ein Ausbeuter der Arbeiterklasse? Oder hat er geholfen, die Produktivkräfte des Volkes zu entwickeln und damit dem historischen Fortschritt gedient? Und sollte man dann nicht das Denkmal wieder öffentlich aufstellen?

Dann wendet sich Helmut Reihlen an den damaligen Regierenden Bürgermeister von Berlin, Richard von Weizsäcker. Er hat nämlich über kirchliche Kontakte erfahren, dass Erich Honecker sich persönlich für die Rückgabe des Schillerdenkmals von Reinhold Begas (1831–1911) interessiert, das – kriegsbedingt demontiert – im West-Berliner Stadtteil Charlottenburg liegt. Das Schillerdenkmal soll an seinem ursprünglichen Standort, dem Gendarmenmarkt, wieder aufgestellt werden. Von Weizsäcker soll die Beuth-Bronzen in seine Verhandlungen mit der DDR einbeziehen: Getauscht wird das Schillerdenkmal gegen das KPM-Archiv und die Abformungen der Beuth-Reliefs. Der Handel kommt zustande. Die Gipsabdrücke der Drake-Reliefs aus dem Märkischen Museum werden nach West-Berlin zu einer Gießerei gebracht, die die Bronzeabgüsse herstellt. Während der Amtszeit Helmut Reihlens als Direktor des DIN zieren sie das Institutsgebäude in der Burggrafenstraße und halten die Erinnerung an Beuth und an ein Kapitel deutscher Technikgeschichte wach.[251]

---

[251] Helmut Reihlen: Christian Peter Wilhelm Beuth. Eine Betrachtung zur preußischen Politik der Gewerbeförderung in der ersten Hälfte des 19. Jahrhunderts und zu den Drakeschen Beuth-Reliefs. Berlin, Köln 1992, S. 60 f.

Helmut Reihlens Buch über Beuth erscheint 1979 in der ersten Auflage, 1992 in der dritten, pünktlich zum 75. Geburtstag des DIN. Für die Erstellung des Manuskripts hat er sich mit Büchern und Entwürfen für drei Wochen nach Zermatt zurückgezogen, morgens ist er Ski gelaufen, nachmittags und abends hat er sich mit Beuth beschäftigt.

Das Buch endet mit dem Fazit: „Normung ist ein Hilfsmittel des Technologietransfers zwischen Forschung und Lehre und praktischer Anwendung, zwischen Groß- und Mittel- und Kleinbetrieben, zwischen staatlicher und privater Tätigkeit, zwischen Industrie- und Entwicklungsländern, zwischen West- und Osteuropa. Das DIN Deutsches Institut für Normung e. V. und der Beuth Verlag GmbH berufen sich bei ihrer Arbeit auch heute noch zu Recht auf Christian Peter Wilhelm Beuth als ihren Namenspatron."[252]

Am 4. März 2009 wird Helmut Reihlen im Gebäude des DIN in der Berliner Burggrafenstraße der Christian-Peter-Beuth-Preis 2008 verliehen. Damit würdigt die Christian-Peter-Beuth-Gesellschaft den Einsatz und das Engagement des Preisträgers. Dies habe der Zusammenarbeit zwischen Hochschule und Wirtschaft, der Förderung internationaler Netzwerke und dem Engagement in der Christian-Peter-Beuth-Gesellschaft gegolten. Außerdem habe der Preisträger mit dem „Deutschen Informationszentrum für Technische Regeln" den Grundstein für die heute größte weltweite Datenbank für die Dokumentation des Standes der Technik gelegt.

In seiner Laudatio lobt Norbert Müller, Professor am Institut für Maschinenwesen an der TU Clausthal, den Preisträger mit den Worten: „Herr Prof. Reihlen hat sein gesamtes Berufsleben und darüber hinaus, bis heute, im Sinne des ausgeschriebenen Preises gelebt und sich in vorbildlicher Weise für die Ziele Beuths in Wirtschaft, Wissenschaft und Gesellschaft engagiert."

In der historischen Figur Christian Peter Wilhelm Beuth laufen die geschichtlichen, technischen und künstlerischen Interessen von Helmut Reihlen zusammen. Vor diesem Hintergrund ist ihm die Kunstausstellung wichtig, die er vom 1.10. bis 31.12.1982 im Gebäude des DIN für bildende Künstler in Zusammenarbeit mit dem Kulturwerk des Berufsverbandes Bildender Künstler Berlins organisiert hat. „Kunst, Können und Kenntnis", so erläutert Helmut Reihlen in seiner Eröffnungsansprache, haben denselben Wortstamm. Er verweist auf die Antike, in der die einheitlichen Wurzeln von

---

[252] Ebd., S. 88.

Kunst und Technik noch deutlich sichtbar sind. Auch heute noch – so heißt es weiter – haben Kunst und Technik ihre gemeinsame Wurzel in der schöpferischen, gestaltenden Fantasie des Menschen, sind Ergebnis kreativer Prozesse. Die Technik wirke immer auch stilbildend auf Künstler, denn sie bestimme unsere Lebenswelt und damit auch die ganz individuellen sinnlichen Wahrnehmungen.[253]

Einbindung des ASMW in das DIN

Als die Mauer fällt, ist Helmut Reihlen Synodalpräses des West-Berliner Teils der Berlin-Brandenburgischen Kirche, Direktor des DIN in Berlin und Altpräsident des CEN in Brüssel. Zugleich ist er Vizepräsident der International Organization for Standardization (ISO) in Genf, Vorsitzender des Bezirksvereins Berlin des Vereins Deutscher Ingenieure (VDI) und Vorsitzender des Verwaltungsrats der Stiftung Warentest. Er ist Mitglied im Verwaltungsrat der Bundesanstalt für Materialforschung- und -prüfung (BAM) und arbeitet eng koordiniert mit der Physikalisch-Technischen Bundesanstalt (PTB) zusammen. Das heißt, er sitzt an verschiedenen Stellen der zivilgesellschaftlichen Techniksteuerung, als es 1990 um die Einbindung des Bereichs Normung des „Amtes für Standardisierung, Meßwesen und Warenprüfung beim Ministerrat der Deutschen Demokratischen Republik" (ASMW), dem DDR-Pendant zum DIN, geht.

Eine DDR-spezifische technische Normung gibt es seit 1961. Erst mit dem Mauerbau trennen sich die Wege der deutschen Normer. Bis dahin sind die daran interessierten Betriebe der DDR Mitglieder des DIN. Das bietet den DDR-Betrieben einen wertvollen Einblick in die Weiterentwicklung der Technik im Westen. Doch die Parole der Staatsfunktionäre der DDR lautet: „Störfreimachung der Republik." Sie wollen vom westlichen, kapitalistischen Ausland unabhängig sein. Die Anwendung von DIN-Normen in der DDR ist seitdem verboten – zum Leidwesen der meisten Ingenieure in der DDR.

Mit der Entspannungspolitik wird die DDR Mitglied in etlichen der in Genf angesiedelten staatlichen und nichtstaatlichen internationalen Organisationen, auch in der ISO. Dabei kommt es immer wieder zu peinlichen, im

---

[253] Helmut Reihlen: Zur Ausstellung im DIN. In: Menschen, Landschaften, Räume. Eine Kunstaustellung. DIN Deutsches Institut für Normung e.V. in Zusammenarbeit mit dem Vertrieb des Kulturwerkes des BBK Berlins GmbH, Berlin 1982. S. 83 f.

270

Anlage 1

Protokoll ueber die Zusammenarbeit
zwischen dem DIN Deutsches Institut fuer
Normung und der Chinesischen Gesellschaft
fuer Normung waehrend des Jahres 1979

Das DIN Deutsches Institut fuer Normung im folgenden DIN
genannt und Die Chinesische Gesellschaft fuer Normung
im folgenden CAS genannt haben ueber die Zusammenarbeit im Jahre 1979 folgendes Programm vereinbart.

1. Die Partner stellen einander je drei Saetze ihrer
   nationalen Normen zur Verfuegung, monatlich ergae-
   nzt um die neu erscheinenden Normen.
2. Die Partner stellen einander die ihre Normen beglei-
   tenden Informationsschriften und Kataloge nationaler
   Normen in dreifacher Ausfuehrung zur Verfuegung.
3. Die Partner stellen einnader das in ihren Instituten
   vorhandene Ausbildungsmaterial, insbesondere Lehr-
   buecher, Lehrgangsmaterialien, Filme, Werbematerial
   zur Normungsarbeit zur Verfuegung.
4. CAS hat im Monat Februar 1979 die Leitung des DIN
   zu einem vierzehntaegigen Studienaufenthalt in die
   Volksrepublik China eingeladen.
5. CAS laedt
   – einen DIN-Fachmann des Arbeitsgebietes Klassi-
     fizierung und Katalogisierung der Normen und
     der Information ueber die Normen und
   – zwei Fachleute des Arbeitsgebietes Qualitaets-
     sicherung auf der Grundlage von Normen
   zu Studienaufenthalten von vier Wochen Dauer in die
   Volksrepublik China ein. Diese Fachleute werden

Empfang der CAS-Delegation im Garten
des Hauses von Helmut und Erika Reihlen
in Berlin-Lichterfelde, 1980

Protokoll der Zusammenarbeit des
DIN mit der Chinesischen Gesellschaft
für Normung CAS, Peking 1979

Wiedersehen mit alten Freunden
in Peking, in der Mitte Frau Jiang
und Herr Cheng Chuanhui, 1995

Helmut und Erika Reihlen beim
Ehepaar Dr.-Ing. Ma und Prof. Zang
in Shanghai, 1998

Helmut Reihlen tauscht sich mit Bundes-
justizminister Hans-Jochen Vogel auf der
Tagung „Technische Normung und Recht"
im Juni 1979 in Köln aus.

Im Lager des Beuth Verlags zeigt
Helmut Reihlen im Dezember 1987
Bundespräsident Richard von Weizsäcker
einen Verlagsprospekt. Hinter ihm die
Fächer mit gedruckten DIN-Normen;
heute werden mehr als 50 % vom Verlags-
umsatz mit elektronischen Publikationen
generiert.

Dem interessiert zuhörenden Bundes-
präsidenten Karl Carstens erläutert
Helmut Reihlen im September 1983 die
elektronische Datenverarbeitung von
Normen und anderen technischen Regeln.

Prof. Dr. Georg Turner, Senator für
Wissenschaft und Forschung im Berliner
Senat, besuchte das DIN im März 1988.
Die verstärkte Verzahnung von Normung
und Forschung stand damals bereits als
normungspolitisches Ziel fest.

Im Januar 1989 unterzeichneten DIN-Präsident Siegfried Hahn-Woernle und der Vorsitzende des Staatlichen Komitees der UdSSR für Standards, Minister Dr. Georgiy D. Kolgomorow, in Berlin eine Vereinbarung über die Zusammenarbeit zwischen DIN und Gosstandart.

Die Unterzeichnung der Vereinbarung mit der UdSSR im Januar 1989 erzeugte ein großes Medienecho. Für die Abendnachrichten im Fernsehen erklärte Helmut Reihlen die Vorzüge des europäischen Normungssystems.

Der Vertrag mit dem Amt für Standardisierung, Messwesen und Warenprüfung (ASMW) der DDR im Juli 1990 war die Grundlage der Normenunion. Für das ASMW unterzeichnet Dr. sc. nat. Volkhard Lößner, wohlwollend betrachtet von Dr. Helmut Haussmann, Bundesminister der Wirtschaft (BRD), Gunter Halm, Staatssekretär im Wirtschaftsministerium (DDR) und Eberhard Möllmann, Präsident des DIN.

Bärbel Märtin, langjährige Direktionssekretärin, in ihrem Büro. Hinter ihr stehen nicht nur der Duden und Wörterbücher, sondern auch die Bibel griffbereit zum Nachschlagen.

DIN Deutsches Institut für Normung e.V., Berlin-Tiergarten mit den Standbildern Beuth und W. von Humboldt, 1995

Verleihung des Beuth-Preises an Helmut Reihlen 2009 mit seiner Frau Erika und seinem Nachfolger im DIN, Dr. Torsten Bahke

Mittelalterliche liturgische Gewänder im Dom zu Brandenburg, Dalmatik, 14. Jahrhundert. Foto: Geertje Gerhold

Dom zu Brandenburg von Westen

Dom zu Brandenburg, Oberer Kreuzgang vor und nach der Restaurierung
Foto: pmp Architekten

Dom zu Brandenburg, Judenkapitell

Spiegelwand in Berlin-Steglitz, errichtet 1995, Mahnmal für die in der Nazizeit
aus Berlin deportierten Bürger jüdischer Herkunft

Brandenburgische Bergpredigt, das Domkapitel porträtiert 2009
von Matthias Koeppel.
Dr. Wolfgang Kuhla; Dr. Henning Brekenfeld; Prof. Dr. Caesar;
Generalsuperintendent i. R. Günter Bransch; Dr. Maria von Katte;
Dr. Manfred Stolpe; Dr. Martin Martiny, seit 2007 Kurator des Domstifts Brandenburg;
OKR. i. R. Dr. Wolfgang Martens; Dr. Otto Graf Lambsdorff;
Hans Georg von der Marwitz; OKR i. R. Hans-Georg Hafa;
Pfarrerin Cornelia Radeke-Engst; Dr. Tessen von Heydebreck;
Prof. Dr. Helmut Reihlen; Prof. Dr. Hartmut Dorgerloh;
Bischof i. R. Dr. Albrecht Schönherr; Bischof Dr. Wolfgang Huber;
Prof. Dr. Klaus Dierks; Bischof i. R. Dr. Karoly Toth;
Generalsuperintendent Hans-Ulrich Schulz; Prof. Dr. Juliane Jacobi.
Matthias Koeppel, Maler des Bildes; Sooki Koeppel, Ehefrau des Malers;
Dr. Erika Reihlen, Stifterin des Bildes; Mathilde Koeppel, Tochter des Malers

Ehepaar Reihlen, 2004

Grunde banalen Situationen. Helmut Reihlen erinnert sich: „Man erfährt in einem freiwillig organisierten technisch-wissenschaftlichen Gremium wie der ISO nur dann etwas, wenn man selber etwas preisgibt. Und die DDR-Leute waren immer kurz gehalten in dem, was sie erzählen durften. Wenn ich gar einen politischen Witz erzählte, dann liefen sie weg. Witzen zuzuhören konnte riskant sein." Hinzu kommt der lang anhaltende Streit über den Sitz des DIN in Berlin. Nach Auffassung der DDR darf das DIN als Vertretung bundesrepublikanischer Interessen nicht von Berlin aus operieren, da Berlin nicht zum Hoheitsgebiet der Bundesrepublik Deutschland gehört. Technische Normung ist in allen Staaten des COMECON eine Staatsaufgabe. Reihlens Moskauer Kollegen, Boitsov, später Kolmogorov, sind Minister im Kabinett der Sowjetunion, ihr Ministerium GOST hat, wie sie stolz erzählen, 243 000 Mitarbeiter. In den entsprechenden westdeutschen Institutionen arbeiten nur etwa 25 000. Gemildert werden die Spannungen zwischen DIN und ASMW durch das „friedenstiftende Eigeninteresse" der Sowjetunion. Sie will mit den wichtigsten Normeninstituten in der westlichen Welt auf gutem Fuß zu stehen. Im Wettkampf der Systeme zeigen sich die DIN-Normen und die Normen anderer westlicher Industrieländer denen des GOST und des ASMW überlegen. Das technologisch-wissenschaftliche Fundament des Westens ist weiter fortgeschritten. DIN-Normen lassen sich flexibler an wissenschaftliche, technische und gesellschaftliche Veränderungen anpassen, denn sie haben den Status von Empfehlungen, sind keine Rechtsvorschriften wie im COMECON. DIN-Normen sollen Anforderungen festlegen, nicht die Art und Weise, wie ein Erzeugnis oder eine Dienstleistung diese Anforderungen erfüllt. In der konkreten Ausführung ihrer Erzeugnisse sind die herstellenden Betriebe frei und damit imstande, sich schneller an die technischen Entwicklungen und die Bedürfnisse des Marktes anzupassen. Die Normen des „Amtes für Standardisierung" der DDR haben dem Beispiel der Sowjetunion folgend ebenfalls den Status von Rechtsvorschriften. Eine flexible Handhabung von Normen mit Blick auf technische Verbesserung oder Konsumenteninteressen ist unter solchen dirigistischen Vorzeichen erheblich erschwert.

Trotz aller Unterschiede und ideologischen Gegensätze entwickeln sich die beiden deutschen Normenwerke seit 1961 nicht grundsätzlich auseinander. Die Gesetze der Natur gelten unabhängig von Wirtschaftssystemen. Und schließlich gibt es die Internationalen Normen, die das DIN aktiv mitbestimmt und an denen sich auch die DDR orientiert mit dem Ziel, „Weltniveau" zu erlangen. Zudem gibt es die von der Sowjetunion aufgestellten GOST-Normen und die orientieren sich gern an DIN und ISO. So kommt es, dass sich die DDR über Moskau letztlich doch an den Normen des DIN orientiert, denn: „Von der Sowjetunion lernen, heißt siegen lernen." Deutsche Einheit via Moskau. Unter der Hand – so erläutert Helmut Reihlen – hat die DDR fleißig beim DIN abgeschrieben, nicht zuletzt um des eigenen Westexports willen.[254] „Dem DIN war's recht."

Bis 1989 hat das DIN Widerstände der Sowjetunion und der DDR zu überwinden, wenn es darum geht, internationale Tagungen und Arbeitssitzungen der Normung nach West-Berlin zu holen. Wenn es dennoch gelingt, erwarten die Moskauer Kollegen, dass jede Präsenz der Bundesregierung durch Personen oder Symbole wie Bundesbeamte, Fahnen oder Hymnen vermieden wird. Deutsche Militärs dürfen aufgrund des Vier-Mächte-Abkommens ohnehin nicht nach Berlin reisen. Für die Normung von Verteidigungsgerät unterhält das DIN deshalb entsprechende Außenstellen in Westdeutschland. Was die Mitarbeit von Beamten des Bundes in den Gremien und Delegationen des DIN angeht, macht das DIN keine Zugeständnisse. Doch vermeidet es das DIN, seine Gäste zu provozieren, zum Beispiel mit dem Intonieren der Nationalhymne oder dem Hissen von Schwarz-Rot-Gold bei einer Konferenzeröffnung. Als eine private Institution in der Bundesrepublik Deutschland, die seit 1917 in Berlin ansässig ist, mochte es sich aber auch nicht verstecken, erläutert Helmut Reihlen.

Viele Jahre bemüht sich GOST um einen Kooperationsvertrag mit dem DIN, doch verweigert es, die Unterzeichnung des Vertrags und die tatsächliche wissenschaftliche Arbeit am Sitz des DIN in West-Berlin zu vollziehen. Solange dieser Kernpunkt nicht befriedigend geklärt ist, unterzeichnet das DIN den Kooperationsvertrag nicht. Im April 1989, 35 Jahre nach dem Beitritt des DIN zur ISO, gibt GOST nach. Minister Kolmogorov besucht mit einer Delegation das DIN in West-Berlin zwecks Vertragsunterzeichnung. Das Ehepaar Reihlen gibt in seinem Hause in Lichterfelde einen kammermusikalischen Empfang für die sowjetische Delegation. Herr Kittel, ein Mitarbeiter des DIN, dessen Ehefrau und zwei von deren Freunden spielen Quartette von Felix Mendelssohn Bartholdy, Peter Tschaikowsky und Josef

---

254 Helmut Reihlen: Ingenieurarbeit im vereinten Deutschland. In: Sonderdruck aus: Stahl und Eisen, 111, 1991, Heft 12, S. 58–64, S. 2.

Haydn, von Haydn dessen C-Dur Quartett opus 76,3. Der zweite Satz variiert die Melodie, auf die von Fallersleben sein Deutschlandlied gedichtet hat. Mit diesem Ministerbesuch fällt auch die Kontaktsperre für das ASMW der DDR gegenüber dem DIN in Berlin. Ein Windzug von Glasnost und Perestroika zieht durch die technische Normung. Am Rande der kurz darauf in Prag stattfindenden ISO-Generalversammlung nehmen ASMW und DIN offizielle Vorverhandlungen zum Abschluss eines Kooperationsabkommens auf. Der Verhandlungspartner des DIN ist der für die technische Normung (Standardisierung) zuständige Vizepräsident des ASMW, Joachim Schoenermark. Der Schiffbauingenieur aus Bad Doberan bei Rostock erweist sich als ein nüchternes, gradliniges, verlässliches Gegenüber und, nach dem Abschluss der Verhandlungen, als Partner. Schoenermark wird nach der Aufnahme diplomatischer Beziehungen zwischen der Bundesrepublik Deutschland und der Deutschen Demokratischen Republik Botschaftsrat für Wissenschaft und Technik in der Ständigen Vertretung der DDR in Bonn. Der Kooperationsvertrag wird am 10. Oktober 1989 im ASMW in Ost-Berlin unterschrieben. Nach der Vertragsunterzeichnung kehrt Helmut Reihlen nicht sofort nach West-Berlin zurück. Zunächst begibt er sich nach Berlin-Lichtenberg in die Erlöserkirche, wo gerade eine überfüllte Versammlung der kirchlichen Friedensbewegung stattfindet. Die Staatsorgane der DDR haben in diesen Tagen (Feier des 40. Gründungstages der DDR) für die Mitglieder der West-Berliner Kirchenleitung eine Einreisesperre verhängt. Helmut Reihlen ist wegen der Unterzeichnung des Normen-Kooperationsvertrags Gast der Regierung der DDR, kann also die Einreisesperre gewissermaßen im „DDR-staatlichen Auftrag" unterlaufen und in West-Berlin über das Treffen in der Erlöserkirche berichten. Allerdings bleibt sein Besuch nicht unbemerkt. Am kommenden Tag muss sich der Präsident des ASMW bei der Stasi rechtfertigen, wie der ASMW-Gast Reihlen in die Kirche gelangen konnte.

Der Mauerfall macht es dann möglich. Am 4. Juni 1990, noch vor der Unterzeichnung des Einigungsvertrags, besiegeln das ASMW, also ein Organ der Regierung der DDR, und das DIN eine Normenunion. Damit stellt das ASMW die eigene Normungsarbeit ein. Von nun an haben Normen (Standards) auf dem Gebiet der DDR nicht mehr die Geltung von Rechtsvorschriften. Das DIN ist jetzt zuständig für die Normung in beiden Teilen Deutschlands. Es räumt allen Interessierten in der DDR dieselben Rechte der Mitwirkung ein wie denjenigen in der Bundesrepublik. Es verkauft die DIN-Normen in der DDR zu Mark der DDR, solange diese noch existiert. Das DIN erhebt bei seinen Mitgliedern ein Jahr lang einen verdoppelten Mitgliedsbeitrag zur Deckung von Sonderkosten der deutschen Normenunion – und die zahlen anstandslos.

Diese schnelle Initiative dient der Information und der Einbindung der Normungsinteressierten in der DDR und ist gleichzeitig die Antwort auf die Frage einiger weniger, ob die Wiedervereinigung nicht eine Gelegenheit sei, auch in Deutschland ein staatliches Normeninstitut zu schaffen. Helmut Reihlen und seine Mitstreiter unter den Vertretern der Bundesregierung, der Länder und der Wirtschaft sichern damit auch die Zukunft des DIN als zivilgesellschaftliche, nichtstaatliche Einrichtung.

In der Folgezeit trennt sich das ASMW von denjenigen Mitarbeitern, die eng mit dem Unterdrückungs- und Überwachungssystem der DDR verbunden sind, das heißt Außenposten des Ministeriums für Staatssicherheit im ASMW waren. Von den verbleibenden Personen im Bereich Normung übernimmt das DIN 114 Personen. Die übrigen Mitarbeiter kommen in andere Arbeitsverhältnisse oder gehen in den vorzeitigen Ruhestand. Die Zahl der vereinigungsbedingt in die Arbeitslosigkeit Entlassenen ist gering. Die fachliche Integration der Ingenieure in das DIN bereitet kaum Schwierigkeiten. Schließlich gibt es „keine kapitalistischen, sondern nur metrische oder zöllige Gewinde", erläutert Helmut Reihlen. Die meisten Probleme lassen sich durch schlichte Information und systematische Einführung und Weiterbildung regeln. Auch gehen diejenigen DDR-Standards, die denen der Bundesrepublik ebenbürtig sind, nicht verloren. Sie dienen von nun an als Beratungsgrundlage für neue Normungsvorhaben im DIN. Schon 1991 kann Helmut Reihlen mitteilen, dass die Integration der Ingenieurarbeit auf dem Gebiet der technischen Normung „strukturell vollzogen" und „inhaltlich auf gutem Wege" ist.[255)]

Schwieriger als die Herausforderungen auf technischem Gebiet gestalten sich die Personalpolitik, die Integration und der richtige Umgang mit den neuen Mitarbeitern. Es wird ein Gremium gebildet, das die 114 Mitarbeiter des ASMW ermittelt, die dem DIN zur Übernahme vorgeschlagen werden. Darin sind der neu gewählte Vertrauensrat des ASMW, der DIN-Betriebsrat und die DIN-Geschäftsleitung vertreten. Das Gremium muss sich vor allem mit den ehemaligen „Kadern" des ASMW auseinandersetzen. Denn

---

[255)] Ebd., S. 4.

schließlich ist das ASMW eine staatliche Oberbehörde gewesen. Seine „Kader" hatten das Vertrauen der DDR-Obrigkeit und haben diese gestützt. In der Regel sind sie es, die sicheres Englisch sprechen, denn sie waren als „Reisekader nichtsozialistisches Ausland" ausgewählt. Gleichzeitig ist Englisch eine elementare Voraussetzung für die Arbeit im DIN. Doch kann man diese Leute einstellen, wenn man um ihre Nähe zur DDR-Obrigkeit weiß? Eine andere Frage ist: Was müssen die Neuen über die Marktwirtschaft wissen, um auch in der Bundesrepublik technische Normen bearbeiten zu können? Wie soll man sie beruflich einstufen, so dass sie faire Startchancen bekommen, sie nicht überfordert und auch nicht unterbezahlt werden? Das DIN ist nicht an einen Tarifvertrag gebunden, sondern zahlt nach einem mit dem Betriebsrat abgeschlossenen Haustarif. Geschäftsleitung und Betriebsrat sind sich einig, keine unterschiedlichen Ost-West-Tarife einzuführen, sondern am bestehenden einheitlichen Haustarif festzuhalten. Dabei werden jedoch die Spielräume des Haustarifs ausgenutzt. Der Entscheidung, wie der Einzelne eingestuft wird, geht eine Einschätzung seiner realen Leistungsfähigkeit voraus. Diese ist allerdings bei vielen etwa durch mangelnde Kenntnis der englischen Sprache eingeschränkt.

Zudem gibt es menschliche Probleme. In der Berliner DIN-Stammbelegschaft arbeiten nicht wenige, die die Blockade Berlins, die Schikanen bei der Nutzung der Transitstrecken miterlebt haben, die die DDR unter Opfern verließen, deren Lebenserfahrung es nahelegt, östlichen Funktionären zu misstrauen. Sie müssen jetzt zu einem Umgang mit ehemaligen Funktionären aus dem Osten finden. Die „Neuen" indes leben in der ständigen Sorge, nur ja keinen Fehler zu machen und damit die Entlassung zu riskieren. Helmut Reihlen muss diesen Mitarbeitern klarmachen, dass zwar Leistung, Tempo und Präzision von ihnen erwartet werden, dass aber Leistung und Qualität nicht aus Angst hervorgehen, dass sie vielmehr Vertrauen und Sicherheit voraussetzen. Als einige ASMWer zum ersten Mal beim DIN in der Burggrafenstraße auftauchen, gibt es ein gemeinsames Frühstück. An einem Nachmittag laden Erika und Helmut Reihlen sie zu einem Umtrunk auf den Rasen ihres Gartens ein. Anschließend geht es in eine Pizzeria in der Nachbarschaft. Dort begrüßt sie auch der Präsident des DIN, Eberhard Möllmann, Mitglied des Vorstandes von Buderus in Wetzlar. Er hat Entscheidendes dazu beigetragen, dass die Integration im DIN und in zahlreichen Betrieben der früheren DDR gelungen ist. Die Aufgabe, diese 114 Personen ins DIN zu integrieren, das ist für Helmut Reihlen der Höhepunkt seines beruflichen Lebens. Den Neuen hilft er, wo er kann, und mit ihm die gesamte Belegschaft des DIN. Die Neuen danken es mit Respekt und persönlichem Einsatz. Auch der Betriebsrat kooperiert vorbildlich. Zur Bewältigung des besonderen Arbeitsvolumens durch die Wiedervereinigung und der gleichzeitig anstehenden Europäisierung der Normungsarbeit stimmt er einer zeitlich begrenzten, unbezahlten Erhöhung der wöchentlichen Arbeitszeit um zwei Stunden zu. Die Mitglieder des DIN e. V. haben ihren Sonderbeitrag mit einem zusätzlichen Jahresbeitrag geleistet. Und die Wirtschaftsbetriebe und Verwaltungsstellen der DDR bescheren dem DIN über seinen Beuth Verlag einen einmaligen Auftragsschub für DIN-Normen in klingender Münze.

Ein unerwartetes Lernfeld für die Neuen ist die Interaktion von Geschäftsleitung und Betriebsrat in den Betriebsversammlungen, die mal verständnisvolle, mal auch polemische Interessenwahrnehmung im Rahmen des Betriebsverfassungsgesetzes, jenseits persönlicher Sympathie oder Antipathie. Doch bald beherrschen auch sie dieses Lern- und Spielfeld. Nach wenigen Jahren wird einer der „Neuen" zum Vorsitzenden des Gesamtbetriebsrats gewählt.

Für Helmut Reihlen ist das Schlüsselwort in dieser Phase „Vertrauen". Dazu gehört es, die Frage nach der Vergangenheit nicht zur formalen Einstellungsvoraussetzung zu machen. Für die 114 ASMW-Mitarbeiter gilt eine Vertragsklausel, die eine Kündigung anerkennt, wenn eine Mitarbeit bei der Staatssicherheit nicht offenbart wurde und erst später bekannt wird. Ob sich eine solche Kündigung arbeitsrechtlich im Einzelfall durchsetzen lässt, bleibt erst einmal offen. Das Signal ist da und wird von allen gehört. Wichtig ist es, den Neuen zu vermitteln: „Über wen eine Schweinerei rauskommt, der muss gehen. Es liegt jetzt an Ihnen, wie Sie sich in das DIN eingliedern. Wir investieren Vertrauen, nicht Misstrauen. Wir bemühen uns, dass die Arbeit im DIN für alle, die alten wie die neuen DINer, ein Erfolg wird. Letzten Endes können wir uns wehren, wenn unser Vertrauen missbraucht wird."

„Wie anders hätten wir denn vorgehen können? Hätten wir jeden einzelnen vor einen Untersuchungsausschuss zitieren, grundsätzlich jedermann zunächst mit einem Misstrauen überziehen sollen?", fragt Helmut Reihlen an anderer Stelle, „Wir sind doch ungefährdet, die Stärkeren, die sich diese Haltung leisten können und um der gemeinsamen Zukunft willen leisten sollten. Vertrauen öffnet, selbst wenn es hier und da missbraucht werden könnte. Vertrauen macht sicher, Vertrauen bietet die Chance, verschüttete Begabungen an Spontaneität und Kreativität, an produktivem Ungehorsam, an Fähigkeit, Konflikte durchzustehen, freizulegen. Vertrauen kann auch Menschen, die in die Irre gegangen sind, ändern."[256]

Diese Botschaft kommt an. Am Ende sind es nur zwei Kündigungen, die ausgesprochen werden müssen, nicht wegen verschwiegener Stasi-Tätigkeit, sondern wegen mangelnder Leistung. Auch für den ASMW-Vizepräsidenten Standardisierung, Joachim Schoenermark, der aus seiner Stellung in der DDR nie ein Geheimnis macht, findet die DIN-Geschäftsleitung eine Lösung. Er wird in das Zentralsekretariat des CEN nach Brüssel versetzt. Hier spielt er in den kommenden Jahren eine hervorragende, allseits respektierte Rolle im Sinne Europas und des DIN.

Das Konzept, Leistung auf Basis von Vertrauen zu verlangen, geht auf. Auch wenn sich die Neuen erst daran gewöhnen müssen. Nicht jeder weiß sofort, mit diesem Vertrauen richtig umzugehen. Als Helmut Reihlen einer jungen Sekretärin aus dem ASMW sagt, sie solle einen seiner Briefe unterschreiben, ist sie entsetzt: „Ich kann doch den Brief nicht unterschreiben!", entrüstet sie sich gegenüber ihrer Vorgesetzten, Frau Märtin. Doch die beruhigt sie: „Wenn er Dir das gesagt hat, dann machst Du das." Frau Märtin erlebt, wie die Scheu vor der Eigeninitiative bei der Neuen schnell verschwindet. Sie hat Englisch gelernt. Heute führt die „Neue" das Büro des Direktors. Und auch die vielen anderen, deren Eigeninitiative und Kreativität so lange gedämpft, gar unerwünscht waren, passen sich nach kurzer Zeit in das neue Arbeitsklima ein. Schließlich sind Ingenieure keine dummen Leute, sagt Frau Märtin und kommt noch einmal auf Helmut Reihlen zurück: „Das hat er ganz toll hingekriegt, ein anderer Chef hätte das – glaube ich – nicht so geschafft."

Helmut Reihlen ist sich sicher, dass mehr „Nieten" dabei gewesen wären, hätte er 114 Mitarbeiter aus dem Westen auf einen Schlag neu eingestellt. Sein Resümee: Die Motivation bei denen aus dem Osten war enorm, sie brachten vor allem den Willen mit, sich zu bewähren – und sie waren es wert, dass wir ihnen vertraut haben.

---

[256] Ebd., S. 7.

Kirche und Beruf – Parallelen und Verknüpfungen

1979 ist Helmut Reihlen Kirchenältester der Johannes-Kirchengemeinde in Berlin-Lichterfelde und im Beruf seit zwei Jahren Direktor des DIN. Im Herbst wird er vom Kirchenkreis Steglitz in die Landessynode der Evangelischen Kirche in Berlin-Brandenburg entsandt und von dieser zu ihrem Präses gewählt. Dieses Amt hat er für drei Wahlperioden, also 18 Jahre inne. Damit verbunden sind die Stellvertretung des Bischofs in der Kirchenleitung und die Mitgliedschaft in der Synode der Evangelischen Kirche der Union. 1985 bis 1991 ist er Vorsitzender des Diakonischen Rates des Diakonischen Werkes Berlin e. V., 1996 bis 2006 Ratsvorsitzender des Berliner Missionswerkes, 1985 bis 2003 außerdem Mitglied der Synode der EKD, davon zwölf Jahre als Vorsitzender des Ausschusses für Diakonie, Ökumene und Mission. Die kirchlichen Ämter sind zwar „nur" Ehrenämter, bedeuten aber eine Mehrbelastung in seinem Arbeitsalltag, vor allem auf Kosten der Familie und der Freizeit. Die Ehrenämter belasten auch seine engsten Mitarbeiter im DIN, vor allem seine Sekretärin und Büroleiterin, Frau Bärbel Märtin, die nun den größten Teil der Korrespondenz des Präses und die meisten Einzeltermine bearbeitet. Nur so ist das Arbeitsvolumen für ihn zu bewältigen.

Das Recht, Frau Märtin für seine kirchlichen Aufgaben zu „nutzen", lässt er sich in seinem Arbeitsvertrag mit dem DIN in aller Form zusichern. Frau Märtin schreibt die Reden Helmut Reihlens nach dessen Diktat, erledigt seine Korrespondenz, vermittelt Telefonate und Gesprächstermine. Einmal muss sie sogar eine Verhandlung des landeskirchlichen Schiedsausschusses in den Räumen des DIN organisieren. Langweilig wird ihr bei diesem Chef nie. Selbst wenn Helmut Reihlen in New York, Genf oder Tokio auf Dienstreise ist, ruft er an, um ihr Texte zu diktieren. Oder wenn er im Krankenhaus liegt – wie einmal, als er sich beim Skifahren einen Bänderriss zugezogen hat – bestellt er sie ins Krankenzimmer und diktiert Briefe und Berichte. „Eigentlich ist er nie krank gewesen", sagt Bärbel Märtin, „er durfte einfach nicht krank sein." Für Helmut Reihlen sind Krankheiten bis heute nicht der Rede wert. Krankheit ist etwas, das überwunden werden muss. „Der kann nicht einen Tag ohne Arbeit sein", sagt Frau Märtin. „Dem war nichts zu viel. Er brauchte das auch. Er hat einfach immer gearbeitet." Auch zum Essen blieb da keine Zeit. „Das wussten alle", sagt die ehemalige Chefsekretärin. „Wenn ein Jubiläum ins Haus stand, noch bevor das Buffet eröffnet war, probierte er etwas davon. Für die Kantine hatte er hingegen nur wenig Zeit, höchstens fünf Minuten und dort aß er der Schnelligkeit halber nur Eintöpfe. Später gab es dann die Fünf-Minuten-Terrine oder die Tütensuppen im Büro. Dafür schenkten ihm die Sekretärinnen eine Suppentasse."

Daneben hat Präses Reihlen im Evangelischen Konsistorium ein Büro, geleitet von Frau Hildegard Hannemann, später von Frau Brigitte Dohse. Beide gehören zum Urgestein der evangelischen Kirche in Berlin und Brandenburg. Frau Hanneman hat als kirchliche Büroangestellte an den Auseinandersetzungen mit den Deutschen Christen und den Nazis teilgenommen. Nach dem Krieg arbeitete sie mit am Aufbau des Kirchentages, trotz Zonengrenze und Mauer. Ihre Nachfolgerin, Frau Dohse, kennt die Kirchenkreise, Gemeinden und Leitungspersönlichkeiten in der Ostregion der Kirche. Ihr Arbeitsfeld ist die praktische Abwicklung der materiellen und finanziellen Hilfsmaßnahmen für die Kirche im Osten. Eine Aufgabe, die sie zäh, klug, unerschrocken, mit Menschenkenntnis und voller Gottvertrauen bewältigt.

Die Arbeiten für DIN und Kirche bestimmen nicht nur den täglichen Arbeitsrhythmus, sondern gehen zuweilen auch inhaltliche Verbindungen ein. Auf seinen Dienstreisen gelingen Helmut Reihlen immer wieder menschliche Begegnungen, kleine Erfolge gesellschaftspolitischen Inhalts am Rande der offiziellen Verhandlungen.

Chile

Das fängt an, als er gerade zwei Jahre beim DIN ist. 1973, kurz nach dem Putsch der Militärjunta Augusto Pinochets gegen die sozialistische Regierung Salvador Allendes, reist Helmut Reihlen nach Chile, um mit dem chilenischen Normeninstitut einen Kooperationsvertrag auszuhandeln. Seine Frau begleitet ihn. Die Evangelische Kirche in Deutschland ist voller Sympathie für Salvador Allende und für die Christliche Linke in Chile, deren politische Führer erschlagen wurden oder unter verschärften Bedingungen im Gefängnis sitzen. Amnesty International, unterstützt vom Lutherischen Weltbund, der deutschsprachigen lutherischen Gemeinde in Santiago, deren Pfarrer Axel Becker und vom katholischen Erzbischof von Santiago Raoul Silva Henrique, liefert handfeste und verlässliche Informationen über Verhaftete und deren Haftbedingungen.

Während der Gespräche mit dem staatlichen chilenischen Normeninstitut und der Technischen Hochschule Valparaiso, an deren Gründung auch deutsche Einwanderer beteiligt sind, bitten diese beiden Institutionen um die

Zusendung technischer Literatur und des vollständigen Deutschen Normen-
werks samt den vierteljährlichen Ergänzungslieferungen. Das ist im Rahmen
der Normenkooperation mit befreundeten Ländern möglich. Doch bevor er
den Chilenen zusagt, bittet Helmut Reihlen die Verhandlungsführer, einen
politischen Häftling besuchen zu dürfen. Zuerst weigern sie sich. Helmut
Reihlen bleibt aber verbindlich und zäh. Nach vier Tagen bekommen er und
seine Frau die Erlaubnis. Der Besuchstermin liegt zwei Stunden nach ihrem
gebuchten Abflugtermin. Sie verschieben den Rückflug. Der Gefängniskommandant in Valparaiso empfängt sie. Die Tür öffnet sich zu einer atemberau-
benden Szenerie: Ein sehr großer Raum breitet sich vor ihnen aus, an dessen
Ende sitzt der Gefängniskommandant wie auf einer Opernbühne, kaum zu
sehen hinter einem riesigen Schreibtisch. Über ihm an der Wand prangt eine
unheilige Dreifaltigkeit: oben ein Kruzifix, darunter ein großes Foto des Dik-
tators Pinochets in Generaluniform, darunter kleinere Fotos der Juntamit-
glieder. Dann wird der Gefangene hereingeführt. Auch wenn sich die Situation des Gefangenen nicht unmittelbar durch diesen Besuch verändert, so
weiß dieser doch, dass er nicht vergessen ist, dass es Menschen gibt, die
an ihn denken und für ihn beten. Und mindestens genauso wichtig: Die Junta
und ihre Soldaten wissen es auch. „Wir waren gewiss, dass solche Besuche
den Häftling schützen", sagt Helmut Reihlen. Die Chile-Reise hat noch eine
weitere Folge, nämlich eine sich bis heute bewährende Partnerschaft der
Berliner Johannes-Kirchengemeinde mit der katholischen Missionsschwes-
ter Karoline Mayer und dem von ihr ins Leben gerufenen Hilfswerk Cristo
Vive in Santiago. Aus Karoline Mayers Werkstätten stammt auch das drei
mal fünf Meter große Altarbild in der Johannes-Kirche, ein aus Stoffresten
genähter Wandteppich mit Darstellungen aus dem Leben Jesu.

Ingenieurberuf und christliche Ethik

Für jemanden, der mit beidem Ernst machen will, mit dem Ingenieurberuf und
mit der Bibel, ist das DIN ein guter Ackerboden. Schließlich geht es auch den
Normen um das allgemeine Wohl, ein Ziel, dessen inhaltliche Ausgestal-
tung durchaus interessante Bezugspunkte zum Selbstverständnis des Ingenieurs, aber auch des Christen bietet. In seinen Reden bezieht sich Helmut
Reihlen immer wieder auf die Botschaft der christlichen Überlieferung. Lei-
tend für ihn ist die Aufforderung des Paulus an die Römer: „Ich ermahne
euch nun, liebe Brüder, durch die Barmherzigkeit Gottes, dass ihr eure
Leiber hingebt als ein Opfer, das lebendig, heilig und Gott wohlgefällig ist.

Das sei euer vernünftiger Gottesdienst."[257] „Eure Leiber", das heißt für Helmut Reihlen in der Sprache der Bibel: „Euer ganzes Dasein, Euer Leben am Sonntag ebenso wie am Werktag." Das Alltagsleben ist der vernünftige Gottesdienst. Auch der Beruf ist ein Teil der Berufung des Christen. Für Helmut Reihlen bedeutet dies, mit seiner ungeteilten Existenz für den christlichen Glauben einzustehen, auch in seinem Beruf als Ingenieur. „Wenn ich Paulus' Wort von dem vernünftigen Gottesdienst und von dem Gott wohlgefälligen, leibhaftigen Opfer lese, dann, so meine ich, muss ich auch von mir als Normeningenieur reden", sagt er in einer Predigt anlässlich seiner Einführung als Vorsitzender des Missionsrates des Berliner Missionswerkes am 26. April 1996.

Doch er begnügt sich nicht mit solchen allgemeinen Aussagen. Vielmehr versucht er, die eigene berufliche Tätigkeit im Licht der christlichen Botschaft zu verstehen. In Predigten und Vorträgen entwickelt er eine christliche Ethik der angewandten Naturwissenschaften. So im Rahmen einer der Wittenberger Vorlesungen „Früchte vom Baum der Erkenntnis. – Technischer Fortschritt, Technikfolgen, Techniksteuerung".

Die darin unternommene Deutung des Ingenieurberufs zeugt einmal mehr von seinem Ziel, die christlich-jüdische Überlieferung auch für seinen Beruf fruchtbar zu machen. Dieser Vortrag ist so etwas wie der Schlüssel für das berufliche Selbstverständnis Helmut Reihlens in seiner Zeit als DIN-Direktor.

Es ist die Geschichte vom Sündenfall des Menschen,[258] die Helmut Reihlen zum Ausgangspunkt seiner Überlegungen macht. Adam und Eva, die ersten Menschen, essen vom verbotenen Baum der Erkenntnis, um zu werden wie Gott, das heißt, um selbst beurteilen zu können, was gut und was böse, was richtig und was falsch ist.

Die Bibel, so erläutert Helmut Reihlen, gehe davon aus, dass die ganze menschliche Geschichte durch diese eine fundamentale und unumkehrbare Grenzüberschreitung in Gang gesetzt und in Atem gehalten werde. Das gelte auch noch für die Gegenwart und die Zukunft. Doch in der mosaischen Urgeschichte hat die neu gewonnene Fähigkeit, selbst zu urteilen, ihren Preis. Gott bestraft den Menschen für seine Grenzüberschreitung mit der Vertreibung aus dem Paradies, mit Tod, Krankheit und Mühsal. Helmut Reihlen

---

[257] Röm 12,1.
[258] 1. Mose 3,1–24.

zeigt, dass beides, Grenzüberschreitung und Vertreibung aus dem Paradies, von Gott so gewollt sind und dass der Sündenfall nicht von außen in die Schöpfung Gottes getreten ist, um sie zu zerstören. Die Schlange, die Eva dazu angeleitet hat, den Apfel vom Baum der Erkenntnis zu essen, agiert selbst als ein Geschöpf Gottes. Die Folge: Gott selbst hat uns den Auftrag erteilt, zu entscheiden und unser Wissen stetig zu erweitern, ja, Mitschöpfer an seiner Schöpfung zu sein.

Genau hier kommt der Ingenieur ins Spiel. Dieser belauscht, beobachtet die Natur, erkennt ihre inneren Gesetze, macht sie rechenbar und sich zunutze, unterwirft und beherrscht die Welt mit der Absicht, dem Fortschritt und dem Wohlstand der Menschheit zu dienen. Der Ingenieur ist als „Mitschöpfer am Bauplan Gottes" beteiligt, er schreibt die Schöpfung gleichsam mit der Erfindung technischer Neuerungen fort.

Ist der Mensch damit auch für die Folgen seiner Erkenntnisse verantwortlich? Menschengemachte Umweltkatastrophen, Massenvernichtungsmittel hat er nicht eingeplant, als er seinem Forscherdrang, seiner Neugier nachging, und doch können sie das Ergebnis seiner Erkenntnisse oder Erfindungen sein. Das „urweltliche" Geschehen von Erkenntnis und „Vertreibung aus dem Paradies", das „Einhandeln des Todes" ist bis heute – so Helmut Reihlen – der alltägliche Horizont aller Naturwissenschaftler und Ingenieure. „Sie überschreiten mit ihren Arbeiten Grenzen des menschlichen Wissens. Dies ist ein unumkehrbarer Vorgang. Eine Rückkehr in die Unwissenheit auf dem Gebiet, das sie bearbeitet haben, gibt es nicht mehr. Die Menschheit weiß jetzt, wie man Penicillin und Dünger herstellen kann und wird es nicht mehr vergessen. Und wer Dünger herstellen kann, kann in der gleichen Fabrik mit geringen Umstellungen auch Giftgas herstellen. Wie man die Hiroshima-Bombe baut, ist heute ‚Kleines Einmaleins' jeder Industriegesellschaft."

Für Helmut Reihlen stellt sich nun die Frage, wie die Gesellschaft dem Dilemma entkommen kann, stetigen Erkenntnisfortschritt mit Tod und Barbarei bezahlen zu müssen, und er kommt zu dem Schluss: Die Schlange hat zuviel versprochen. Der Mensch kann schlicht nicht wissen, was gut und was böse ist und was sein Wissen und Tun in fernerer Zukunft anrichten kann. Er weiß nicht, wo seine Grenzen liegen. „Gibt es auf Erden ein Maß? Es gibt Keines", heißt es bei Hölderlin.[259] Sein Erkenntnisvermögen

---

[259] Friedrich Hölderlin: In lieblicher Bläue ... In: Friedrich Hölderlin: Gedichte. Auswahl und Nachwort von Konrad Nussbächer, Stuttgart 1981, S. 202.

ist beschränkt und selbst da, wo er über die erforderlichen Erkenntnisse verfügt, entziehen sich viele Faktoren seinem Einfluss. Der Naturwissenschaftler oder der Ingenieur, solange sie als solche tätig sind, sagen den Menschen nur, was sie tun können, nicht aber, was sie tun sollen. Bleibt es also dabei, dass der Mensch für die Erweiterung seiner Erkenntnis immer bitter bezahlen wird? Ganz lässt sich dieses Risiko nicht vermeiden, aber Helmut Reihlen sucht nach einer Ethik, genau genommen einer „Fernethik", die sich daran macht, genau dieses Risiko zu mildern. Dafür bedient er sich zunächst einer Erkenntnis aus der Naturwissenschaft. Er weist darauf hin, dass die Natur ebenso wie das menschliche Erkenntnisvermögen begrenzt ist. Das Denken des Unendlichen ist unmöglich. Und weil es also Grenzen der menschlichen Erkenntnis gibt, soll der Mensch mit Bescheidenheit auftreten und nicht kritiklos an den unendlichen Fortschritt von Wissenschaft und Technik glauben. Helmut Reihlen erinnert in diesem Zusammenhang an die Heisenberg'sche Unschärferelation, die zeigt, dass es unmöglich ist, den Ort und den Bewegungsimpuls eines Teilchens gleichermaßen genau zu bestimmen. Infolgedessen ist es auch unmöglich, die biologische Konstitution zukünftiger Lebewesen vorherzusagen. Und er erinnert an den Mathematiker und Logiker Kurt Gödel, der die Grenzen mathematisch-logischer Entscheidbarkeit aufgedeckt hat. Schließlich verweist er auf den Biophysiker und Philosophen Alfred Gierer, der das Universum als eine endliche Masse mit endlichem Alter darstellt, um von der Endlichkeit der Welt auf die Grenzen der menschlichen Erkenntnis zu schließen. Die Begrenztheit allen menschlichen Wissens fordert eine Ethik, mit der der Mensch sich selbst Grenzen setzt. Damit ist Helmut Reihlen dort, wo er seine Aufgabe als Normeningenieur sieht.

Seine Antwort ist von der Sorge um das wirtschaftliche, gesundheitliche, persönliche Wohl aller geleitet. Sie heißt „Technikfolgenbewertung". Darunter versteht er die Abstimmung von sieben unterschiedlichen Werten miteinander: Funktionsfähigkeit, Wirtschaftlichkeit, Wohlstand, Sicherheit, Gesundheit, Umweltqualität, Persönlichkeitsentfaltung und Gesellschaftsqualität. Das sind die „Werte im technischen Handeln" gemäß VDI-Richtlinie 3780. Das gleiche Thema behandelt die ISO in einer Reihe internationaler Normen zur Corporate Social Responsibility, zur gesellschaftlichen Verantwortung auch von Unternehmen im Bereich der Technik und der Wirtschaft. Innerhalb der ISO und auch in Deutschland artikulieren sich Widerstände gegen diese Normen, aber es gibt auch Unterstützer wie den Versandhändler

Otto, die Stiftung Warentest und Menschen im Apparat der Normung, die denken wie Helmut Reihlen. Solche Themen erfordern einen langen Atem. Immerhin widmet das marktwirtschaftlich orientierte Institut der Deutschen Wirtschaft den Max-Weber-Preis 2010 dem Thema „Wirtschafts- und Unternehmensethik sowie Corporate Social Responsibility".

Helmut Reihlen ist überzeugt: Erst wenn diese Faktoren der Technikfolgenbewertung gemäß der VDI-Richtlinie und der ISO-Norm in ihrer Wechselwirkung miteinander bedacht und bewertet worden sind, kann eine Aussage darüber getroffen werden, ob eine neue Technik eher zum Nutzen oder zum Schaden der Gesellschaft dient. Hinzutreten muss schließlich die Techniksteuerung. Dazu gehört auch die Entscheidung, bewusst auf eine Technik zu verzichten, solange deren Folgen unabsehbar sind und möglicherweise mehr Schaden als Nutzen anrichten. Technikfolgenbewertung führt häufig nur zu vagen Aussagen, denn Ziele und Werte, an denen sich neue Techniken messen lassen müssen, verändern sich mit der Zeit. So stehen wir heute vor der Situation, dass fünf Tote jährlich in Kernkraftkraftwerken schnell zur Stilllegung aller Kernkraftwerke in Deutschland führen würden. 6 000 Verkehrstote im Jahr gelten dagegen als vertretbare Opfer für die gewünschte persönliche Freiheit und Mobilität des Einzelnen. Hinzu kommt, dass wir nicht wissen, was wir morgen wissen werden: „Viele Jahrzehnte", so erläutert Helmut Reihlen, „galten Asbestprodukte als preiswerte, funktionstüchtige, ungefährliche Baustoffe. Erst neuere Forschungen haben die Kanzerogenität der in die Lunge gelangenden Asbestfasern offen gelegt, weil Messverfahren erfunden wurden, die die Möglichkeit eröffnet haben, solche Fasern bis in die Größenordnung von 1 je 1 m^3 nachzuweisen." Die Welt bleibt mehrdeutig. „Eure Augen werden aufgetan, Ihr werdet sein wie Gott", heißt es in der Geschichte vom Sündenfall. Doch die Schlange hatte zu viel versprochen. Helmut Reihlen kommt zu dem Schluss: „Meine Frage nach den Grenzen, die wir nicht ungestraft überschreiten dürfen, bleibt unbeantwortet. In der Sündenfallgeschichte ist beides erkennbar: Der Stolz auf den Ingenieurberuf und die Nachdenklichkeit des ‚Wozu' und ‚Bis wohin?' [...] Jede Grenzüberschreitung birgt beides in sich: Eine Daseinssteigerung (sein wie Gott) und eine Daseinsgefährdung (das Einhandeln des Todes). Genau dort im Zentrum der Daseinsgefährdung liegen die Aufgaben der Technikbewertung, die Aufgaben, denen sich jeder Ingenieur und ganz besonders jeder Normeningenieur stellen muss."

Dass Helmut Reihlen den Ingenieuren immer wieder ein christliches Berufsethos nahelegt, bestätigen alle, die ihn im Laufe der Zeit kennenlernen. So
auch Wolfgang Lorenz, der Vorsitzende des VDI Berlin-Brandenburg, anlässlich eines Kolloquiums zum 60. Geburtstag Helmut Reihlens. Er erinnert
sich an die Rede Helmut Reihlens 1989, als dieser den Vorsitz des Berliner
Bezirksvereins des VDI antritt. Darin erklärt Helmut Reihlen den Ingenieuren, dass es ihre Aufgabe sei, eine menschliche Zukunft mit einer lebens-
werten Umwelt mitzugestalten. Er mahnt sie, diese Aufgabe nicht anderen
zu überlassen, da es sich hierbei um eine wesentliche und ursächliche Inge-
nieuraufgabe handele. Von hier aus sollen auch Impulse für die Umsetzung
in der Politik ausgehen.

Und weil dies zu wenig geschieht, initiiert Helmut Reihlen die sogenannten
Parlamentariergespräche: Ausgehend von den Abendgesellschaften des
VDI bietet der VDI ein Gesprächsforum, auf dem Führungskräfte der Wirt-
schaft, der Wissenschaft und der Politik zu konkreten, technikbezogenen
Fragen zusammenkommen.

An die enge Verknüpfung von Berufsethos und Christentum bei Helmut Reihlen erinnert sich nahezu jeder, der ihn im Laufe seines beruflichen Lebens
getroffen hat. Und schließlich ist es Helmut Reihlen selbst, der immer
wieder die Anlässe schafft, bei denen sich sein kirchliches und sein beruf-
liches Engagement miteinander verbinden lassen. So als er etwa im Wintersemester 1990/91 im Rahmen des VDI eine Seminarreihe mit dem Titel
„Technik und Ethik – Gesellschaftliche Verantwortung des Ingenieurs" ins
Leben ruft, die mit einem Vortrag von Bischof Martin Kruse zum Thema „Der
Protestantismus und der technische Fortschritt" eröffnet wird.[260]

Stiftung Warentest

1978 beruft der Bundeswirtschaftsminister Helmut Reihlen zum Mitglied
des Verwaltungsrats der Stiftung Warentest. Sechzehn Jahre wird er diesem
Gremium angehören, von 1984 bis 1993 als dessen Vorsitzender.

---

[260] Dipl.-Ing. Wolfgang Lorenz. In: Auf dem Wege zur Einheit in Deutschland und
Europa. Kolloquium zu Ehren von Professor Dr.-Ing. SC. D. Helmut Reihlen anlässlich seines 60. Geburtstages. Berlin, Köln 1994, S. 21–27, S. 24.

Die Stiftung Warentest ermittelt durch vergleichende Tests die objektivierbaren Eigenschaften von Waren und Dienstleistungen. Sie sollen den Endverbraucher unabhängige und neutrale Information vermitteln. Die Tests sind wissenschaftlichen, vor allem naturwissenschaftlichen Grundsätzen verpflichtet. Die Verbraucher sollen wissen, wofür sie ihr Geld ausgeben. Gut informierte Verbraucher sind eine Voraussetzung für das Funktionieren der Marktwirtschaft.

Zugleich spürt die Stiftung Warentest gesellschaftlichen Trends und Entwicklungen nach, auf die sie dann ihr besonderes Augenmerk richtet. So spielen Fragen des Alterns der Gesellschaft, des Umweltschutzes, der Energieeffizienz, des fairen Handels mit Ländern der Dritten Welt eine wachsende Rolle. Für die Mitarbeiter von Stiftung Warentest schafft diese Orientierung ihrer Arbeit an gesellschaftlichen Werten eine hohe Identifikation mit ihrem Arbeitgeber und ein enges Zusammengehörigkeitsgefühl. Die Arbeit macht ihnen Freude, denn sie erfüllt einen hohen moralischen Anspruch, indem sie die Interessen derjenigen schützt, die ohne eine solche Hilfe leicht der Werbung und pseudowissenschaftlichen Dokumentationen aggressiver Anbieter ausgeliefert wären.

Der neue Verwaltungsratsvorsitzende weiß, was die Warentester können, und gibt ihnen freie Hand im Tagesgeschäft. Das ist nicht selbstverständlich, hat es doch auch schon Verwaltungsräte gegeben, die sich massiv in die konkrete Tagesarbeit der Tester einmischten. Helmut Reihlen glaubt, dass Stiftung Warentest eine Aufsicht braucht, die die Mitarbeiter mit ihrem großen Schatz an Erfahrungen veranlasst, „im beruflichen Alltag nicht das Ganze aus den Augen zu verlieren". Für ihn geht es immer auch um die Frage: Wo steht die Stiftung in fünf oder zehn Jahren?

Helmut Reihlen will von den Warentestern wissen, wie ihre Strategie, ihre Perspektive aussieht. „Wo wollen Sie hin im Vergleich mit anderen Informationsanbietern? In welche Richtung wollen Sie Verbraucher und Anbieter verändern?", fragt er die Warentester. Und wenn er ein „Strategiepapier" auf den Schreibtisch bekommt, weiß er, dass auch das noch nicht ausreicht, denn Papier ist geduldig. Er hakt nach und fragt nach der konkreten Bedeutung der Strategie, verlangt Aktionspläne, in denen steht, wer wann was machen wird. Für Helmut Reihlen liegt die Aufgabe als Chef des Verwaltungsrats in der gesellschaftlichen Gesamtpositionierung von Stiftung Warentest. Als Verwaltungsrat beaufsichtigt er den Vorstand und legt im

Rahmen der Satzung die Richtlinien für dessen Arbeit fest. Das spüren Vorstand und Mitarbeiter, als es beispielsweise um die Einführung eines ersten Tarifvertrags für die Mitarbeiter Mitte der achtziger Jahre geht. Genauso Anfang der achtziger Jahre, als „Umweltverträglichkeit" als Kriterium der Produktbewertung noch lange nicht im Denken der Verbraucher verankert ist und auch innerhalb von Warentest nicht zum allgemeinen Standard gehört.

1985 wird der Stiftungszweck durch die Einbeziehung des Umweltschutzes in die Untersuchungstätigkeit geändert.[261] Zuerst sind es eher die „Linken" in der Stiftung, die sich von ihrem Verwaltungsratsvorsitzenden Helmut Reihlen verstanden fühlen. Denn sie kämpfen für die Einbeziehung ökologischer und gesellschaftlicher Bewertungskriterien. Der Vorstand denkt indes eher konservativ. Gelegentlich gerät Helmut Reihlen in Gegensatz zum Vorstandsvorsitzenden Roland Hüttenrauch, der die Stiftung zu einer allgemein respektierten Institution gemacht hat und der wegen seines paternalistischen Führungsstils auch mit einem „barocken Fürsten" verglichen wird. Hüttenrauch bringt nur wenig Verständnis auf für „neumodische" Themen wie „Umweltverträglichkeit" oder „Nachhaltigkeit". Dem bei Warentest für Umweltfragen zuständigen Ingenieur, Dr. Carl-Heinz Moritz, prophezeit er gern, dass sich „das mit der Umwelt ohnehin mit der Zeit tot laufen würde".

Unter der Ägide des Verwaltungsrats Helmut Reihlen erscheint ab 1983 eine neue Broschürenreihe, zum ersten Mal mit dem Thema „Küche". Ihr Ziel ist es, Verbrauchern auch in den Bereichen hilfreiche Informationen zu geben, in denen aktuelle Qualitätsurteile für Produkte und Leistungen nicht verfügbar sind bzw. durch weitergehende Informationen ergänzt werden müssen.

---

[261] Vgl. die Satzung der Stiftung Warentest vom 1. Januar 2008. § 2, 1: „Die Stiftung ist selbstlos tätig; sie verfolgt nicht in erster Linie eigenwirtschaftliche Zwecke. Ausschließlicher und unmittelbarer Zweck der Stiftung ist es, die Öffentlichkeit über objektivierbare Merkmale des Nutz- und Gebrauchswertes sowie der Umweltverträglichkeit von Waren und privaten sowie individuell nutzbaren öffentlichen Leistungen zu unterrichten, – der Öffentlichkeit Informationen zur Verfügung zu stellen, die zur Verbesserung der Marktbeurteilung beitragen, – die Verbraucher über Möglichkeiten und Techniken der optimalen privaten Haushaltsführung, über eine rationale Einkommensverwendung sowie über von ihr als fundiert erkannte wissenschaftliche Erkenntnisse des gesundheits- und umweltbewussten Verhaltens aufzuklären."

Später kommen noch andere Themen und Bewertungskriterien bei Warentest hinzu, die weit über die unmittelbaren Konsumenteninteressen „möglichst gut und möglichst preisgünstig" hinausgehen. So zum Beispiel die Sozialverträglichkeit von Produkten. Das heißt, nun werden auch die sozialen Bedingungen ihrer Produktion bewertet. Ebenso wird vermerkt, wenn eine Firma bzw. der Importeur nicht bereit ist, die gesellschaftlichen Daten des Produktionsprozesses offenzulegen. Die „CSR", „Corporate Social Responsibility" als Bewertungskriterium wird 2004 eingeführt. Carl-Heinz Moritz erklärt das so: „Wenn wir Jogging-Schuhe testen, dann gucken wir uns inzwischen auch an: Sind die durch ungeregelte Kinderarbeit hergestellt? Und wenn das so ist, dann können die bei uns kein ‚gut' mehr kriegen. Auch da gehen wir über das Selbstverständnis des durchschnittlichen Verbrauchers hinaus."

Gewollt ist verantwortungsvolles unternehmerisches Handeln, das nicht nur den schnellen Profit im Auge hat. Dabei sind die Tester auf die Kooperation der Anbieter angewiesen, denn die Beurteilung beruht vor allem auf einer systematischen Befragung und der Besichtigung von Fertigungsstätten. Wenn die Anbieter keinen Einblick in die sozialen Standards ihrer Unternehmen geben wollen, ist das schon eine Aussage und wird im Testurteil entsprechend vermerkt.

Mehr denn je geht es heute um die gesellschaftliche Wirkung des Konsumentenverhaltens und das bezieht sich schon lange nicht mehr allein auf den deutschen Markt. Viele Produkte wie zum Beispiel Fernsehgeräte, Mobiltelefone, Drucker oder Frühstückscerealien werden mittlerweile in länderübergreifenden Untersuchungen getestet.

Die Offenheit der Stiftung Warentest für ökologische und soziale Themen ist auch ein Ergebnis aus der Zeit des Verwaltungsratsvorsitzenden Helmut Reihlen. Als Roland Hüttenrauch, der drei Jahrzehnte lang (1964–1994) das Amt des Vorstandsvorsitzenden von Warentest inne hatte, 1994 auf die Zeit mit Helmut Reihlen zurückblickt, spricht er über die ethische Orientierung von Warentest. Der oberste Repräsentant einer Warentest-Institution müsse Eigenschaften haben, die auch die Kirche von ihren Anhängern fordert, sagt der sonst eher für seine pragmatische Nüchternheit bekannte Physiker: Gerechtigkeit gegenüber jedermann, Wahrhaftigkeit und Zivilcourage.

„Ja", so fährt er fort, „man darf vielleicht sogar fragen, ob denn jemand überhaupt ein guter Warentester sein kann, der nicht gleichzeitig auch ein guter Christ ist."[262]

In der Evangelischen Kirche

„Wir waren alle überfordert."

Bischof Martin Kruse

Am Vormittag des 19. Januar 1979 wird Helmut Reihlen im dritten Wahlgang zum Präses der Synode der Evangelischen Kirche in Berlin-Brandenburg (Berlin West) gewählt.[263] Bischof Kruse ist dankbar für den nüchternen DIN-Mann, dessen wirtschaftlicher Sachverstand für ihn ein „Himmelsgeschenk" ist. Denn die finanzielle Lage der Evangelischen Kirche in West-Berlin ist schwierig. Bischof Kruse, der 1977 von seinem Vorgänger Scharf das Bischofsamt übernommen hat, sieht sich mit einem strukturell defizitären Haushalt konfrontiert. Hinzu kommt eine Welle von Kirchenaustritten. Problematisch ist auch, dass viele, auch leitende Mitarbeiter, die Kirche für ein finanziell nicht sinkbares Schiff halten und eine enorme Ausweitung des hauptamtlichen Personals dulden oder sogar fördern.

Da hilft es, dass der neue Präses Helmut Reihlen einer ist, mit dem sich auch unbequeme Entscheidungen durchsetzen lassen. Mit ihm wird das 13. Monatsgehalt für alle – vom Bischof bis zum Hausmeister – auf 1 000 DM herabgesetzt. Kein Wunder, das manch einem der Mann vom DIN ein Dorn im Auge ist.[264] Und so geht es zuweilen hoch her in der Synode. Hier ist die Atmosphäre angespannt, geprägt von der Angst vor der Atomkraft und einem möglichen Dritten Weltkrieg. In West-Berlin gibt es keine Bundeswehr und keine Wehrpflicht. Soldaten zählen nicht zu den Mitgliedern der

---

[262] Dipl.-Ing. Roland Hüttenrauch. In: Auf dem Wege zur Einheit in Deutschland und Europa. In: Kolloquium zu Ehren von Professor Dr.-Ing. SC. D. Helmut Reihlen anlässlich seines 60. Geburtstags. Berlin, Köln 1994, S. 27–35, S. 27 f.

[263] Vgl. das Synodenprotokoll: Verhandlungen der Regionalen Synode der Evangelischen Kirche in Berlin-Brandenburg (Berlin West). 1. Tagung der achten Synode vom 18. bis 21. Januar 1979 im Evangelischen Johannesstift 1 Berlin 20 (Spandau), Schönwalder Allee (ELAB-Bibl. 23/33).

[264] Gespräch mit Altbischof Martin Kruse am 15. September 2009.

Synode. Hier ist der pazifistische Flügel besonders stark. Immer wieder kommt es zu heftigen Konfrontationen, in der sich nicht selten Theologen durch eine besondere ideologische Härte auszeichnen.[265] Bischof Kruse und Präses Reihlen sind pragmatische Menschen. Sie lassen sich auch in gesellschaftspolitischen Fragen von dem nüchternen, eher skeptischen Menschenbild der Bibel bestimmen; ideologische Positionen sind ihnen fremd. Das gilt für die Friedenspolitik ebenso wie für die Bewahrung der Schöpfung als Lebensraum des Menschen. Ihnen steht der Zweite Weltkrieg vor Augen, als die genozidale Aggression der Nationalsozialisten nur mit Waffengewalt gestoppt werden konnte. Zwar meinen auch Kruse und Reihlen, dass alles getan werden müsse, um militärische Aktionen zu vermeiden, doch gibt es ihrer Meinung nach Situationen, wo Gewalt oder ihre glaubhafte Androhung als ultima ratio um der Menschlichkeit willen nötig sind.[266]

Auf der Tagung der Regionalen Synode der Evangelischen Kirche in Berlin-Brandenburg (Berlin West)[267] vom 5. bis 10. Mai 1987 eskalieren die Spannungen zwischen Friedensbewegten und ihren Gegnern dermaßen, dass Helmut Reihlen sein Präsesamt erstmals fragwürdig wird. „Mein kirchliches Engagement hat im letzten Jahr einen Knacks bekommen", schreibt er 1987 an Freunde und Verwandte. „Die Mai-Synode der Berlin-brandenburgischen Kirche glich mehr einem Parteitag mit den dort üblichen Geschäftsordnungsdebatten, Nachtsitzungen, Überraschungsmanövern als einer kirchlichen Versammlung. Zum ersten Mal in meinen 9 Jahren als Präses ist mir dieses Amt bitter geworden. Eine Gruppierung hatte den Antrag gestellt, nur noch eine theologische Begründung für den Ausstieg aus der Kernenergie zu

---

[265] Gespräch mit Altbischof Martin Kruse am 15. September 2009.
[266] Gespräch mit Altbischof Martin Kruse am 15. September 2009.
[267] 6. Tagung der 9. Synode der Ev. Kirche in Berlin-Brandenburg (Berlin West). Vgl. das Synodenprotokoll: Die Verhandlungen der Regionalen Synode der Evangelischen Kirche in Berlin-Brandenburg (Berlin West), Tagung vom 5. bis 10. Mai 1987 (ELAB 23/51).

verabschieden.[268] Fragen des Ingenieurs, des Wirtschafters und Umweltschützers, welche Konsequenzen das auf die Stickoxid-, Schwefeloxid- und Kohlenoxidanreicherung in der Atmosphäre, welche wirtschaftlichen Folgen das hätte, und in welchen Fristen solche Schritte vollziehbar sind, hatten keine Bedeutung mehr für die Mitsynodalen, die sich längst entschieden hatten, und durch Tatsachen nicht mehr in ihrem Urteil ins Wanken gebracht werden wollten."

Ähnlich geht es zu bei der Frage, wie kirchliches Vermögen anzulegen sei. Nicht bei Firmen, die auch nur eine einzige Waffe herstellen, fordert ein Teil der Synode. „Alles das, was die Synode über Jahrzehnte zur Frage der öffentlichen Ordnung und zur Aufgabe des Staates, unter Androhung und Ausübung von Gewalt für Recht und Frieden zu sorgen, gesagt hatte, war wie weggeblasen", schreibt Helmut Reihlen.[269] Da sei viel Gemeinsamkeit zerstört worden, gerade auch von solchen Synodalen, die ihn 1979 ins Amt gewählt hatten. Noch einmal – so schreibt Helmut Reihlen in Anspielung auf die Synode von Ephesos im Jahr 449, in der es um die Zwei-Naturen-Lehre Christi ging, würde er eine solche „Räubersynode" nicht durchhalten.

---

[268] Das beantragte die Kreissynode des Kirchenkreises Steglitz. Vgl. Drucksache 25, ebd. Hinzu kamen die beiden Anträge der Gemeindekirchenräte von Neu-Westend und der Epiphanien-Kirchengemeinde, die die Synode aufforderten, der Bundesregierung die Stilllegung der Atomkraftwerke nahezulegen. Neu-Westend bezog sich in seiner Antragsgründung explizit auf die Katastrophe von Tschernobyl. „Auch wenn die Auswirkungen der Katstrophe von Tschernobyl heute noch in keiner Weise abzusehen sind, so hat uns dies doch das menschenverachtende Risiko vor Augen geführt, mit dem in Ost und West wirtschaftliche und militärische Interessen über das vitale Sicherheitsbedürfnis der Menschen gestellt werden." Vgl. Drucksachen 23 und 24, ebd.

[269] Vgl. den Antrag von 16 Synodalen zur Kriminalisierung von Verweigerern der Volkszählung. Wörtlich lautete der Antrag: „Die Synode wolle beschließen: Wir wenden uns gegen die Kriminalisierung von möglichen Verweigerern der Volkszählung durch staatliche Stellen sowie Presseorgane und betonen, Bürger, die die Volkszählung verweigern, sind weder ‚Verbrecher' noch ‚Staatsfeinde'", ebd.

Schließlich kommt er zu dem Schluss, dass die Lebenswirklichkeit mancher Pfarrer, Lehrer und Hochschullehrer weit von der seinen entfernt sei. Sein Fazit: „Man muss sich sehr bemühen, einander zu verstehen."[270]

Dieser Prozess des Ausgleichs ist indes auf gutem Weg. Die Unversöhnlichkeit zwischen „Konservativen" und „Progressiven" verliert an Schärfe. Die Progressiven lernen, dass durch sie die Kirche dem Himmelreich nicht näher gekommen ist. Die Konservativen spüren, dass auch ihre Widersacher ihre Kirche lieben und das Tagesgeschäft im Geiste des Evangeliums ordnen wollen.

Als 1989 die Mauer fällt, treten die früheren Kämpfe innerhalb der West-Berliner evangelischen Kirche in den Hintergrund. Jetzt stehen die evangelischen Kirchen in der DDR für wenige Monate an der Spitze der neuen Zeit. Binnen kurzem verwandelt sich die Kirche von der geschundenen und geschrumpften Volkskirche in „eine Kirche des Volkes". Seit Jahren ist sie der Raum, in dem die politischen Oppositionsgruppen und die alternative Öffentlichkeit in der DDR Schutz finden.

Von der Kirche geht eine Spiritualität aus, die über Monate das Lebensgefühl der Menschen bestimmt. Hier handelt es sich um mehr als um religiöse Innerlichkeit, vielmehr ist das der ins soziale und politische Verhalten durchschlagende Ausdruck von Glaubensweisen und Überzeugungen. „Die Spiritualität, die den Herbst 1989 bestimmte, war von einer Praxis inspiriert, die ein Jahrzehnt lang durch den Diskurs und die Praxis von Kirchen- und Basisgruppen vorbereitet worden war", sagt Helmut Reihlen und zählt vier charakteristische Elemente auf:

---

[270] Weihnachtsbrief der Familie Reihlen 1987 (ELAB 62/1). Die von Helmut Reihlen beschriebenen Vorfälle ereignen sich auf der Abendsitzung der Synode am 8. Mai 1987, die sich von 19.30 Uhr bis 0.45 Uhr hinzieht, immer wieder unterbrochen von Anträgen auf „Schluss der Debatte", „Ende der Rednerliste" oder „Abbruch der Verhandlungen". Drucksache 36 „Anlage kirchlichen Vermögens", die vorschlägt, kirchliches Vermögen nicht in Aktien oder Anleihen südafrikanischer Emittenten anzulegen, ist Anlass für Bischof Kruse, in die Debatte einzugreifen und eindringlich zu bitten, „nicht die gemeinsame Handlungsfreiheit zu zerstören, indem man sich Ersatz-Kriegsschauplätze schafft und sich zerstreitet". Vgl. Die Verhandlungen der Regionalen Synode der Evangelischen Kirche in Berlin-Brandenburg (Berlin West) Tagung vom 5. bis 10. Mai 1987. Berlin 1987 (ELAB 23/51).

– Die Gewaltlosigkeit. Sie drückt sich in dem Kanon „Dona nobis pacem" aus.

1989 singen die Christen der friedlichen Revolution den Kanon bei zahllosen Veranstaltungen. Die friedliche Revolution stellt sich dar mit brennenden Kerzen, mit denen sich Demonstranten von diesen Veranstaltungen aus auf die Straße begeben. Ein Demonstrant mit einer Kerze in der Hand und dem „Dona nobis pacem" auf den Lippen will keine Gewalt. Er kann nicht mehr die Faust gegen einen Gegner erheben oder einen Stein nach ihm werfen.

– Neue Kommunikationsformen, in den Kirchen lange erlebt und geübt, treten jetzt ans Licht der Öffentlichkeit. Wer sich an den öffentlichen Gesprächen dieser Tage beteiligt, erfährt Erleichterung, Mut und Vertrauen durch die Offenheit der Diskussionen.

– Eine ins säkulare Leben reichende „Liturgie" wird öffentlich, gar fernsehtauglich. Sie bestimmt und verbindet das Geschehen in den Kirchen und auf den Straßen miteinander. Viele Veranstaltungen beginnen als Friedensgebete und Gottesdienste in den Kirchen, sind zugleich Informations- und Diskussionsforen und münden schließlich in eine Demonstration auf der Straße. Die Grenze zwischen sakralem und profanem Raum verschwindet. Da werden Gedanken Bonhoeffers Wirklichkeit, der das Christentum im prallen Leben sehen wollte, nicht nur an seinen Rändern. Die gesellschaftliche Wirklichkeit ist im kirchlichen Raum präsent und die in der Kirche entstandene Atmosphäre wirkt auf der Straße fort.

– Eine neue Laienkultur wird sichtbar. Denn Laien haben im Raum der Kirche als Mitglieder von Friedens-, Umwelt- und Bürgerrechtsgruppen, als Mitglieder in Gemeindekirchenräten und in Synoden eine Kompetenz zur Umgestaltung der Gesellschaft, eine Kompetenz in Bezug auf demokratische und parlamentarische Verfahrensweisen entwickelt, die die Vertreter der Staatsmacht völlig überrascht und überrumpelt.

Mit einem Mal bietet sich die Chance, die gespaltene Evangelische Kirche in Berlin-Brandenburg wieder zu vereinen.[271] Für Manfred Becker und Helmut Reihlen, die Präsides der beiden Regionalsynoden der Evangelischen Kirche in Berlin-Brandenburg, geht es zunächst um die „Wiederherstellung der äußeren Einheit" der Kirche. Glücklicherweise gibt es eine rechtliche Basis für die anstehenden Aufgaben: Die Notverordnung vom 18. Juni 1959. Sie wird zum zentralen Dokument der Wiedervereinigung der beiden getrennten Kirchenteile. In der Notverordnung ist die Trennung der Landeskirche in einen Ost- und einen Westteil geregelt, zugleich aber auch die Grundlage gelegt für den Fall, dass die politischen Verhältnisse eine „Wiedervereinigung" der Evangelischen Kirche in Berlin-Brandenburg ermöglichen.

Die Notverordnung hat in all den Jahren die innere Einheit der Landeskirche gewahrt. Dort heißt es: „Die Einheit der Evangelischen Kirche in Berlin-Brandenburg hat ihren Grund in der Einheit des Glaubens an den Einen Herrn Jesus Christus. Auf der Grundlage dieses Glaubens ist unserer Kirche von Gott eine Lebensgemeinschaft geschenkt worden, die in der Einheit ihrer Synode, ihrer Kirchenleitung, ihrer Verwaltung und ihrer Ordnung Gestalt gewonnen hat. Diese Einheit hat die Kirche zu wahren."

Bei den evangelischen Christen ist das Bewusstsein der Zusammengehörigkeit auch in der Zeit der Trennung nicht verloren gegangen. Bischöfe, Kirchenleitungen, Konsistorien, Kirchenkreise und Gemeinden pflegen den Kontakt miteinander. Auch die Synodenpräsidien, insbesondere die Präsides sowie die Ältestenräte, treffen sich regelmäßig zum gegenseitigen Austausch. Immer wieder hat Helmut Reihlen auf diese „nie aufgegebene Einheit unserer Kirche" hingewiesen. „Sie bestand fort im gemeinsamen Glauben und im Gebet. Sie bestand fort in einer gemeinsamen Agende [Gottesdienstordnung], in dem gemeinsamen Liedgut, in dem gemeinsamen Grundsatz der synodalen Leitung unserer Kirche, in den gemeinsamen Aus-

---

[271] Zwanzig Jahre nach dem Fall der Mauer beschreiben die beiden Präsides der Regionalsynoden, Manfred Becker und Helmut Reihlen, die Wiederherstellung der synodalen und der kirchlichen Einheit in einem gemeinsamen Text. Für die folgenden Ausführungen vgl. Manfred Becker, Helmut Reihlen: Die gemeinsamen Synoden 1990. In: Karl-Heinrich Lütcke (Hg.): Verschieden und doch vereint. Das Zusammenwachsen der Evangelischen Kirche in Berlin und Brandenburg nach der Wiedervereinigung. Berlin 2009, S. 53–60.

sagen über Schrift und Bekenntnis, über Amt und Gemeinde. Sie bestand fort in unzähligen Treffen zwischen Gemeinden, Kirchenkreisen, Werken und Einzelpersonen. Sie bestand fort im Füreinanderdasein."[272]

Die Aufhebung der Trennung der beiden regionalen Teile der Evangelischen Kirche in Berlin-Brandenburg regelt § 8 der Notverordnung:

„Stellt der Präses der Provinzialsynode fest, dass alle Synodalen wieder ungehindert an einem Ort im Raum der Evangelischen Kirche in Berlin-Brandenburg zu einer Provinzialsynode zusammentreten können, so beruft er die Provinzialsynode innerhalb einer Frist von drei Monaten nach seiner Feststellung zu einer Tagung ein. Mit dem Zusammentritt der Vereinigten Synode tritt die Notverordnung außer Kraft."

Der nach Lebensalter ältere Präses der Regionalsynoden soll dann die Synoden zusammenrufen. Dies trifft im Herbst 1989 auf Präses Helmut Reihlen zu. Am 24. November 1989 kommen die Kirchenleitungen beider Regionen zu einer gemeinsamen Tagung zusammen. Fest steht, dass beide Kirchenregionen wieder zusammengeführt werden sollen. Die ersten Schritte auf diesem Weg skizziert eine paritätisch zusammengesetzte Arbeitsgruppe. Am 16. und 17. März 1990 soll eine „Gemeinsame Synode", bestehend aus den aktuellen Mitgliedern der beiden regionalen Synoden, einberufen werden.[273]

Helmut Reihlen leitet diese Synode nach den Regeln der Notverordnung. In seiner Eröffnungsansprache erinnert er an die letzte Tagung der Provinzialsynode vor dreißig Jahren, am 24. Januar 1960. Am 16. März 1990 feiert die wiedervereinte Provinzialsynode, die nunmehr „Gemeinsame Synode" heißt, additiv zusammengesetzt aus den Mitgliedern der beiden Regionalen Synoden, in der St. Marienkirche in Berlin-Mitte gemeinsam Gottesdienst. Anschließend tagt sie in der Französischen Friedrichstadtkirche und im

---

[272] Schlussansprache Helmut Reihlens auf der Zehnten Landessynode der Evangelischen Kirche in Berlin-Brandenburg am 16. November 1996. In: Verhandlungen der 14. Tagung der 10. Landessynode der Evangelische Kirche in Berlin-Brandenburg vom 12. bis 16. November 1996. Berlin 1997 (ELAB-Bibl. 25/14).
[273] Ebd., S. 54.

Johannesstift in Berlin-Spandau. Noch ein weiteres Mal tagt die Gemeinsame Synode im Jahr 1990, dieses Mal unter Leitung von Präses Manfred Becker.[274]

Am 17. Januar 1991 wählt die neue Synode der Evangelischen Kirche in Berlin-Brandenburg Helmut Reihlen zu ihrem Präses. Wie im Jahr 1979, als er erstmals zum Präses der Synode der Westregion gewählt wurde, bedarf es auch jetzt dreier Wahlgänge. Außer ihm treten vier weitere Kandidaten an, alle aus der ehemaligen Ostregion. Im dritten Wahlgang steht ihm nur noch Gudrun Althausen gegenüber, gegen die er sich mit einem Vorsprung von sieben Stimmen durchsetzt.

Allen Beteiligten ist klar, dass dreißig Jahre Trennung nicht einfach durch einen juristischen Akt beseitigt werden können. Helmut Reihlen hat seine Erfahrungen bei der Zusammenführung beider Synoden beschrieben.[275] Dabei betont er, dass es auf beiden Seiten ein positives Grundgefühl für die künftige Vereinigung der beiden Kirchenregionen gegeben habe. Dankbarkeit und Freude habe man über das unerwartete Geschenk der Einheit empfunden und man habe sich vertraut – schließlich sei der Kontakt untereinander niemals abgebrochen. Zudem habe ein gemeinsames Glaubens- und Kirchenverständnis die Christen in Ost und West miteinander verbunden.

Dennoch stellt sich nach den ersten Monaten bei einigen engagierten Christen aus der DDR ein Gefühl der Ernüchterung, gar der Enttäuschung ein. Sie fühlen sich nun wie Erstklässler, die alles neu lernen müssen. Viele, die aufopferungsvoll für eine „DDR mit menschlichem Gesicht" gestritten haben,

---

[274] Vgl. das Protokoll der 1. Tagung der Gemeinsamen Synode der Evangelischen Kirche in Berlin-Brandenburg, zugleich Tagung der beiden regionalen Synoden vom 16. bis 17. März 1990, Berlin 1990, und 2. Tagung der Gemeinsamen Synode der Evangelischen Kirche in Berlin-Brandenburg, zugleich Tagung der beiden regionalen Synoden vom 7. bis 9. Dezember 1990, Berlin 1991 (ELAB-Bibl. 24/2).

[275] Vgl. Manfred Becker, Helmut Reihlen: Die gemeinsamen Synoden 1990. In: Karl-Heinrich Lütcke (Hg.): Verschieden und doch vereint. Das Zusammenwachsen der Evangelischen Kirche in Berlin und Brandenburg nach der Wiedervereinigung. Berlin 2009, S. 53–60.

hoffen auf anderes als den „Anschluss" an die Bundesrepublik. Ihnen geht es um eine Alternative zur Bundesrepublik, einen „Dritten Weg", der die Fehler des Sozialismus, aber auch die des Kapitalismus vermeidet.[276)]

Jetzt gelten für die Kirchen der ehemaligen DDR die gleichen Existenzbedingungen wie für die übrigen Kirchen der bundesrepublikanischen EKD. Die östlichen Landeskirchen müssen von denen im Westen lernen und nicht selten wird das als Unterordnung oder Bevormundung erlebt. Hinzu kommt, dass die evangelische Kirche auf dem Gebiet der ehemaligen DDR schnell ihren politischen Einfluss verliert. An ihre Stelle treten neu gewählte politische Kräfte. Die Basisdemokratie von 1989 wird von der Mehrparteiendemokratie überholt. Die ehemaligen Laien werden zu Politprofis und die Kirche verliert ihre besondere Rolle, die sie in der DDR als Schutzraum alternativer Lebensformen und der politischen Opposition hatte.[277)]

In der Vielstimmigkeit der Demokratie werden die einstigen Träger der friedlichen Revolution kaum noch gehört. „In der DDR durften wir nichts sagen; und alle haben's gehört. Jetzt können wir alles sagen, und keiner hört zu", fasst Manfred Becker die allgemeine Stimmung zusammen.

Orientierungslosigkeit und das Gefühl, nicht mehr gebraucht zu werden, machen sich bei den Christen aus der ehemaligen DDR breit. Für die Organisatoren des kirchlichen Zusammenschlusses bedeutet diese Stimmung vor allem eines: äußerste Zurückhaltung und immer wieder die Bitte an die Synodalen aus der Westregion, Geduld und Verständnis für die Stimmungslage der „anderen" aufzubringen. Doch sie wissen auch, dass es mehr als schöner Worte braucht, um dem Gefühl entgegenzutreten, auf der Seite der Verlierer zu stehen. Bewusst werden die entscheidenden Gremien, vorneweg die Synode und die Kirchenleitung, mehrheitlich mit Vertretern aus der Ostregion besetzt. Bei der Neukonzeption einer gemeinsamen Grundordnung wird die „Grundordnung Ost" als Basis für die Erörterungen des

---

[276)] Martin Kruse: Der schwierige Vereinigungsprozess auf gesamtkirchlicher Ebene. In: Karl-Heinrich Lütcke (Hg.): Verschieden und doch vereint. Das Zusammenwachsen der Evangelischen Kirche in Berlin und Brandenburg nach der Wiedervereinigung. Berlin 2009, S. 35–47, S. 36.

[277)] „Wo steht die Evangelische Kirche in Deutschland und die Evangelische Kirche in Berlin-Brandenburg im Jahre 5 ihrer wiedergewonnenen Einheit?" Vortrag Helmut Reihlens vor dem Anholter Kreis in Boppard am 13.5.1995. Privatbesitz Reihlen.

1990 neu gewählten Grundordnungsausschusses festgelegt. Zwar muss im Laufe der Zeit viel im Sinne des Westens geändert werden, dies erfordern schon offensichtliche Sachzwänge. Doch für die Befindlichkeit der evangelischen Kirchenleute im Osten ist es wichtig, dass „ihre" Grundordnung die Verhandlungsbasis ist. Ähnlich geht es bei der Zusammenführung der beiden Regionalsynoden. Zwar gibt es mehr Mitglieder im westlichen Teil der Kirche als in der Ostregion. Doch Brandenburg verfügt aufgrund seiner kleinteiligen Siedlungsstruktur und der viel kleineren Gemeinden und Kirchenkreise über mehr Mandate in der Synode. „Wir haben bewusst die Gremien so geschaffen, dass immer der Osten die Mehrheit hatte", erinnert sich Helmut Reihlen. Und so werden alle Entscheidungen – auch die, die sich das westliche Modell zu eigen machen – mit der Mehrheit der Synodalen aus dem Ostteil der Landeskirche getroffen. Nicht ohne Stolz blickt Helmut Reihlen auf diese Integrationsleistung zurück. Denn damit unterscheidet sich die Evangelische Kirche in Berlin-Brandenburg wohltuend von den Verfahrensweisen staatlicher Gremien, etwa bei der Novellierung des Grundgesetzes.[278]

Bei aller gegenseitigen Rücksichtnahme, einfach ist das neue Zusammengehen der ehemaligen Regionalkirchen nicht. In den zahllosen kirchlichen Partnerschaftstreffen während der Teilung sind strittige Themen wie die Soldatenseelsorge und die vielfältigen Partnerschaften zwischen Kirche und Staat in der Bundesrepublik auf der einen Seite und die Menschenrechtsverstöße der DDR im Osten auf der anderen Seite wenig diskutiert worden. Jetzt erst werden die Gräben sichtbar, die dreißig Jahre Trennung und Leben in unterschiedlichen Gesellschaftssystemen geschaffen haben. Dies zeigt sich vor allem an dem Verhältnis der Kirchenvertreter zum Staat. Während man in der DDR traditionell in mehr oder weniger großer Distanz zum atheistischen Staat lebte, pflegten Staat und Kirche in der Bundesrepublik eine enge Partnerschaft. Hier sind viele hochkarätige Staatsvertreter gleichzeitig engagierte Christen. Dagegen ist man gerade in der DDR stolz darauf, nicht mit dem Staat verflochten gewesen zu sein, sondern als „Kirche in Bedrängnis" gleichsam als Alternative neben dem Staat gestanden zu haben. Die Rolle der „Kirche in Bedrängnis" hat den östlichen Landeskirchen in der Ökumene

---

[278] Schlussansprache Präses Helmut Reihlens am 16. November 1996. In: Verhandlungen der 14. Tagung der 10. Landessynode der Evangelischen Kirche in Berlin-Brandenburg vom 12. bis 16. November 1996. Berlin 1997 (ELAB-Bibl. 25/14).

jahrzehntelang großes moralisches Kapital eingebracht. Vielen erscheint deshalb die Kirche in der DDR als die „moralisch bessere" Kirche, den westlichen Landeskirchen überlegen, deren enge Verflechtung mit dem Staat als „veraltetes Modell" empfunden wird. Vor diesem Hintergrund entzündet sich der Streit um die staatliche Verankerung der Militärseelsorge. Denn für viele DDR-Christen ist es undenkbar, dass Militärpfarrer zugleich Staatsbeamte sind. Harte innerkirchliche Auseinandersetzungen gibt es auch um den Religionsunterricht. In der DDR war er keine Angelegenheit der staatlichen Schulen, sondern allein der Kirchengemeinden und ihrer „Christenlehre". Bischof Kruse und Präses Reihlen aber sind überzeugt, dass der Religionsunterricht in die staatlichen Schulen gehört, weil in den Schulen weit mehr Kinder zu erreichen seien als durch die gemeindliche Christenlehre und weil dort der Religionsunterricht von Lehrkräften mit Staatsexamen vermittelt werde. Ihr Ziel ist es, das Christentum wieder zum Teil der Allgemeinbildung zu machen und die öffentlichen Schulen im christlichen Sinne zu verändern.

Zudem müssen die von der Kirche ausgebildeten Religionslehrer um ihre Stellen fürchten, denn in der Bundesrepublik ist es ihnen nicht möglich, an einer staatlichen Schule zu unterrichten. Ähnlich geht es Sozialarbeitern und Krankenpflegern mit kirchlichen Berufsabschlüssen. Anders als in der Bundesrepublik handelte die Diakonie in der DDR nicht im Auftrag des Staates, sondern musste sich auf einen rein innerkirchlichen Tätigkeitsbereich beschränken. Ihre Mitarbeiter verfügen nach der Wende über innerkirchliche Qualifikationen. Hier müssen erst neue Regelungen über Anerkennungen oder Weiterqualifizierungen mit dem Staat verabredet werden.

Für Diskussionen in der Synode sorgen auch die unterschiedlichen Lohn-, Gehalts- und Besoldungsstrukturen innerhalb der Landeskirche. Wie im öffentlichen Dienst bekommen kirchliche Angestellte aus Ostberlin und Brandenburg weniger als die aus dem Westen. Für eine Erzieherin im Kindergarten, die im Prenzlauer Berg wohnt und arbeitet, ist es schwer zu verstehen, warum ihre Kollegin, die nur eine U-Bahn-Station weiter in Moabit arbeitet, mehr verdient als sie. Es dauert seine Zeit, bis die Delegierten aus Ost und West in der Synode gemeinsame und einheitliche Lösungen finden. Dabei sind es oft weniger die handfesten Sachfragen, die das Klima zwischen Ost und West in der Synode bestimmen. Vielmehr sind es unterschiedliche Kommunikationsgewohnheiten, die zu Spannungen führen. Während die West-Berliner Synodalen gewohnt sind, ihre Meinung möglichst schnell und offen zu sagen, haben die Synodalen aus der DDR gelernt, ihre Worte genau zu überlegen. Schließlich konnte ja alles, was sie sagten, bittere Konsequenzen haben. Vorsicht bei öffentlichen Äußerungen bestimmte in der DDR wie in jeder Diktatur die Kommunikation. Das wirkt auch in der wiedervereinten Synode nach. Bischof Kruse erinnert sich: „Grundsätzlich kamen die ersten zehn Wortmeldungen auf der Landessynode immer von West-Berlinern. Für die Ostler war das unerträglich. Sie fühlten sich bevormundet, während die aus dem Westen klagten, dass die anderen doch gar nicht wüssten, was sie wollen, denn schließlich hätten sie es ja auch ganz offen sagen können."[279]

Hinzu kommt, dass traditionelle autoritäre Strukturen, die in der Bundesrepublik durch die 68er-Bewegung aufgebrochen worden waren, in der DDR überlebt haben. Den antiautoritären, manchmal rabaukigen Habitus der 68er im Westen gegenüber der Obrigkeit hat es hier nicht gegeben. Erika und Helmut Reihlen berichten, dass sie nicht selten überrascht waren, wenn sie in der DDR auf autoritäre Mentalitäten stießen. So wurde zum Beipiel in kirchlichen Krankenhäusern der erste Arzt mit „Herr Chefarzt" angeredet. Helmut Reihlen erzählt, dass er bei seinen Ostbesuchen als Präses weitaus größeren Respekt als Amtsperson genossen habe, als er es aus West-Berlin gewohnt war und für richtig hielt.

Zu der Enttäuschung über die geschichtliche Entwicklung und die Verständigungsschwierigkeiten im neuen kirchlichen Alltag gesellen sich massive finanzielle Probleme. Der wiedervereinigten Landeskirche droht ein Desaster. „In Finanzdingen haben wir lange gewusst, was auf uns zukommt. Wir waren Meister in der Verleugnung der Wirklichkeit", sagt Helmut Reihlen 1996 über die zurückliegenden Jahre. Er hatte die Synode schon vor der Wende gewarnt. So etwa in einer Eröffnungsansprache vom 12. November 1987: „Der Kern des Problems ist die schrumpfende Zahl der Kirchenmitglieder. Wir werden in den beiden nächsten Jahren ausgeglichene Haushalte nur erreichen, wenn wir unsere Ausgaben nominell einfrieren und das heißt real vermindern. Das verlangt als Mindestbedingung, daß wir bei jeder neuen

---

[279] Gespräch mit Altbischof Martin Kruse am 15. September 2009.

Stelle, bei jeder zusätzlichen Ausgabe zugleich sagen müssen, welche Stelle, welche Ausgabe wir dafür streichen."[280]

Nach dem Mauerfall gibt es doppelte Verwaltungsstrukturen in der Evangelischen Kirche in Berlin-Brandenburg. Hinzu kommen die Kirchenaustritte auf dem Gebiet der DDR, wo man sich nach dem Zusammenbruch des kirchenfeindlichen SED-Regimes eigentlich Kircheneintritte erhofft hatte. Der ernüchternde Grund dafür ist die Teilnahme der Kirche am Steuereinzugsverfahren des Staates, die mit dem Beitritt der DDR zur Bundesrepublik eingeführt wird. Gelegentlich schüren alte SED-Leute die Furcht, Kirchenmitglieder aus der ehemaligen DDR könnten rückwirkend zur Kasse gebeten werden.

Helmut Reihlen, unterstützt von den Leitungspersönlichkeiten der kirchlichen Verwaltung, allen voran Herr Wildner, Dr. Runge und Frau Bauer sowie Herr Petelkau und Frau Palt, weiß, dass jetzt einschneidende Umstrukturierungen in der kirchlichen Verwaltung nötig sind, wenn die Landeskirche vor der Zahlungsunfähigkeit bewahrt werden soll.[281] In seiner letzten Rede als Präses der Synode am 16. November 1996 sagt er: „Wir haben heute viele Entscheidungen gefällt, die ebenso realistisch wie bitter sind. Es heißt Abschied nehmen von traditionellen Strukturen. Wir können vor der Tatsache schrumpfender Mitgliederzahlen nicht auf Dauer die Augen verschließen." Und in Richtung der in der DDR gepflegten Vorstellung von der Kirche als der „besseren Gemeinschaft" sagt er: „Wir sollten auch nicht behaupten, wir seien eine kleine Gruppe von Heiligen, eine festgefügte Bekenntnisgemeinschaft, wir sind vielmehr eine offene und öffentliche Kirche, eine Körperschaft öffentlicher Verantwortung. Wir können und sollen nicht so tun, als ob wir neben dieser Gesellschaft stünden. Wir sind Teil von ihr mit einem besonderen Auftrag. Dazu gehört zumindest, mit Realismus ans Werk

---

[280] Ansprache zur Eröffnung der 7. Tagung der 9. Synode der Evangelischen Kirche in Berlin-Brandenburg (Berlin West), gehalten von Präses Dr. Reihlen am 12. November 1987. In: Verhandlungen der Regionalen Synode der Evangelischen Kirche in Berlin-Brandenburg (Berlin West), Tagung vom 12. bis 15. November 1987 (ELAB 23/51).

[281] „Was wir heute beschlossen haben", so heißt es etwas später wie zur Bekräftigung, „war nötig, um die Katastrophe der Zahlungsunfähigkeit abzuwehren." Schlussansprache Präses Helmut Reihlens am 16. November 1996. In: Verhandlungen der 14. Tagung der 10. Landessynode der Evangelische Kirche in Berlin-Brandenburg vom 12. bis 16. November 1996 (ELAB-Bibl. 25/14).

zu gehen und die eigenen Kräfte richtig einzuschätzen. Mit Gehaltverzicht allein sind die Probleme nicht zu bewältigen. Eine Reduzierung hauptamtlicher Mitarbeit auf ökumenisches Normalmaß ist unausweichlich."[282]

Das bedeutet: in den kommenden zehn Jahren sollen die Stellen innerhalb der Landeskirche um die Hälfte reduziert werden. Ein unchristliches Ziel, so meinen viele, denn gerade die Kirche dürfe die Arbeitslosigkeit nicht fördern. Das sei ein Trugschluss aus falsch verstandener Nächstenliebe und ein verantwortungsloser „Sozialpazifismus", den die Kirche eines Tages teuer bezahlen werde, sagen Bischof Martin Kruse und Präses Helmut Reihlen.[283]

Und so fällt das Fazit von Präses Helmut Reihlen, der mit dem Ende der Amtsperiode der 10. Landessynode der Evangelischen Kirche in Berlin-Brandenburg am 16. November 1996 sein Mandat abgibt, ernüchternd aus: Wohl empfinde er Dankbarkeit für das Geschenk der deutschen Einheit und Stolz auf die Wiederherstellung der kirchlichen Einheit, aber auch die Sorge, dass die Kirche – so wie sie ist – den Anschluss an die wirtschaftliche und politische Realität der Bundesrepublik verpassen könnte. „Und das Allerwichtigste: Aus dem großen Aufbruch des Herbstes 1989 ist nicht ein großer Aufbruch unserer Kirche geworden. Wir verharren ängstlich in unseren Schutzräumen", gibt er den Synodalen mit auf den Weg.

Doch Helmut Reihlen will nicht resignieren, er will seinen Mitstreitern Mut machen, sie in ihrem Glauben wachrütteln. Die Kirche soll wieder eine Kirche im Aufbruch werden, eine missionarische Kirche, die sich herauswagt aus ihrem selbstbezogenen Binnenleben, eine Kirche, die den vielen Einsamen, den vielen nach religiöser Bindung Suchenden Heimat und Gemeinschaft bietet. Am Ende seiner achtzehnjährigen Amtszeit als Präses geht der Realist Reihlen als guter Christ im Glauben an die Mission seiner Kirche. Seine Kirche hat es ihm gedankt. Zeichen dafür ist die Verleihung der Paul Gerhard Medaille.

Kirche und Herrschaftsapparat in der DDR

Für viele Christen und für eine breite Öffentlichkeit einschließlich der „christlichen Linken" ist die evangelische Kirche ein Raum der Freiheit in der DDR gewesen. Ohne die evangelische Kirche hätte es möglicherweise keine

---

[282] Ebd.
[283] Gespräch mit Altbischof Martin Kruse am 15. September 2009.

friedliche Revolution gegeben. – Dennoch gab es eine begrenzte Zahl kirchlicher Mitarbeiter, die ohne Wissen und Billigung der Leitung ihrer Kirche zu Vertretern der Staatsmacht einschließlich der Stasi Kontakte unterhielten und diese, freiwillig oder unfreiwillig, mit Informationen versorgt haben. Schnell werden die Stasikontakte kirchlicher Mitarbeiter von der Öffentlichkeit zum Gegenstand einer vergangenheitspolitischen Debatte in den Medien und damit zum Instrument in der gesellschaftspolitischen Auseinandersetzung. Die evangelische Kirche sei eng mit dem Staat verfilzt gewesen, heißt es. Das Wort von der „Verstrickung" der Kirche macht die Runde. Immer wieder tauchen „Enthüllungen" aus den Akten des „Bundesbeauftragten für die Unterlagen des Staatssicherheitsdienstes der ehemaligen Deutschen Demokratischen Republik" auf.

Wie ein schleichendes Gift breitet sich gegenseitiges Misstrauen aus. Im November 1991 beschließt die Synode der Evangelischen Kirche in Berlin-Brandenburg, einen fünfköpfigen Überprüfungsausschuss und eine Seelsorgegruppe einzusetzen. Die Seelsorger sollen für Ausgleich sorgen zwischen denen, die bespitzelt haben, und denen, die bespitzelt wurden. Der Überprüfungsausschuss ist berechtigt, Auskünfte bei der „Gauck-Behörde" einzuholen. Seine Aufgabe ist es, die Vorgänge zu bewerten und arbeitsrechtliche oder disziplinarische Konsequenzen zu empfehlen.[284]

1992 verfestigen sich die Fronten zwischen Kritikern der Kirche und solchen, die ihren Kurs verteidigen, mehr und mehr. Gerhard Besier und Stephan Wolf geben eine 900-seitige Dokumentation heraus, in der sie aufgrund von Unterlagen des Ministeriums für Staatssicherheit die Kontakte kirchlicher Mitarbeiter zur Stasi belegen und anprangern.[285] Kirchenkreise reagieren empört und reden von „Rufmordkampagne" und „Geschichtsklitterei".[286] Um Klarheit zu gewinnen, auch im Hinblick auf öffentlich geäußerte Vorwürfe gegen die Tätigkeit des Berlin-Brandenburgischen Konsistorialpräsidenten

---

[284] Joachim Klasse, Ulrich Schröter: Die Auseinandersetzung mit dem Thema Staatssicherheit. In: Karl-Heinrich Lütcke (Hg.): Verschieden und doch vereint. Das Zusammenwachsen der Evangelischen Kirche in Berlin und Brandenburg nach der Wiedervereinigung. Berlin 2009, S. 189–197, S. 193.

[285] Gerhard Besier, Stephan Wolf (Hg.): „Pfarrer, Christen und Katholiken". Das Ministerium für Staatssicherheit der ehemaligen DDR und die Kirchen (Historisch-Theologische Studien zum 19. und 20. Jahrhundert (Quellen 1)). 2. Aufl., Neukirchen-Vluyn 1992.

[286] Ebd., S. VIII.

Manfred Stolpe, den späteren Ministerpräsident des Landes Brandenburg, setzt die Kirchenleitung im Frühjahr 1992 einen Ausschuss ein. Den Vorsitz führt Helmut Reihlen in seiner Funktion als Präses der Synode und Stellvertreter des Bischofs im Vorsitz der Kirchenleitung. Der Ausschuss erarbeitet einen Bericht. Die Kirchenleitung macht sich den Bericht des Ausschusses zu eigen und veröffentlicht ihn im Oktober 1992 unter dem Titel „Kontakte der Kirche zum Herrschaftsapparat der DDR".[287]

Darin wird betont, dass gerade auf der Leitungsebene eine Kooperation der Kirchenvertreter mit den staatlichen Behörden unverzichtbar gewesen sei, wenn die Kirche selbst bestehen bleiben wollte. Der letzte Absatz des Berichts hat folgenden Wortlaut: „Alle jetzt nach Bekanntwerden vieler Einzelheiten geäußerte Kritik an der Verhandlungsführung Manfred Stolpes stellt für uns die Grundüberzeugung nicht in Frage: Manfred Stolpe war ein Mann der Kirche. Er hat sich bei der Erledigung seines Auftrages ins Zwielicht begeben, vielleicht auch Fehler gemacht. Aber im Rahmen des in diesem System Möglichen hat er für die Kirche, für die Menschen in der DDR und für den Zusammenhalt der Deutschen viel erreicht."

Die Kirchenleitung rät zu Sorgfalt und Geduld im Umgang mit den Akten und fordert Publizisten auf, auch den zeitgeschichtlichen Kontext von Stasi-akten mit einzubeziehen. Für ein solides historisches Urteil reiche es nicht aus, sich wie Besier und Wolf auf die Darstellung der Stasi zu stützen. Eine sorgfältige, der Wahrheit verpflichtete Bearbeitung brauche Zeit. Um die vielfach kritisierte Nähe zwischen Kirchenvertretern und Staat verständlich zu machen, geht die Erklärung weit in die Geschichte der DDR zurück. Unversehens wird sie zu einer zeitgeschichtlichen Darstellung kirchlichen Handelns in der DDR.

Ausgangspunkt ist die Konfrontation der Kirche mit einem Staat und einer Partei, die, eingebunden in das sowjetische Herrschaftssystem, mit schrankenloser Macht regieren und atheistische Grundpositionen einnehmen. Für die evangelische Kirche heißt das: Will sie bei den Menschen bleiben, an die sie ihr Auftrag weist, und etwas für diese Menschen erreichen, dann muss sie sich den von der Staatsmacht der DDR gesetzten Existenzbedingungen stellen. Der von Bischof Albrecht Schönherr, dem Vorsitzenden der

---

[287] Sonderdruck aus: Berlin-Brandenburgisches Sonntagsblatt, Nr. 44 vom 1.11.1992.

Konferenz der Evangelischen Kirchenleitungen in der DDR, Anfang der siebziger Jahre geprägte Begriff von einer „Kirche im Sozialismus" bestimmt den Kurs.

Seine Formulierung: „Wir sind nicht gegen den Sozialismus, wir sind nicht für den Sozialismus, wir sind Kirche da, wo Gott uns hingestellt hat. Wir sind Kirche im Sozialismus" ist bis zuletzt maßgeblich für das Selbstverständnis der Evangelischen Kirchen in der DDR. Diese profilieren sich immer wieder durch Forderungen, den real existierenden Sozialismus zu reformieren. Die DDR soll eine freiheitliche, solidarische Gesellschaft werden, die Menschen in ihren Grenzen beheimatet und nicht einsperrt. Dazu gehören Forderungen wie die nach einer Entmilitarisierung des Alltags, nach Reisefreiheit und nach einem besseren Schutz der natürlichen Umwelt.

Die evangelische Kirche, so der Bericht, habe das Leben in der DDR für viele erträglicher gemacht. Sie hat, damit unlösbar verbunden, das alte System ein Stück weit stabilisiert. Der Bericht verweist aber auch darauf, dass das Handeln der Kirche in der DDR einschließlich ihrer Kontakte zum Westen und zur weltweiten Ökumene zur Destabilisierung des alten Systems beigetragen hat.

Für den 1991 eingesetzten Überprüfungsausschuss ist es ein Gebot der Gleichbehandlung und des innerkirchlichen Friedens, nicht nur die Mitarbeiter der ehemaligen Region Ost, sondern auch die aus Berlin West auf ihre Stasikontakte zu überprüfen. Denn auch im Westen hat es Spitzel gegeben, die enttarnt werden sollen. Am Ende der Ausschussarbeit Mitte 1994 steht die Bilanz, dass von 861 Überprüfungen bei 132 Fällen Hinweise auf hauptamtliche oder inoffizielle Stasitätigkeit vorliegen. In 54 Fällen gibt der Ausschuss eine „Empfehlung" ab, in elf Fällen kommt es zur Einleitung von Disziplinarverfahren.[288] Der Bericht des Ausschusses schafft Transparenz und befördert damit den Frieden in der Evangelischen Kirche von Berlin-Brandenburg. Auch Helmut Reihlen wird überprüft, durfte doch gerade bei ihm ein herausgehobenes Interesse der Stasi vermutet werden. Es verwundert nicht, dass es über ihn eine Stasiakte gibt. Durch einen Mitarbeiter in

---

[288] Joachim Klasse, Ulrich Schröter: Die Auseinandersetzung mit dem Thema Staatssicherheit. In: Karl-Heinrich Lütcke (Hg.): Verschieden und doch vereint. Das Zusammenwachsen der Evangelischen Kirche in Berlin und Brandenburg nach der Wiedervereinigung. Berlin 2009, S. 189–197, S. 194.

der Evangelischen Kirche in Berlin-Brandenburg, der die Akten für Helmut Reihlen einsieht, erfährt er einige Details. Auf die Frage, ob er „böse Überraschungen" erlebt habe oder Mitarbeiter ihn verraten hätten, reagiert er zurückhaltend. Das Wort „Verrat" werte schon zu sehr, gibt er zu bedenken. Aber überrascht sei er schon gewesen, als er erfuhr, dass Menschen aus seiner kirchlichen Umgebung über ihn berichtet hatten. Darunter Westler und Ostler, wenn auch meistens Ostler. „Irgendwie war es dann aber auch alles so banal", fügt er hinzu. Brauchte eine Mutter ein Herzmedikament, war die Stasi gleich zur Stelle und schlug einen Handel vor: „Wir helfen Dir und Du hilfst uns sicherlich auch. Wir sind interessiert, etwas über Präses Reihlen zu erfahren." Frau Märtin, seine Sekretärin, erinnert sich daran, dass Helmut Reihlen seinerzeit nicht wissen wollte, wer über ihn berichtet hat. „Ich glaube, das hätte er nicht einmal verdammt", sagt sie, „der hätte gesagt: Der konnte ja nicht anders. Er wollte immer das Positive, er wollte immer, dass alle glücklich sind."

Doch ganz hat Helmut Reihlen dann doch nicht vergessen, was in den Akten der Stasi über ihn zu lesen ist. So wie der alberne Bericht, der festhält, dass seine Frau ihn auf einer Feier unter dem Tisch mit dem Fuß anstupst, damit er nicht zu viel Wein trinkt. Erstaunt ist Helmut Reihlen auch über den Vermerk, als er 1985 das Haus in der Paulinenstraße 3 kaufte. Dafür sei sicher ein Kredit nötig gewesen, notiert der eifrige IM, ein Kredit, der laufend zurückgezahlt werden müsse: In der Geheimdienstlogik bedeutet das: Sollte Helmut Reihlen einmal in berufliche Schwierigkeiten geraten, könnte ihm die Rückzahlung Probleme bereiten. Vielleicht ein Ansatzpunkt für eine künftige Kontaktaufnahme? Nur selten berichten wirklich überzeugte Anhänger des SED-Staates über Helmut Reihlen. So eine Pfarrerin aus West-Berlin. Weil ihr Vater Berufsoffizier in der Wehrmacht Hitlers gewesen ist, plagt sie Zeit ihres Lebens ein Schuldbewusstsein. Sie ist überzeugt, dass die sowjetische Variante des Sozialismus das friedenserhaltende, das zukunftsträchtige Gesellschaftsmodell ist. Und so plaudert sie regelmäßig Interna aus der Kirchenleitung gegenüber den Mitarbeitern der Stasi aus. Als ihre Stasikontakte nach der Wende bekannt werden, verliert sie ihr Amt als Pfarrerin der Evangelischen Kirche in Berlin-Brandenburg. Dem Handeln dieser Überzeugungstäterin fehlt es nicht an grotesken Zügen. Einmal bittet sie ihren Kontaktmann, ihr die schriftlichen Informationen, die er von ihr bekommen hat, zurückzugeben oder sie zu vernichten. Der kommt ihrer Bitte nach und zerreißt ihre Aufzeichnungen vor ihren Augen. Nach der Wende stellt sich heraus, dass der Stasi-Mann das Papier Schnipsel für Schnipsel fein säuberlich wieder zusammengeklebt und abgeheftet hat.

„Dass wir beobachtet wurden, war klar", sagt Helmut Reihlen, der nie an der Existenz einer „dicken Stasiakte" über ihn gezweifelt hat, „es gab für mich keine riesigen menschlichen Enttäuschungen, eher Überraschungen, wie dumm Menschen sein können." Angst habe er nicht gehabt, denn er habe gewusst: „In einer Hinsicht ist die DDR zuverlässig. Sie braucht immer wieder Westgeld. Sollte ich je eingebuchtet werden, spätestens wenn die in Bonn wegen des nächsten Kredits anklopfen, komme ich wieder frei."

Auch Partner in Ost-Berlin, in der Kirchenleitung, im Partnerkirchenkreis Lichtenberg und in der Partnergemeinde Karlshorst, sie alle lassen sich – wie er – nicht einschüchtern. Im Gegenteil. Sie beharren auf den besonderen Beziehungen zwischen den evangelischen Christen. Und auf Synodaltagungen, die immer auch von Staatsvertretern der DDR besucht und abgehört werden, macht es sich Helmut Reihlen zur Gewohnheit, diesen eine Kopie seiner Ausführungen zu überreichen, damit ihre Berichte an die „Firma" auch sachlich richtig sind.

Dennoch gibt es genug Situationen, die fordernd und brenzlig sind. So die Gespräche mit Freunden und Verwandten, wenn diese Erika oder Helmut Reihlen – außerhalb der Reichweite der Organisation „Horch und Guck" und ihrer Richtmikrofone – in ihre lang gehegten Pläne zum Verlassen der Republik einweihen. Schließlich wollen sie nicht vergessen sein, sollte ihr Fluchtversuch misslingen. Sie wollen in die Bemühungen der Bundesregierung um den Freikauf von Häftlingen einbezogen werden. Und auch ihre Angehörigen sollen Berücksichtigung finden, wenn es später um Familienzusammenführung gehen sollte. Viele humanitäre Forderungen von westlicher Seite werden nur erfüllt, weil die DDR-Regierung einen unersättlichen Hunger nach westlichen Devisen hat. Der Devisen- und Gerätetransfer der westlichen Kirchen zu den östlichen, der Häftlingsfreikauf und die Beschleunigung von Ausreisebegehren sind deshalb bei der Regierung in Bonn im gesamtdeutschen Ministerium und nahe am Interzonenhandel angesiedelt. In der evangelischen Kirche sind es das Diakonische Werk und ganz wenige Leitungspersönlichkeiten, die hier involviert sind. Als Verhandlungspartner auf DDR-Seite exponieren sich der Ost-Berliner Rechtsanwalt Dr. Wolfgang Vogel, der das besondere Vertrauen Erich Honeckers genießt, und ein von ihm beauftragter Staatssekretär. Wer hier Einfluss nehmen und helfen will, macht sich unweigerlich die Hände schmutzig. Darüber kommt es immer wieder zu harten Diskussionen.

So 1988, als die evangelische Kirche in West-Berlin eine Delegation des südkoreanischen Christenrats empfängt, um Erfahrungen von Kirchen auszutauschen, deren Land geteilt ist und die mit einem Teil ihrer Angehörigen in einer Demokratie leben und mit dem anderen Teil in einer kommunistischen Diktatur. Vergleichbar sind in beiden Ländern die Gemeinsamkeit der Sprache, der Geschichte und die Erinnerung an die Schrecken des Krieges, die Unsicherheit, ob und wann die Teilung aufgehoben wird, und der Wohlstandsunterschied in Ost und West bzw. in Nord und Süd. Im Unterschied zu Deutschland sind die Koreaner aber ausschließlich Opfer, nicht Täter des Zweiten Weltkrieges. Das Schlussgespräch der Konsultation findet im Hause Reihlen statt und deckt zwei grundverschiedene Herangehensweisen an eine geschichtliche Situation auf: Strikte Abgrenzung in Korea, das heißt, keine Kommunikation, keine Hilfsleistungen über den 59. Breitengrad hinweg. Geografisch, materiell und auch ideologisch eine kalte, „saubere" Distanz. Anders in Deutschland. Hier gibt es unübersehbar Verbindungen zwischen Ost und West. In Berlin herrschen die vier Besatzungsmächte. Gemeinsam in Ost und West ist die Erinnerung an die deutschen Verbrechen der Nazizeit, begangen innerhalb Deutschlands. Die Kirchenvertreter halten an ihrer Gemeinsamkeit im Glauben und in der Verantwortung füreinander fest. Sie besuchen einander so oft es geht. „Wandel durch Annäherung" ist ein Leitmotiv der kirchlichen wie der staatlichen Deutschlandpolitik.

Die südkoreanischen Gäste bleiben skeptisch. „Eure DM-Hilfen erlauben der DDR-Regierung auch den Kauf westlicher Computertechnik zur Perfektionierung ihrer Spitzel- und Geheimdienstarbeit. Die DDR schreibt in ihren 5-Jahresplänen ihre Einkünfte aus dem Menschenhandel fest. Es wird zur Planerfüllung, Menschen ins Gefängnis werfen", heißt es von dieser Seite. Aber die Koreaner gestehen auch zu, dass sie mit ihrer Politik der sauberen Trennung in jedem Einzelfall menschlicher Not macht- und hilflos sind. Das Schlussgebet der Konsultation, ehe man sich sehr spät in der Nacht trennt, bekundet vor Gott die wechselseitige Unsicherheit, Ratlosigkeit und auch die Hoffnung auf Gottes Hilfe, jenseits aller und wider alle menschliche Vernunft.

Nun, mit der Öffnung der DDR-Gefängnisse, ist dieses Dilemma in Deutschland beendet. Für die Reihlens mit einer besonderen Begebenheit. Anfang 1990, Helmut Reihlen ist Vorsitzender des Diakonischen Rates Berlin, wird spät abends eine Bitte an ihn und Erika Reihlen herangetragen. Jener DDR-Staatssekretär, der sich bei dem Menschenhandel, dem Freikauf von Häftlingen, als verlässlicher Partner erwiesen hat, begehrt Asyl. Er lebe – so heißt es – in akuter Sorge um sein Leben. Er fühle sich von seinen eigenen Leuten bedroht: „Können Sie ihn für 14 Tage als stillen Gast in Ihr Haus aufnehmen, bis sich die Verhältnisse geklärt und stabilisiert haben?" Helmut und Erika Reihlen haben eine halbe Stunde Zeit für ihre Entscheidung. Sie entschließen sich, den Flüchtling aufzunehmen, eingedenk der biblischen Ermahnungen, Verfolgten beizustehen und des Gebots „Mein ist die Rache, ich will vergelten, spricht der Herr."[289] Das heißt: Der Mensch kann in Anbetracht seiner Irrtumsfähigkeit sein Urteil getrost vertagen und Zeit und Bedachtsamkeit gewinnen. Allerdings behalten sie sich vor, den verantwortlichen Senator über die Identität und den Aufenthaltsort ihres Gastes zu informieren. Der Flüchtling entscheidet sich gegen das Asyl in Berlin-Lichterfelde und wählt einen anderen Asylort in Bayern, der mehr Sicherheit verspricht. Helmut und Erika Reihlen sind erleichtert.

In der Diakonie

Als die Mauer fällt, ist Helmut Reihlen Präses der Synode der Westregion der Evangelischen Kirche in Berlin-Brandenburg und Ratsvorsitzender des Diakonischen Werkes Berlin e. V.[290] Dieses Amt übernimmt er als Stellvertreter von Bischof Martin Kruse, der 1985 zum Ratsvorsitzenden der EKD gewählt wird. Kruse braucht dringend Entlastung und Präses Reihlen ist dazu bereit: „Wir tun alles, um unseren Bischof zu entlasten, damit er sich seinem EKD-Amt widmen kann", lässt er ihn wissen. „Was sollen wir Ihnen abnehmen?"

Martin Kruse ist bis heute dankbar, dass der Präses die Ämter in der Diakonie und später im Missionswerk von ihm übernommen hat. Vor allem aber – so erinnert er sich – habe er nicht fürchten müssen, dass hier ein „Nebenregiment" errichtet werde. Vielmehr sei eine gute Zusammenarbeit

---

[289] 5. Mose 32,35.
[290] Am 7. April 1986 wird Helmut Reihlen zum Vorsitzenden des Diakonischen Rates gewählt.

selbstverständlich gewesen.[291] Für die Diakonie ist der neue Vorsitzende ein Gewinn. Durch seine Entsendung, so der damalige geschäftsführende Direktor des Diakonischen Werkes Berlin, Martin Backhaus[292], habe die Kirchenleitung unterstrichen, welche Bedeutung sie dem Diakonischen Werk beimesse. „Reihlen war ein unglaublicher Glücksfall für unsere Kirche", sagt auch Bischof Kruse. Er habe die Diakonie erst auf einen tragfähigen, ökonomischen Boden gestellt.

Innerhalb der Diakonie begegnet man dem neuen Chef zunächst mit Skepsis. Ein Ingenieur an der Spitze dieser Institution, das ist manch einem hier unheimlich. „Soll jetzt auch die christliche Nächstenliebe genormt werden?", fragt Erich Kotnik, der Pressesprecher des Diakonischen Werkes Helmut Reihlen in einem Interview.

Helmut Reihlen steht für eine „evangelische Wirtschaftlichkeit". Seine Devise: „Nächstenliebe muss auch bezahlbar sein", und: „Sie muss in Strukturen stattfinden, die dafür sorgen, dass die diakonische Einrichtung auch in zwei oder in zehn Jahren noch da ist." Helmut Reihlen, der in seinen Reden den Ingenieuren des DIN so gern einen theologischen Horizont vermittelt – in der Diakonie steht er für Nüchternheit und nachprüfbare Qualität. Hier ist er umgeben von Predigern und Praktikern der Nächstenliebe, die keine Erweiterung ihrer Bibelkenntnisse von ihm brauchen. Die Direktoren- und Vorsteherebene der Diakonie ist traditionell von Pastoren besetzt. Doch ein Pastor ist von Beruf kein Manager. Will die Diakonie auch in Zukunft wirtschaftlich bestehen, so braucht sie Experten, die das Zusammenwirken von Menschen so ordnen, dass sie ihre Aufgaben richtig lösen können, auch unter wirtschaftlichen Gesichtspunkten.

Helmut Reihlen gilt als effizienter Arbeiter. Zierrat und Beiwerk schätzt er nicht. Die Tagungen des Diakonischen Rates sind unter seiner Führung stets gut vorbereitet und am Ende steht immer ein Ergebnis. Nicht selten fordert Helmut Reihlen seine Schwestern und Brüder auf, doch „bitte mal auf den Punkt" zu kommen. Zugleich legt er Wert auf eine biblische Besinnung zu Beginn jeder Sitzung.

---

[291] Gespräch mit Martin Kruse vom 15. September 2009.
[292] Martin Backhaus: Stabsübergabe. In: „Unser Buntes Blatt" (Verbandszeitschrift des Diakonischen Werkes Berlin), Ausgabe 2/1986.

Als „Glücksfall" erweist sich Helmut Reihlen auch noch auf anderer Ebene. Er ist die ideale Personalunion von Landeskirche und Diakonie: Präses der Landessynode, damit Teil der Kirchenleitung, und zugleich Vorsitzender des Diakonischen Rates. Das ist nicht selbstverständlich, denn das Verhältnis zwischen Diakonie und verfasster Kirche ist traditionell nicht ohne Spannungen. Viele der diakonischen Einrichtungen sind im 19. Jahrhundert bewusst am Rand oder gar außerhalb der Amtskirche gegründet worden. Die sozialen Aufgaben der Diakonie, die in der Bundesrepublik nicht nur im kirchlichen, sondern auch im staatlichen Auftrag handelt, ihre große, damit verbundene Selbstständigkeit, ziehen die Bewunderung und auch den Argwohn der Kirchenführung auf sich. Doch auch auf der anderen Seite fehlt es oftmals an Vertrauen. „Ich kann nicht evangelisch operieren, ich kann nur operieren", so ist von Ärzten in Einrichtungen der Diakonie zu hören. Sie wollen den Menschen helfen, ganz konkret, das ist ihr Gottesdienst. Fromme Predigt, Kirchgang und kirchliche Gremien erscheinen daneben zweitrangig.

Auch diese Problematik wird in dem Interview mit Helmut Reihlen zur Sprache gebracht. Gefragt, ob er ein Mann der Diakonie oder der Kirche sei, antwortet er: „Ich bin ein Mann einer diakonischen Kirche. Es gibt keine Kirche ohne Diakonie und das Diakonische Werk umfasst nicht das gesamte diakonische Handeln unserer Kirche. Beides gehört eng zusammen." Fällt das eine weg, ist das andere nichts wert. Helmut Reihlen ist angetreten, um alte Gräben zwischen Diakonie und Kirche zuzuschütten.

Darüber hinaus steht er für die schwierige Zusammenführung der Diakonischen Werke in Ost und West in der Evangelischen Kirche in Berlin-Brandenburg. Im Januar 1990 lädt er, der Vorsitzende des Diakonischen Rates von West-Berlin, die beiden Diakoniedirektoren aus Ost und West, Kirchenrat Hans-Dietrich Schneider und Pfarrer Eckhard Steinhaeuser, zu einem vertraulichen Gespräch in die Paulinenstraße ein.[293] Die drei verständigen sich darauf, dass der Direktor des Diakonischen Werkes Berlin, Steinhaeuser, Geschäftsführender Direktor des neu zu bildenden Diakonischen Werkes werden soll. Sein Arbeitsschwerpunkt bleibt West-Berlin. Stellvertreter

---

[293] Manfred Kräutlein und Hans-Dietrich Schneider: Gemeinsam vor den alten und neuen Herausforderungen – Die Zusammenführung der Diakonie. In: Karl-Heinrich Lütcke (Hg.): Verschieden und doch vereint. Das Zusammenwachsen der Evangelischen Kirche in Berlin und Brandenburg nach der Wiedervereinigung. Berlin 2009, S. 217–227, S. 219.

Steinhaeusers wird der Direktor des IMHW (Innere Mission und Hilfswerk), der Parallelorganisation in der Ostregion der Evangelischen Kirche in Berlin-Brandenburg, Kirchenrat Schneider. Dieser hat seinen Arbeitsschwerpunkt weiterhin in Ost-Berlin und Brandenburg. Darüber hinaus beschließen sie, durch Umstrukturierungen im Diakonischen Werk Entlassungen zu vermeiden. Neue diakonische Initiativen der Aus- und Weiterbildung werden geplant, um der befürchteten Massenarbeitslosigkeit entgegenzuwirken. Nach weiteren Gesprächen der diakonischen Leitungsgremien aus Ost und West kommt es am 9. April 1990 zu einer gemeinsamen Erklärung des Arbeitsausschusses Innere Mission und Hilfswerk der Evangelischen Kirche in Berlin-Brandenburg und des Diakonischen Rates des Diakonischen Werkes Berlin e. V. Unter dem Titel: „Auf dem Wege zum Diakonischen Werk für Berlin-Brandenburg" heißt es: „Beide Werke suchen nach einem neuen Miteinander, in das das Ererbte, das Erfahrene und das Gelernte, das Gemeinsame, das Unterschiedliche und das je Eigene eingebracht werden soll." Den Unterzeichnern, Hans-Dietrich Schneider und Helmut Reihlen, geht es vor allem darum, „Abwicklungen" zu vermeiden und eine partnerschaftliche Zusammenarbeit in der Diakonie zu ermöglichen.

Die rechtliche Zusammenführung der beiden Werke geschieht in großer Eile. Denn es bedarf einer handlungsfähigen Diakonie für den Großraum Berlin und Brandenburg, gilt es doch, das soziale Gefälle zwischen Stadt und Land, West und Ost, das seit dem Mauerfall sichtbar ist, durch soziale Dienstleistungen auszugleichen. Die Bewohner von West-Berlin sollen keine Minderung ihrer sozialen Absicherung erfahren und auch die Bewohner von Ost-Berlin und des Landes Brandenburg sollen nicht schlechtergestellt sein als die im Westen, erläutert Helmut Reihlen im Bericht des Diakonischen Rates an die Diakonische Konferenz am 20. November 1990. Eine funktionsfähige Diakonie diene auch der Aufrechterhaltung des sozialen Friedens in der Region Berlin-Brandenburg. Bereits Ende 1990 ist die äußere Vereinigung der Diakonie mit der Gründung des Diakonischen Werkes – Innere Mission und Hilfswerk – Berlin-Brandenburg e. V. (DWBB) abgeschlossen.

Helmut Reihlen weiß, dass die Diakonie der Ostregion die größere Anpassungsleistung vollbringen muss. Denn rechtlich und finanziell läuft alles auf das Modell der alten Bundesrepublik hinaus, nach dem sich die Diakonie an der Sozialgesetzgebung des Staates orientiert und als freier Träger in dessen Auftrag und mit dessen finanzieller Unterstützung nach dem Prinzip der Subsidiarität handelt.

Sein Ziel ist es, dass beide Seiten die Vereinigung mitvollziehen. Dafür bedarf es der Empathie, der Rücksichtnahme auf diejenigen, von deren Lebenswelt am Ende der „Wiedervereinigung" nicht mehr viel übrig bleibt. „Wir danken ausdrücklich den Mitarbeiterinnen und Mitarbeitern in unseren Werken, Stiftungen, Vereinen und zentralen Dienststellen für unermüdliche solide Kleinarbeit, für partnerschaftliches, behutsames Aufeinander zuge-hen. Wir bitten Gott und unsere Schwestern und Brüder dort um Verzeihung, wo wir durch fehlende Sensibilität, durch Kirchturm- und Besitzstandsden-ken Verletzungen verursacht haben. [...] Wir bringen den äußeren Prozess der partnerschaftlichen Zusammenführung beider Werke zum Abschluss und stellen uns gemeinsam den neuen und alten Herausforderungen", sagt er auf der Diakonischen Konferenz am 20. November 1990, wo die neue Sat-zung für das „Diakonische Werk – Innere Mission und Hilfswerk – Berlin-Brandenburg e. V." verabschiedet wird.[294]

Pragmatismus tut Not im komplizierten Prozess der Zusammenführung des „Diakonischen Werkes Innere Mission und Hilfswerk" (IMHW) und des „Diakonischen Werkes Berlin" (DWB). Probleme und Spannungen, die zu bewältigen sind, gibt es genug. Bei den Mitarbeitern aus dem Osten ist die Unsicherheit groß. Sie müssen einfach alles neu lernen, denn mit einem Mal leben sie in einem völlig anderen Rechtssystem. Der Diakonieangestellte aus dem Westen hingegen braucht nur zu wissen, an welcher U-Bahnstation er neuerdings aussteigen muss, wenn er zum Haus der Diakonie (Ost) in der Schönhauser Allee will. Dann bemerkt er vielleicht noch, dass es hier im Osten ältere Stühle, Tische und Tapeten gibt und dass auch die Mitarbei-ter im Ostteil der Stadt älter sind als die im Westen. Denn anders als in der Bundesrepublik wurde die kirchliche Diakonie in der DDR nicht vom Staat gefördert. Junge Leute fanden deshalb nur selten ihren Platz in kirchlichen Einrichtungen.

„Eine konfliktfreie Zeit war das nicht", sagt Erich Kotnik, der damalige Pres-sesprecher des Diakonischen Werkes. Doch habe man immer gewusst, dass die historische Entwicklung nur ein Vorwärtsgehen erlaubt. Und so ist die Zusammenführung der beiden Hilfswerke zu keinem Zeitpunkt ernsthaft gefährdet.

---

[294] Ebd., S. 220.

Für die Mitarbeiter im Osten ändert sich nicht nur der rechtliche Rahmen ihrer Tätigkeit. Nach der Wiedervereinigung sehen sie sich plötzlich mit ganz neuen Aufgabenfeldern konfrontiert. Zu DDR-Zeiten waren sie auf Behinderten- und Altenpflege konzentriert, denn Staat und Partei wachten eifersüchtig über die Erziehung der Jugend, die sie sich nicht von kirchlichen Organisationen aus der Hand nehmen lassen wollten. Nach der Wende übernehmen Wohlfahrtsverbände wie Caritas, Arbeiterwohlfahrt, das Deutsche Rote Kreuz oder die Diakonie viele der einst staatlichen Einrichtungen der DDR und damit neue und für sie ungewohnte Arbeitsgebiete. Hinzu kommt, dass von 100 Mitarbeitern einer ehemaligen FDGB-Einrichtung höchstens drei einer christlichen Kirche angehören. Helmut Reihlen und die Diakonie insgesamt müssen entscheiden, wie sie mit diesen Mitarbeitern umgehen. Wäre es gut, sie zum Kircheneintritt und damit zur Taufe zu drängen? Oder könnte es möglich sein, mehrheitlich Kirchenferne in einer kirchlichen Einrichtung zu beschäftigen? Sie finden eine Lösung irgendwo dazwischen. Zunächst verfährt man nach dem Prinzip „Christian leaderschip – open memberschip" (Leitung durch Kirchenmitglieder – Mitarbeiterschaft offen). Und dann macht man den Mitarbeitern das Angebot, sich mit Fragen des Glaubens zu beschäftigen, nach dem Motto: „Guckt Euch das mal an, wenn Ihr Euch in einer leitenden Funktion einer evangelischen Einrichtung wirklich verankern wollt, dann solltet ihr auf längere Sicht wissen, worum es hier geht und am besten Kirchenmitglied werden." Das alles geschieht weitgehend geräuschlos, ohne Druck. Ein leitender Angestellter, der mit diesem Angebot nichts anfangen kann, geht früher oder später zu einem anderen Arbeitgeber. Die breite Mitarbeiterschaft aber bleibt ein Spiegel der sie umgebenden Gesellschaft. Heute gehören 40 bis 60 Prozent der Mitarbeiter diakonischer Einrichtungen in den neuen Bundesländern einer christlichen Kirche an.

„Reihlen moderierte die Zusammenführung von Ost und West meisterlich", erinnert sich Bischof Kruse. Mitarbeiter führen das auf die fachliche und geistliche Autorität von Reihlen zurück, seine Fähigkeit, Dinge zu versachlichen, von der emotionalen Ebene der verletzten Ehre und Eitelkeit herunterzuholen und dann auf die zukunftsorientierte praktische Arbeit wieder zurückzubringen. „Diese Mischung von Autorität, Frömmigkeit, Zielstrebigkeit und evangelischer Persönlichkeit und einem profunden Fachwissen hat dazu geführt, dass der Prozess, der sicher auch manchmal schmerzhaft war und manche Narbe hinterlassen hat, besser gelungen ist als in jedem anderen Verband um die Diakonie herum", urteilt Bischof Kruse.[295]

Die Zusammenführung der beiden Diakonischen Werke in Ost und West ist von Anfang an in einen anderen Prozess eingebettet, der mit der Amtszeit Helmut Reihlens 1986 beginnt: die organisatorische Umwandlung des Diakonischen Werkes in einen evangelischen Spitzenverband der Freien Wohlfahrtspflege, das heißt in einen Dachverband, der etwa 435 rechtlich selbstständige Mitgliedsorganisationen vertritt. Ein komplizierter und langwieriger Prozess, denn lange Zeit fungiert das Diakonische Werk Berlin gleichzeitig als Träger und Spitzenverband seiner eigenen Einrichtungen. Dies führt dazu, dass die Diakonie als Spitzenverband Einrichtungen vertritt, die in Konkurrenz zu den in eigener Trägerschaft betriebenen Institutionen stehen.

Mit der Wende verschärft sich die Problematik, denn auch „Innere Mission und Hilfswerk" auf dem Boden der DDR fungieren gleichzeitig als Spitzenverband und Träger der eigenen Institutionen. Etwa fünf Jahre dauert die Umstrukturierung. Doch mit dem Ende der Amtszeit Reihlen ist auch diese Aufgabe bewältigt. Heute gelten die Dienstleistungen des DWBO (Diakonisches Werk Berlin-Brandenburg-schlesische Oberlausitz) ausschließlich der Vertretung seiner Mitgliedsorganisationen.

Helmut Reihlen übt das Amt des Vorsitzenden des Diakonischen Rates bis zum 9. Juli 1991 aus. Sein Nachfolger wird der Potsdamer Generalsuperintendent Günter Bransch.

Gefragt, ob ihm sein Engagement in der Kirche neben der starken beruflichen Belastung nicht zu viel sei, betont Helmut Reihlen, dass ihn diese Arbeit bereichere. Die Arbeit sei sehr zeitraubend und verhindere viele andere Tätigkeiten, die er früher gepflegt habe, aber sie bringe auch Freude, sowohl im Umgang mit den Menschen, die er treffe, als auch von ihren Ergebnissen her.[296]

---

[295] Gespräch mit Altbischof Martin Kruse am 15. September 2009.
[296] Weihnachtsbrief der Familie Reihlen von 1982 (ELAB 62/1).

Nicht zuletzt findet Helmut Reihlen hier seine Rolle als Staatsbürger wieder. Staatsbürger sein, das heißt auch, als Christ eine wache, konstruktive und kritische Zusammenarbeit mit den Organen eines dem Recht und der Freiheit dienenden Staates zu pflegen. Auch wenn sich Christen primär dem Evangelium verpflichtet fühlen, so sind sie doch unverzichtbar für die Gestaltung eines sozialen Staatswesens, das nach dem Selbstverständnis der Bundesrepublik in weiten Teilen durch das Engagement von Menschen getragen wird, die in ihrem Glauben verwurzelt sind.

Und dann gibt es auch noch eine Familiengeschichte zur Diakonie, die weit über hundert Jahre zurückliegt. Die Ahnin, genau genommen die Frau seines Ur-Urgroßonkels, Charlotte Louise Reihlen (1805–1868)[297], hat Diakoniegeschichte geschrieben. Nach dem Tod ihres kleinen Sohns Julius hat Charlotte Reihlen ganz im Geist des württembergischen Pietismus ein Erweckungserlebnis. Fortan widmet sie ihr Leben der christlichen Diakonie. Ihr Mann, der Stuttgarter Kaufmann und Zuckerfabrikant Friedrich Reihlen, ist zunächst abgestoßen von der neuen Frömmigkeit seiner Frau. Er überlegt, ob sie ins Irrenhaus gehört. Als Sympathisant der misslungenen liberalen Erneuerung von 1830 flüchtet Friedrich Reihlen ohne seine Familie nach Amerika. Dort erlebt auch er eine Bekehrung und kehrt zurück zu seiner Frau. Wieder in Stuttgart, unterstützt er die Werke Charlottes. Es entstehen ein Institut für höhere Töchter, eine Dienstbotenschule, ein Hilfsverein für ein „Armengesangbuch" und vor allem die Stuttgarter Diakonissenanstalt.

In Erinnerung geblieben ist Charlotte Reihlen auch als Autorin und Auftraggeberin eines Bildes, dessen Rezeption bis in die zweite Hälfte des 20. Jahrhunderts und bis in die Vereinigten Staaten hineinreicht: „Der breite und der schmale Weg". Eine Darstellung der im Pietismus beliebten Worte Jesu am Ende der Bergpredigt: „Geht hinein durch die enge Pforte. Denn die Pforte ist weit, und der Weg ist breit, der zur Verdammnis führt, und viele sind's, die auf ihm hineingehen. Wie eng ist die Pforte und wie schmal der Weg, der zum Leben führt, und wenige sind's, die ihn finden!"[298]

---

[297] Charlotte Louise Reihlen (geborene Mohl) ist mit Friedrich Reihlen verheiratet, der ein Bruder Gustav Reihlens ist. Dieser ist der Vater von Moritz Reihlen, dessen Sohn Max der Vater von Otto Reihlen ist.
[298] Mt 7,13–14.

Als Charlotte Reihlen das Bild 1866 bei einem Künstler in Auftrag gibt, existieren schon andere „Zwei-Wege-Bilder". Doch ihres wird das Bekannteste. Es zeigt einen Platz mit zwei Wegweisern. Nach links geht es zu „Tod und Verdammnis", vorbei am „Gasthof zum Weltsinn", am Theater, am Bordell und an der Spielhölle. Am Ende des breiten Weges sieht man Diebe und Soldaten und eine Eisenbahn, Sinnbild der „blinden, verderbten Fortschrittsgläubigkeit". Darüber lodert das ewige Höllenfeuer.

Nach rechts führt der Weg zu „Leben und Seligkeit" durch eine kleine, schwer zu findende Pforte in einer Mauer. Zwischen Kirche und Kreuz beginnt der „schmale Weg" vorbei am „Brunnquell des geistlichen Trankes"[299], an der Sonntagsschule, der Kinderrettungsanstalt und am Zelt der Gastfreundschaft. Von hier aus führt ein Bergpfad ins himmlische Jerusalem. Charlotte Reihlen hat alle Stationen des Bildes mit Bibelversen versehen. Ihr „religiöses Vermächtnis" fordert die Entscheidung zur guten Tat, zum diakonischen, zum betenden und zum zupackenden Christentum. Auch wenn manche ihrer Vorstellungen heute fremd, dem Zeitgeist und dem Wissensstand der Mitte des 19. Jahrhunderts allzu eng verbunden wirken, hat dieses Bild mit seiner einfachen Forderung nach Entscheidung zwischen Gut und Böse bis weit ins 20. Jahrhundert hinein gewirkt.

1971 kehrt das Bild Charlotte Reihlens in das gesellschaftliche Bewusstsein zurück, als Beilage zum „Kursbuch 25", allerdings unter den Leitideen des Kommunismus, dessen duale Geschichtsphilosophie und innerweltlicher Erlösungsglaube gut in die formale Bildstruktur des Originals passen. Nun schmückt es die Küchenwände manch einer Studenten-WG. Der breite Weg steht für den Kapitalismus. Er ist gespickt mit den Lastern der bürgerlichen Gesellschaft. Ihm gegenüber steht der schmale Weg, das heißt der Weg derer, die vom Marxismus und Maoismus „erleuchtet" sind. Und auch hier hat die Geschichte ein Endziel: den Kommunismus, der an die Stelle des himmlischen Jerusalems tritt. Die Wegmarken des schmalen und guten Weges sind der Betriebsrat, der proletarische Kinderladen, das sozialistische Zentrum und die Schulung. Auf dem breiten Weg treffen wir das „Hotel zum Kapital", die Börse, Profit, Theater, Parlament, Industrielobby und Lotto. Da, wo Charlotte Reihlen das Bild mit Bibelsprüchen versehen hat, sind jetzt Sprüche des „Großen Vorsitzenden" Mao Tse-tung zu lesen. So ist

---

[299] 1. Kor. 10,4.

das apokalyptische Ende des breiten Weges mit dem Spruch „Alle finsteren Mächte werden vernichtet werden" (Vors. VIII, 97) versehen. Den Kommunismus, das Endziel der Geschichte, symbolisiert ein Lamm auf einem Berg, das umgeben ist von Posaune blasenden Engeln und gekrönt ist mit einem Spruch des „Großen Vorsitzenden": „Dieses unendlich strahlende, dieses höchste Zukunftsideal."

Berliner Missionswerk

1996 entsendet die Kirchenleitung Helmut Reihlen in den Rat des Berliner Missionswerkes, der ihn zu seinem Vorsitzenden wählt. Hier ist er ein weiteres Mal Nachfolger von Bischof Martin Kruse. Und er ist der erste theologische Laie in diesem Amt. Helmut Reihlen kennt die Berliner Mission seit Jahren. Denn auf vielen Dienstreisen ins Ausland, sei es für die DEMAG, sei es für das DIN, sucht er Kontakte zu den nationalen Christenräten oder den Partnerkirchen seiner Berliner Kirche. Und immer wieder stößt er dabei auf die Spuren der Berliner Mission. Als Helmut Reihlen den Vorsitz des Missionsrates übernimmt, weiß er, dass das Zusammenwachsen der Welt nicht nur ein wirtschaftlicher Prozess ist, in dem weltweit anerkannte internationale Normen als Katalysatoren wirken, sondern dass Globalisierung zugleich auch ein kultureller Prozess ist: „Ich glaube", sagt er in einem Interview mit Dawid Bartelt für die Zeitschrift „mission"[300], „dass bei den Menschen das Bewusstsein von der Einen Welt gewachsen ist, auch davon, dass die Wohlstands- und Umweltprobleme globale Probleme sind und letztlich auf uns zurückschlagen. Das Bewusstsein dafür ist gewachsen, und wir müssen angesichts der finanziellen Situation aufpassen, dass das Bewusstsein sich nicht wieder verengt. Die Kirchen waren Vorreiter dieser Bewegung. Der Anspruch und die Zusage des Evangeliums gilt der ganzen Erde."

Das meint: Die Botschaft der Bibel gilt überall auf der Erde. Sie ist aber dennoch kein Vehikel der Herrschaft der westlichen Hemisphäre über die restliche Welt. Die Botschaft der Bibel muss verkündigt werden auf der Grundlage von Partnerschaft und Gleichheit. So gedeutet ist „Mission" im modernen Sinn der christliche Beitrag zur globalisierten Welt. Helmut Reihlen geht

---

[300] In: mission. Zeitschrift des Berliner Missionswerkes, Nr. 3, September 1996, S. 38–43.

es um die biblische Botschaft in Korea und Südafrika ebenso wie in Berlin-Wilmersdorf und Berlin-Marzahn. An die Stelle der in der „Apostelfabrik" in Berlin-Friedrichshain ausgebildeten Missionare tritt jetzt die Pflege von Kontakten zu Gemeinden in aller Welt, insbesondere denen, die von der Berliner Mission ins Leben gerufen worden sind. „Wir sollen unsere Gemeinden darüber informieren, was anderswo möglich ist, wie sich kirchliches Leben dort gestaltet, wie dort Evangelium verkündigt, Sakramente verwaltet werden. Wir brauchen unsere Partnerkirchen, und unsere Partnerkirchen müssen sagen, ob sie uns brauchen." Die Missionswerke der Zukunft beschreibt er als ökumenische Koordinierungsstellen der Landeskirchen, die den Gemeinden Hilfe für ihre Partnerbeziehungen anbieten.

Damit sich diese kirchlichen Werke wirtschaftlich halten können, schlägt er vor, das Missionswerk wie einen modernen Dienstleistungsbetrieb zu führen. Jede Dienstleistung, die über das schrumpfende Budget des Missionswerkes aus kirchlichen Steuereinnahmen hinausgeht, soll über Spenden, über Drittmittelgeber finanziert werden. Das Missionswerk unterstützt die Partnerkirchen durch den Betrieb und die Förderung christlicher Schulen, durch Ausbildungsmöglichkeiten in Deutschland, durch die Vermittlung von Spenden für „Brot für die Welt" und weiterer Gelder der Entwicklungshilfe, in manchen Fällen auch durch die Entsendung von Menschen aus Deutschland. Die missionarische Arbeit vor Ort liegt in den Händen der örtlichen Partnerkirchen.

Die Schlussphase dieser Umstellung im Konzept der evangelischen Missionswerke geht in Berlin-Brandenburg mit einer dramatischen Verringerung der Einnahmen aus der Kirchensteuer einher. Zugleich vollzieht sich die Wiedervereinigung der kirchlichen Werke in Ost und West, konkret des Berliner Missionswerkes in West-Berlin mit achtzig Beschäftigten (1989) im In- und Ausland und des Ökumenisch-Missionarischen Zentrums in Berlin-Friedrichshain mit 85 Beschäftigten. Nach einer schmerzhaften Konsolidierung umfasst der Stellenplan des BMW an dem nun wieder einzigen Standort in der alten „Apostelfabrik" in Berlin-Friedrichshain 23 volle Stellen. Parallel zum Stellenabbau wird das Ökumenereferat im Konsistorium aufgelöst. Seine Aufgaben übernimmt der Direktor des Missionswerkes Eckehard Zipser. Er und Helmut Reihlen werden in den folgenden Jahren zu einem harmonisch kooperierenden Team in der Leitung des Missionswerkes.

Die erweiterten und modernisierten Gebäude des alten Missionswerkes beherbergen heute das Konsistorium und die Mehrzahl der zentralen kirchlichen Einrichtungen. Schwerpunkte der Auslandsarbeit des BMW sind Südafrika, Tansania, Äthiopien, Palästina, Kuba, das Wolgagebiet. Helmut Reihlens Aufmerksamkeit gilt drei Regionen der von Berlin ausgegangenen Missionstätigkeit: China, dem südlichen Afrika und Palästina.

In Palästina ist Helmut Reihlen regelmäßiger Gast in Talitha Kumi, einem Schulzentrum mit Kindergarten und der Möglichkeit zum Abitur und zur Ausbildung von Hotelfachpersonal. Talitha Kumi wird juristisch, finanziell und personell vom BMW getragen. Wie das gesamte Gebiet von Israel/Palästina steht Talitha Kumi im Spannungsfeld arabischer und israelischer Interessen und Zukunftsentwürfe. Thalita Kumi liegt zum weitaus größeren Teil auf palästinensisch, zum kleinen Teil auf israelisch verwaltetem Gebiet.[301] Zur traditionellen Arbeit der Schulbildung kommen im Heiligen Land weitere Arbeitsfelder hinzu: Arbeit für die israelisch-arabische Verständigung, Erziehung zu religiöser und gesellschaftlicher Toleranz, deutsche Geschichte im Spiegel Arabiens und Israels sowie Gleichberechtigung von Männern und Frauen.

Es trifft sich gut, dass das DIN traditionell gute Beziehungen zum israelischen Normeninstitut pflegt und dass es Kontakte mit den Normeninstituten in Ägypten, Jordanien, Syrien und Palästina anknüpfen kann. Der Leiter des palästinensischen Normeninstituts in Nablus hat in Clausthal Bergbau studiert.

Nach dem Zweiten Weltkrieg hat das BMW seine Schulen und Krankenhäuser vielfach an die örtlichen Kirchen oder die staatlichen Autoritäten abgegeben, so zum Beispiel im südlichen Afrika oder in Tansania. Hier braucht man keine Führung aus Deutschland mehr. Anderenorts, wie zum Beispiel in China, ist das BMW den Zwängen der geschichtlichen Entwicklung gefolgt und hat Schulen und Krankenhäuser an den Staat oder an die örtliche

---

[301] In Jerusalem hatten 1841 Königin Viktoria von England und König Friedrich Wilhelm IV von Preußen im Einvernehmen mit dem Sultan ein protestantisches Bistum ins Leben gerufen. Wenige Jahre später gründeten Kaiserswerther Diakonissen in Jerusalem ein Heim und eine Schule für verwaiste arabische Mädchen. Daraus entstanden im Lauf der folgenden 150 Jahre lutherische Gemeinden und Schulen und eine von einem arabischen Bischof geleitete lutherische Kirche im Heiligen Land.

protestantische Kirche übergeben. In Palästina aber sind die politischen Verhältnisse so unklar, dass die deutsche Trägerschaft hilft, den Bestand der Einrichtung zu sichern.

Oberlinhaus

Am Anfang steht ein adeliges Fräulein, Olga von Bissing, das sich der Kinder der armen Weber im schlesischen Beerberg annimmt. Die Kinder sollen nicht verwahrlosen, sondern durch Schule und Erziehung zu guten Menschen herangezogen werden, zu ehrbaren Bürgern Preußens. Als Olga von Bissing 1863 stirbt, trägt ihr Vater, der Baron Adolf Freiherr von Bissing, ihre Ideen nach Berlin, wo er 1871 den Oberlinverein gründet, benannt nach dem elsässischen Pfarrer und Sozialreformer Johann Friedrich Oberlin. „Die Kinder sind das zukünftige Volk", so lautet das Motto des neuen Vereins mit Sitz in der Weberkolonie Nowawes, dem heutigen Potsdam-Babelsberg.

Hier entstehen zunächst eine Kleinkinderschule und ein Seminar zur Ausbildung von Lehrerinnen für derartige Schulen. 1878 wird die Einrichtung Diakonissenhaus. Kaiserswerther Diakonissen, ebenfalls den Ideen Oberlins verpflichtet, übernehmen die Schule. Damit beginnt eine lange und erfolgreiche Geschichte.

Sie beginnt 1881 mit einer Poliklinik. 1899 kommt ein „Krüppelschulhaus" hinzu, 1901 das Handwerkerhaus, 1906 ein Taubblindenheim und 1910 das „Oberlinkreiskrankenhaus".

Das Konzept des Oberlinhauses ist auch nach heutigen Maßstäben modern, es zielt auf die umfassende und ganzheitliche Rehabilitation des „beschädigten Menschen" – orientiert an den biblischen Weisungen der Nächstenliebe und der Gottesebenbildlichkeit jedes Einzelnen. Menschen mit Behinderung sollen ertüchtigt werden, ihr Leben in Selbstverantwortung und Würde zu führen. Schon früh erkennt die Fachwelt das zukunftsweisende Potenzial dieses Konzepts. Auf der Weltausstellung in Paris 1900 wird das Oberlinhaus mit einer Goldmedaille ausgezeichnet.

Das Oberlinhaus bleibt auch in den kommenden Jahrzehnten führend bei der Arbeit für Menschen mit Behinderungen. Selbst die beiden deutschen Diktaturen des 20. Jahrhunderts können ihm nur wenig anhaben. Von seiner Gründung bis heute sind die Aufgabenfelder des Oberlinhauses und mit ihnen die Zahl seiner Gebäude und Mitarbeiter stetig gewachsen. Dabei sind es nicht nur der „gute Geist" und das Arbeitskonzept, die den Erfolg des Oberlinhauses ausmachen. Ganz entscheidend ist auch die Vereinsstruktur, die dem Haus Unabhängigkeit vom Staat und von der Kirche sichert. Seine Gründungsmitglieder sind preußische Beamte und Offiziere. Der Vorsitzende des Oberlin-Zentralvorstandes ist lange Zeit gleichzeitig der Landeshauptmann für die „Volkswohlfahrt" in Preußen. Am 28. April 1874 übernimmt Generalfeldmarschall Helmuth Graf von Moltke, Chef des Generalstabs der preußischen Armee, den Vorsitz des Oberlinvereins. Er tut dies als überzeugter Christ und als General aus Fürsorge für die Invaliden, die kriegsversehrten Soldaten.

Solchermaßen in der preußischen Staatsbürokratie verankert, ist der Verein in der Zeit des Nationalsozialismus vor den Zugriffen der NSDAP und NS-staatlicher Stellen geschützt. Der Regierungsrat und Oberkonsistorialrat beim Evangelischen Konsistorium der Mark Brandenburg, Hans von Arnim, kann verhindern, dass die Nazis das Oberlinhaus in die „Nationalsozialistische Volkswohlfahrt" überführen. Der Oberlinverein behält seine rechtliche Struktur. Lediglich 1942 wird die Satzung leicht geändert, um nicht unter das Kriegsverwaltungsrecht zu kommen. Diese Satzung hält bis 1992. „Damit haben wir gearbeitet und haben uns um alles andere nicht gekümmert", sagt der langjährige Direktor des Oberlinhauses, Pastor Friedrich-Wilhelm Pape, der von 1983 bis 2005 als Direktor die Geschicke des Hauses lenkt. Noch heute ist er stolz auf die Stabilität und Widerstandsfähigkeit dieses „Vereins alten Rechts".

Zu Zeiten der DDR bleibt das Oberlinhaus unabhängig, auch finanziell. Gelegentlich hinterlassen DDR-Bürger, die in den Westen gehen, dem Oberlinhaus Teile ihres Vermögens. Und nicht zuletzt helfen die Evangelische Kirche in (West-)Deutschland und ihre Diakonie. Der SED-Staat lässt das alles geschehen, nicht ohne Grund: Mangelt es ihm doch an eigenen Einrichtungen für Menschen mit Behinderungen. Das Oberlinhaus wird – trotz Eigenständigkeit und Bindung an die Kirche – zu einem offiziell anerkannten Rehabilitationszentrum der DDR.

In den fünfziger Jahren betreuen die Diakonissen des Oberlinhauses auch Außenstationen. In dem Handwerkerhaus von 1901 werden 65 Lehrlinge in einer „Abteilung berufliche Rehabilitation" ausgebildet. 1983 öffnet das Reinhold-Kleinau-Haus als erstes und einziges Rehabilitationspflegeheim der DDR seine Pforten. Es bietet Platz für fünfzig schwerstkörperbehinderte

Menschen, die nicht bei ihren Familien wohnen können. In einem Musterbau der Bauakademie Dresden entsteht eine Wohngruppe für körperbehinderte Frauen mit Sauna, Schwimmbad und Physiotherapie.

Die patriarchalische Vereinsstruktur des Oberlinvereins aus dem 19. Jahrhundert erweist sich in all den Jahren nicht als Störfaktor, sondern fügt sich überraschend gut in die mentale und politische Landschaft der DDR. Der Oberlinverein ist so zentralistisch organisiert wie das ganze Land. Und auch das Ende des sozialistischen Staates ändert nichts daran, dass das Oberlinhaus weiter expandiert. 1990 entsteht hier ein Operationstrakt für die größte orthopädische Fachklinik im Land Brandenburg. Begonnen noch in den Jahren vor dem Mauerfall, kommen dem Bau jetzt die Fördermittel des „Aufbau Ost" zugute. 1991 entsteht eine Körperbehindertenschule, im selben Jahr übernimmt das Oberlinhaus das Berufsbildungswerk mit einer sonderpädagogischen Berufsschule vom Land Brandenburg.

Zugleich hinterlässt der Zusammenbruch der DDR im Oberlinhaus Spuren. Bei den Mitarbeitern und ihren „Pfleglingen" im Handwerkerhaus werden Verwirrung und Furcht spürbar, die in keiner wirtschaftlichen Bilanz vorkommen. Auffällig interesselos, ja ablehnend stünden die behinderten Jugendlichen des Handwerkerhausinternats dem christlichen Charakter des Oberlinhauses gegenüber, heißt es im Jahresbericht 1989. Verschärft wird diese Situation noch durch eine „Reizüberflutung durch Westberlin, die anfangs nach Grenzöffnung zur vollständigen Lähmung hiesiger Freizeitgestaltung führte". Mancher Lehrling verlegt seinen Wohnsitz nach West-Berlin und entzieht sich so der Kontrolle und Betreuung durch das Oberlinhaus.[302]

Als die Mauer fällt, ist Manfred Stolpe Vorsitzender des Zentralvorstandes des Oberlinvereins. Mitte der neunziger Jahre will der Ministerpräsident des Landes Brandenburg dieses Ehrenamt abgeben. Gemäß den neuen gesetzlichen Regelungen für Landesminister will er Interessenkollisionen vermeiden. Stolpe kennt Helmut Reihlen schon lange und schlägt ihn als seinen Nachfolger vor. Pastor Pape soll zu Reihlen fahren und diesem die Aufgabe nahebringen. Als Pape das DIN-Gebäude in Berlin-Tiergarten betritt, ist er „einigermaßen beeindruckt". Eine derart kühle und aufwändig eingerichtete Institution hat er noch nicht gesehen. Helmut Reihlen wirkt auf ihn als

---

[302] Jahresabschlussbericht des Handwerkerhausinternats vom 16. Januar 1990. In: Jahresbericht des Oberlinvereins für das Jahr 1989. Archiv des Oberlinhauses.

eine „imponierende Erscheinung", ein „richtiger Boss", klar, selbstbewusst und zielorientiert. Eigentlich glaubt Pastor Pape nicht, dass dieser Mann der Wirtschaft und der Ingenieurwissenschaft ins Oberlinhaus passt. Vielleicht weil er und so viele andere zu Zeiten der DDR mit dem Gefühl lebten und arbeiteten, dass Finanzmanagement nicht entscheidend sei. Helmut Reihlen nimmt den Vorschlag auf, in die Fußstapfen von Generalfeldmarschall Moltke und Manfred Stolpe zu treten. Ihm ist der bescheidene Pfarrer aus Potsdam gleich sympathisch, einer von diesen „prächtigen Allroundpfarrern", wie es sie öfter in der DDR gegeben hat. Sie wirken eher harmlos auf ihre Umgebung und werden leicht unterschätzt. Doch hinter ihrer Bescheidenheit verbirgt sich oft ein wahres „Finanz- und Organisationsgenie".

Reihlen weiß um den guten Ruf des Oberlinhauses und darum, wie dessen diakonische Arbeit die Evangelische Kirche in einer kirchenfeindlichen Umwelt stabilisiert hat. Er erinnert sich auch des Diakonissenhauses in Leipzig-Lindenau, seiner dort geheilten Beinbrüche und der Pflege seines Vaters nach einer Kriegsverletzung. Ihn fasziniert die Herausforderung. Er verabredet sich mit Pape zu einem ausführlichen Rundgang. Während die beiden miteinander reden, stellen sie fest, dass sie gemeinsame Wurzeln in Breslau haben. Ein Onkel von Pastor Pape hatte dort einen Chemieanlagebetrieb und flüchtete bei Kriegsende nach Nerchau an der Mulde und Leipzig. Dieser Onkel ist kein anderer als Carl-Justus Heckmann. „Da ging Helmut Reihlen so ein bisschen das Herz auf", erzählt Friedrich W lhelm Pape. Jetzt haben beide eine gemeinsame Basis gefunden, auf die sie ihr gegenseitiges Vertrauen stellen können. „Wunderbar, wir machen das gemeinsam!"

Helmut Reihlen sollte sich nicht in Pastor Pape täuschen. Noch rückblickend schätzt er ihn als jemanden, der hundertprozentig hinter seiner Sache stand und dem es gelang, christliche Verkündigung und praktizierte Nächstenliebe zusammenzuführen. Auf diesen Direktor konnte er sich verlassen.

In seiner Sitzung vom 8. Mai 1996 beruft der Zentralvorstand Helmut Reihlen zum Mitglied und stellvertretenden Vorsitzenden. Er wird damit Nachfolger von Kirchenrat Hans-Dietrich Schneider, der nach dreizehn Jahren aus dem Oberlinhaus ausscheidet. Am Mittwoch, den 2. April 1997, wählt der Zentralvorstand Helmut Reihlen einstimmig zum Vorsitzenden. Manfred Stolpe gehört dem Zentralvorstand für weitere fünf Jahre als Mitglied an. 2002 – inzwischen ist er Bundesminister für Verkehr, Bau- und Wohnungswesen – legt er auch dieses Amt nieder.

In der Sitzung vom 2. April 1997 begegnen wir der alten Freundin Konstanze Theurer. Sie wird in den Zentralvorstand des Oberlinvereins gewählt. Sie selbst ist in einem atheistischen Elternhaus aufgewachsen. Die Eltern glaubten an die Ideale des Kommunismus. Ihr Vater wurde als KPD-Mitglied 1933 für einige Zeit ins Gefängnis gesperrt. In der DDR ließen Konstanze und Eberhard ihre Kinder Adele (geb. 1970) und Philipp (geb. 1973) taufen. Sie gingen zur Christenlehre, aber auch zur Jugendweihe. Beide Kinder wurden konfirmiert. Helmut Reihlen ist Philipps Patenonkel. Nach der Wende sind Eberhard und Konstanze aus der Ost-Berliner Platte ausgezogen. Heute wohnen sie in Potsdam-Babelsberg. Eberhard ist Ingenieur für Verkehrswesen und arbeitet im Brandenburgischen Verkehrsministerium.

Früher wollte Eberhard einmal Orgelbauer werden, ein Ziel, das sich in der DDR schwer verwirklichen ließ. Nun geht er regelmäßig zum „Orgel-Üben" in die benachbarte Oberlinkirche. Und auch Konstanze hat längst einen Bezug zu diesem Ort entwickelt. Sie singt im Oberlinchor und verfolgt die Geschicke des Hauses mit großem Interesse, schließlich ist sie selbst Mutter einer kleinwüchsigen Tochter.

Das Protokoll der Sitzung des Zentralvorstandes vom 2. April 1997 ist eine typische Momentaufnahme dieser Zeit. Zum einen hat das Oberlinhaus mit den Auswirkungen der Sparmaßnahmen des Landes Brandenburg zu kämpfen und muss seine Kosten reduzieren, zum anderen hat es im zurückliegenden Jahr wieder einmal sein Leistungsangebot gesteigert. Ein Bauprojekt für neue Schülerwohnheime wurde vorbereitet, die Bauten für das Berufsbildungswerk sind schrittweise der Nutzung übergeben worden, das Reinhold-Kleinau-Haus hat zwei neue Außenwohngruppen bekommen und auch die Verhandlungen zur Erweiterung der klinischen Versorgung von Patienten auf dem Gebiet der ambulanten Rehabilitation sind weit fortgeschritten. Auch bei Oberlin muss gespart werden. Und so beschließt der Zentralvorstand einen Einstellungsstopp, einen „behutsamen Personalabbau" und die Kürzung des Weihnachtsgeldes.

Für den Direktor des Oberlinhauses Pastor Pape ist die erste Zeit mit Helmut Reihlen nicht leicht. „Mit Reihlen kam natürlich ein neuer Geist hier herein", erinnert er sich. Da ist einer, der sich nicht – wie gewohnt – damit zufrieden gibt, die Entscheidungen der Geschäftsführung abzunicken. Der neue Vorsitzende will gefragt werden und das bedeutet für den geistlichen Direktor des Oberlinhauses, dass er sich von seiner bislang unangefochtenen

Alleinherrschaft verabschieden muss. Plötzlich wird es nötig, Tagesordnungen und Vorlagen für die Zentralratssitzungen vorzubereiten und mit Reihlen vorher durchzugehen. So viel Stil und so viel „Mitbestimmung von oben" hatte es noch nicht gegeben. „Wir müssen nicht nur medizinisch und sozialdiakonisch, sondern auch wirtschaftlich stark werden und Rechenschaft über unsere Arbeit ablegen", so lautet das neue Motto unter dem Vorsitzenden Reihlen. Gefragt sind: „Leistung, Wettbewerb, Flexibilität".[303] 1999 resümiert Wilhelm Pape rückblickend: „Diakonie befindet sich im Wettbewerb mit anderen Leistungsanbietern. Soziale Dienstleistungen sind zu einem interessanten und begehrten Bereich in der freien Marktwirtschaft geworden. Die in Jahrzenten gewachsene Partnerschaft zwischen der Sozialpolitik und der freien Wohlfahrtspflege wird den ökonomischen Interessen und Zwängen untergeordnet."[304] Schließlich beurteilt er diese Entwicklung positiv. „Das muss uns nicht Angst machen", ermutigt Pastor Pape seine Mitarbeiter, wohl wissend, dass viele von ihnen sehr wohl Angst vor den Reformen haben. Der Markt sei schließlich von jeher der Ort, wo sich das Leben abspiele.[305]

2002 beginnt das Haus unter dem Aufsichtsratsvorsitzenden Helmut Reihlen mit der vollständigen Umorganisierung. Eine „Consulting"-Firma wird engagiert. Man entwickelt die „Vision 2013", die auf einer Mitarbeiterkonferenz im März 2004 in eine schrittweise umzusetzende Zukunftsstrategie umgewandelt wird. Am 4. Juni 2002 beschließt der Zentralvorstand eine neue Satzung sowie eine neue Geschäftsordnung für den Aufsichtsrat und den Vorstand.

Die Neuerungen sind gravierend. Zum ersten Mal in der Geschichte des Oberlinvereins wählt die Mitgliederversammlung einen Aufsichtsrat, in dem nun statt siebzehn nur noch zehn Mitglieder sitzen. Mindestens einmal im Jahr muss eine Mitgliederversammlung abgehalten werden. Bis zur Wende hatten Mitgliederversammlungen kaum stattgefunden, denn der Zentralvorstand bestimmte eigenmächtig, wen er in seine Mitte aufnehmen

---

[303] Vgl. Jahresbericht des Oberlinvereins 1997, S. 1. Archiv des Oberlinhauses.
[304] Vgl. Jahresbericht des Oberlinvereins 1998, S. 1. Archiv des Oberlinhauses.
[305] Vgl. Jahresbericht des Oberlinvereins 2003, S. 1. Archiv des Oberlinhauses.

wollte. Eine Altersbegrenzung für die Mitglieder des Aufsichtsrats wird eingeführt, denn der ist überaltert.[306)] Das trifft auch für die Mitglieder des Oberlinvereins zu. Über die Hälfte sind fünfzig Jahre und älter.[307)]

Nun endlich sind auch Aufsichtsrat und Geschäftsführung [nunmehr: Vorstand] strikt voneinander getrennt. Die Geschäftsführung kann somit nicht mehr Teil des Zentralvorstandes [nunmehr: Aufsichtsrat] sein. Wurden bislang sämtliche Entscheidungen bis hin zur Anschaffung des Büromaterials allein vom Vorstand getroffen, der sich aus dem geistlichen Leiter, dem „Stiftskämmerer", das ist der kaufmännische Vorstand, und der Oberin zusammensetzte, werden nun die Entscheidungsstrukturen dezentralisiert. Die Abteilungsleitungen müssen mehr eigene Verantwortung übernehmen. Das Prinzip der Eigenverantwortung wird auch auf den Bereich der Klinik und der Behindertenhilfe ausgedehnt, wobei die Idee eines selbstbestimmten Lebens der Behinderten an die Stelle des alten Fürsorgegedankens tritt. Für Vorstand und leitende Mitarbeiter werden „Jahresziele" vereinbart, die auf Grundlage leistungsorientierter Gehälter abgerechnet werden.

2003 wird eine Stiftung ins Leben gerufen, zunächst als Förderstiftung, um außerordentliche zukunftsorientierte Vorhaben in Gang zu bringen, die noch nicht von den Krankenkassen finanziert werden. Darüber hinaus bietet sie die Möglichkeit, später einmal den Oberlinverein als Träger des Werkes abzulösen.

Nicht bei allen stoßen die Neuerungen auf Begeisterung. Die Diakonissen tun sich schwer damit, denn ihre Art der Geschäftsführung passt nicht mehr in die neue Zeit. Moderne Unternehmensführung nach dem Prinzip der „Good Governance", hier der DIN-ISO-Norm 9000 „Qualitätsmanagement-Systeme", und christliche Nächstenliebe sind in ihrem Denken schwer miteinander vereinbar.

Ende 2005 scheidet die Oberin im Streit aus der Geschäftsleitung des Hauses aus. Ihre Klage scheitert vor Gericht. Damit ist die Zeit, in der Diakonissen das Oberlinhaus leiteten, endgültig vorbei. 2005 leben ohne-

---

[306)] Vgl. Jahresbericht des Oberlinvereins 2001, S. 7. Archiv des Oberlinhauses.
[307)] Vgl. Jahresbericht des Oberlinvereins für das Jahr 1997, S. 2. Archiv des Oberlinhauses.

hin nur noch neun von ihnen im Oberlinhaus, die meisten sind längst im Rentenalter.[308]

Dennoch trifft die Geschichte einen Nerv: die Angst vor Überfremdung durch den Westen, den Kapitalismus, der alle menschlich wertvollen Bindungen zu bedrohen scheint – abzulesen an den Kommentaren der lokalen Presse. Für die „Potsdamer Neuesten Nachrichten" bedeutet das Ausscheiden der Oberin den Einzug eines unchristlichen kapitalistischen Geistes in eine bislang vom „Geist des Geldes" unberührte Domäne. „Wird es kalt im Oberlinhaus?", fragt man hier.[309]

Doch am Ende bleibt die Bilanz positiv. Innerhalb weniger Jahre ist aus dem alten Oberlinverein, dessen patriarchalische Strukturen aus dem 19. Jahrhundert so lange jedem Eingriff von außen standgehalten haben, der „Verein Oberlinhaus" geworden, ein modernes Dienstleistungsunternehmen mit einer Holding-Struktur und über 1 500 Mitarbeitern. Der Umstrukturierungsprozess, so resümiert Pastor Pape, hat letztlich funktioniert, weil es dieses unbedingte Vertrauen zwischen dem Aufsichtsratsvorsitzenden, Helmut Reihlen, und ihm gab.

Pastor Pape und Helmut Reihlen können auf Jahre gelungener Zusammenarbeit zurückblicken. „Es ist geglückt", sagt Pastor Pape lächelnd und meint damit mehr als den wirtschaftlichen Erfolg des Oberlinhauses. Er blickt auch auf sein Lebenswerk zurück, in dem es um die „unsichtbaren" Werte der christlichen Verkündigung ging: Gottvertrauen, Nächstenliebe und Zuverlässigkeit.

2006 legt Helmut Reihlen sein Amt als Vorsitzender des Aufsichtsrates nieder. Er leidet unter einer wachsenden Gehbehinderung, die eine Hüftoperation notwendig macht. Und mit der Pensionierung von Pastor Pape im Februar 2006 muss eine neue Persönlichkeit für den Vorstandsvorsitz gefunden werden. Der Aufsichtsrat entscheidet gegen den Rat seines Vorsitzenden. Dieser ist nicht überrascht, als der Aufsichtsrat, nunmehr ohne ihn, kurze Zeit später seine Personalentscheidung revidieren muss.

---

[308] Carola Hein: Oberin klagt gegen Oberlin. In: Märkische Allgemeine Zeitung vom 14. Juli 2005.
[309] Klaus Büstrin: Kälte statt Glaube. In: Potsdamer Neueste Nachrichten vom 16. Juli 2005.

Kirchentagspräsidentin

> „Wir werden bleiben wollen, wenn wir gehen dürfen."
>
> *Pastor Joachim Gauck auf der Schlusskundgebung des Evangelischen Kirchentages in Rostock 1988.*

> „Ihr müsst mit den Christen rechnen, aber ihr könnt auch mit uns rechnen. Wo immer der Zukunft des Lebens Bahn gebrochen wird: wir sind zur Mithilfe bereit."
>
> *Kirchentagspräsident Wolfgang Huber auf der Schlussversammlung des Deutschen Evangelischen Kirchentages in Düsseldorf 1985.*

Als eine große gesamtdeutsche protestantische Laienaktion beschreibt Reinhold von Thadden-Trieglaff, sein Initiator und erster Präsident, 1949 den Deutschen Evangelischen Kirchentag. Ihn beseelt die Idee des Laien-Apostolats, die schon um die Jahrhundertwende Christen beider Konfessionen umtrieb, die sich mit einer immer unchristlicher werdenden Moderne konfrontiert sahen.

„Wo aber die Entscheidung grundsätzlich zu Gunsten des Gedankens von dem ‚Laien-Apostolat' in der Kirche gefallen ist, da werden der Kirche allmählich Hilfsquellen für die verschiedensten weltlichen und kirchlichen Funktionen aus dem bisher unerschlossenen Erdreich wertvollen Menschentums erwachsen, von denen sie sich einstweilen gar nichts träumen lassen", schreibt von Thadden-Trieglaff und bezeichnet es als Auftrag der Kirche, sich in der sichtbaren Einheit von Glauben und Leben zu erneuern.[310]

Von Thadden-Trieglaff knüpft an Johann Hinrich Wichern an, Pädagoge und Theologe. Wichern rief 1848 auf dem Ersten Evangelischen Kirchentag die evangelischen Christen auf, gegen die Notstände der Gesellschaft

---

[310] Undatiertes Manuskript von Thadden-Trieglaffs mit dem Titel: „Was der Kirchentag ist – und was er nicht ist" aus der Zeit zwischen 1949 und 1951 (EZA Berlin, 71/34).

anzukämpfen und gab damit den Anstoß für die Gründung von Vereinen und Anstalten der Inneren Mission, Vorläuferorganisationen des heutigen Diakonischen Werkes.

In der Zeit des Kirchenkampfes nimmt die Bekennende Kirche die Tradition des Kirchentages bewusst auf und organisiert die „Deutschen Evangelischen Wochen". Mit dem verstärkten Laienengagement soll die Kirche vor dem Zugriff der Deutschen Christen immunisiert werden. Aus der „Evangelischen Woche" 1948 in Frankfurt erwächst ab 1949 der Deutsche Evangelische Kirchentag als freier, von der verfassten Kirche unabhängiger Verein, eine Einrichtung in Permanenz. Erika Reihlen zitiert Margot Käßmann: „Kirchentage nach der Erfahrung der Diktatur des Nationalsozialismus und des 2. Weltkrieges machten sich drei Aufgaben zu eigen: sie sollten zum einen die ‚Erweckung' der entchristlichten Bevölkerung vorantreiben, zum anderen sollten sie dazu beitragen, die Einzelgewissen der Evangelischen so zu schärfen, dass sie nie wieder derart in die Irre gehen würden wie zur Zeit des Nationalsozialismus, und schließlich sollten sie die durch den Weltkrieg an viele Orte verstreuten, getrennten Menschen zu einer Gemeinschaft sammeln."[311]

Als der Deutsche Evangelische Kirchentag am 31. Juli 1949 ins Leben gerufen wird, nehmen zunächst nur 9 000 Menschen teil. Doch schon im Jahr 1950 sind es 25 000 Dauerteilnehmer, die über die Verantwortung der Laien außerhalb der Kirche diskutieren. Im Jahr 1951 sind es 69 000.

„Mit dem Deutschen Evangelischen Kirchentag 1951 in Berlin wird die Laienbewegung zum ersten Mal im deutschen Osten in Erscheinung treten, und es hat sich dadurch bewahrheitet, daß die evangelische Christenheit diesseits und jenseits des Eisernen Vorhanges zusammengehört, und daß sich die evangelische Kirche nicht in zwei Hälften auseinanderreißen läßt", schreibt Präsident von Thadden-Trieglaff 1951.[312]

Und so kommt es, dass bis zum Mauerbau 1961 die evangelischen Kirchentage in Deutschland einen hohen Symbolwert als „Klammer" zwischen Ost und West bekommen. Sie sind die sichtbare Verbindung der Menschen

---

[311] Margot Käßmann: Kirche in Bewegung, 50 Jahre Deutscher Evangelischer Kirchentag. Gütersloh 1999, S. 10.

[312] Dr. Reinold von Thadden-Trieglaff: „Zur Geschichte des Deutschen Evangelischen Kirchentages." 1.11.1951 (EZA Berlin, 71/34).

diesseits und jenseits des Eisernen Vorhangs. Manch einer bezeichnet die Kirchentage deshalb auch als „vorweggenommene Wiedervereinigung", denn hier kommen bis zu 650 000 Menschen friedlich zu mehrtägigen Christentreffen zusammen und demonstrieren ihre gesamtdeutsche Verbundenheit.

Mit dem Mauerbau 1961 ändert sich das schlagartig. Das Präsidium des DEKT mit seinen Mitgliedern aus Ost und West kann nach 1961 nicht mehr gemeinsam tagen. Zwar beteuern Repräsentanten auf beiden Seiten der Mauer, dass die Ordnung des DEKT nicht angetastet werden soll, dass für die beiden Teile des Kirchentages in Ost und West verschiedene Aufgaben vorliegen, sich aber beide Teile dadurch miteinander verbunden wissen, dass jeder in seinem Teil das ihm Zukommende tut.

Von nun an gehen die Kirchentagsorganisationen in Ost und West getrennte Wege. In der DDR haben sie ihr „eigenes, von den dortigen Notwendigkeiten geprägtes Gesicht" bekommen.[313] Den einen „Kirchentag", auf dem sich eine christliche Zivilgesellschaft alle Jahre wieder eindrücklich in Szene setzt, kann es in der DDR nicht geben.

So trägt der Evangelische Kirchentag in der DDR den gewandelten gesellschaftlichen Verhältnissen Rechnung, indem er 1972 die 1955 beschlossene Ordnung in seiner Präambel erweitert. Nun soll es nicht mehr einen, sondern viele Kirchentage, Kirchentagskongresse und andere Veranstaltungen geben. In den folgenden Jahren gibt es zwar regelmäßige Kontakte zwischen den Organisationen in Ost und West, auch Besuche zu den Kirchentagen „drüben", aber geringe Besuchsmöglichkeiten von Ost nach West, was sich in den achtziger Jahren ändert.

Seit 1979 ist Erika Reihlen Mitglied der Präsidialversammlung, 1980 bis 1990 ist sie Vorsitzende des Projektausschusses „Markt der Möglichkeiten". 1981 bis 2001 ist sie Mitglied des Präsidiums des DEKT. Zusammen mit den anderen Verantwortlichen im Kirchentag setzt sie sich für jede noch so kleine Verbesserung im Verhältnis zwischen Ost und West ein und erlebt, wie sich langsam, aber deutlich die Kommunikation zwischen den

---

[313] Vizepräsident des 1. Präsidiums West Georg Schniewind auf einer Arbeitstagung der Mitglieder der Präsidialversammlung 1963. Zitiert von Erika Reihlen: Referat auf der Präsidiumssitzung in Bad Herrenalb am 2.2.1990. Privatbesitz Reihlen.

Kirchentagen verbessert. Man besucht die Kirchentage der anderen und in Einzelfällen wirkt man sogar auf dem Kirchentag auf der anderen Seite der Mauer mit.

Deutsch-deutsche Gespräche und deutsch-deutsche Podien sind seit Anfang der achtziger Jahre fester Bestandteil des Kirchentagsprogramms.

Seit 1986 trifft sich eine Gruppe des Präsidiums Ost mit einer Gruppe des Präsidiums West in unregelmäßigen Abständen. Am Kirchentag in Frankfurt a. M. 1987 nimmt eine staatlich genehmigte Delegation von fünfzig Personen aus der DDR teil.

1988 wird eine kleine Arbeitsgemeinschaft Ost/West gebildet, die den kommenden Kirchentag in West-Berlin vorbereitet. Darunter aus dem Osten: Manfred Stolpe, Konsistorialpräsident der Evangelischen Kirche in Berlin-Brandenburg, Bischof Albrecht Schönherr, Hans-Detlef Peter, Beauftragter der Kirchentagsarbeit in der DDR, und Bernhard Opitz, Vorsitzender der Konferenz der Landesausschüsse (Ost).

Für den Westen nehmen teil: der amtierende Kirchentagspräsident Helmut Simon, Richter am Bundesverfassungsgericht, der Generalsekretär des DEKT Christian Krause, das Mitglied der Leitung des DEKT Carola Wolf und Präsidiumsmitglied Erika Reihlen.

Ziel der AG ist es, die Vorbereitung der Kirchentage im jeweils anderen Teil Deutschlands mitzuvollziehen. Gemeinsamer Bezugspunkt ist und bleibt die Kirchentagsordnung mit ihrer Zielsetzung und entstanden lange vor dem Bau der Berliner Mauer. 1989 wird Erika Reihlen zusammen mit Erhard Eppler und Ernst Benda in den Vorstand des Präsidiums des Deutschen Evangelischen Kirchentages gewählt. Jetzt wird sie an führender Stelle die rasanten Entwicklungen der kommenden Monate und Jahre verfolgen und mitgestalten.

Auf dem Kirchentag in West-Berlin, der vom 7. bis zum 11. Juni 1989, fünf Monate vor dem Mauerfall, stattfindet, dürfen bereits 165 Delegierte von „drüben" teilnehmen, darunter Künstler, Theologen und kirchlich engagierte Laien. Gottfried Forck, dem Bischof der Evangelischen Kirche in Berlin-Brandenburg – Bereich Ost – gelingt es zudem, den Behörden die Erlaubnis für einen Besuch von 376 Christen aus der DDR abzutrotzen.

Erika Reihlen will Wochen vorher in Zusammenarbeit mit einer Vorbereitungsgruppe die Delegierten auf den Kirchentag einstimmen. Zu dem Zweck liegen Pakete mit weißem Papier im DIN-A2-Format in ihrem Auto, gedacht als Plakat-Druckmaterial zur Vorbereitung und Information für Teilnehmende aus dem Osten, nur zum innerkirchlichen Gebrauch. An der Grenze wird sie durchsucht, das Papier einkassiert, denn es besteht Verdacht auf Beihilfe zur Störung der in der DDR anstehenden Volkskammerwahl. Der Staat fürchtet die Kirche, denn die – das wird 1989 deutlich – ist der einzige weitgehend „staatsfreie" Raum, in dem sich „Demokratisierung von unten" entwickeln kann. So wird selbst ein Stapel leeres Papier zur Bedrohung für den SED-Staat.

Dann kommt der 10. Juni 1989, der Besuch der 376 aus der DDR auf dem Deutschen Evangelischen Kirchentag in West-Berlin. „Ein bizarrer Tag", erinnert sich Erika Reihlen. Denn die 376 haben exakt 24 Stunden Zeit und keine Sekunde länger. Samstag früh wird die Gruppe am Bahnhof Friedrichstraße in Empfang genommen. Dann beginnt ein übervolles Programm. An Schlaf ist nicht zu denken, auch wenn es Räume zum Ausruhen und Essen gibt.

Bei einem Empfang steht Bundespräsident Richard von Weizsäcker plötzlich im Raum – einfach so, ohne jede Ankündigung und ohne Wachschutz. Für von Weizsäcker gehört es wie für viele andere bundesdeutsche Politiker dazu, am Kirchentag teilzunehmen und mitzuwirken. Zudem ist er selbst von 1964 bis 1970 und dann noch einmal von 1979 bis 1981 Kirchentagspräsident gewesen. Die Besucher aus der DDR sind begeistert. Vergleichbare Begegnungen mit hohen Staatsvertretern oder bekannten Politikerpersönlichkeiten „so ganz nebenbei" sind in ihrer Heimat einfach unvorstellbar.

Und dann kommt der 9. November 1989, die Nacht, in der die Mauer fällt. Dieses Datum beendet die Zeit der getrennten Kirchentage. Erika Reihlen ist an entscheidender Stelle dabei, als es darum geht, die Entwicklung voranzutreiben. Zunächst werden die Gremien des Kirchentages aus Ost und West zusammengeführt. Das Kirchentagspräsidium wird mit Vertretern aus der ehemaligen DDR „angereichert", die dann bei den nächsten Präsidiumswahlen regulär gewählt werden können. Jetzt häufen sich die Begegnungen und Diskussionen mit der anderen Seite. Doch schon bald wird klar: Auch hier ist der politische Wille „ein Volk zu sein" nur der Anfang. Viel schwieriger ist die Zeit, die auf diesen Anfang folgt. Sie ist geprägt von den Empfindungen derjenigen, die ihre gewohnten Strukturen aufgeben müssen. In einer

Rede vor Freunden des Kirchentages in Ost und West zitiert Erika Reihlen einen Brief aus der Mark Brandenburg, der wohl vielen aus dem Osten aus der Seele spricht: „In uns ist noch eine unsortierte Mischung von Aufbruch-Stimmung und Trauer, die einfältige Freude nicht aufkommen lassen will. Die Seele läuft den Ereignissen hinterher. Es hat sich zu unser aller Entsetzen herausgestellt, daß die DDR schon zu kaputt, zu geschwächt und auch die BRD zu nahe ist, als daß der Sozialismus noch einmal eine Chance auf Dauer erhalten könnte. [...] Wir haben uns 40 Jahre lang gemüht, gekämpft, geschachert, gelitten, triumphiert, uns in Schlitzohrigkeit und Gratwanderung geübt, eingesperrt gelebt [...]. Gewiß sind wir stolz auf unsere friedliche Revolution und alte neue Freiheiten, die sich Volkes Wille ertrotzt hat. Ganz leise aber fügen wir hinzu: es war eben doch unser Land, und das meint eben auch: unser Leben und die Heimat unseres Engagements. Deshalb brauchen wir noch ein wenig Zeit, und um diese bitten wir."[314]

In den Protokollen und Berichten der gemeinsamen Tagungen von Ost- und West-Gremien finden sich dann immer wieder Hinweise darüber, wie schwierig die Zusammenführung der unterschiedlichen Kirchentagstraditionen und Mentalitäten wirklich ist. Nach dem Mauerfall steht einfach alles in Frage: Soll es überhaupt noch einen großen gesamtdeutschen Kirchentag geben? Oder ist es besser, die Tradition der regionalen Kirchentage auszubauen? Sind beide Modelle am Ende vielleicht gar überholt? Müssen die Strukturen des Kirchentages nicht grundlegend geändert werden? Und schließlich: Soll der Kirchentag 1993 überhaupt in München stattfinden und nicht besser in der ehemaligen DDR?[315]

Erika Reihlens Beobachtungen sind so aufschlussreich wie ernüchternd. Am Ende ihres Berichts über die Tagung der Kirchentagspräsidien Ost und West vom 27. bis 29. April 1990 in Kleinmachnow schreibt sie: „Die Kirchentagsleute Ost denken im Augenblick etwa so: Es soll beides geben, den großen Kirchentag und die regionalen Kirchentage. Die Vorbehalte und inneren Widerstände aus der DDR-Kirchentagsarbeit gegen einen gemeinsam verantworteten Kirchentag in Leipzig 1993 sind groß. (Ich halte sie sogar für unüberwindbar.) Die jetzt notwendigerweise fällige Entscheidung kommt

---

[314] Erika Reihlen: Referat zur Präsidiumssitzung in Bad Herrenalb 2.2.1990. Privatbesitz Reihlen.

[315] Erika Reihlen: Bericht über die Tagung der Kirchentagspräsidien Ost und West vom 27. bis 29.04.1990 in Kleinmachnow. Privatbesitz Reihlen.

ihnen zu schnell. Es wird befürchtet, daß die Mitarbeit an der regionalen Kirchentagsarbeit (zum Beispiel Potsdam 1993 anläßlich der 1000-Jahr-Feier der Stadt) erlahmt. Es gibt auch die Befürchtung, daß die Großformen in den großen Hallen und bestimmte darin auftretende charismatische politische Christen die Unmündigkeit der Besucher stärken. Den großen Kirchentag 1993 in München zu wissen, schafft innere Entlastung – aus vielerlei Gründen, über die noch zu sprechen wäre."

Erstaunlich und zugleich verständlich sind Minderwertigkeitsgefühle, die die Christen, die über Jahrzehnte Außenseiter in ihrem Staat waren, plagen, wenn sie plötzlich auf dem Kirchentag neben „charismatischen politischen" Christen wie Richard von Weizsäcker stehen. Mit einem Mal sind sie Teil eines Staates, der von christlichen Politikern aufgebaut wurde. Den besonderen Status, den sie in der DDR einnahmen, wo sie sich als Ort der politischen Alternativen verstehen konnten, haben sie verloren. Jetzt sind sie nur noch ein kleiner Teil in einer christlich geprägten Mehrheitsgesellschaft.

Für das Kirchentagspräsidium West indes bleibt klar: Es gibt die gemeinsam formulierten Ziele, das Fundament in Zeiten der politischen Trennung. Und es ist ein gutes Gefühl, im Jahr 1990 wieder gemeinsam handeln zu können und dabei zu wissen: „Es war die Politik, die uns auseinander definiert hat, und wir haben auf jeder Seite versucht, das Beste daraus zu machen." Die „besondere Gemeinschaft" hat es trotz Teilung eben immer gegeben. „Wir werden weiter zusammenwachsen wollen", sagt Erika Reihlen und verspricht, „behutsam mit den während der Zeit der Trennung gewachsenen Erfahrungen und Unterschieden umzugehen. Es wird ein gemeinsames Voranschreiten werden und keine Rückkehr sein."

Die „Kirchentagsgeschwister" aus dem Osten fordert sie auf, sich die Vision vom demokratischen Sozialismus zu erhalten, in die neue Freiheit hineinzuwachsen, westlicher Selbstgefälligkeit mit Selbstvertrauen zu begegnen und die Tiefe ihres christlichen Zeugnisses zu retten, „die ihr – innerlich frei und äußerlich gefangen – uns satten Wohlstandschristen weitergabt".

Am 2. November 1991 wird Erika Reihlen als Nachfolgerin von Erhard Eppler Präsidentin des 25. Deutschen Evangelischen Kirchentages, der von 9. bis 13. Juni 1993 in München stattfinden soll.[316] Zu dieser Zeit spricht nicht nur das Votum der östlichen Kirchentagsvertreter dafür, München als Veranstaltungsort beizubehalten. Mittlerweile ist auch die Organisation des Kirchentages in München längst angelaufen und schwerlich wieder rückgängig zu machen. Schließlich entscheiden Sachzwänge. Denn ein Ort in der ehemaligen DDR, der problemlos mehr als 100 000 Menschen unterbringen kann, ist nicht zu finden. Und Berlin kommt nicht infrage, denn hier hat erst 1989 ein Kirchentag stattgefunden. Allein in München sind bereits 269 Veranstaltungsorte in Schulen, Universitäten und Kirchengemeinden vorgesehen. Insgesamt soll es weit über 2 000 Veranstaltungen geben.

Für Erika Reihlen ist die Präsidentschaft des Kirchentages der Höhepunkt ihres christlichen ehrenamtlichen Engagements – und sicher weit jenseits aller Erwartungen des Jahres 1976, als sie den inwendigen Raum der Familie verließ und die politische und berufliche Bühne Berlins betrat.

Schnell wird ihr klar, dass das, was jetzt kommt, weit mehr Zeit verschlingen wird als alles, was sie bislang außerhalb ihres Berufs getan hat. Mit einem normalen Arbeitsalltag als Leiterin des Zahnärztlichen Dienstes im Steglitzer Gesundheitsamt und als Koordinatorin der Berliner Jugendzahnpflege wird das nicht mehr zu vereinbaren sein. Erika Reihlen reduziert ihre berufliche Arbeitszeit um die Hälfte.

Eigentlich hat sie sich sechs Wochen für eine ruhige Vorbereitung freinehmen wollen. Doch stattdessen jagt ein Interview das nächste. Es ist, als wäre eine riesige Maschine angesprungen, die nun schneller und schneller auf diesen einen Punkt – den 25. Deutschen Evangelischen Kirchentag in München – zurast.

---

[316] Erhard Eppler war Präsident des Ruhrgebietskirchentages 1991. Unmittelbar danach machte er im Zuge der Ost-West-Integration seinen Platz im Vorstand des Kirchentagspräsidiums frei. Annemarie Schönherr, Theologin und Präsidiumsmitglied Ost trat in den Dreiervorstand ein – ohne die Möglichkeit, das Präsidentenamt der für diesen Vorstand vorgesehenen Wahlperiode (1989–1995) übernehmen zu können, das hatte ja schon Erhard Eppler innegehabt.

Und dann kommen die Tage zwischen dem 9. und dem 13. Juni 1993. Die Losung des Kirchentages „Nehmet einander an" trifft den Nerv der Zeit, wie sie schon im Vorfeld von allen Seiten hört.[317]

Es sei die Absicht jedes Kirchentages, erläutert sie, seine Losung entsprechend einem offensichtlichen Grundempfinden seiner Zeit zur Sprache zu bringen. Das Grundempfinden Anfang der neunziger Jahre habe sich in der aktuellen politischen Situation als „Entfremdet-Sein", als „Fremd- und Heimatlos-Geworden-Sein" geäußert. „Nehmet einander an", das Pauluswort[318], zielt auf die Versöhnung der gesellschaftlichen Gegensätze und ist eine Aufforderung an Gruppen und Einzelne, auf den jeweils anderen, den „Antipoden" zuzugehen. Diese Aufforderung zu Zivilcourage und Toleranz zieht sich durch alle Veranstaltungen des Kirchentages. Zu sehen ist dies vor einem etwas düsteren Zeithintergrund von Gewalt und Krieg. Die Gewalt gegen Ausländer in Deutschland ist allen präsent und bestimmt die Atmosphäre nachhaltig. Am 29. Mai haben Neonazis in Solingen bei einem Brandanschlag zwei türkische Frauen und drei türkische Mädchen getötet. Und auch die Ausschreitungen von Rostock-Lichtenhagen und im schleswig-holsteinischen Mölln im August und November 1992 liegen noch nicht lange zurück. Zur gleichen Zeit herrscht Krieg im ehemaligen Jugoslawien. Hier schlachten sich bosnische Serben und bosnische Kroaten vor den Augen ihrer hilflosen europäischen Nachbarn gegenseitig ab. Hinzu kommt die Anfang der neunziger Jahre herrschende „deutsch-deutsche" Depression. Die mentale Bewältigung der Wiedervereinigung ist noch lange nicht vollzogen. „Nehmet einander an" fordert auch Ost- und Westdeutsche auf, aufeinander zuzugehen. „Der Deutsche Evangelische Kirchentag hatte in seinen Anfängen lange Zeit eine gesamtdeutsche Klammerfunktion inne. So wie er damals – abzulesen an seinen Losungen – Hoffnungen verbreitet hat, so hat er jetzt nach der Vereinigung die Aufgabe, mit seinen Instrumentarien zum Zusammenwachsen und zum Prozess des inneren Friedens in unserem Land beizutragen", sagt Erika Reihlen.[319]

---

[317] Erika Reihlen: Die Losung Nehmet einander an. Treffende Losungen zahlen sich aus. In: Susanne Schullerus-Kessler (Hg.): Nehmet einander an. Ein Vorbereitungsbuch. München 1992. S. 37–42, S. 38 f.

[318] Röm 15,7.

[319] Erika Reihlen: Die Losung: Nehmet einander an. Treffende Losungen zahlen sich aus. In: Susanne Schullerus-Kessler (Hg.): Nehmet einander an. Ein Vorbereitungsbuch. Kirchentag 1993. München 1992, S. 37–42, S. 40.

Das Motto fordert auch zum Gespräch zwischen Politikern und Bürgern auf, um der spürbaren Politikverdrossenheit ein Ende zu setzen. Darüber hinaus sind Frauen und Männer angesprochen, die, wie eine Psychologin gegenüber Erika Reihlen kurz vor dem Kirchentag erläutert, oft ein ganzes Leben brauchen, um „einander anzunehmen"[320]. „Nehmet einander an" soll Christen und Nichtchristen, Arbeitslose und Arbeitsbesitzer, Behinderte und Nichtbehinderte miteinander in Verbindung bringen. In jedem dieser Begriffspaare steckt das Potenzial, die Gesellschaft zu spalten, aber auch umgekehrt das Potenzial für eine neue innere Einheit.

Angesichts der 124 000 Dauerteilnehmer von München erscheint die Aufforderung, „Nehmet einander an" nicht hoffnungslos, zumal sie während der vier Tage tatsächlich immer wieder und in vielfältigen Formen spontan gelebt wird.[321]

Rund 12 000 Menschen sind aus den neuen Bundesländern nach München gekommen. Deutsch-deutsche Lebensläufe, Stasi-Vergangenheit und Fragen der Identität sind Themen des Kirchentagsprogramms. „Ohne Vergangenheitsbefragung in Ost und West ist keine Zukunft", erläutert Erika Reihlen. „Aber nichts birgt so viel Zukunft in sich, wie gemeinsam aus Ost und West, selbstbewußt und sichtbar, an einer Aufgabe zu arbeiten: dem Zusammenwachsen dessen, was zusammengehört."[322]

Und noch einen anderen wichtigen Akzent setzt der Münchener Kirchentag: die Ökumene. Anlass zum Erstaunen geben Katholiken und Protestanten, die am Fronleichnamsfest, dem Kirchentagsdonnerstag, im wahrsten Sinne des Wortes einander annehmen und aufeinander zugehen. Zusammen haben sie dafür das Programm gemacht. Nach der katholischen Fronleichnamsprozession und dem evangelischen Abendmahlsgottesdienst machen sich beide Gruppen auf den „ökumenischen Weg" quer durch die Münchener Innenstadt. 30 000 Menschen sind es. Als sich die Züge begegnen, kommt es zum Handschlag der führenden Persönlichkeiten beider Konfessionen. Sie verknüpfen ihre gelben, violetten und weißen Bänder der

---

[320] Ebd., S. 38.

[321] Erika Reihlen: Rückschau der Präsidentin: Was bleibt? Akzente aber kein Schlußpunkt. In: Kirchentag '93 – gesehen – gehört – erlebt. Hg. im Auftrag des Deutschen Evangelischen Kirchentages von Rüdiger Runge, Gütersloh 1993, S. 27–31, S. 27 f.

[322] Ebd., S. 29.

Identität zu einem Netz und halten gemeinsam eine ökumenische Andacht auf dem Marienplatz „mit Bibellese, Tauferinnerung und protestantisch-bischöflicher Predigt". „Das gab es noch nie", kommentiert Erika Reihlen. Der gemeinsame ökumenische Weg geht als „Münchener Modell" in die Kirchentagsgeschichte ein.

Ein Höhepunkt des Kirchentages ist der Kirchentagsbesuch des Dalai Lama, der als religiöses und weltliches Oberhaupt von sechs Millionen Tibetern seit 1959 im Exil lebt. Alle Veranstaltungen mit dem Buddhisten sind überfüllt. Unter den jungen Kirchentagsbesuchern ist die Sehnsucht nach seiner Botschaft gewaltig. Der Dalai Lama proklamiert, dass alle Menschen guten Willens zusammenarbeiten sollen, damit die Menschheit als Ganzes überleben kann – „in Weisheit, Konzentration und Harmonie". Den Schlüssel dazu hielten die Weltreligionen selbst in den Händen. Das klingt verheißungsvoll. Für die Menschen, die von den Begegnungen und dem Gemeinschaftserlebnis des Kirchentages erfüllt sind, ist das der Geist, der sie bestätigt und ihnen Mut und Hoffnung macht.

Dann kommt die Schlussversammlung, der Höhepunkt aller Kirchentage, ein Fest, ein Gottesdienst mit Predigt und Abendmahl und der Rede der Präsidentin. Hier versammeln sich mehr als Hunderttausend Menschen und ziehen Bilanz, singen, beten, feiern und versuchen, gemeinsam in die Zukunft zu sehen.

Aufgabe der Kirchentagspräsidentin ist es, diesem Geschehen im Rückblick auf die vergangenen fünf Tage und mit Ausblick auf den kommenden Alltag Ausdruck zu verleihen. Für Erika Reihlen wird ihre Rede am 13. Juni 1993 im überfüllten Münchener Olympiastadion zu einem unvergesslichen Erlebnis.

„Liebe Kirchentagsgemeinde,

Nehmet einander an – der Münchener Kirchentag mit dieser Losung geht zu Ende. Nehmet einander an ist angenommen worden. Diese biblische Aufforderung hat Tausende in der Vorbereitungszeit und in diesen fünf Tagen bewegt. Sie hat viele Menschen, privat oder politisch, Christen oder nicht, angerührt und getroffen. Wie es Auftrag und Tradition des Kirchentages ist, haben wir uns Problemen der heutigen Zeit gestellt.

Nicht nur die Losung, der Kirchentag selber ist angenommen worden, in der Stadt München und im Freistaat Bayern, in unserer gastgebenden bayerischen Landeskirche, in der Gemeinschaft mit katholischen Gemeinden, in der Ökumene, die unter uns mit 3.000 Gästen aus allen Kontinenten vertreten ist. Der Kirchentag, eingeschlossen seine 125.000 Besucherinnen und Besucher, dankt von ganzem Herzen für die großartige Aufnahme hier bei Ihnen und das Tragen von Lasten und Kosten. In diesen Dank schließe ich ein die Mitarbeiterinnen und Mitarbeiter der Stadt aus Verwaltung, Schulen, Verkehrsbetrieben und Polizei, die 4.000 Helferinnen und Helfer, die für ein freundliches, geordnetes Miteinander gesorgt haben und die bereits heute Nacht die ganze Messe aufgeräumt haben. Gedankt sei auch den Sanitätsverbänden, dem Technischen Hilfswerk und der Bundeswehr. Und wir danken den Mitarbeiterinnen und Mitarbeitern aus Fulda und München für ihren Einsatz, zuletzt bis an den Rand der Kräfte.

[Bei der Nennung der Zahlen gibt es hörbar Zustimmung und lebhaften Applaus, der sich bei der Bekundung des Dankes zu Freudenstürmen und Laola-Wellen steigert.]

Wir sind jetzt vier Tage beisammen. Fragen der Zeit und die Bibel standen auf der Tagesordnung, Freude und Beschwer der deutschen Einheit, Wohlstand und Armut bei uns und im Süden, Arbeitslosigkeit, Zusammenleben von Deutschen und Ausländern, Politikverdrossenheit, Gewalt, Krieg und Frieden, Fragen der Zeit.

Die großen Probleme der Zeit kann der Kirchentag nicht lösen. Wir haben eine Hoffnung. Nehmet einander an heißt sie, die verhaltene biblische Aufforderung aus dem Brief des Apostels Paulus an die Römer. Nehmet einander an, was so handfest klingt, so irdisch anmutet und so viele spontan überzeugt – die drei Wörter stehen nicht allein. Der vollständige Satz lautet: Nehmet einander an, so wie Jesus Christus euch angenommen hat zu Gottes Lob. Wir sind von Gott angenommen. Deshalb sagt Paulus, nehmt auch ihr einander an.

[Immer wieder gibt es Zustimmung und kommt begeisterte Unruhe im Stadion auf, und jetzt sagt Erika Reihlen etwas, das nicht in ihrem Redemanuskript steht.] „Ich bitte Euch, jetzt wieder zur Ruhe zu kommen." [Augenblicklich wird es still im Stadion.]

In unserem Land sind schreckliche Verbrechen geschehen.

[Nach diesem Satz erheben sich die 100 000 Menschen – ohne gesonderte Aufforderung. Es wird totenstill. Erika Reihlen fährt fort.]

Hier in diesem Gottesdienst denken wir an die Toten von Mölln: Yeliz Arslan, Bahide Arslan und Ayse Yilmaz und die Toten von Solingen Saime Genç, Hülya Genç, Gülüstan Ötztürk, Hatice Genç, Gürcun Inçe. Sie waren welche von uns. Mit ihren Familien trauern wir um sie. [Jetzt macht Erika Reihlen eine längere Pause.]

Trauer und Scham sollen uns nicht zur Ohnmacht werden. Das haben wir doch bei diesem Kirchentag miteinander gelernt: Wir können etwas tun! Wenn wir jetzt aus dieser großen Gemeinschaft zurückkehren an die Orte unseres Alltags, wollen wir dort bewähren, was wir hier erfahren haben.

Seht euch eure Nachbarn, eure Arbeitskollegen, eure Mitschüler genau an. Die zu Fremden gemacht werden, die macht euch zu Freunden. Werdet denen zur Hilfe und zum Schutz, die hilflos und schutzlos sind. Nehmt in euren Alltag auf, wer an den Rand gedrängt oder abgeschoben werden soll.

Deshalb: wer schon vor Jahren aus einem anderen Land zu uns gekommen ist und mit uns leben will, der sei bei uns zuhause. Wir wollen keine Bürger erster und zweiter Klasse. Der Anspruch politisch Verfolgter auf Asyl muss in diesem Land ein Menschenrecht bleiben; – real und nicht nur in der Theorie.

Hört auch genau zu, wo ihr schon alles zu wissen glaubt. Ihr Menschen aus dem östlichen und aus dem westlichen Teil Deutschlands, hört genau zu, was ihr euch aus den Jahren der Trennung zu erzählen habt. Wie anders soll eine gemeinsame Zukunft entstehen!?

Allen, die es schwer miteinander haben, sei noch einmal die Kirchentagslosung zugerufen, den Alten und Jungen, Frauen und Männern, Behinderten und Nichtbehinderten, Kranken und Gesunden, Arbeitslosen und Arbeitsbesitzern. Steht auf gegen Krieg und Hungertod. Wir haben sie vor der Haustüre. Teilt Wohlstand und Arbeit, soweit das möglich ist. Aus diesem Münchener Kirchentag soll ein Netz der Mitmenschlichkeit werden.

Nehmet einander an, so wie Jesus Christus euch angenommen hat zu Gottes Lob."

„Ich bitte euch, jetzt wieder zur Ruhe zu kommen." Es ist dieser eine Satz, bei dem alle augenblicklich still werden, bei dem sich Überschwang in Andacht verwandelt, weil Erika Reihlens Stimme anders, ernster, entschiedener klingt. Die Reaktion der Kirchentagsgemeinde ist für sie ein erhebendes Gefühl. „Der Heilige Geist war dabei", hat sie später zu Kirchentagsfreunden gesagt. Für sie ist es bei allem kritischen Nachdenken darüber, wie rasant sich der Stimmungswechsel in großer Menge durch einen einzigen Satz vollziehen kann, die Erfahrung und die Bestätigung, dass das Kirchentagsvolk taktvolle Umgangsformen kennt und praktiziert. Erika Reihlens Bilanz des Münchener Kirchentages ist positiv: „Nehmet einander an – ein heiterer, großer Kirchentag, ein Kirchentag der konfliktbewussten Friedfertigkeit – er muß und wird weiterwirken."

Helmut Reihlen berichtet, er habe seine Frau bewundert, wie sie diese Aufgabe bewältigt habe, stets freundlich, konzentriert und unermüdlich. Und er habe seine Frau noch nie so abgrundtief erschöpft erlebt wie am Ende dieses großen Festes.

2. Januar 1994. Alte Reithalle im Hotel Maritim Stuttgart. Der 25. Deutsche Evangelische Kirchentag München erhält den von der Theodor-Heuss-Stiftung ausgelobten Theodor-Heuss-Preis zum Jahresthema: „Wege aus der Politikverdrossenheit". Dem 36-köpfigen Kuratorium gehören unter anderem Golo Mann, Edzard Reuter, Ernst Ulrich von Weizsäcker, Angela Merkel, die 1994 Bundesministerin für Frauen und Jugend ist, Jens Reich, Wolfgang Huber und Kurt Sontheimer an. Hildegard Hamm-Brücher, die Stiftungsvorsitzende, lobt in ihrer Festrede das „lapidare Motto" des Kirchentages „Nehmet einander an" wegen seiner umfassenden, integrativen Botschaft. Dabei geht es ihr nicht nur um die Aufforderung, sondern auch um die gelebte Umsetzung des Mottos, die in den Foren des Kirchentages gelungen sei.

Auf der Urkunde, die Erika Reihlen für die sechs anwesenden Vertreter des Kirchentages von Richard von Weizsäcker entgegennimmt, heißt es: „Statt die Schuld an Versäumnissen und Fehlentwicklungen nur den Politikern anzulasten, wird selbstkritisch nachgedacht, in welcher Weise sich auch die Lebensformen der Gesellschaft und jedes Einzelnen verändern müssen." Anschließend gibt es noch ein Podium zum Thema „Auswege aus der Politikverdrossenheit" mit Erika Reihlen, Ernst Benda, dem nun amtierenden Kirchentagspräsidenten und Nachfolger von Erika Reihlen, mit Annemarie Schönherr, Theologin aus Ost-Berlin und Präsidiumsvorstandsmitglied des Kirchentages, mit dem SPD-Politiker und früheren Kirchentagspräsidenten Erhard Eppler und mit Marion Hahn, der Jugendvertreterin des Kirchentages. Ernst Elitz, der 1994 Intendant von Deutschlandradio wird, ist der Moderator.

In der Diskussion gelingt es Erika Reihlen trotz aller Euphorie, den Kirchentag – die gelebte Utopie einer friedlichen und christlichen Bürgergesellschaft – nicht mit der politischen Wirklichkeit zu verwechseln. Vielmehr hält sie ihren jüngeren Zeitgenossen politisches Desinteresse vor und auch von den Politikern erwartet sie mehr. „Aber sind nicht auch Politiker in all ihrer Fehlbarkeit Menschen?", wendet der Moderator ein. Und: „Ist es denn wirklich so verwerflich, wenn sie sich nicht wie Vorbilder verhalten?" – „Ja, ist es", beharrt Erika Reihlen. Sie findet es durchaus nachvollziehbar, wenn sich Bürger in einer Zeit, in der „alles, was wir Werte nennen", ins Rutschen gerät, nach Vorbildern umsehen. Schließlich sei es möglich, dass Menschen etwas vorleben. Nicht nur von den Bürgern, sondern auch von Politikern sei ganz einfach mehr zu erwarten. Dann zitiert sie das Motto des kommenden Kirchentages, das soeben vom Präsidium beschlossen worden ist: „Es ist Dir gesagt Mensch, was gut ist."[323] Eine alttestamentliche Losung aus dem Prophetenbuch Micha. Für Ernst Elitz – so scheint es – ist das bei weitem zu strikt für eine Zeit, in der jeder etwas anderes unter Moral versteht. Nicht für Erika Reihlen. Beliebigkeit ist ihre Sache nicht. Es gibt eine Botschaft, die zählt.

Kirchenkreis Steglitz, Krankenseelsorge, BORA

Und dann kommt die Zeit nach dem Münchener Kirchentag. Erika Reihlen wird auf der Straße von ihr fremden Menschen erkannt und Schulkinder sagen: „Du warst im Fernsehen. Ich habe dich gesehen." Sie erhält berufliche Auszeichnungen, so zum Beispiel von der Bundeszahnärztekammer die Ehrennadel in Gold 1993.

Da ihr Name jetzt bekannt ist, kommt er öfter dann ins Spiel, wenn es um die Neubesetzung ehrenamtlicher Führungspositionen geht. 1994 wird sie in das Kuratorium der Evangelischen Akademie Berlin-Brandenburg berufen, übernimmt einige Jahre später dort den Vorsitz, erlebt und gestaltet deren Um- und Neustrukturierung zur „Evangelischen Akademie zu Berlin". Präsident wird 1999 der Journalist Robert Leicht, Ratsmitglied der EKD. Vizepräsidentin wird Erika Reihlen.

---

[323] Mi 6,8. Der vollständige Vers lautet: Es ist Dir gesagt, Mensch, was gut ist, und was der Herr von dir fordert, nämlich Gottes Wort halten und Liebe üben und demütig sein vor deinem Gott.

Ende der neunziger Jahre beschließt die Landessynode der Evangelischen Kirche in Berlin-Brandenburg, dass von 64 vorhandenen Stellen in der Krankenhausseelsorge der Landeskirche nur noch ein Drittel erhalten bleiben soll. Jetzt ist Engagement gefordert. Die „Dienste in den Gemeinden!" Das war das Stichwort damals, erinnert sich Erika Reihlen, die seit 1996 Mitglied der Steglitzer Kreissynode ist.[324] Ein altbekanntes Anliegen der evangelischen Kirche in Deutschland: die aktive Teilnahme der Laien und die bewusste Mitgliedschaft in der Kirche zu stärken. Das kirchliche Amt sollte in die „Vielfalt der Dienste in der Gemeinde" eingebettet sein. Die treibende Kraft ist der Steglitzer Superintendent Friedrich Gülzow. Sein Ziel ist es, die diakonisch-seelsorgerliche Arbeit innerhalb der Gemeinden zu stärken und damit Aufgaben neu in Gemeinden zu verankern, die früher wie selbstverständlich in ihre Verantwortung gehörten.

Gülzow diskutiert unter anderem im Kreiskirchenrat die Idee, einen Krankenseelsorgeverein zu gründen, und Erika Reihlen soll den Vorsitz übernehmen. 1999, in der ersten Vorstandssitzung des „Fördervereins Krankenseelsorge in Steglitz" wird sie zur Vorsitzenden gewählt – ein Amt, das sie bis heute wahrnimmt. „Wir wollen die Krankenseelsorge fördern", erzählt sie. „Krankenseelsorge" und nicht „Krankenhausseelsorge". Denn „Kranksein" ist ein Begriff, der nicht allein auf medizinische Definitionen reduziert werden darf. Anstoß war ihr eine Formulierung auf dem „Forum Gesundheit" des Deutschen Evangelischen Kirchentages in Düsseldorf 1985. Hier wird Gesundheit als Lebenshaltung begriffen, als ein Wille, Schmerzen und Leiden zu überwinden. Die bekannte Formel der Weltgesundheitsorganisation von 1948, die Gesundheit als „Zustand des völligen körperlichen, geistigen und sozialen Wohlbefindens" definiert, bedürfe kritischer Hinterfragung und Ergänzung.

„Gesundheit ist kein Zustand, sondern eine Sehnsucht nach Leben", heißt es in den Thesen des „Forum Gesundheit" von 1985. „Sie ist die Kraft, mit Stärken und Schwächen, Krisen und Konflikten, in kranken und gesunden Tagen, mit Begabungen und Behinderungen, lebendigen Widersprüchen

---

[324] 1996 beruft der Kreiskirchenrat Steglitz, die gewählte „Regierung" des Kirchenkreises, Erika Reihlen in die Kreissynode. Diese wählt Erika Reihlen zum Mitglied des Kreiskirchenrats.

und Spannungen zu leben. Jede Überwindung von Krankheit und jedes Verarbeiten von Kranksein ist ein Stück erneuter Gesundheit, selbst dann, wenn die gewohnte Leistungsfähigkeit nicht wieder voll erreichbar ist!"[325)]

Dieses Verständnis von Gesundheit ist breit angelegt und beinhaltet eine universelle Kritik an der westlichen Gesellschaftsform und ihren kommerzialisierten menschlichen Beziehungen. Die Krankheit des Einzelnen wird als Teil des gesellschaftlichen Ganzen begriffen. Danach trägt die Gesellschaft immer auch eine Mitverantwortung, wenn jemand krank wird. „Krank und gesund sind wir nie ohne einander, sondern nur gegen- oder miteinander. Das bedeutet: Der kranke Mensch weist auf bestehende Defizite der Gesellschaft hin; Kranksein hat auch Stellvertreterfunktion."[326)]

Deshalb kann und soll der „Gesunde" durch seine Zuwendung etwas an der Lage des Kranken verändern. Der Kranke aber soll aus seiner Rolle als Objekt des Mediziners heraustreten und selbst zum aktiven Teil der Heilung werden, statt Patient soll er Partner für den Arzt sein. „Der Patient ist der Arzt", heißt es jetzt in Anlehnung an den frühneuzeitlichen Arzt und Mystiker Paracelsus. Denn der könne seine Gesundheit nicht einfach bei den Medizinern „einkaufen", sondern trage letztlich selbst die Verantwortung für den Heilungsprozess. Gesundheit ist nach diesem Verständnis eine Haltung der Hoffnung und der Liebe, die durch den Glauben befähigt ist, Schwäche und Resignation immer wieder aufs Neue zu überwinden. Gesundheit soll kein Selbstzweck sein, sondern letztlich eine Haltung des Glaubens, die zum „Heil" der ganzen Person führt. Dies gilt für Kranke und Gesunde. All das steht denen vor Augen, die 1999 den „Förderverein Krankenseelsorge in Steglitz" gründen. Das Konzept ist denkbar einfach. Besuchsdienste aus den Gemeinden sollen Menschen besuchen, nicht nur im Krankenhaus, sondern auch zuhause, zu festlichen Gelegenheiten und in schwierigen Lebenssituationen. „Wir fördern die Seelsorge an kranken Menschen und ihren Angehörigen – in Kliniken, Pflegeheimen oder Krankeneinrichtungen und im häuslichen Bereich", heißt es in den Leitsätzen des „Fördervereins Krankenseelsorge in Steglitz e.V." „Ich bin krank gewesen, und ihr habt

---

[325)] „Thesen zur Gesundheit". Forum Gesundheit am 6. Juni in der Stadthalle, Saal 3. Deutscher Evangelischer Kirchentag in Düsseldorf 1985. Privatbesitz Reihlen.
[326)] Ebd.

mich besucht", heißt es im Matthäusevangelium.[327] Dieser Satz wird zum Leitwort des Krankenseelsorgevereins in Verbindung mit der afrikanischen Weisheit „Der Mensch ist die Medizin des Menschen".

Die Besuchenden sollen fortgebildet werden, angeleitet durch hauptamtliche Seelsorgende. Ein Einführungskurs an sieben Abenden ist geplant, später wird er auf neun Abende ausgedehnt. Wolfgang Neumann, Verena Heß, Annette Sachse und Gabriele Weeke, hauptamtlich in der Steglitzer Klinikseelsorge tätig, übernehmen die Leitung und geben Hinweise zum seelsorgerlichen Gespräch, in bestimmten Fällen unter Hinzuziehung von externen Referenten. Informiert und gesprochen wird über Krankheit und Gesundheit, über psychische Störungen, Lebenskrisen, das Altern, spirituelle Dimensionen von Krisen und über rechtliche Fragen. „Die Teilnehmenden bekommen eine fundierte Ausbildung, die ihnen die nötige Sicherheit für die Anforderungen des Besuchsdienstes gibt", heißt es in der neuesten Werbung für den Einführungskurs für Menschen im ehrenamtlichen Besuchsdienst.

Angesprochen sind all diejenigen, die Zeit haben. „Sie haben noch Zeit zu verschenken? Dann schenken Sie sie doch kranken Menschen", heißt es in dem aktuellen Flyer des Vereins. Jeder/jede ist eingeladen, der/die eine sinnvolle, ehrenamtliche Tätigkeit sucht, ein offenes Ohr für die Sorgen kranker oder besuchsbedürftiger Menschen hat, ihnen vorliest, mit ihnen spazieren geht oder nur für sie da sein will. Nicht immer sind es Kranke im herkömmlichen Sinn, die Zuwendung brauchen. Oftmals sind es einsame und ältere Menschen. Meist sind es Frauen, die sich auf das Werben des Fördervereins melden. Im Durchschnitt kommen zehn bis fünfzehn Interessierte aus den vierzehn Gemeinden des Kirchenkreises zu einem der jährlich stattfindenden Kurse. Nicht alle, die einen Fortbildungskurs gemacht haben, gehen nachher in den Besuchsdienst. Manche nutzen ihn auch einfach nur für sich, um ihre soziale Kompetenz zu erweitern.

Seit 2005 erscheint ein vom Förderverein herausgegebenes Begleitbuch für den Besuchsdienst. Eine Sammlung von „Hoffnungstexten", wie es die beiden Vorsitzenden Erika Reihlen und Annette Sachse in ihrem Vor-

---

[327] Mt 25,36.

wort zur vierten Auflage 2009 nennen.[328] Die Hoffnung, so schreiben sie, braucht Lieder und Trostworte, Gebete, Erzählungen, Träume. „Gerade im seelsorgerlichen Besuchsdienst erfahren wir, dass die Texte der biblischen Tradition zu einem großen ‚Hoffnungsverleih' werden. Ein Gebrauchsbuch für den seelsorgerlichen Besuchsdienst, mit Psalmen, biblischen Texten, Trostworten, Liedern, Gebeten, Geschichten und Gedichten – am Ende des Buches steht die ‚Eiserne Ration', das sind die Essentials christlicher Glaubenstexte wie das Vaterunser, das Glaubensbekenntnis oder bekannte Psalmen wie: ‚Der Herr ist mein Hirte'."

Viele Texte und Lieder sind aus frühester Kindheit bekannt und auch denen in Erinnerung, die unter fortschreitender Demenz leiden. Gabriele Weeke hat es auf den Punkt gebracht: „Wenn ich auch vieles vergesse, die Lieder nie", schreibt sie in ihrer Einführung zum Kapitel „Lieder". „Die Melodien und Texte erwärmen und weiten mir das Herz. Sie sind ein Schatz, den ich immer bei mir habe. Vielleicht geht es anderen – gerade auch älteren Menschen – ähnlich." Die altbekannten Lieder wecken auch Erinnerungen bei Menschen mit geistigen Einschränkungen und schenken ihnen zeitweise Geborgenheit. Seit Februar 2006 treffen sich Mitglieder vom Besuchsdienst jedes Jahr zum Erfahrungsaustausch und setzen so Standards für ihre eigene Arbeit und für die künftiger Besuche. Sie laden sich sachkundige Referent/innen ein und diskutieren über Sucht im Alter oder das Verhalten in schwierigen Besuchssituationen. Es kommt vor, dass bei einem Besuch im Pflegeheim eine Beschwerde über die Art der Pflege geäußert wird oder ein Verdacht zur Sprache kommt, bestohlen worden zu sein. Der Umgang mit solch schwierigen Situationen kann erlernt werden. Das Interesse an Besuchsdienstfortbildungen ist gewachsen, die Wartelisten füllen sich immer wieder. Die Erfahrungen zeigen, dass der Bedarf nach Kommunikation und menschlicher Zuwendung bei alten und kranken Menschen groß ist. Und manches Mal bewahrheitet sich auch das Sprichwort aus Kamerun: „Der Mensch ist die Medizin des Menschen." In Referaten zitiert Erika Reihlen gern Frau Knöspel aus der Markusgemeinde 2005. „Schön, dass Sie gekommen sind, heute brauche ich gar keine Tabletten!"

---

[328] „... wie ein Baum, gepflanzt an den Wasserbächen. Begleitbuch für den Besuchsdienst", Berlin 2009.

Der „Förderverein Krankenseelsorge Steglitz" hat über die Jahre fast konstant knapp fünfzig Mitglieder, „natürliche" Mitglieder und Institutionen. Letztere sind Kirchengemeinden und Diakonische Einrichtungen. Alle zwei bis drei Monate trifft sich der fünfköpfige Vorstand. Die Geschäftsführung liegt beim Diakonischen Werk Steglitz und Teltow-Zehlendorf.

Der Vorstand legt Wert auf die Mitgliederpflege. Deshalb erscheint zweimal im Jahr ein Rundbrief des Fördervereins Krankenseelsorge. Er wird an sämtliche Mitglieder sowie aktuelle und ehemalige Kursteilnehmerinnen versandt. Freundliche und nachdenkliche vier Seiten, meist kleine Geschichten oder Gedichte aus verschiedenen Epochen und Orten der Welt mit Themen über Geburt, Krankheit, Tod, Weihnachten oder eine andere ausgewählte Thematik. Immer ist eine halbe Seite zum Schmunzeln reserviert.

1994 erhält Erika Reihlen eine Anfrage aus dem Diakonischen Werk. Eckhard Steinhaeuser, Direktor des Diakonischen Werkes Berlin-Brandenburg, sucht gestandene Frauen als Mitglieder für den in Gründung befindlichen gemeinnützigen Verein BORA. Der Name kommt aus dem Norwegischen und heißt „Die Fremde". BORA hat sich zum Ziel gesetzt, einen Schutzraum für Frauen und ihre Kinder zu bieten, die Gewaltsituationen ausgeliefert sind. BORA will ihnen zu ihren Rechten verhelfen.

Am 6. September 1994 wird Erika Reihlen Mitglied bei BORA. Zwei Monate später wählt sie die „Mitfrauenversammlung" zusammen mit zwei weiteren Frauen einstimmig zum neuen Vorstand.

Es scheint, als sei Erika Reihlen zu den Anfängen ihres kirchlich-politischen Engagements in Berlin zurückgekehrt, das damals, zwanzig Jahre zuvor, in der Arbeitsgemeinschaft Sozialdemokratischer Frauen begonnen hatte.

Für ein Berliner Frauenhaus ist BORA eine späte Gründung, aber die erste dieser Art im Ostteil der Stadt nach dem Fall der Mauer. In West-Berlin gibt es seit Ende der siebziger Jahre ein erstes autonomes Frauenhaus, dem später weitere Gründungen folgen. Heute sind sechs Frauenhäuser mit über 300 Plätzen für Frauen und ihre Kinder und vierzig Zufluchtswohnungen in Berlin ansässig. Die Initiative zur Gründung von BORA geht von fünf jungen kirchlichen Sozialarbeiterinnen und einer Gemeindehelferin in Ost-Berlin aus. Einige von ihnen haben während ihrer Ausbildungszeit schon vor dem Mauerfall ein Praktikum beim Ostberliner „Krisenhaus der Caritas" absolviert und sind dort unter anderem auch auf Frauen mit Gewalterfahrungen gestoßen. Ein Tabuthema für den sozialistischen Staat, in den sozialen Einrichtungen der Kirchen, zum Beispiel der Bahnhofsmission, hingegen wohlbekannt. Mit einem Konzept für ein erstes Frauenhaus wendet sich die Gruppe der kirchlichen Sozialarbeiterinnen an Kirchenrat Hans-Dietrich Schneider, den Direktor der Inneren Mission/Hilfswerk der Evangelischen Kirche in Berlin-Brandenburg. Das ist im Februar 1990, kurz nach dem Fall der Mauer. Schneider unterstützt die Frauen bei der Suche nach einer Immobilie und einer sicheren Finanzierung. Die Frauen wissen, dass die „Runden Tische der Stadtbezirke" so wie der „Runde Tisch von Berlin" Anträge zur Vergabe ehemaliger Staatssicherheitsobjekte entgegennehmen. Sie wissen auch, dass Antragsteller mit sozialen Projekten gute Chancen haben, und dass der Nachweis einer Trägerschaft und eine ausformulierte Konzeption eine erhebliche Rolle spielen. Kommissionen zur Vergabe ehemaliger Häuser der Staatssicherheit in Hohenschönhausen und beim Magistrat, der Rat des Stadtbezirks Hohenschönhausen und die Runden Tische machen es möglich, dass am 5. Juni 1990 ein Ledigenwohnheim in Berlin-Weißensee der Inneren Mission zur Nutzung übergeben wird. Ein Stasi-Männerwohnheim wird Frauenhaus!

Noch im selben Monat ziehen hier die ersten Frauen und Kinder ein. Miet- und Personalkosten übernimmt zunächst die Innere Mission, ab 1991 der Berliner Senat. Die Geschäftsführung liegt zu Beginn beim Diakonischen Werk. Heute verfügt das Frauenhaus BORA über 53 Plätze für Frauen und ihre Kinder, und mittlerweile sind weitere Schutzprojekte hinzugekommen. Deren Finanzierung beruht auf landesgesetzlich begründeten Senatszuwendungen bzw. auf Nutzungsentgelten und Tagessätzen gemäß Sozialgesetzbuch XII. Spenden und Gaben aus Stiftungen und Erbschaften als zusätzliche Finanzquellen ergänzen die Angebote der Antigewalt-Arbeit.

In den auf die Gründungsphase folgenden Jahren kommen etliche Arbeitsbereiche (Projekte) hinzu. 1993 die BORA-Beratungsstelle, die sich auch um die Nachbetreuung der Frauenhausbewohnerinnen kümmert, das „Wohnprojekt" für Frauen und ihre Kinder, die auf längere Zeit „schutzbedürftig" sind. 1996 übernimmt der Verein BORA seine Projekte in eigene Trägerschaft, BORA e. V. wird Mitglied im Diakonischen Werk. Seit 2001 gibt es als weiteres BORA-Projekt die „Therapeutische Wohngemeinschaft" mit zehn Plätzen, in der Frauen mit Gewalterfahrung und erheblichen psychischen Beschwerden Aufnahme finden und professionell begleitet werden.

2002 werden die „Ambulanten Hilfen" geschaffen, ein weiteres Projekt, ein Angebot für Mütter und ihre Kinder auch außerhalb der Schutzeinrichtungen von BORA. Es bietet Müttern und Kindern eine auf ihren individuellen Hilfebedarf abgestimmte Unterstützung an, hilft bei Fragen der Erziehung, bei Wohnungssuche und Wohnungserhalt. Das jüngste Projekt zur Prävention von häuslicher Gewalt wendet sich an Vorschulkinder und Erzieherinnen in Berliner Kindertagesstätten.

Nach einer Umstrukturierung im Jahr 2000 fasst BORA e. V. die Verwaltung seiner Projekte in einer gemeinsamen Geschäftsstelle zusammen. Sie ist in der Berliner Allee im Bezirk Weißensee angesiedelt und nicht der Anonymität unterworfen wie das Frauenhaus und die Therapeutische Wohngemeinschaft. Nach sechs Jahren BORA ist das für Erika Reihlen ein besonderer Markstein. „Als wir anfingen 1994", erinnert sie sich, „gab es keine zentrale Geschäftsstelle, keine Geschäftsführerin, und jedes Projekt plante und finanzierte eigenständig. Wir Vorstandsfrauen hatten immer mit einem Wust von Informationen zu kämpfen. Es gab zwar eine Frau mit einem Überblick [eine der Gründerinnen, die spätere Geschäftsführerin, Anne Kirschneck], aber es war einfach schwer für uns von außen Kommende, uns in den Vorstandssitzungen zu orientieren und den Verein zu leiten."

Schließlich war es der Senat, der auf eine zentrale BORA-Geschäftsstelle drang. Inzwischen haben auch die Mitarbeiterinnen eingesehen, dass Kenntnisse in Sozialmanagement und die Praxis der Qualitätssicherung von Vorteil sind, zumal sich BORA, wie so viele andere soziale Projekte in Berlin, seit Mitte der neunziger Jahre einschneidenden finanziellen Kürzungen ausgesetzt sieht. Jetzt wird eine effektive Organisation der Projekte nötig und möglich. Durch laufende Finanz- und Personalbuchhaltung lässt sich ein Zusammenhang von Finanzierung, Personalausstattung und Leistung innerhalb des Vereins dokumentieren. Das habe zwar zu Stellenkürzungen und einem reduzierten Angebot geführt, heißt es in einer Informationsbroschüre von BORA, aber auch zu einer angemesseneren tarifgerechten Bezahlung und höherer Arbeitszufriedenheit unter den Mitarbeiterinnen. Mit dem Zugang zum Internet hat sich auch die Arbeitssituation des Vorstandes erheblich verbessert. „Man kann es sich heute kaum noch vorstellen", erinnert sich Erika Reihlen, „was für eine Erleichterung es war, die Protokolle von Gremiensitzungen schnell per E-Mail verschicken zu können."

BORA ist für Erika Reihlen in vielerlei Hinsicht eine ganz neue Erfahrung. Hier kommt sie mit Schicksalen und Geschichten in Berührung, die ihr sonst kaum begegnet wären. So wie an dem Tag, als sie eine Besucherin durchs Haus führt und ihr voller Freude das neue Wohnzimmer zeigt, das BORA von deren Spendengeld renoviert und ausgestattet hat. Auf dem Flur treffen die beiden eine Bosnierin, die sie ganz herzlich begrüßt. Als eine Sozialarbeiterin die Frau vorstellt, sagt diese: „Gott sei Dank, ich bin frei, mein Mann ist tot." – „Da haben wir ziemlich geschluckt", erinnert sich Erika Reihlen. Erst dann erfährt sie die Geschichte dieser Frau, deren Mann so gewalttätig war, dass er es nur aus Zufall nicht schaffte, sie umzubringen. Er lauerte ihr auf und bedrohte sie, selbst als sie schon im Frauenhaus wohnte. Schließlich wurde die Frau gerettet, indem BORA ihr zu einer neuen Identität verhalf und ihr eine neue Wohnung verschaffte. Eine andere Geschichte ist die einer Frau, die seit Jahren von einer satanischen Sekte verfolgt wird und die heute nur in der Wir-Form über sich selbst sprechen kann, weil sie aufgrund einer frühen Gewalterfahrung in eine multiple Persönlichkeit geflüchtet ist.

Erika Reihlen fordert immer wieder Mitarbeiterinnen oder Bewohnerinnen von BORA auf, Erlebnisse und Geschichten aufzuschreiben. Es sind Befreiungsgeschichten, die sie erhält und aufbewahrt, so die einer 24 Jahre alten Frau mit drei kleinen Kindern, die sich bei BORA bedankt. Frau B. schreibt:

„Stumm nehme ich jede einzelne Stufe. Es ist schon seltsam. Als ich herkam, war mein erster Gedanke: Ich will hier weg! Und nun? Nun denke ich fast hilflos: Ich will doch noch nicht gehen. In meinem Kopf sind die Gedanken wesentlich klarer als an dem Tag, als ich herkam. Doch noch immer bin ich hin und her gerissen. Ich weiß, dass ich endlich meine Ruhe haben will. Ich weiß, dass ich den Kindern alles das geben kann und werde, was sie brauchen, nach dem sie suchen, worum sie bitten. Konsequenz, die sich entwickelt. Liebe, die aufblüht. Gefühle, die für mich so neu sind. Kinder knuddeln, toben, ausgelassen lachen, im Sand spielen. Alles Dinge, und noch mehr, die ich hier zwischen Kirschbäumen und Zäunen gelernt habe. Ich rieche noch immer das Wasser, den See in der Nähe. Ich höre noch immer das Zuknallen der Waschraumtür. Ich spüre noch immer das Gefühl unter der Haut. Das Gefühl der Zugehörigkeit. Wir sind alle aus ein und demselben Grund hier, und aus dem gleichen Grund wächst in uns auch eine gewisse unbekannte neue Kraft. Wir haben viel erlebt, aber genau so viel wartet in der Zukunft auf uns [...]. Das Telefon klingelt. Mein Partner ist es. Der Neue in meinem Leben. Jemand, dem ich wieder vertraue, der mein Vertrauen nicht enttäuscht. Es ist wie ein neues Leben: Zuneigung, Aufmerksamkeit und Geborgenheit. Aber auch: keine Beleidigungen, keine Vorhaltungen, kein DU MUSST, und vor allem: keine erhobene Hand [...]. Ich packe alles zusammen und gehe nochmal zu den Betreuerinnen. Sie sind alle so hilfsbereit und freundlich. Sie unterstützen, geben Rat. Sie sind eine große Hilfe. Mir blutet irgendwie das Herz, das Haus zu verlassen. Hier war irgendwo Ruhe trotz der vielen Kinder. Hier war es fast wie im Exil und doch etwas Schönes [...]. Ja, das hatte schon etwas ganz Besonderes. Und nun werde ich das ganz Besondere verlassen [...]. Ich habe eine Menge Kraft getankt. Für mich und die Kinder. Und ich werde daraus neue Kraft und Hoffnung schöpfen. Kraft, dem nächsten Choleriker, Egozentriker oder was immer, die Stirn zu bieten. Und Hoffnung auf eine neue, eine unbeschreiblich schöne Zukunft. Und die, die entscheide ich diesmal ganz alleine [...]. Es war eine schöne Zeit, und auch wenn BORA nur als Zwischenstation gelten soll, werde ich das alles sehr vermissen. Danke, BORA-Team. Dank den Frauen, mit denen meine Kinder und ich das Haus teilten."

Eine andere Befreiungsgeschichte ist die Schilderung einer Mutter-Kind-Reise an die Ostsee im Jahr 2007, von BORA-Mitarbeiterinnen aufgeschrieben: „Auf Grund von Spendengeldern war es uns in diesem Sommer möglich, eine dreitägige Mutter-Kind-Reise an die Ostsee zu organisieren. Das Reiseziel war Zinnowitz auf der Halbinsel Usedom. Dieses Ziel wählten wir wegen guter Erfahrungen vor 2 Jahren. Insgesamt 6 Mütter mit 9 Kindern im Alter von 1–12 Jahren nahmen an dieser Reise teil, begleitet von 3 BORA-Mitarbeiterinnen. Die An- und Abreise erfolgte mit der Bahn. Bei guter Vollverpflegung, modern eingerichteten Wohn- und Aufenthaltsräumen, einem kinderfreundlichen Außenbereich fühlten sich Mütter und Kinder sehr wohl. Sehr günstig war auch, dass der Ostseestrand nach einem kurzen Fußweg zu erreichen war. Auf dem Programm standen unter anderem eine Schatzsuche, eine Nachtwanderung, viel Zeit am Strand, ein Schwimmbadbesuch, eine Wanderung zur Seebrücke und genügend Zeit für gemeinsame Spiele und zur Erholung. Für einige Frauen und Kinder war es der erste Urlaub in ihrem Leben bzw. die erste Reise ans Meer. Es war eine gute Gelegenheit, sich von ihrer momentan schwierigen Lebenssituation zu erholen, Zeit mit ihren Kindern zu verbringen und die vielen Sorgen und Nöte für einige Tage hinter sich zu lassen. An dieser Reise nahmen Frauen aus Deutschland, der Slowakei, Sri Lanka, der Türkei und Venezuela teil. Trotz des wechselhaften

Wetters war es eine für Frauen und Kinder sehr gelungene und erholsame Reise. Viele Fotos zeugen von der entspannten Atmosphäre und vom Badespaß. Wir hoffen den Frauen und Kindern des Frauenhauses auch in den kommenden Jahren solche Möglichkeiten bieten zu können."

Mehr als die Hälfte der Bewohnerinnen von BORA ist nichtdeutscher Herkunft. Und so liegt es nahe, dass mittlerweile eine Reihe von BORA-Mitarbeiterinnen ebenfalls einen Migrationshintergrund haben muss. Dabei ist BORA eine unter dem Dach des Diakonischen Werkes arbeitende Einrichtung, in der die Mitgliedschaft in einer christlichen Kirche grundsätzlich gewollt ist. Selbst die Leiterin des Frauenhauses, Pari Teimoori, kommt von weit her. Sie ist Deutsche iranischer Herkunft und keine Christin. Erika Reihlen ist froh und dankbar, Pari Teimoori in leitender Tätigkeit für BORA zu wissen. 2004 habe sie einen Vortrag zum Thema „Fremde unter uns" auf der Steglitzer Kreissynode gehalten und dabei die Problematik so überzeugend in Sprache und Auftreten dargestellt, dass Kirchenkreis und Gemeinden BORA bis heute nicht vergessen haben und immer noch jedes Jahr Spenden für den Migrantinnenfonds geben.

Das Diakonische Werk Berlin-Brandenburg-schlesische Oberlausitz hat Helmut und Erika Reihlen in den Jahren 1991 und 2006 die Johann-Hinrich-Wichern-Plakette verliehen, zur besonderen Freude der beiden unter dem Wort aus dem Galaterbrief, das zugleich ihr Trauspruch ist: „Einer trage des anderen Last, so werdet ihr das Gesetz Christi erfüllen."[329]

Dietrich Bonhoeffer

Helmut Reihlen entdeckt Dietrich Bonhoeffer erst spät. In seiner Jugend hat er nichts von ihm gehört, weder im Konfirmandenunterricht in Leipzig noch im Religionsunterricht bis zum Abitur in Köln – und das, obgleich der Direktor seines Gymnasiums Pfarrer ist und später sogar Schulreferent im Konsistorium der Evangelischen Kirche im Rheinland.[330] Erst 1964, mit 29 Jahren,

---

[329] Gal 6,2.
[330] Helmut Reihlen: Ansprache anlässlich der Verleihung der Union Medal am 2. Februar 1995, Humboldt-Universität Berlin. In: Schuld und Versöhnung in politischer Perspektive. Gütersloh 1996, S. 91–97.

als er angeregt durch seine Frau Erika, John A. T. Robinson's „Honest to God", „Gott ist anders" liest, lernt Helmut Reihlen ein Christentum kennen, das ihn anspornt und ganz neu herausfordert.

Robinson vermittelt ihm: Gott begegnen wir mitten im Leben und wir haben in jeder konkreten Situation die Wahl, sie aus der Position der Liebe, das heißt der unbedingten Anerkenntnis unseres Gegenübers anzugehen oder nicht. Insofern ist Gott auch da, wo keine Religion mehr ist.[331] Robinsons Theologie stützt sich wesentlich auf Rudolf Bultmann, Paul Tillich und auf Bonhoeffers Begriff des „religionslosen Christentums". Seit dieser Lektüre verfolgt Helmut Reihlen die Spur Bonhoeffers. Bonhoeffer – so sagt er – wird neben Teilhard de Chardin der Theologe, der ihm dazu verhilft, in Glaubensfragen sprachfähig zu werden, sowohl in seinem Beruf als auch als Glied seiner Kirche.[332]

Der andere: Teilhard de Chardin.[333] Seine Suche galt der Synthese des jüdisch-christlichen Schöpfungsgedankens und der naturwissenschaftlichen Entwicklungstheorie. Teilhard de Chardin beeindruckt Helmut Reihlen, weil er beides zugleich ist, Naturwissenschaftler und Priester.

Helmut Reihlen, der auf seinen zahlreichen Auslandsreisen für DEMAG und DIN immer wieder durch Bibliotheken geführt wird, fragt regelmäßig nach den Beständen deutscher Theologie und findet vereinzelte Bände, in Korea auch die gesammelten Werke Karl Barths, meist verstaubt und wenig genutzt. Was er dagegen überall findet, ist Bonhoeffers „Gemeinsames Leben" und „Widerstand und Ergebung", die Briefe aus dem Gefängnis Tegel, seine Gedichte, seinen Rechenschaftsbericht „Nach 10 Jahren" und die Bonhoeffer-Biografie von Eberhard Bethge.[334] Viele von Bonhoeffers Texten sind in seiner Haftzeit 1943 bis 1945 entstanden, die mit der Hinrichtung am 9. April 1945 im KZ Flossenbürg endet. Selbst in abgelegenen chinesischen Gemeinden, die die Kulturrevolution überdauert haben, findet

---

331) John A. T. Robinson: Gott ist anders. Honest to God. München 1964, S. 120–125.

332) Helmut Reihlen: Ansprache anlässlich der Verleihung der Union Medal am 2. Februar 1995, Humboldt-Universität Berlin. In: Schuld und Versöhnung in politischer Perspektive. Gütersloh 1996, S. 91–97 , S. 94.

333) Französischer Jesuit, geboren 1881, Paläontologe, Forschungsreisender und Philosoph.

334) Dietrich Bonhoeffer: Widerstand und Ergebung. Briefe und Aufzeichnungen aus der Haft. Hg. von Eberhard Bethge, München 1951.

Helmut Reihlen diese Bücher – und sie sind immer abgegriffen, von vielen gelesen. Bonhoeffer, das ist bis heute ein Theologe für Laien und Menschen in politischer Bedrängnis.

Dietrich Bonhoeffer ist für alle interessant, die etwas aufbauen und schaffen wollen, sagt Helmut Reihlen. Denn Bonhoeffer siedelt Gott nicht an den Rändern des Lebens an, wo Dunkelheit, Tod, Schwäche und Schuld herrschen, sondern dort, wo die Kraft ist, mitten im Leben, mitten in der Welt. Es ist dieses „mitten im Leben", was Helmut Reihlen fasziniert. Bonhoeffer macht Gott nicht zum Lückenbüßer für die ungelösten Fragen der Wissenschaft. Für ihn fängt Gott nicht erst da an, wo das menschliche Wissen endet. Vielmehr ist Gott auch dort, wo ein Werk vollendet, ein Problem gelöst wird.[335]

Bonhoeffer lässt sich nicht in einen politischen und einen religiösen Menschen teilen, er hat mit seinem ganzen Leben Verantwortung übernommen, bis zum bitteren Ende. „Jesus Christus ist Gottes kräftiger Anspruch auf unser ganzes Leben", sagt die Barmer Theologische Erklärung der BK von 1934, und Bonhoeffer lebt es vor. Er verweigert sich nicht den unangenehmen Seiten dieses Anspruchs wie der politischen Verantwortung zur Zeit des Nationalsozialismus. Deshalb wird er, der von der Bergpredigt inspirierte Pazifist, der Pietist, der Gott alles zutraut, und der Prophet wider den Mord an den Juden zum „Putschisten", der den gewaltsamen Tod des Tyrannen betreibt und sich zugleich der Schuld solchen Handelns bewusst ist. „Niemand darf sich auf ihn berufen, der nur eine, die ihm gerade ins Konzept passende Form der Verantwortungswahrnehmung heraussucht", sagt Helmut Reihlen – und er erinnert an den Römerbrief des Paulus: „dass ihr eure Leiber hingebt als ein Opfer, das lebendig, heilig und Gott wohlgefällig ist, das sei Euer vernünftiger Gottesdienst".[336]

In einem Brief aus dem Tegeler Gefängnis an den Täufling Dietrich Bethge und seine Eltern schreibt Bonhoeffer im Mai 1944: „Du wirst heute zum Christen getauft. All die großen Worte der christlichen Verkündigung werden über Dir ausgesprochen, ohne dass Du etwas davon begreifst. Aber auch wir selbst sind wieder ganz auf die Anfänge zurückgeworfen. Was Versöhnung

---

[335] Helmut Reihlen: Ansprache anlässlich der Verleihung der Union Medal am 2. Februar 1995, Humboldt-Universität Berlin. In: Schuld und Versöhnung in politischer Perspektive. Gütersloh 1996, S. 91–97, S. 95.
[336] Röm 1,12.

und Erlösung, was Wiedergeburt und Heiliger Geist, was Feindesliebe, Kreuz und Auferstehung, was Leben in Christus und Nachfolge Christi heißt, das ist alles so schwer und so fern, dass wir kaum mehr wagen, davon zu sprechen [...]. Das ist unsere Schuld. Unsere Kirche, die in diesen Jahren nur um ihre Selbsterhaltung gekämpft hat, als wäre sie ein Selbstzweck, ist unfähig, Träger des erlösenden und versöhnenden Wortes für die Menschen und für die Welt zu sein. Darum müssen die früheren Worte kraftlos werden und verstummen, und unser Christsein wird heute nur noch in zweierlei bestehen: im Beten und im Tun des Gerechten unter den Menschen [...] und im Warten auf Gottes Zeit."

In Bonhoeffer erkennt Helmut Reihlen ein Vorbild, unerreichbar und inspirierend.[337] „Das Christsein bewährt sich in unserem weltlichen Tun, nicht im Rückzug auf einen heiligen Raum, der Christ handelt in Freiheit und als Freier." Was das heißt, hat Bonhoeffer in seinem Werk gesagt und mit seiner Existenz erwiesen. So kommentiert Helmut Reihlen den Versuch Bonhoeffers, dem Unheil des Nationalsozialismus durch die Tat, durch die Teilnahme an der Verschwörung des 20. Juli 1944, ein Ende zu setzen und dessen Bereitschaft, im Fall des Scheiterns dafür zu sterben. „Der Gescheiterte dringt vor zu Gott." Dem, der Freiheit leisten wollte bis hin zum Tyrannenmord, dem wird sie im Tod geschenkt. Hier wird ein notwendiger Zusammenhang sichtbar, denn darin entscheidet sich, ob die menschliche Tat eine Sache des Glaubens ist oder nicht: „Ob der Mensch sein Leiden als eine Fortsetzung seiner Tat, als eine Vollendung der Freiheit versteht oder nicht."[338]

Ein Leben mit Gott, das heißt für Bonhoeffer: die volle Diesseitigkeit. Denn erst wenn der Mensch in der Gegenwart angelangt ist, hört er auf, sein Ego in die Zukunft auszudehnen und durch die Vergangenheit zu verlängern. Diese Diesseitigkeit erlaubt ihm vielmehr, den Gedanken loszulassen, dass das Wohl und Wehe des eigenen Ichs Zentrum des Lebens sein müssen. Denn erst „wenn man völlig darauf verzichtet hat, aus sich selbst etwas zu machen, dann wirft man sich Gott ganz in die Arme, dann nimmt man

---

[337] Helmut Reihlen: Ansprache anlässlich der Verleihung der Union Medal am 2. Februar 1995, Humboldt-Universität Berlin. In: Schuld und Vergebung in politischer Perspektive. München 1996, S. 91–97, S. 96.

[338] Undatiertes Redemanuskript für einen Vortrag Helmut Reihlens in Ansbach mit dem Titel „Dietrich Bonhoeffer" (ELAB, 62/53).

nicht mehr die eigenen Leiden, sondern das Leiden Gottes in der Welt ernst, dann wacht man mit Christus in Gethsemane. Wie sollte man bei Erfolgen übermütig oder an Mißerfolgen irre werden, wenn man im diesseitigen Leben Gottes Leiden mitleidet?"[339] Die Augen nicht auf sich selbst gerichtet, sondern auf das Leiden Gottes in der Welt, auf das Tun des Gerechten unter den Menschen. Diese Weisung wollen Erika und Helmut Reihlen auch für sich gelten lassen. Sie führt beide durch ihre zahlreichen Aufgaben in Kirche und Beruf.

Im Laufe der Jahre entdeckt Helmut Reihlen immer mehr, was ihn mit Bonhoeffer verbindet. Bonhoeffer stammt aus demselben protestantisch-bildungsbürgerlichen Milieu wie Helmut und Erika Reihlen. Sie teilen sogar einen gemeinsamen Vorfahren, Johann Heinrich Tafel (1673–1739), im Stammbaum der Tafels verzeichnet als „Ritterschaftskonsulent in Tübingen". Das Elternhaus Bonhoeffer ist wie das von Helmut Reihlen zwar protestantisch, aber ohne besondere kirchliche Betonung. Zur evangelischen Kirche zu gehören ist ein Teil der bürgerlichen Bildungs- und Lebenskultur. Man ist in der Kirche wie die Eltern, Großeltern und Urgroßeltern; es gehört einfach dazu. Als Junge ist Dietrich Bonhoeffer von den Bibelillustrationen von Julius Schnorr von Carolsfeld (1794–1872) beeindruckt, einem Maler der deutschen Romantik, der die bildliche Vorstellungswelt ganzer Generationen über Gott und die biblischen Gestalten prägte. Helmut Reihlen gesteht, dass die Bilder Schnorr von Carolsfelds – auch wenn sie ein bisschen ins Schmalzige gehen und von der „Entmythologisierung" der biblischen Überlieferung noch unberührt sind – bis heute seine Vorstellung von Gott und den biblischen Gestalten geprägt haben. Danach haben Engel Flügel und Gott einen Bart. Gott mit einem weiblichen Namen anzureden, wie es die feministische Theologie tut, das kommt Helmut Reihlen einfach fremd vor.

Dietrich Bonhoeffer ist etwa so alt wie Helmuts Mutter Irmgard Reihlen. Wie sie und später auch ihre Söhne erwandert er sich Deutschland in seinen Schuljahren.[340] Er ist Teil der Jugendbewegung, die, bedingt durch den Ersten Weltkrieg, mehr auf Entdeckung der eigenen Heimat aus ist als auf Reisen ins Ausland.[341] Und wie Otto und Helmut Reihlen ist Bonhoeffer

---

[339] Ebd., S. 97.
[340] Eberhard Bethge: Dietrich Bonhoeffer. Theologe, Christ, Zeitgenosse. München 1967, S. 73.
[341] Ebd., S. 84.

Mitglied einer studentischen Verbindung, des „Igel", einer nichtschlagenden und nichtfarbentragenden Verbindung. Auch Bonhoeffers Studentenzeit verläuft nicht ganz unmilitärisch. 1923 meldet er sich – gerade siebzehnjährig – bei der Schwarzen Reichswehr, wo Korporationsstudenten illegal, das heißt gegen die Bestimmungen des Versailler Vertrags in Ansätzen eine paramilitärische Ausbildung erhalten.[342] Bonhoeffer meldet sich aus der Überzeugung heraus, dass diese Ausbildung der von ihm bejahten Republik dient. Das Elternhaus Bonhoeffers ist wie das von Helmut Reihlen der zentrale Ort, an dem über die schulische und die berufliche Zukunft, aber auch allgemein über die Gesellschaft nachgedacht und diskutiert wird. In der Familie werden die eigenen Kräfte und Stärken herausgefordert und gefördert. Bei Eltern und Geschwistern, Großeltern, Vettern und Cousinen ist die Verpflichtung zu Leistung und Einsatz beheimatet.[343]

Bonhoeffer ist gerade 24 Jahre alt, als er nach Abschluss seines Theologiestudiums und der Promotion 1930/31 zum ersten Mal nach New York ans Union Theological Seminary kommt. Er sitzt in Reinhold Niebuhrs Seminar über „Ethische Gesichtspunkte in der modernen Literatur" und fühlt sich unter seinen amerikanischen Kommilitonen fremd. Eine Fremdheit, die auch Helmut Reihlen nachempfindet, als er, Student in den USA der fünfziger Jahre, feststellt, dass seine amerikanischen Kommilitonen ein waches und akutes Wissen als Staatsbürger und als Angehörige ihrer Kirche besitzen, viel weniger aber ein historisches Bewusstsein entwickelt haben.

Zugleich wird Bonhoeffers Verständnis von Kirche, Gesellschaft und Staat durch das Studium und die Wahrnehmung der amerikanischen Gesellschaft entscheidend geprägt. Vergleichbares gilt für Helmut Reihlen, für den der Vater seines Stubengenossen an der Wesleyan University in Connecticut zum Vorbild wird. Julian Danford Anthony ist nicht nur Familienvater, Vorstandsvorsitzender einer Versicherungsgesellschaft in Boston und zugleich Kirchenältester in seiner Gemeinde, er ist auch mit großer Selbstverständlichkeit Kuratoriumsmitglied seines Colleges und einer Theologischen Hochschule. Ebenso bewundert Helmut Reihlen, dass alle diese Institutionen aus der freien Initiative der Bürger heraus entstehen und ohne Staatsgelder betrieben werden.

---

[342] Ebd., S. 75 , S. 78 f.
[343] Ebd., S. 77.

Neben der Theologie beschäftigt sich Bonhoeffer mit neuer Literatur, amerikanischer Philosophie und politisch-sozialen Studien. Immer wieder zieht es ihn in das New Yorker Schwarzenghetto Harlem. Prägend werden „social gospel" und die Erkenntnis der gesellschaftlichen Relevanz des Evangeliums. Eine bloße Schreibtischexistenz als Theologe ist für Bonhoeffer nach seiner Zeit in Amerika nicht mehr denkbar.[344] Auch hier findet Helmut Reihlen Verbindungen zu seiner Amerikaerfahrung, das edle College in Connecticut einerseits und die Arbeit am Hochofen im Kreis schwarzer Arbeiter andererseits, die ihn gelehrt haben, wie wichtig und erfüllend es ist, soziale und politische Verantwortung in der Gesellschaft zu übernehmen, nicht trotz seines Christentums, sondern weil er Christ ist. Zu diesen Aktivitäten zählen nicht zuletzt auch die Initiativen zur Verbreitung des Werkes von Dietrich Bonhoeffer. Dietrich Bonhoeffer kehrt 1931 nach Deutschland zurück und wird 1933 aktives Mitglied der BK.

1939 verschaffen Freunde Dietrich Bonhoeffer am Union Theological Seminary in New York City (Union) einen Lehrauftrag, weil sie sein Leben in Deutschland bedroht sehen. Dieser aber entscheidet sich, bald nach Deutschland zurückzukehren. Seine Begründung zitiert Helmut Reihlen gern: „Mein Kommen nach Amerika war ein Fehler. Ich muss diese schwierige Periode unserer nationalen Geschichte mit den Christen in Deutschland durchleben. Ich werde kein Recht haben, an der Wiederherstellung des christlichen Lebens nach dem Kriege in Deutschland mitzuwirken, wenn ich die Prüfung dieser Zeit nicht mit meinem Volk teile. Die Christen in Deutschland stehen vor der fürchterlichen Alternative, entweder in die Niederlage ihrer Nation einzuwilligen, damit die christliche Zivilisation weiterleben kann, oder in den Sieg einzuwilligen, und dabei unsere Zivilisation zu zerstören. Ich weiß, welche dieser Alternativen ich zu wählen habe; aber ich kann diese Wahl nicht treffen, während ich mich in Sicherheit befinde."[345]

Mitte der achtziger Jahre geht es um das Wohnhaus der Familie Karl und Paula Bonhoeffer und ihrer sieben Kinder, erbaut 1935 in der Marienburger Allee 43 in der Heerstraßensiedlung in Berlin-Charlottenburg, unmittel-

---

[344] Ebd., S. 204.

[345] Vgl. das Schreiben Bonhoeffers an Reinhold Niebuhr vom 22. Juni 1939. In: Dietrich Bonhoeffer, Illegale Theologenausbildung: Sammelvikariate 1937–1940. Hg. von Dirk Schulz (DBW 15), München 1998, S. 210.

bar daneben das Haus der Familie von Rüdiger und Ursula Schleicher, geb. Bonhoeffer. Bonhoeffer nutzt ein Dachzimmer im Haus seiner Eltern, wenn er in Berlin ist. Dort arbeitet er an einigen seiner Schriften, insbesondere der „Ethik", dort finden konspirative Treffen statt, dort wird er am 5. April 1943 verhaftet.

Während des Krieges bleibt das Haus unzerstört. Nach dem Krieg gelangt es in den Besitz der Evangelischen Kirche, dient dem Studentenpfarrer der Technischen Hochschule Eberhard Bethge als Wohn- und Dienstgebäude und später der Evangelischen Studentengemeinde als „selbstverwaltetes" Studentenwohnheim. Anfang der achtziger Jahre ist es äußerlich und innerlich heruntergewirtschaftet, die Bewohner haben zudem keinen blassen Schimmer, auf welchem geschichtlichen Boden sie wohnen.

Das ändert sich erst 1984, als Helmut Reihlen, Direktor des DIN, und Klaus von Dohnanyi, Erster Bürgermeister der Freien und Hansestadt Hamburg, Neffe Dietrich Bonhoeffers, vom deutschen Botschafter in Peking zu einem Abendessen eingeladen werden. Dohnanyi erzählt von dem beklagenswerten Zustand des Bonhoefferhauses und dessen unbefriedigender Nutzung. Eine grundlegende Änderung sei dringend geboten. Helmut Reihlen macht sich dieses Anliegen zu eigen. Dem schließen sich mehrere Persönlichkeiten des öffentlichen und des kirchlichen Lebens an und bilden einen Planungs- und Finanzierungsausschuss, darunter die Bischöfe Schönherr (Region Ost) und Kruse (Berlin West), Eberhard Bethge, der Freund und Biograf Bonhoeffers, sowie der Regierende Bürgermeister von Berlin, Richard von Weizsäcker und Klaus von Dohnanyi. Helmut Reihlen, Präses der Berlin-Brandenburgischen Synode, ist Sekretär des Ausschusses. Für die Renovierung des Hauses und seine Nutzung wird ein Konzept als Begegnungs- und Erinnerungsort erstellt. Im Erdgeschoss entsteht ein Tagungsraum für bis zu dreißig Personen, ausgestattet mit Schautafeln zum kirchlichen Widerstand in der Nazizeit. Im ersten Obergeschoss wird eine Pfarrwohnung eingerichtet, zurzeit vom Gefängnispfarrer Burckhard Scheffler und seiner Familie genutzt, er kümmert sich ehrenamtlich um das Haus und seine Besucher. Im Dachgeschoss wird das Zimmer Bonhoeffers rekonstruiert, mit den von ihm genutzten oder ähnlichen Möbeln, Bildern und Büchern. In einem weiteren Dachzimmer wohnt ein Aktiver der Aktion Sühnezeichen.

An der Finanzierung in Höhe von einer Millionen DM beteiligen sich sämtliche Mitgliedskirchen der Evangelischen Kirche in Deutschland. Die inhaltliche und künstlerische Gestaltung der Ausstellung übernimmt eine kirchliche Gruppe in Berlin-Ost unter Leitung von Bischof Schönherr. Das Bonhoeffer-Haus – geleitet von einem Kuratorium mit Pfarrer Brezger als Vorsitzendem – zahlt der Landeskirche keine Miete. Es erhält keine kirchlichen Zuschüsse, sondern deckt seine Ausgaben einschließlich der Instandhaltung aus den Mieterträgen, aus Spenden und Kollekten.

Das Konzept hat sich bewährt. Das Haus erfreut sich einer regelmäßigen Inanspruchnahme durch Konfirmanden- und Schülergruppen. Es ist Ziel gemeindlicher Ausflüge, Ort von Klausursitzungen kirchlicher Gremien und kammermusikalischer Aufführungen. Erfreulich hoch ist die Zahl ausländischer Besucher, insbesondere aus den USA, und deren Beitrag zur Finanzierung der Unterhaltskosten.

1991 tritt der Präsident des Union Theological Seminary, New York, der weltweit geachtete Ethiker und Theologe Donald W. Shriver, an die Berlin-Brandenburgische Kirche mit einem sehr amerikanischen, für deutsche Verhältnisse ungewöhnlichen Plan heran. Das Union habe seit seiner Gründung 1834 in ständigem Austausch mit deutscher Theologie und deutschen Theologen gelebt. Ein erinnernswertes Beispiel der jüngeren Zeit sei Dietrich Bonhoeffer, sein Studienjahr in New York 1930/31 und sein kurzer Aufenthalt an Union 1939. Die Erinnerung an Dietrich Bonhoeffer ist wach geblieben, nicht nur als ein Ereignis in der Kirchengeschichte, sondern als eine Quelle der Auseinandersetzung mit Fragen der Gegenwart und der Zukunft. Solche Fragen bringen Studentinnen und Studenten der Theologie aus diktatorisch regierten Ländern mit, aus Korea, aus Südafrika und aus Lateinamerika, aber auch schwarze Studenten aus dem eigenen Land, die „African Americans".

Shriver schlägt vor, dass Freunde der evangelischen Theologie und Stifter am Union Theological Seminary einen Stiftungslehrstuhl für Theologie und Ethik gründen, der Bonhoeffers Namen trägt. Das erforderliche Stiftungskapital von drei Millionen DM soll zu gleichen Teilen in Deutschland und in den USA eingeworben werden. Die Amerikaner, in solchen Dingen erfahrener als die Deutschen, gehen hurtig ans Werk. Die Vorsitzende des Aufsichtsrats von Union, Hale Johnson, und ihr Gatte machen den Anfang mit einer namhaften Spende, der viele weitere folgen. Auch die jüdische Gemeinschaft in New York trägt mit erheblichen Beiträgen zum Stiftungskapital bei. Den begeisternden und auch finanziell sehr erfolgreichen Abschluss der Kampagne bildet ein Benefizkonzert in der der Union benachbarten Riverside Church unter dem Titel „Heroes of Conscience".[346]

Parallel zu den Aktivitäten in den USA entsteht in Deutschland auf Initiative der Berlin-Brandenburgischen Kirche, deren Pfarrer Bonhoeffer gewesen ist, ein Komitee zur Errichtung eines Bonhoeffer-Lehrstuhls am Union Theological Seminary unter dem Vorsitz Klaus von Bismarcks, dem vormaligen Intendanten des Westdeutschen Rundfunks, und Klaus von Dohnanyis. Beide gehören dem Kreis der Familien Bonhoeffer und von Wedemeyer[347] an.

Helmut Reihlen wird zum Mitglied und Sekretär des Komitees bestellt. Das Komitee gründet unter dem Dach des Stifterverbandes für die Deutsche Wissenschaft die Stiftung Bonhoeffer-Lehrstuhl mit dem Stiftungszweck der Förderung von Wissenschaft und Forschung auf dem Gebiet der evangelischen Theologie und Ethik, insbesondere durch die Errichtung einer Dietrich-Bonhoeffer-Professur an Union.

Der Stiftungszweck wird auf Anregung von Berthold Beitz und durch eine Anschubfinanzierung der Alfried Krupp von Bohlen und Halbach-Stiftung um jährliche Bonhoeffer-Vorlesungen und um einen Dozentenaustausch erweitert. Nun werden 250 Entscheidungsträger in Wirtschaft und Kirche mit der Bitte um Beiträge zum Stiftungskapital angeschrieben. Das Schreiben zählt vier Begründungen für das Vorhaben auf:

1) Bonhoeffer ist heute einer der meist zitierten Theologen in der alten und in der neuen Welt, in Industrie- und in Entwicklungsländern. Sein schriftliches Zeugnis, sein Leben und Sterben befähigt viele Menschen, ihren Platz in der Gesellschaft und in ihrer Kirche auszufüllen.

---

[346] Das Ereignis beginnt mit der Aufführung von Hava Kohav Bellers Film über den deutschen Widerstand, „The restless Conscience" im dem Union benachbarten Jewish Theological Seminary. Dann folgt das große Konzert mit Werken von Arnold Schönberg, Arvo Pärt, Ludwig van Beethoven und Johannes Brahms unter Leitung des Bonhoeffer-Neffen Christoph von Dohnanyi. Zwischen den Musikstücken liest der Fernsehmoderator Bill Moyers Texte von Bonhoeffer.

[347] Bonhoeffer war mit Maria von Wedemeyer verlobt.

2) Ein Lehrstuhl für Theologie und Ethik, eine diesem zugeordnete Vorlesung und ein Dozentenaustausch schaffen Voraussetzungen, das Erbe Bonhoeffers zukünftigen Generationen zu vermitteln.

3) Die deutsch-amerikanischen Beziehungen bedürfen sorgfältiger Pflege. Dem dient die Besinnung auf gemeinsame geistige Wurzeln. Bonhoeffers Studenten- und Dozentenaufenthalte am Union und der Beitrag des Union-Professors Reinhold Niebuhr zur Wiederherstellung des deutschen Bildungswesens nach 1945 gehören dazu.

4) Es sei gute amerikanische Tradition, die auch in Deutschland Schule machen solle, solche Aufgaben nicht nur staatlicher Fürsorge zu überlassen, sondern sie durch Stiftungslehrstühle zu fördern.

Dem Schreiben sind eine Ausarbeitung aus der Feder von Marion Gräfin Dönhoff beigefügt, die Bonhoeffer und seine Beziehungen zum Union beschreibt, sowie vier unterstützende Schreiben von Bundespräsident von Weizsäcker, Bundeskanzler Kohl, Außenminister Genscher und Altkanzler Schmidt. Helmut Reihlen ist auf der deutschen Seite die treibende Kraft bei der Spendensammlung.

1993 übersteigt das in Deutschland eingeworbene Stiftungskapital 1,5 Millionen DM zuzüglich 270 000 USD für den Dozentenaustausch und für die Bonhoeffer-Vorlesungen. Am 14. Februar 1994 ist es soweit. Der Dietrich-Bonhoeffer-Lehrstuhl wird mit einem akademischen Festakt offiziell errichtet: „Amerika, du hast es besser! Ein Land ständiger, oft schmerzhafter politischer Veränderung kann sich bei solcher Gelegenheit nachdenklich und unbekümmert akademischer Traditionen erfreuen: Prozession des Lehrkörpers in Talaren, Gebet, Bibellesung, Lieder, Verlesung der Verfassungsurkunde der Hochschule, Präsentation des neuen Lehrstuhlinhabers [...]", schreiben Helmut und Erika Reihlen später.[348] Die beiden fliegen zusammen mit Sohn Eckart nach New York City, um an dem Festakt teilzunehmen.

„Das war eine spannende Erfahrung", schreibt Helmut Reihlen am Ende des Jahres 1994. „Man kommt als Bittsteller [zu Unternehmensvorständen] und bietet die Teilhabe an etwas an, das größer ist, als Geld kaufen kann.

---

[348] Erika und Helmut Reihlen: Der Bonhoeffer-Lehrstuhl am Union Theological Seminary. Kirche, Universität und Wirtschaft als Stiftungsgründer. In: Hans-Richard Reuter u. a. (Hg.): Freiheit verantworten. Festschrift für Wolfgang Huber zum 60. Geburtstag. Gütersloh 2002, S. 567–579, S. 573.

Auch in Zeiten wirtschaftlicher Schwierigkeiten fanden sich genug Menschen, denen die Auseinandersetzung mit Bonhoeffer, dem Widerstand, der jüngeren deutschen Geschichte, der Erneuerung unserer Kirche 1,5 Millionen DM wert waren. Aus der Wirtschaft allein haben wir ¾ des Betrages erhalten."[349]

Sehr bald wird Christopher Morse der erste Bonhoeffer-Professor am Union. Fünfzehn Austauschdozenten werden seither nach den USA bzw. nach Deutschland entsandt.

Jährlich findet abwechselnd in den beiden Ländern eine zweitägige Bonhoeffer-Vorlesung zum Rahmenthema „The Role of Church and Religion in Public Policy" statt. Mittlerweile blickt die Stiftung auf dreizehn Vorlesungen zurück.[350]

Wichtig für alle Veranstaltungen ist die Verbindung theologischer Grundsatzfragen mit aktuellen ethischen Herausforderungen. „Die Dietrich Bonhoeffer-Vorlesungen sind hohen, häufig höchsten Ansprüchen gerecht geworden. Sie zeichnen sich durch Theoriebildung, durch Praxisbezug,

---

[349] Weihnachtsbrief der Familie Reihlen 1994 (ELAB, 62/2).

[350] Deren Themen lauten:

1994 New York. Die Universalität der Menschenrechte

1995 Berlin. 50 Jahre nach Kriegsende. Schuld und Versöhnung in politischer Perspektive

1996 New York. The Rich and Poor Worlds. Is there a Way to Global Justice?

1997 Greifswald. Wirtschaftliche Gerechtigkeit in lokalen und globalen Kontexten

1999 New York. Standing with One Another: Solidarity and Women's Wisdom across Differences

2001 München. Zivilcourage und demokratische Kultur (München 2001)

2002 New York. Costly Grace: Theology, Racism and Reparations

2003 Prag. Grenzen der Verfügbarkeit, Menschenwürde und Embryonenschutz im Gespräch zwischen Theologie und Rechtswissenschaft

2004 Washington D. C. The view from below

2005 Berlin. Der Wert menschlichen Lebens, medizinische Ethik bei Karl und Dietrich Bonhoeffer

2006 New York. Ending Poverty, World Poverty and Moral Responsibility

2008 Münster. Frieden, Einsichten für das 21. Jahrhundert

2009 Minneapolis/St. Paul. Völkermord

2010 Mainz. Staat und Kirche – Deutschland, Frankreich, Vereinigte Staaten

durch die Mitteilung persönlicher Erfahrungen sowie durch die Einbeziehung von Gottesdiensten und Andachten aus", bilanzieren Helmut und Erika Reihlen nach acht Jahren.[351]

Die akademische Arbeit des Bonhoeffer-Lehrstuhls und die Dietrich-Bonhoeffer-Vorlesungen mit ihren öffentlichen Aussprachen an unterschiedlichen Orten erfreuen sich hohen Ansehens und einer lebendigen Teilnahme aus den jeweiligen Lehrkörpern und Studentenschaften. Sie werden dokumentiert. Die starken Schwankungen des Umtauschkurses USD/Euro und die wiederholten Turbulenzen an den Finanzmärkten machen eine Aufstockung des Stiftungskapitals notwendig.

Von 1992 bis 2007 ist Helmut Reihlen Vorsitzender des Kuratoriums der Stiftung Bonhoeffer-Lehrstuhl. Er repräsentiert die Kirchen. Weitere Mitglieder des Kuratoriums repräsentieren die Wirtschaft, den Staat, die Wissenschaft und den Stifterverband. Vorsitzender des wissenschaftlichen Beirats ist Bischof Wolfgang Huber. Das Konzept für Vorlesung und Dozentenaustausch stammt von Donald W. Shriver und Larry Rasmussen, Inhaber des Reinhold-Niebuhr-Lehrstuhls am Union Theological Seminary. Auch Bischof Wolfgang Huber, der spätere Ratsvorsitzende der EKD, der 1993 noch Professor für Systematische Theologie in Heidelberg ist, hat an dem Konzept mitgeschrieben. Nachfolger von Helmut Reihlen als Vorsitzender der Stiftung wird 2008 der Bankier Jürgen Lewin von Schlabrendorff. Anerkannt und geehrt wird Helmut Reihlens Wirken für die Erinnerung an Dietrich Bonhoeffer mit der Verleihung der Union Medal durch das Union Theological Seminary in New York City am 2. Februar 1995. Denken und Handeln Bonhoeffers – sagt Helmut Reihlen – haben ihm geholfen, seinen Platz in Kirche und Gesellschaft zu finden. „Kein anderer Lehrer hat mich so in seinen Bann gezogen wie er."[352]

Durch die Beschäftigung mit Dietrich Bonhoeffer entstehen neue Arbeitskontakte, später Freundschaften für Helmut und Erika Reihlen. Zu nennen sind Wolfgang und Kara Huber, Don und Peggy Shriver sowie Eberhard und Renate Bethge. Eberhard Bethge war Bonhoeffers Schüler und Freund

---

[351] Erika und Helmut Reihlen: Der Bonhoeffer-Lehrstuhl am Union Theological Seminary. Kirche, Universität und Wirtschaft als Stiftungsgründer. In: Hans-Richard Reuter u. a. (Hg.): Freiheit verantworten. Festschrift für Wolfgang Huber zum 60. Geburtstag. Gütersloh 2002, S. 567–579, S. 578.

[352] Weihnachtsbrief von Helmut und Erika Reihlen 2006 (ELAB 62/2).

im illegalen Predigerseminar der Bekennenden Kirche im Pommerschen Finkenwalde.[353)] Bethge berät Helmut Reihlen in vielen Gesprächen, so in Bezug auf die Restaurierung des Bonhoeffer-Hauses und die Errichtung der Bonhoeffer-Lehrstuhl-Stiftung. Dabei kommen auch Fragen des eigenen Glaubens und des Verhältnisses des christlichen zum jüdischen Glauben zur Sprache. Mit Bethge diskutiert Helmut Reihlen, ob und wie man nach Auschwitz noch deutscher Patriot und deutscher Christ sein kann und wie sich die Erfahrungen seiner Generation an die nachfolgenden Generationen weitergeben lassen. Die Beschlüsse der Rheinischen Synode 1980 und später auch der Berlin-Brandenburgischen Synode 1984 zum Verhältnis von Christen und Juden gehen in hohem Maße auf Gedanken von Eberhard Bethge zurück.

Wolfgang Huber ist Vorsitzender des Herausgeberkreises der Werke Dietrich Bonhoeffers. Bekannt ist er den Reihlens schon seit Ende der siebziger Jahre. Erika Reihlen hat mit ihm lange Jahre im Kirchentagspräsidium zusammengearbeitet. Helmut Reihlen, Präses der Berlin-Brandenburgischen Synode, kann ihn 1993 zur Kandidatur für das Bischofsamt der Evangelischen Kirche in Berlin-Brandenburg gewinnen und arbeitet seitdem mit ihm in der Kirchenleitung zusammen. 1999 werden Wolfgang Huber und Helmut Reihlen gemeinsam in ihre Ämter als Dechant und als Kurator des Domstifts Brandenburg eingeführt.[354)]

[353)] Bethge war der Adressat der meisten Briefe Bonhoeffers aus dem Gefängnis und später dessen Biograf.
[354)] Wolfgang Huber wurde als Domdechant Nachfolger von Bischof Albrecht Schönherr. Helmut Reihlens Vorgänger als Kurator war Oberkonsistorialrat Hans Georg Hafa.

Teil X
Einladung zur Reise II.

Reisen gehört zum Leben von Helmut und Erika Reihlen. Der Vater Otto Reihlen hat es dem Sohn in die Konfirmationsrede geschrieben: „Zonengrenzen
sind nach Deiner Ansicht für andere da. Länder und Kontinentgrenzen wirst
Du überspringen." Helmut Reihlen soll seine Reisen nutzen, um tiefe Eindrücke in fremden Ländern mit neuen Freunden in jungen, aufnahmefähigen
Jahren zu sammeln. „Solche Gelegenheiten muss man beim Schopfe fassen,
denn sie verflüchtigen sich und kommen nicht wieder." [355]

Später sagt Helmut Reihlen seiner Patentochter Sybille Reihlen Ähnliches.
1972 zu ihrer Konfirmation schenkt er ihr einen Koffer. In seiner Rede
heißt es: „Sybille, Du wirst in den nächsten Jahren reisen, Dich umsehen,
fremde Menschen und ihre Ideen kennenlernen, wirst Kreise ziehen, die
immer weiter von Deinen Eltern wegführen [...]. Den Mut zum Reisen mußt
Du selbst mitbringen." In seinem Berufsleben hat sich die Vorhersage des
Vaters „Länder- und Kontinentgrenzen wirst Du überspringen" bewahrheitet. Begonnen hat das bei Helmut schon als Halbwüchsiger, mit den Wanderungen durchs heimatliche Sachsen, den Reisen zu den Tafelschwestern
vom Ingerlhof am Tegernsee, zu Oma Stolper nach Göttingen, schließlich als
Schüler nach England und als Student nach Middletown, Connecticut.

Auch für Erika Reihlen haben Reisen von früh an Bedeutung. Reisen erweitern den eigenen Horizont. Das setzt sich fort, als sie ihren zukünftigen
Mann Helmut kennenlernt und sie 1957 in einer Studentengruppe eine Reise
nach Mackinac Island, USA, antreten.

In der frühen Kindheit von Irmgard, Eckart und Albrecht sind Bildungsreisen
in der Familie Reihlen nicht möglich. In dieser Zeit werden Burgen nicht
besichtigt, sondern selbst gebaut. Die Familie macht Strandurlaub in Bergen
am See, auf Bornholm, in Jütland. Später, als die Kinder größer sind, geht es
an den Chiemsee, den Starnberger- und den Mondsee. Während die Kinder
am Chiemsee einen Segelkurs machen, sehen sich die Eltern für ein paar
Tage Salzburg an. Und dann reist Erika Reihlen 1973 zum ersten Mal nach
Israel, zusammen mit einer Gruppe Berliner Vikare. „Das war nach vielen

---

[355] Schreiben Otto Reihlens an Helmut Reihlen vom 25. August 1952 (ELAB 62/3).

Jahren familiären Angebundenseins das erste Mal, dass ich auch wieder unabhängig vom Ehemann weg war. Das war schon sehr beeindruckend", sagt Erika Reihlen, „eine Öffnung in die Welt, noch vor dem beruflichen Einstieg." Wochenlang bereiten sich die Vikare vor, erarbeiten Referate über die biblischen Stätten, die Palästinenser und die Kibbuzim mit ihren landwirtschaftlichen und kleinindustriellen Betrieben, gestaltet im Geist von Großfamilien und deren Familienkommunismus. Zu dieser Zeit sind die Kibbuzim noch ein Faktor in Wirtschaft und Gesellschaft Israels. Hier arbeitet jeder nach seinen Kräften – die Alten weniger als die Jungen – und die Einkünfte fließen an die Gemeinschaft.

Seit ihrer Ehe begleitet Erika Reihlen ihren Mann, wann immer es möglich ist, auf seinen Dienstreisen, „als schmückendes Beiwerk", erst an der Seite des DEMAG-Ingenieurs und dann des DIN-Chefs. Hier geht es zwar nicht um sie, aber sie lernt dennoch viel, denn immer gibt es ein Begleitprogramm, bei dem sie Dinge kennenlernt, auf die die Gastgeber stolz sind und für die Helmut Reihlen keine Zeit findet. Ein Krankenhaus, Barfußärzte, eine Bootsfahrt, ein Museum. Es geht nach Lissabon, nach Chile, Wien, Pittsburgh, Panama, Brasilien, China und in die USA.

Seit 1961, dem Jahr ihrer Eheschließung, führt Erika Reihlen über all diese Reisen Tagebuch. Zu manchen, den „wichtigen" Reisen, gibt es „Extraalben" mit Fotos, minutiös beschriftet und ausgestattet mit genauen Schilderungen des Tagesablaufs bis hin zur Speisekarte.

China

Seit 1966 reist Helmut Reihlen insgesamt dreizehn mal nach China, fünf mal begleitet von seiner Frau, bis 1971 für die DEMAG, ab 1979 für das DIN, einmal in einer Delegation der Evangelischen Kirche in Deutschland. Bei den DEMAG-Kontakten geht es um die Projektierung eines Warm- und Kaltwalzwerkes für Stahlband für das Hüttenwerk Wuhan am mittleren Jangtsekiang. Die Zusammenarbeit des DIN mit der chinesischen Normenorganisation vollzieht sich in Berlin und in Peking mit Reisen zu verschiedenen Industriezentren und Universitäten und zu kulturgeschichtlich herausragenden Orten beider Länder zwecks Besichtigungen und Vorträgen.

Die DIN-Reisen in die Volksrepublik China haben Folgen. Sie sind der Anfang für eine bis heute lebendige Kooperation in Sachen technische Normung. Am 19. Februar 1979 treffen sich DIN-Vertreter und ihre chinesischen

Verhandlungspartner zu einer Sitzung, deren Ergebnisse sich sehen lassen können. Erika Reihlen hat es festgehalten: „Kaum waren die gegenseitigen Selbstdarstellungen beendet, da lag auch schon der von chinesischer Seite verfasste Entwurf eines bilateralen Kooperationsvertrages auf dem Tisch." Man schließt einen auf ein Jahr hin konzipierten Vertrag, dem ein Fünfjahresvertrag folgen soll. Verabredet werden ein gegenseitiger Normen-, Schriften- und Lehrmittelaustausch und der Austausch von Experten. Nun stehen den Chinesen sämtliche Normen des DIN als Nachschlagewerk zur Verfügung. Kurzfristig sind sie es, die von dem Normenaustausch profitierten. Aber langfristig sind auch die Erwartungen der bundesdeutschen Wirtschaft und der Bundesregierung hoch. Der Export der DIN-Normen nach China soll deutschen Unternehmen den Zugang zu diesem gigantischen Absatzmarkt der Zukunft ebnen.

Kurze Zeit später schreibt der Spiegel über die Chinareise des DIN-Chefs. Ironisch wird die sprichwörtliche Normungswut der Deutschen, die „alles und jedes auf eine Formel" bringen müssen, kommentiert. Zugleich aber wird die wirtschaftliche Bedeutung dieses Vorstoßes für die Zukunft gewürdigt: „Intensive Beschäftigung der Partner in Peking mit den inzwischen gut 20 000 DIN-Normen und Norm-Entwürfen könnte – so die hier formulierte Hoffnung – verstärkt Lust auf die Einfuhr derart genormter Investitionsgüter machen."[356] 1979, drei Jahre nach dem Tod Mao Tse-tungs, ist die Volksrepublik China längst auf dem Weg zur „sozialistischen Marktwirtschaft".

Am Beginn jedes Besuchs wird das Reise- und Vortragsprogramm mit den Gästen durchgesprochen. So auch beim Eintreffen der ersten DIN-Delegation 1979 mit DIN-Präsident Prof. Hans Koch, DIN-Abteilungsleiter Maschinenbau Wilhelm Dey und dem Ehepaar Reihlen. „Am Sonntagvormittag brauchen Sie kein Programm für mich vorzusehen, da werde ich zu einem christlichen Gottesdienst gehen", sagt Helmut Reihlen seinem Gastgeber, dem Chef des chinesischen Normeninstituts, Cheng Chuanhui. Der schüttelt nur den Kopf und antwortet: „Superstition is abolished in China."

Früher, so berichtet Helmut Reihlen, gab es in China das schlimme Wort, ein Christ mehr sei ein Chinese weniger. Christsein in China wird lange Zeit als Abkehr von den chinesischen Traditionen und Bekenntnis zu fremden Werten und Kulturvorstellungen verstanden. Dennoch können Helmut

---

[356] DIN total. In: Der Spiegel 1979, Nr. 14, S. 86.

Reihlen und seine Frau Erika den Weg mancher Christen und Gemeinden in China über viele Jahre hinweg begleiten.[357] Sie finden Freunde unter den chinesischen Normeningenieuren, allen voran Frau Jiang Weizhi, die auf Einladung des DIN-Präsidenten Siegfried Hahn-Woernle zur Ausbildung nach Stuttgart, Berlin und Clausthal kommt. In der Folgezeit begleitet sie viele DIN-Reisen ins Reich der Mitte als Dolmetscherin. Ihre feingliedrigen Papierkörper zieren noch heute den Reihlen'schen Weihnachtsbaum.

Beim nächsten Besuch 1981 hat sich das Verständnis füreinander gewandelt. Dieses Mal organisiert Cheng Chuanhui eine Reise zu Industriebetrieben und zu Universitätsvorlesungen so, dass Helmut Reihlen den alt gewordenen Bischof K. H. Ting im evangelischen Predigerseminar in Nanking besuchen und dort in der Morgenandacht sogar eine Bibelarbeit vor den Vikaren halten kann.[358]

In Nanking wird Helmut Reihlen mit der Erinnerung an das japanische Massaker im Jahr 1937 vertraut gemacht. Hier erfährt er zum ersten Mal von dem „guten Deutschen von Nanking", John Rabe, bis 1937 Leiter der Siemens-Niederlassung in China. Rabe hat wesentlich zum Schutz der Zivilbevölke-

---

[357] Helmut Reihlen: Predigt anlässlich der Einführung als Vorsitzender des Missionsrates, BMW, 26. April 1996, Paulus-Kirche in Berlin-Lichterfelde. Privatbesitz Reihlen.

[358] K. H. Ting (geb. 1915) lebt im Predigerseminar in Nanking (Nanjing). Er hat Ende der vierziger Jahre am Union Theological Seminary in New York studiert und in China eine Kirchenpolitik verfolgt, die derjenigen von Bischof Albrecht Schönherr in der DDR vergleichbar war. Auch Ting sah in der Kirche keine Institution gegen den kommunistischen Staat, sondern eine Institution, die in diesem Staat wirken sollte. Ting hat der kommunistischen Partei zugute gehalten, dass sie China unabhängig von äußeren Mächten gemacht habe. Zudem habe die Partei die allgemeine Volksbildung, das Gesundheitswesen und den Kampf gegen den Opiumkonsum vorangebracht. Er hat die „Drei-Selbst-Bewegung" der protestantischen Christen in China unterstützt: Selbstverbreitung (keine fremden Missionare, eigene Theologenausbildung), Selbstverwaltung (keine Abhängigkeit von ausländischen Kirchen) und Selbstfinanzierung (keine ausländischen Hilfsgelder). Während seiner Amtszeit sind die chinesischen Christen ebenso wie die Angehörigen anderer Religionen durch die schlimmsten Verfolgungen gegangen. Zugleich sind die Gemeinden erheblich gewachsen. Nicht zuletzt durch die Leiden während der Kulturrevolution haben die Christen Chinas den Respekt ihrer Landsleute gewonnen.

rung vor marodierenden japanischen Soldaten beigetragen. Zur Erinnerung an diese Ereignisse und an John Rabe ist in Nanking eine Gedenkstätte errichtet worden.

Bei zukünftigen Reisen gehören Besuche in Kirchengemeinden zum offiziellen Programm. Manchmal sind die besuchten Gemeinden erschrocken, denn sie haben mit der kommunistischen Regierung, besonders mit den Roten Garden während der Kulturrevolution, schlimme Erfahrungen gemacht. Und nun kommt ihr ökumenischer Gast aus Deutschland mit der „Roten Fahne" vorgefahren, einer riesigen Limousine, die nur hohen Staatsfunktionären und -gästen zur Verfügung steht.

Später wollen die chinesischen Staatsvertreter sogar erfahren, was an einem Institut anders ist, an dem einer die Leitung hat, der versucht, als Christ zu leben. Chinesische Stipendiaten, die zum DIN nach Berlin kommen und bei den Reihlens in der Berliner Paulinenstraße Weihnachten feiern, berichten nach ihrer Heimkehr ausführlich über das in Berlin Erlebte. In China will man etwas über die Rolle christlicher Wertorientierungen in einer demokratischen Gesellschaft wissen. Max Webers Gedanken über den Kapitalismus und das protestantische Arbeitsethos gehören schließlich sogar zur Reisevorbereitung der chinesischen Gäste. Nach den wüsten Jahren der Kulturrevolution sucht China nach besseren Normen, technischen und gesellschaftlichen, denn es will wieder wachsen und sich modernisieren. Der „Vater" des neuen China Deng Xiaoping und sein Ministerpräsident Hua Guofeng[359] haben sich das ehrgeizige Ziel gesteckt, China bis zur Jahrtausendwende in die Spitzengruppe der führenden Wirtschaftsmächte der Welt zu bringen. Sie propagieren die sogenannten vier Modernisierungen: der Landwirtschaft, der Industrie, der Wissenschaft und der Verteidigung. Technisches Know-how aus dem Westen und die Kenntnis und Anwendung technischer Normen sollen China auf dem Weltmarkt leistungs- und konkurrenzfähig machen. Dafür kann es dann auch nützlich sein, von den Christen zu lernen.

---

[359] Hua Guofeng (1921–2008), Ministerpräsident der Volksrepublik China von 1976 bis 1980.

Im April 1999 übergibt Helmut Reihlen die Leitung des DIN an Torsten Bahke und begleitet ihn bis zum Ende des Jahres auf Reisen und Konferenzen, so auch zur ISO-Mitgliederversammlung 1999 in Peking (Beijing).[360] Im September 1999, bei ihrem letzten Besuch in Peking, essen beide Reihlens und das Ehepaar Birgit und Torsten Bahke mit der Leitung des chinesischen Normeninstituts zu Abend. Dabei kommt die Rede auf das Vorgehen der Staatsmacht gegen protestierende Studenten und Bürger auf dem Platz des Himmlischen Friedens zehn Jahre zuvor und auf das Schreiben von Helmut Reihlen, in dem er sich nach Verletzten unter den Angehörigen des Normeninstituts erkundigt und von den Andachten auf dem gleichzeitig in Berlin stattfindenden Kirchentag berichtet hatte. Auch den bei dem Essen anwesenden chinesischen Partnern an der Normenkooperation DIN/CAS, durchweg Funktionäre des Staates und der Partei, waren die Vorgänge lebendig in Erinnerung einschließlich des Besuchs des SED-Generalsekretärs in Peking. Sie wahrten die ihnen gebotene Loyalität und dankten zugleich für die Anteilnahme „von alten Freunden aus dem fernen Berlin". Ein beachtlicher Teil der Belegschaft des Normeninstituts CAS hatte sich den Demonstrationen 1989 angeschlossen.

Auf ihrer ersten Chinareise im Februar 1979 verfasst Erika Reihlen einen Reisebericht. Teile davon erscheinen später in den zm [Zahnärztliche Mitteilungen] und im Berliner „Tagesspiegel". Die Redaktion der zm ist so begeistert von Reihlens Beobachtungen zum chinesischen Gesundheitswesen, dass sie eine Fachstudienreise für Zahnärzte in die Volksrepublik als „Weihnachtsüberraschung der Redaktion für ihre Leser" organisiert.[361] Schon ihre Aufzeichnungen über den Hinflug nach Peking sind lesenswert: „Die Maschine war ausgebucht, voll von französischen und deutschen Ingenieuren mit Ziel Peking. Mit einigen von ihnen kam ich ins Gespräch. Ihrem Verhalten nach waren es Industriemanager und Techniker der mittleren Ebene, aber ihre und ihrer Firmen Identität gaben sie auf mein Befragen nicht preis, Ausfluß wohl des Markt-Konkurrenzverhaltens." Und auch im Peking-Hotel

---

[360] Sein Nachfolger hat das DIN auf dem bewährten Kurs gehalten und dabei verstärkt drei Wirkungen der Normung herausgearbeitet: den betriebs- und den volkswirtschaftlichen Nutzen der Normung und ihren Beitrag zur beschleunigten Einführung technischer Innovationen in die Praxis.

[361] Erika Reihlen: Akupunktur gilt in China nicht als Wundermittel. In: zm, Nr. 24, 1979, S. 1558.

begegnen sie ihr wieder: Scharen von deutschen, französischen, amerikanischen, britischen und japanischen Fachleuten, „die wohl alle um ihren Anteil am großen China-Geschäft kämpfen".[362]

Trotz aller Ambitionen ist die Volksrepublik zu dieser Zeit noch ein Entwicklungsland. Helmut Reihlen erfährt es am eigenen Leib. Bei Temperaturen um minus acht Grad Celsius ist längst nicht jedes Gebäude in Peking beheizt. Bei seinen Vorträgen vor chinesischen Fachleuten zieht er vorsorglich zwei lange, warme Unterhosen übereinander an und behält die Handschuhe an, um „wenigstens die Kreide ohne klamme Finger greifen zu können"[363].

Kalt ist es auch in den Krankenhäusern. Wie Heringe aneinandergepresst stehen die Patienten in den langen, kalten und staubigen Fluren, beobachtet Erika Reihlen auf ihrem Weg durch vier chinesische Zahn-Mund-Kieferkliniken. Hier sieht sie noch mancherorts Holz und Kohle zum Heizen in den Nischen lagern. Dagegen sind die Krankenhäuser in Wuhan und Shanghai noch gänzlich ungeheizt, bei einer Temperatur zwischen fünf und zehn Grad. „Ich hörte, es gebe eine chinesische Regel", berichtet Erika Reihlen, „südlich des Yangtesekiang ist Heizen überflüssig. Also haben Wohnungen in Shanghai auch keine Heizung."

Es ist schwierig, sich mit den Chinesen zu verständigen. Regelmäßig versagen die Dolmetscher. Von den Fachleuten sprechen 1979 nur die wenigsten ein brauchbares Englisch. Ebenso weit entfernt ist man von den gewohnten Standards einer kultur- und vergangenheitsbewussten Gesellschaft. Erika Reihlen fällt es auf: In den Museen gibt es fast keine Informationen über den kulturellen und historischen Hintergrund von Exponaten. Selbst in der Pekinger „Kunstgalerie Chinas" ist man nicht um die Vermittlung der Exponate bemüht. Es gibt keine Prospekte. Enttäuscht vermerkt die Tagebuchschreiberin, dass auch die Führer und die Dolmetscher nur wenig über die Motive und die Zeitgeschichte der Kunst und der Künstler zu sagen wissen. Doch auch dort, wo man mehr über den Inhalt einer künstlerischen Darbietung erfährt, wie in einer Peking-Oper, bleibt die Kultur fremd. „Schwere und anstrengende Kost", resümiert Erika Reihlen. „Es geschah öfter", so fährt sie fort, „für uns völlig uneinsichtig, daß das Publikum applaudierte oder laut wurde vor Begeisterung. Von der Dolmetscherin erfuhren wir dann, daß

---

[362] Erika Reihlen: Reisetagebuch „China 1979". Privatbesitz Reihlen.
[363] Ebd.

es als Kunst gilt, wenn bestimmte Schritte in bestimmter gestelzter Form vollzogen werden oder wenn bestimmte Sprechtöne auf bestimmter Höhe in bestimmter Länge angehalten werden." Auch Gottesdienstbesuche offenbaren, wie weit die beiderseitigen Vorstellungswelten auseinander liegen. Helmut und Erika Reihlen bereisen im Sommer 1985 gemeinsam mit dem Ehepaar Hahn-Woernle die drei Mandschurischen Provinzen. In Chancun/ Jilin besuchen die Reihlens den Gottesdienst. Eine Pfarrerin predigt in einer überfüllten, offenbar aus einer anglikanischen Missionstradition stammenden Kirche über ein Jesuswort aus dem Johannesevangelium: „Ich lebe und ihr sollt auch leben."[364] Frau Jiang, die treue Reisebegleiterin und Dolmetscherin, übersetzt nach bestem Vermögen, was da über das „ewige Leben" gesagt wird und wendet sich beim Mittagessen Verständnis suchend an Erika Reihlen. Wie immer will sie es konkret wissen: „Liebe Frau Reihlen, wie lange wollen Sie denn leben?"

Während die Menschen in der Bundesrepublik gegen Ende der siebziger Jahre damit beginnen, sich ernsthaft um die Umwelt zu sorgen, ist die Umweltverschmutzung im China des Jahres 1979 zwar erheblich, aber noch kein politisches Thema. Erika Reihlen sieht Rauch, der rot oder gelb aus den Kaminen kommt, und fühlt sich an ihre Knappsacker Jugend im rheinischen Braunkohlerevier erinnert. Und auch von Arbeitsschutz scheint man 1979 in China noch wenig zu halten. „Auffällig war, wie wenige Arbeiter Schutzhelme oder Sicherheitsschuhe trugen, es waren meist die Deutschen! In einem Klein-Industrie-Betrieb in einer Kommune in der Nähe Schanghais trugen selbst die Metallfräser an der Drehbank keine Schutzbrillen!", schreibt Erika Reihlen.

Vermutlich ist das DIN eine der ersten ausländischen Institutionen, die Begriffe wie Arbeitsschutz, Verbraucherschutz oder Schutz der Umwelt nach China tragen. Schließlich gehört es zum Selbstverständnis des DIN, den Menschen auch einen Schutz vor menschengefährdenden Technikfolgen zu bieten.

Das Begleitprogramm für Erika Reihlen ist 1979 umfangreich. In Peking besichtigt sie einen Stickereibetrieb und eine Glasmanufaktur. In Shanghai das Forschungsinstitut für chinesisches Kunstgewerbe. Beeindruckend findet sie das alte, kulturelle Peking mit den Repräsentationsbauten der

---

[364] Joh 14,19.

Ming-Kaiser (1368–1644), die Straße der Seelen, die Grabstätten von dreizehn Ming-Kaisern, die „Toten-Ebene", eine staubige Straße, etwa fünf Kilometer lang, gesäumt von dreißig überlebensgroßen Marmorfiguren. Und auch die Verbotene Stadt, das kaiserliche Areal der Qing-Dynastie (1644–1911). Schon der Besichtigung haftet etwas Majestätisches an: „Wir gingen – besser: wir schritten – von Süd nach Nord, von einem großen roten mit kunstvoll geschnitztem und gemalten Holzüberbau versehenen Tor zum anderen. Wir passierten die dazwischen liegenden grob gepflasterten, herrlich proportionierten Innenhöfe riesigen Ausmaßes, die gegliedert sind zum Beispiel durch einen Kanal mit entsprechenden Brücken, durch Marmorbalustraden, die geschmückt sind mit Bronze-Riesentieren, Schildkröten und Löwen, Bronze-Kornmaßen und Wolkenmachern. Letztere sind übermannshohe Weihrauchgefäße. Die Weihrauchwolken sollten den Eindruck vermitteln, der Kaiser als Himmelssohn residiere in den Wolken."[365]

Erika Reihlen erhält auch Einblicke in das chinesische Gesundheitswesen. Sie wird durch Zahn-, Mund- und Kieferkliniken geführt und kann sich ausführlich über den Kariesbefall der Bevölkerung, die chinesischen Pläne zur Trinkwasserfluoridierung, über die technische Ausrüstung der Kliniken und die Kosten des chinesischen Gesundheitswesens informieren. Sie studiert die Erfahrungen mit Akupunktur. Als sie die chinesischen Ärzte nach dem Erfolg der Akupunktur-Methode fragt, bleiben diese zurückhaltend und verweisen darauf, dass die Wirkungsweise von Akupunktur noch in der Erforschung sei. Mehr lässt sich auch heute nach dreißig Jahren aufwändiger wissenschaftlicher Studien nicht sagen.

In den Krankenhäusern sieht Erika Reihlen die Kranken umringt und umsorgt von ihren Familien, die sich um das Essen kümmern müssen. „Neben dem Spucknapf unter dem Bett eine Schüssel frischer Eier, daneben ein Korb gewaschener Spinat." Chirurgen sprechen in Gegenwart ihrer schwerkranken Patienten offen über den zu erwartenden Krankheitsverlauf. Gegenüber Erika Reihlen erklären sie: „Die Patienten wollen und müssen die Wahrheit wissen, es ist ihr Leben." Und als Erika Reihlen im Angesicht eines Zungenamputierten fragt, ob dieser mithilfe geschulter Kräfte neu sprechen lerne, antwortet ein Arzt: „Nein, das muß er selber tun und alleine lernen, oder was schlagen Sie vor?"

---

[365] Erika Reihlen: Reisetagebuch „China 1979". Privatbesitz Reihlen.

Die chinesischen Gastgeber bleiben ihr fremd. Wer mit dem Ideal der Aufklärung groß geworden ist, sich des eigenen Verstandes zu bedienen, ist nur schwerlich von den Formeln zu begeistern, mit denen die Chinesen 1979 die offiziellen Begegnungen mit ihren westlichen Gästen beginnen. Jeder Werksbesichtigung, jeder Tischrede und jedem Gespräch gehen die stereotypen Sätze voran: „China sucht Zusammenarbeit mit den hoch industrialisierten Ländern. Wir haben einen ungeheuren Nachholbedarf. Die Kulturrevolution hat einen technologischen Stillstand gebracht, und der Revisionismus von Lin Biao[366] und der Viererbande ist schuld an der geistigen Erstarrung und Isolierung Chinas. Wir brauchen viele Informationen und hoffen, daß Sie uns dabei helfen." Überall eingeübte Zeremonien und formelhafte Aussagen. Das Tagesprogramm beginnt für Erika Reihlen in Vorräumen auf Sofas und Sesseln. Die Tische dekoriert mit Häkeldeckchen, an den Wänden Mao- und Hua-Bilder und auch die von Marx und Engels. Zu allem wird Jasmintee gereicht.

Gelegentlich gelingt es Erika Reihlen, das offizielle Programm zu verlassen, Seitenwege einzuschlagen, informelle Gespräche zu führen, etwa auf einer Busfahrt in unbeobachteten, unkontrollierten Momenten. „Für Gespräche im Reich der Mitte braucht man Atmosphäre", schreibt sie später im Berliner „Tagesspiegel", „und die kann man nicht erzwingen. Aber eines Morgens zeigten uns unsere Gastgeber mit Stolz und sahen wir mit Bewunderung – die chinesische Mauer. Sie zitierten Mao: ,Wer die Mauer nicht erreicht hat, ist kein Held', und wer in solcher Atmosphäre die Gesprächsinitiative nicht ergreift, hat sie verpaßt. Das war die Gelegenheit, die Frage zu wagen, wie jeder unserer Gastgeber die Kultur-Revolution durchlebt hatte." In solchen Augenblicken kann das Fremde zur Bereicherung werden. Erika Reihlen hört Geschichten, die in keinem offiziellen Vortrag zu finden sind. Und sie hat einen Blick für das Detail, das für den Leser die Fremde plötzlich greifbar und lebendig werden lässt: „Was der Zahnärztin in mir immer wieder im Straßenbild auffällt: die große, große Zahl von Leuten auch mittleren

---

[366] Lin Biao (1907–1971), 1954 stellvertretender Ministerpräsident der Volksrepublik China, 1955 Marschall und Mitglied des Politbüros, 1959 Verteidigungsminister, 1966 an führender Stelle beteiligt an der Kulturrevolution, 1969 Stellvertreter des Parteivorsitzenden Mao Tse-tung, 1971 Fluchtversuch wegen Meinungsverschiedenheiten mit Mao Tse-tung und Flugzeugabsturz über der Mongolei, 1973 nachträglich ausgeschlossen aus der Kommunistischen Partei Chinas.

Alters mit kerngesunden Frontzähnen ohne jede Füllung!" Scharfsichtig treibt sie ihre eigenen, kleinen soziologischen Studien. So über die feinen Unterschiede in der „klassenlosen chinesischen Gesellschaft". „Man sieht's an der Auto-Ausführung, man sieht's am Mantelstoff, man sieht's vor allem am Detail der Herrenanzüge, denen allen gemeinsam der Schnitt, der so genannte Mao-Look, ist. Die ‚untere Ebene' trägt Kombination in Baumwolle oder Mischgewebe, in Blau oder Blau und Grau, u. U. in Kombination mit einer Ballonmütze. Je höher die soziale Stufe ist, um so feiner werden die Tuche, um so öfter sieht man zum Beispiel sogar einen Hosen-Aufschlag am nachtgrauen Anzug."[367]

Auch die Warenpreise entgehen nicht ihrem analytischen Blick. Sie setzt die Preise für den täglichen Bedarf ins Verhältnis zu Mieten, Kranken- und Kindergartenkosten, nicht ohne den Hinweis, dass in China praktisch jede Familie zwei Verdiener hat: Mann und Frau. Die in der Frauenbewegung erprobte Erika Reihlen interessiert sich für das Verhältnis der Geschlechter bei den offiziell gleichberechtigten Chinesen und Chinesinnen. Ihr Resümee ist in der Sonntagsausgabe des „Tagesspiegel" am 15. Juli 1979 nachzulesen.[368] Es ist wenig ermutigend. Die Frauen arbeiten wie die Männer, in Büros, in Fabriken, auf dem Feld, aber das aus Kaisers Zeiten überkommene Rollenverständnis ist unverändert geblieben. Trotz Arbeit sind die Chinesinnen auch weiterhin allein für den Haushalt und das Kind verantwortlich. Und auch für die Familienplanung sind selbstredend die Frauen zuständig: Pille und Pessar werden propagiert, nicht aber das Kondom. „Von den Frauen erwartet man einfach alles", sagt Frau Tsching aus Schanghai zu Erika Reihlen.

Es ist der distanzierende Blick der Fremden auf ihre Umgebung, der sich einprägt. Weniger die korrekte Beschreibung einer „Peking-Oper", deren Inhalt wie ein Märchen schnell erzählt ist, sondern die Opernatmosphäre ist das eigentlich Interessante für Erika Reihlen. Vergeblich sucht sie nach der bildungsbürgerlichen Ehrfurcht, mit der in Europa Überlieferung und alte Kulturgüter behandelt werden – und mit der sie groß geworden ist. Eigenartig sei es, ähnlich einer Sportveranstaltung: „Die Mäntel wurden anbehalten

---

[367] Erika Reihlen: Reisetagebuch „China 1979". Privatbesitz Reihlen.
[368] Erika Reihlen: Von den Frauen erwartet man alles. Beobachtungen und Gespräche auf einer Chinareise. In: Der Tagesspiegel vom Sonntag, 15. Juli 1979.

– es war ungeheizt – selbst die Ballonmützen blieben auf den Köpfen, der ganze Raum war ungepflegt, das Publikum redete und tuschelte und futterte auch nach Beginn der Darbietung weiter – das alles in seltsamem Kontrast zu dem würdigen und kulturvollen Bühnengeschehen", heißt es im Reisetagebuch Erika Reihlens.

Und dann die Stadt Peking: Wenig einladend wirkt sie, staubig, leer und „immer verschlossen". In der abendlichen Dunkelheit bleiben die Läden unbeleuchtet, die Restaurants haben die Vorhänge zugezogen. Dunkel sind auch die breiten Straßen, auf denen Autos nur mit Standlicht fahren und fortwährend hupen, die Edelkarossen der Funktionäre mit zugezogenen Gardinen. Sie sind umringt von einem Heer von Radfahrern in mehreren Reihen nebeneinander – alle ohne Licht.

Ganz anders wirkt die Stadt Shanghai auf sie: Auf den Straßen geht es „quirlig-lebendig" zu, „aufregend schon im Vorbeigehen. Viele kleine Läden mit vielfältigen Angeboten, offene Türen mit Durchblick in Handwerksbetriebe hinein, Menschentrauben und Kinder mit hinten offenen Windelhosen, hupende Autos, Handkarren, Fahrräder über Fahrräder, reger Flußverkehr auf dem Whangpoo und eine Uferpromenade mit Wolkenkratzern wie in New York zur Jahrhundertwende".

Unvermittelt begegnet ihr die alte „Heimat", das Ruhrgebiet, im Hüttenwerk von Wuhan, einem Kaltwalzwerk, das von einem Firmenkonsortium unter Beteiligung der DEMAG aufgebaut worden ist. Die deutschen Techniker sind gereizt, denn die Inbetriebnahme verzögert sich, weil das nahe gelegene Wasserkraftwerk noch keinen Strom liefert. Sie haben Heimweh und klagen über die Trennung von „Mutti", womit sie ihre Ehefrauen meinen. Zudem vermissen sie „Schwarzbrot und Schinken". Freizeitangebote gebe es kaum, sie seien „immer nur am arbeiten" und „von wegen fleißige Chinesen!"[369]

Eine ungewöhnliche und herzliche Erfahrung ist das mehrmalige Zusammentreffen mit dem Ehepaar Ma/Zhang in Shanghai 1996, in Hangzhou und Berlin 1999. Frau Dr. Ma Bao-Jiao promovierte Ende der sechziger Jahre bei Prof. Carl-Justus Heckmann in Magdeburg. Der Astrophysiker Prof. Dr. Zhang Zhao-Xiang war gleichzeitig mit seiner späteren Frau in der DDR als Assistent

---

[369] Erika Reihlen: Reisetagebuch „China 1979". Privatbesitz Reihlen.

an der Humboldt-Universität tätig. Beide mussten 1970 unerwartet schnell nach China zurückkehren, als sich die politische Großwetterlage zwischen der Sowjetunion und damit auch der DDR und China verschlechterte.

Ihre Tochter Zhang Yun, etwas jünger als die Reihlenkinder, studierte in den neunziger Jahren in Krefeld Textilingenieurwesen. Sie fand Anschluss an eine christliche Gemeinde und ließ sich taufen. Heute koordiniert Zhang Yun die Zusammenarbeit von Tchibo mit chinesischen Textilherstellern, deren Erzeugnisse in Tchibo-Läden zu kaufen sind. Bao-Jiao und Zhao-Xiang können viele Entwicklungen des modernen und des alten China in großen Zusammenhängen schildern. Sie würdigen kenntnisreich und unbefangen sowohl die Rolle der christlichen Mission als auch die der Kommunistischen Partei auf dem Weg Chinas in die Moderne.

Israel

Eine Familienreise nach Israel Ende 1981, Anfang 1982 mit Irmgard, Eckart, Albrecht, Helmut und Erika. Geplant, weil es absehbar ist, dass dies die letzte gemeinsame Reise der Eltern mit allen drei Kindern sein könnte. Irmgard hat gerade das Abitur bestanden, Eckart und Albrecht gehen noch zur Schule.

Die Familie wohnt im Gästehaus des Lutherischen Schulzentrums Talitha Kumi, benannt nach dem Wort Jesu: „Mädchen, ich sage dir, steh auf!", mit dem Jesus das tote Mädchen des Synagogenvorstehers Jairus wieder zum Leben erweckt.[370] Als Präses der Synode der Westregion der Evangelischen Kirche in Berlin-Brandenburg ist Helmut Reihlen der Schule verbunden, denn 1975 hat das Berliner Missionswerk die Trägerschaft von den Kaiserswerther Diakonissen übernommen. Gegründet 1851 von Theodor Fliedner, dem Leiter der Kaiserswerther Diakonissenanstalt, dient die Schule als Internat für arabische Waisenmädchen. Dazu gehören ein Kindergarten, ein Lehrerinnenseminar und eine Schwesternschule für arabische Diakonissen. Talitha Kumi ist eine angesehene Privatschule. In beiden Weltkriegen werden die deutschen Diakonissen von den Engländern als feindliche Ausländerinnen angesehen und interniert. 1950 wird die Schule mit Hilfe des Lutherischen Weltbundes wiedereröffnet.

---

[370] Mk 5,21–5,43.

379

1981 ist die Westbank, ein Teil Jordaniens, von Israel besetzt. In Talitha Kumi gelten zwar jordanische Schulgesetze, aber der Ort Beit Jala steht seit dem Sechstagekrieg 1967 unter israelischer Verwaltung. Auf ihren Fahrten durch Israel müssen die Reihlens ständig Grenzen überqueren. Oft beobachten sie, wie herablassend und misstrauisch die jungen israelischen Grenzsoldaten mit den Palästinensern umgehen. Sie fühlen sich unangenehm an DDR-Grenzer erinnert, nehmen aber auch die Gefährdung wahr, die von palästinensischen Terroristen ausgeht. Das Auto der Reihlens hat kein israelisches Kennzeichen. Deshalb müssen sie entsprechende israelische Kontrollen über sich ergehen lassen.

Aber wen sollen sie dafür verantwortlich machen? Sie hören, dass die Israelis kritisiert werden, weil sie eine schwangere Palästinenserin auf dem Weg zur Entbindung lange in der Kontrolle warten lassen. Sie hören aber auch, dass eine schwangere Palästinenserin auf ihrer Fahrt zur Entbindung Sprengpakete für ein Selbstmordattentat mit sich führte.

Sie besuchen Freunde, Bekannte und Berufskollegen. Immer wieder hören sie bedrückende Geschichten von Deutschen mit jüdischen Wurzeln, die noch rechtzeitig nach Israel auswandern konnten und dort in die Landwirtschaft gingen. Rudi Ehrlich, ehemaliger Justitiar des Allgemeinen Deutschen Gewerkschaftsbundes, hat 1936 einen anderen Weg eingeschlagen. Er ging zur Histadrut, dem israelischen Gewerkschaftsbund. Seine Eltern kamen 1937 zu Besuch und sahen sich einen Kibbuz an, damals ärmliche Lebensverhältnisse, verglichen mit Wien oder Berlin. Sie kehrten nach Deutschland zurück und blieben in Deutschland, bis es zu spät war. Ehrlichs Vater, der im Ersten Weltkrieg gedient hatte, war überzeugt: „Das wird der Hitler nicht mit uns machen." Helmut und Erika Reihlen besuchen auch die Chefin des israelischen Normeninstituts, Frau Miriam Müller. Aufgewachsen in einem deutschsprachigen Haushalt in Krakau, emigrierte sie 1938 über die Sowjetunion und Persien nach Israel. Auch sie fand einen anderen Weg als den des Kibbuz, studierte an der Technischen Hochschule Technion in Haifa und wurde schließlich Ingenieurin. Die Reihlens folgen einer Einladung in ihr Privathaus. Sie sind die Ehrengäste. Aber als sie mit einem palästinensischen Nummernschild vorfahren, muss Frau Müller das ihren anderen Gästen erklären. Und bald wissen die Reihlens, dass die meisten Verwandten von Frau Müller in deutschen Konzentrationslagern ermordet wurden. Das trifft auch auf etliche der anderen Gäste des Abends zu. „Es war für uns

schwierig", erinnern sie sich. Solche Begegnungen sind nur schwer auszu-
halten – auch für die, die zu jung sind, um persönliche Verantwortung zu
tragen. Mit einem Mal begegnen sie, die Deutschen, Menschen, die aufs
Schwerste beschädigt sind, den Zeugen und Opfern der jüngsten deutschen
Geschichte. Hier in Israel sind sie sichtbar und versammelt. In Israel, das
erfahren sie, lebt auch ein Teil der deutschen Geschichte, ein Teil, für den es
keine Wiedergutmachung gibt, wohl aber eine Verpflichtung zu helfen, dass
diese Heimstatt des jüdischen Volkes auch in Zukunft erhalten bleibt.

Und dann treten die Reihlens in die Spuren Carsten Niebuhrs (1733–1815)
aus Meldorf/Schleswig-Holstein, Geograf, Kartograf und Landvermes-
ser in den Diensten des Königs von Dänemark. Vor gut 200 Jahren war der
berühmte Namensvetter von Erika nach Arabien gereist, um die Kenntnisse
über die Landesnatur des Jemen und die Lebensverhältnisse der Araber und
Beweisstücke für die „nähere Deutung der Heiligen Schrift" zu sammeln.[371]
Auch 1981 ist eine Palästinareise ohne die Bibel im Gepäck kaum vorstell-
bar. Dani, der Fahrer und Fremdenführer der Reihlens, hat sie stets bei sich.

Seit Generationen bewahrt die Familie Niebuhr die Erstausgabe seines drei-
bändigen Werkes „Reisebeschreibung nach Arabien und anderen umliegenden Ländern", erschienen 1774 bis 1778 in Kopenhagen und 1837 in Hamburg. „Dergleichen gibt Orientierung", sagt Erika Reihlen. Zudem sind die
Reisen des Ahnen genau das, was Reisen im Zeitalter der Aufklärung sein
müssen: Forschungsreisen. Niebuhr vermisst Land mit Hilfe der Sterne, so
das Nildelta, das Rote Meer und zum ersten Mal den Jemen. Seine Karten
sind über hundert Jahre im Gebrauch. Er kopiert Hieroglyphen; seine Zeichnungen dienen noch Jahrzehnte später als Vorlagen für die Entzifferung
der Keilschrift. Und er beschreibt Sitten und Gebräuche fremder Kulturen.
Bestechend an Niebuhr findet Erika Reihlen „seinen Wagemut, seine Achtung des Fremden, seine Toleranz und Heiterkeit". Niebuhr lobt die Toleranz
der in Jerusalem herrschenden Moslems gegenüber den Christen und Juden.
Im Orient besucht er, der Protestant, die katholische Messe, weil protestantische Gottesdienste nicht stattfinden. Er lobt die Orgel des Franzikaner-
konvents und die gute Musik.

---

[371] Kiobenhavenske Danske Posttidende vom 11. Januar 1761.

Im Band 3 „Reisen durch Syrien und Palästina"[372] schildert Carsten Niebuhr, wie er vergeblich Einlass in das berühmte Katharinenkloster begehrt. Die christlich-orthodoxe Klosterfestung aus der Mitte des 6. Jahrhunderts liegt im Tal am Fuße des Berges Sinai, auf dem Moses die Zehn Gebote von Gott empfing. An einer Klostermauer steht auch der „Brennende Dornbusch", in dem sich Gott Mose offenbarte und ihm auftrug, die Israeliten aus Ägypten zu führen.[373] Im Katharinenkloster treffen sich über die Jahrhunderte Judentum, Christentum und Islam. Mitten in der Klosteranlage steht eine Moschee. Carsten Niebuhr legt ein Empfehlungsschreiben der Hohen Pforte, der Regierung des Osmanischen Reiches, vor, aber die Mönche weisen ihn ab, weil er keine Empfehlung des Erzbischofs von Kairo besitzt. Mit Sendboten aus Istanbul haben sie schon schlechte Erfahrungen gemacht.[374]

Erika, geborene Niebuhr, und ihre Familie werden nicht mehr abgewiesen. Und auch sie haben Reisetagebuch geführt. Erika Reihlen ist selbst überrascht, wie ausführlich! Sie liest: „St. Katharinen und Mosesberg. Die Anfahrt zum Kloster ist beeindruckend wegen der bizarren Bergformationen und des von hohen Zypressen umstandenen Klostergartens. Wir bezogen gleich unser Nachtquartier, eine Art Jugendherbergseinrichtung außerhalb der Klostermauern. Sanitäre Einrichtungen mangelhaft, aber fließendes kaltes Wasser zum Zähneputzen! Es war eiskalt. Wir haben alles am Leib, was möglich ist ... Nun soll geschlafen werden. Waschen nicht nötig (möglich!). Die paar Stündchen lohnen ja wirklich nicht.

---

[372] Carsten Niebuhr: Reisebeschreibung nach Arabien und anderen umliegenden Ländern. Dritter Band, Hamburg 1837.

[373] 2. Mose 3,2–4: „Und der Engel des Herrn erschien ihm in einer feurigen Flamme aus dem Dornbusch. Und er sah, daß der Busch im Feuer brannte und doch nicht verzehrt wurde. Da sprach er: Ich will hingehen und die wundersame Erscheinung besehen, warum der Busch nicht verbrennt. Als aber der Herr sah, daß er hinging, um zu sehen, rief Gott ihn aus dem Busch und sprach: Mose, Mose! Er antwortete: Hier bin ich. Gott sprach: Tritt nicht herzu, zieh deine Schuhe von deinen Füßen; denn der Ort, darauf du stehst, ist heiliges Land!"

[374] Carsten Niebuhr: Reisebeschreibung nach Arabien und anderen umliegenden Ländern. Dritter Band, Hamburg 1837. Vgl. Stig Rasmussen: Carsten Niebuhr und die Arabische Reise 1761–1767. Ausstellung der Königlichen Bibliothek Kopenhagen in Zusammenarbeit mit dem Kultusminister des Landes Schleswig-Holstein; Landesbibliothek Kiel, November 1986 bis Februar 1987. Heide/Holstein 1986.

Einschlafen fällt mir schwer. Albrecht knirscht mit den Zähnen über mir. Rechts neben mir Eckart wälzt sich andauernd, knirscht auch. Links neben mir: Helmut schnarcht." Erika Reihlen lacht laut. „Es ist zum Verzweifeln. Da kann nur das Wecken um 3:30 die Rettung bringen. Abmarsch von 1 500 Meter aus. Auf 2 273 m müssen wir hoch. Der Chefbeduine führt mich an der Hand, aber nur, wenn Helmut außer Sicht ist. Dann zieht er mich sogar. Die drei Führer sind sorgsam, tragen in einem Kanister ein säuerliches Getränk mit sich für uns alle bei Bedarf. Langsam dämmert es und die Stille ist lautlos. Die Sterne verblassen und das letzte Wegstück besteht aus 400 Stufen, die mir sehr sauer werden. Ich habe einfach keine Puste. Kurz vor Eintritt in die Stufen bemerken wir im Dämmer nach rückwärts eine Oase mit Wasser, Palmen, dann kommt das steilste, anstrengendste Stück. Die Sonne kommt langsam hoch, es ist eiskalt, eine Trockenheit ohne Staub, gegen 6:30 sind wir oben. Albrecht und Eckart waren lange vor mir da. Das ist der Gipfel, auf dem Mose die Gesetzestafeln von Gott empfangen haben soll und den vor 200 Jahren unser Urahn Carsten Niebuhr bestiegen hat. Den Horeb oder Sinaiberg hat Mose sogar dreimal bestiegen, um in Zwiesprache mit Gott die Gebote in Empfang zu nehmen, und um, weil das solange dauerte, 40 Tage und Nächte, als er unten wieder ankam, die Kinder Israel beim Tanz um das Goldene Kalb anzutreffen. Oben waren wir nicht die einzigen. Alle, die wir im Kloster beim Essen angetroffen hatten, kamen uns entgegen, weil sie eher und auf anderen Wegen dorthin gelangt waren. Oder saßen schon auf dem Gipfel. Es hielt uns nicht lang, weil es sehr kalt war, und doch machten wir den Abstieg auf anderer Route über 3700 Stufen abwärts, die beileibe nicht alle von einer Höhe waren, aber trocken, nicht glitschig. Wer jung war und Turnschuhe anhatte, hüpfte hinunter wie eine Gazelle. So jedenfalls sah es bei unseren Beduinen und unseren Jungens aus."[375] Die Wanderung begann hochromantisch, erinnert sich Helmut Reihlen. Die trockene Luft lässt die Berge und ihre Kanten hart hervortreten. Lange geht die Familie auf einen hellen Stern zu, immer ganz knapp über dem Grat des Bergs. Sie stellen sich vor, dass er die Alten auch schon leitete. Doch dann bemerken sie, dass sie der Lichtmarkierung einer israelischen Radarstation gefolgt sind. Die Romantik hat ein Ende. Israel hat sich eingeprägt. Auch den Kindern, Irmgard, Eckart und Albrecht. Der achtzehnjährige Eckart schreibt rückblickend: „Es war eine wunderschöne

---

[375] Erika Reihlen: Reisetagebuch „Israel 1981/82". Privatbesitz Reihlen.

Reise mit vielen neuen Erkenntnissen über das Land, seine Probleme und über seine Nachbarn. Besonders beeindruckt hat mich das politische Elend in den besetzten Gebieten." Ein Jahr später, im Juli und August, fährt Eckart wieder nach Israel, um dort vier Wochen in einem Kibbuz zu arbeiten und danach Israel zu bereisen. Und auch die neunzehnjährige Irmgard hat das Land beeindruckt. Vor allem die allgegenwärtigen, krassen Gegensätze sind ihr in Erinnerung geblieben: „Auf der einen Seite die Militärkontrollen durch die Israelis, oft genug bewusst provozierend, auf der anderen die Machpela-Höhle, in denen Christen neben Juden und Moslems – hübsch getrennt, aber doch unter einem Dach – friedlich zum Gebet versammelt waren. Auf der einen Seite stundenlang die Negevwüste, und auf der anderen – ohne Übergang! – die Oase um Jericho mit Zitronen- und Apfelsinenbäumen und Christsternhecken."[376)]

Die Kontakte und Reisen nach Israel bekommen ein sehr persönliches Gesicht: In den achtziger Jahren erfährt Erika Reihlen von einem Programm des Berliner Senats. Juden aus aller Welt, die vor dem NS-Regime aus Berlin geflüchtet waren, sind zu einem Acht-Tage-Programm nach Berlin eingeladen. Dabei ist – falls gewünscht – die Begegnung mit einer Berliner Familie vorgesehen. Geulla Strauss, Jahrgang 1917, aus Nahalal bei Haifa, nimmt die Einladung zu Reihlens im Sommer 1988 an.

Von Heimat und Heimatlosigkeit – Geulla Strauss

1934 verlässt die siebzehnjährige Ursula Lippmann das Haus ihres Onkels und Vormunds in Berlin-Dahlem. Sie will nicht Abitur in einer Schule machen, in der ab 1933 jüdische Kinder en bloc hinten sitzen müssen. Ursula Lippmann geht nach Palästina. Ab jetzt heißt sie nicht mehr Ursula, denn Einwanderer bekommen neue Namen. Die Hebräischlehrerin drückt ihr den Namen Geulla, die „Erlöste", auf. Geulla empfindet dies als Identitätsverlust. Sie weint, sie protestiert.

Geulla Lippmann lernt Hebräisch. Journalistin will sie werden, doch diese Chance bekommt sie nicht. Sie macht eine landwirtschaftliche Lehre, heiratet und gründet eine Familie. Zusammen mit ihrem Mann Friedel Strauss,

---

[376)] Weihnachtsbrief der Familie Reihlen 1982 (ELAB 62/1).

einem jüdischen Deutschen aus Frankfurt, erwirbt sie ein Haus und pachtet Land. Innerhalb des Moshavs[377] Nahalal in der Nähe von Haifa leben sie mit ihren drei Kindern von der Landwirtschaft.

54 Jahre später – Geulla Strauss ist 71 Jahre alt und lange schon Witwe – entschließt sie sich, ihre alte Heimat zu besuchen. 1988 folgt sie der Einladung des Berliner Senats. Erika Reihlen hat die Geschichte aufgeschrieben, die Geschichte einer Freundschaft über zehn Jahre – die letzten Jahre im Leben von Geulla Strauss:

> Auf dem Friedhof Berlin-Weißensee sucht und findet Geulla Strauss das Grab ihres Vaters, der als junger Mann, Sozialist und Jude, Selbstmord beging, weil er Soldat werden sollte. Frau und Kind ließ er zurück. Dies hat Geulla ihm viele Jahre zum Vorwurf gemacht. Am Grab in Weißensee söhnt sie sich mit ihrem Vater aus. Der Hauptgrund ihrer Berlin-Reise ist das Wiedersehen mit dem Haus in Dahlem, in dem sie bei ihrem Vormund, dem Onkel, aufgewachsen ist. Sie hat oft davon geträumt, ihren Kindern und Enkeln davon erzählt. Sie will diesen Teil ihrer Lebensgeschichte abschließen und den Traum beenden. Eigentlich möchte sie allein sein mit dem Haus und fährt nach Dahlem, bevor ich sie im Hotel am Kurfürstendamm abhole. Sie kann das Haus aber nicht finden und so helfe ich ihr bei der Suche. Die ist verzweifelt und hartnäckig, denn ein Haus in Dahlem Auf dem Grat Nr. 37 gibt es nicht. Aber die Nr. 27, das ist ihr Haus. Es ist unbewohnt, die Gartentür steht offen. Wir können hinein. Niemand stört uns. Zeit ist zum Erinnern, zum Hören und Fragen. „Und dort ist die Tür zur Wohnung des Chauffeurs, der uns denunziert hat", sagt sie plötzlich. Und danach erzählt sie vom Nachmittag bis in den späten Abend hinein von ihrer Vergangenheit in Berlin und in Palästina und von der Gegenwart in Israel. Wir sitzen zusammen, ich kann sie vieles fragen – es scheint, als würden wir uns Jahre kennen. Zwei Tage nach unserem Abschied habe ich einen Brief von ihr in der Hand. Geulla Strauss schreibt: „Heim kommt man nie. Aber wo befreundete Wege zusammenlaufen, sieht die Welt für Stunden wie Heimat aus. Ich danke Ihnen für die Stunden, die Sie mir gewidmet haben. Wir sind zwei verschiedene Generationen, und trotz-

---

[377] Moshav: Landwirtschaftliche Siedlungs- und Produktionsgenossenschaft, die den einzelnen Genossen ein höheres Maß an Selbstständigkeit belässt als ein Kibbuz.

dem hat es zwischen uns geklungen. Es war ein Heimkommen, Erika. Man kann in jedem Land leben, USA, Israel, aber Sie sehen nach 54 Jahren in Israel: den Kulturkreis kann man nicht verlassen."

Die Geschichte geht weiter. Geulla schickt mir ihr Lieblingsbuch, ein Lyrikbändchen von Mascha Kaléko. Ich schicke ihr das Kinderbilderbuch von Janosch „O wie schön ist Panama", mein Lieblingsbuch. Die Geschichte vom kleinen Bär und vom kleinen Tiger, die ihr kleines gemütliches Haus am Fluss – ihre Heimat – verlassen, die einer im Fluss vorbei schwimmenden Kiste mit der Aufschrift „Panama" und dem Duft von lauter Bananen darin folgend auf unserer runden Erde immer nach links gehen, immer weiter in dieselbe Richtung. Nach vielen Erlebnissen und Begegnungen mit anderen Tieren und nach langer, langer Zeit entdecken sie schließlich ein zugewachsenes und völlig verwildertes, aber gemütliches kleines Haus am Fluss. Es ist ihr altes, das sie verlassen haben und nun nicht wiedererkennen. Das ist ihr Panama, das Haus, das Land ihrer Träume.

Nach ihrer Rückkehr übersetzt Geulla Strauss das Janosch-Buch ins Hebräische. Beglückt schildert sie mir auf einer Kassette die unterschiedlichen Reaktionen der Enkel, der Kinder und der alten Generation in ihrem Hause im galiläischen Nahalal: „Die kleinen Kinder waren begeistert von der Fabel und den Bildern. Die erwachsenen Enkelkinder schmunzelten und lächelten – also hatten sie verstanden. Die Älteren, die hatten am besten verstanden. Sie wussten, dass man rausgehen muss, um heim zu kommen. Ihr Buch ist ein großer Erfolg."

„An Ihr Buch muss ich immerfort denken, wenn ich auf der Treppe vor meinem Haus stehe", sagt Geulla Strauss mir im Herbst 1991, als ich sie in Nahalal besuche. Ich stehe neben ihr auf der Treppe. Wir bleiben in Verbindung.

In einem Brief aus dem Herbst 1992 schildert Geulla Strauss ihre Situation 1933 an der Staatlichen Augusta-Schule in Breslau.

„Ich war in der Obersekunda, noch zwei Jahre bis zum Abitur. Der Direktor hieß Reichert. Ich liebte ihn sehr, er gab Latein, und ich liebte Latein. Noch heute, wenn andere Kreuzworträtsel lösen, nehme ich mir den Tacitus vor."

Eines Tages erklärt der Direktor, dass die 16 jüdischen Schülerinnen nur noch Gäste der Schule seien. Ursula Lippmann muss nun eine jüdische Haushaltsschule besuchen. Hartnäckig weigert sie sich, ihre alte Schule je wieder zu betreten.

„Von nun an hasste ich die Deutschen", schreibt sie, „aber ich konnte nicht fertig werden mit dem Hass, denn es gab ja die Gedichte von Rainer Maria Rilke. Es gab den Schriftsteller Hermann Hesse. Ich kannte alle – aber wo waren sie plötzlich? Ich hasste alle Deutschen, bis im Hotel am Zoo eine Einladung ankam: eine christliche Familie würde gerne einen jüdischen Gast am Sonnabendnachmittag einladen. Da kamst Du mit einem roten Klein-Auto. Dann kam Dein Wort: ‚Nehmet einander an', und Du erzähltest von einer christlichen Gemeinschaft, die in München 1993 eine Kirchentagung hat und diesen Satz als Losungswort angenommen hat. Da wusste ich, dort werde ich vielleicht die Deutschen wiederfinden, die ich so unendlich hasse und doch liebe. Da werde ich vielleicht Frieden mit ihnen machen können nach 60 Jahren, und da muss ich hin. Wie ich es am Grab meines Vaters in Berlin Weißensee tat."[378]

Über die Münchener Kirchentagslosung 1993 haben Geulla Strauss und ich uns mehrfach ausgetauscht, und sie hat sie ihrerseits kommentiert. Im Frühjahr 1992 schreibt sie:

„‚Nehmet einander an'. Es steht im Alten Testament, Leviticus 19, Vers 18: Du sollst deinen Nächsten lieben wie dich selbst. Das ist eine so hohe Forderung, die nur der Sohn Gottes erhören konnte. Menschen konnten das nicht. Aber ‚Nehmet einander an' – das können wir und müssen wir tun.[379] ‚Nehmet einander an' – das ist die Grundlage jeder Demokratie. Friedrich der Große, der Preußenkönig, hat gesagt: In meinem Lande soll jeder nach seiner Fasson selig werden. Und wegen diesem Ausspruch hängt er bei mir neben dem Frigidaire [...] Nehmet einander an ist ein sehr schönes Motto und wichtig für euch, noch wichtiger für uns. Sicher sind die deutschen Männer und Frauen aus der Ostzone nach einer vierzigjährigen Erziehung des Kommunismus ganz anders als die Westdeutschen. Bei uns sind die Unterschiede noch viel krasser. Fromme Juden mit

---

[378] Weihnachtsbrief der Familie Reihlen 1992 (ELAB 62/2).
[379] Erika Reihlen: Treffende Lösungen zahlen sich aus. In. Nehmet einander an. Kirchentag 1993. Ein Vorbereitungsbuch, München 1992, S. 38 f.

Pelzmütze und schwarzen Mänteln, russische Juden, die nicht hebräisch verstehen, äthiopische Juden, jemenitische Juden. Nehmet einander an, dazu gehört ein großer Wille und viel Verständnis. [...] Ich war mal drei Monate in San Francisco. Meine Kusine ist dort Lehrerin. Es saßen dort in der Grundschule (städtisch) Kinder aus China, aus Japan, Negerkinder und alteingewanderte American-Kinder. Es war keinerlei Hass oder Benachteiligung zwischen den Kindern und der Lehrerin. Es war alles selbstverständlich, denn sie hatten einander angenommen. Viele Kriege auf der Welt könnten vermieden werden, wenn die Menschen einander annähmen (Israel, South Africa, Korea). Deswegen habe ich täglich diesen Spruch als Mahnwort in mein Leben aufgenommen, denn nur so können wir in Israel leben, die Araber und die religiösen Juden. Bei jedem Menschen, den ich hier treffe, versuche ich, seine Persönlichkeit, seinen Kulturkreis, seine Ideen zu verstehen, denn nur so können wir wieder ein Volk werden. Im Struwelpeter steht: Was kann denn dieser Mohr dafür, dass er so weiß nicht ist wie ihr? Lieben kann ich sie nicht, aber annehmen und achten muss ich sie. Ich weiß nicht, ob Dir als Kirchentagspräsidentin dieses Geschreibe etwas nützen wird, aber Du hast mich gefragt, und so antworte ich."

Geulla Strauss begleitet den jüdisch-palästinensischen Friedensprozess sehr kritisch, und der Mord an Ministerpräsident Rabin erschüttert sie tief. Sie schreibt:

„Es stand an der Wand geschrieben Rabin Verräter, Rabin Mörder, Rabin in SS-Uniform. Wir haben aber alle geglaubt: ein Jude tötet seinen Ministerpräsidenten nicht. Das kann sein in Ägypten mit Präsident Saddat. Das kann sein in Amerika mit Lincoln und Kennedy. Aber sind wir nicht das auserwählte Volk? Das Volk, dem Gott Erez Israel gegeben hat? Nun sind wir für mich kein auserwähltes Volk mehr. Doch wisse, was immer Fanatiker sagen, das machen sie auch. Was hat Hitler gesagt: Heute geht ihr (die Juden) noch mit 1 000 englischen pounds und lift hinaus, aber es kommt der Tag, da werdet ihr nicht einmal eure Zahnbürste mitnehmen – April 1933.

Ich habe gehört – und bin gegangen mit 17 Jahren. Und so sagt Jassir Arafat täglich: Ich habe Assa, Jenin, Jerichow, Tul Karem bekommen, doch ich werde nicht ruhen, bis ich auch Jerusalem und ganz Palästina wieder zurück bekommen habe.

Ich höre, denn ein Fanatiker führt alles aus, was er sagt. Und so weiß ich, dass auch meine Söhne, meine Enkel und meine Urenkel werden kämpfen müssen. Ich glaube nicht an den Frieden mit Arafat, und er wird noch viel Unheil stiften, bis wir Juden auch das überstanden haben."[380]

Trotz räumlicher Nähe zu Kindern, Enkeln und Urenkeln fühlt Geulla Strauss oft die Einsamkeit. Sie schreibt: „Täglich esse ich mit Dir, Erika, Frühstück, Mittag- und Abendbrot, denn Dein Bild ist an der Seite vom Frigidaire angemacht. Es ist nämlich schrecklich, zu kochen und dann am Tisch alleine zu essen. So rede ich jetzt immer mit Dir, denn ich kann Dir ja keine Bücher schreiben."[381]

Düsterkeit in ihren Empfindungen, Depressionen, das Alter und eine Brustkrebs-Erkrankung machen ihr zunehmend zu schaffen. Träume kommen ihr in den Sinn, wie sie durchs Brandenburger Tor schlendert oder Unter den Linden spazieren geht. Im Frühjahr 1994 holt sie die körperliche Gebrechlichkeit ein:

„Erika, ich kann nicht mehr gehen!", schreibt sie, „Aber Du willst die Treppe zum Pergamon-Altar aufsteigen [...] aber ich will Dir und mir niemals erzählen, was ich nicht kann, sondern bin sehr glücklich, was ich kann. So lass mich weiter träumen von den Linden, von dem Hotel Adlon (gibt's das noch?), vom Brandenburger Tor, vom Kranzler Café-Haus, von Dir. Auch Träumen ist schön!"

Im Januar 1998 zu ihrem 81. Geburtstag, habe ich Geulla Strauss – körperlich schwach, geistig hellwach – in Tivon im Altersheim besucht. Im Februar 1998 ist sie dort gestorben.

---

[380] Schreiben von Geulla Strauss an Erika Reihlen vom November 1995. Privatbesitz Reihlen.

[381] Schreiben von Geulla Strauss an Erika Reihlen im Sommer 1992. Privatbesitz Reihlen.

Reisen im Ruhestand

Es sind die Reisen mit Studiosus, die diese neue Etappe im Leben von Helmut und Erika Reihlen kennzeichnen. Die Gruppe kennt sich seit über dreißig Jahren aus den „Baden Badener Unternehmer-Gesprächen", einer beruflichen Fortbildung Helmut Reihlens. Mit ihnen nimmt Helmut Reihlen 1981 zum ersten Mal drei Wochen lang an einem Lehrgang für Nachwuchs-unternehmer teil. Im Jahresrhythmus schließen sich mehrtägige Wieder-holungsgespräche an, ergänzt um ein knappes Kulturprogramm. Mit den Jahren wird der geschäftliche Teil immer kürzer, der kulturelle weitet sich aus. Lange Zeit ist das Wochenende über Fronleichnam für diese Treffen reserviert. Später kommen achttägige Reisen dazu. Es geht nach St. Peters-burg, nach Portugal, nach Burgund, nach Rom, Sizilien und Neapel, nach Flandern.

Im September 2003 führt die Reise nach Nordspanien, mit dem Bus entlang dem Pilgerweg nach Santiago de Compostela. Neben Jerusalem und Rom ist Santiago das wohl wichtigste Pilgerziel im Mittelalter. Wie der Petersdom in Rom ist auch hier das Ziel der Pilgerschaft die Kathedrale, errichtet auf dem Grab eines Apostels. Die Reliquien des Heiligen Jakob liegen unter dem Altar. Wenn auch die unmittelbare Bedeutung von Reliquien in der Neuzeit nachgelassen hat, so ist der Pilgerweg mit seinen Pilgerherbergen, Hospi-zen und Kirchen seit Jahren ein Anziehungspunkt für mehr als Hunderttau-send Pilger im Jahr, die hier nach Spiritualität suchen. Die Reise beginnt in Bilbao, der Hauptstadt der Provinz Biskaya/Vizcaya. In der frühen Neuzeit eine Handels- und Walfangmetropole, im 19. und Anfang des 20. Jahrhun-derts eine Stadt der Metallindustrie. Gegen Ende des 20. Jahrhunderts ver-liert die Stadt durch den Niedergang der Werften und Stahlwerke an Bedeu-tung. Doch dann erfindet sie sich neu. Technologieparks entstehen und in ihrem Gefolge ziehen zahlreiche Firmen nach Bilbao. Schließlich übernehmen namhafte Künstler und Architekten wie Frank O. Gehry oder Norman Foster ihre künstlerische Gestaltung und geben der Stadt ein neues Gesicht.

Begeistert erinnern sich Erika und Helmut Reihlen an das Guggenheim-Museum von Frank O. Gehry in Bilbao, das 1997 seine Pforten öffnet. Ein weißsilbern glänzender, mit Titan umhüllter Museumskomplex, bestehend aus unregelmäßig ineinandergreifenden, zylindrisch und segelartig schwin-genden Baukörpern. Keine Parallelen, keine ordnenden Achsen, keine ebene Fläche. Diejenigen, die es sehen, finden es „grandios".

Dann die Pilgerkirche in Santo Domingo de la Calzada. Sie empfängt ihre Besucher mit unerwarteten Tönen. Ein Hahn und eine Henne sitzen in einem beleuchteten Käfig an der Westwand des Querhauses. Dazu die Geschichte von einer Wundertat des Heiligen Jakob. Als ein pilgernder Jüngling ein unsittliches Angebot einer Magd ablehnt, rächt diese sich und versteckt einen silbernen Becher im Gepäck des Jungen. Der vermeintliche Dieb wird gehängt. Doch stirbt er nicht, denn – so berichtet er später – der Heilige Jakob stützt ihn unter den Füßen, so dass sein Genick nicht bricht. Als der Bischof von dem Wunder erfährt, ist er ungehalten, denn gerade verspeist er einen Hahn und eine Henne. „Eher wachsen dem Geflügel hier Federn und es fliegt davon, als dass eurer Sohn noch lebt!", ruft er den Eltern des Jünglings zu, worauf den gebratenen Tieren auf dem Teller des Bischofs Federn wachsen und sie davonfliegen! Kirchen und Plätze am Jakobsweg sind voll von solchen Wunderberichten der Jakobspilger, nachzulesen im Jakobsbuch und der legenda aurea.

Weiter geht es nach Burgos, einer anderen Hauptetappe des Jakobswegs. Hier begegnet ihnen eine gotische Kathedrale. Sie drückt der Stadt bis heute ihren Stempel auf, schon weil sie alle anderen Gebäude an Größe und Bedeutung überragt. Erika Reihlen zeigt eine Postkarte: „Gucken Sie mal: Das ist Burgos, und das ist Köln – derselbe Architekt! Juan de Colonia hat hier im 15. Jahrhundert mitgewirkt." Sie lacht: „Unglaublich! Sie stehen in Burgos vor der Kathedrale und denken: Das hast Du schon mal gesehen. Das kommt Dir sehr bekannt vor. Sie glauben, Sie stehen vor dem Kölner Dom."

Eine Luftaufnahme zeigt die beiden gewaltigen Kirchenschiffe, die aus der Vogelperspektive ein riesiges Kreuz bilden. Helmut Reihlen führt aus: „Man erkennt viele europäische Baustile wieder, bloß in einer früheren Phase, als sie bei uns zur Blüte gekommen sind. Die waren uns voraus. Die Landschaft ist wärmer, in mancher Hinsicht wohlhabender, hinzu kamen später die Einkünfte aus den amerikanischen Kolonien." Und schließlich die Kathedrale von Santiago de Compostela. In der Vierung unter der großen Kuppel hängt ein Weihrauchfass, 1,60 Meter hoch, an einem dreißig Meter langen Seil. An Feiertagen schwingen es die Kirchendiener bis unter die Decke, so dass sich die Kirche mit Rauch füllt. Ursprünglich sollte der Weihrauch wohl auch die Ausdünstungen der Menschen überdecken, die nach Abschluss des Pilgerwegs eine Nacht in der Kirche verbrachten, um dort zu wachen und zu beten.

Die Erinnerungen an diese Reise sind bis heute nicht verblasst. Es ist die Einheit von Architektur und Landschaft, die Erika Reihlen begeistert: „Man fährt über karge Höhen und dann sieht man eben karge, romanische Kirchen. Natürlich gibt es auch Romanik in Deutschland. Aber diese Kargheit ist überzeugend."

Im Weihnachtsbrief am Ende des Jahres schreibt sie: „Die Raum-Eindrücke von Kapellen, Kirchen, Kathedralen – frühromanisch bis barock – und die Weite nordspanischer Landschaften mit verfallenen Dörfern oder Burgen auf den Hügeln stehen vor meinem geistigen Auge, sind eingespeichert. Die Stadtbild prägenden Türme von Kirchen und Kathedralen liegen als Fotos in Büchern und einem Album aufgeklappt immer noch auf unserem Eichentisch und lösen im Vorbeigehen jedes Mal neue Begeisterung aus. Was wir sahen, ist unbeschreiblich eindrucksvoll gewesen – die Kenntnis biblischer Geschichten war hilfreich."

Und auch so manches Essen hat sich eingeprägt. Immer noch staunend liest Erika Reihlen die Speisekarte des letzten Abends in Santiago vor: „Festessen mit fünf verschiedenen Weinen, vorher Sekt. Vorspeise mit Kaviartoast, Kaviarcreme und kleiner Krokette, Loup de mer in Scheiben sauer eingelegt, Seeteufel und eine Muschel auf Zuccini und fein geröstete Kartoffelchips, Lachs auf Spinatrahm, Entenleber auf süßem Brotstück und eingelegte Birne. Zum Nachtisch: Zimtparfait." Und es klingt, als seien die Speisen angetreten, die Seelen der Menschen zu erobern.

Im Oktober 2006 reisen Helmut und Erika Reihlen erneut nach Spanien, dieses Mal ist es eine Sonderreise von Studiosus nach Barcelona und Katalonien. Barcelona ist nicht nur eine Stadt am Meer, sondern auch eine Stadt der Kunst und der Architektur. „Drei berühmte Architekten haben die Innenstadt von Barcelona geprägt: Lluis Domènech i Montaner (1850–1923), Antoni Gaudí (1852–1926) und Joep Puig i Cadafalch (1867–1957)", notiert Erika Reihlen und weiter: „Auf der Passeig de Gràcia sind die als ‚die 3 Grazien' bezeichneten nebeneinander stehenden Stadtvillen zu bewundern: die Casa Llo Morera von Montaner, die Casa Amatller von Cadafalch, die Casa Batlló von Gaudí. Als Maler/Architekten sind uns begegnet: Salvador Dalí (1904–1989), Pablo Ruiz Picasso (1881–1973), Joan Miró (1893–1983), Antoni Tàpies (geb. 1923), Antoni Gaudí (1852–1926)."

Fotografiert hat sie fast alles, den berühmten Markt La Boqueria an der Rambla Sant Josep, die Plaza de Catalunya und das Dach der Casa Mila sowie die Casa Batllo, die beiden fantastisch anmutenden Wohnhäuser, gebaut nach den Entwürfen Gaudís. Und dann natürlich die Kathedrale Sagrada Familia von allen Seiten, das bizarre Zentrum der Stadt. Gebaut seit 1882 im neugotisch-katalanischen Stil, bis heute nicht vollendet. Unverwechselbar auch hier der Architekt Gaudí. Die Gewölbe der Kathedrale gleichen riesigen Baumkronen, die spindelartigen Verzierungen erinnern an Sandburgen und die Dächer sind von kubistischen Formen gekrönt.

Beeindruckend auch die Santa Maria del Mar, eine große schlichte Hallen-kirche in katalanischer Gotik, oder der bunt angestrahlte 142 Meter hohe Turm „Torre Agbar", ein Verwaltungsgebäude aus dem Jahr 2004. Fotos gibt es auch vom Museum „Fundació Joan Miró" und dem Park Güell, gestaltet in der bunten und fröhlichen Architektur Gaudís.

Im Olympiapark treffen sie Frank O. Gehry wieder, den Architekten des Gug-genheim-Museums in Bilbao und eines Bankgebäudes am Brandenburger Tor, hier in Barcelona mit einer riesigen goldschimmernden Fischskulptur, dem Peix d'or, dem Goldenen Fisch. Ein 35 mal 54 Meter großer Hohlkörper aus gewebtem Kupfergeflecht, erbaut für die Olympischen Spiele 1992.

Von Barcelona aus geht es nach Girona mit seiner beeindruckenden goti-schen Kathedrale. Von hier aus sind schon die Gipfel der Pyrenäen zu sehen. Schließlich kommen sie nach Figueres, der Wirkungsstätte Salvador Dalís. Auf Fotos festgehalten: das Theatermuseum mit den riesigen, von Dalí kreierten Eiern auf dem Dach; Dalís erster Cadillac, den dieser mit einer voluminösen Frauenskulptur zum Kunstwerk verzierte. Fotos gibt es auch von der Idylle von Portlligat, einem Ortsteil von Cadaqués, dem Lebensmit-telpunkt Dalís in den letzten Jahren seines Lebens. Von hier geht es weiter nach Céret, gelegen in der wild-romantischen Natur der südfranzösischen Ostpyrenäen.

Und auch hier steht am Ende der Reise eine Speisekarte, die es Erika Reihlen wieder einmal angetan hat: „Käsefächer mit Trüffeln, aufgespießte Shrimps in Honig, frittierte Auberginen in Meerrettich-Sahnecrème, Jakobsmuscheln in frischem Salat, Scheiben von Hack aus Lammfleisch und Sorbet aus der Passionsfrucht."

Es ist kaum zu glauben, die ganze Reise dauert nur sieben Tage, von Montag bis Sonntag. Sind solche Reisen entspannend? Oder überwiegt die Anstren-gung? Erika Reihlen überlegt. „Ja, es ist anstrengend, fast zu jeder Tageszeit die gebildeten Vorträge des Reiseleiters anzuhören, mit den Augen zahllose Kunstschätze, Plätze und Ansichten aufzunehmen und nicht zuletzt vom frühen Morgen bis zum späten Abend innerhalb einer Gruppe unterwegs zu sein."

Albrecht, der jüngste Sohn, hat seiner Mutter zum 70. Geburtstag zu mehr „Lebensgenuss" geraten. Erika Reihlen ist sich nicht ganz sicher, ob ihr das immer gelingt. Nach der Rückkehr aus Barcelona fällt ihr Fazit gemischt aus: „Ihr lieben Kinder, samt Anhang", heißt es in einer E-Mail noch am Abend ihrer Heimkehr am 9. Oktober 2006, „wir sind zurück, alles hat geklappt wie geplant [...] Wir haben Beeindruckendes gesehen, hauptsächlich in den Städten Barcelona, Girona und Figueras. Landschaft (Pyrenäen), Kunst (Gaudí, Picasso, Dalí, Miró), alte Kirchen und Museen. Auch kulinarische Köstlichkeiten der Superklasse haben wir genossen, wenngleich mir die Esserei bzw. der Zeitaufwand dafür nicht immer gefiel. Ein vernünftiges Essen, sei es mittags oder abends, fordert seine 3 Stunden. Vorher einen Kava, danach Weißwein, Rotwein, ein wenig Wasser [...] Die Trinkerei macht lustig und laut. Ihr könnt Euch denken, wie es mir manchmal ums Herz war, o b w o h l oder gerade weil mir mein jüngerer Sohn zum 70. Geburtstag mehr Lebensgenuss anempfohlen hat."[382]

Dennoch ist und bleibt Lebensgenuss für beide Reihlens mit Kultur verbunden. Nach den Anstrengungen des Münchener Kirchentages 1993 erfüllen sie sich einen lang gehegten Traum. Sie „pilgern" nach Ansbach in Franken zur Bachwoche, eine Reise, die sie seitdem alle zwei Jahre im August antreten. Acht Tage und Abende hören sie die Musik Bachs und seiner Zeitgenossen sowie von Bach inspirierte Musik bis hin zur Moderne. Musik in Tönen und Worten, mit Stimmen und Instrumenten, in barocken Schlössern, gotischen Kirchen und auch in der Synagoge. Sie schätzen die fränkische Küche, den Frankenwein und das Zusammentreffen mit alten Freunden wie den von Lambsdorffs. Hier treffen sie auch Bekannte vom Münchener Kirchentag wieder, so das Ehepaar Joachim Track und Kerstin Gäfgen-Track.

Zu den Reisen im beruflichen Ruhestand gehören auch die Reisen nach Schlesien. 1997 wird die Oder von einer Flut heimgesucht, die vor allem in Polen große Schäden anrichtet und unzählige Familien in Not stürzt. Eine

---

[382] E-Mail von Erika Reihlen an Eckart, Irmgard, Laura, Susanne und Albrecht Reihlen vom 9. Oktober 2006.

gemeinsam mit Shrivers geplante Reise nach Breslau, der Geburtsstadt Bohnhoeffers, fällt buchstäblich ins Wasser. Die Freundin der Reihlens und Leiterin der Arbeitsstelle für Evangelischen Religionsunterricht in Berlin-Lichtenberg, Irene Melzer, begreift das Unglück als Aufruf zu einem Schulpraktikum in christlicher Nächstenliebe. Sie sammelt – tatkräftig unterstützt von Schulkollegien und Schülern – Kleidung, Heiz- und Trockengeräte, Wohnungsinventar und Geld. Irene Melzer findet Spediteure, die das Sammelgut kostenfrei in dreißig Lastwagen nach Breslau schaffen und an 82 Schulen verteilen. Rückendeckung bekommt sie von der Johanneskirchengemeinde, zu der auch die Reihlens gehören, und weiteren Partnern in ganz Berlin.

In Breslau erwartet Irene Melzer eine unangenehme Überraschung. Der polnische Zoll will die Waren mit Importabgaben belegen oder konfiszieren. Irene Melzer spricht kein Polnisch und fürchtet schon um das Gelingen ihrer Hilfsaktion, als sie Maria und Tomasz Sobis trifft, die zufällig auf dem Breslauer Zollhof stehen. Sie können dolmetschen und retten damit das Projekt.

Bald freunden sich die Familien Melzer und Reihlen mit den Sobis an. Anlässe zu gegenseitigen Besuchen gibt es viele. Die Errichtung eines Bonhoeffer-Denkmals auf dem Breslauer Markt, Bonhoeffers 100. Geburtstag oder das Studium der Sobis-Tochter Evelina in Deutschland. Helmut und Erika Reihlen reisen oft nach Polen, zu einem Wiedersehen mit den Wohn- und Arbeitsstätten zweier Urgroßväter von Helmut Reihlen, Universitätsprofessoren in Breslau, ins KZ Auschwitz, zu einem Bauernhof der Familie Irmgard Reihlens in Buchwald/Kreis Öls und zum Haus der Verwandten in Oberschreiberhau im Riesengebirge. Sie erleben Krakau als Gäste des Klosters des Missionari-Ordens am Fuße des Wawel. Sie besuchen Danzig und das Kaschubenland.

Die Sobis sind liebevolle Führer und große Kenner der schlesischen Geschichte. Sie lassen die deutsch-polnische Geschichte der letzten 150 Jahre an den Reihlens vorbeiziehen. Helmut und Erika Reihlen bewundern, mit welchem kulturgeschichtlichen Wissen und welcher Liebe zum Detail polnische Restauratoren das zum Ende des Zweiten Weltkrieges von den Deutschen zur Festung erklärte und dann völlig zerstörte Breslau wieder aufgebaut haben. Sie spüren Trauer, Scham und Zorn, aber auch Dankbarkeit für die Entwicklung der letzten dreißig Jahre und für diese unerwartete neue Freundschaft.

Erinnern – Berlin und Virginia

> „Ich werde dieses Thema ‚Buße in der
> Politik' nennen.
>
> *Donald W. Shriver, Jr.*[383]

Kennengelernt haben sich Donald Shriver und Helmut Reihlen 1991, als sie sich gemeinsam um die Errichtung des Bonhoeffer-Lehrstuhls bemühten. Donald Shriver als emeritierter Präsident und Professor des Union Theological Seminary in New York City und Helmut Reihlen als Präses der Synode der Evangelischen Kirche in Berlin-Brandenburg.

In den folgenden Jahren werden Reihlens und Shrivers Freunde. Als Donald Shriver 1995 sein Buch „Forgiveness in Politics. An Ethics for Enemies" veröffentlicht, bedankt er sich für die Freundschaft von Helmut und Erika Reihlen. „With gratitude for five years of deepening colleagueship and friendship that embodies many themes of this book", schreibt er in seiner Widmung vom 3. Februar 1995. Helmut und Erika Reihlen haben nächtelang Korrektur gelesen.

Für sein nächstes Buch „Honest Patriots. Loving a country enough to remember its misdeeds" kommt Shriver für ein halbes Jahr nach Berlin. Im Frühjahr 1999 wird er fellow der American Academy. Sein Studienthema: „Umgang mit der Nazivergangenheit in der 3. Generation." Seine Frau Peggy L. Shriver, Theologin und Schriftstellerin, begleitet ihn. Zusammen unternehmen die beiden Ehepaare Fahrten in die jüngere und ältere Geschichte der Region, nach Wittenberg und Wörlitz, nach Sachsenhausen, Brandenburg und Friedersdorf – oder in den Steglitzer Kreisel, wo sie Erika Reihlens „Vorschulprogramm Zahngesundheit" kennenlernen.

In den folgenden Jahren mehren sich die Besuche der Shrivers in Berlin. Anlässe gibt es genug. So der Bonhoeffer-Kongress im August 2000 oder die Tagung der International Society of Political Psychology im Juli 2002, wo Helmut und Erika Reihlen einen Vortrag über die skandalbehaftete Geschichte der Steglitzer Spiegelwand halten.

---

[383] Donald W. Shriver, Jr.: Wahre Patrioten. Vaterlandsliebe und Vergangenheitsbewältigung. Leipzig 2007, S. 28.

Und immer wieder lässt sich Donald Shriver die Orte zeigen, die an die „Missetaten" der Deutschen erinnern. Helmut und Erika Reihlen setzen Zeit und Energie ein, um nach historischen Quellen, Gedenkstätten und Übersetzungen zu suchen, damit Donald Shriver Verständnis für den Kampf dreier deutscher Generationen um den richtigen Umgang mit ihrer Vergangenheit gewinnen kann, „weit über ihre Pflicht hinaus", vermerkt Shriver in der Danksagung von „Honest Patriots".[384] Dort beschreibt er, was von der Beschäftigung Deutschlands mit den düsteren Kapiteln seiner Vergangenheit sichtbar ist. Zugleich fällt sein Blick auf Südafrika und die Arbeit der Wahrheits- und Versöhnungskommission, die sich tagtäglich mit der Hinterlassenschaft des Apartheid-Regimes konfrontiert und jede Seite zu Wort kommen lässt, die Opfer und die Täter. Beide Staaten seien dem weißen Amerika in der Auseinandersetzung mit dem „Bösen" in ihrer Geschichte voraus, so Shrivers Fazit.

Auch in den USA entdeckt Shriver Versuche, sich mit dem Schicksal der indianischen Ureinwohner auseinanderzusetzen. Stärker noch gilt dies für die fast dreihundert Jahre währende Geschichte der Sklaverei. Shriver will wissen, ob und wie Patriotismus unter den Bedingungen einer Geschichte möglich ist, die – theologisch gesprochen – das „Böse" in sich trägt.

2003 führt es die Shrivers zum dritten Mal zu den Berliner Freunden. Noch im Oktober des vorangegangenen Jahres waren Helmut und Erika Reihlen in den USA und mit der Durchsicht der Deutschland betreffenden Kapitel der „Honest Patriots" beschäftigt.

Shriver ist beeindruckt von der reichhaltigen Erinnerungslandschaft, die er bei seinen Streifzügen mit den Reihlens durch Berlin und Deutschland vorfindet. Darunter Museen, Denk- und Mahnmale, Geschichtsbücher, „authentische Orte" wie KZ-Gedenkstätten, Dokumentations- und Forschungsstätten – das meiste davon in den vergangenen dreißig Jahren entstanden und gestaltet.

In Berlin ist es kaum möglich, den Hinweisen auf die nationalsozialistische Vergangenheit Deutschlands zu entgehen. Kaum eine Stadtführung, die nicht auch Hinweise auf jene Zeit bereithält, als die Deutschen die Welt mit Krieg überzogen und die europäischen Juden ermordeten. „Wenn man nur einen einzigen Tag lang durch das Berlin unserer Tage streift", so Shriver in

---

[384] Ebd., S. 10.

„Honest patriots", „wird jeder Verdacht ausgeräumt, den man als Amerikaner haben könnte, dass die Deutschen die Nazis völlig vergessen haben."[385] Shrivers Stadtführung durch Berlin ist ein Rundgang durch die offizielle deutsche Erinnerung an die Verbrechen des Nationalsozialismus. Touristen, die mit dem Bus 100 Berlin durchqueren, können schon an einer normalen Haltestelle auf der Kurfürstenstraße erfahren, wo das Büro Adolf Eichmanns war. Eine Tafel, ursprünglich für Werbung gedacht, jetzt mit Informationen der „Topographie des Terrors" versehen, gibt ausführlich Auskunft über dessen Rolle bei der Vernichtung der europäischen Juden. Und auch die gewölbte Stahlwand von Richard Serra hinter der Berliner Philharmonie entgeht ihm nicht. Die „Berlin-Junction" erinnert an die „Euthanasie"-Opfer. Nicht weit davon am Deutschen Reichstag stehen vierzig Schieferplatten mit den Namen der Reichstagsabgeordneten, die von den Nazis ermordet wurden. Am Bebelplatz neben der Staatsoper ist die „Mahnmal"-Bibliothek von Micha Ullmann zu besichtigen, eine Glasscheibe auf dem Boden mit Blick auf ein in die Tiefe versenktes leeres Bücherregal. Davor zwei in den Boden eingelassene Bronzetafeln mit dem Zitat Heinrich Heines: „Dies war ein Vorspiel nur, dort, wo man Bücher verbrennt, verbrennt man auch am Ende Menschen."

Richtung Potsdamer Platz geht es zu den ausgegrabenen Resten des ehemaligen Gestapo-Hauptquartiers, unterhalten von der „Topographie des Terrors". Unweit das Jüdische Museum von Daniel Libeskind, das 1999 seine Tore öffnete und dem Besucher schon durch die Architektur ein beklemmendes und desorientierendes Raumgefühl vermittelt.

Auf der Oranienburger Straße in Berlin-Mitte dann der wieder aufgebaute Teil der Neuen Synagoge, Erinnerung an die Pogromnacht des 9. November 1938. Dazu die Erinnerungstafeln und die „Stolpersteine", die Bronzetäfelchen, eingelassen in den Bürgersteigen vor den Häusern mit den Namen ihrer ehemaligen jüdischen Bewohner, ihrem Geburtsjahr, dem Deportationsort und dem Datum ihrer Ermordung.

---

[385] Ebd., S. 29.

Und nicht zuletzt das 2005 errichtete Holocaust-Denkmal von Peter Eisenman, 2711 Stelen auf 20000 Quadratmetern für die ermordeten Juden. Berlin wirbt dafür mit einem Zitat Willy Brandts: „Unsere Würde gebietet einen unübersehbaren Ausdruck der Erinnerung an die ermordeten europäischen Juden."

Shriver besucht auch den Bayerischen Platz in Berlin mit seinen achtzig Schildern an den Laternenmasten. Eine Erinnerung an die einst blühende jüdische Gemeinde in Schöneberg. Auf jedem Schild eine öffentliche Bekanntmachung aus den dreißiger und vierziger Jahren, die davon zeugt, wie diese deutschen Bürger schrittweise durch Gesetze und Verordnungen isoliert und ausgegrenzt wurden.

Auch im Haus der Wannsee-Konferenz sind Shriver und seine Freunde zu finden. Hier stimmten die Nazis am 20. Januar 1942 ihre Pläne für die „Endlösung der Judenfrage in Europa" mit den Spitzen der deutschen Ministerialbürokratie ab. Seit 1992 ist es eine Gedenk- und Bildungsstätte, ein Dokumentationszentrum für den „Nationalsozialismus und seine Folgeerscheinungen". Besonders beeindruckt hat Shriver, wie sehr der Holocaust Eingang in die deutschen Geschichtsbücher gefunden hat. Das Thema hat sich seit dem Ende des Zweiten Weltkrieges von einem „Unthema" zum Zentrum des Geschichtsunterrichts entwickelt. Das geht so weit, dass Schüler in jüngerer Zeit ein Übergewicht des Nationalsozialismus im Schulunterricht beklagen. „Wollen Sie uns mit dem Wissen um diese Vergangenheit zerschmettern?", zitiert Shriver einen Schüler, der sich durch die stetige Präsentation des „Bösen" im Geschichtsunterricht moralisch überfordert fühlt.[386]

Den Streit um die Steglitzer Spiegelwand kann Shriver fast vollständig aus den Berichten und Erfahrungen von Helmut und Erika Reihlen rekonstruieren.[387] Schließlich sitzt er im Publikum, als die beiden über die Geschichte der Spiegelwand vor der International Society of Political Psychology im Berliner Interconti referieren. Die Spiegelwand, ein Denkmal mit 1723 Namen aus der Gesamtzahl von 55000 aus Berlin deportierten Menschen jüdischer

---

[386] Ebd., S. 82.
[387] Für die folgende Darstellung vgl. den Vortrag von Helmut und Erika Reihlen vor der International Society of Political Psychology „The Mirror Wall Berlin-Steglitz" vom 18. Juli 2002. Privatbesitz Reihlen.

Herkunft. Es informiert darüber, dass von den 1933 gezählten 3 186 Steglitzern, die als Juden galten, 1945 weniger als 150 noch in Steglitz leben. Es informiert auch darüber, dass im Hof des Hauses Düppelstraße 41, von der Straße her unsichtbar, die ehemalige Synagoge zu finden ist, die heute als Bürogebäude genutzt wird.

1991 schreibt die Bezirksverordnetenversammlung einen Architekturwettbewerb für ein Denkmal mitten auf dem lebhaften Hermann-Ehlers-Platz aus, das an die Geschichte und das Schicksal der jüdischen Mitbürger von Steglitz erinnern und erkennbar einen Bezug zu einer kleinen Synagoge in der Nachbarschaft herstellen soll. 1992 gewinnt die Gruppe Wolfgang Göschel, Joachim von Rosenberg und Norbert Burkert die Ausschreibung. Ihre Idee besticht: Eine 11,50 Meter lange und 3,50 Meter hohe Wand aus reflektierendem Edelstahl mit den Namen, dem Geburtstag, der Adresse, dem Zielort und dem Datum der Deportation von Berliner Juden. Jedem, der vor die Spiegelwand tritt, soll die Teilhabe an diesem Geschehen „ins Gesicht" geschrieben sein. In den folgenden zwei Jahren wird eine öffentliche Debatte über das Für und Wider der „Spiegelwand" geführt, die, ausgehend von Steglitz, bald auch Berlin und ganz Deutschland ergreift. Worte wie „Gedenkhysterie" machen die Runde oder „Nicht nur die Juden haben im Krieg gelitten" oder „Die Mehrheit will es nicht". Nach monatelanger Diskussion, nach Flugblattaktionen seitens verschiedener Organisationen und Gruppierungen zeichnet sich ab, dass das Steglitzer Bezirksparlament nicht hinter dem preisgekrönten Entwurf steht. 1993 fällt der Beschluss, die Spiegelwand zwar zu realisieren, aber in verkleinerter Form. Der von den Künstlern akzeptierte Kompromiss heißt: Reduzierung der Länge der Spiegelwand auf neun Meter. Das hindert etliche der Gegner nicht daran, eine weitere Reduzierung zu fordern, was wiederum die Künstler nicht akzeptieren. So fällt 1994 der Beschluss der Bezirksverordnetenversammlung auf ersatzlose Streichung der Spiegelwand. Besonders peinlich daran: die Allianz der CDU und der FDP mit den rechtsradikalen Republikanern.

Die Entscheidung der Steglitzer Bezirksverordnetenversammlung löst in der nationalen und auch internationalen Presse ein verheerendes Echo aus. Das kleinbürgerliche Ressentiment, das sich in Steglitz artikuliert, droht die deutsche Hauptstadt zu blamieren, die sich als weltoffene Metropole, in der die Menschenrechte zu Hause sind, präsentieren will.

Jetzt tritt der Berliner Senat auf den Plan. Er hebt die Entscheidung des Steglitzer Bezirksparlaments auf, von seinem Recht Gebrauch machend, Entscheidungen der Berliner Bezirke außer Kraft zu setzen, wenn diese grundlegende Interessen des Landes Berlin verletzen. Die Spiegelwand sei ein bedeutendes kulturelles Ereignis für ganz Berlin und stehe deshalb im Brennpunkt der weltweiten Sorge um die Beziehung Deutschlands zu seiner Vergangenheit, heißt es in der Begründung. Tatsächlich geht es im Berlin des Jahres 1994 um mehr als die Politik eines Stadtteils. Berlin hat in der Welt einen Ruf als Hort der Freiheit erworben und will den nicht aufs Spiel setzen. Dieser Aufgabe sind auch seine Bezirke verpflichtet, ob sie wollen oder nicht.

Am 7. Juni 1995 wird das Denkmal auf dem Hermann-Ehlers-Platz, dem quirligen Zentrum von Steglitz, feierlich eröffnet, begleitet vom Gesang des Kantors der jüdischen Gemeinde in Berlin, Estrongo Nachama.

Donald Shriver ist beeindruckt: Die Shoa gehört sichtbar zur Staatsräson des wiedervereinigten Deutschland. Durch Berlins Zentrum zu gehen, heißt für den Professor für angewandte Ethik, der Größe und dem Elend seiner Geschichte zu begegnen. „Ohne Zweifel", so schreibt er, „ist Berlin eine Stadt, die sich erinnert." Das gibt den Deutschen die Möglichkeit, ihre Würde wiederzufinden, indem sie zumindest nachträglich den Opfern einen Platz in ihrem nationalen Gedächtnis verschaffen.

Immer wieder beschreiben Helmut und Erika Reihlen dem Freund ihre Gefühle und Beobachtungen in Bezug auf die „Erinnerungspolitik" in Berlin und Deutschland. Über den Unterschied, den es zum Beispiel macht, von einem anonymen, abstrakten Verbrechen zu sprechen oder mit den Geburtsdaten und Namen einstiger Nachbarn konfrontiert zu werden. „Das tut weh", sagen sie. „Aber die Unterdrückung einer bösen Vergangenheit schmerzt mehr." Wichtig für sie ist, dass die Erinnerung an das Versagen der Vorfahren zu einem fassbaren Teil der Geschichte wird, von dem Geschichtsbücher, Gedenkstätten oder Feiertage erzählen. Denn erst wenn ein Geschehen zum Objekt des alltäglichen Geschichtsbewusstseins geworden ist, kann eine Gesellschaft Distanz dazu finden und ablegen, was ihr sonst anhaftet wie ein übler Geruch. Gelingt es, Ereignisse ins tägliche Bewusstsein der Allgemeinheit zu heben, die moralisch verwerflich sind, ist die Gefahr verringert, dass sie sich wiederholen könnten.

Die Steglitzer Spiegelwand ist seit 1995 im Alltag der Bürger dieses Stadtteils verankert. Für Helmut und Erika Reihlen vollzieht sich hier ein Akt
tätiger Sühne. Viel zu spät für die Opfer, aber dennoch wichtig für die Versöhnung einer Gesellschaft mit den Überlebenden und ihren Nachkommen
und nicht zuletzt mit sich selbst und ihren Vorfahren. „So steht die Wand
nun, inmitten eines pulsierenden Handels und sozialen Lebens. In diesen
Jahren nach ihrer Einweihung ist sie ein akzeptierter Teil von Steglitz. Markt-
händler schützen sie. Auch nicht der kleinste Graffito hat die Wand bis
heute beschmutzt. Leute legen oft Blumen hin. Unsere Enkelkinder fragen
uns, was das alles zu bedeuten hat, und wir können Wege finden, ihnen zu
sagen, wie der HERR uns schließlich, trotz unserer Sünden, aus Ägypten
führte. Unsere Enkelkinder hören zu. Sie schauen in den Spiegel und schnei-
den Gesichter. Und sie lecken dabei weiter an ihren Eiskugeln."[388]

2004 erlebt Erika Reihlen, wie die Spiegelwand Geschichte lebendig werden
lässt. Im November organisiert die „Steglitzer Ökumene" zur Erinnerung
an die Pogromnacht 1938 eine Prozession zur Spiegelwand. Der Ökumenische Kirchentag in Berlin ein Jahr zuvor hat den Blick für die Ökumene vor
Ort geschärft. Der Ort um die Spiegelwand ist ideal, denn hier leben drei
christliche Gemeinden in unmittelbarer Nachbarschaft. Die katholische
Rosenkranzbasilika, die evangelische Matthäusgemeinde und zwei Straßen
weiter die Baptistengemeinde. Erika Reihlen ist in der Vorbereitungsgruppe.

Das Treffen beginnt auf dem Hermann-Ehlers-Platz mit meditativen Worten
zum Ort des Gebets, der er war. Im Hinterhof die kleine, ehemalige Synagoge verborgen. Das Synagogengebäude wird in Augenschein genommen,
an der Spiegelwand werden Texte gelesen. Es fallen Straßennamen aus der
Nachbarschaft, die alle kennen und in denen Deportierte wohnten.

Zwei- bis dreihundert Menschen sind gekommen. Als Erika Reihlen ihren
Text vorträgt, meldet sich ein Pfarrer zu Wort. Er überbringt Grüße von Hansi
und Alfred Silberstein aus Neuseeland, die von der Prozession wissen. Die
Geschwister Hansi (geb. 1925) und Alfred (geb. 1927) Silberstein sind aus
ihrer Wohnung in der Holsteinischen Straße 34 in Steglitz nach Auschwitz

---

[388] Ein Foto in der englischen Ausgabe von „Honest Patriots" zeigt den damals acht-
jährigen Ferdinand Reihlen-Boergers vor der Spiegelwand in Steglitz – sich spie-
gelnd, Eis essend, während er die Inschriften unter einem Bild zweier jüdischer
Kinder liest. Vgl. Donald W. Shriver: Honest Patriots: Loving a country enough to
remember its misdeeds. Oxford 2005, S. 206 ff.

deportiert worden. Deshalb sind ihre Namen auf der Spiegelwand verzeichnet. Dass sie überlebt haben, ist die große und bewegende Überraschung des Abends, nicht nur für Erika Reihlen. Und dass es noch mehr Menschen gibt, die die Silbersteins kennen, erfährt sie beim Imbiss nach der Prozession im Gemeindehaus der Baptisten. Ein Tischnachbar berichtet ihr von gegenseitigen Besuchen in Berlin und Neuseeland und von seiner Absicht, die Fotodokumentation Erika Reihlens von der Spiegelwand den Silbersteins nach Neuseeland zu schicken.

Die Spiegelwand – dieser Ort ist ein Geschenk, das empfindet Erika Reihlen an diesem Tag besonders stark. Sie nimmt Kontakt zu den Silbersteins auf und hütet ein Foto, das die beiden Deportierten und doch Geretteten vor der Spiegelwand zeigt.[389]

„Honest Patriots" erscheint 2005, zwei Jahre später, im Oktober 2007, auf Deutsch. Sein Titel „Wahre Patrioten. Vaterlandsliebe und Vergangenheitsbewältigung". Wieder helfen Helmut und Erika bei der Fertigstellung des Manuskripts.

In diesem Jahr besuchen die Shrivers zum sechsten Mal Berlin. Jetzt bekommen sie auch unbearbeitete Teile der jüngeren deutschen Geschichte zu sehen. So die Martin-Luther-Gedächtniskirche in Berlin-Mariendorf. Gebaut zwischen 1933 und 1935 ist sie ein Symbol für die willfährige Anpassung eines Teils der evangelischen Kirche an die Ideologie des NS-Staates. Kunst und Architektur gehen hier eine Verbindung von nationalsozialistischer und christlicher Symbolik ein. Vor dem Taufbecken steht eine deutsche Mutter neben einem deutschen Soldaten. An der Kanzel gibt es einen SA-Mann, einen Hitlerjungen und einen Wehrmachtsoldaten zu sehen und im Zentrum des Raums: Jesus am Kreuz als muskulöser Held und Siegertyp.

---

[389] Vgl. Helmut und Erika Reihlen: Kirchentag als vor-läufige Kirche und was bleibt, wenn er geht. Ein Beispiel. In: Susanne und Peter Munzert (Hg.): Quo vadis Kirche? Gestalt und Gestaltung von Kirche in den gegenwärtigen Transformationsprozessen. Joachim Track zum 65. Geburtstag. Stuttgart 2005, S. 195–199.

Peggy L. Shriver lässt diese Kirche nicht los. „Empire Christ" (Reichs-Christus) heißt ihr Gedicht, das sie nach dem Besuch in der Martin-Luther-Gedächtniskirche schreibt:

„Jesus stands, not hanging, on
this altar's gleaming crucifix,
his muscled arms out-stretched
like wings,
the nails not tearing his
pierced flesh,
simply holding wooden planks
in place upon his straining back,
upright against his pinioned feet.

Like a huge metallic bird,
his body arches toward the sky
jaw defiantly thrust out
in unscathed triumph over death
With close-cropped hair, bold eyes,
athletic torso, gymnast's legs,
this Teuton christ in polished steel
evokes no mourning, only awe.

What a tempting crucifix
for any empire-seeking state!
This sleek messiah promises
no blood, no suffering nor grief –
a triumph through no tragedy –
resurrection with no death –
a god-like human with no God.

I ponder this seductive christ
and Jesus' wise, forgiving love,
his humble birth, self-giving will.
That Nazi cross has power still."[381]

„Jesus hängt nicht, er steht
vor diesem glänzenden Altar-Kruzifix,
seine starken Arme, ausgestreckt
wie Flügel,
die Nägel verletzen nicht das
durchbohrte Fleisch,
sie befestigen nur die hölzernen Planken
an seinem gespannten Rücken,
senkrecht hinter seinen gefesselten Füßen.

Wie ein großer metallener Vogel,
so reckt sich sein Körper zum Himmel,
die Kinnlade stolz nach vorn geschoben
in unverletztem Sieg über den Tod,
kurzes Haar, kühne Augen,
athletische Figur, kräftige Beine,
ein teutonischer Christus in Edelstahl,
nicht Klage heischend, sondern Schrecken.

Ein verführerisches Kruzifix
für jeden Großmacht-lüsternen Staat!
Dieser glatte Messias verkündet
kein Blut, kein Leiden, keinen Schmerz,
Sieg ohne Tragödie,
Auferstehung ohne Tod –
ein Gott-gleicher Mensch ohne Gott.

Ich grüble über diesen
verführerischen Christus,
über Jesu weise, vergebende Liebe,
seine ärmliche Geburt,
seine Selbst-Hingabe.
Dieses Nazi-Kreuz hat immer noch
Macht."[382]

---

[390] Peggy L. Shriver 2008. Privatbesitz Reihlen.
[391] Übersetzung von Helmut Reihlen.

Im Oktober 2007 reisen Helmut und Erika Reihlen wieder in die USA. Dieses Mal wollen die Shrivers den beiden „Anschauungsunterricht in amerikanischer Geschichte" geben.[392] Zusammen besuchen sie Virginia und seine Städte, Jamestown, Williamsburg, Richmond und Charlottesville. Erika Reihlen schreibt: „Don Shrivers Buch über die ‚Honest patriots' hatte uns bereits daheim in Berlin darauf vorbereitet, dass wir lebendige Anschauung über Schuld beladene amerikanische Geschichte erhalten würden. So wie wir als Kinder keine jüdischen Familien kennen gelernt hatten, so hatte Donald Shriver in Kinderzeiten keinen Kontakt mit Familien indianischen Ursprungs."

Als Don Shriver seinen Freunden Jamestown zeigt, feiert die Stadt gerade ihren 400. Geburtstag als erste Kolonie englischer Siedler. Das Jamestown Settlement Museum erinnert seit ein paar Jahren jedoch auch noch an eine andere Geschichte, die Geschichte der Powhatans, der indianischen Ureinwohner Ostvirginias, ohne deren Hilfe die weißen Siedler schon ihren ersten Winter in der neuen Welt nicht überlebt hätten. Doch bald darauf sorgen dieselben Siedler dafür, dass die Powhatans und ihre Kinder und Enkel fast völlig von der Bildfläche verschwinden. Am Ende des 17. Jahrhunderts geht deren Population von 5000 auf 600 zurück.

Anzuerkennen, dass die Indianer „wirklich die ersten waren", die Virginia bewohnten und nicht die englischen Siedler, das ist für die Generation Donald Shrivers (geb. 1927) weitgehend neu. Ein Foto zeigt Helmut Reihlen, Donald und seine Frau Peggy L. Shriver vor der Hütte eines Powhatan-Dorfs, das Teil des Museums ist. Das Museum erinnert auch an die Ankunft der ersten afrikanischen Sklaven in Virginia 1619. Und auch mit dieser Geschichte ist ein weißer Südstaatler, der in der zweiten Hälfte des 20. Jahrhunderts erwachsen wurde, kaum konfrontiert worden. Immer wieder berichtet Don Shriver, wie er als junger Mann in den fünfziger Jahren an einer christlichen Jugendkonferenz teilnimmt. Hier trifft er zum ersten Mal mit Schwarzen zusammen, die ihm als „Gleiche" begegnen. Erst jetzt fällt ihm auf, dass er Schwarze bislang nur als „Ungleiche" kannte. Später, in den sechziger Jahren, wird er Aktivist des „Civil Rights Movement" und kämpft für die Rechte der Schwarzen.

---

[392] Reisetagebuch „USA 2007" von Erika Reihlen. Privatbesitz Reihlen.

Dann geht es weiter nach „Colonial Williamsburg", einer fast vollständig restaurierten Stadt aus dem 18. Jahrhundert, die kurze Zeit (1776–1888) sogar Hauptstadt des unabhängigen Commonwealth of Virginia war. Heute ist Colonial Williamsburg ein „Living History Museum", in dem nicht nur die Häuser und ihre Einrichtungen, sondern auch Menschen in der Kleidung des 18. Jahrhunderts zu sehen sind. Dabei geht es nicht allein um die detailgetreue Nachbildung der Vergangenheit, sondern vor allem um die Überlieferung und Verlebendigung des „amerikanischen Experiments", das mit dem Aufbegehren der dreizehn Kolonien gegen die englische Staatsmacht und mit der Unabhängigkeitserklärung vom 4. Juli 1776 seinen Anfang nimmt. Schauspieler, Darsteller von historischen Figuren, diskutieren mit dem Publikum über Menschenrechte und Demokratie. „Don Shriver und Helmut Reihlen stellten ihre Fragen zum Beispiel über die Vereinbarkeit der Verteidigung von Freiheitsrechten (Jefferson) bei gleichzeitiger persönlicher Sklavenhaltung", schreibt Erika Reihlen über dieses interaktive Theater. Und dann weiter: „Die der damaligen Zeit gerecht werdenden Antworten auf die Fragen zeugten von umwerfend guten historischen Kenntnissen und einem Sinn für Humor."

Danach geht es nach Richmond, der heutigen Hauptstadt des Bundesstaates Virginia. Auf Schritt und Tritt begegnet ihnen jetzt Thomas Jefferson (1743–1828), der Jurist, Aufklärer, Politiker, Architekt und Universalgelehrte. Geboren in der Nähe von Charlottesville, der Stadt, in der er später die Universität von Virginia gründen sollte, und deren Gebäude er selbst entwarf. Jefferson, der Autor der amerikanischen Unabhängigkeitserklärung, ist ein „gemäßigter Gegner" der Sklaverei. Doch wie so viele seiner Zeitgenossen, fürchtet auch er die Befreiung der Sklaven: „Bei der Sklaverei zu bleiben ist dasselbe, wie einen Wolf an den Ohren festzuhalten. Man will ihn gerne los lassen, kann es aber nicht aus Angst, gefressen zu werden", zitiert Erika Reihlen Jefferson.

Wie Berlin ist Richmond eine Stadt, die sich erinnert.[393] „Viele einst unterdrückte Zuflüsse der Geschichte sind in der öffentlichen Hauptströmung dieser Stadt nun sichtbar. Wie nur wenige Städte in den Vereinigten Staaten kann Richmond Gastgeberin einer bürgerlichen Konversation sein, die buchstäblich die Gesamtheit der amerikanischen Geschichte einbezieht."[394]

Was Donald Shriver damit meint, erfahren die Reihlens auf der Stadtführung, vorbei an der Saint John's Episcopal Church, wo Patrick Henry[395] am 23. März 1775 die „Liberty or Death"-Rede hält, in der er zum bewaffneten Kampf gegen die englischen Kolonialherren aufruft. Der Ort der Rede ist das House of Burgesses, das 1775 in unmittelbarer Hörweite eines Sklavenmarktes liegt. Ähnlich wie Jefferson hat auch der spätere Gouverneur von Virginia, Patrick Henry, ein gespaltenes und zuweilen vielleicht sogar schlechtes Gewissen angesichts der Sklavenhaltung, ohne dass dies seiner Generation zum politischen Problem wird. Dies bleibt dem 19. Jahrhundert vorbehalten.

Dass Richmond öffentlich die Geschichte der Sklaven reflektiert, ist eine Entwicklung, die erst Mitte der achtziger Jahre des 20. Jahrhunderts einsetzt. 1993 entwickelt eine Bürgerinitiative einen historischen Stadtrundgang, der die Spuren des Sklavenhandels in der Stadt sichtbar macht. Altbekannte Plätze bekommen so mit einem Mal eine doppelte Bedeutung. Als Zentren des städtischen Handels waren sie eben auch Sklavenmärkte.

Auf der Monument Avenue dann eine Skulptur von Arthur Ashe. Ein Tennischampion, Amerikaner afrikanischer Herkunft aus Richmond, der 1993 jung an Aids stirbt. Seit Anfang der achtziger Jahre engagiert er sich im Kampf gegen Aids und für die Bildung von schwarzen Kindern und Jugendlichen. Sein Denkmal steht nun in einer stattlichen Reihe mit den Reiterstandbildern einstiger Generäle der Konföderation. Eine Erweiterung des monumentalen Gedächtnisses der Stadt, kommentiert Donald Shriver. Denn Ashe

---

[393] Donald W. Shriver, Jr.: Wahre Patrioten. Vaterlandsliebe und Vergangenheitsbewältigung. Leipzig 2007, S. 178.

[394] Ebd., S. 189.

[395] Patrick Henry (1736–1799), Vertreter der amerikanischen Unabhängigkeitsbewegung, Rechtsanwalt und Abgeordneter des House of Burgesses, Gouverneur von Virginia.

fügt der kriegerischen eine zivile Geschichte hinzu, in der sich ein Held des Tennissports für die Integration von Afroamerikanern in die US-Gesellschaft engagiert.

Schließlich führt Donald Shriver seine Gäste in das American Civil War Center, auch Tredegar Museum genannt, weil es die Gebäude der alten Eisengießerei Tredegar nutzt. Dem American Civil War Center, das am 7. Oktober 2006 feierlich seine Pforten öffnete, liegt ein neuartiges Konzept zugrunde, nach dem das alte Museum of Confederacy gänzlich umgestaltet wurde. Jetzt soll es darum gehen, den amerikanischen Bürgerkrieg 1861–1865 aus der Sicht aller Beteiligten darzustellen, der Konföderierten, der Nordstaaten und auch der Schwarzen, die im Zuge der siegreichen Nordstaaten unter Abraham Lincoln vom Joch der Sklaverei befreit wurden.

Die Neukonzeption des Museums steht am Ende einer langen Entwicklung, eines Bewusstwerdungsprozesses, in dem sich die Sicht der Südstaatler auf ihre Geschichte um die Geschichte der Afroamerikaner erweitert hat. Erstmals wird den Afroamerikanern eine aktive Rolle in der Geschichte zugestanden, so dass sie nicht mehr nur als Objekte behandelt werden, sondern als handelnde Subjekte hervortreten – eine Sichtweise, die hilft, den Afroamerikanern ihre Würde zurückzugeben.

Das letzte Wort in „Honest Patriots" gibt Don Shriver Helmut und Erika Reihlen: „Amerika wird Führerschaft durch Selbstbeherrschung und kritische Selbstbetrachtung erreichen. Die Probleme, die im globalen Dorf vor uns liegen, sind zu groß, als dass sie sogar von der stärksten Nation allein zu bezwingen wären. Dankbarkeit und Reue schaffen ehrliche Patrioten, und solche Patrioten sind am besten dafür qualifiziert, verantwortungsvolle Weltbürger zu werden."[396] Sichtbar auch hier das christliche Poltikverständnis, getragen von einer „Ethik der Erinnerung".

2009 erhält Donald W. Shriver Jr. für sein Buch „Honest Patriots" den renommierten „Grawemeyer Award in Religion". Zweck des Preises ist es, „to honor and publicize insights into the relationship between human beings and the divine and the ways this relationship may empower human beings to attain wholeness, integrity or meaning".

---

[396] Donald W. Shriver, Jr.: Wahre Patrioten. Vaterlandsliebe und Vergangenheitsbewältigung. Leipzig 2007, S. 377.

Shriver hat die Erinnerungspolitik von Staaten wie Deutschland oder Südafrika in einen explizit christlichen Kontext von Buße und Sühne gestellt.
Dass diese christliche Dimension von Politik auch eine Möglichkeit für
moderne Gesellschaften ist, sich moralisch weiterzuentwickeln, verbindet
ihn mit dem politischen und theologischen Denken Dietrich Bonhoeffers,
das auch Helmut und Erika Reihlen beeinflusst hat. Und so ist es ein guter
Abschluss dieser Reise, dass Helmut und Erika Reihlen an der Bonhoeffer-
Vorlesung am Union Theological Seminary in New York teilnehmen. Thema:
„Ending Poverty. World Poverty & Moral Responsibility." Das Ethos dieser
Vorlesungen, so stellen Helmut und Erika Reihlen rückblickend fest, habe
die optimistische und visionäre Haltung des „Yes we can" Barack Obamas
vorweggenommen. Was Obama während seiner Präsidentschaftskandida-
tur unermüdlich wiederholte, habe gleichsam schon in der Luft gelegen: Wir
bleiben Menschen, so geschaffen, wie die Bibel sie nüchtern beschreibt. Der
Erfindungsgeist des Menschen hat jedoch die biologischen und technologischen Voraussetzungen dafür geschaffen, Hunger und extreme Armut auf
der Erde zu überwinden. Wir, die Menschen in wohlhabenden und in armen
Ländern der Erde, müssen es wirklich wollen und dieses Wollen in planvol-
les Handeln umsetzen, so das Fazit der Bonhoeffer-Vorlesung. Wir sind an
einem Punkt der Weltgeschichte angekommen, an dem die Träume der Bibel
vom Frieden zwischen den Völkern und vom Ende des Hungers Wirklichkeit
werden können. Wir und unsere Kinder und Enkel bleiben verpflichtet, diese
uns gegebene Möglichkeit auszuschöpfen.

Vor der Spiegelwand

Was bleibt zu sagen über das, was war und über das, was kommt? Helmut und Erika Reihlen reden über die Vergänglichkeit allen Lebens, die sie immer häufiger anblickt. „Denn es fähret schnell dahin, als flögen wir davon", heißt es im 90. Psalm.[397] Erika Reihlen zitiert Walther von der Vogelweide: „Owê war sint verswunden alliu mîniu jâr! – ist mir mîn leben getroumet, oder ist ez wâr?"[398]

Sie erinnern sich der Entwicklung Deutschlands und Europas seit dem Kriegsende. „Dass wir das alles so erleben und unseren Teil dazu tun konnten!", sagt Helmut Reihlen froh. Er erinnert sich an die erste gemeinsame Ost-West-Feier zum 17. Juni 1990 im Schauspielhaus am Gendarmenmarkt.[399] Manfred Stolpe hielt eine Rede über den Aufbau eines freiheitlichen, leistungsfähigen sozialen Rechtsstaates im Westen Deutschlands, überzeugt, dass dies eine der Voraussetzungen für die deutsche Einheit war.

Erika Reihlen erinnert an einen Ausspruch von Johannes Rau: Deutschland sei „von Freunden umzingelt". Sie alle verfolgen die gleiche Staats- und Werteordnung. „Wir sind eine enorm begünstigte Generation", fügt Helmut Reihlen hinzu. „Mit Hilfe der West-Alliierten ist ein demokratisches Staatswesen zustande gekommen, das den ‚Pursuit of Happiness', das individuelle Streben nach Glück, ins Zentrum seiner gesellschaftlichen Ordnung gestellt hat." Hinzu kamen wirtschaftliche Bedingungen, die in der deutschen Geschichte einmalig waren. „Unter dem Einfluss der katholischen Soziallehre und der protestantischen Wirtschaftsethik ist ein Gesellschaftssystem entstanden, in dem es zur Staatsräson gehört, in Respekt für und

---

[397] Ps 90,1–12.

[398] „Oh weh, wohin sind alle meine Jahre verschwunden! – Habe ich mein Leben geträumt, oder ist es wahr?" Anfangszeilen der Elegie „Owê war sint verswunden alliu mîniu jâr!" von Walther von der Vogelweide. In: Der große Conrady. Das Buch deutscher Gedichte von den Anfängen bis zur Gegenwart. Ausgew. und hg. von Karl Otto Conrady, Düsseldorf 2008, S. 115.

[399] „... damit dieses deutsche Land menschenfreundlicher wird". Über den gegenseitigen Umgang und die Glaubwürdigkeit der sozialen Marktwirtschaft/Manfred Stolpe zum 17. Juni. In: Frankfurter Rundschau vom 19. Juni 1990, Nr. 139.

in Frieden mit den Nachbarn, mit den Mitbürgern und mit den Zugewanderten, den ‚Beisassen', wie es in der Lutherbibel heißt, zu leben", sagt Helmut Reihlen.

Ziele, für die sich Helmut und Erika Reihlen eingesetzt haben, wie die Auseinandersetzung mit der nationalsozialistischen Vergangenheit, die Gleichstellung von Mann und Frau, gerechte Zugangsbedingungen zur Bildung, die Gleichrangigkeit von Kapital und Arbeit gehören heute zum parteiübergreifenden Konsens.

Sie haben an der Gestaltung der deutschen Gesellschaft mitgewirkt, vor und nach der Wiedervereinigung. Sie verkörpern eine neue Generation des Bürgertums, das Lehren aus dem Nationalsozialismus gezogen und dafür gearbeitet hat, dass sich Deutschland der parlamentarischen Demokratie, den Menschenrechten, der sozialen Marktwirtschaft und der Verantwortung gegenüber den natürlichen Lebensgrundlagen zuwendet. Dieses Bürgertum verbindet die Hochschätzung der Familie, der Arbeitsdisziplin in Beruf und Ehrenamt mit Weltoffenheit, Lernbereitschaft, sozialem und kritischem Engagement, eingebunden in die jüdisch-christliche Überlieferung. Ein Bürgertum, das es vor 1945 nur als kleine Minderheit gegeben hat.

Zeichen für die geschichtliche Erfahrung, die diese Neuausrichtung bestimmt, ist für sie der Hermann-Ehlers-Platz mit der Spiegelwand und dem Haus Wolfenstein, das verborgen hinter einer Häuserzeile liegt. Bis zum Novemberpogrom 1938 diente es, ursprünglich ein Pferdestall, als Synagoge. Es gibt eine bewusst frei gehaltene Sichtachse vom Hermann-Ehlers-Platz zu ihr. Sie geht durch die Fenster des Friseursalons im Erdgeschoss des Hauses Düppelstraße 41, das Anfang der neunziger Jahre errichtet wurde. Nur wenn man sich bückt, kann man durch den Innenraum des Salons hindurch die Gesetzestafel in hebräischer Schrift am Synagogeneingang sehen.

An der Spiegelwand zeigt Erika Reihlen auf die Namen der Geschwister Hansi und Alfred Silberstein, dann auf den Block von 26 Namen mit derselben Adresse: Lichterfelde-Ost, Heinersdorferstraße 40. Sie waren Bewohner eines Altenheims, um die achtzig Jahre alt, als sie deportiert wurden. Die auf der Spiegelwand genannten Straßen heißen heute so wie damals. Ein Lkw fährt vor und hält ganz nah an der Spiegelwand. Die Marktstände auf dem Hermann-Ehlers-Platz werden gerade abgebaut. Gleißendes Sonnenlicht macht die Wand fast unsichtbar. Man muss den richtigen Winkel treffen, um die eingravierten 1 723 Namen lesen zu können. Erika Reihlen zeigt auf zwei von ihnen: Ella Weinberg und Otto Morgenstern. Sie waren Christen. Ella Weinberg ist in der Evangelischen Johanneskirchengemeinde in Lichterfelde, zwanzig Jahre lang die Gemeinde der Reihlens, getauft worden. Otto Morgenstern war Studiendirektor am Schillergymnasium in Lichterfelde, Bezirksverordneter und Mitbegründer des benachbarten Schlossparktheaters. Vor ihren Wohnhäusern sind Stolpersteine verlegt worden. Eine Geste der Erinnerung, die Erika Reihlen wichtig ist.

Was wünschen sich Erika und Helmut Reihlen für die Zukunft? Viele ihrer Lebensträume sind wahr geworden. Beide hoffen auf einen Lebensabend getreu dem 103. Psalm: „Lobe den Herrn, meine Seele, und vergiss nicht, was er dir Gutes getan hat."[400] Gemeinsam, solange es geht, gesund genug, um einander nicht zur Last zu werden, lange genug, um die Lebenswege der Kinder und Enkel noch eine Weile begleiten zu können, Musik zu hören, Landschaften und Kunst zu erleben. Und ein getrostes Sterben.

Vielleicht schreibt Erika Reihlen ein Buch mit all den Geschichten, die sie aus der Zeit mit ihren Kindern und Enkeln, mit den Vorschulkindern und den kleinen Patienten gesammelt hat. Davon kann sie nicht genug bekommen.

---

[400] Ps 103,2.

Abkürzungen

AH	Alter Herr
ALCAN	Aluminium Company of Canada
AOK	Allgemeine Ortskrankenkasse
APO	Außerparlamentarische Opposition
ASF	Arbeitsgemeinschaft Sozialdemokratischer Frauen
ASMW	Amt für Standardisierung, Meßwesen und Warenprüfung beim Ministerrat der Deutschen Demokratischen Republik
AStA	Allgemeiner Studentenausschuss
BAFÖG	Bundesausbildungsförderungsgesetz
BAM	Bundesanstalt für Materialforschung- und -prüfung
BASF	Badische Anilin- und Soda-Fabrik
Bb	Bundesbruder
BDM	Bund Deutscher Mädel
BK	Bekennende Kirche
BuH	Berg- und Hüttenmännischer Verein
BMW	Berliner Missionswerk
CEN	Comité Europeén de Normalisation
COMECON	Council for Mutual Economic Assistance
CSU	Christlich Soziale Union
CDU	Christlich Demokratische Union
CVJM	Christlicher Verein Junger Männer
D.	Dr. theol.
DBW	Dietrich-Bonhoeffer-Werke
DAF	Deutsche Arbeitsfront
DAJ	Deutsche Arbeitsgemeinschaft für Jugendzahnpflege
DDP	Deutsche Demokratische Partei
DDR	Deutsche Demokratische Republik
DEKT	Deutscher Evangelischer Kirchentag
DEMAG	Deutsche Maschinenbau Aktiengesellschaft

DGZMK	Deutsche Gesellschaft für Zahn-, Mund- und Kieferheilkunde
DAZ	Deutscher Arbeitskreis für Zahnheilkunde
DIN	Deutsches Institut für Normung
DKP	Deutsche Kommunistische Partei
DNA	Deutscher Normenausschuss
DM	Deutsche Mark
DStB	Deutscher Studentenbund
Deka (Bank)	Deutsche Kapitalanlagegesellschaft
DG Bank	Deutsche Genossenschaftsbank AG
DSZ	Deutsche Studentenzeitung
DWBO	Diakonisches Werk Berlin-Brandenburg-schlesische Oberlausitz
EG	Evangelisches Gesangbuch
EKD	Evangelische Kirche in Deutschland
ELAB	Evangelisches Landeskirchliches Archiv Berlin
EZA	Evangelisches Zentralarchiv
EVG	Europäische Verteidigungsgemeinschaft
EWG	Europäische Wirtschaftsgemeinschaft
FAZ	Frankfurter Allgemeine Zeitung
FDJ	Freie Deutsche Jugend
FDP	Freie Demokratische Partei Deutschlands
FU	Freie Universität
Gal	Galater
GKV	Gesetzliche Krankenversicherung
GOST	Gossudarstvennyj Standart
GTZ	Gesellschaft für Technische Zusammenarbeit
HJ	Hitler-Jugend
i. m.	intramuskulär
IMHW	Innere Mission und Hilfswerk
ISO	International Organisation for Standardisation
Joh	Johannes

Kita	Kindertagesstätte
KLM	Königliche Niederländische Luftfahrtgesellschaft
KAI	Kauflächen, Außenflächen, Innenflächen
KPD	Kommunistische Partei Deutschlands
KPM	Königliche Porzellan-Manufaktur Berlin
KVA	Kilo-Volt-Ampere
KRiG	Krieg in der Geschichte
KZ	Konzentrationslager
LAG	Landesarbeitsgemeinschaft zur Verhütung von Zahnerkrankungen
MAN	Maschinenfabrik Augsburg Nürnberg
MG	Maschinengewehr
Mi	Micha
Mk	Markus
m. p.	manu propria
MRA	Moral Rearmament
Mt	Matthäus
NKWD	[Sowjetischer Geheimdienst]
NS	Nationalsozialistisch
NSDAP	Nationalsozialistische Deutsche Arbeiterpartei
ÖGD	Öffentlicher Gesundheitsdienst
ÖS	Österreichischer Schilling
Offb	Offenbarung
PDS	Partei des Demokratischen Sozialismus
PhD	Philosophiae Doctor
PTB	Physikalisch-Technische Bundesanstalt
RWTH	Rheinisch-Westfälische Technische Hochschule
SA	Sturmabteilung
SDS	Sozialistischer Deutscher Studentenbund
SED	Sozialistische Einheitspartei Deutschlands
SBZ	Sowjetische Besatzungszone

SGB	Sozialgesetzbuch
SMV	Schülermitverwaltung
SPD	Sozialdemokratische Partei Deutschlands
SS	Schutzstaffel
Stasi	Staatssicherheitsdienst
TH	Technische Hochschule
uk	unabkömmlich
Union	Union Theological Seminary in New York City
UNO	United Nations Organisation
US	United States (of America)
USA	United States of America
USPD	Unabhängige Sozialdemokratische Partei Deutschlands
VDS	Verband Deutscher Studentenschaften
VVN	Vereinigung der Verfolgten des Naziregimes
WDR	Westdeutscher Rundfunk
VDI	Verein Deutscher Ingenieure
zm	Zahnärztliche Mitteilungen

Literatur und Quellen

Aktion Politisches Nachtgebet. Hg. von Roswitha Koch, Helmut Reihlen, Paul-Gerhard Schoenborn, Uwe Seidel, Diethard Zils, Düsseldorf 1971.

Backhaus, Martin: Stabübergabe. In: „Unser Buntes Blatt" (Verbandszeitschrift des Diakonischen Werkes Berlin), Ausgabe 2/1986.

Baring, Arnulf: Machtwechsel. Die Ära Brandt-Scheel. Stuttgart 1982.

Becker, Manfred/Reihlen, Helmut: Die gemeinsamen Synoden 1990. In: Karl-Heinrich Lütcke (Hg.): Verschieden und doch vereint. Das Zusammenwachsen der Evangelischen Kirche in Berlin und Brandenburg nach der Wiedervereinigung. Berlin 2009, S. 53–60.

Besier, Gerhard/Wolf, Stephan (Hg.): „Pfarrer, Christen und Katholiken". Das Ministerium für Staatssicherheit der ehemaligen DDR und die Kirchen (Historisch-Theologische Studien zum 19. und 20. Jahrhundert (Quellen 1). 2. Aufl., Neukirchen-Vluyn 1992.

Bethge, Eberhard: Dietrich Bonhoeffer. Theologe, Christ, Zeitgenosse. München 1967.

Büstrin, Klaus: Kälte statt Glaube. In: Potsdamer Neueste Nachrichten vom 16. Juli 2005.

Chemie in Lebensmitteln. Hg. von der Katalyse Umweltgruppe Köln e.V., Frankfurt 1982.

Der große Conrady. Das Buch deutscher Gedichte von den Anfängen bis zur Gegenwart. Ausgew. und hrsg. von Karl Otto Conrady, Düsseldorf 2008.

„... damit dieses deutsche Land menschenfreundlicher wird". Über den gegenseitigen Umgang und die Glaubwürdigkeit der sozialen Marktwirtschaft/Manfred Stolpe zum 17. Juni. In: Frankfurter Rundschau vom 19. Juni 1990, Nr. 139.

Dietrich Bonhoeffer, Pfarrer, Berlin-Charlottenburg 9, Marienburger Allee 43. Begleitheft zur Ausstellung. Hg. vom Kuratorium Bonhoeffer Haus, 2. korrigierte und erweiterte Auflage, Berlin 1996.

Dietrich Bonhoeffer, Illegale Theologenausbildung: Sammelvikariate 1937–1940. Hg. von Dirk Schulz (DBW 15), München 1998.

Dietrich Bonhoeffer, Widerstand und Ergebung. Briefe und Aufzeichnungen aus der Haft. Hg. von Eberhard Bethge, Gütersloh, 19. Aufl. 2008.

DIN total. In: Der Spiegel 1979, Nr. 14, S. 86.

Diskussion der Hauptvorträge der 104. Jahrestagung der Deutschen Gesellschaft für Zahn-, Mund- und Kiefer-Heilkunde in Nürnberg 1978. In: Deutsche Zahnärztliche Zeitschrift, 34, 1979, S. 100–109.

Erinnerungen an Walter Niebuhr (1904–1957). Aufgeschrieben von Helmut Reihlen und Erika Niebuhr, Berlin 2007.

Erinnerungen an Hanna Niebuhr. Aufzeichnungen aus ihrer Familie. Hg. von Helmut und Erika Reihlen, Berlin-Lichterfelde 2008.

Esser, Hans/Pommerenke, Alfred/Reihlen, Erika/Timm, Ulrich: Das Gebiss und seine Gesunderhaltung. Materialien für die Schulen der Sekundarstufe I (Klassen 5–10). Hg. vom Verein für Zahnhygiene e. V., Darmstadt 2004.

Evangelisches Gesangbuch der Evangelischen Kirche in Berlin-Brandenburg. Ausgabe für die Evangelische Landeskirche Anhalts, die Evangelische Kirche in Berlin-Brandenburg, die Evangelische Kirche der schlesischen Oberlausitz, die Pommersche Evangelische Kirche, die Evangelische Kirche der Kirchenprovinz Sachsen. Berlin 1993.

Eyth, Max: Der Schneider von Ulm. Geschichte eines zweihundert Jahre zu früh Geborenen. Stuttgart/Leipzig 1909.

Eyth, Max: Hinter Pflug und Schraubstock. Skizzen aus dem Taschenbuch eines Ingenieurs. Stuttgart 1949.

Frisch, Max: Mein Name sei Gantenbein. Frankfurt/M. 1964.

Fuchs, Peter (Hg.): Chronik zur Geschichte der Stadt Köln. 2: Von 1400 bis zur Gegenwart. Köln 1991.

Görtemaker, Manfred: Geschichte der Bundesrepublik Deutschland. Von der Gründung bis zur Gegenwart. München 1999.

Grahlen, Rainer/van Os-Fingberg, Sybille/Pommerenke, Alfred/Reihlen, Erika: Gesunde Zähne. Materialien für den Kindergarten und ähnliche Einrichtungen. Hg. vom Verein für Zahnhygiene e. V., Darmstadt 2010.

Grüttner, Michael: Studenten im Dritten Reich. Paderborn u. a. 1995.

Grüttner, Michael: Biographisches Lexikon zur nationalsozialistischen Wissenschaftspolitik. Heidelberg 2004.

Haarer, Johanna: Die deutsche Mutter und ihr erstes Kind. München 1934.

Hein, Carola: Oberin klagt gegen Oberlin. In: Märkische Allgemeine Zeitung vom 14. Juli 2005.

Helmut Reihlen im Interview mit Dawid Bartelt. In: mission. Zeitschrift des Berliner Missionswerkes, Nr. 3, September 1996, S. 38–43.

Herbert, Ulrich (Hg.): Wandlungsprozesse in Westdeutschland. Belastung, Integration, Liberalisierung 1945–1980 (Moderne Zeit. Neue Forschungen zur Gesellschafts- und Kulturgeschichte des 19. und 20. Jahrhunderts. Bd. I). Göttingen 2002.

Herbert, Ulrich: Drei politische Generationen im 20. Jahrhundert. In: Generationalität und Lebensgeschichte im 20. Jahrhundert. Hg. von Jürgen Reulecke unter Mitarbeit von Elisabeth Müller-Luckner (Schriften des Historischen Kollegs. Kolloquien 58). München 2003, S. 95–114.

Hölderlin, Friedrich: Gedichte. Auswahl und Nachwort von Konrad Nussbächer. Stuttgart 1981.

Hüttenrauch, Roland. In: Auf dem Wege zur Einheit in Deutschland und Europa. Kolloquium zu Ehren von Professor Dr.-Ing. SC. D. Helmut Reihlen anlässlich seines 60. Geburtstages. Berlin, Köln 1994, S. 27–35.

Jux, Anton: Der Kreistag des Rheinisch-Bergischen Kreises 1935. In: Jahrbuch des Rheinisch-Bergischen Kreises, 1937, S. 12–19.

Käßmann, Margot: Kirche in Bewegung, 50 Jahre Deutscher Evangelischer Kirchentag. Gütersloh 1999.

KAI in jedem Alter. Was Hänschen lernt ... In: zm, Nr. 13, 1. 7. 2006 (1794), S. 62.

Klasse, Joachim/Schröter, Ulrich: Die Auseinandersetzung mit dem Thema Staatssicherheit. In: Karl-Heinrich Lütcke (Hg.): Verschieden und doch vereint. Das Zusammenwachsen der Evangelischen Kirche in Berlin und Brandenburg nach der Wiedervereinigung. Berlin 2009, S. 189–197.

Kiobenhavenske Danske Posttidende vom 11. Januar 1761.

Kolloquium zu Ehren von Professor Dr.-Ing. SC. D. Helmut Reihlen anlässlich seines 60. Geburtstages. Berlin, Köln 1994.

Kollehn, Karlheinz/Pommerenke, Alfred/Reihlen, Erika/Schill, Wolfgang: Gebissgesundheit. Materialien für die Grundschulen. Hg. vom Verein für Zahnhygiene e. V., Darmstadt 2007.

Kontakte der Kirchenleitung zum Herrschaftsapparat der DDR. Sonderdruck aus: Berlin-Brandenburgisches Sonntagsblatt, Nr. 44 vom 1.11.1992.

Kräutlein, Manfred/Schneider, Hans-Dietrich: Gemeinsam vor den alten und neuen Herausforderungen – Die Zusammenführung der Diakonie. In: Karl-Heinrich Lütcke (Hg.): Verschieden und doch vereint. Das Zusammenwachsen der Evangelischen Kirche in Berlin und Brandenburg nach der Wiedervereinigung. Berlin 2009, S. 217–227.

Kruse, Martin: Der schwierige Vereinigungsprozess auf gesamtkirchlicher Ebene. In: Karl-Heinrich Lütcke (Hg.): Verschieden und doch vereint. Das Zusammenwachsen der Evangelischen Kirche in Berlin und Brandenburg nach der Wiedervereinigung. Berlin 2009, S. 35–47.

Latzel, Klaus: Deutsche Soldaten – nationalsozialistischer Krieg? Kriegserlebnis – Kriegserfahrung 1939–1945 (KRiG 1). Paderborn u. a., 2. Aufl. 1998.

Leipzig im Bombenhagel. Sonderband des Leipziger Kalenders. Hg. von der Stadt Leipzig – Stadtarchiv. Leipzig 1998.

Lorenz, Wolfgang. In: Auf dem Wege zur Einheit in Deutschland und Europa. Kolloquium zu Ehren von Professor Dr.-Ing. SC. D. Helmut Reihlen anlässlich seines 60. Geburtstages. Berlin, Köln 1994, S. 21–27.

Makarenko, Anton Semjonowitsch: Ein pädagogisches Poem. Moskau 1934/35.

Moses, Dirk: Die 45er. Eine Generation zwischen Faschismus und Demokratie. In: Neue Sammlung, 40, 2000, S. 233–263.

Nachruf auf Walter Niebuhr. In: Revier und Werk, 35, Juni 1957.

Niebuhr, Carsten: Reisebeschreibung nach Arabien und andern umliegenden Ländern. Dritter Band, Hamburg 1837.

Niebuhr, Erika: Einige Erinnerungen an meinen Vater Walter Niebuhr. In: Erinnerungen an Walter Niebuhr (1904–1957). Aufgeschrieben 1957 von Helmut Reihlen und Erika Niebuhr, Berlin 2004, S. 19–46.

Niebuhr, Reinhold: Christianity and Power Politics. New York 1940.

Politisches Nachtgebet in Köln. Band 2. Texte – Analysen – Kritik. Im Auftrag des ökumenischen Arbeitskreises „Politisches Nachgebet". Hg. von Dorothee Sölle und Fulbert Steffensky, Stuttgart, Berlin, Mainz o. J.

Rasmussen, Stig: Carsten Niebuhr und die Arabische Reise 1761–1767. Ausstellung der Königlichen Bibliothek Kopenhagen in Zusammenarbeit mit dem Kultusminister des Landes Schleswig-Holstein; Landesbibliothek Kiel, November 1986 bis Februar 1987. Heide/Holstein 1986.

Reihlen, Erika: Innerviert der nervus nasopalatinus Scarpae die Pulpen der oberen Schneidezähne? Inaugural-Dissertation zur Erlangung der Doktorwürde der Zahnheilkunde der Hohen Medizinischen Fakultät der Universität zu Köln. Köln 1961.

Reihlen, Erika/Meyer, Doris: „Politik ist Frauensache". Aus den Thesen und Forderungen der Bundeskonferenz der ASF. Siegen 1977.

Reihlen, Erika: Akupunktur gilt in China nicht als Wundermittel. In: zm, Nr. 24, 1979 (1558).

Reihlen, Erika: Von den Frauen erwartet man alles. Beobachtungen und Gespräche auf einer Chinareise. In: Der Tagesspiegel vom 15. Juli 1979.

Reihlen, Erika: 10 Jahre Steglitzer Vorschulprogramm Zahngesundheit. In: Oralprophylaxe 11, 1989, S. 32–38.

Reihlen, Erika: Zur Entwicklung der Mundgesundheit in Deutschland. In: prophylaxe impuls 2, 1998, S. 78.

Reihlen, Erika: Ein nüchterner Paragraph in der Welt der Kinder. Zahnmedizinische Gruppenprophylaxe nach § 21 SGB V. Sonderdruck aus: Prävention. Zeitschrift für Gesundheitsförderung, 18, 1995, Heft 3.

Reihlen, Erika: Steglitzer Vorschulprogramm Zahngesundheit 1978–1998. Eine Bilanz nach 20 Jahren. In: Oralprophylaxe 20, 1998, Nr. 4, S. 225–228.

Reihlen, Erika: Die Losung Nehmet einander an. Treffende Losungen zahlen sich aus. In: Susanne Schullerus-Kessler (Hg.): Nehmet einander an. Ein Vorbereitungsbuch. München 1992, S. 37–42.

Reihlen, Erika: Rückschau der Präsidentin: Was bleibt? Akzente, aber kein Schlußpunkt. In: Kirchentag '93 – gesehen – gehört – erlebt. Hg. im Auftrag des Deutschen Evangelischen Kirchentages von Rüdiger Runge, Gütersloh 1993, S. 27–31.

Reihlen, Erika/Reihlen Helmut: Der Bonhoeffer-Lehrstuhl am Union Theological Seminary. Kirche, Universität und Wirtschaft als Stiftungsgründer. In: Hans-Richard Reuter u. a. (Hg.): Freiheit verantworten. Festschrift für Wolfgang Huber zum 60. Geburtstag. Gütersloh 2002, S. 567–579.

Reihlen, Erika/Reihlen Helmut: Kirchentag als vor-läufige Kirche, und was bleibt, wenn er geht. Ein Beispiel. In: Susanne und Peter Munzert (Hg.): Quo vadis Kirche? Gestalt und Gestaltung von Kirche in den gegenwärtigen Transformationsprozessen. Joachim Track zum 65. Geburtstag. Stuttgart 2005, S. 195–199.

Reihlen, Helmut: Festvortrag auf der Hauptversammlung des Deutschen Gießereitages am 21. Juni 2002 in Berlin. In: Giesserei 89 (2002), Nr. 12 vom 10. Dezember 2002, S. 31–40.

Reihlen, Helmut: Zur Stiftung der Werner-Reihlen-Vorlesung. In: Wirtschaftsethik. Interdisziplinäre und interkonfessionelle Orientierungshilfe. Beiheft zur Berliner Theologischen Zeitschrift. Sonderdruck aus: Theologia Viatorum Neue Folge. Halbjahresschrift für Theologie in der Kirche, 9, 1992.

Reihlen, Helmut/Zehner, Joachim: Werner-Reihlen-Vorlesung. Ideen zu Beginn – Erfahrungen – Erwartungen. In: Zutrauen zur Theologie. Akademische Theologie und die Erneuerung der Kirche. Festgabe für Christof Gestrich zum 60. Geburtstag. Hg. von Anne-Kathrin Finke und Joachim Zehner, Berlin 2000, S. 102–121.

Reihlen, Helmut: Ingenieurarbeit im vereinten Deutschland. In: Sonderdruck aus: Stahl und Eisen, 111, 1991, Heft 12, S. 58–64.

Reihlen, Helmut: Christian Peter Wilhelm Beuth. Eine Betrachtung zur preußischen Politik der Gewerbeförderung in der ersten Hälfte des 19. Jahrhunderts und zu den Drakeschen Beuth-Reliefs. Köln, Berlin 1992.

Reihlen, Helmut: Zur Ausstellung im DIN. In: Menschen, Landschaften, Räume. Eine Kunstaustellung. DIN Deutsches Institut für Normung e. V. in Zusammenarbeit mit dem Vertrieb des Kulturwerkes des BBK Berlins GmbH, Berlin 1982. S. 83 f.

Reihlen, Helmut: Ansprache anlässlich der Verleihung der Union Medal am 2. Februar 1995, Humboldt-Universität Berlin. In: Schuld und Versöhnung in politischer Perspektive. Gütersloh 1996, S. 91–97.

Reihlen, Irmgard: Erinnerungen. Köln 1968.

Robinson, John A. T.: Gott ist anders. Honest to God. München 1964.

Römer, Friedrich: Die Deutsche Gesellschaft für Kinderzahnheilkunde. Wie sie wurde – was sie ist. Hamburg 2004.

Schmitz, Hans: Blick in die jüngste Vergangenheit Kölns (1945–1990). In: Chronik zur Geschichte der Stadt Köln. 2: Von 1400 bis zur Gegenwart. Hg. von Peter Fuchs, Köln 1991, S. 258–261.

Schoenborn, Margret: „Schafft zwei, drei … viele Nachtgebete!" Politisches Nachtgebet Rheinhausen. In: exempel. Magazin für Jugendarbeit und Gemeindeaufbau, 4/1971, S. 25 f.

Scholtyseck, Joachim: Unter dem Hakenkreuz. Nationalsozialismus im Raum Bergisch Gladbach 1933–1945. Bergisch-Gladbacher Stadtgeschichte, hg. im Auftrag der Stadt Bergisch Gladbach von Albert Esser (Beiträge zur Geschichte der Stadt Bergisch Gladbach, Bd. 9), Bergisch Gladbach 2006, S. 353–401.

Shriver, Donald W. Jr.: Honest patriots. Loving a country enough to remember its misdeeds. New York 2005.

Shriver, Donald W. Jr.: Wahre Patrioten. Vaterlandsliebe und Vergangenheitsbewältigung. Leipzig 2007.

Salomon, Ernst von: Der Fragebogen. Hamburg 1951.

Seelenwäsche, Massenhysterie. Wie sich die Moralische Aufrüstung die Rettung der Welt vorstellt. In: DSZ, 4. Februar 1958.

Stolper, Ernst: Werkstudent im wilden Westen. Aus dem Tagebuch eines jungen Deutschen. Leipzig 1933.

Thesen des Arbeitskreises „Politisches Nachtgebet Rheinhausen" für das Gespräch mit Prof. D. Dr. Beckmann am 28. April 1970. In: Aktion Politisches Nachtgebet. Hg. von Roswitha Koch, Helmut Reihlen, Paul-Gerhard Schoenborn, Uwe Seidel, Diethard Zils, Düsseldorf 1971, S. 237 f.

Tholuck-Medaille für Dr. Erika Reihlen. Ihr Kind heißt KAI. In: zm, Nr. 20, 16.10.2000 (2474).

Todrowski, Christiane: Bürgerliche Technik-„Utopisten". Ein Beitrag zur Funktion von Fortschrittsoptimismus und Technikeuphorie im bürgerlichen Denken des 19. Jahrhunderts, dargestellt am Beispiel der Publikationen Max Eyths und Max Maria von Webers. Dissertation. Münster 1996.

Weber, Max: Die protestantische Ethik und der Geist des Kapitalismus. Tübingen 1920.

„... wie ein Baum, gepflanzt an den Wasserbächen. Begleitbuch für den Besuchsdienst". Berlin 2009.

Wojak, Irmtrud: Fritz Bauer 1903–1968. Eine Biographie. München 2009.

Zahrnt, Heinz: Die Sache mit Gott. Die protestantische Theologie im 20. Jahrhundert. München 1966.

Zahrnt, Heinz: Mutmaßungen über Gott. Die Summe meines Lebens. München 1996.

Privatbesitz Reihlen:

Christof Gestrich: Anregungen für Theologische Fakultäten/Kirchliche Hochschulen in Deutschland aus der Beobachtung amerikanischer Verhältnisse. Unveröffentlichter Reisebericht.

Dokumentation Symposium Trinkwasserfluoridierung 27.1.1984 Berlin. Herausgeber Der Senator für Gesundheit, Soziales und Familie.

Egon Bahr: Schreiben an Erika Reihlen vom 27. September 1977.

Ella Stolper: Ernst, 1930.

Erika Niebuhr: Schreiben an Hanna Niebuhr vom 2. Juli 1946.

Erika Niebuhr: Aufzeichnungen über die Amerikareise 1957.

Erika Reihlen: Rechenschaftsbericht der ASF-Vorsitzenden 1982.

Erika Reihlen: Referat auf der Präsidiumssitzung in Bad Herrenalb am 2.2.1990.

Erika Reihlen: Bericht über die Tagung der Kirchentagspräsidien Ost und West vom 27. bis 29.04.1990 in Kleinmachnow.

Erika Reihlen: Die 70 macht mir zu schaffen. Dankrede an unsere Gäste zu meinem 70. Geburtstag am 2.6.2006.

Erika Reihlen: Reisetagebuch „China 1979".

Erika Reihlen: Reisetagebuch „Israel 1981/82".

Erika Reihlen: Reisetagebuch „USA 2007".

„Frauen in der SPD". Kirchentag 77 Berlin. Broschüre.

Geulla Strauss: Schreiben an Erika Reihlen im Sommer 1992.

Geulla Strauss: Schreiben an Erika Reihlen vom November 1995.

Helmut Reihlen: Vortrag vor dem Anholter Kreis in Boppard am Rhein: „Wo steht die Evangelische Kirche in Deutschland und die Evangelische Kirche in Berlin-Brandenburg im Jahre 5 ihrer wiedergewonnenen Einheit?" 13.5.1995.

Helmut Reihlen: Predigt anlässlich der Einführung als Vorsitzender des Missionsrats, BMW, Freitag, 26. April 1996, Paulus-Kirche in Berlin-Lichterfelde.

Helmut Reihlen: Vortrag anlässlich der Verleihung des Beuth-Preises am 4. März 2009.

Helmut und Erika Reihlen: Vortrag vor der International Society of Political Psychology „The Mirror Wall Berlin-Steglitz" vom 18. Juli 2002.

Otto Reihlen: Hochzeitsrede für Helmut und Erika vom 16. September 1961.

Otto Reihlen: Taufrede für Helmut vom 27.10.1934 in Bergisch-Gladbach.

Otto Reihlen: Gedanken zu einer Rede zu Helmuts Verlobung am 23. Januar 1960.

Peggy L. Shriver: „Empire Christ". 2008.

Roland Reihlen: Für Erika und Helmut Reihlen zu ihrem Hochzeitstage am 16. September 1961.

„Thesen zur Gesundheit". Forum Gesundheit am 6. Juni in der Stadthalle, Saal 3. Deutscher Evangelischer Kirchentag in Düsseldorf 1985.

Evangelisches Landeskirchliches Archiv Berlin (ELAB)

ELAB-Bibl. 23/33:

Synodenprotokoll: Verhandlungen der Regionalen Synode der Evangelischen Kirche in Berlin-Brandenburg (Berlin West). 1. Tagung der achten Synode vom 18. bis 21. Januar 1979 im Evangelischen Johannesstift 1 Berlin 20 (Spandau), Schönwalder Allee.

ELAB-Bibl. 23/51:

Synodenprotokoll: Die Verhandlungen der Regionalen Synode der Evangelischen Kirche in Berlin-Brandenburg (Berlin West) Tagung vom 5. bis 10. Mai 1987.

Verhandlungen der Regionalen Synode der Evangelischen Kirche in Berlin-Brandenburg (Berlin West). Tagung vom 12. bis 15. November 1987.

ELAB-Bibl. 24/1:

Protokoll der 1. Tagung der Gemeinsamen Synode der Evangelischen Kirche in Berlin-Brandenburg zugleich Tagung der beiden regionalen Synoden vom 16. bis 17. März 1990.

ELAB-Bibl. 24/2:

2. Tagung der Gemeinsamen Synode der Evangelischen Kirche in Berlin-Brandenburg zugleich Tagung der beiden regionalen Synoden vom 7. bis 9. Dezember 1990.

ELAB-Bibl. 25/14:

Verhandlungen der 14. Tagung der 10. Landessynode der Evangelischen Kirche in Berlin-Brandenburg vom 12. bis 16. November 1996.

ELAB 62/1:

Weihnachtsbriefe der Familie H. und E. Reihlen. 1982–1991.

ELAB 62/2:

Weihnachtsbriefe der Familie H. und E. Reihlen. 1992–2006.

ELAB 62/3:

Postkarte Helmut Reihlens an die Eltern vom 13. August 1951.

Schreiben Otto Reihlens an Helmut Reihlen vom 18. August 1951.

Schreiben Helmut Reihlens an die Eltern vom 22. August 1951.

Schreiben Helmut Reihlens an die Eltern vom 26. August 1951.

Schreiben Helmut Reihlens an die Eltern vom 2. August 1952.

Schreiben Helmut Reihlens an die Eltern vom 5. August 1952.

Schreiben Helmut Reihlens an die Eltern vom 20. August 1952.

Schreiben Otto Reihlens an Helmut Reihlen vom 25. August 1952.

Schreiben Helmut Reihlens an die Eltern vom 29. August 1953.

Schreiben Helmut Reihlens an den Vater vom 18. November 1953.

Schreiben Helmut Reihlens an die Eltern vom 15. August 1954.

Schreiben Otto Reihlens an Helmut Reihlen vom 13. Oktober 1954.

Schreiben Helmut Reihlens an die Eltern vom 10. Februar 1955

Schreiben von Otto und Irmgard Reihlen an Helmut Reihlen vom 20. Februar 1955.

Schreiben Helmut Reihlens an den Vater vom 1. Mai 1955.

Schreiben Helmut Reihlens an die Eltern vom 17. Juni 1955.

Schreiben Helmut Reihlens an Irmgard Reihlen vom 17. Juli 1955.

Schreiben Helmut Reihlens an die Eltern vom 15. August 1955.

Schreiben Helmut Reihlens an den Vater vom 19. März 1956.

Schreiben Helmut Reihlens an die Eltern vom 29. Juni 1956.

Schreiben Erika Niebuhrs (unterschrieben auch von Susan Wilbraham und Gisela Niebuhr) an Otto und Irmgard Reihlen vom 30. Juli 1956.

Schreiben Helmut Reihlens an Irmgard Reihlen vom 5. Dezember 1956.

Schreiben Erika Niebuhrs an Irmgard Reihlen vom 5. Juni 1957.

Schreiben Helmut Reihlens an die Eltern vom 22. November 1957.

Schreiben Helmut Reihlens an Erika Niebuhr vom 11. Juni 1958.

Schreiben Helmut Reihlens an die Eltern vom 16. November 1958.

Schreiben Helmut Reihlens an die Eltern vom 15. September 1959.

Schreiben Erika Niebuhrs an Otto und Irmgard Reihlen vom 26. Januar 1960.

Schreiben Helmut Reihlens an die Eltern vom 14. Februar 1960.

Schreiben Helmut Reihlens an die Eltern am 4. März 1960.

Schreiben Helmut Reihlens an die Eltern vom 16. März 1960.

Schreiben Hanna Niebuhrs an Irmgard Reihlen vom 2. Mai 1960.

Schreiben Helmut Reihlens an die Eltern vom 14. Mai 1960.

Schreiben Helmut Reihlens an die Eltern vom 6. Juli 1960.

Schreiben Erika Niebuhrs an Otto und Irmgard Reihlen
vom 1. November 1960.

Schreiben Erika Reihlens an Otto und Irmgard Reihlen vom 29. August 1961.

Postkarte Helmut und Erika Reihlens an Otto und Irmgard Reihlen
vom 27. September 1961.

Schreiben Helmut und Erika Reihlens an Otto und Irmgard Reihlen
vom 12. Dezember 1961.

Schreiben Erika und Helmut Reihlens an Otto und Irmgard Reihlen und
Rosi und Eberhard Reihlen vom 29. Mai 1962.

Schreiben Erika Reihlens an Irmgard Reihlen vom 28. August 1962.

Schreiben Erika Reihlens an Irmgard Reihlen vom 25. September 1962.

Schreiben Erika Reihlens an Otto Reihlen vom 6. Juli 1963.

Schreiben Erika Reihlens an Otto Reihlen vom 10. Juli 1963.

Schreiben Erika Reihlens an Otto Reihlen vom 23. Juli 1963.

Schreiben Erika Reihlens an Otto und Irmgard Reihlen vom 22. August 1963.

Schreiben Helmut Reihlens an seine Mutter vom 20. Dezember 1963.

Schreiben Erika Reihlens an Irmgard Reihlen vom 22. August 1966.

ELAB 62/21:

Testament Irmgard Reihlens vom 1. Juni 1977.

Schreiben Helmut Reihlens an Eberhard, Dieter und Roland Reihlen vom
26. Juli 1990.

Schreiben Helmut Reihlens an Eberhard, Dieter, Roland und Irmgard vom
28. August 1990.

ELAB 62/23:

Undatierte Kopie eines Zeitungsausschnitts aus der Deutschen Studentenzeitung.

ELAB 62/24:

Schreiben Adolf Morsbachs, Martin Bauers und Helmut Reihlens an Erika
Niebuhr vom 20. November 1956.

ELAB 62/26:

Schreiben Roland Reihlens an Helmut Reihlen vom 20. Juli 1969.

Schreiben Heinrich Middendorfs an Helmut Reihlen vom 1. September 1969.

Schreiben Heinrich Middendorfs an Helmut Reihlen vom 8. September 1969.

Schreiben Jochen Dietrichs an Helmut Reihlen vom 23. Januar 1970.

ELAB 62/32:

Helmut Reihlen: Aktennotiz. „Moralische Aufrüstung. Bonn, den 23. September 1957".

ELAB 62/33:

Initiativantrag Rheinhausen. Entwicklungshilfe.

ELAB 62/53:

Undatiertes Redemanuskript für einen Vortrag Helmut Reihlens in Ansbach aus dem Jahr 1986 mit dem Titel „Dietrich Bonhoeffer".

Evangelisches Zentralarchiv Berlin (EZA)

EZA Berlin 71/34:

Undatiertes Manuskript von Thadden-Trieglaffs mit dem Titel: „Was der Kirchentag ist – und was er nicht ist" aus der Zeit zwischen 1949 und 1951.

Dr. Reinold von Thadden-Trieglaff: „Zur Geschichte des Deutschen Evangelischen Kirchentages". 1.11.1951.

Archiv des Oberlinhauses:

Jahresbericht des Oberlinvereins 1989.

Jahresbericht des Oberlinvereins 1997.

Jahresbericht des Oberlinvereins 1998.

Jahresbericht des Oberlinvereins 2001.

Jahresbericht des Oberlinvereins 2003.

Hauptstaatsarchiv Düsseldorf

Entnazifizierungsakte „Walter Niebuhr". AZ 18134.

Personenregister

Autorenporträt

Dr. phil. Dagmar Pöpping, Journalistin und Historikerin, geboren 1964 in Gelsenkirchen-Buer, Studium der Philosophie, Neueren Geschichte und
Komparatistik an der Ruhr-Universität Bochum,
2000 Promotion im Fach Neuere Geschichte bei
Hans Mommsen, 2002 bis 2009 wissenschaftliche
Angestellte an der Evangelischen Fakultät der Lud-
wig-Maximilians-Universität München und selbstständige Historikerin, 2005–2008 Lehrbeauftragte
am Institut für Geschichte und Kunstgeschichte der
TU-Berlin. Arbeitet zurzeit an einer Monographie
über Kriegspfarrer im Zweiten Weltkrieg.

Veröffentlichungen: Abendland. Christliche Akademiker und die Utopie der
Antimoderne 1900–1945, Berlin 2002; Die Protokolle des Rates der Evangelischen Kirche in Deutschland 1951, Bd. 5–7, Göttingen 2005–2009; zahlreiche Rezensionen und Artikel in der Süddeutschen Zeitung und der Frankfurter Rundschau.